수법(水法)연구Ⅱ

김 성 수

신 조 사

머리말

처음으로 「수법연구」라는 졸작을 세상에 내 보낸 것이 2013년이라는 사실을 확인하고는 시간이 유수와 같다는 말이 새삼 절절하게 느껴집니다. 물과 관련된 업무나 연구를 행하는 사람들은 2018년을 기점으로 그 이전과 그 이후로 시대구분을 하는 경향이 있는데, 바로 물관리기본법이 시행되고 물관리를 위한 정부권한의 대부분이 환경부로 일원화된 원년이기 때문일 것입니다. 그래서 2013년부터 2018년까지 5년 간 물과 관련한 제도의 대변혁을 앞두고는 이런 저런 글도 쓰고 수많은 토론회와 세미나 등을 전전했던 것인데, 그 결과를 이 책으로 남기게 된 것입니다.

이 책의 제1장에서는 수리권 문제를 다루고 있습니다. 수리권은 문자 그대로 물을 이용하는 권리이지만 깊이 들어가다 보면 어렵고 복잡한 문제들이 亂麻와 같이 얽혀 있어서 이를 법리적으로 일목요연하게 설명하고 체계화하는 것은 至難한 일입니다. 오랜 동안 농경사회를 유지하고 있었던 우리나라에서 물사용에 대한 권리는 관습법적으로 인정되어 왔지만 산업화 과정에서 공업용수와 생활용수의 수요가 급증하면서 한정된 수자원의 효율적인 이용이라는 목적을 고려하여 하천수에 대한 허가사용으로 전환됩니다. 이에 더하여 보다 안정적으로 수자원을 확보하기 위하여 전국에 다목적 댐을 건설하고 댐 관련 법령은 하천수와는 달리 댐용수에 대해서는 특별한 법적 지위를 인정하게 됩니다.

하지만 서울 등 자치단체들은 댐이 건설되기 이전에 자신들이 허가받은 하천수 사용량을 이른바 기득수리권으로 주장하며 여기에 대해서는 하천수사용료를 제대로 지불하지 않습니다. 댐용수도 하늘에서 떨어지는 빗물을 담은 것이고 결국 하천으로 흘러 들어간다면 어떤 물이 하천수이고 또 댐용수인지 구분이 잘 되지 않고 여기에 자치단체들은 인구증가 등에 따르는 확장된 기득수리권을 주장하면서 댐관리자와 자치단체, 자치단체와 자치단체 간에 서로 물싸움을 벌이게 되는 것입니다.

그리고 이러한 수리권 분쟁에는 물의 사용에 대한 비용을 누가 부담할 것인가 하는 돈 문제까지 결부되어 상황을 한층 복잡하게 하는데, 앞으로 정부는 수리권에 대한 보다 명확하고 정교한 교통정리를 해야 할 것으로 보입니다. 원래 제1장의 내용 다음에는 당연히 제2장의 내용을 서술하는 것이 원칙이지만 수리권과 하천수사용료 등 비용부담의 문제는 상호간에 밀접히 연관되어 있기 때문에 제3장에서는 하천수사용료에 대한 법적 성격, 제도개선 등의 문제와 함께 이른바 4대강 수계법에 따라서 부과되는 물이용부담금에 대해 언급하였습니다. 특히 물이용부담금의 부담금관리기본법에 근거를 두고 있으나 그 헌법적 정당성이 크게 문제되는 부분이 있기 때문에 상세하게 검토하였습니다.

수리권과 관련하여 중요한 쟁점 중의 하나는 이와 같이 하천법상 허가수리권을 기후변화와 사회적 필요에 따라서 재조정할 필요성이 제기되는 경우 그 권리성, 더 나아가 헌법상 재산권적 성격을 인정하고 경우에 따라서 보상을 할 것인가 하는 것입니다. 여기에 대해서는 최근 대법원 판결이 나오고 있는데 저는 대법원과 헌법재판소의 관련 판례를 비판적인 각도에서 평가하였습니다.

제2장은 물관리 거버넌스에 관한 문제를 다루고 있습니다. 이른바 4대강 사업의 부정적인 결과와 관련하여 과연 그 원인이 무엇인가에 대해서는 여러 가지 측면에서 평가가 가능하겠지만 저는 이 문제가 장기적이고 지속가능한 물관리원칙에 역행하는 대표적인 "거버넌스의 실패"라고 봅니다. 하천이나 물관리는 그 경제적인 이용이나 산업적 측면뿐만 아니라 일종의 공공재로서 국가는 물론 물을 사용하는 소비자로서 국민이 가지고 있는 의견이나 선호도 내지 가치관도 반영되어야 합니다. 다시 말하자면 하천과 수자원, 물관리라는 공적 과제에는 정부의 권한뿐만 아니라 일반 국민, 지역주민, 유역별 지방자치단체, 전문가와 시민단체 등이 다양

한 이해관계를 갖고 있기 때문에 이를 조절하기 위해서는 협치의 과정을 통하여 이들이 적절하게 참여하고 소통할 수 있는 채널이 마련되어야 합니다. 바로 이러한 협치와 소통을 통한 하천과 물관리가 미래세대에 대한 지속가능성을 보장하기 때문입니다. 이러한 측면에서 보면 4대강 사업은 이른바 대통령의 국정철학을 일방적으로 밀어붙인 결과 물관리의 협치와 지속가능성원칙에 반하는 대표적인 사례라고 할 수 있겠습니다. 사실 저는 지난 10여년 간 물관리기본법의 요체가 국가물관리위원회와 유역물관리위원회의 거버넌스를 민간중심으로 구성하는 것으로 생각하였고 저의 그 구상은 현행 물관리기본법에 상당 부분 반영되었습니다.

그런데 최근 낙동강의 물 문제를 해결하기 위하여 공식적 거버넌스로서 낙동강 유역물관리위원회와 더불어 비공식적인 거버넌스로서 유역정책협의회(유역센터) 등의 조직이 검토되고 있습니다. 유역협의회 또는 센터는 낙동강 유역의 물 문제에 대하여 지역의 주민대표, 공무원, 시민단체, 사업자 등이 참여하는 광범위한 지역협의체로서 낙동강 유역의 물과 관련한 의제를 발굴하고 구성원 간에 상호 소통하며 문제해결을 위한 공감대를 형성하는 기능을 수행합니다. 낙동강 유역과 같이 수질문제가 심각하고 취수원의 이전 등에 대한 주민과 지역적 이해관계가 첨예하게 대립하고 있는 지역의 경우 사실상 유역관리위원회의 위원들이 소신과 전문성을 가지고 일정한 사항을 심의하고 의결할 수 있을지 의문이 제기될 수 있습니다. 자칫, 이러한 문제에 대한 해법이 제시되지 않는 경우 유역물관리위원회는 의결 무능력상태에 빠질 가능성도 배제할 수 없다는 것이지요.

따라서 물관리기본법에 의한 유역물관리위원회라는 공식적인 거버넌스가 효율적으로 작동될 수 있도록 사전에 의제를 조율하고 유역물관리위원회와 상시적으로 소통할 수 있는 비공식적인 거버넌스를 운영하는 것이 매우 중요합니다. 이와 같이 낙동강 유역물관리위원회라는 공식적 거버넌스 이외에 유역정책협의회 등 비공식적 거버넌스의 필요성과 양자 간의 상호관계가 무엇인지 제2장에서 다루고 있습니다. 이는 수법의 영역을 넘어서서 저는 한국의 행정조직법과 행정법질서가 소통과 협치를 위한 새로운 실험과 시도를 시작한 것으로 보며, 한국을 넘어서서 행정법 일반이론 내지 글로벌 행정법질서에 한국이 기여할 수 있는 부분이라고 생각합니다.

제4장은 각국의 수법을 다루고 있지만 그 내용이 부실하니 독자들은 그냥 자료제공을 위한 부록 정도로 생각하시면 되겠습니다.

이 책이 세상에 나오기까지는 많은 분들의 도움이 있었습니다. 미국과 호주의 수리권은 윤익준 교수님, 일본수리권 부분은 노기현 박사님의 도움을 받았습니다. 그리고 신조사 이종은 부장님은 늘 저와 격의 없이 대화하는 조언자와 親友로서 이 책의 출간을 적극적으로 도와주셨습니다. 교정작업은 이정선 선생님이 수고해 주셨습니다. 이 분들께 이 자리를 빌어 진심으로 감사드립니다.

그리고 마지막으로 늘 까칠한 인간을 옆에 두고 마음앓이를 하는 아내에게 인간의 언어로는 표현하기 어려운 고마운 생각을 가지고 있고 고된 삶 속에서도 靈肉 간의 평화와 건강을 기원합니다. 그리고 이 책은 육아와 가사로 바쁜 시간 속에서도 학위과정을 마치고 새내기 법학자가 된 딸, 복덩이 손자와 듬직한 진규 가족에게 바칩니다. 그들의 미래가 밝고 행복하기 바라는 일념으로 글을 마칩니다.

2020년 여름 서초동 서재에서

저자 **김성수**

차 례

제1편

수리권

제1절 수리권의 법적 성격과 하천법의 과제

Ⅰ. 문제의 제기

물을 이용하는 것은 지구상에 역사적으로 등장하여 변화하고 사멸한 모든 생명체들의 일차원적 생존수단이라고 할 수 있다. 특히 인류는 생존과 일상생활을 넘어서서 물을 체계적으로 이용하여 농업과 산업활동을 영위하여 왔다. 우리나라도 예외는 아니어서 농경사회가 정착되면서 가뭄과 홍수를 극복하는 治水의 영역과 더불어 물을 이용하여 농업생산을 극대화하는 利水분야가 국가의 중요한 정책과제로 인식되었다. 그러나 해방 이후 우리나라에서 산업화가 급격히 진행되고 용수에 대한 수요가 급증하면서 기존에 관행적으로 물을 이용하거나 민법상의 공유하천용수권 만으로는 물에 대한 이용과 수요를 적절하게 조정하는 것이 사실상 어려워지게 되었다. 물이용에 대한 문제를 보다 근본적이고 체계적으로 정비하기 위하여 1961년 하천법이 제정되었으며, 이에 따라서 하천수에 대한 사용은 하천관리청의 허가를 얻어야 하는 이른바 허가수리권이 출현하게 된다. 그 이후에도 산업활동에 필요한 용수가 여전히 부족하고, 가뭄과 홍수에 대비하기 위하여 전국적으로 대규모의 다목적 댐이 건설되면서 댐에서 하천으로 유입되는 유량에 대해서도 물에 대한 법적 이용과 관리주체 등을 규율할 필요성이 제기되어 '댐건설 및 주변지역 지원 등에 관한 법률'(이하 댐법이라 한다)과 한국수자원공사법이 제정되었다. 그런데 댐법을 제정하는 과정에서 기존에 하천법상 허가를 받아 하천수를 사용하는 기득권자의 수리권을 보호하기 위하여 댐법은 이러한 기득수리권을 보호하는 조항을 포함하게 되었다.

이와 같이 현행법상 물사용에 대한 권리를 의미하는 수리권은 민법상의 전통적인 관행수리권과 공유하천용수권, 하천법상의 기득수리권과 허가수리권, 댐법상의 댐 사용권, 댐용수 사용권 등이 병존하고 혼재되어 있는 양상이라고 할 수 있다. 물론 이와 같은 다양한 성격의 수리권은 역사적으로 물이용에 대한 발전과정에서 나타난 것으로서 나름대로의 의미가 있으며, 상호 독자적인 영역을 구축하고 있는 것도 사실이지만, 상호 간에 충돌하는 경우가 빈번하게 발생하고 있다. 또한 하천에 유입되는 동일한 물이기는 하지만 이것이 강우 등 자연유량으로서 이른바 기득수리권의 범위와 내용에 속하는 것인지 아니면 하천수 사용허가 이후에 건설된 댐으로부터 유입되는 것인지를 구별하기 어려운 경우가 많이 있어서 물사용과 그 비용에 대한 법적 분쟁을 야기하고 있다. 근본적인 문제는 기득수리권의 범위가 모호하다는 것에 있으며, 그 간의 도시화와 인구의 증가로 인하여 특히 지역주민들과 자치단체들은 자연증가된 유량을 기득수리권에 포함시켜서 이른바 지역수리권이라는 개념을 제시하고 있다.[1] 허가수리권과 댐 사용권은 필연적으로 물에 대한 비용부담의 문제를 발생시키고 있는데, 앞서 언급한 바와 같이 현행법상 다양한 수리권의 개념과 범위가 불명확하기 때문에 비용구조의 왜곡현상을 초래하고 있다. 특히 하천수 사용에 대한 비용의 부과와 징수주체가 분리되어 법적 효과를 상당 부분 저해하고 있는 것이 현실이다. 본 연구에서는 이와 같이 다양한 형태의 수리권의 법적 성격과 문제점을 분석하고 하천법 등의 입법과제에 대하여 제언하기로 한다.

이에 더하여 수리권의 문제는 단순히 물을 경제적인 목적으로 이용하는 측면만을 고려하는 것이 아니라 물에 대한 질적 관리를 포함하여 기후변화에 따르는 물의 순환, 수생태계의 지속가능성과 수생 및 수변동식물의 다양성 보장과 같은 생태적, 환경적 요소를 강조하고 있다.[2] 또한 수리권의 개념에 대해 UN 등 국제사회는 “인간의 생존에 필수적인 안전하고 깨끗한 물을 사용할 수 있는 권리”라는 인권적 측면을 새로 부각시키고 있다.[3] 오늘 토지공법학회 기념학술대회를 맞이하여 물과 토지를 비롯한 중

---

1) 지역수리권의 개념과 주민에 대한 보장방안에 대해서는 김동건, 강원법학 제24권, 211면 이하(229면).
2) 김현준, 수리권과 물사용의 비용부담, 토지공법연구 제71집, 389면 이하(409면 이하).
3) 이에 대한 상세한 논의는 류권홍, 물인권 개념과 수리권의 변화, 동아법학 제64권, 279면 이하(특히 독립적 인권의 차원에서 물인권, 296면).

요한 환경자원, 물의 사회·경제·문화적 측면을 아우르는 이른바 통합관리 방식을 언급하지 않을 수 없다. 물에 대한 통합관리(IWRM, Integrated Water Resource Management)는 1992년 6월 브라질의 리우에서 UN환경개발회의 Agenda 21에서 처음 채택되었고, 최근에는 물과 식량, 에너지의 결합(Water Food Energy Nexus)이 논의되고 있다.

Ⅱ. 수리권의 개념과 법적 성격

1. 수리권의 개념

수리권이라는 것은 문자 그대로 물을 이용하는 권리라는 의미이다. 물을 이용하는 권리, 즉 수리권(水利權)은 물을 재산으로 소유하거나 임의로 처분하는 水財權과 구별되는 개념이다.[4] 후술하는 바와 같이 하천이나 湖沼에서 관행적으로 혹은 관리청의 허가를 얻어서 물을 이용하는 권리가 민법상 또는 행정법상의 권리적 성격을 일정 부분 가지고 있는 것은 인정하지만 헌법 제23조 제3항에 의하여 보호되는 재산권인가에 대해서는 심층적인 논의가 필요하다. 이와 같이 관행적으로 또는 허가를 받아 물을 이용 또는 사용하는 권리를 수리권이라고 말하지만 수리권의 개념을 법적으로 정의하는 실정법 조항은 존재하지 않는다. 이는 물이 지표수와 지하수, 해수와 담수, 기수(汽水) 등으로 다양하게 분포하고 있어서 각각의 이용방식이 상이하다는 점과 더불어 앞서 언급한 바와 같이 물을 이용하는 목적에 따라서 생활용수, 농업용수, 공업용수 등으로 구분되어 어느 하나의 법적인 개념으로 정의하기에 용이하지 않다는 현실적인 어려움을 반영하는 것이다.

다만, 法定水利權의 기초가 되는 하천법에 의하면 간접적으로 수리권

4) 미국에서는 서부개척시대 수리권을 재산권으로 파악하였으나 물이 공유재라는 점을 인식하면서 공공신탁이론으로 선회하는 역사적 과정을 거쳤다. 박동렬, 물법의 진화와 그 방향, 저스티스 제139호, 62면 이하.

에 대한 개념을 정의하는데 이로부터 일정한 시사점을 도출할 수 있을 것으로 보인다. 하천법 제51조 제1항은 "생활·공업·농업·환경개선·발전·주운(舟運) 등의 용도로 하천수를 사용하려는 자는 대통령령으로 정하는 바에 따라 국토교통부장관의 허가를 받아야 한다"고 규정하고 있다. 따라서 적어도 하천법상의 하천수 사용허가를 받은 자는 위와 같은 목적으로 물을 사용할 수 있으므로 하천법상 수리권은 "하천법상 하천수 사용허가를 받아 생활·공업·농업·환경개선·발전·주운(舟運) 등의 용도로 하천수를 사용하는 권리"라고 그 개념을 정의할 수 있다. 하천법상 수리권을 몇 개의 개념요소로 구분하면 수리권의 개념이 보다 명확해질 수 있다. 첫째, 하천법상 수리권은 사용허가를 전제로 하므로 원칙적으로 하천수를 계속적으로 사용하는 권리이다. 그러나 일시적인 하천수 사용이라고 하더라도 대규모의 사용이 이루어지는 경우에는 역시 하천법상 사용허가의 대상이 되어야 하므로 하천법상의 수리권은 계속적 사용은 물론 일시적인 사용도 포함되는 것으로 해석하여야 한다.[5] 따라서 일시적인 사용이라고 하더라도 사회통념상 대규모의 물사용에 대하여 사용허가를 받지 않는 하천수 사용은 불법사용이 되며, 하천법 제95조 제9호에 따라서 2년 이하의 징역 또는 2천만 원 이하의 벌금에 처해진다.

둘째, 하천법상의 수리권은 생활·공업·농업·환경개선·발전·주운(舟運) 등의 용도로 그 사용목적을 규정하고 있으나 '등'이라는 표현에서 살펴볼 수 있는 바와 같이 상기한 용도 외에도 관광, 스포츠나 레저 등 사회적 환경의 변화에 따라서 다양한 사용목적을 가질 수 있으며, 이러한 의미에서 상기 사용목적은 예시적인 것으로서 허가관청의 판단에 따라서 사용허가를 요구하는 경우가 발생할 수 있다.

셋째, 수리권은 국가의 허가라는 관리행위에 기인하는 것으로서 영속하는 권리가 아니며, 일정한 존속기간이 있는 한시적인 권리이다. 수리권이 한시적 권리라는 점은 권리의 존속기간이 경과하면 재허가에 대한 권

5) 同旨: 김현준, 전게논문(각주 2), 393면.

리 역시 당연히 인정되는 것이 아니라 허가관청의 의무에 합당한 재량에 의하여 결정된다는 것을 의미한다. 하천법 제51조 제4항은 하천수 사용허가의 유효기간을 국토교통부장관의 부령, 즉 하천법 시행규칙으로 정하도록 규정하고 있다. 하천법 시행규칙 제28조 제1항에 따라서 하천수 사용허가의 유효기간은 홍수통제소장이 10년 이내에서 허가한다.

넷째, 하천법상의 수리권은 하천을 유상으로 사용하는 권리이다. 하천법 제51조 제5항에 의하면 시·도지사는 제1항에 따라 하천수 사용허가를 받은 자에게 사용료를 징수할 수 있다. 그러나 댐법 제35조 제1항은 "댐사용권자나 댐 사용권설정예정자는 해당 댐의 저수를 사용하는 자로부터 사용료를 받을 수 있다. 다만, 댐건설 이전에 하천법 제50조에 따른 하천수의 사용허가를 받아 하천의 물을 사용하는 경우에는 사용료를 받지 아니한다"고 하여 기득수리권자의 하천수 사용에 대해서는 사용료를 면제하고 있다. 후술하는 바와 같이 법률상 하천수 사용허가와 사용량에 따라서 사용료를 징수하는 것은 시·도지사의 권한으로서 그 법적 성격은 수익자부담금(Vorzugslasten)이며 전형적인 사용료에 해당한다. 독일의 경우 하천수를 유상으로 사용하는 대가의 법적 성격에 대하여 원인자부담원칙에 의한 환경부담금의 하나로 이해하는 특별부담금(Sonderabgabe)설과 사용료(Wasserentnahmeentgelt)설이 제기되었으나 연방헌법재판소는 이를 사용료의 성격을 가지는 금전부담으로 규정하였다.[6] 하천법상의 수리권이 유상수리권이라는 사실은 여기에 그치지 않고 향후 민법상 관행수리권, 하천용수권, 농업용수의 유상성 논의에 대해서 상당한 시사를 할 수 있을 것으로 보인다. 이와 더불어 하천법에 따라서 하천수 사용에 대한 사용료를 부과하는 것과는 별도로 하천수를 사용하기 위해서는 하천점용이 필요하며, 이에 대한 대가로 하천점용료가 부과된다.

마지막으로 하천법상의 허가수리권은 하천관리청의 허가를 통하여 발생하는 것인데. 이것이 하천관리청을 포함하여 제3자에게 대항할 수 있는 배

6) BVerfGE 93, 319.

타적 지배권을 인정하는 것인지 아니면 단순히 행정청에 허가에 따라서 물을 사용할 수 있는 법적 지위를 부여받은 것에 불과한 것인지 문제될 수 있다. 이 주제는 마치 '온실가스배출권의 할당 및 거래에 관한 법률'에 규정된 온실가스배출권의 권리적 성격과 비교될 수 있는 사안이라고 할 수 있다. 이 법 제12조 제1항에 따라서 온실가스배출권은 주무관청이 할당대상업체에 온실가스를 배출에 대한 할당처분이라는 행정처분을 통하여 발생한다. 따라서 이 법 제2조 제3호는 온실가스배출권이라는 용어를 사용하고 있음에도 불구하고 그 개념을 다음과 같이 정의하고 있다. "'배출권' 이란 '저탄소 녹색성장 기본법' 제42조 제1항 제1호에 따른 온실가스 감축 목표를 달성하기 위하여 제5조 제1항 제1호에 따라 설정된 온실가스 배출 허용총량의 범위에서 개별 온실가스 배출업체에 할당되는 '온실가스 배출 허용량'을 말한다."

물론 하천수 사용허가권 자체를 허가권이 유동되는 시장에서 매매 등을 통하여 매수하고 사용료를 지불하고 하천수를 사용하는 경우에는 유상사용으로서 그 권리성을 인정할 수 있지만[7] 기득수리권과 같이 무상으로 허가한 물량을 사용하는 자의 법적 지위에는 권리성을 인정하기 어렵다. 이에 대해서는 허가수리권에 대하여 후술하면서 상세하게 논한다. 그렇다면 하천수 사용허가에 따라서 발생하는 수리권 역시 '권리'라는 용어에도 불구하고 행정청의 허가를 통하여 부여되는 사용량에 불과한 것으로 본다면, 이것이 허가대상자에게 배타적이고 주관적인 권리를 부여한 것인지 여부에 대하여는 상세하고 근본적인 검토가 요구된다. 만약, 배출권과 수리권이 유사한 법적 구조와 성격을 가지는 것이라면, 이제부터는 수리권보다는 '물사용량' 또는 '許可水量'이라는 용어가 보다 적합한 것은 아닌지 문제가 제기되는 것이다.[8] 이는 특히 허가수리권의 하나로서 인정되는 기득수

7) 실제로 칠레, 멕시코, 미국의 텍사스 주 등 일부 국가에서는 허가수리권이 거래의 대상이 되고 있다.

8) 무상으로 할당된 배출권 자체를 헌법상 재산권으로 보호받기 어렵다는 견해는 김성수, '온실가스 배출권 거래제도에 관한 법률안'상의 온실가스 배출권의 법적 성격과 할당의 법적 과제, 토지공법연구 제52집, 215면 이하(226면 이하).

리권에 대하여 지방자치단체들이 마치 이것을 전래적으로 향유하는 것으로서 배타적 권리성을 인정하고 여기에 지역수리권이라는 개념적으로 모호한 수리권을 결합시켜 하천법상 수리권에 대한 조정문제를 어렵게 만드는 경우에 설득력이 있는 반론으로 제기될 수 있기 때문이다. 그런데 후술하는 바와 같이 대법원도 판례를 통하여 하천법에 의한 하천점용허가에 대하여 물권적 효력을 부인하고 단순한 채권자로서의 지위만을 인정하고 있으며, 헌법상 재산권으로서의 성격에 대하여 일관되지 못한 태도를 보이고 있는 것은 기득수리권의 권리성 여부에 대하여 보다 철저한 검토가 필요하다는 방증으로 볼 수 있다.

2. 민법상 수리권의 법적 성격

1) 공유하천용수권

민법상 수리권에 대한 조항은 제231조의 공유하천용수권과 제234조의 관행수리권을 들 수 있다. 민법 제231조 제1항은 "공유하천의 연안에서 농, 공업을 영위하는 자는 이에 이용하기 위하여 타인의 용수를 방해하지 아니하는 범위 내에서 필요한 인수를 할 수 있다"고 규정하고, 제2항에서는 "전항의 인수를 위하여 필요한 공작물을 설치할 수 있다"는 내용을 두고 있다. 공유하천용수권은 공유하천의 토지를 소유하고 인근에서 농업이나 공업 등 생업을 영위하는 토지소유자 혹은 토지소유권과는 관계없이 공유하천과 인접한 연안에서 다른 사람의 물이용권을 방해하지 않는 범위 안에서 물을 사용하는 권리로서 전래적으로 이해되었다. 민법 제231조의 공유하천용수권을 관행수리권으로 보는 견해도 있으나,[9] 앞서 언급한 바와 같이 관행수리권은 공유하천용수권과 구별하여 그 법적 근거를 민법 제234조로 파악하는 입장도 존재한다.[10] 공유하천용수권은 연안에서 농업 등에 종사하는 인근주민이 토지소유자로서 또는 단순한 인근주민으로서 하천에서 물을 끌어 사용하는 관습법상의 행위를 수리권으로 보고 이

9) 김성기, 용수권의 법적 성격-그 물권적 특성을 중심으로, 사법논집, 제13권, 1982, 61면.
10) 이상돈, 우리나라 수리권 제도 정비를 위한 연구, 중앙법학, 제5집 제1호, 2007, 106면.

를 성문화한 것으로 이해되고 있다.[11)]

2) 법적 성격 – 독립한 물권인가 혹은 상린권인가?

일반적인 의미에서 물을 사용 또는 이용하는 권리로서 수리권이 공권인가 혹은 사권인가에 대한 문제는 고전적인 논쟁의 대상이다. 우리나라와 같이 인구밀도가 높고 물에 대한 수요가 증가하는 상황에서 민법상의 관행적인 수리권을 인정하는 것이 과연 타당한 것인가에 대해서는 회의적인 견해도 제시된다. 물은 헌법상 국가가 관리하는 자원이라는 인식이 확산되면서 민법상의 관행적인 수리권 내지 공유하천에서 물을 인수하는 행위를 계속하여 허용하는 것은 수리권을 지나치게 牧歌的 관점에서 바라보는 측면도 있다. 그럼에도 불구하고 앞서 언급한 바와 같이 하천법상의 허가수리권이 공물의 이용관계를 규율하는 공법적 관점이 강조되는 공법상의 수리권이라면, 본 연구에서는 편의상 민법상의 공유하천용수권을 사권으로 이해하고자 한다. 다만, 공유하천용수권을 사법상의 권리로 이해하는 경우에도 이에 대해서는 토지소유권과는 별도의 독립한 물권으로 보는 독립한 물권설과 토지소유자 간의 물에 대한 분쟁을 방지하고 합리적인 배분의 기준을 정하기 위하여 인정되는 권리로 보는 상린권설이 제기되고 있다.[12)]

독립한 물권설은 공유하천용수권을 토지소유권과는 관계없이 공유하천의 인근에서 농업이나 공업 등에 종사하는 사람들이 독립적으로 일정부분 수량에 대하여 배타적인 권리를 행사하는 물권으로 본다. 이에 비하여 상린권설에 의하면 공유하천용수권은 토지소유권을 전제로 하여 토지소유권에 부종하는 권리로서 다른 사람들의 물이용을 방해하지 않는 범위에서 인접 토지소유자들 간의 이해관계를 조절하는 문제로 파악한다. 공유하천용수권을 토지소유권과는 독립한 물권으로 이해하는 견해는 다음과 같은 근거를 제시하고 있다. 1. 공유하천용수권의 경우 상류연안의 토지와

11) 공유하천용수권의 역사적 성립과 그 법적 효력에 대한 논의는 윤태영, 민법상 공유하천용수권의 재해석, 중앙법학 제8집 제1호, 2006, 435면 이하.

12) 물권설과 상린권의 논란에 대해서는 김성수, 수리권의 법적 근거와 한계, 토지공법연구 제43집, 341면 이하(346면 이하).

하류연안의 토지는 서로 공간적으로 가까이 있음을 필요로 하는 것이 아닐 뿐만 아니라 일방의 용수권 때문에 타방의 용수권이 제한받는다고 하더라도 그것은 그 토지소유권의 본래의 내용이 축소되는 것은 아니다. 2. 상린관계의 본지는 공존의 원리에 입각하여 인접하는 두 개의 토지의 이용조절을 도모하는데 반하여, 공유하천용수권의 경우에는 두 개의 용수권이 충돌하는 때에는 기존의 용수권에 대하여 명백히 우선권을 인정하여 이것을 기득권으로 보호한다. 3. 공유하천용수권은 공유하천이라는 공공용물에 대한 사용권이므로 이것이 직접 소유권의 내용을 이루는 것은 타당하지 않다. 이에 비하여 공유하천용수권의 법적 성격을 상린권으로 파악하는 견해는 다음과 같은 이유를 제시하고 있다. 1. 공유하천용수권이란 특정의 토지소유자에게 인정되는 것이 아니고, 공유하천의 연안에서 농공업을 영위하는 자이면 누구에게나 인정되는 것이다. 2. 민법에 규정된 관계 조항들은 특정 개인에게 일정한 재산권을 부여하는 것이 아니라 인접한 이웃 간의 용수를 조절하는 것에 그 목적이 있다. 3. 공유하천용수권을 민법상 상린관계에 대한 부분에서 규정하고 있다는 것 자체가 이를 상린권으로 보는 근거이다.

3) 평 가

공유하천용수권을 민법 제2편 물권편, 제3장 소유권에서 규정하고 있다는 것은 편제상 이를 물권으로 볼 여지도 있다. 특히 토지소유권과는 별도로 민법상 관행적으로 인간의 생존권 내지 경제활동에 필요한 최소한의 물을 이용하는 권리에 대한 강한 법적 보호가 이루어져야 한다는 점에서는 이를 독립한 물권으로 인정하는 근거가 될 것이다. 공유하천의 인근에서 토지를 소유하고 있는 자들 만에게 물을 인수할 수 있는 권리를 부여하는 것은 토지를 가지지 못하고 생업에 종사하는 사람들을 물의 이용으로부터 배제시키는 결과를 가져올 수 있기 때문이다. 다만, 앞서 언급한 바와 같이 물에 대한 전래적이고 관행적인 사용권을 인정하는 것은 국가가 희소한 자원인 물을 관리하는 것을 원천적으로 어렵게 만들 우려가 있으며,

무상사용을 전제로 하는 독립한 물권설은 물의 배분과 가격구조를 왜곡시킬 수 있다. 특히 오늘날 기업화한 농업이나 대규모 공장 등이 하천의 연안에서 무상으로 아무런 제약 없이 하천으로부터 물을 인수하고 이를 물권으로 보호하는 경우 국가의 물관리업무가 효율적으로 수행되기 어렵다.

이러한 이유 때문에 공유하천용수권에 대하여 독립한 물권성을 인정하는 것은 민법의 입법취지에도 반한다는 견해가 제시된다.[13] 물은 흐르는 것을 특징으로 하므로 이를 물권으로 인정하기 위해서는 물이 특정되어서 배타적인 관리가 가능해야 한다는 것이다. 이는 민법 제234조의 관행수리권과의 비교를 통하여 분명해진다. 민법 제234조는 "전 3조의 규정은 다른 관습이 있으면 그 관습에 의한다"라고 규정하여 제231조의 공유하천용수권에 우선하는 관행수리권을 인정하고 있다. 여기에서 말하는 관행수리권은 흐르는 유수를 분리하여 저수지나 보에 가두고 배타적으로 사용할 수 있을 정도로 특정된 상태로 물을 이용하는 것으로서, 이러한 상태에 이르러야 비로소 물권적 성격을 인정할 수 있다는 것이다. 다시 말하자면 민법 제234조에 의한 물권적 성격의 관행수리권은 허가수리권을 규정한 하천법 제정 전부터 농업용수로서 하천에서 물을 끌어서 저수지에 보관해서 사용하거나 적어도 보 등 시설을 설치해서 하천유수와 구분될 수 있는 상태에서 물을 이용하는 것을 의미한다. 그런데 관행수리권 역시 하천의 물이 지속적으로 보나 저수지에 유입되어야 한다는 것을 전제로 한다면 하천법 제정 이후에 허가수리권이 일반화된 상황에서 그 입지를 여전히 유지할 수 있을지 의문이다. 따라서 1961년 하천법 제정 이후에 허가수리권이 일반화되면서 민법상의 관행수리권이나 공유하천용수권은 사실상 사문화된 것으로 보아야 한다는 견해는 설득력이 있다.[14] 따라서 오늘날 민법상 수리권을 논의하는 실익은 수리권의 연혁적 측면을 설명하는 것에 중점을 두고 농경사회를 전제로 하여 관행적으로 물을 이용하는 권리라는 점에서 적실성을 상실한 논제라고 할 수 있다. 그럼에도 불구하고 농업용

---

13) 윤태영, 전게논문(각주 11), 454면.
14) 이상돈, 전게논문(각주 10), 106면.

수의 경우 상당 부분 관행수리권과 밀접히 연관되는 경우가 많아서 법규와 실제 간의 괴리가 여전히 존재하기 때문에 민법상 수리권과 허가수리권을 통합하는 입법적인 과제가 제기된다. 이에 대해서는 후술한다.

3. 하천법상 허가수리권의 법적 성격

1) 공권으로서의 허가수리권

앞서 언급한 바와 같이 하천수를 사용하려는 사람은 하천법에 의하여 하천관리청의 허가를 받아야 한다. 하천법 제50조 제1항에 따라서 생활·공업·농업·환경개선·발전·주운(舟運) 등의 용도로 하천수를 사용하려는 자는 대통령령으로 정하는 바에 따라 환경부장관의 허가를 받아야 하며, 시·도지사는 제1항에 따라 하천수 사용허가를 받은 자에게 사용료를 징수할 수 있다(제5항). 앞서 언급한 바와 같이 민법상의 공유하천용수권 등이 사법상의 권리임에 비하여 하천법상의 허가수리권은 하천이라는 공물을 대상으로 하고 하천법이라는 행정법규를 근거로 하여 하천관리청의 행정처분에 의하여 발생하는 공법상의 권리이다.[15] 민법상 공유하천용수권에 대하여 물권적 성격을 인정하기 어렵고 관행수리권 역시 하천법 제정 이후에 허가수리권이 원칙적인 물사용 관계의 법적인 형태로 정착되면서 그 법적인 의미를 상실하였음을 지적하였다. 그렇다면 이에 비하여 하천법상의 허가수리권의 법적 성격은 어떠한가? 민법상 수리권과는 달리 배타성과 절대성을 그 특징으로 하는 물권과 같이 공법상 권리, 보다 정확하게 행정법상 공권으로 인정될 수 있으며, 하천관리청 또는 제3자가 이를 침해하는 경우 소송절차를 통하여 이에 대한 구제를 받을 수 있는가? 일단, 이 문제와 관련하여 대법원은 하천법상 하천점용권에 대하여 물권적 성질을 부인하고 하천의 관리주체에 대하여 일정한 특별사용을 청구할 수 있는 채권으로 판단하고 있다.[16]

---

15) 박균성, 하천수 사용에 관한 공법적 연구, 토지공법연구 제44집, 107면 이하(113면).
16) 대법원 2014.10.10. 자 2014마1404 결정.

2) 하천점용허가를 받은 자의 법적 지위

대법원은 하천법상 하천점용권 내지 하천점용을 받은 자의 법적 지위에 대하여 다음과 같이 판시하고 있다.[17] 물론 이 사건은 하천법상의 점용허가가 가등기담보법상 물권이며 재산권으로 볼 수 있는가 하는 민사법상의 논의가 중심을 이루고 있으며, 하천점용허가를 받은 사람이 누리는 법적 지위 또는 허가권이 헌법상 재산권에 해당하는가의 문제와는 다른 맥락이라고 할 수 있다. 후술하는 바와 같이 하천수 점용허가는 하천점용허가와 마찬가지로 특허처분으로서 행정청의 재량행위로서 동일한 법적 성격을 가지고 있다.[18] 그런데 일반적으로 특허에 권리성이 인정되는 것임

---

17) "하천의 점용허가권은 특허에 의한 공물사용권의 일종으로서 하천의 관리주체에 대하여 일정한 특별사용을 청구할 수 있는 채권에 지나지 아니하고 대세적 효력이 있는 물권이라 할 수 없다(대법원 1990. 2. 13. 선고 89다카23022 판결 참조). 구 하천법(2007. 4. 6. 법률 제8338호로 전부 개정되기 전의 것, 이하 같다) 제4조 제1항은 이 법에 의한 허가 등으로 인하여 발생한 권리·의무를 가진 자가 그 권리·의무를 양도한 때 등에는 양수인이 그 지위를 승계한다고 규정하고, 같은 조 제2항은 위와 같이 권리·의무를 승계한 자는 건설교통부령이 정하는 바에 의하여 관리청에 신고하여야 한다고 규정하고 있으며, 위 위임에 따른 구 하천법 시행규칙(2008. 4. 16. 국토해양부령 제6호로 전부 개정되기 전의 것) 제2조는 구 하천법에 따라 권리·의무의 승계를 신고하고자 하는 자는 양수일 등으로부터 30일 이내에 [별지 제1호 서식]의 권리·의무승계신고서에 승계사실을 입증할 수 있는 서류를 첨부하여 하천의 관리청에 제출하여야 한다고 규정하고 있다. 한편 구 하천법 제33조 제1항은 하천구역 안에서 공작물의 신축·개축·변경, 유선장의 설치 등의 행위를 하고자 하는 자는 대통령령이 정하는 바에 의하여 관리청의 허가를 받아야 한다고 규정하고, 같은 조 제2항은 관리청은 위 허가를 한 때에는 대통령령이 정하는 바에 의하여 이를 고시하여야 한다고 규정하고 있다. 그리고 가등기담보법 제18조는 가등기담보법상 청산절차에 관한 규정은 등기 또는 등록할 수 있는 부동산소유권 외의 권리(질권·저당권 및 전세권을 제외한다)의 취득을 목적으로 하는 담보계약에 관하여 준용한다고 규정하고 있는바, 여기에서 등기 또는 등록할 수 있는 권리는 그 재산권의 설정과 이전에 관하여 등기 또는 등록이 성립요건 또는 대항요건이 되어 있는 재산권을 말하고, 단순히 행정상의 편의를 위하여 등록 등을 요구하는 경우에는 이에 해당하지 않는다고 할 것이다(대법원 2001. 4 10. 선고 2001다2419 판결 참조). 한편 기록에 의하면 피고가 하천점용허가 관리대장을 작성하는 사정을 알 수 있으나, 위 관리대장은 허가가 있었음을 증명하는 문서로 행정상 편의를 위하여 작성하는 것에 불과하고, 하천의 점용허가권은 그 재산권의 설정과 이전에 관하여 등기 또는 등록이 성립요건 또는 대항요건이 되어 있는 재산권이라고 할 수 없으므로 가등기담보법이 준용된다고 할 수 없다"(대법원 2015. 1. 29. 선고 2012두27404 판결).

18) 同旨: 조성규, 지방자치단체의 물의 사용에 관한 권리, 행정법연구 41호, 115면 이하(119면).

에도 불구하고 대법원은 하천점용허가가 하천의 관리주체에 대하여 일정한 특별사용을 청구할 수 있는 채권에 지나지 아니하고 대세적 효력이 있는 물권이라 할 수 없다는 입장을 제시한 것이다. 여기에서 주의할 것은 하천점용허가는 하천관리청의 특허처분에 의하여 발생하는 것으로서 허가를 받은 자에 대하여 행정처분을 통하여 일정한 법적 지위를 부여하는 것이지 민법상 배타적 효력을 가지는 물권이나 더 나아가 입법자가 헌법상 재산권의 내용을 형성하여 주는 것이 아니라는 점이다.

하천법 제33조 제1항에 따라서 하천구역 안에서 다음 각 호의 어느 하나에 해당하는 행위를 하려는 자는 대통령령으로 정하는 바에 따라 하천관리청의 허가를 받아야 한다. 1. 토지의 점용. 2. 하천시설의 점용. 3. 공작물의 신축·개축·변경. 4. 토지의 굴착·성토·절토, 그 밖의 토지의 형질변경. 5. 토석·모래·자갈의 채취. 또한 하천법 제37조 제1항에 의하여 하천관리청은 하천점용허가를 받은 자로부터 토지의 점용료, 그 밖의 하천사용료를 징수할 수 있다. 일반적으로 하천점용허가가 이루어지는 경우 허가를 받은 자는 점용료를 납부하게 되는데, 점용료는 허가라는 행정처분의 공적 서비스에 대하여 부과하는 일종의 행정수수료이다. 따라서 허가받은 자가 점용료를 납부하기는 하지만 하천관리청은 점용허가를 통하여 상대방에게 하천을 점용할 수 있는 공법상 지위를 부여할 뿐 배타적으로 하천을 점용하여 이를 사용, 수익하거나 처분할 수 있는 독점적·배타적인 권리를 부여하는 것이 아니다. 후술하는 바와 같이 하천의 계속적 사용에 대하여 사용료를 부과하는 경우와는 달리 하천점용료라는 행정수수료의 납부만으로는 무상사용의 법적 성질이 변하지 않는 것으로 보아야 한다.

헌법재판소는 체육시설업에 대한 사업계획승인 등 행정처분에 의하여 성립하는 상대방의 법적 지위는 행정수수료의 납부가 있다고 하더라도 다음과 같이 헌법 제23조가 보장하는 재산권의 내용에 속하는 것이 아니라고 보고 있다. “사적유용성과 원칙적 처분권이 재산권의 징표라고 본다면, 재산가치는 그와 같은 사적유용성과 원칙적 처분권 등 재산성이 인정될 만한 가치가 있는 것을 의미하는 것이다. 그런데 골프장 사업계획승인은 골프장 영업을 할 수 있게 하는 행정처분에 불과한바, 그 처분은 해당 체육시설이 법령에서 정한 시설기준을 갖출 수 있는지를 비롯한 제반 사업수행능력에 대한 승인에 해당하므로, 여기에 어떠한 재산적 가치가 내포되어 있다고 보기 어렵고, 나아가 공법상 수급권과는 달리 그 처분을 통해 어떠한 재산적 가치를 설정하거나 부여하고자 하는 행정주체의 의사가 표현되어 있다고 보기도 곤란하다. 그렇다면, 사업계획승인권 자체에는 헌법상 재산권으로 인정되기 위해 필요한 필수적인 요건들이 결여되어 있다고 할 것이다"(헌재 2010. 4. 29. 2007헌바40).[19]

결국 행정법규에 의하여 일정한 수익적 행정처분이 이루어진다고 하더라도 그 처분 자체는 상대방에게 독점적이고 배타적으로 일정한 재산적 가치가 있는 물건에 대하여 사적으로 이용할 수 있는 권능과 임의로 처분할 수 있는 권리를 부여하는 것이 아니라 단순히 일정한 행위를 할 수 있는 공법적 지위(öffentlich-rechtlicher Status)을 설정한 것에 불과하다.[20] 이는 특히 이러한 법적 지위가 무상으로 부여되는 경우에 보다 분명해진다. 다만, 헌재의 별개의견은 위 사건에서 행정처분으로 인한 공법상의 지

19) 그러나 이 사건에서 별개의견은 사업승인권의 재산권적 성격을 다음과 같이 인정하고 있다. "체육시설업에 대한 사업계획승인권은, 사업계획승인권이 그 권리자에게 귀속되는 것임이 명백한 점, 이 사건 법률 개정 이전의 경제거래 현실에서 기존의 사업계획승인권자는 자신의 위 승인권을 타인에게 양도하여 그 대가로서의 양도대금을 취득하여 왔고 이러한 거래 및 양도대금의 수수 등이 대법원의 판결을 통하여 뒷받침되어 온 점에서 사적유용성이 인정되고, 사업계획승인권을 양도할 상대방을 선택하거나 그 조건을 정할 자유가 상당히 제약되게 되었다 하더라도 양도계약의 체결 여부 및 조건의 약정 등에 있어서 처분의 자유가 전혀 없어졌다고는 할 수 없으므로 원칙적 처분권도 인정되며, 이에 재산권으로 보호될 만한 재산가치 역시 내포되어 있다 할 것이다. 따라서 이 사건에서의 사업계획승인권은 헌법상 보호되는 재산권으로 보아야 하 고, 이 사건 법률조항에 의한 재산권의 제한이 헌법상 용인될 수 있는 합리적이며 필요한 제한인지 여부에 대한 심사로까지 나아가야 할 것이다."

20) 독일의 경우에도 연방최고법원은 국가가 부여한 택시면허는 관할 행정청이 행정절차에 따라 상대방에게 수익적 행정처분을 한 것으로서 특정인에게 일정한 공법적 지위를 부여한 것일 뿐 그 자체로서 재산적 가치가 있는 권리가 아니며 결과적으로 독일기본법 제14조 제1항에 의한 재산권은 아닌 것으로 보고 있다. BGHZ 108, 364(371).

위에 대하여 재산권적 성격을 인정하고 대법원 역시 2014년 하천점용허가로 인한 법적 지위에 대하여 물권으로서의 효력을 부인하고 채권적 효력만을 인정하면서도 다음과 같은 이유로 그 재산권적 성격을 긍정하고 있다.[21]

3) 평 가

그렇다면 무상사용과는 달리 하천수 사용허가를 통하여 하천수의 사용량에 따라서 하천수 사용료를 부과하는 이른바 유상사용의 법률관계는 상대방에게 배타적·독점적으로 물권적 권리, 더 나아가 헌법상 재산권으로 이해할 수 있을까? 이 경우에 자신이 사용하는 하천수는 사용료를 지불하고 사용물량을 하천으로부터 분리·특정하여 자신의 용도에 맞도록 이용하고 자유롭게 처분할 수 있다는 점에서 사적유용성과 처분성을 가진 재산적 가치가 있는 재화라고 할 수 있다. 예를 들어 음료를 판매하는 기업이 하천관리청으로부터 하천수 사용허가를 받아 하천수 사용료를 지불하고 제품을 생산하여 판매하는 경우 생산요소로서 하천수를 사용하는 것은 자신만의 전형적인 배타적·독점적인 권리를 행사하는 것이다. 이 경우 기업은 자신이 사용하고자 하는 물을 일종의 물시장에서 구입하여 생산활동에 사용하는 권리를 갖는다는 이치인 것이다. 따라서 제품의 생산에 보다 양질의 물이 필요한 경우에는 이를 가공·처리하여 자신이 직접 사용할 수도 있으며, 이를 시장에서 판매하여 일정한 이윤을 취할 수도 있다. 또한 지방자치단체가 하천법상 하천수 사용허가 이후에 댐용수의 사용을 위하여 한국수자원공사와 용수계약을 체결하여 사용하는 수리권 역시 같은 성격을

21) "하천점용허가에 따라 해당 하천을 점용할 수 있는 권리(이하 '하천점용허가권'이라 한다)는 특허에 의한 공물사용권의 일종으로서 하천의 관리주체에 대하여 일정한 특별사용을 청구할 수 있는 채권에 해당하고(대법원 1990. 2. 13.자 89다카23022 결정 등 참조), 독립된 재산적 가치가 있다. 하천법 제33조 제1항, 제5조 등 관련 법령에 의하면, 하천의 점용허가를 받은 자는 관할관청의 허가 없이 그 하천점용허가권을 자유로이 양도할 수 있고 하천점용허가권에 대하여 법률상 압류가 금지되어 있지도 아니하다. 이와 같은 하천점용허가권의 내용 및 법적 성격 등에 비추어 보면, 하천점용허가권에 대하여는 민사집행법 제251조에 정한 '그 밖의 재산권'에 대한 집행방법에 의하여 강제집행을 할 수 있다고 할 것이다"(대법원 2014. 10. 10. 자 2014마1404 결정).

가진다. 이 경우의 유상수리권은 당연히 물권적 효력을 가지며, 더 나아가 용수료의 지불이라는 자기기여분이 수리권의 본질적인 구성요소를 이루는 것이기 때문에 헌법상 재산권으로 보호받게 되는 것이다. 이 경우에는 하천점용허가에 대하여 점용료라는 단순한 행정수수료를 납부하여 일정한 공법상 법적 지위를 취득하는 것 이외에 하천수 또는 댐용수에 대하여 사용량에 따라서 하천사용료, 댐용수 사용료라는 일종의 사용료를 납부하고 특정이 가능한 하천수, 댐용수를 사용하는 계속적 법률관계가 성립한다.

그럼에도 불구하고 하천수 사용허가를 통하여 성립한 법률관계 자체는 하천수를 사용하는 물권적·재산권적 권리와는 역시 구별되어야 한다.[22] 하천수 사용허가는 상대방에게 일정한 법률관계를 형성하는 형성적 행위로서 특허처분에 해당하지만 상대방에게 일정한 법적 지위를 형성하는 것에 그치고 그 자체로는 어떠한 재산적 가치나 사적유용성이 있는 재산권을 형성하거나 부여하는 것이 아니다. 왜냐하면 특허처분으로 성립한 법적 지위 자체를 매매하는 시장에서 양도하거나 기타의 방법으로 사용·수익하는 등 재산적 가치를 활용하는 독점적·배타적인 물권이나 재산권을 부여하는 것이 아니기 때문이다. 따라서 헌재의 별개의견과 대법원의 2014년 결정이 행정처분으로 발생한 법적 지위가 재산권적 성격을 가지고 있다고 판시한 것은 법리적으로 문제가 있다고 할 것이다. 대법원 판결에서는 하천점용허가가 행정청의 별도의 허가 없이 점용허가권을 자유롭게 양도할 수 있다고 보고 있으나,[23] 그것이 시장에서 일정한 가격이 형성되어 유상으로 양도되는 것이 아닌 이상에는 하천점용허가권 자체가 헌법상 재

---

22) 이와 같이 하천수사용허가권 자체와 그로 인하여 분리·특정이 가능한 하천수의 사용을 구분하지 않고 하천수 사용허가로 하천수를 사용하는 권리를 취득하는 것에 중점을 두고 이를 재산권으로 이해하는 오류를 범하고 있다. 박균성, 전게논문(각주 15), 113면; 김현준, 전게논문(각주 2), 393면(각주 10).

23) 아마도 대법원은 하천법 제5조 제1항의 권리의무의 승계조항(이 법에 따른 허가 또는 승인으로 발생한 권리·의무를 가진 자가 사망하거나 그 권리·의무를 양도한 때 또는 그 권리·의무를 가진 법인의 합병이 있는 때에는 그 상속인, 권리·의무를 양수한 자 또는 합병 후 존속하는 법인이나 합병에 의하여 설립되는 법인이 그 지위를 승계한다)을 "자유로운 양도"로 오해한 것으로 보인다.

산권으로서 보호받는 대상이 아니다. 그래서 대법원은 이 판결에서 하천점용 허가권을 재산권으로 보면서도 이를 배타적이고 독점적인 물권이 아니라 단순히 하천의 관리주체에 대하여 일정한 특별사용을 청구할 수 있는 채권에 해당한다는 견해를 제시한 것이다. 만약, 하천점용 허가권이나 하천수 사용허가권이 시장에서 유상으로 매매나 경매 등을 통하여 유상으로 양도되는 경우에는 허가권 자체에 물권적, 재산권적 효력을 인정할 수 있을 것이다.

4. 하천법상 기득하천수리권의 법적 성격 - 지역수리권?

하천법상 기득수리권이란 1961년 하천법의 제정으로 허가사용이 도입된 이후에 하천법 제50조에 의한 하천수 사용허가를 받아 물을 사용하는 권리로서 1973년 소양강댐 등 1970년대 다목적 댐의 건설 이전에 허가를 받은 수리권이라는 의미에서 旣得수리권으로 통상 명칭하고 있다. 그런데 통상적으로 기득수리권을 가지고 있는 주체는 지방자치단체들인데, 이들은 기득수리권을 재산적 권리로 인식하는 경향이 있다. 다시 말하자면, 자방자치단체들은 기득수리권을 배타적 권리로 인식하여 이를 지속적으로 보유하려고 하며, 취수지점을 임의적으로 이전하거나 시설의 통폐합에 따라 사용하지 않게 된 취수장의 물량을 운영 중인 다른 취수장에서 통합하여 사용하려는 입장을 보이고 있다. 그런데 이러한 기득수리권은 앞서 언급한 하천수의 점용허가에 따르는 유상사용과는 달리 하천수 사용에 대하여 사용료를 납부하지도 않는다.[24)]

---

24) 한국수자원공사와 서울시 간의 용수료분쟁 소송사건에서 항소심인 대전고등법원의 판결에서도 피고인 서울시는 다음과 같이 기득수리권을 이해하고 있다. “이에 대하여 피고는, 이 사건 용수계약이 체결되지 않았거나, 가사 계약이 체결되었다 하더라도, 자신이 이 사건 용수계약 체결 이전부터 하천법 소정의 하천점용허가를 받아 일정량(즉 기득사용물량 해당량)의 하천수(한강 유수)를 취수하여 사용하여 오다가 추가적인 취수의 필요성이 발생하였으나 당시의 물수지분석상 한강 유수 중 추가로 취수가능한 물량이 없는 것으로 판명되어 원고와 사이에 암사 취수장에 관한 용수계약을 체결한 다음 이에 준하여 다른 취수장에 관한 각 용수계약을 체결하게 되었는바, 이 사건 용수계약을 통하여 피고가 원고로부터 공급받기로 한 물 다시 말하여 이 사건 용수계약의 대상 내지 목적물은 기왕의 취수량을 넘어 추가로 취수하게 된 물에 국한되고, 그에 따라 피고가 부담하는 용

여기에 더하여 지방자치단체는 그 동안의 산업화와 도시화 등으로 인하여 자연증가분의 물량을 기득수리권에 포함시켜서 법적 근거가 존재하지 않는 지역수리권이라는 개념을 주장하고 있다. 앞서 언급한 바와 같이 이른바 기득수리권에 대하여 배타적인 물권적 성격과 헌법상 재산권적 성격을 인정하는 것이 과연 법리적으로 타당한 것인지 검토가 필요하다. 일단 하천수 사용허가를 근거로 하여 별도의 용수계약을 체결하지 않는다고 하더라도 특정 취수량을 분리·취수하여 사용하는 것은 지방자치단체에게 인정되는 물권이며 재산권이다. 그럼에도 불구하고 하천수 사용허가로 인한 법적 지위 자체에 물권적 효력이나 재산권적 성격을 부여하는 것은 기술한 바와 같이 법리적으로 타당하지 않다. 우리나라에 허가수리권이 유통되는 시장이 존재하는 것이 아니기 때문에 이를 유상으로 매매, 양도하는 것 자체가 사실상 불가능하다. 또한 이를 경매 등의 방법으로 유상취득하는 것도 아니기 때문에 그 재산적인 가치를 인정할 수 없다. 따라서 허가수리권이라는 법적 지위 자체는 사적 유용성이나 처분성 등의 재산권으로서의 개념적 요소를 결여하고 있기 때문에 지방자치단체가 기득수리권을 재산권으로 보는 것은 타당하다고 할 수 없다.[25]

수료 납부의무도 그와 같이 추가로 취수하게 된 물, 즉 모든 취수장의 취수량 합산량에서 기득사용물량 총량을 공제한 나머지에 대하여만 발생하는 것이며, 피고는 원고에게 이와 같이 총량 공제 방식에 의하여 산출된 용수료를 이미 모두 납부하였으므로, 원고의 이 사건 청구는 부당하다고 다툰다"(대전고등법원 2009. 2. 12. 선고 2006나12112 판결).

25) 앞서 헌법재판소의 다수의견은 체육시설에 대한 사업계획승인이라는 행정처분으로 발생한 법적 지위와 양도의 제한성을 근거로 하여 다음과 같이 그 재산권적 성격을 부인하고 있다 "앞서 살핀대로 헌법상 재산권은 '사적유용성 및 그에 대한 원칙적 처분권을 내포하는 재산가치가 있는 구체적 권리'인데, 아래에서 보는 바와 같이 이 사건에서의 사업계획승인에 대한 권리는 사적유용성, 원칙적 처분권, 재산가치 모두 결여되어 있으므로 헌법상 보호되는 재산권이라 할 수 없다. 사적유용성이 인정되기 위해서는 그 권리가 권리주체에게 귀속되어 그 주체의 이익을 위해 이용가능해야 하는바, 사업계획승인 이후 경매 등으로 체육시설업의 필수시설에 대한 소유권을 상실한 경우 기존 사업계획승인권자는 더 이상 사업계획승인을 자신의 이익을 위해 이용할 수 없다. 왜냐하면, 사업계획승인의 취지는 사업을 하려는 자가 법령에서 정한 시설기준을 갖출 수 있는지를 비롯한 제반 사업수행능력 등을 행정청이 사전에 심사함으로써 회원 등 체육시설 이용자의 권익을 보호하려는 데에 있는바, 기존 사업계획승인권자는 더 이상 체육시설을 운영할 수 없으므로 그가 받은 사업계획승인은 그의 이익을 위해서는 효용이 없어진 까닭이다. 다만, 이

따라서 앞서 언급한 바와 같이 행정수수료를 납부하는 것 이외에는 무상으로 허가받아 취득하고 사용료를 지불하지 않는 상태에서 무상으로 사용하는 기득수리권은 민법상 물권이 아님은 물론 헌법상 재산권으로 보호받아야 할 근거가 희박하다고 할 수 있다. 그러므로 기득수리권은 마치 온실가스배출권을 배출량으로 이해하는 것과 같이 주관적인 권리(subjektive Rechte)라기보다는 배출량의 개념에 보다 가까운 것으로서 '기득사용량'이라는 용어가 보다 적합할 것으로 보인다. 또한 이와 같이 권리성이 희박한 기득수리권에 대해서는 오랜 동안의 미사용으로 인한 조정의 필요성이 제기되는 경우 공익상 충분한 근거가 있다면 지속적인 모니터링과 용수이용의 재평가 과정 등을 거쳐서 하천법 제제53조에 의한 수리권 조정의 대상이 될 수 있다.

5. 댐법상의 수리권 - 댐 사용권과 댐용수 사용권

'댐 사용권'이란 다목적 댐에 의한 일정량의 저수를 일정한 지역에 확보하고 특정용도에 사용할 수 있는 권리를 말한다(댐법 제2조 제3호). 댐 사용권도 다목적 댐에 저수된 물을 사용하는 권리이므로 수리권의 일종이라고 할 수 있다. 댐 사용권은 다목적 댐의 저수를 특정용도에 사용하려는 자의 신청을 받아 국토교통부장관이 설정한다(제24조 제1항). 그런데 댐법

사건에서와 같이, 사업계획승인권을 양도의 대상으로 삼음으로써 자신의 이익을 위해 이용하는 것은 가능하다고 볼 수 있지만, 이는 위 사업계획승인의 본래적 취지와는 무관한 것으로서, 개정 전 체육시설법의 관련 규정상 필수시설을 경락받은 자가 사업계획승인을 당연히 승계하는 것이 아니라는 대법원의 해석에 따라 인정되었던 반사적 이익 내지 기대이익에 불과하다. 원칙적 처분권이란 자신의 의사에 따라 처분할 수 있어야 함을 의미한다. 그러나 기존 사업계획승인권자는 운영할 골프장 시설을 보유하고 있지 않으므로 위 사업계획승인권을 더 이상 보유할 규범적 이익이 없고, 나아가 설혹 사업계획승인권이 양도의 대상이 된다고 하더라도 종전 골프장 소유권자는 오직 필수시설의 경락인에게 위 승인권을 양도해야만 하는 것 이외에 다른 선택가능성을 상정하기 어려우므로, 기존 사업계획승인권자로서는 자신의 임의대로 소유권 이전의 상대방과 시기 및 이전 여부를 결정할 수 없다. 그렇다면, 어쩔 수 없이 경락인에게 양도해야만 하는 상황에 처한 기존 사업계획 승인권자가 사업계획승인권에 대한 원칙적 처분권을 보유한다고 보기 어렵다" (헌재 2010. 4. 29. 2007헌바40).

제19조 제1항은 댐 사용권의 설정을 신청한 자를 댐 사용권설정예정자로 규정하고 있다. 여기어서 말하는 댐 사용권설정예정자는 대표적으로 한국수자원공사법에 의한 한국수자원공사를 들 수 있는데, 한국수자원공사법 제27조 제1항에 따라서 국토교통부장관은 수자원공사가 건설한 하구둑 및 댐에 대하여 댐법 제24조 제4항을 준용하여 공사에 그 사용권을 설정할 수 있다. 댐법 제24조 제1항에 따라서 환경부장관이 댐 사용권을 설정하는 행위는 설권행위이며, 재량행위로서 특허처분으로서의 성격을 가진다. 댐법은 댐 사용권을 물권(物權)으로 보고, 댐법에 특별한 규정이 있는 경우를 제외하고는 부동산에 관한 규정을 준용하도록 규정하고 있다(제29조).

그런데 댐법에서 환경부장관이 댐 사용권설정예정자에게 댐 사용권을 설정하는 대가로서 단순 행정수수료를 지불하는 것 이외에 상당한 규모의 이른바 설권료(設權料; Verleihungsgebühr)[26]를 납부하는 등 댐 사용권설정예정자의 자기기여분이 없음에도 불구하고 이를 배타적이고 독점적인 물권으로 규정한 것인가에 대한 해명이 필요해 보인다. 그 이유는 이미 한국수자원공사법상의 다목적 댐의 건설에는 한국수자원공사가 공사비의 상당부문을 투자한 것이기 때문에 별도의 설권료를 납부하지 않았음에도 불구하고 이미 자기기여분이 포함되어 있다고 보기 때문이다.[27] 댐법 제35조 제1항에 의하여 댐 사용권자나 댐 사용권설정예정자는 해당 댐의 저수를 사용하는 자로부터 사용료를 받을 수 있다. 다만, 댐건설 이전에 하천법 제50조에 따른 하천수의 사용허가를 받아 하천의 물을 사용하는 경우에는

26) 설권료는 사용료 및 수수료와 함께 넓은 의미의 수익자부담금(Vorzugslasten)이기는 하지만 사용료 및 수수료와는 달리 개인에게 특정한 주관적 공권 내지 법적 지위를 설정해 주고 그러한 권리의 행사 내지 독점적 지위로부터 발생할 수 있는 경제적 이익을 상쇄하기 위한 것이다. 설권료의 예로는 공기업에 대한 특허처분이나 이동통신사업자 선정 등 특허행위에 대하여 부과한다. 김성수, 개별행정법, 법문사, 40면.

27) 이는 댐건설 비용의 일부를 부담한 해당 자치단체의 경우에도 마찬가지로 적용된다. 댐법 제22조에 의하여 다목적 댐의 건설에 필요한 비용 중 제20조 제3항에 따라 국고로 부담하여야 하는 비용의 일부를 대통령령으로 정하는 바에 따라 해당 댐의 건설로 현저한 이익을 받는 지방자치단체(댐건설지역을 관할하는 지방자치단체는 제외한다)에 부담하게 할 수 있다. 따라서 비용을 부담한 자치단체가 댐 사용권 설정을 받은 경우에도 역시 그 댐 사용권을 물권으로 볼 수 있는 것이다.

사용료를 받지 아니한다. 따라서 댐 사용권에 따라서 댐용수를 분리, 특정하여 이를 사용하는 것은 댐 사용권과 함께 물권인 동시에 댐 사용권설정자에게는 헌법상 보장되는 재산권으로서 볼 수 있다.

댐용수 사용권은 댐 사용권설정자가 사용하는 댐용수를 다시 공급받아 사용하는 수리권이다. 예를 들자면 한국수자원공사가 건설한 다목적 댐에 대하여 환경부장관이 설정한 댐 사용권으로부터 별도로 추가적인 물을 필요로 하는 지방자치단체나 개인은 댐 사용권자와 용수계약을 체결하여 댐 사용권자가 공급하는 물을 사용할 수 있는 권리를 가지는데, 이를 댐용수 사용권이라고 부르는 것이다. 앞서 언급한 바와 같이 댐용수 사용권의 근거는 댐 사용권자와 상대방 사이에 체결되는 용수계약이다.[28] 이에 따라서 용수계약은 채권적 효력을 가지는 채권계약으로서 계약의 상대방은 한국수자원공사에 대하여 계약의 내용에 따르는 물을 공급하여 줄 것을 요구할 수 있는 권리를 가진다. 이러한 상대방의 권리는 수자원공사에 대해서는 채권적 효력을 가지지만 제3자나 국가가 이를 침해하는 경우에는 불법행위로 인한 손해배상을 청구할 수 있다. 다만, 계약의 상대방이 용수계약에 의하여 공급되는 물을 특정·분리하여 양도의 대상이 될 수 있는 단계에 이르는 경우에 수리권은 일종의 물권이며, 헌법상 보장되는 재산권으로 보아야 한다.

6. 수리권의 인권적, 환경권적 측면

1) 수리권과 물인권, 물기본권

물을 사용 또는 이용하는 권리는 단순히 물에 대한 경제적인 측면만을

28) 한국수자원공사법은 제15조 제1항에서 수자원공사가 관리하는 수자원개발시설이나 수도시설에 의하여 공급되는 물·수자원개발시설 또는 그 수면을 사용하려는 자는 공사와 사용계약을 체결하여야 한다고 하여 용수계약의 법적 근거를 마련하고, 이에 따라서 수자원공사는 수자원개발시설이나 수도시설에 의하여 공급되는 물·수자원개발시설이나 그 수면 또는 하수종말처리시설을 사용하는 자로부터 해당 시설의 건설 및 운영·관리에 필요한 비용을 고려하여 사용자가 사용하는 물의 양 또는 시설이나 그 수면의 사용 정도와 배출된 하수의 양과 오염도에 따라 요금 또는 사용료를 징수할 수 있다(제16조 제1항).

가지고 있는 것이 아니다. 오늘날 UN을 비롯한 국제사회는 지구촌의 많은 사람들이 물 부족으로 고통 받고 있으며 더 나아가 깨끗하고 위생적인 물에 대한 요구가 증대되면서 물사용에 대한 권리를 일종의 인권적, 기본권적인 측면에서 접근하는 경향을 보이고 있다. 다시 말하자면, 이와 같은 물인권 내지 물기본권의 핵심적인 내용은 "인간의 생존에 필수 불가결한 최소한의 위생적이고 깨끗한 물을 국가에게 요구할 수 있는 권리"라고 할 수 있다.[29] 따라서 UN을 비롯한 국제사회는 물인권을 모든 인류에게 보장되어야 하는 보편적인 인권으로 선언하고 있으며, 물인권은 수량과 수질을 포함하는 생존권적 성격을 강조하고 있다. 이와 같은 수리권의 인권적 측면은 새로운 양상으로서 수리권 논의에 마땅히 포함시켜야 할 당위성을 부인할 수 없다. 다만, 물인권 내지 물기본권은 물을 이용하는 권리이지만 일종의 생존권적 기본권으로서 국가의 입법에 의하여 실현되어야 하는 측면이 강하고, 그 자체로서 물 사용을 중심으로 하는 법률관계에 직접적으로 적용되는 法源으로서의 성격은 희박하다.

2) 수리권과 환경권

앞서 언급한 바와 같이 하천법 제50조 제1항에 의하여 수리권은 "생활·공업·농업·환경개선·발전·주운(舟運) 등의 용도로 하천수를 사용"하는 권리를 의미하는데, 이와 같은 용도로서 물을 사용하는 권리는 일정 수준의 수질이 담보될 것을 전제로 한다는 점에서 수리권은 수질 문제와 깊이 연관되어 있다. 특히 '환경개선'을 위한 수리권의 경우에는 직접적으로 수리권이 환경권으로서의 성격을 가지고 있음을 알 수 있다. 그렇다면 물을 경제적인 재화로서 이용하고 이를 물권적, 재산권적으로 보호하는 문제와 수리권의 환경권성은 어떠한 관계가 있는가? 일단 하천법상 허가수리권, 민법상의 공유하천용수권, 관행수리권, 댐법상의 댐 사용권, 댐용수 사용권 등의 일반적인 수리권과는 달리 수리권의 환경권적인 측면은 "깨끗한 물을 마실 권리"라는 음용수의 수질문제를 핵심적인 내용으로 하고 있

29) 김성수, 수법연구, 신조사, 20면.

다.[30] 법원의 판례 역시 "깨끗한 물을 마실 권리", "깨끗한 수돗물을 마실 수 있는 권리"를 환경권과 행복추구권에서 도출하고 있으며, 헌법상 재산권과는 무관한 문제로 보고 있다.[31] 따라서 물을 이용 또는 사용하는 권리에 환경권적 측면이 포함되어 있는 것은 사실이지만 이는 물을 이용하는 권리와 논리 필연적인 관계에 있다고는 보기 어렵다. 헌법재판 역시 같은 입장이다.[32] 물론 이 결정에는 반대의견이 제시되었으며,[33] 헌재가 수리권의 환경권적 측면을 고려하여 심판청구인의 자기관련성을 인정하고 본

---

30) 최용전, 깨끗한 물을 먹을 권리에 대한 헌법적 검토, 토지공법연구 제43집 제2호, 744면.

31) 대법원 1994. 3. 8. 선고 92누1728 판결; 2010. 4. 15. 선고 2007두16127 판결.

32) 헌법재판소는 춘천시 물사용료 분쟁과 관련된 사건에서 춘천시민이 제기한 헌법소원을 다음과 같은 이유로 각하하였다. "살피건대 헌법 제35조에서는 "모든 국민은 건강하고 쾌적한 환경에서 생활할 권리를 가지며, 국가와 국민은 환경보전을 위하여 노력하여야 한다."고 규정하여 환경권을 보장하고 있나. 이를 환경을 구성하는 중요요소 중의 하나인 물과 관련하여 볼 때, 오염에서 해방된 깨끗한 물에 대한 권리는 물론, 인간으로서의 존엄을 유지하기 위하여 필요한 정도의 유량을 공급받을 권리도 이러한 환경권의 한 내용으로 이해할 수 있을 것이다. 그런데 이 사건 법률조항은 수질이나 일정유량의 물이용 자체와 같은 환경권적 측면을 규율하는 것이 아니라 댐 사용권자 또는 댐 사용권설정예정자의 댐저수 사용료 징수근거와 범위를 규율하고 있다는 점에서 청구인의 주장과는 달리 환경권을 제한하는 규정이라기 보다는 재산권을 제한하는 규정으로 봄이 상당하다. 그러므로 청구인이 이 사건 법률조항에 대하여 헌법소원심판을 청구할 수 있기 위해서는 이 사건 법률조항에 의하여 청구인의 재산권이 침해되거나 청구인이 다른 댐의 저수 사용자에 비하여 합리적 이유 없이 재산상 불이익취급을 받아야 할 것인바, 기록에 의하면, 이 사건 법률조항에 따라 공사에 대하여 사용료를 납부하여야 할 주체는 청구인과 같은 춘천시민이 아니라 소양취수장의 관리주체인 지방자치단체로서의 춘천시임이 명백하다. 따라서 설령 춘천시가 이 사건 법률조항으로 인하여 물사용료를 부담하게 됨으로써 재정이 악화되고, 그로 인하여 결과적으로 청구인과 같은 춘천시민의 재정부담이 가중된다 하더라도 이는 간접적, 사실적 또는 경제적 불이익에 불과한 것이어서 이 사건 법률조항으로 인하여 청구인의 재산권 내지 평등권이 침해되었다고는 보기 어렵다"(헌재 2001. 1. 18. 99헌마548).

33) 반대의견은 비용부담에 대한 주민들의 자기관련성 확대를 주장하고 있다. "법률에 의한 기본권 침해를 이유로 하는 헌법소원심판청구의 경우 법률에 의하여 직접 기본권을 침해당한 자가 아닌 제3자의 자기관련성 인정여부의 문제는 입법의 목적, 실질적인 규율대상, 법규정에서의 제한이나 금지가 제3자에게 미치는 효과나 진지성의 정도 및 규범의 직접적인 수규자에 의한 헌법소원의 제기가능성 등을 종합적으로 고려하여 판단해야 하는바, 한국수자원공사와 춘천시 간의 물사용료에 대한 다툼이 소송으로 해결될 가능성이 불확실할 뿐만 아니라 이 사건 법률조항은 춘천시 외에 댐저수를 사용하는 모든 지방자치단체와 주민들에게 고루 적용되는 조항인 점에 비추어 볼 때에, 실질적인 비용부담 주체인 주민에게도 자기관련성과 직접성을 인정할 수 있다"

안판단을 하는 것이 마땅하였다는 견해도 있다.[34] 그러나 헌재가 심판청구인의 자기관련성을 인정하여 본안판단을 하였다고 하더라도 사안의 성격상 어차피 재산권 침해 여부를 가리는데 집중하였을 것이기 때문에 환경권 관련성의 실익을 인정하기 어렵다. 따라서 수리권의 환경권적 측면이 있는 것은 사실이지만 이는 水質의 문제로서 水利의 경제적인 측면과는 개념적으로 구별되는 것으로 이해하여야 할 것이다.

Ⅲ. 수리권과 관련한 하천법의 문제점과 개선방안

1. 기득수리권에 대한 손실보상의 성격

1) 하천법 제34조, 제35조

앞서 언급한 바와 같이 기득수리권이란 다목적 댐건설 이전에 하천관리청의 하천수 사용허가를 받아 물을 사용하는 권리는 말한다. 하천법과 댐법 등에는 이와 같은 기득수리권자를 보호하는 다수의 규정을 두고 있다. 다만, 기득수리권자에 대한 과도한 보호는 자칫 수리권과 하천수 사용료에 대한 왜곡을 심화시키고 물에 대한 합리적인 이용이나 배분을 어렵게 하는 문제를 야기한다. 앞서 언급한 바와 같이 댐법 제35조 제1항은 "댐 사용권자나 댐 사용권설정예정자는 해당 댐의 저수를 사용하는 자로부터 사용료를 받을 수 있다. 다만, 댐건설 이전에 하천법 제50조에 따른 하천수의 사용허가를 받아 하천의 물을 사용하는 경우에는 사용료를 받지 아니한다"고 하여 기득수리권자의 하천수 사용에 대해서는 사용료를 부과하지 않는다. 더 나아가 하천법 제50조 제8항은 기득수리권자에 대한 보호와 손실보상과 관련하여 제34조 및 제35조를 준용하도록 하고 있다. 하천법 제34조는 '기득하천사용자의 보호'라는 표제 하에 다음과 같은 내용

34) 김현준, 전개논문(각주 2), 411면. 이 문헌이 지적하는 바와 같이 결국 문제는 비용부담으로 귀결되는데, 주민들의 환경권을 근거로 하는 물사용권이 심판청구인적격의 확대에 실질적으로 어떤 의미를 가질 수 있을지 의문이다.

을 규정하고 있다. 하천관리청은 하천점용허가를 함에 있어서 이미 하천점용허가를 받은 자 등 대통령령으로 정하는 하천에 관한 권리를 가진 자(기득하천사용자(既得河川使用者))가 그 허가로 손실을 받게 됨이 명백한 경우에는 해당 신청인으로 하여금 기득하천사용자의 동의를 얻도록 하여야 한다.[35] 또한 제35조는 손실보상 문제와 관련하여 아래와 같이 규정하고 있다. 하천점용허가로 손실을 받은 기득하천사용자가 있는 때에는 그 하천점용허가를 받은 자가 그 손실을 보상하여야 한다(제1항). 제1항에 따른 손실의 보상에 관하여는 하천점용허가를 받은 자와 기득하천사용자가 협의하여야 한다(제2항). 제2항에 따른 협의가 성립되지 아니하거나 협의를 할 수 없는 때에는 당사자는 대통령령으로 정하는 바에 따라 관할 토지수용위원회에 재결을 신청할 수 있다(제3항). 제1항부터 제3항까지에 따라 손실보상을 함에 있어서 이 법에 규정한 것을 제외하고는 '공익사업을 위한 토지 등의 취득 및 보상에 관한 법률'을 준용한다.

2) 평가 및 개선방안

하천관리청이 신규로 특정인에게 하천수 사용허가를 하면서 기득수리권자의 손실발생이 명백한 경우 신규신청인이 기득수리권자의 동의를 얻도록 하는 것은 기득수리권자의 보호를 위하여 일견 타당한 측면이 없는 것은 아니다. 여기에서 동의라고 하는 것은 사실상 허가와 같은 수준의 법적 구속력이 있는 강력한 의사표시로서 事前적인 동의를 의미하는 것으로 보아야 한다. 따라서 기득수리권자가 신규의 하천수 사용허가를 신청한 자가 요청한 동의를 거부하는 경우에는 하천관리청이 신규로 하천수 사용허가를 할 수 없으며, 하천관리청이 하천법 제34조 각 호가 규정하는 예외사유에 해당하지 않는 한 기득수리권자의 동의 없이 신규의 신청자에게 하천수 사용허가를 내 주는 경우 이는 행정처분의 효력발생 요건이 흠결된

35) 다만, 다음 각 호의 어느 하나에 해당하는 경우에는 그러하지 아니하다. 1. 그 하천점용에 관한 사업이 기득하천사용자의 하천사용에 관한 사업에 비하여 공익성이 뚜렷하게 큰 경우. 2. 손실을 방지하기 위한 시설을 설치하여 기득하천사용자의 하천사용에 관한 사업의 시행에 지장이 없다고 인정되는 경우.

것으로서 중대하고 명백한 하자가 있는 무효인 행정처분이 되는 것으로 볼 수 있다.[36]

그런데 동의와 같이 법적 구속력을 가지는 절차를 통하여 기득수리권자를 강력하게 보호하는 이유는 기득수리권을 물권 내지 재산권으로 보는 시각과 무관하지 않다. 다시 말하자면 하천법은 하천수 점용허가를 받은 기득수리권자의 법적 지위를 허가된 물량을 단순하게 사용하는 상대방으로 보지 않고 여기에 기득수리권자의 주관적 권리성을 인정하고 있는 것이다. 그러나 앞서 상론한 바와 같이 하천점용료와 행정수수료 이외에 무상으로 취득한 허가에 강한 권리성을 인정하는 것은 법리적으로 타당하지 않다. 하천법 제34조는 공익을 실현하고 조정하는 행정의 책임성과도 조화되지 못한다. 신규로 하천수 사용허가를 신청하는 과정에서 기득수리권자에게 회복하기 어려운 손실이 발생하는 경우에는 하천관리청이 신규신청자의 허가를 거부하거나 신규의 허가처분과 함께 다양한 형태와 내용의 부관 등을 활용하여 기득수리권자와 신규신청자 간의 이해관계를 조절하는 것이 원칙이지 기득수리권자에게 처분의 효력 요건을 결정하도록 하는 것은 행정의 책임성원칙에 반하는 것이다. 만약, 기득수리권자의 보호가 절실하여 그의 의견을 구하는 절차가 필요하다고 인정하는 경우에는 하천관리청과 기득수리권자 간의 협의절차를 마련하는 것으로 충분할 것이다. 물론 이 경우의 협의는 법적 구속력을 가지는 것은 아니다.

손실보상의 체계도 이해하기 어려운 측면이 있다. 하천법 제35조 제1항은 하천점용허가로 손실을 받은 기득하천사용자가 있는 때에는 그 하천점용허가를 받은 자가 그 손실을 보상하여야 한다고 규정하고 있다. 그런데 이는 행정상 손실보상 제도를 모델로 한 것으로 보이는데, 그 이유는 제2항의 협의절차, 제3항의 관할 토지수용위원회에의 재결신청, 제4항의 '공익사업을 위한 토지 등의 취득 및 보상에 관한 법률'의 준용 등이 그것이다. 그런데 행정상 손실보상은 그 주체가 행정청이어야 한다. 하천관리

36) 대법원 2008. 5. 15. 선고 2008다3534 판결; 2006. 9 .28. 선고 2004두7818 판결 등.

청이 신규로 하천수 점용허가를 내어준 결과 기득수리권자에게 손실이 발생하였다면 이것이 헌법 제23조 제3항에 의한 공용침해에 해당하고 특별한 희생이 발생한 경우라면 당연히 국가의 부담으로 국가가 손실보상의 주체가 되어야 한다. 그런데 하천법 제35조 제1항은 손실보상의 주체를 신규로 하천수 사용허가를 받는 사인에게 전가해 버렸다. 이는 공법상 제도인 행정상 손실보상을 사법상의 전보제도로 변질시키는 법적 왜곡이며, 행정상 손실보상의 체계정당성에도 부합하지 못한다. 따라서 신규의 하천수 사용허가로 인하여 기득수리권자의 권리가 침해된 경우에는 기득수리권자가 경업자소송의 형태로서 신규허가에 대한 무효등확인소송, 취소소송을 제기하거나 허가과정에서 위법사유가 있다면 국가를 상대로 손해배상청구를, 신규허가권자가 고의 또는 과실로 기득수리권자의 수리권을 침해하는 경우 이에 대한 민사상의 불법행위책임을 묻는 것으로 족하다.

손실보상과 관련하여 보다 근본적인 문제는 하천관리청이 신규로 하천수 사용허가를 내어주는 행위가 헌법 제23조의 손실보상의 요건인 '공용침해'에 해당하는가 하는 것이다. 헌법 제23조 제3항에서 말하는 '재산권의 수용·사용 또는 제한'과 같은 이른바 공용침해행위는 국가가 의도적이며 고권적으로 타인의 재산권을 침해하는 경우에 해당하는 것이다. 그런데 하천관리청이 신규로 하천수 사용허가를 하는 것은 공공필요에 의하여 기득수리권자의 재산권을 의도적으로 침해하는 것이 결코 아니다. 하천관리청은 하천의 유량과 性狀 등 다양한 요소를 고려하여 하천수 사용허가를 하는 것이며, 이것이 결과적으로 기득수리권자에게 의도하지 않는 부수적인 재산권 침해로 이어지는 경우 독일식의 수용적 침해(enteignender Eingriff)로 인한 손실보상이 가능할 수 있겠지만 우리 법원의 판례는 수용적 침해를 인정하지 않고 헌법재판소도 이른바 분리이론을 수용함에 따라서 수용적 침해에 따르는 손실보상은 현실적으로 논의의 실익이 없다. 또한 이미 수차례 언급한 바와 같이 기득수리권 자체가 재산권이 아니기 때문에 재산권에 대한 침해 자체를 인정할 수도 없다. 그렇다면 하천법 제35의 규정은 기득수리권자의 지위를 과도하게 보호하기 위하여 헌법상 재산권 침해에 대한 손실보상의 법리를 부당하게 접목시킨 법적 왜곡의 대표적인 형태라고 할 것이다. 결과적으로 이 문제는 경업자소송과 일반적인 불법행위책임과 손해배상제도로 해결해야 할 것이기 때문에 하천법 제35조는 삭제하여야 한다.

2. 수리권 상호간의 우선순위와 충돌

1) 하천법령상의 수리권의 순위

이미 언급한 바와 같이 하천법 제50조 제1항은 "생활·공업·농업·환경개선·발전·주운(舟運) 등의 용도로 하천수를 사용"이라고 그 내용을 규정하고, 제53조 제1항 제2호에 따라서 환경부장관은 하천수의 상태가 가뭄의 장기화 등으로 하천수사용 허가 수량을 조정하지 아니하면 공공의 이익에 해를 끼칠 우려가 있는 경우 하천수의 적정관리에 지장을 줄 경우에는 하천수 사용자의 사용을 제한하거나 제50조에 따른 허가수량을 조정하는 등 필요한 조치를 할 수 있다. 또한 "가뭄의 장기화 등으로 하천수 사용허가수량을 조정하지 아니하면 공공의 이익에 해를 끼칠 우려가 있는 경우에 해당하는 때의 용수배분의 우선순위는 대통령령으로 정하도록 하였다(제49조 제2항). 이 규정의 위임에 의한 하천법 시행령 제54조는 "하천법 제49조 제2항에 따른 용수배분은 생활용수, 공업용수, 농업용수, 그 밖의 용수 순서대로 하되, 그 밖의 용수 간의 우선순위는 법 제53조 제3항에 따른 하천수조정협의회에서 조정하는 바에 따른다"고 규정하고 있다.

하천법 제49조 제2항과 동법 시행령 제54조는 가뭄의 장기화 등에 대비하여 용수의 우선순위를 규정한 것이지만 평상시를 전제로 한 하천법 제50조 제1항의 "생활·공업·농업·환경개선·발전·주운(舟運) 등의 용도"는 하천수의 우선순위를 정하였다기보다는 하천수를 사용할 수 있는 다양한 용도를 예시한 것으로 보아야 한다. 따라서 하천법 제49조 제2항과 동법 시행령 제54조는 일종의 특별규정으로서 제50조 제1항의 일반조항에 우선하여 적용된다. 결과적으로 평상시의 물사용 우선순위에 대해서는 하천법령상 명확한 규정이 없고 공업이나 농업의 경우 민법 제231조는 공유하천의 연안에서 농, 공업을 영위하는 자에게 공유하천용수권을 인정하고 있어서 동일한 용도에 대하여 하천법상의 허가수리권과 충돌하는 문제가 발생할 수 있다. 특히 민법상의 관행수리권은 법의 해석과 적용과정에서 형평성과 일관성이 부족하며, 그 현황 자체를 파악하는 것도 용이한 일이 아니다. 또한 관행수리권을 등록하여 관리하는 등의 법적 근거가 부재하고 귀속자, 귀속범위, 사용량 등이 불분명하여 허가수리권과의 상시적인 분쟁이 발생할 소지가 크다는 문제가 제기된다. 언급한 바와 같이 기득수리권 역시 댐 건설 이전에 허가된 물량이어서 지방자치단체가 인구 및 도시의 발전에 따르는 물 수요의 자연증가분을 이른바 지역수리권이라는 개념으로 주장하고 있어서 잠재적으로 분쟁의 소지를 안고 있다. 이 경우에는 댐법상 댐 사용권 내지 댐용수 사용권과 기득수리권이라는 허가수리권 상호간의 충돌 문제가 발생한다.

2) 허가수리권으로의 일원화

(1) **관행수리권과 허가수리권의 통폐합**

공유하천용수권과 관행수리권에 대하여 일부 견해는 하천법의 제정 이후에 하천법상 허가수리권이 일반화되면서 사실상 관행수리권은 폐지된 것으로 보아야 한다고 주장하고 있다. 그럼에도 불구하고 민법상의 수리권은 여전히 산재하고 있으면서 국가의 물관리 책무가 효율적으로 이루어지는 데 장애요인을 제공하고 있다. 특히 관행수리권 등은 농업용수와 밀접한 관련을 맺고 있기 때문에 무상으로 사용되는 농업용수 역시 물관리업무의 효율성을 저해하고 있다. 이와 관련하여 최근 국회에 발의된 물관리기본법안은[37] 제34조에서 "물을 사용하고자 하는 자는 관련 법률에 따라 허가를 받아야 한다"고 하고(제1항), 동조 제2항에서는 "민법 제231조 및

37) 새누리당의 정우택 의원이 2015년 7월 13일 대표발의 하였으며 총칙(제1장), 물관리의 기본원칙(제2장), 물관리위원회 등(제3장), 물의 이용과 물분쟁의 조정 등(제4장), 물문화 육성 및 국제협력 등(제5장) 본문 총 46조와 부칙 2조로 구성되어 있다.

제234조에 따라 하천의 물을 사용하고 있는 자가 대통령령으로 정하는 바에 따라 해당 행정기관에 필요한 사항을 신고한 경우에는 제2항에도 불구하고 관련 법률에 따라서 허가를 받은 것으로 간주한다"는 규정을 두고 있다. 물관리기본법안이 법률로서 제정되어 시행되는 경우에는 민법상 공유하천용수권과 관행수리권이 허가수리권으로 양성화되는 동시에 하천법이나 댐법상의 허가수리권으로 통폐합되는 효과가 발생한다.[38] 특히 민법상의 수리권이 관련 법률의 허가수리권으로 통폐합되는 경우에는 이에 대한 별도의 보상이나 지원이 필요하지 않고 농민들의 반발을 최소화할 수 있다는 점에서 장점이 있는 반면에, 이와 같이 의제화 된 허가수리권은 하천법상 기득수리권의 성격을 가지는 것으로 취급되어 하가수리권 내의 재조정 문제를 어렵게 한다는 문제점도 동시에 고려해야 할 것이다.

⑵ **기득수리권의 재조정**

댐이 건설되기 이전에 지방자치단체 등이 하천법상 하천수 사용허가를 통하여 사용할 수 있는 물량을 의미하는 기득수리권의 경우 이를 재산권으로 인식하여 장기간 사용하지 않은 경우도 있으며, 이른바 지역수리권의 개념을 제시하여 댐용수권자와의 갈등과 분쟁의 소지가 늘 상존하고 있다. 또한 기득수리권은 하천법에 의하여 기득권으로서 과도하게 보호받는 측면이 있으며, 기득수리권에 대해서는 사용료도 면제되기 때문에 국가의 수자원관리의 효율성을 저해하고 물에 대한 비용구조를 왜곡시킨다. 예를 들어 수자원공사와 서울시 간의 용수료 분쟁사건에서 보는 바와 같이 국가가 하천법에 따라서 서울시에게 각 취수장별로 점용위치와 허가물량까지 특정하여 하천수 점용허가를 하였음에도 불구하고 당사자 사이에는 여전히 기득수리권의 범위에 대하여 이견이 존재하는 것이 현실이다. 이는 기본적으로 하천법이 수리권에 대한 개념정의나 물량, 배분방식 등에 대하여 아무런 규정을 두고 있지 않기 때문에 발생하는 문제다. 만약, 신규로 하천수 점용허가에 대한 수요가 존재하고 있음에도 불구하고 특정 지방자치단

38) 그러나 아 조항은 물관리기본법에 규정되지 않았다.

체가 기득수리권의 물량을 장기간 사용하지 않고 있어서 신규허가를 할 수 없는 경우이거나 기후변화로 인한 극심한 가뭄이 계속되어 기득수리권에 대한 전면적인 조정의 필요성이 제기되는 경우에 이를 법적으로 어떻게 처리할 수 있을지 문제가 제기될 수 있다.

우선 첫 번째 방안으로는 국가가 지방자치단체 등이 소유한 기득수리권을 헌법 제23조 제3항에 따라 수용하고 그에 대하여 정당한 보상을 지급하는 것이다. 그러나 이미 수차례 언급한 바와 같이 기득수리권은 헌법상 보장되는 재산권이 아니기 때문에 이에 대한 공용수용이나 보상을 실시할 수 없다. 따라서 기득수리권의 재조정 문제는 국가가 현행 하천법 제53조에 따르는 하천수 사용조정권을 적극 활용하는 방안을 통하여 해결하는 것이 바람직하다.[39] 하천법 제53조는 '하천수 사용의 조정'이라는 표제를 붙이고 있으나 그 법적 성질은 공익적 사유의 발생에 따르는 수익적 행정행위의 전면적 또는 부분적인 철회와 새로운 수익적 행정행위의 발령에 해당한다. 문제는 지방자치단체 등은 기득수리권의 존속에 대하여 상당한 기간 동안 계속된 신뢰를 가지고 있기 때문에 헌법상, 행정법상 신뢰보호원칙을 침해할 수 있다는 점이다. 그러나 지방자치단체가 기득수리권의 존속에 대하여 가질 수 있는 신뢰이익보다 가뭄의 장기화 등으로 하천수사용 허가수량을 조정하지 아니하면 공공의 이익에 해를 끼칠 명백한 우려

39) 하천법 제53조의 내용은 다음과 같다. 국토교통부장관은 하천수의 상태가 다음 각 호의 어느 하나에 해당하여 하천수의 적정관리에 지장을 줄 경우에는 하천수 사용자의 사용을 제한하거나 제50조에 따른 허가수량을 조정하는 등 필요한 조치를 할 수 있다(제1항). 1. 기준지점에서의 하천유지유량 확보가 곤란한 경우. 2. 가뭄의 장기화 등으로 하천수 사용 허가수량을 조정하지 아니하면 공공의 이익에 해를 끼칠 우려가 있는 경우. 3. 하천수의 사용자가 유효기간 안에 이를 사용하지 아니하거나 허가수량보다 국토교통부령으로 정하는 비율 이하로 사용한 경우. 4. 그 밖에 허가된 하천수의 사용이 곤란하게 된 경우. 국토교통부장관은 제1항에 따라 허가수량을 조정하려는 경우에는 중앙하천관리위원회의 심의를 거쳐야 한다(제2항). 국토교통부장관은 제1항에 따라 허가수량을 조정하기 전에 지역주민 등의 의견을 반영하기 위하여 대통령령으로 정하는 바에 따라 하천수조정협의회를 구성·운영할 수 있다(제3항). ④ 국토교통부장관은 제1항에 따라 허가수량을 조정한 경우에는 하천수사용허가를 받은 자 및 댐 등의 설치자에게 이를 통보하여야 한다(제4항).

가 있는 경우 등 상대적으로 더욱 큰 중대한 공익상의 요구가 존재하는 경우에는 기득수리권에 대한 철회 또는 변경처분이 가능한 것으로 볼 여지가 있다. 다시 말하자면 국가가 수자원의 부존량과 배분에 있어서 기존의 시스템을 변경할 수밖에 없는 긴박한 상황에 처하는 경우 지방자치단체가 기득수리권의 사용량과 방식을 그대로 유지해달라는 요구를 신뢰보호원칙을 들어 주장하기 어렵다. 따라서 기득수리권의 철회 또는 변경을 통하여 실현할 수 있는 공익이 지방자치단체의 신뢰이익을 현저히 상회하는 경우에는 신뢰보호원칙에 대한 침해가 있다고 보기 어렵다.[40] 다만, 기득수리권에 존속보호의 방식이 어렵다고 판단하는 경우 여전히 일정한 경제적 손실에 대하여 국가가 정책적인 측면에서 보상하는 방법은 가능하다. 그러나 이 경우의 보상은 헌법 제23조 제3항에 의한 재산권 침해에 대한 손실보상은 아니며 기득수리권 조정을 원활하게 실현하기 위한 정책적 보상에 해당하기 때문에 보상의 방식이나 규모에 대해서는 입법자에게 상당한 입법형성권이 부여된다.

Ⅳ. 맺는 말

기후변화로 인한 물 부족 문제가 현안으로 등장하면서 물이용에 대한 국가의 효율적인 관리가 그 어느 때 보다도 중요한 과제로 인식되고 있다. 그러나 현재 우리나라에서는 물사용에 대하여 민법상의 공유하천용수권, 이른바 관행수리권, 하천법에 의한 통상적인 허가수리권 외에 기득수리권, 댐법에 따르는 댐 사용권, 댐용수 사용권 등 다양한 형태와 종류의 수리권이 산재하고 있다. 이러한 수리권 간의 난립과 중복으로 인하여 헌법 제120조에 근거를 둔 국가의 수자원관리 업무의 비효율성이 증대되고 소중한 자원인 물의 사용과 배분이 왜곡되고 있는 것이 현실이다. 이러한 점을 고려하여 이미 오래 전부터 산재하는 수리권에 대한 조정과 통폐합의 문

40) 김성수, 전게논문(각주 12), 361면.

제가 제기되어 왔으나 이에 대한 하천법의 규정은 미비하고 물관리를 효율화할 수 있는 기본법마저 부재한 상태가 계속되어 왔다. 2018년 물관리기본법이 제정되면서 수리권의 통폐합 가능성이 조심스럽게 제기되고 있다. 물관리기본법은 하천법 제정 이후에도 농업용수 등의 사용 때문에 여전히 지역적으로 존재하는 공유하천용수권과 관행수리권에 대한 신고를 통하여 이를 하천법상의 허가수리권으로 의제하는 조항을 두는 것이 바람직하지만 그와 관련된 조항을 유감스럽게도 포함되지 못하였다.

민법상의 수리권을 허가수리권으로 양성화하는 방안과 함께 이른바 기득수리권에 대한 조정 역시 현안으로 부상할 가능성이 있다. 기득수리권은 무상사용이라는 비용왜곡 효과와 함께 그 범위에 대한 불확실성이 존재하며, 하천법상 기득권으로서 과도한 보호를 받고 있어서 극심한 한발 등 국가의 물위기 상태가 초래되어도 이를 조정하기가 현실적으로 어렵다. 국가가 하천법 제53조에 의하여 하천수 사용조정 권능을 가지고 있어도 지방자치단체 등의 반발을 우려하여 이를 적용한 예도 거의 없다.[41] 기득수리권의 존속에 대한 지방자치단체 등의 신뢰를 보호하는 것도 물론 중요한 문제이기는 하지만 물관리를 선진화한 다른 나라의 예를 보면 국가의 허가를 받지 않고 물을 사용하거나 물에 대한 비용을 부담하지 않는 경우를 찾기 어렵다. 더욱이 수자원이 고갈되는 상황에서 물에 대한 지속가능한 관리를 위해서는 그 누구의 기득권이나 특권적 지위를 인정할 수 없기 때문에 국가는 필요한 경우 지방자치단체에 대한 정책적 보상을 병행하면서 기득수리권에 대하여 적극적으로 조정권을 행사하는 것이 필요하다. 이러한 과정을 통하여 국가와 지방자치단체가 물관리에 대한 선진적인 제도와 관리기법을 구축하고 향후 제기될 수 있는 물과 관련된 국제적 이슈에 대하여 선제적으로 대응할 수 있는 역량을 제고하는 것이 무엇보다 중요하

41) 다만, 지방자치단체는 헌법상 자치권을 보장 받은 주체임에도 불구하고 하천법상 하천수 사용허가의 대상이 되는 등 하천법상 사인과 같은 수익자로서 취급하는 것은 물에 대한 지역적 고유권원을 가지는 자치단체의 헌법적 지위에 부합하지 못한다는 견해도 제시된다. 조성규, 전게논문(각주 18), 130면.

다. 이제 물과 관련된 문제는 국제사회는 물론 우리나라의 통일이나 교육적 과제만큼이나 장기적인 관점에서 관리하고 해결해 가야 하는 21세기 중반의 아젠다가 되었기 때문이다.

제2절 하천수 사용료 부과기준 - 하천수와 댐용수 (대법원 2018. 6. 15. 선고 2018두33142 판결 평석)

1. 사실관계

원고는 자신의 공장을 운영하기 위하여 낙동강홍수통제소로부터 하천수 사용허가를 받고 그 사용료를 실제 사용량에 따라서 납부하여 왔는데, 피고는 하천법 제50조 제5항에 의한 하천수 사용료는 실제 사용량이 아니라 허가량을 기준으로 부과하여야 한다는 것을 이유로 그 차액을 추가로 부과하였다. 이에 대하여 원고는 하천법과 동법 시행령, 하천점용료 및 사용료 징수조례와 한국수자원공사의 댐용수공급규정 등 관련 규정에서는 하천수 사용료의 부과기준을 실제 하천수의 사용량을 기준으로 부과하고 있으므로, 허가량을 기준으로 하천수 사용료를 추가로 부과한 처분은 위법하므로 그 취소를 구하는 소송을 제기하였다.

2. 소송의 경과

제1심과 원심은 하천수 사용허가와 하천수 사용료의 성격, 관련 조례의 규정 등에 공업용수로 사용되는 하천수 사용료는 한국수자원공사법 제16조 제2항에 따라 국토교통부장관이 승인한 댐용수 요금단가에 '취수허가 사용량'(허가량)을 곱하여 산정하여야 한다고 판단하여 원고의 청구를 기각하였다. 그러나 대법원은 국토교통부장관이 승인한 댐용수공급규정의 내용은 요금단가에 '실제 사용량'을 곱하여 산정하도록 정하고 있고, 이는 또한 하천수 사용료 산정의 기준이라 할 수 있으므로 공업용수로 사용되는 하천수 사용료는 특별한 사정이 없는 한 허가량이 아닌 '실제 사용량'에 요금단가를 곱하여 산정하는 것으로 해석하여야 한다고 판시하여 원심판결을 파기하고, 이를 원심법원에 환송하였다.

3. 평 석

하천법에 따라서 생활·공업·농업·환경개선·발전·주운(舟運) 등의 용도로 하천수를 사용하려는 자는 대통령령으로 정하는 바에 따라 환경부장관의 허가를 받아야 하며(제50조 제1항), 시·도지사는 제1항에 따라 하천수 사용허가를 받은 자에게 사용료를 징수할 수 있도록 규정하고 있다(제5항). 하천수는 국가가 자원으로 관리하는 일종의 자연공물이며, 그에 대한 환경부장관의 허가처분은 공물에 대한 특별사용의 일종인 특허처분으로서의 성격을 가진다.

이 사건에서 문제가 된 하천수 사용료는 자연공물에 대한 사용대가로서 부과하는 것이므로 일종의 사용료로 볼 수 있으며, 이러한 취지에서 볼 때 대법원이 실제 하천수의 사용량에 따라서 사용료를 부과하도록 판시한 것은 법리상 무리 없는 판단이었다고 할 수 있다. 대법원이 이러한 판단에 이르게 된 것은 하천법과 동법 시행령, 관련 조례 및 국토교통부장관(현행법상 환경부장관)이 승인한 한국수자원공사의 댐용수공급규정이라는 일련의 실정법의 충실한 해석에 따른 결과라고 할 수 있다. 하천수 사용료는 국토교통부장관이 승인한 댐용수공급규정에 따라서 실제사용량을 기준으로 부과하고 있다.

그런데 이해하기 어려운 것은 대법원이 이와 같은 일련의 실정법에 해석에 치중한 나머지 상호 법적 성격이 상이한 댐용수와 하천수를 동일하게 취급하는 견해를 제시한 점이다. 대법원은 "'댐'이란 하천의 흐름을 막아 그 저수를 이용하기 위하여 쌓은 공작물을 말하고 '하구둑'은 바닷물이 들어오는 것을 막기 위하여 하천의 하류에 쌓은 공작물을 말하므로, 댐 및 하구둑에서 공급하는 댐용수는 그 본질상 하천수와 다르다고 보기 어렵다"는 견해를 제시하고 있다.

과연 그럴까? 댐용수와 하천수의 성격과 이들의 이용관계에 대한 이해는 댐용수를 규율하는 법규와의 체계적인 해석에서 출발하여야 한다. 댐이 하천법상 하천시설이기는 하지만 인공의 구조물을 축조하고 여기에 물을 저수하여 관리한다는 점에서 자연공물인 하천 및 하천수와 구별된다. 그렇기 때문에 댐과 댐용수에 대해서는 하천수와는 별도의 특별한 법적 규율을 가하고 있다. 댐과 댐용수에 대해서는 '댐건설 및 주변지역지원 등에 관한 법률'(이하 댐건설법이라 한다)이 별도로 제정되어 이 법에 의하면 댐이란 하천의 흐름을 막아 그 저수(貯水)를 생활용수, 공업용수, 농업용수, 환경개선용수, 발전, 홍수 조절, 주운(舟運), 그 밖의 용도로 이용하기 위한 높이 15미터 이상의 공작물을 말하며, 여수로(餘水路)·보조댐과 그 밖에 해당 댐과 일체가 되어 그 효용을 다하게 하는 시설이나 공작물을 포함한다(제2조 제1호).

보다 중요한 것은 하천수와 댐용수라는 수리권의 법적 성격의 차이라고 할 수 있다. 댐건설법은 하천수 사용허가로 인한 수리권과는 달리 댐 사용권이라는 별도의 수리권을 인성하고 있는데, 댐 사용권이란 다목적 댐에 의한 일정량의 저수를 일정한 지역에 확보하고 특정용도에 사용할 수 있는 권리를 말한다(제2조 제3호). 댐 사용권은 이를 사용하려는 자의 신청을 받아 환경부장관이 설정하며(제24조 제1항), 댐 사용권자는 대통령령으로 정하는 바에 따라 산출한 금액의 납부금을 국고에 납부하여야 한다(제33조). 또한 댐 사용권은 등록하여야 하며(제32조 제1항), 물권으로 취급한다(제29조). 이와 같은 댐건설법상의 규정들을 종합하여 보면 댐용수를 사용할 수 있는 수리권으로서 댐 사용권은 이를 설정받은 자가 납부금 또는 부담금을 납부함으로서 댐건설에 필요한 비용의 일부에 대하여 자기기여분을 가지게 되며, 댐용수권자는 댐용수를 필요로 하는 자가 있는 경우 그 자와 용수계약을 체결하여 댐용수를 수익의 목적으로 사용할 수 있다는 점에서 댐용수에 대한 사적 유용성과 처분권능을 갖는다. 이러한 측면에서 보면 댐용수에 대한 수리권은 헌법상 재산권으로서의 성격을 가지며, 물권으로서 일정한 범위에서 법적인 보호의 대상이 된다.

반면에 하천수 사용허가는 특허처분이기는 하지만 하천수의 사용에 대한 단순한 수익적 행정처분에 불과하며, 현재 행정 실무상 하천수 사용허가를 받은 상대방은 사용허가에 대하여 행정수수료도 납부하지 않고 다만, 그 사용량에 따라서 하천수 사용료만을 내는 것이 전부이다. 더 나아가 하천수 사용허가를 등록하는 제도도 없으며, 하천법이 이를 물권이나 유사한 권리로 인정하는 규정도 존재하지 않는다. 이러한 점에서 보면 하천수 사용허가를 받은 자는 수익적 행정처분의 상대방으로서 법적 지위를 가지는 것으로서, 그 취소나 철회 시에 신뢰보호원칙이 적용되는데 그칠 뿐 물권에 준하는 권리를 가지거나 더 나아가 헌법상 보호되는 재산권으로 보기 어렵다. 이와 같은 이유 때문에 대법원이 이 사건에서 "댐용수는 그 본질상 하천수와 다르다고 보기 어렵다"고 하는 것은 자연공물인 하천과는 달리 인공구조물인 댐과 댐에 저수된 물의 이용관계가 서로 상이한 법적 취급을 받고 있다는 점을 간과한 것에서 비롯된 것이다.

물론 대법원은 저자가 뭔가 오해하고 있다고 재반박할 여지도 있다. 앞서 언급한 바와 같이 사용량 부과원칙은 하천수 사용료의 부과에 적용되는 하천법 등 일련의 규범 해석상 필연적인 결과일 뿐 대법원이 하천수와 댐용수의 사용에 대한 수리권이 법적으로 동일하다는 견해를 표명한 것은 아닐 수 있기 때문이다. 실제로 대법원은 "댐용수는 그 본질상 하천수와 다르다고 보기 어렵다"고 판시하면서 그 근거로서 하천법이 하천수 사용허가를 받아 하천의 물을 사용하는 경우에는 댐용수 사용료를 받지 않도록 규정하고 있고, 한국수자원공사법은 하천수 사용자가 한국수자원공사에 사용료를 내는 경우에는 하천수 사용료를 면제하도록 규정하고 있다는 점을 들고 있다. 그럼에도 불구하고 하천수와 댐용수를 동일시하는 대법원의 견해가 비용측면에서만 타당한 것인지 혹은 양자의 수리권이 법적으로 동일하다는 의미인지는 여전히 불분명하다.

저자가 평석 대상 대법원 판결을 주목하는 이유는 利水, 治水, 水生態界로 구성되는 水法의 3각 체계(Trias des Wasserrechts)는 물의 사용에 대한 체계적인 법리구성이 그 출발점이기 때문이다. 대법원처럼 댐용수와 하천수 사용을 동일한 법률관계로 파악하는 경우 앞서 언급한 바와 같이 재산권 내지 권리성을 인정하기 어려운 하천수 사용허가의 상대방을 과도하게 보호하는 문제가 발생할 수 있다. 최근 대법원은 댐건설법상의 댐 사용권 변경처분 취소소송(대법원 2018. 3. 29. 선고 2017두73761)에서 댐 사용권을 재산권으로 인정하는 판결을 한 바 있는데. 이는 전적으로 타당한 것이다.

반면에 하급심에는 하천수 사용허가의 권리성 여부에 대하여는 상이한 판결이 내려지고 있는데(대전고등법원 2017. 7. 17. 선고 2013누1773 보상금증액, 대전지방법원 2013. 10. 16. 선고 2010구합4805 보상금증액), 대법원은 하천수와 댐용수 사용이라는 수리권의 성격이 상이함을 인정하여 우리나라 수리권법의 체계를 확립할 필요가 있다. 물의 사용에 대한 체계적인 법리구성은 왜 중요한가? 물은 인간과 동식물의 생존에 필수적인 공유재이므로 수리권은 필요한 만큼 보호하되, 나머지는 우리 모두의 것임을 인정하는 것이 공존과 상생이라는 물의 미덕에 부합하기 때문이다.

제3절 공익사업법상 물의 사용에 관한 권리의 법적 성격과 재산권성

Ⅰ. 문제의 제기 - 대전고등법원 2017. 7. 17. 선고 2013누1773 보상금증액, 대전지방법원 2013. 10. 16. 선고 2010구합4805 보상금증액

1. 사실관계

공익사업을 위한 토지 등의 취득 및 보상에 관한 법률(이하 공익사업법이라 한다) 제3조는 "사업시행자가 다음 각 호에 해당하는 토지·물건 및 권리를 취득하거나 사용하는 경우에는 이 법을 적용한다"고 규정하면서 제3호에서 "광업권·어업권 또는 물의 사용에 관한 권리"를 열거하고 있다. 공익사업법 제76조 제1항에 따라서 공익사업을 위하여 광업권·어업권 및 물(용수시설을 포함한다) 등의 사용에 관한 권리를 취득하거나 사용하는 경우 투자비용, 예상 수익 및 거래가격 등을 고려하여 평가한 적정가격으로 보상하도록 규정하고 있다.

원고는 1995. 8. 18.경 포천시 ○○면 ○○○리 산 42-1(이 사건 토지) 등에서 하천 내 공작물 설치공사허가를 받은 후 공사 착공을 하여 1998. 5. 4. 수력발전용 댐 구조물(이 사건 댐)을 준공하였다. 원고는 그 무렵 포천시장으로부터 이 사건 댐이 있는 토지 일대의 한탄강 하천수 사용허가(구 하천법상 유수 사용 목적의 하천점용허가)를 받아(유수 사용에 대한 점용허가 만료기간: 2010. 12. 31.) 하천수를 사용하여 소수력발전사업을 영위하였다. 피고(한국수자원공사)는 댐건설사업(한탄강 홍수조절지댐 건설사업 및 한탄강홍수조절댐 건설사업)을 시행하는 사업시행자로서 댐 건설에 필요한 토지 등을 수용하였고(수용개시일: 2010. 12. 22.), 위 댐건설사업의 지구로 편입된 토지나 물건에 대하여 보상이 이루어졌다. 그런데 원고는 포천시장으로부터 이 사건 토지 일대에 대한 한탄강 하천수 사용허가를 받아 댐을 건설하고 소수력발전사업을 영위하였으나, 피고의 댐건설사업으로 인하여 이 사건 댐이 수용되어 한탄강 하천수를 사용하지 못하게 되었다. 원고의 위와 같은 하천수 사용권은 독립하여 보상대상이 되는 권리로서 댐건설 및 주변지역지원 등에 관한 법률 제11조 제3항이 준용하는 공익사업을 위한 토지 등의 취득 및 보상에 관한 법률 제76조 제1항이 정하는 물의 사용에 관한 권리에 해당하므로, 피고는 원고에게 그 소멸에 대한 정당한 보상금으로 13억 2,000만 원 및 이에 대한 지연손해금을 지급하여야 한다고 주장하였다.

피고의 댐건설사업 과정에서 원고의 용수시설을 포함한 발전설비 일체가 수용되었는데, 원고의 이 사건 댐을 구성하는 지장물 및 영업권에 대해서는 보상이 이루어졌으나(지장물 보상금 2,681,319,500원 + 영업보상금 160,626,000원 = 합계 2,841,945,500원), 하천수 사용권에 대해서는 별도로 보상금이 신정·지급되지 않았다. 원고는 그에 관한 재결신청이 기각되자 이 사건 소를 제기하였다. 이러한 분쟁은 물을 사용하는 권리, 이른바 수리권에 대한 전형적인 분쟁유형에 해당한다. 특히 피고가 건설한 댐으로 인하여 원고가 사용하던 발전용 댐이 수용됨으로 인하여 결과적으로 원고가 하천법상 허가를 받은 하친수 사용권도 수용되었으므로 지장물과 영업권 외에 별도로 하천법상 사용허가를 받은 하천수 사용권이라는 수리권에 대해서는 별도의 보상이 필요하다고 주장하게 된 것이다.

2. 소송의 경과

1심에서는 원고가 패소하였는데, 그 이유는 하천법상의 하천점용허가 내지 하천수 사용허가에 따른 권리는 공익사업법 제76조 제1항이 정하는 물의 사용에 관한 권리에 해당하지 않는다는 취지였다. 이에 반하여 원심은 원고의 하천수 사용권에 대하여 별도의 보상이 이루어져야 한다는 주장 자체는 받아들이면서, 다만 그 액수 산정에 관하여 원고 주장과 다른 방식을 취함으로써 원고에 대하여 일부 승소판결을 하였다.

원심판결의 주요한 이유는 원고의 이 사건 하천수 사용허가로 인한 권리는 공익사업법 제76조 제1항이 정하는 물의 사용에 관한 권리에 해당하므로 공익사업법상 손실보상의 대상이 되는 권리로 보아야 한다는 것이다. 이는 이 사건의 주된 쟁점에 해당하는 판단 부분으로서 원고의 이 사건 하천수 사용허가로 인한 권리는 재산권적 성격, 독점성, 배타성, 양도성 등을 갖춘 '물권에 준하는 권리'로서 공익사업법 제76조 제1항이 정하는 물의 사용에 관한 권리에 해당한다는 취지이다. 또한 이 사건 하천수 사용허가에 따른 물의 사용에 관한 권리의 정당한 보상금액은 1심 감정인의 감정결과 및 위 감정인에 대한 원심의 보완감정결과와는 다른 새로운 방식에 의하여 산정되어야 한다. 이에 대하여 피고는 상고이유로서 하천수 사용허가에 따른 원고의 권리는 공익사업법상 보상의 대상이 되는 물의 사용에 관한 권리에 해당하지 않으며, 원심은 경험칙과 논리칙에 반하는 임의적인 방법으로 평가한 금액으로 보상금 지급을 명하였으므로 손실보상액 산정에 관한 법리오해가 있다고 주장하였다.

3. 법적 쟁점

이 사건은 하천법상 하천수 사용허가를 받아 하천수를 사용하는 자의 법적 지위가 공법상 권리에 해당하는가, 더 나아가 공익사업법에서 규정하는 물의 사용에 대한 권리로서 이에 대한 공용침해가 있는 경우 헌법 제23조 제3항에 따라서 정당한 보상이 필요한가 하는 문제를 제기하고 있다. 보다 근본적으로는 우리가 흔하게 이른바 수리권이라고 부르는 물을 사용하는 권리의 법적 성격이 본격적으로 제기되었다는 점에서 이 사건의 의의가 크다고 할 수 있다. 수리권은 문자 그대로 물을 이용하는 권리로서 배타성과 독점성을 가지고 물에 대한 사용허가를 부여한 행정청과 다른 사인에게 작위, 부작위, 수인, 급부를 요구하고 이를 실현하기 위하여 필요한 경우 訴求할 수 있는 법률상의 힘이다. 바꾸어 말하자면 공법상 개인에게 부여된 일종의 공권으로서의 구체적인 권리라는 의미이다.

그러나 추후 검토하는 과정에서 분명해지겠지만 민법상 공유하천용수권과 관행수리권을 포함하여 하천법상 하천수 사용허가를 받은 자의 법적 지위를 사법상 혹은 공법상 권리로 볼 것인가에 대해서는 상당한 논란의 여지가 있다.[42] 다시 말하자면 일반적으로 이야기 하는 “물의 사용에 관한 권리”로서의 수리권이 배타성이나 독점성과 더불어 헌법 제23조 제1항에서 보장되는 재산권으로서 개념적 요건인 사적 유용성 및 원칙적 처분권을 충족하고 있는지 면밀하게 검토하는 것이 필요하다. 후술하는 바와 같이 우리나라에서는 현행법상 다양한 종류와 내용을 가지고 있는 수리권이 존재한다. 이 사건에서 문제가 되고 있는 하천법상 허가수리권을 포함하여 다양한 종류의 수리권 중에서는 민법이나 행정법상의 권리, 더 나아가 헌법상 재산권으로서의 성격을 가지고 법적인 보호의 대상이 되는 것들이 있는 반면에 단순한 수익적 행정처분의 상대방으로서 가지는 지위, 관습법상 누리는 이익 등에 불과한 것도 존재한다. 다시 말하자면, 형식적으로는 물의 사용에 대한 권리를 가지는 것으로 보이지만 실질적으로는 그 권리성이 의심되는 물의 사용에 대한 단순한 기대이익 또는 허용된 사용량으로서의 법적 성격을 가지는 것에 불과한 경우도 있다는 의미이다.

Ⅱ. 수리권의 종류와 내용

1. 관행수리권

1) 민법상의 수리권, 관행수리권

수리권은 문자 그대로 물을 이용하는 권리이다. 그런데 수리권이라는 개념은 실정법상 정의된 것이 아니라 오래 전부터 관행적으로 하천의 연안이나 호소,[43] 보, 저수지 등에서 물을 사용하는 권리라는 의미로 사용되

---

42) 이에 대한 상세한 논의는 김성수, 수리권의 법적 성격과 하천법의 과제, 토지공법연구 제73집 제1호, 10면 이하.

43) “호소”란 다음 각 목의 어느 하나에 해당하는 지역으로서 만수위(滿水位)[댐의 경우에는 계획홍수위(計劃洪水位)를 말한다] 구역 안의 물과 토지를 말한다.
가. 댐·보(洑) 또는 둑(「사방사업법」에 따른 사방시설은 제외한다) 등을 쌓아 하천 또는 계곡에 흐르는 물을 가두어 놓은 곳
나. 하천에 흐르는 물이 자연적으로 가두어진 곳

었다. 이른바 관행수리권, 공유하천용수권이 바로 그것이다. 전통적으로 물의 이용관계는 민법 제3장 소유권, 제1절 소유권의 한계, 제211조 이하에서 규정되고 있다. 그런데 민법은 물의 이용에 대해서는 토지소유권을 중심으로 법적 관계를 규율하고 있다는 점이 특징이다. 예를 들어 제212조는 토지소유권의 내용으로서 토지의 소유권은 정당한 이익 있는 범위 내에서 토지의 상하에 미친다고 규정하여 지표수와 지하수를 이용하는 권리를 토지소유권에서 근거를 찾을 수 있는 가능성을 열어 놓고 있다. 민법에서 수리권을 토지소유권과 연계시키고 있는 규정은 도처에서 발견된다. 민법 제221조는 토지소유자가 이웃 토지로부터 자연히 흘러내리는 물을 막을 수 없으며(제1항), 고지소유자는 이웃 저지에 자연히 흘러내리는 이웃 저지에서 필요한 물을 "자기의 정당한 사용범위"를 넘어서 이를 막지 못하도록 규정하고 있다(제2항).

이와 같이 민법은 물의 사용권을 토지소유자의 권리의 내용에 속하는 것으로 이해하는 한편, 다른 한편으로는 상린관계에서 일종의 沿岸權으로서의 수리권을 인정하는 규정을 가지고 있다.[44] 민법 제231조가 바로 그것인데, 공유하천의 연안에서 농, 공업을 영위하는 자는 이에 이용하기 위하여 타인의 용수를 방해하지 않는 범위 내에서 필요한 인수를 할 수 있다(제1항).[45] 그리고 제234조는 용수권에 대한 다른 관습이 있으면 민법상의 용수권에 우선하여 적용된다고 규정함으로서 보나 저수지, 둑 등에 저수된 물에 대하여 인근 거주자들의 오랜 관행이 존재하고 이를 일종의 법률관계로 인식하는 경우 그에 따르는 이른바 관행수리권을 민법상의 수리권에 우선시키고 있다.

오늘날 수자원에 대한 국가의 과학적이고 합리적인 관리의무가 일반화된 상황에서 민법상 토지소유권에 부종하는 수리권이라는 개념이 성립하

다. 화산활동 등으로 인하여 함몰된 지역에 물이 가두어진 곳

44) 민법상 수리권의 물권적 성격과 상린권에 대한 논의는 김성수, 수리권의 법적 근거와 한계, 토지공법연구 제43집, 341면.

45) 민법 제231조의 역사적 성립에 대해서는 윤태영, 민법상 공유하천용수권의 재해석, 중앙법학 제8집 제1호, 435면 이하.

기 어려운 것임에도 불구하고 민법이 연안권으로서의 공유하천용수권과 그 정체가 불명한 관행수리권까지 규정함으로써 수자원 보호와 물의 이용에 대한 법적 불확실성은 정점에 이르고 있다고 평가할 수 있다.[46]

2) 토지소유권과 수리권과의 구별

토지를 소유한 자가 자신의 토지의 지표나 지하에 흐르는 물에 대한 수리권을 가진다는 법리는 국가가 희소한 공공재로서 물에 대한 관리를 본격화하면서 이미 극복된 舊想이라고 할 수 있다. 어느 나라이건 토지소유권으로부터 물에 대한 이용과 관련한 법적 관계를 분리하여 이를 개인과 개인 간의 법률관계인 사법관계가 아니라 국가와 물사용자 간의 공법관계로 이해하고 이를 제도화하는 것이 역사적으로 자연스러운 발전과정이라고 할 수 있다. 연안권에 토대를 둔 수리권은 수리권자가 다른 사람의 물사용을 방해하지 않는 것이 중요한 문제였지만 현대에 이르러는 국가의 합리적인 물관리 정책에 역행하지 않도록 하천법이나 관련 법률이 이를 체계적으로 규율하는 것이 수리권의 발전단계에서 흔히 목격할 수 있는 현상이다.

예를 들어서 독일의 연방물관리법(Bundeswasserhaushaltsgesetz)의 수리권 발전과정을 보면 이러한 측면이 두드러진다. 독일 연방 물관리법의 가장 중요한 목적과 취지는 독일의 모든 하천을 공법상 이용관계의 틀 속으로 법제화 하는 것이다. 하천에 대한 공법적 이용관계라는 의미는 예를 들어 물에 대한 이용권으로서의 수리권이 민법이나 관습법을 비롯하여 그

---

46) 과거 대법원은 이와 관련하여 토지소유자의 연안권을 다음과 같이 인정하는 판결을 하였다. "이 사건에서 문제가 된 외오리보가 설치된 하천은 공유하천이라는 것이고, 위 외오리보는 1927년 조선하천령이 시행되기 이전에, 그 지역의 경작자들이 몽리답의 관개를 위하여 위 하천에 나무와 돌 등을 쌓아 물을 막아 설치한 것으로서 그 후 왜정 때에 현재와 같은 형태의 콩크리트보가 형성되었으며, 신청인을 포함한 경작자들은 위 보가 설치된 이래 위 보로부터 인수하여 답을 경작하여 왔다는 것이니, 그렇다면, 공유하천에 설치된 이 사건 보에서 신청인 소유의 농지에 관개하기 위하여 인수하는 관행이 있었다고 할 것이고, 그 농지의 소유자인 신청인은 농지의 관개에 필요한 한도 내에서 용수권이 있다고 할 것이며…" 대법원 1977. 7. 12. 선고 76다527 판결.

어떤 다른 이용형태는 원칙적으로 존재하거나 인정할 수 없으며, 국가의 행정기관에 의한 관리와 통제를 받는다는 것을 의미한다. 독일의 경우에도 이미 오래 전부터 물을 대상으로 하여 이른바 전 근대적인 관습법적 이용관계가 계속되어 왔지만 19세기에 이르러서는 공법적 이용관계가 정착되었으며, 도처에 산재했던 水法적 재산권 관계가 공물의 이용관계로 전환되었다.

이와 같은 프레임의 변화를 반영한 조항이 물관리법 제4조 제3항이다.[47] 이에 의하면 하천부지에 대한 소유권을 가지고 있는 자라고 하더라도 하천수를 이용하거나 하천에 대한 공사 등 性狀 변화를 가할 수 있는 권한을 가지지 못한다고 하여, 하천부지의 개인적 소유권과 하천수의 이용, 하천공사 등 공법적인 문제를 구별하고 있다. 따라서 하천부지에 토지소유권을 가지고 있는 자라고 하더라도 하천수의 이용이나 하천공사 등에는 관할 행정청의 허가를 받아야 한다. 지하수와 관련해서도 독일 연방헌법재판소는 이른바 골재채취결정(Naßauskiesungs-Beschluß)에서[48] 지하수가 희소한 자원으로서 국가의 보호를 받는다는 점을 강조하면서 그 이용관계를 공법적인 성격으로 규정하였다. 이와 같이 독일의 경우 과거 물에 대한 私法적 이용관계를 토지소유권 등 재산권의 내용으로서 인정되는 당연한 권리라는 관념을 불식하고 희소한 수자원에 대한 국가적 보호를 강조하고 그 이용에 행정청의 허가 등을 요구하면서 점차적으로 공법적인 이용관계로 대체해간 것이다. 그 결과 국가로부터 허가 등을 받아 물을 이용하는 공법상의 수리권에 대하여 과거 민법이나 관습법에 의한 수리권은 그 대항력을 상실하였다.

이러한 독일의 수리권에 대한 역사적 변천과정은 우리나라의 수리권을 이해하고 정립하는데 중요한 시사를 하고 있다. 물론 그렇다고 하여 민법이나 관습법에 의한 수리권이 전적으로 의미가 없다거나 상실된 것은 아

47) 제1호의 내용은 다음과 같다. Das Grundeigentum berechtigt nicht 1. zu einer Gewässerbenutzung, die einer behördlichen Zulassung bedraf.

48) BVerfGE 58, 300.

니지만 오늘날 공법상의 수리권이 광범위한 영역에 미치게 되면서 매우 제한된 범위 안에서만 인정되는 권리라는 인식이 강하다. 이러한 의미에서 기존 민법상 용수에 대한 권리나 토지소유자의 물에 대한 사용은 대부분 농업용수의 사용과 관련되는 것으로서 권리로서의 법적 성격을 가지는 것이라기보다는 관행적인 물사용에 대하여 아직 실정법규가 아직 이 문제를 규율하지 않는 범위 내에서 인정되는 반사적인 이익 내지 사실상의 이익에 불과하며 따라서 이러한 관행수리권은 헌법상 보호되는 재산권의 영역에 속하는 것도 아니다. 다만, 농업용수에 대한 관행적인 물사용 관계는 향후 하천법이나 관련 공법적인 규정에 따라서 일정 부분 허가사용으로 전환하거나 기득권으로 보호할 수 있는 가능성은 열려져 있다. 문제는 이러한 이른바 기득수리권을 어느 정도로 인정할 것인가에 대해서는 입법자의 상당한 형성의 자유에 속하는 영역으로서 입법성재적인 문제에 해당하는 것으로 볼 수 있다. 주목할 만한 사실은 2009년 독일 연방물관리법이 전면개정되면서 독일 민법전의 재산권 조항인 제65조가 폐지되었다는 것이다. 원래 이 조항은 1900년 독일 민법전이 시행되기 이전부터 각 주의 입법에 의하여 당시까지 존재하였던 물과 관련된 시법싱의 규정들은 영향을 받지 않는다는 내용을 담고 있었는데, 이 조항이 폐지되었다는 것은 과거의 사법상 수리권은 이제 존재하지 않는다는 의미라고 할 수 있다.

앞서 관행수리권에 대한 우리나라 대법원의 판결도 검토하였지만 여기서 말하는 관행수리권이라는 것도 하천 등에 흐르는 물을 분리하여 저수지나 콘크리트 등을 사용하여 보를 설치, 여기에 물을 저수하여 배타적으로 사용할 수 있을 정도의 특정된 상태의 물사용을 의미하는 것이다. 또 이와 같이 물에 대한 배타성, 특정성이라는 요건이 충족되는 경우에 한하여 물권적 효력을 가지는 관행수리권이 성립할 수 있는 것이다. 그런데 저수지나 보에 하천수로부터 분리한 물을 가둘 수 있다고 하더라도 이러한 물은 결국 소하천이나 지방하천 등과 같인 하천의 유수가 지속적으로 유입되어야 관개용수로서 의미와 기능을 가질 수 있는 것이기 때문에 1961년 하천법의 시행 이후에 허가수리권이 일반화된 상태에서 그 독자성을 계속하여 인정받을 수 있는지에 대해서 상당한 의문의 여지가 있다. 따라서 우리나라의 경우에도 독일과 같이 실정법의 명시적 조항을 통하여 민법상의 관행수리권이나 공유하천용수권과 같은 연안권을 폐지하지는 않았지만 민법상의 수리권이 사실상 사문화되었다는 견해도 제시되고 있다.[49]

2. 허가수리권

1) 하천법

하천법이나 지하수법은 지표수나 지하수를 사용하려는 자는 관할 행정청의 허가를 얻도록 규정하고 있는데, 국내 문헌에서는 이를 일반적으로 행정청의 허가를 받은 허가수리권이라고 부르고 있다. 1961년 하천법이 시행된 이후에 이미 허가를 받은 이른바 기득수리권의 경우에도 마찬가지로 허가수리권의 한 유형으로 보고 있다. 그런데 기득수리권이라는 용어는 1961년 하천법이 제정되고 그에 따라서 하천수의 사용에 대한 허가가 이루어지고 있는 상황에서 1973년 소양강댐 등 1970년대 다목적 댐의 건설 이전에 허가를 받았다는 사실로부터 유래하고 있다. 이는 자연하천의 하천수와 인공으로 조성된 댐용수의 사용을 구별하는 의미에서 중요한 의미를 갖는다.

하천법 제50조에 의하여 생활·공업·농업·환경개선·발전·주운(舟運) 등의 용도로 하천수를 사용하려는 자는 대통령령으로 정하는 바에 따라 환경부장관의 허가를 받아야 하며(제1항), 시·도지사는 제1항에 따라 하천수 사용허가를 받은 자에게 사용료를 징수할 수 있다(제5항). 하천수는 모두 자연공물로서 그 이용관계는 일종의 행정재산으로서 공용물에 대한 특별사용에 해당한다고 할 수 있다.[50] 물론 하천법이나 지하수법은 하천수나 지하수의 사용에 대한 '허가'라는 용어를 사용하고 있지만 강학상 특허에 해당하는 것으로서 관할 행정청은 허가 여부에 대하여 상당한 정도의

49) 이상돈, 우리나라 수리권 제도 정비를 위한 연구, 중앙법학, 제5집 제1호, 106면.
50) 김성수, 수법연구, 2013, 82면 이하.

정책적 재량권을 가진다. 다시 말하자면, 하천수나 지하수 사용허가를 받는다는 의미는 누구나 이를 사용할 수 있는 법적 지위에 있으나 환경이나 수자원 보호라는 공익목적을 달성하기 위하여 이를 일반적·상대적으로 금지하고 신청인의 신청에 의하여 위와 같은 공익목적 달성에 지장이 없다는 판단 하에 일반적 금지를 해제하여 하천수와 지하수를 적법하게 사용할 수 있도록 하는 강학상 허가와는 구별된다.

하천수나 지하수에 대한 사용허가는 상대방에게 하천수와 지하수를 사용할 수 있는 법적 지위를 설정하는 일종의 권리의 형성행위로서 설권행위에 해당한다. 이 문제는 우리나라와 유사한 법제를 가지고 있는 독일의 경우에도 마찬가지이다. 다만, 하천법과 지하수법에 의한 하천수 등의 사용허가가 일반적으로 강학상 특허처분으로서 상대방에게 공법상 일정한 배타적인 권리(여기에서는 수리권)를 설정하는 형성적인 행위인가에 대해서는 강한 의문이 제기되며, 이에 대해서는 후술한다. 오히려 하천수와 지하수의 사용허가에 대해서는 상대방에게 수리권을 설정하는 것보다는 허가 여부에 대한 행정청의 정책적 판단과 재량이 보다 본질적인 문제이기 때문이다. 실제로 하천수 사용허가의 경우 환경부장관의 위임을 받은 홍수통제소는 기준갈수량, 하천유지유량, 환경유지유량 등과 기 허가를 받은 물량, 하천수의 부존상태와 예상되는 유량 등을 종합적으로 고려하여 허가 여부를 결정하는 고도의 정책적 판단이 이루어지기 때문이다.[51)]

2) 지하수법

지하수법 역시 지하수의 사용에 대한 허가에 관하여 다음과 같이 규정

51) 하천법은 제50조 제3항에서 하천수 사용 불허가 내지 제한을 위한 처분의 사유를 다음과 같이 규정하여 환경부장관에게 상당한 정책적 판단의 여지를 부여하고 있다. ③ 환경부장관은 다음 각 호의 어느 하나에 해당되는 경우에는 제1항에 따른 허가를 하지 아니하거나 취수량을 제한할 수 있다. 1. 하천수를 오염시키거나 유량감소를 유발하여 자연생태계를 해칠 우려가 있는 경우. 2. 하천수의 적정관리 또는 도시·군관리계획, 그 밖에 공공사업에 지장을 주는 등 다른 공익을 해할 우려가 있는 경우. 3. 하천수의 취수로 인근 지역의 시설물의 안전을 해칠 우려가 있는 경우. 4. 그 밖에 하천수의 보전을 위하여 필요하다고 인정되는 경우로서 대통령령으로 정하는 경우.

하고 있다. 지하수를 개발·이용하려는 자는 대통령령으로 정하는 바에 따라 미리 시장(특별자치시장을 포함한다. 이하 같다)·군수·구청장의 허가를 받아야 하며(제7조 제1항), 시장·군수·구청장은 지하수의 적정한 개발·이용과 보전·관리에 필요한 재원을 조성하기 위하여 제7조에 따라 허가를 받거나 제8조에 따라 신고하고 지하수를 개발·이용하는 자에게 지하수이용부담금을 부과·징수할 수 있다(제30조의3 제1항). 지하수법에 의한 이용허가 역시 강학상 특허처분으로서 허가 여부는 역시 행정청의 재량행위에 해당한다.

3) 소하천정비법

소하천정비법 역시 하천수의 점용에 대하여 관할 행정청의 허가를 받도록 규정하고 있다. 소하천정비법 제14조 제1항 제1호는 소하천에서 유수를 점용하려는 자는 관리청의 허가를 받아야 하는데, 여기에서 말하는 허가 역시 강학상 특허에 해당하는 재량행위라고 할 수 있다. 하천법이나 지하수법에 비하여 소하천정비법 제14조 제1항의 허가에 대해서는 그에 따르는 사용료를 징수할 수 있다는 규정을 별도로 두고 있지 않는데, 이는 소하천의 물이 대부분의 경우 농업용수로 사용되는 것과 무관하지 않는 것으로 보인다. 위 조항은 소하천에서 유수의 점용에 대해서 허가를 받는 것을 원칙으로 하면서도 대통령령으로 정하는 사항에 대해서는 허가의 예외를 인정하고 있다.[52] 따라서 소하천의 농업용수나 생활용수 등 이른바 관행수리권의 경우 및 일시적 하천사용의 경우에는 관리청의 허가대상에서 제외한 것인데, 우리나라 전체 물사용에서 절반 이상을 이와 같은 소하천과 저수지, 소규모 보에 저장된 물을 대상으로 하는 것임을 고려해 볼 때 하천에 대한 국가적 관리의 사각지대를 소하천정비법 자체가 인정한다는 모순을 보여주고 있는 것이다. 전술하는 바와 같이 이른바 민법상 관행

52) 소하천정비법 시행령 제11조에 의하여 법 제14조 제1항 각 호 외의 부분 단서에서 "대통령령으로 정하는 경우"란 다음 각 호의 어느 하나에 해당하는 경우로서 소하천의 형상과 기능에 영향을 주지 아니하는 경우를 말한다. 1. 영농의 목적으로 유수 및 토지를 관습적으로 점용하거나 소하천시설 또는 그 밖의 인공구조물을 임시로 설치하는 경우. 2. 주민이 일상생활과 관련하여 유수 및 토지와 소하천시설을 일시적으로 점용하는 경우.

수리권은 물론 일시적 사용의 경우에도 반드시 이를 신고하도록 하고, 그에 따르는 국가의 관리 및 적절한 비용을 부과하는 원칙을 확립할 필요가 있다.

3. 댐법상 댐 사용권

'댐 사용권'이란 다목적 댐에 의한 일정량의 저수를 일정한 지역에 확보하고 특정용도에 사용할 수 있는 권리를 말한다(댐건설법 제2조 제3호).[53] 댐 사용권도 다목적 댐에 저수된 물을 사용하는 권리이므로 수리권의 일종이라고 할 수 있다. 댐 사용권은 다목적 댐의 저수를 특정용도에 사용하려는 자의 신청을 받아 환경부장관이 설정한다(제24조 제1항). 그런데 댐건설법 제19조 제1항은 댐 사용권의 설정을 신청한 자를 댐 사용권설정예정자로 규정하고 있다. 여기서 말하는 댐 사용권설정예정자는 대표적으로 한국수자원공사법에 의한 한국수자원공사를 들 수 있는데, 한국수자원공사법 제27조 제1항에 따라서 국토교통부장관은 수자원공사가 건설한 하구둑 및 댐에 대하여 댐법 제24조 제4항을 준용하여 공사에 그 사용권을 설정할 수 있다. 댐법 제24조 제1항에 따라서 환경부장관이 댐 사용권을 설정하는 행위는 설권행위이며, 재량행위로서 특허처분으로서의 성격을 가진다. 댐법은 댐 사용권을 물권(物權)으로 보고, 댐법에 특별한 규정이 있는 경우를 제외하고는 부동산에 관한 규정을 준용하도록 규정하고 있다(제29조).

4. 댐용수 사용권

댐용수 사용권은 댐 사용권설정자가 사용하는 댐용수를 다시 공급받아 사용하는 수리권이다. 예를 들자면 한국수자원공사가 건설한 다목적 댐에 대하여 환경부장관이 설정한 댐 사용권으로부터 별도로 추가적인 물을 필요로 하는 지방자치단체나 개인은 댐 사용권자와 용수계약을 체결하여 댐 사용권자가 공급하는 물을 사용할 수 있는 권리를 가지는데, 이를 댐용수 사용권이라고 부르는 것이다. 앞서 언급한 바와 같이 댐용수 사용권의 근

---

53) 정식 명칭은 "댐건설 및 주변지역지원 등에 관한 법률"이다.

거는 댐 사용권자와 상대방 사이에 체결되는 용수계약이다.[54] 이에 따라서 용수계약은 채권적 효력을 가지는 채권계약으로서 계약의 상대방은 한국수자원공사에 대하여 계약의 내용에 따르는 물을 공급하여 줄 것을 요구할 수 있는 권리를 가진다.[55] 이러한 상대방의 권리는 수자원공사에 대해서는 채권적 효력을 가지지만 제3자나 국가가 이를 침해하는 경우에는 불법행위로 인한 손해배상을 청구할 수 있다. 다만, 계약의 상대방이 용수계약에 의하여 공급되는 물을 특정·분리하여 양도의 대상이 될 수 있는 단계에 이르는 경우에 수리권은 일종의 물권이며, 헌법상 보장되는 재산권으로 보아야 한다.

Ⅲ. 하천수 사용허가로 인한 하천수 사용권이 공익사업법상 보상의 대상인 "물의 사용에 대한 권리"에 해당하는가?

1. 허가의 권리성

1) 긍정설과 그에 대한 비판

하천수 사용허가는 '허가'라는 용어에도 불구하고 자연공물로서의 성격을 가지는 하천에 대한 특허사용에 해당하는 것으로서 하천관리청이 하천수 사용허가를 신청한 상대방에 대하여 일종의 특별사용권을 설정하는 강학상 특허처분으로서 설권행위이며, 재량행위에 해당하는 것으로 볼 수 있다. 강학상 논의에서 특허처분은 상대방에게 새로운 권리나 능력 기타

54) 한국수자원공사법은 제15조 제1항에서 수자원공사가 관리하는 수자원개발시설이나 수도시설에 의하여 공급되는 물·수자원개발시설 또는 그 수면을 사용하려는 자는 공사와 사용계약을 체결하여야 한다고 하여 용수계약의 법적 근거를 마련하고, 이에 따라서 수자원공사는 수자원개발시설이나 수도시설에 의하여 공급되는 물·수자원개발시설이나 그 수면 또는 하수종말처리시설을 사용하는 자로부터 해당 시설의 건설 및 운영·관리에 필요한 비용을 고려하여 사용자가 사용하는 물의 양 또는 시설이나 그 수면의 사용 정도와 배출된 하수의 양과 오염도에 따라 요금 또는 사용료를 징수할 수 있다(제16조 제1항).

55) 다만, 용수계약은 채권계약으로서 사법상 계약이기는 하지만 주민에 대한 물 공급이라는 생존배려행정활동을 그 내용으로 한다는 점에서 계약의 공공성이 인정되고 이른바 행정사법의 규율을 받는다. 김성수, 전게서(각주 9), 108면.

포괄적인 법률관계를 설정하는 행정행위로서 이를 통하여 상대방은 새로운 권리를 취득하는 것으로 보는 것이 일반적인 견해이다. 즉 특허처분에 따라서 행정법상의 권리인 이른바 공권이 발생한다는 것이다. 특허처분에 의하여 발생하는 권리는 배타적인 것으로서 권리의 속성인 배타성과 독점성을 갖는 것으로 이해한다.[56)]

그러나 후술하는 바와 같이 대법원의 이른바 먹는샘물 지하수 판결에서 제시된 바와 같이 광업권의 경우에도 광업법에 따라서 토지소유권과는 별도로 물권에 준하는 권리로 취급하고 있으며, 광업권 설정등록제도가 존재하기 때문에 같은 특허처분이라고 하더라도 이와 같은 제도적 장치가 미비한 하천수 사용허가와는 평면적인 비교가 어려운 측면도 있다. 또한 광업권자는 광업권 등록 시에 상당한 액수의 등록세를 납부하여야 하므로, 자신의 재산적 기여분에 따르는 권리주장이 보다 확고한 근거를 가진다고 볼 수 있다. 다만, 하천수 사용허가로 인한 수리권은 판례에 비추어 보면 물권은 아니지만 채권으로서의 배타성이나 재산적 권리로서의 성격을 가질 수 있다는 견해도 제시될 수 있다.[57)]

---

56) 대법원은 특허처분의 성격을 가지는 광업법상 설정된 광업권의 배타성에 대하여 다음과 같이 판시하고 있다. "광업법상 이미 광업권이 설정된 동일한 구역에 대하여 동일한 광물에 대한 광업권을 중복설정할 수 없고, 이종광물이라고 할지라도 광업권이 설정된 광물과 동일광상중에 부존하는 이종광물은 광업권설정에 있어서 동일광물로 보게 되므로 이러한 이종광물에 대하여는 기존광업권이 적법히 취소되거나 그 존속기간이 만료되지 않는 한 별도로 광업권을 설정할 수 없다"(대법원 1986. 2. 25. 선고 85누712 판결).

57) 대법원은 하천점용허가에 대하여 다음과 같이 물권은 아니지만("하천의 점용허가권은 특허에 의한 공물사용권의 일종으로서 하천의 관리주체에 대하여 일정한 특별사용을 청구할 수 있는 채권에 지나지 아니하고 대세적 효력이 있는 물권이라 할 수 없다", 대법원 2015. 1. 29. 선고 2012두27404), 채권으로서 재산권성을 인정하고 있다. "하천점용허가에 따라 해당 하천을 점용할 수 있는 권리(이하 '하천점용허가권'이라 한다)는 특허에 의한 공물사용권의 일종으로서 하천의 관리주체에 대하여 일정한 특별사용을 청구할 수 있는 채권에 해당하고(대법원 1990. 2. 13.자 89다카23022 결정 등 참조), 독립된 재산적 가치가 있다. 하천법 제33조 제1항, 제5조 등 관련 법령에 의하면, 하천의 점용허가를 받은 자는 관할관청의 허가 없이 그 하천점용허가권을 자유로이 양도할 수 있고 하천점용허가권에 대하여 법률상 압류가 금지되어 있지도 아니하다. 이와 같은 하천점용허가권의 내용 및 법적 성격 등에 비추어 보면, 하천점용허가권에 대하여는 민사집행법 제251조에 정한 '그 밖의 재산권'에 대한 집행방법에 의하여 강제집행을 할 수 있다고 할 것이다(대

물론 위 대법원 판결들은 하천수 사용허가가 아닌 하천점용허가를 그 대상으로 하고 있기는 하지만 모두 특허처분으로서 그 권리성이나 재산권으로서의 성격 등에 대해서는 동일한 법리를 적용할 수 있을 것이다. 따라서 하천수 사용허가와 그에 따르는 공익사업법상 물의 사용에 관한 권리가 반드시 물권일 필요는 없으며 재산적 가치를 가지는 채권이라면 그에 대한 일정한 권리성을 인정하고 보상의 적합성을 인정할 수 있을 것이다. 즉 공익사업법상 물의 사용에 관한 권리는 권리의 충분조건을 갖추지는 못하였으나 보상의 대상이 되는 재산권으로서의 필요조건을 충족하는 것으로 보아야 한다는 것이다. 하천수 사용허가로 인하여 발생하는 물의 사용에 관한 권리가 행정법상 공권에 해당한다는 견해는 하천수 사용허가를 철회하는 경우 그에 대한 손실보상을 인정하는 규정에 의해서도 정당화될 수 있는 측면이 있다.[58] 그리고 하천법 제70조에 따른 하천관리청의 처분으로 발생한 손실이 있는 경우 국토교통부장관이 행한 처분이나 공사로 인한 것은 국고에서, 시·도지사가 행한 처분이나 공사로 인한 것은 해당 시·도에서 그 손실을 보상하여야 한다(제77조 제1항, 제76조 제1항). 다시 말하자면 긍정설은 하천수 사용허가 또는 하천의 점용허가에 공익 목적의 철회가 예정되어 있었다 하더라도 그것만으로 손실보상을 부정할 수는 없다는 것으로서 손실보상이 인정되는 한 하천수 사용허가 등으로 인한 법적 지위가 권리에 해당한다는 것이다. 일반적으로 특별한 공익상의 필요가 있어 특허의 '철회'가 허용되는 경우에도 '손실'이 있다면 그에 대한 보상이 이루어져야 한다고 보고 있고, 하천법에도 그러한 취지의 규정이 있다는 것을 허가로 인한 이익을 권리로 보는 근거로 제시하고 있다.

법원 2005. 11. 10. 선고 2004다7873 판결 등 참조)"(대법원 2014. 10. 10. 자 2014마1404 결정).

58) 하천법 제70조 제1항에 따라서 하천관리청은 다음 각 호의 어느 하나에 해당하는 경우에는 이 법에 따른 허가를 받거나 승인을 얻은 자에 대하여 제69조 제1항에 따른 이른바 공익을 위한 처분을 하거나 조치를 명할 수 있다. 여기에서 말하는 처분이나 조치에는 하천수에 대한 사용허가도 포함되는 것은 물론이다. 1. 하천수량의 부족 또는 하천상황의 변경으로 부득이한 경우. 2. 공익에 대한 피해를 없애거나 줄이기 위하여 필요한 경우. 3. 하천공사를 하기 위하여 필요한 경우. 4. 공익사업을 위하여 필요한 경우.

그런데 정작 중요한 것은 공익상 하천수 사용허가 등을 철회하는 경우 하천법 제77조 등에 규정된 손실보상의 법적 성격이 여하한가 하는 문제이다. 다시 말하자면 공익 목적으로 인한 하천수 사용허가로 인하여 발생하는 손실을 보상하는 제도가 헌법 제23조 제3항의 재산권에 대한 공용침해로 인하여 발생한 손실을 보상하는 제도와 법적 성격과 같은 것인가 아니면, 하천법 제77조 제1항의 보상은 그 법적 성격이 위 헌법규정에 따르는 손실보상과 성격을 달리하는 것인가 하는 것이다. 하천법 제70조 제1항에 규정된 공익을 위한 처분은 적법하게 성립한 하천수 사용허가라는 수익적 행정처분을 사후에 발생한 공익적 사유로 인하여 이를 철회하는 수익적 행정행위의 철회이다. 통상적으로 수익적 행정행위를 철회하는 경우 상대방은 당해 행정행위의 존속에 대하여 신뢰를 가지고 있으며, 이러한 신뢰가 법적 보호가치가 있는 경우 행정법의 일반원칙은 신뢰보호원칙에 따라서 당해 신뢰를 보호하게 된다. 따라서 하천법 제70조 제1항에 따라서 공익을 위한 수익적 행정행위의 철회가 이루어지는 경우 하천법은 철회 상대방의 신뢰가 법적 보호가치가 있다는 것을 전제로 하여 그에 대한 손실을 보상하는 이른바 보상보호의 형태로 하천수 사용허가를 받은 상대방의 신뢰를 보호한다.

수익적 행정행위를 철회하는 경우 상대방의 신뢰를 보호하는 방식은 이러한 보상보호의 형태 이전에 존속보호의 방식을 고려할 수 있다. 다시 말하자면 하천법 제70조 제1항의 철회사유가 있다고 하더라도 이를 통하여 달성되는 공익보다 상대방의 법적 안정이나 신뢰에 대한 침해가 상대적으로 심대한 경우 철회 자체가 부인되고 상대방이 가지고 있는 하천수 사용허가는 존속하는 형태인 것이다. 하천법 제77조 제1항의 손실보상은 하천관리청이 하천수 사용허가 처분을 공익상 목적에 의하여 철회하기 때문에 상대방의 신뢰를 존속보호의 형태로 지속시키는 것이 어렵다고 판단하여 그 다음 단계로서 재산상의 손실을 보상하는 보상보호의 형태인 것이다.

따라서 중요한 것은 하천법 제77조 제1항에 규정된 손실보상이 일반적으로 재산권에 대한 공용침해로 인하여 발생하는 특별한 희생을 공평의 원칙에 따라서 조절적으로 보상하는 헌법 제23조 제3항에 의한 손실보상에 해당하는가 하는 여부이다. 일단 헌법 제23조 제2항에 대한 소실보상의 요건과 관련하여 문제가 될 수 있는 것은 첫째, 하천수 허가로 인한 법적 지위가 헌법상 보호되는 재산권인가, 둘째, 하천수 사용허가에 대한 철회처분이 재산권에 대한 수용·사용 또는 제한과 같은 공용침해행위에 해당하는가 하는 문제이다. 후술하는 바와 같이 하천수 사용허가로 인한 법적 지위는 사적 유용성과 임의적 처분권을 요소로 하는 재산권으로서의 성격이 미약하다. 그 이유는 첫째, 하천수 사용허가로 인하여 상대방이 일정한 물량의 하천수를 사용할 수 있는 법적 지위가 인정되기는 하지만 앞서 언급한 바와 같이 상당한 정도로 공법적 제한을 받으며, 하천법 제70조 제1항과는 달리 하천법 제53조 제1항에 의한 공익적 사유로 인하여 하천수 사용을 제한하거나 조정하는 경우에는[59] 이로 인한 손실보상을 인정하고 있지 않다.

둘째, 하천수 사용권은 이것이 거래되는 시장에서 자유롭게 양도하거나 매매의 대상이 되는 것도 아니다. 일부 외국에서는 하천수 사용허가를 거래하는 시장이 형성되어 마치 배출권 거래제도와 같이 하천수 사용허가권을 자유롭게 매매할 수 있으나[60] 우리의 경우에는 이와 같은 제도가 존재하지 않는다. 만약 하천수 사용허가가 매매나 경매 등 양도의 대상이 되는 경우 매수인 또는 경락인은 일정한 가격을 지불하고 하천수 사용허가

59) ① 환경부장관은 하천수의 상태가 다음 각 호의 어느 하나에 해당하여 하천수의 적정관리에 지장을 줄 경우에는 하천수 사용자의 사용을 제한하거나 제50조에 따른 허가수량을 조정하는 등 필요한 조치를 할 수 있다. 1. 기준지점에서의 하천유지유량 확보가 곤란한 경우. 2. 가뭄의 장기화 등으로 하천수 사용 허가수량을 조정하지 아니하면 공공의 이익에 해를 끼칠 우려가 있는 경우. 3. 하천수의 사용자가 유효기간 안에 이를 사용하지 아니하거나 허가수량보다 환경부령으로 정하는 비율 이하로 사용한 경우. 4. 그 밖에 허가된 하천수의 사용이 곤란하게 된 경우. 따라서 이 경우 손실을 보상하는 내용은 규정하고 있지 않다.

60) 칠레, 멕시코, 미국의 텍사스주 등 일부 국가에서는 허가수리권이 거래의 대상이 된다.

권을 매수 또는 경락받아 양수할 수 있는데, 이러한 경우에는 양수인이 경제적인 관점에서 상당한 정도의 자기기여를 한 것이기 때문에 자연스럽게 그 재산권성을 인정받을 수 있다. 그러나 하천수 사용허가의 경우에는 허가에 대한 약간의 행정수수료를 지불하는 것 이외에 경제적인 관점에서 별도의 자기 기여행위는 존재하지 않는다.

이 사건의 사실관계를 보면 원고는 이 사건 댐건설을 위하여 2008년 8월까지 약 45.5억 원의 초기 시설자금을 투자한 것으로 알려져 있다. 따라서 이러한 시설의 설치에 소요된 자금은 당연히 원고의 자기 기여분에 해당하는 것이기 때문에 재산권으로 보호받아야 하는 것이지만 하천수 사용허가로 인하여 취득한 시설이 아니고 허가를 받은 이후에 임의로 설치한 시설이기 때문에 하천수 사용허가 자체와 보상의 대상이 되는 시설과는 구별되어야 한다. 앞서 언급한 바와 같이 원고의 경우에는 피고의 댐건설사업 과정에서 원고의 용수시설을 포함한 발전설비 일체가 수용의 대상이 되었는바(지장물 보상금 2,681,319,500원 + 160,626,000 = 2,841,945,500원), 하천수 사용권에 대해서는 별도의 보상이 이루어지지 않았다.

하천수 사용허가를 철회하는 것을 재산권에 대한 수용이나 박탈행위로 볼 수 있는가 하는 것도 쟁점이 될 수 있다. 이 문제 역시 하천수 사용허가로 인한 법적 지위가 헌법상 보장되는 재산권인가 하는 것과 표리의 관계에 있는데, 하천수 사용허가로 인하여 형성된 법적 지위가 재산권에 해당하는 경우에 하천수 사용허가에 대한 철회는 일종의 재산권에 대한 수용이나 박탈행위로 볼 여지도 있다. 그러나 하천수 사용허가로 인한 이익이나 법적 지위에 대한 시장가격이 존재하는 것이 아니고 이를 매매 또는 양도하는 등의 행위가 시장에서 이루어지는 것을 전제로 하는 임의적 처분권도 인정되는 것이 아니기 때문에 이를 헌법 제23조 제1항에서 보장하는 재산권으로 보기는 어렵다. 따라서 하천수 사용허가에 대한 철회는 수익적 행정행위에 대한 철회 이상의 법적인 의미를 가지기 어렵고 이에 대한 보상을 규정한 하천법 제77조 제1항은 앞서 언급한 바와 같이 수익적 행정행위에 대한 철회로 인하여 발생할 수 있는 상대방에 대한 신뢰이익의 침해를 금전적으로 보상하는 것으로서 헌법 제23조 제3항에 따라 재산권에 대한 공용침해를 전제로 하는 손실보상과는 그 법적 성격을 달리하는 것으로 보아야 한다.

이는 하천수 사용허가를 취소하는 경우와 비교하여 보면 그 보상의 성격이 보다 분명해진다. 하천수 사용허가가 그 요건을 흠결하여 이를 사후에 취소하는 경우 역시 하천수 사용허가를 철회하는 경우와 같이 동일하게 행정처분의 존속을 신뢰한 상대방에 대한 신뢰보호의 문제가 발생한다. 따라서 이 경우에도 취소로 인하여 침해되는 상대방의 신뢰가 취소로 인하여 실현되는 공익에 비하여 우월한 경우 위법한 처분을 취소할 수 없으며, 그로 인하여 위법한 처분을 존속시키는 형태로 상대방의 신뢰를 보호한다(존속보호). 다만, 침해되는 사익보다 취소로 인한 공익이 더 큰 경우 위법한 처분에 대한 취소가 가능하지만 역시 이 경우에도 상대방에 대한 신뢰보호가 필요하다고 판단하는 경우 손실보상이 이루어진다(보상보호). 물론 적법한 행정처분을 사후에 발생한 공익적 사유에 의하여 이를 철회하는 경우에 비하여 애초부터 요건을 흠결한 행정처분을 사후에 소급하여 취소하는 때에는 당해 처분이 위법하다는 점을 고려한다면 수익적 처분이라고 하여도 그 법적 보호가치는 적법한 수익적 행정처분의 철회에 비하여 경미하다고 할 수 있다. 따라서 대부분 위법한 수익적 행정처분을 취소하는 경우에는 존속보호의 형태보다는 보상보호의 방식이 보다 일반적이라고 할 수 있다.

그런데 위법한 수익적 행정행위를 사후에 취소하는 경우 상대방에게 헌법상 보장된 재산권을 박탈한다는 것과 법적으로 통일한 취급을 받을 수 있을까? 앞서 언급한 바와 같이 단순하게 수익적 행정처분을 받은 상대방의 법적 지위가 헌법적으로 보장되는 재산권에 해당하는 것으로 보기 어렵다는 점을 지적하였다. 더욱이 위법한 수익적 행정행위, 예를 들어 상대방의 적극적 기망이나 소극적으로 공무원의 착오에 의하여 법령상의 요건이 흠결된 수익적 행정처분이 이루어진다고 하더라도 이를 행정법상 권리로 인정하거나 헌법상 재산권으로서 보장되는 법적인 보호가치가 있는 것일까? 가사 이에 대한 손실보상이 이루어진다고 하더라도 이는 상대방의 신뢰이익의 침해에 따르는 국가의 정책적 보상조치에 불과하며 헌법 제23조 제3항에 따르는 공용침해와 재산권에 대한 정당한 보상과는 그 법적인 성격이 판이하게 다른 것이다. 결국 수익적 행정처분의 취소나 철회에 따르는 상대방에 대한 손실보상은 신뢰이익의 양태와 정도, 제3자에 대한 보호 등 여러 정책적 요소를 고려한 정책적 판단의 결과이지 법적인 보상조치는 아니다.

더욱이 이 사건의 경우에는 하천관리청이 공익을 위하여 하천수 사용허가를 철회하고 그에 대한 손실을 보상하는 것이 아니라 한국수자원공사라는 공기업이 수용의 주체가 되는 것으로서 손실보상에 대한 법적 근거 역시 하천법이 아니라 "댐건설 및 주변지역지원 등에 관한 법률"(댐건설법) 제11조 제1항에 의한 "물의 사용에 관한 권리"에 기반하고 있다. 다만, 이러한 수용 등 주체에 따르는 손실보상의 법적 근거가 상이함에도 불구하고 동일한 법리가 적용되는 것으로 보아야하기 때문이다. 다만, 하천관리청이 공익사업을 위하여 필요한 경우 하천수 사용허가를 철회하는 경우에는 하천법에 의한 손실보상이 필요하다는 취지를 적극적으로 고려한다면 하천관리청이 아닌 공기업 등이 공익사업을 시행하기 위하여 공익사업법이 규정하는 물의 사용에 관한 권리를 수용 또는 사용하는 때에도 형평의 원칙상 당연히 댐건설법에 따라서 손실보상을 인정해야 한다는 견해도 제시될 수 있다.

2) 부정설

하천수 사용허가로 인한 이익 내지 법적 지위가 권리성을 갖는다는 긍정설과는 달리 이하에서 언급하는 대법원의 이른바 지하수 판결은 그 권리성을 부인하는 논거로 언급할 수 있다.[61] 본 사안은 피고 한국토지공사

61) 대법원은 지하수이용권이 '물의 사용에 관한 권리'에 해당하는지에 대하여 아래와 같이

가 이 사건 토지 및 그 지상의 공장건물을 취득하고, 원고 회사 소유의 이 사건 지하수 관정을 포함한 먹는샘물 제조공장시설 등에 관하여도 이 사건 수용재결이 이루어짐으로써 더 이상 이 사건 토지의 지표면 아래에 있는 지하수를 이용할 수 없게 되었다는 점에서 앞서 언급한 하천수 사용허가에 대한 사실상의 수용처분과 유사한 구조를 가지고 있다. 대법원의 판시 이유 중에서 지하수 이용권이 관습법상 물권에 해당하지 않는다는 견해는 이미 지하수의 경우에도 그 이용관계가 관습법에 준하는 물권의 이용관계에 해당하지 않으며 관련 법규에 따라서 허가사용의 대상이 된다는 점을 시사하였다는 점에서 긍정적인 평가를 받아야 한다. 이는 이미 지하수의 이용관계가 관련 법규에 따라서 국가의 적극적인 자원관리의 대상이 됨을 의미한다. 이와 더불어 대법원은 구 먹는물관리법 제9조에 의한 수원개발허가를 받은 것만으로는 그 토지의 지면 하에 있는 지하수를 계속적, 배타적으로 이용할 수 있는 권리가 생긴다고 볼 수도 없다는 내용의 판시를 하고 있는데, 이른바 구 먹는물관리법에 의한 허가수리권의 권리성을 역시 부인하고 있다는 점을 주목할 필요가 있다.

원심인 항소심의 판결을 지지하면서 지하수 이용권이라는 수리권의 권리성을 부인하고 있다. "원심은, 원고 회사는 소외 1, 소외 2 소유의 이 사건 토지상에 설치한 지하수 관정을 이용하여 지하암반 대수층에서 지하수를 끌어올려 먹는샘물(생수)을 제조·판매해 오던 중, 피고 한국토지공사(이하 '피고 공사'라고 한다)가 위 소외 1, 소외 2와의 협의에 의하여 이 사건 토지 및 그 지상의 공장건물을 취득하고, 원고 회사 소유의 이 사건 지하수 관정을 포함한 먹는샘물 제조공장시설(피고 공사가 협의에 의하여 취득한 위 공장건물 제외) 등에 관하여도 이 사건 수용재결이 이루어짐으로써 더 이상 이 사건 토지의 지표면 아래에 있는 지하수를 이용할 수 없게 되었는바, 위와 같이 먹는샘물의 제조에 사용되던 이 사건 지하수에 대한 이용권이 관계 법령상 물권에 준하는 권리로 인정되어 보호되고 있다거나 토지소유권 등으로부터 분리된 관습상의 물권이라고 할 수 없고, 구 먹는물관리법(1997. 8. 28. 법률 제5394호로 개정되어 1997. 11. 29. 시행되기 전의 것, 이하 '구 먹는물관리법'이라고 한다) 제9조에 의한 수원개발허가를 받은 것만으로는 그 토지의 지면 하에 있는 지하수를 계속적, 배타적으로 이용할 수 있는 권리가 생긴다고 볼 수도 없으므로, 구 토지수용법(2002. 2. 4. 법률 제6656호로 폐지되기 전의 것, 이하 '구 토지수용법'이라고 한다) 제2조 제2항 제3호에서 수용대상으로 규정한 '물의 사용에 관한 권리'에 해당한다고 볼 수 없다는 취지로 판단하였다. 관계 법령의 규정에 비추어 살펴보면 원심의 위와 같은 판단은 정당한 것으로 수긍이 가고, 거기에 상고이유에서 주장하는 바와 같은 지하수이용권의 성질에 관한 법리오해 등의 위법이 없다"(대법원 2005. 7. 29. 선고 2003두2311 판결).

현행 먹는물관리법 제9조 제1항에 따라서 대통령령으로 정하는 규모 이상의 샘물 또는 염지하수를 개발하려는 자는 환경부령으로 정하는 바에 따라 시·도지사의 허가를 받아야 하며, 환경부장관은 공공의 지하수자원을 보호하고 먹는물의 수질개선에 이바지하도록 제9조에 따라 샘물등의 개발허가를 받은 자, 먹는샘물 등의 제조업자 및 수입판매업자에게 수질개선부담금을 부과·징수할 수 있다(제31조 제1항). 부담금은 제9조에 따라 샘물 등의 개발허가를 받은 자와 먹는샘물 등의 제조업자에게는 샘물 등의 취수량을 기준으로 부과·징수한다(제31조 제2항). 이상에서 살펴본 바와 같이 먹는샘물을 개발하여 이용하는 자에 대한 허가는 강학상 이른바 순수한 의미의 허가라가기 보다는 허가를 받은 상대방에게 허가의 범위 안에서 먹는샘물을 개발하고 이용할 수 있는 배타적 권리를 설정하여 준다는 점에서 설권행위로서 강학상 특허에 해당한다. 그리고 시·도지사는 제9조에 따라 샘물 등의 개발을 허가하기 전에 환경영향조사를 실시하여야 하며(제10조 제1항), 시·도지사는 제18조에 따른 환경영향심사 결과 다른 공공의 지하수 자원 개발 또는 지표수의 수질 등에 영향을 미칠 우려가 있다고 인정하면 제9조의 샘물 등의 개발허가를 하지 아니할 수 있다는 점에서(제11조 제1항), 먹는샘물에 대한 시·도지사의 개발허가에는 행정청이 상당한 정도로 물관리에 대한 정책적인 재량권을 가지고 있는 것으로 보아야 한다. 또한 헌법재판소는 먹는물관리법에서 규정한 수질개선부담금을 부담금 내지 특별부담금의 하나로 보고 있지만,[62] 샘물 등의 취수량을 기준으로 부과·징수한다는 점에서 일종의 자연공물인 먹는샘물의 사용에 대한 대가로서 부과하는 일종의 사용료에 해당하는 것으로 보아야 한다.

지하수 개발에 대한 특허와 그 권리성 원칙은 대법원이 이 사건에서 지하수 이용권이 행정청의 특허에 의하여 公水를 계속적, 배타적으로 이용하는 권리에 해당하지 않는다는 판시 이유와 사뭇 상반되는 것이다. 결론적으로 말한다면 대법원이 지하수 개발허가를 특허로 보면서도 지하수 이

62) 헌재 2004. 7. 15. 2002헌바42; 1998. 12. 24. 98헌가1.

용권이라는 수리권의 권리성을 부인한 것은 합리적인 것으로서, 바꾸어 말한다면, 지하수 이용관계는 특허임에도 불구하고 앞서 언급한 하천수 사용허가와 같은 맥락에서 그 재산권성, 권리성을 인정하기 어렵다. 먹는샘물을 개발 또는 이용하려는 자가 취득한 허가에는 약간의 행정수수료 이외에 이를 취득하기 위하여 자신이 매매나 경락 등을 위하여 투자한 비용이 없으며, 이를 시장에서 임의로 처분할 수도 없다. 또한 먹는샘물 이용권을 통하여 허가된 물량의 지하수를 사용할 수는 있지만 이를 담보로 제공하거나 처분할 수도 없다는 점에서 헌법상 재산권으로서의 사적유용성의 요건도 흠결한다. 결국 앞서 언급한 하천수 사용허가에 대한 철회를 하는 경우에도 단순한 수익적 행정행위에 대한 철회에 해당할 뿐 법리적으로 헌법 제23조 제3항에 따르는 손실보상도 인정되지 않는다. 이러한 논리구조는 먹는물관리법에 의한 허가뿐만 아니라 지하수법에 의한 지하수 사용허가에도 동일하게 적용할 수 있다. 지하수법에 따르는 지하수 사용허가 역시 특허처분이며, 행정청의 정책적 재량이 인정되는 재량행위로서 지하수의 이용이라는 공물에 대한 특허사용에 따라 지하수이용부담금이라는 사용료를 부과한다. 지하수 이용허가를 철회하는 경우 상대방에 대한 신뢰보호의 문제가 발생하지만 지하수법은 하천법과는 달리 손실보상규정을 두고 있지도 않으며, 보상이 이루어진다고 하더라도 이는 상대방의 신뢰를 이른바 보상보호의 형태로 보호하는 것일 뿐 헌법 제23조 제3항에 따르는 손실보상과는 그 법적 성격을 달리하는 것이다.

이러한 결론은 하천수 사용신청을 한 상대방에 대한 특허처분으로 인하여 발생하는 수리권이 배타성과 강제성을 가지는 권리인가의 문제에도 그대로 적용될 수 있다. 앞서 언급한 바와 같이 하천수 등에 대한 사용허가는 특허로서 상대방에게 배타적인 사용권을 부여하는 것은 사실이다. 이는 이른바 기득하천수리권의 경우에도 동일하여 댐건설 이전에 하천수 사용허가를 받은 자는 허가된 하천 수량을 배타적으로 그리고 독점적으로 자유롭게 사용할 수 있는 것이 원칙이다.[63] 다만, 하천수 사용허가로 인하

63) 기득하천사용자의 과다보호의 문제는 김성수, 전게논문(각주 1), 14면 이하.

여 상대방이 가지는 권리는 그 권리적 성격이 미약한 것으로 볼 수 있다. 그 이유는 홍수통제소 등 하천관리청이 하천수 사용허가를 하였다고 하더라도 그 이후에 발생한 사유에 의하여 부관에 의한 허가 내용의 조정, 허가물량의 일부취소 등의 처분을 할 수 있으며, 이러한 사유에 의한 허가 내용의 조정행위는 국가의 수자원관리라는 고양된 공익달성을 위한 처분이기 때문에 이에 대해서는 상대방의 신뢰보호가 인정되기 어렵고 신뢰보호를 위하여 일정한 정책적인 보상과 같은 보상보호의 수단을 고려하는데 그치기 때문이다.

앞서 언급한 바와 같이 하천법 제53조 제1항에 의한 하천수의 사용조정에 따라서 상대방이 입게 될 손실에 대하여 보상이 필요할 수 있는데도 불구하고 하천법 규정이 이에 대해 침묵하고 있는 것은 하천수 사용허가로 인한 권리의 성격이 상대적으로 약하고 이를 가사 헌법상 재산권으로 인정한다고 하더라도 입법자가 헌법 제23조 제3항의 공용침해로 인한 손실보상의 문제로 접근하기보다는 제23조 제1항 제2문이나 제2항의 문제로 보아 입법형성권의 대상으로 인식하고 있다는 방증이라고 할 수 있다. 이렇게 본다면 하천법이나 지하수법의 수리권은 '권리'라기보다는 행정청의 허가 내용에 따라서 일정한 량의 하천수 내지 지하수를 행정청이 부관 등으로 정한 조건에 따라서 사용할 수 있는 법적 지위 내지 허가된 물량으로 보는 것이 정확한 이해일 것이다.

이 문제는 "온실가스 배출권의 할당 및 거래에 관한 법률"에 의한 배출권과 유사한 성격이라고 할 수 있다. 이 법에 의하여 각 배출업체에 할당처분이라는 일종의 특허처분에 따라서 할당된 온실가스 배출량을 흔히 실무적으로 '온실가스배출권'이라고 부르는데, 이것이 과연 공법상 진정한 권리성을 갖는가에 대해서는 상당한 논란이 있을 수 있다.[64] 결국 특허처

64) 실제로 위 법은 "온실가스 배출권"이라는 제목을 가지고 있으나 정작 제2조 제3호에서 배출권의 개념을 다음과 같이 규정하고 있다. "배출권이란 기본법 제42조 제1항 제1호에 따른 온실가스 감축 목표를 달성하기 위하여 제5조 제1항 제1호에 따라 설정된 온실가스 배출허용총량의 범위에서 개별 온실가스 배출업체에 할당되는 온실가스 배출허용량을 말한다."

분에 따라서 상대방 배출업체가 가지는 법적 지위를 배출권이라고 표현하고 있지만, 이는 진정한 공법상의 권리라기보다는 행정청이 처분을 통하여 허용한 배출량을 배출할 수 있는 공법상 지위에 불과하기 때문에 배출량에 대한 행정청의 사후조정이나 감축 등에 대한 강한 권한이 인정될 수 있다. 미국의 청정대기법(Clean Air Act)은 이러한 점을 고려하여 배출권을 이산화황을 방출할 수 있는 제한된 권능으로 규정하고 있다.[65] 주목할 것은 이와 같은 배출권 허가가 재산권이 아니라는 점을 청정대기법 자체가 명시적으로 규정하였다는 점이다.[66] 이는 후술하는 바와 같이 하천수 사용허가로 인한 상대방의 법적 지위와 관련하여 유의미한 시사를 하고 있는 것으로 볼 수 있다.

2. 하천수 사용허가로 인한 수리권은 재산권인가?

하천수 사용허가나 지하수 사용허가와 관련한 법원의 판결은 아직 없는 상태이지만 대법원은 하천 점용허가로 인한 상대방의 법적 지위 및 재산권성 여부에 대하여 다소 엇갈리는 입장을 보이고 있다. 이 문제는 특허에 해당하는 행정처분으로 인한 상대방의 법적 지위에 대한 일반론과 관련되는 것으로서 유사한 대법원의 판례 및 헌법재판소의 결정례를 살펴보면 일정한 시사점을 발견할 수 있다. 앞서 언급한 바와 같이 2014년 대법원 판결은 하천점용허가권을 재산권으로 보고 있다. 대법원은 강학상 순수한 허가에 해당하는 어업허가에 대해서도 그 재산권성을 인정하는 판시를 하고 있다.[67]

---

65) An allowance allocated under this subchapter is s limited authorization to emit sulfur dioxide in accordance with the provisions of this subchapter.

66) Such allowance does not constitute a property right.

67) "어업허가는 일정한 종류의 어업을 일반적으로 금지하였다가 일정한 경우 이를 해제하여 주는 것으로서 어업면허에 의하여 취득하게 되는 어업권과는 그 성질이 다른 것이기는 하나, 어업허가를 받은 자가 그 허가에 따라 해당 어업을 함으로써 재산적인 이익을 얻는 면에서 보면 어업허가를 받은 자의 해당 어업을 할 수 있는 지위는 재산권으로 보호받을 가치가 있고, 수산업법이 1990. 8. 1. 개정되기 이전까지는 어업허가의 취소·제한·정지 등의 경우에 이를 보상하는 규정을 두고 있지 않았지만, 1988. 4. 25. 공공용지의취득및손실보상에관한특례법 시행규칙이 개정되면서 그 제25조의2에 허가어업의 폐지·

이와는 대조적으로 대법원은 2015년 판결을 통하여 하천점용허가로 인한 하천점용허가권의 경우 재산권을 설정과 이전 등에 대하여 등기 또는 등록이 그 성립요건인 경우에는 이를 재산권으로 볼 수 있지만, 단순한 행정상의 편의를 위하여 등록 등을 요구하는 경우는 재산권성을 부인하고 있다.[68] 대법원은 2016년 동일한 어업허가에 대해서도 이전과는 달리 그 재산권성을 부인하고 있다.[69]

휴업 또는 피해에 대한 손실의 평가규정이 마련되었고, 공공필요에 의한 재산권의 수용·사용 또는 제한 및 그에 관한 보상은 법률로써 하되 정당한 보상을 지급하여야 한다는 헌법 제23조 제3항, 면허어업권자 내지는 입어자에 관한 손실보상을 규정한 구 공유수면매립법(1999. 2. 8. 법률 제5911호로 전문 개정되기 전의 것) 제16조, 공공사업을 위한 토지 등의 취득 또는 사용으로 인하여 토지 등의 소유자가 입은 손실은 사업시행자가 이를 보상하여야 한다는 공공용지의취득 및 손실보상에 관한 특례법 제3조 제1항의 각 규정 취지를 종합하여 보면, 적법한 어업허가를 받고 허가어업에 종사하던 중 공유수면매립사업의 시행으로 피해를 입게되는 어민들이 있는 경우 그 공유수면매립사업의 시행자로서는 위 구 공공용지의 취득 및 손실보상에 관한 특례법 시행규칙(1991. 10. 28. 건설부령 제493호로 개정되기 전의 것) 제25조의2의 규정을 유추적용하여 위와 같은 어민들에게 손실보상을 하여 줄 의무가 있다(대법원 1999. 11. 23. 선고 98다11529).

68) "하천의 점용허가권은 특허에 의한 공물사용권의 일종으로서 하천의 관리주체에 대하여 일정한 특별사용을 청구할 수 있는 채권에 지나지 아니하고 대세적 효력이 있는 물권이라 할 수 없다. 가등기담보 등에 관한 법률 제18조는 가등기담보법상 청산절차에 관한 규정은 등기 또는 등록할 수 있는 부동산소유권 외의 권리(질권·저당권 및 전세권을 제외한다)의 취득을 목적으로 하는 담보계약에 관하여 준용한다고 규정하고 있는데, 여기에서 등기 또는 등록할 수 있는 권리는 재산권의 설정과 이전에 관하여 등기 또는 등록이 성립요건 또는 대항요건이 되어 있는 재산권을 말하고, 단순히 행정상의 편의를 위하여 등록 등을 요구하는 경우에는 이에 해당하지 않는다. 유선장을 설치하여 수상레저사업을 운영하기 위해 하천점용허가를 받은 갑이 을로부터 돈을 차용하면서 을과 하천점용허가 및 유선장을 매도하는 계약을 체결하였는데, 그 후 을이 하천점용허가의 권리의무승계신고를 하자 관할 시장이 하천 점·사용허가 권리의무승계처분을 한 사안에서, 관할 시장은 갑 명의의 권리의무승계신고서와 승계사실 증명에 관한 서류가 위조되는 등으로 승계의 효력이 없다고 볼 특별한 사정이 없는 한 위 신고에 따른 권리의무승계처분을 하면 되는 점, 하천점용허가 관리대장은 허가가 있었음을 증명하는 문서로 행정상 편의를 위하여 작성하는 것에 불과하고, 하천의 점용허가권은 재산권의 설정과 이전에 관하여 등기 또는 등록이 성립요건 또는 대항요건이 되어 있는 재산권이라고 할 수 없으므로 가등기담보 등에 관한 법률이 준용된다고 할 수 없는 점 등에 비추어, 위 처분에는 하자가 중대·명백하여 무효에 해당하는 위법이 없음에도, 이와 달리 본 원심판결에 법리를 오해한 잘못이 있다."(대법원 2015. 1. 29. 선고 2012두27404).

69) "어업허가를 받거나 어업신고가 수리된 자가 갖는 어업에 대한 재산적 이익은 공유수면에서 자유로이 생존하는 수산동식물을 포획할 수 있는 지위로서 어업허가취득이나 수산

헌법재판소는 체육시설업에 대한 사업계획승인 등 행정처분에 의하여 성립하는 상대방의 법적 지위는 헌법 제23조가 보장하는 재산권의 보호범위에 속하지 않는다는 입장을 제시하고 있다.[70)]

동식물의 포획에 어떤 대가를 지불하는 것이 아니어서 일반 재산권처럼 보호가치가 확고하다고 보기 어려운 점, 한편 어업권의 특성과 행사 방식 등에 비추어 재산권의 행사가 사회적 연관성과 사회적 기능이 크므로 입법자에 의한 보다 광범위한 제한이 허용되는 점, 구 수산업법이 손실보상 없이 어업을 제한할 수 있는 사유를 수산자원의 보존 또는 국방상 필요 등 사회적 연관성과 사회적 기능이 큰 경우로 제한적으로 규정하고 있는 점, 허가 또는 신고 어업과는 달리 면허어업은 해조류양식어업 등을 주요대상으로 하여 조업이 제한되는 해역 이외의 장소에서는 조업이 불가능한 사정을 고려하여 보상제외사유로 삼지 않는 등 제한되는 어업의 종류와 특성 및 내용에 따라 보상 여부를 달리 정하고 있는 점 등을 종합하면, 구 수산업법 제81조 제1항 제1호 단서에서 허가·신고 어업에 대하여 '국방상 필요하다고 인정하여 국방부장관으로부터 요청이 있을 때'(구 수산업법 제34조 제1항 제3호)에는 '공익사업을 위한 토지 등의 취득 및 보상에 관한 법률 제4조의 공익사업상 필요한 때'(구 수산업법 제34조 제1항 제5호)와 달리 손실보상 없이 이를 제한할 수 있도록 정한 것이 재산권자가 수인하여야 하는 사회적 제약의 한계를 넘어 가혹한 부담을 발생시키는 등 비례의 원칙을 위반하였다고 보기 어려우므로 위 단서 조항이 헌법에 위배된다고 볼 수 없다."(대법원 2016. 5. 12. 선고 2013다62261 판결).

70) "사업계획승인 이후 경매 등으로 체육시설업의 필수시설에 대한 소유권을 상실한 기존 사업계획승인권자는 더 이상 사업계획승인을 자신의 이익을 위해 이용할 수 없으므로 사적유용성이 인정될 수 없고, 기존 사업계획승인권자는 운영할 체육시설을 보유하지 않으므로 사업계획승인권을 보유할 규범적 이익도 없어 필수시설의 경락인에게 위 승인권을 양도해야만 하는 것 이외에 다른 선택가능성을 상정하기 어려우므로 사업계획승인권에 대한 원칙적 처분권을 보유한다고 보기도 어려우며, 사업계획승인은 해당 체육시설이 법령에서 정한 시설기준을 갖출 수 있는지를 비롯한 제반 사업수행능력에 대한 승인에 해당하므로, 여기에 어떠한 재산적 가치가 내포되어 있다고 할 수도 없다. 따라서 위 사업계획승인권은 헌법상 보호되는 재산권에 해당되지 않는다." 헌재 2010. 4. 29. 2007헌바40. 다만 이 결정에서 반대의견은 체육시설업에 대한 사업계획승인권은, 사업계획승인권이 그 권리자에게 귀속되는 것임이 명백한 점, 이 사건 법률 개정 이전의 경제거래 현실에서 기존의 사업계획승인권자는 자신의 위 승인권을 타인에게 양도하여 그 대가로서의 양도대금을 취득하여 왔고 이러한 거래 및 양도대금의 수수 등이 대법원의 판결을 통하여 뒷받침되어 온 점에서 사적유용성이 인정되고, 사업계획승인권을 양도할 상대방을 선택하거나 그 조건을 정할 자유가 상당히 제약되게 되었다 하더라도 양도계약의 체결 여부 및 조건의 약정 등에 있어서 처분의 자유가 전혀 없어졌다고는 할 수 없으므로 원칙적 처분권도 인정되며, 이에 재산권으로 보호될 만한 재산가치 역시 내포되어 있는 것으로 보고 있다.

3. 사적 유용성과 처분가능성이라는 재산권의 헌법적 요건에 비추어 본 수리권에 대한 평가 - 온실가스배출권과의 비교

헌법재판소는 헌법상 재산권의 개념을 "사적 유용성과 임의적인 처분권을 내포하는 재산가치 있는 구체적 권리"로 이해하고 있으며,[71] 이는 우리나라에서 학설상으로도 일반적으로 수용되는 재산권에 대한 헌법적인 정의라고 할 수 있다.[72] 그리고 이와 같은 헌법상 재산권의 개념은 보다 세부적으로 '사적 유용성', '임의적인 처분권', '구체적인 권리'라는 세 부분의 구성요건으로 이루어지고 있다. 이와 관련하여 하천관리청으로부터 허가를 받은 하천수에 대한 허가사용량을 헌법상 재산권의 개념적 구성요건과 관련하여, 특히 유사한 법적 구조를 가지고 있는 온실가스배출권과 비교하여 어떠한 평가를 할 수 있을 것인지 구체적으로 살펴보면 다음과 같다. 우선 하천수 사용허가로 인하여 발생한 법적 지위는 특정한 하천수의 물량을 자신의 이익을 위하여 자유롭게 사용할 수 있다는 점에서 사적 유용성을 핵심으로 하는 구체적인 법률상 권리에 가까운 것으로 볼 수 있다. 다만, 임의적인 처분과 관련하여 하천수 사용허가를 대상으로 하여 이를 매매하거나 담보제공 등의 목적으로 자유롭게 양도할 수 있는 시장이나 장외거래의 메커니즘이 존재하는 것은 아니다. 다시 말하자면, 하천수 사용허가로 인한 법적 지위는 이를 임의적으로 처분할 수 있는 대상이 아니라는 점에서 헌법상 재산권으로서의 개념적인 요건을 충족하지 못하는 것이다.

이에 반하여 온실가스배출권의 경우는 비록 무상으로 각 사업장에 할당한 경우라고 하여도 배출권을 등록부에 등록하고 이것이 시장에서 거래단계로 진입하게 되면 임의적인 처분이 이루어지는 것이어서 이를 헌법상의 재산권으로 보기에 무리가 없다. 재산권의 개념이 선험적으로 특정한 실체를 가지는 개념 본질적으로 내포된 것이라기보다는 입법정책적 배려에 따라서 그 외포가 결정되는 측면을 고려한다면 더욱 그렇다. 이는 헌법

71) 헌재 2007. 7. 26. 2003헌마377; 2002. 7. 18. 99헌마574; 2003. 10. 30. 2001헌마700 등.

72) 허영, 한국헌법론, 전정 12판, 박영사, 505면.

상 재산권의 개념이 처음부터 고착된 실체를 가지는 것이 아니라 사회적, 문화적 환경을 고려하여 입법자가 그 내용을 채워 넣는 방식을 배제하지 않는 개방적인 것이라는 특성에 기인하는 것이다. 혹여 온실가스배출권을 전적으로 고전적인 재산권으로 인정할 수 없는 경우라고 하더라도 이를 일종의 재산권의 전단계인 이른바 混成재산 혹은 하위의 준재산의 개념으로 포섭할 수 있다는 견해도 제시되고 있다.73) 그러나 하천수 사용허가의 경우에는 향후 입법적인 조치에 따라서 이를 자유롭게 사고파는 시장이 형성되어 특정한 가격이 형성될 수 있는 단계에 이르게 되면 모르되, 단지 행정처분으로 인한 허가량의 사용이라는 지위에 머무르고 있는 현재의 상황을 고려한다면 더욱 그렇다. 그리고 온실가스배출권은 시장메커니즘을 활용하여 온실가스배출행위를 시장에서 부정적인 영향으로 평가하고 가능하면 그 배출량을 줄이고 절약하는 경제적 유인을 제공하여 결국 남은 배출권을 거래하는 것을 주된 제도적 지향점으로 설계한 것이 특징적이다. 이에 비하여 하천수 사용허가는 하천관리청이 공익의 실현자로서 하천수를 중심으로 하는 수자원의 지속가능성과 미래의 수요를 적절하게 조절하는데 그 제도적인 설계의 중심이 두어질 뿐 이를 거래의 대상으로 하거나 특정인에게 재산권과 같은 고착화된 권리를 부여하는 것과는 취지를 달리한다. 따라서 하천수 사용허가는 기득화된 권리의 보장보다는 미래의 수자원 예측에 따르는 행정의 유연성과 가변성의 원리가 보다 강하게 작용하는 영역이라고 할 수 있는 것이다.

---

73) 이덕연, '본질적으로 논쟁적인 개념'으로서 헌법상 재산권의 허와 실 — '배출권'의 재산권으로서 법적 성격 및 지위와 관련하여 —공법연구 제45집 제4호, 72면.

Ⅳ. 댐 사용권 변경처분 취소소송 - 대법원 2018. 3. 29. 선고 2017두73761

1. 사실관계

섬진강댐은 1940년 4월경 착공되어 1965년 12월경 준공되었다. 정부는 섬진강댐의 댐 사용권을 한국수자원개발공사에 현물출자하였고, 위 공사는 이를 한국전력주식회사(69.16%) 및 동진농지개량조합(30.84%)에 각 양도하였다. 원고 한국수력원자력 주식회사는 한국전력 주식회사의, 한국농어촌공사는 동진농지개량조합의 위 각 댐 사용권을 승계 취득하였다. 그런데 섬진강댐은 수몰지역 내에 주민들이 재정착하는 문제가 발생하였다. 피고 국토교통부장관은 위 주민들을 이주시킴으로써 댐의 저수량을 확보하고, 댐 운영의 정상화를 위하여 섬진강댐 재개발사업을 추진하였다. 피고는 댐건설기본계획 변경을 추진하는 과정에서 원고 및 농어촌공사와 댐 사용권 조정에 관한 협의가 잘 이루어지지 않자, 2007. 3. 21. 감사원이 주관하는 회의가 개최되었고, 원고, 농어촌공사, 피고, 이 사건에서 보조참가인인 한국수자원공사는 2007년 4월경 감사원의 입회 하에 댐 사용권의 변경 시에 발생하는 기존 댐 사용권자에 대한 보상방안에 대하여 협의하였다.

피고는 2007. 10. 21. 댐의 규모, 형식, 저수량 등은 변경 없이 저수량의 용도별 배분을 결정하고, 댐 사용권을 설정받기로 예정된 주체와 내용을 당초 한국수자원개발공사에서 농어촌공사(관개용수), 원고(발전용수), 국가(홍수조절), 참가인(생·공용수)로 변경하는 내용을 포함하는 섬진강다목적댐 기본계획 변경 고시를 하였다(건설교통부고시 제2007-427호). 피고는 원고와 수차례에 걸쳐 댐건설 및 주변지역지원 등에 관한 법률(이하 댐건설법이라 한다)에 따라서 보상 협의를 진행하였으나 보상금액에 관하여 협의점을 찾지 못하자, 2015. 9. 11. 원고에게 섬진강다목적댐 댐 사용권 변경에 따라 댐건설부담금 49,260,404,000원, 영업손실 3,040,500,000원을 지급한다는 내용의 합의서(안)를 송부하였고, 원고는 2015. 9. 18. 피고에게 위 합의서(안)을 수용할 수 없다는 의견을 통보하였다. 피고는 2015. 11. 30.

원고에 대한 댐 사용권 변경등록을 하였고, 2015. 12. 30. 이를 원고에게 통지하였다(이 사건 처분).

2. 소송의 경과와 법적 쟁점

1심 법원인 서울행정법원에서 원고는 위 피고의 댐 사용권 변경처분이 보상규정을 결하고 있어서 위헌이며, 댐건설법 제31조 제4항 각 호에 따르는 변경처분의 사유가 존재하지 않으며, 위 변경처분이 신뢰보호원칙을 위반하였으며, 동시에 재량권을 일탈·남용한 위법한 처분이라고 주장하였으나, 재판부는 이러한 원고의 청구를 모두 기각하였다. 원심법원인 서울고등법원에서 원고는 이 사건 조항인 댐건설법 제34조 제4항 제2호에 따라서 댐 사용권을 변경하는 처분을 하기 위해서는 동법 제31조 제2항, 제3항의 댐 사용권 양도절차를 반드시 거쳐야 하는데, 이 사건 조항 제2호에 따라서 곧바로 댐 사용권 이전이 가능하다고 해석하는 것은 과잉금지의 원칙에 위배되고, 헌법 제23조 제3항 상의 적법절차를 위반하였으며, 이 사건조항에 따라서 국가가 댐 사용권 취소 또는 변경처분 행사요건 충족 여부에 대하여 국가의 재량에 달려 있기 때문에 헌법상 명확성원칙에 반한다고 주장하였다. 더 나아가 원고는 위 변경처분은 하천법과 댐건설법에 따르는 하천 점용허가, 하천수 사용허가를 취소하고 댐건설법에 의한 댐 사용권 양도절차가 선행되어야 하는 것으로서 절차상 하자가 있다고 주장하였다. 또한 원고는 이 사건 조항에 따라서 기존의 댐 사용권을 변경하여 신규로 댐 사용권을 설정받기 위해서는 기본계획에 댐 사용권 설정이 예정되어 있어야 하는데 기본계획 변경 고시에 따라서 참가인이 생·공용수에 대한 댐 사용권 설정예정자였으나 이를 국가로 귀속시킨 것은 위법이라고 주장하였다. 본 연구에서는 원고의 주장 중에서 1심에서 문제가 된 재산권 침해문제 및 댐 사용권의 취소 또는 변경에 따르는 신뢰보호와 보상 여부를 검토하고자 한다. 그 이유는 이러한 법적 쟁점이 댐 사용권이라는 수리권의 법적 성격과 그에 대한 취소 또는 변경에 따르는 손실보상의 성격을 규명하는데 중요하기 때문이다.

3. 댐 사용권의 법적 성격

1) 댐 사용권에 대한 손실보상

앞서 수리권 부분에서 언급한 바와 같이 댐 사용권은 댐건설법에 따라서 환경부장관이 댐 사용권설정예정자에게 다목적댐에 의한 일정량의 저수를 일정한 지역에 확보하고 특정용도에 사용할 수 있는 권리를 설정하는 일종의 설권행위로서 강학상 특허에 해당하는 재량행위라고 할 수 있다. 댐건설법 제29조에 의하여 댐 사용권은 물권(物權)으로 보며, 이 법에 특별한 규정이 있는 경우를 제외하고는 부동산에 관한 규정을 준용하도록 하고 있는데, 이는 댐 사용권이라는 수리권이 배타적이고 독점적인 권리성을 가지고 있음을 확인하는 규정이다. 또한 댐 사용권은 환경부에 갖추어 두는 댐 사용권등록부에 등록하지 아니하면 그 효력이 없다(제32조 제1항)는 것으로 보아, 댐 사용권은 일종의 등록한 물권이라고 할 수 있다.

더 나아가 댐 사용권은 법률상 등록물권일 뿐만 아니라 헌법 제23조 제1항에서 보호하는 재산권으로서의 성격을 가지고 있다. 댐 사용권이 헌법상 재산권으로서 보호받는 결정적인 이유는 댐 사용권설정예정자는 환경부장관으로부터 댐 사용권을 설정받기 위하여 다목적댐의 건설비용 중 대통령령으로 정하는 바에 따라 산출한 비용을 부담하여야 한다(제20조 제1항). 여기에서 대통령령으로 정하는 비용의 범위는 다목적댐을 설치하기 위하여 필요한 공사비, 보상비, 조사설계비, 관리비, 건설기간 중의 차입금 이자 및 법 제42조 제2항에 따라 댐건설사업시행자가 부담하는 댐주변 지역정비사업비로 한다(동법 시행령 제19조). 다시 말하자면 댐 사용권을 설정받으려는 예정자는 댐건설에 소요되는 비용 중 상당 부분의 자기기여가 있어야 함을 규정한 것으로서 이러한 재정적인 기여가 댐 사용권을 헌법상 재산권으로 인정하는 이유라고 할 수 있다. 또한 댐 사용권자는 댐 사용권을 상속, 법인의 합병 또는 그 밖의 포괄승계, 양도, 체납처분, 강제집행 및 저당권의 목적이 되는 외에 다른 권리의 목적으로 할 수 없기는 하지만(제30조 제1항) 위에서 정한 범위에서 임의적 처분권이 인정된다. 더 나아가 댐 사용권자는 댐 사용권자나 댐 사용권설정예정자는 해당 댐의 저수를 사용하는 자로부터 사용료를 받을 수 있으므로(제35조 제1항) 사적 유용성의 요건도 충족한다.

이 사건에서 주목할 것은 이와 같이 댐 사용권 설정이라는 수익적 행정행위를 통하여 발생하는 수리권의 한 종류로서 댐 사용권은 앞서 언급한 하천수 사용허가나 먹는샘물에 대한 사용허가로 인한 법적 지위와는 달리 헌법상 재산권으로 보호되는 권리라는 법적 성격상의 차이라고 할 수 있다. 다만, 댐 사용권 역시 헌법상 공공복리 내지는 공공필요에 따라서 재산권에 대한 제한이나 침해가 이루어 질 수 있으며, 이러한 제한행위 등이 헌법 제23조 제3항의 공용침해에 따라 이루어지는 재산권에 대한 특별한 희생을 의미하는 경우 정당한 보상이 이루어져야 한다. 특히 기후변화가 극심해 지고 가뭄과 홍수가 교차하여 국가의 안정적인 물관리가 위협을 받고 있는 상황에서는 댐 사용권이라는 재산권 행사가 상당한 정도로 공공복리에 의한 기속을 받을 뿐만 아니라 국가는 효과적이고 선제적인 물관리를 위하여 댐 사용권에 대하여 조정, 축소, 변경 등의 다양한 처분행위를 할 수 있는 권한을 법적으로 부여받고 있다.

그 대표적인 규정이 댐건설법 제31조라고 할 수 있으며, 이 사건 조항 동조 제4항 제2호는 앞서 본 바와 같이 섬진강댐 재개발사업의 결과 댐의 저수 이용상황 등이 변경된 경우에 해당하여 그에 따라서 국토교통부장관(현행법상 환경부장관)이 원고 등에 대한 댐 사용권 변경처분을 한 것이다.[74]

---

74) 제31조(댐사용권에 대한 취소 등) ① 환경부장관은 댐사용권자에 대하여 「하천법」 제33조에 따른 하천의 점용허가와 같은 법 제50조에 따른 하천수의 사용허가의 전부 또는 일부를 취소하는 경우에 해당 댐사용권자 외의 자에 대하여는 종전과 같은 하천수 사용을 인정할 수 없을 때에는 댐사용권자에 대한 점용허가 등의 취소에 상응하여 그 댐사용권을 취소하거나 변경하도록 하여야 한다. ② 환경부장관은 댐사용권자에 대하여 「하천법」 제33조에 따른 하천의 점용허가와 같은 법 제50조에 따른 하천수의 사용허가의 전부 또는 일부를 취소하는 경우에 해당 댐사용권자 외의 자에 대하여 새로 하천수 사용을 인정할 필요가 있을 때에는 해당 댐사용권자에게 적절한 기간을 정하여 댐사용권의 전부 또는 일부를 다른 자에게 양도하도록 명할 수 있다. ③ 환경부장관은 제2항에 따른 기간에 댐사용권자가 그 댐사용권을 양도하지 아니할 때에는 해당 댐사용권자 외의 자가 댐사용권자에 대한 하천수의 사용허가와 같은 내용의 하천수의 사용허가를 받을 수 있는 경우

이에 대하여 원고는 이 사건 조항이 댐 사용권자의 동의 없이 국가가 일방적으로 댐 사용권 변경·취소처분을 할 수 있도록 규정하면서, 그에 따른 정당한 보상에 대해서는 침묵함으로써 헌법상 재산권을 침해하였다고 주장한다는 바는 이미 언급하였다. 댐건설법은 댐 사용권을 헌법상 재산권으로 인정하는 것을 이미 전제하고 있기 때문에 공용침해에 따르는 현금보상원칙을 댐 사용권자가 기 납부한 부담금이나 납부금을 반환하는 형태로 규정하고 있다. 원심 또한 헌법 제23조 제3항에 따르는 손실보상을 납부금이나 부담금을 반환하는 형태로 지급하였다는 점을 인정하고 있다. 댐건설법 제34조에 의하여 국가는 제31조에 따라 댐 사용권에 대하여 취소 또는 변경의 처분을 하였을 때에는 제20조 제1항에 따라 납부된 부담금이나 제33조에 따라 납부된 납부금의 일부를 반환하여야 하며(제1항), 제1항에 따라 반환할 금액은 해당 부담금이나 납부금의 산출방법과 동일한 방법으로 산출하도록 규정하고 있다(제2항). 앞서 살펴본 바와 같이 국가는 이 반환조항에 따라서 원고에게 댐건설부담금 49,260,404,000원을 지급한 것이다. 여기에서 댐 사용권의 취소는 헌법 제23조 제3항 상 재산권에 대한 수용을, 변경은 그에 대한 제한을 의미하는 것으로 볼 수 있다.

2) 댐건설법 제31조 제1항, 제2항의 하천점용허가, 하천수 사용허가 취소 또는 변경과 손실보상

댐건설법은 제32조 제1항, 제2항, 제3항에서 댐 사용권자와 그 이외의 제3자가 하천법상의 하천점용허가 및 하천수 사용허가를 받은 경우 댐 사용권자 이외의 제3자와의 법률관계를 상세하게 규율하고 있다. 이는 댐 사용권의 설정으로 인하여 발생할 수 있는 유수의 변경 또는 부족 등으로 인하여 기존의 하천수 사용허가 등을 받은 제3자들이 불측의 피해를 입을

에만 해당 댐사용권의 전부 또는 일부를 취소할 수 있다. ④ 환경부장관은 다음 각 호의 어느 하나에 해당하는 경우로 댐사용권을 그대로 유지하는 것이 곤란한 경우에는 댐사용권에 대한 취소 또는 변경의 처분을 할 수 있다. 이 경우 미리 댐사용권자의 의견을 들어야 한다. 1. 댐의 증축·개축 등으로 저수용량이 변경된 경우. 2. 댐의 저수 이용상황 등이 변경된 경우.

경우 그에 대한 배려적 차원에서 댐 사용권에 대한 취소나 변경할 수 있도록 하는 규정이다. 그런데 이 규정에 의하여 댐 사용권의 취소, 변경, 양도 등이 있는 경우 제34조 제1항에 따라서 댐 사용권자가 부담한 부담금 또는 납부금의 반환을 통하여 헌법 제23조 제3항에 의한 손실의 보상이 이루어짐은 이미 언급하였다. 그런데 댐 사용권의 취소, 변경, 양도 등에 대해서는 손실보상이 이루어지는 반면에 댐 사용권자에 대한 하천점용허가나 하천수 사용허가의 전부 또는 일부취소를 하는 경우에도 댐건설법은 하천법상 하천수 사용허가의 철회에 따르는 하천법 제77조 제1항과 같은 손실보상조항을 두고 있지 아니하다.

물론 여기에서는 하천수 사용허가의 취소라는 용어를 사용하고 있으나 이는 하천법 제70조 제1항의 하천수 사용허가의 철회에 해당한다. 이는 댐 사용권자에게 하천수 사용허가보다는 보다 강력하고 실효적인 권리를 설정하는 것이기 때문에 제3자를 위하여 하천수 사용허가의 전부 또는 일부를 철회하더라도 댐 사용권자에게 발생하는 권리침해가 경미하다는 것을 전제로 하는 것일 수도 있다. 그러나 동일한 하천수 사용허가의 철회에 대해서 댐건설법은 보상을 인정하지 않는 반면에 하천법은 이에 대한 손실보상을 규정하고 있는 것은 헌법 제23조 제3항에 따르는 재산권에 대한 공용침해와 손실보상의 문제가 아니라 신뢰보호의 방식으로서 보상보호는 침해되는 신뢰이익의 경중과 樣態, 다른 사익과의 관계 등을 고려한 국가의 정책적 판단에 따르는 일종의 정책적 보상으로서의 성격이 보다 강하다는 것을 의미하는 것이다. 따라서 하천법상 하천수 사용허가에 대한 전부 또는 일부의 철회로 발생하는 신뢰이익의 침해에 대한 보상은 헌법 제23조 제3항에 따라 반드시 정당보상원칙이 준수되어야 하는 것도 아니며, 국가의 재정상황에 따라서 그 보상의 수준이 매우 탄력적이고 유연할 수 있다는 점에서도 당해 보상의 성격이 재산권 주체의 기본권 실현보다는 국가의 정책수단이라는 함의가 보다 전면에 나서는 것이라고 볼 수 있다.

제4절 주요국의 수리권 연구

Ⅰ. 미 국

미국에서 지표수에 적용되는 수리권이론의 두 축은 연안권(沿岸權)주의와 선점권(先占權)주의이다. 연안권주의는 따뜻한 기후, 충분한 강우, 그리고 비교적 풍부한 물이 있고, 밀집한 주거 및 소비 형태를 보이는 동부지역에 적용되는 반면, 선점권주의는 물이 부족하고 건조한 서부지역에 주로 적용된다. 양 주의는 별개로 존재하지 않고 수렴하고 있다. 그 결과 연안권주의의 정확한 이해를 위해서는 서부지역에 널리 확산·수용된 선점권주의에 대한 이해도 필요하다.[75]

1. 연안권

미국 동부지역 주에서는 연안권(raparian rights)주의[76]가 통용되고 있다. 연안권은 물을 사용할 권리를 토지에 자연적으로 부수하는 것으로 보는 전제에 기초하고 있다. 그 결과 연안권주의 하에서는 수계에 연접한 토지를 소유하고 있는 자(riparian, 연안권자)만이 수리권을 가지고 있다(A. Dan Tarlock, et al., 2002). 전형적인 연안권은 수로에의 접근, 어획, 식수, 항행 및 보우팅, 가정용, 상업용, 수력발전, 수차의 회전 등을 포함한다. 역사적으로 연안권자의 수리권 범위를 정하기 위해 연안권주의는 두 원칙을 포용하고 있다. 자연수류(natural flow)이론과 합리적인 이용(reasonable use)이론이 그것이다. 이 중 오래 전부터 적용되어 온 자연수류이론(이른바, 영국 rule)은 모든 하류의 연안권자의 이익을 위하여 수계의 손상되지 않는

---

75) 양 주의의 특징 및 차이점에 대하여 자세한 내용은 George A. Gould, 2002:89, 93~94 참조.

76) 동부의 경우, 연안토지 소유자가 그 소유 토지의 자연수류를 사용할 권리를 가진다는 커먼로 상의 연안권의 개념을 수용하였다. 박동열, "물법의 진화와 그 방향 - 미국 수리권의 진화와 공공신탁이론의 전개과정을 중심으로 -", 저스티스 통권 139호, 2013.12.

자연수류를 보호하려고 한다. 이에 따르면 연안권자는 그 양과 질을 변경하지 않는 한에서만 물을 사용할 수 있다. 그러나 이 이론은 초기 산업용(예컨대, 방앗간의 동력)을 위한 물 사용만을 허용하는 것으로 지나치게 제한적인 것이어서 현재 산업사회에서는 잘 맞지 않는 것이었다.

그 결과 현대에 이르러 자연수류이론은 합리적인 이용이론으로 대체되었다(A. Dan Tarlock, et al., 2002). 오늘날의 연안권주의를 택하는 대부분의 주에서 연안소유자들은 물을 "합리적으로 이용(reasonable use)"할 수 있는 권리가 있다. 즉 현대적인 연안권주의 하에서는 비가정용, 상업용 목적을 위한 연안소유자의 합리적인 취수만이 허용될 뿐이다. 그 사용이 합리적인지 여부는 사실적인 문제이다. 합리성 여부를 판단함에 있어서는 사용의 목적, 적합성, 경제적·사회적 가치, 그 사용으로 초래되는 피해의 정도 및 양, 조정 등을 통한 피해 회피의 가능성, 물 사용·토지·투자·사업 등의 기존 가치의 보호 등의 요소가 고려된다(Restatement (Second) of Torts § 850A (1979)). 사용할 권리는 계약(covenants), 취득시효, 정부의 양여(grants) 등에 의하여 설정된다.

물의 사용은 소비적인(consumptive) 사용과 비소비적인(nonconsumptive) 사용으로 구분할 수 있다. 어획, 수영, 수력발전을 위한 터빈의 가동 등은 비소비적인 사용의 예이다. 물이 수로로 회수되는(return) 경우(회귀수) 그 사용은 비소비적인 것으로 된다. 그러나 물이 소비되거나 제품에 투입·포섭되거나 증발로 상실된 경우 그 사용은 소비적이 된다. 예컨대, 관개, 가축에의 제공, 음용 등이 여기에 포함된다. 연안권주의 하에서 소비적인 사용과 비소비적인 사용 모두는 합리성 요건을 충족하여야 한다. 물의 저장도 합리성 기준에 의하여 제한된다. 물의 양, 저장기간, 수로에의 방류 또는 회수 시기와 방법 등도 합리적이어야 한다. 갈수기의 경우 연안권자들은 합리적인 방법으로 물의 사용을 줄여야 하기 때문에 정도의 차가 있겠지만 모두 물의 감소를 겪을 것이다. 연안권자들 간에 충돌이 발생한 경우 법원은 각 연안권자의 사용이 합리적인지를 살피고 어떤 사용이 보다 더 합리적인지 여하에 대한 사실적 판단을 한다. 연안권자의 물사용 비율을 정함에 있어 사용의 적합성, 사회적·경제적 가치, 그 사용에 의해 다른 사람에게 초래된 피해의 정도 등이 고려된다.

자연수류와 합리적인 이용 간에는 조화하기 어려운 충돌이 있을 수 있다. 모든 연안권자의 물 이용은 자연수류에 영향을 미치는 경우에도 합리적인 이용이라는 이름으로 합리화될 수 있기 때문이다. 법원은 실제 선택이 필요한 경우 자연수류이론보다 합리적인 이용이론을 선택하고 있다(Joseph W. Dellapenna, 2006). 모든 수요를 충족할 만큼 물이 충분하지 아니한 경우 법원은 공평한 분쟁해결 수단으로 종종 비례적 공유(pro rata sharing)를 선택하고 있다(Joseph W. Dellapenna, 2006:11). 연안권은 토지로부터 분리될 수 있기 때문에 연안소유자가 아닌 제3자에게 양도될 수 있다(A. Dan Tarlock, et al., 2002:144). 연안권자는 권리를 유지하기 위하여 사실상 물을 사용하거나 그의 권리를 행사할 필요는 없다. 그러나 다른 재산권과 마찬가지로 행사되지 아니한 연안권은 제3자가 연안권자의 권리와 상치되는 방법으로 일정한 기간 물을 사용한 경우 시효에 의해 상실될 수 있다. 시효취득을 주장하는 자는 일정한 기간 동안 양립할 수 없는 사용을 한 사실(adverse use)을 입증하여야 한다(A. Dan Tarlock, et al., 2002:157).

2. 선점권

물공급이 충분하지 않은 미국 서부지역에서 물 할당은 선점권(prior appropriation)주의[77]에 의해 규율된다. 선점권주의의 시작은 1800년대 중반 Gold Rush 시대로 거슬러 올라가는데, 금에 대한 주장에 적용된 것과 유사하게 가장 빠른 물 사용자에게 우선권이 주어지는 이른바, 선착순(First

77) 서부의 경우, 광물에 관하여 적용하였던 선점주의(appropriation doctrine, 소위 'first in time, first in right')를 수리권에 적용하여 먼저 물을 끌어 사용한 선순위 선점권자(senior appropriators)는 후순위 선점권자(junior appropriators)의 존재와 무관하게 물을 배타적으로 사용할 수 있고, 후순위 선점권자는 선순위 선점권자가 사용하고 남은 물에 관하여만 선점권을 행사할 수 있다. 박동열, "물법의 진화와 그 방향 - 미국 수리권의 진화와 공공신탁이론의 전개과정을 중심으로 -", 저스티스 통권 139호, 2013.12.

in time, first in right) 원칙이 적용된다. 이 원칙은 물 사용자를 물을 사용한 시점을 기준으로 선순위권자(senior)와 후순위권자(junior)로 구분한다. 수리권은 우선순위에 따라 할당된다. 이에 따라 수계에서 물사용을 처음 한 자(선순위권자)는 다름 사람보다 우위에 있는 권리를 가지며, 뒤에 물을 사용하려는 자(후순위권자)에 의해 그 권리를 빼앗길 수 없다. 갈수기에는 선·후순위권자의 물사용에 대해 비례적인 감소가 이루어지지 않는다. 선순위권자는 계속해서 완전한 양을 취수할 수 있는 반면 후순위권자의 권리는 선순위권자가 그의 권리를 완전히 취득할 수 있도록 감소된다. 말하자면 선순위권자는 선순위 사용과 후순위 사용 간의 상대적인 효율성을 불문하고 그에게 주어진 권리의 양을 모두 취할 수 있다(A. Dan Tarlock, 2000:167, 176).

수리권은 수로에 연접한 토지의 소유권으로부터 파생하지 않는다. 수원과 사용의 장소 및 위치 간의 관련성은 요구되지 않는다(A. Dan Tarlock, 2000). 그 권리는 오히려 물 공급으로부터 앞 선 취수에 의해 발생한다. 선점권은 연안권과 마찬가지로 수로와 연해서 위치하고 있는 재산의 소유권에 따르지 않기 때문에 다른 위치에 소재하는 제3자에 의해서도 취득될 수 있다. 선점권주의 하에서 "유용한 이용(beneficial use)"은 수리권의 기초, 평가이며 한계이다(A. Dan Tarlock, et al., 2002:177). 즉 당사자는 물의 공급으로부터 일정한 양을 취하고 사용할 권리를 취득할 수 있는데, 선점권자는 물을 유용하게 사용하여야 한다. 이러한 점에서 선점권은 재산권에 부수하는 권리가 아니라 물의 획득과 "유용한 이용"에 의해 취득되는 독립된 재산권이라고 할 수 있다(G. Alan Perkins, 2002:123, 126). 유용한 이용인지 여부에 대한 판단은 사안에 따른 사실과 상황에 기초한다. 일단 물을 취수할 수 있는 권리가 설정된 경우 선점권자는 후순위 사용자에 우선하는 권리를 갖는다. 선순위권자는 그 사용이 유용한 목적으로 이루어지는 한 무제한적으로 취수할 수 있다. 선점권은 일종의 독점권이기 때문에 선점권자는 후순위권자의 사용에 의해 할당된 물의 충분한 양을 취할 수 있는 능력이 침해되는 경우 후순위권자의 물 사용을 금지시킬 수 있다. 연안권자와 마찬가지로 선점권자는 그 권리를 다른 사람에게 양도할 수 있다(Anthony Scott, 1995:821, 921).

선점권제도 하에서 수리권은 다음 세 가지 요건이 충족될 경우 부여된다: ① 사용할 의도의 통지(notice), ② 사실상의 취수(diversion), ③ 의도된 용도대로 유용한 이용으로 사용(Dustin S. Stepheson, 2000:83, 89; Christine A. Klein, et al., 2005). 이를 부연하면 먼저, 오늘날 대부분의 주는 허가권을 행사하는 행정공무원을 통해 우선권을 시행하는데(Dustin S. Stepheson, 2000:83, 89; Christine A. Klein, et al., 2005), 이 경우 첫 번째 요건인 사용할 의도의 통지는 해당 공무원에게 취수 신청이 이루어질 때 있게 된다. 사실상 취수되어 유용한 이용에 공하는 양은 선점권자에 의해 주장된 양보다 훨씬 적을 수 있다. 선점권은 사실상 사용에 공하는 양에만 미치기 때문에 후순위 사용자는 만일 자신이 물리적으로 물의 사용이 가능할 수 있다는 점을 입증할 수 있다면 취수가 허용될 수 있다.

물의 낭비를 막기 위해 법은 선점권자로 하여금 물을 유용하게 사용하도록 하고 있다. 유용한 이용은 수리권의 기초이기 때문에 물 사용자는 유용한 목적을 위해 합리적이고 필요한 양의 물만 사용할 권리가 있다. 유용한 이용의 한계를 초과하는 물의 사용은 낭비(waste)로 취급된다. 말하자면 낭비는 유용한 이용의 한계로서 작용한다. 유용한 이용은 가정용·공업용 또는 도시용 사용, 관개, 가축에의 제공, 공업, 전력 생산, 여가용 사용, 어류와 야생동·식물의 유지, 수류의 흐름과 수위 보호 등을 포함한다. 앞서 언급한 바와 같이 물을 낭비하는 것은 유용한 이용이 아니다. 공동체 사회의 관습이나 효율적인 사용 기준 등이 그 사용이 낭비적인지 여부를 결정하는 데 사용된다. 사용이 낭비적이거나 유용한 목적을 갖지 아니한다고 판단될 경우, 그 사용은 금지된다.

저수만으로는 유용한 이용이 아니지만 관개 또는 다른 유용한 목적에의 장래 이용을 위해 물을 저장하는 것은 유용한 이용으로 인정된다(A. Dan Tarlock, et al., 2002:176). 물을 저장할 권리는 물이 부족한 시기에 유용한 자산이 된다. 저장은 다른 물 공급원이 적을 때 충분한 물을 공급하게 한다. 갈수기에 선점권자의 수중에 있는 저장된 물을 자본화하도록 일부 주에서는 물은행(water banking)제도를 시행하고 있다. 선점권은 토지소유권으로부터 파생하지 않지만 토지의 매매에 부수적으로 이전될 수 있다. 선점권은 또한 토지와 별개로 이전될 수 있다. 이전될 수 있는 선점권은 사실상 유용한 이용에 공하는 양으로 제한된다. 한편, 연안권주의에서와 달리 선점권의 비사용(non-use)은 포기(abandonment)와 권리박탈(forfeiture)을 야기할 수 있다(Christine A. Klein, 1995:343, 348).

선점권자는 포기의 결과로 그 권리를 상실할 수 있는데, 비사용 자체가 포기를 의미하지는 않는다. 포기요건을 충족하기 위해서는 포기의 의사와 포기라는 행위를 보여주는 증거가 제시되어야 한다(A. Dan Tarlock, et al., 2002:257, 258). 이에 비해 법에 정해진 요건을 충족하지 못해 권리가 상실되는 것을 의미하는 권리박탈의 경우에는 포기나 박탈의 의사에 대한 입증이 필요 없다. 대신에 법령의 비준수에 대한 입증이 필요하다. 비준수는 많은 주에서 상당 기간의 비사용을 포함한다(A. Dan Tarlock, et al., 2002:259). 선점권이론에 함축된 내용은 어느 누구도 흐르는 물 자체에 대하여 권리를 가질 수는 없지만 취수하고 물흐름을 이용할 수 있다는 개념을 함축하고 있다. 다른 사람보다 우위의 수리권을 향유하기 위한 요건은 성실하게 물을 계속하여 사용할 필요성이다. 수리권자가 성실하지 않게 그리고 계속적으로 사용하지 않음으로써 그의 권리를 사용하지 않을 경우 다른 사람이 그 권리를 이어받을 수 있다.

3. 혼합형 또는 변형된 수리권

서부 주들이 물사용의 기초로서 선점권이론을 채택하였지만 일부 주에서는 선점권이론과 함께 연안권이론이 공존하고 있다(Christine a. Klein, et al., 2005: 844).[78] 예컨대, 캘리포니아에서는 서부 주로서는 이례적으로 연안권, 선점권 두 가지를 모두 인정하는 이중시스템을 채택하고 있다(Melinda

78) 서부 19개 주가 선점권주의를 채택하고 있지만 이 중 10개 주는 연안권도 인정하고 있다.

Harm Benson, 2002:551, 567). 그 핵심은 선점권주의 하의 허가제이다. 연안권도 인정되지만 1928년 개정 헌법은 모든 수리권은 연안 토지의 목적을 위해 필요한 합리적으로 필요한 양을 초과할 수 없다는 요건을 부가함으로써 커먼로(common law)상의 권리를 제한하였다(Cal. Const. art. X §2). 동부지역에서 한 때 풍족하던 물 공급은 점점 부족해지는 모습을 보이고 있다. 연안권주의는 몇 개 주에서 계속적으로 증가하는 물 수요에 적절히 대처할 수 없었다. 그 결과 동부지역에서는 연안권주의와 선점권주의 양 주의의 단점을 해소하기 위하여 연안권주의 하의 합리적인 이용과 선점권주의의 요소를 절충한 혼합형 수리권제도를 채택하는 경향이 생겨났다. 일반적으로 혼합형은 연안권을 인정하되 물자원에 대한 새로운 수요를 위해 허가제를 도입·시행하고 있다(George William Sherk, 1991:3, 4). 양 이론의 충돌은 연안권의 선점권으로의 변환을 통해 해결되고 있다. 이제 순수한 형태의 연안권주의는 역사 속으로 사라졌다고 할 수 있다.

이러한 점에 착안하여 Joseph W. Dellapenna 교수는 연안권주의에 기초한 물 행정 시스템에 대하여 "규제된 연안권주의(regulated riparianism)"라고 명명하였는데(Joseph W. Dellapenna, 2002:9, 31), 연안권주의의 변화 추세의 정곡을 찌른 표현이라고 생각한다. 이제 대다수 동부주의 물 배분 시스템은 "규제된 연안권주의"라고 할 수 있다(John L. Fortuna, 2004:1009, 1024). 규제된 연안권주의는 취수를 위해 허가를 요구하며, 벌금·유지명령·행정명령 등 정교한 시행체제를 가지고 있으며, 장기계획 메커니즘을 가지고 있다는 점에서 연안권주의와 구별된다(Joseph W. Dellapenna, 2002:9, 31, 34). 동부 주와 서부 주를 불문하고 많은 주는 허가제를 채택하고 있다. 허가제는 주마다 다소 다르지만 선점권주의에서 적용되는 시간의 순서에 따른 우선순위를 강조하지 않는다. 대신에 대부분의 혼합형시스템에서는 새로운 사용허가를 발행하는 중앙집권적인 부처를 두고 있다(Dustin S. Stepheson, 2000:92).[79]

79) 그 예외는 5개의 지역 물관리지구를 가지고 있는 플로리다이다.

취수와 사용을 위한 허가제는 선점이라는 커먼로를 성문화하고 변용시키는 것이라고 할 수 있다. 콜로라도를 제외하고 모든 서부 주들은 허가제를 채택하고 있다. 허가제는 수자원의 관리를 규제 공무원의 수중에 놓는다. 허가제 하에서 물을 취수하고 사용하려는 자는 규제공무원에게 허가를 신청하여야 한다. 심사과정에서 신청자는 제안된 취수에 대하여 새로운 취수에 의해 영향을 받는 다른 권리 보유자에게 통지하여야 하고, 공중의 청문절차를 따라야 한다. 물을 사용하려는 자는 허가신청을 하고 주의 행정절차법에 따라 이해관계인을 대상으로 청문 등 의견청취절차를 거쳐 행정청이 최종 허가 여부를 결정한다. 허가 행정청은 어류와 야생동·식물의 유지, 수류의 흐름과 수위 보호, 오염 통제 등과 같은 환경인식을 기초로 조건을 부가할 수 있다. 공공신탁 개념 또한 허가제한에 사용된다.

4. 텍사스 주 수리권

1) 텍사스 수리권 개관

초기 텍사스 물법은 스페인과 멕시코 통치기간 동안 도입된 연안 원칙에 근거하였고, 1840년 영국 관습법을 채택하여 '합리적 이용' 규정을 포함하였지만, 오랫동안 물사용에 대해 거의 규제하지 않았다. 1895년에 비로소 선점법이 채택되었고, 1895년 이후부터는 사적 소유로 이전된 공공토지는 더 이상 연안권을 갖지 못했으며, 이 후 수리권은 허가 등 법적 과정을 통해서만 부여받게 되었다. 1950년대에는 가뭄으로 인해 수리권에 대한 소송이 엄청나게 많이 제기되어 모두 해결되기까지 약 15년 동안 1천억 달러 정도의 소송비용이 소모되었다. 이러한 소송은 지표수에 대한 재산권 확립과 같은 다른 방식의 접근방법이 필요함을 인식하게 하는 계기가 되었고, 물시장 도입에 대한 설득력 있는 환경을 조성하였다. 1967년 주의회는 모든 지표수 수리권의 신청을 동일한 허가시스템으로 통합하는 수리권 허가법을 통과시켰는데, 이 법은 기존의 모든 수리권을 새로 기록하고 신청하며, 허가할 것을 요구하였다.

신청한 수리권 중 95% 이상이 연안권이었고 이 중 절반 정도는 기준 기간 동안 사용되지 않아 허가되지 않았다 . 이러한 허가절차는 80년대 말에야 완수되었고, 허가수리권[80]은 10년 동안 사용하지 않으면 취소된다. 특이한 점으로 1985년 개정된 물법은 수리권 신청자들에게 물 보존 프로그램을 허가받기 전에, 물보존계획을 세우고 물소비, 손실, 낭비를 줄이고, 재이용할 것임을 증명할 것을 요구하고 있다.[81] 텍사스의 수리권과 수자원 개발의 장은 주로 물의 저장, 전환, 생산 또는 이용과 같은 수리권과 관련한 법제도를 다루고 있다. 일반적으로 텍사스의 물은 규제 목적에 따라 지하수 또는 지표수로 구분되고, 별도의 장으로 이들 두 가지 형태의 수리권과 규제체계를 다루고 있다.

2) 지하수 수리권

(1) 정 의

지하수(Groundwater, underground water)는 지표면 아래에서 발생하는 물이다. '지하수(Groundwater)'라는 용어는 침투수(percolating water)나 자분수(artesian water)를 포함할 수 있지만 강 또는 하천 아래 또는 한정된 수로의 지하에서 흐르는 것을 포함하지 않는다. 지하수는 다르게 입증되지 않는 한 침투된 것으로 추정된다. 텍사스는 다른 대부분의 서부 주와 달리 전통적으로 지하수를 제외한 지표수에 대한 주 전체 규제 프로그램이 있다. 그렇지만 텍사스 법의 최근 경향은 지하수의 일부 규제를 제공하기 위해 지역 지하수 보존 지구의 설정을 규정하고 있다. 이 지역 지구는 관할 내에서 지하수의 채취와 사용을 통제한다. 텍사스의 지표수는 주정부의 재산으로 간주되는 반면, 지하수와 지하수를 채취 할 수 있는 권리는 토지소

---

80) 허가는 정규적, 계절적, 긴급적 형태로 구분할 수 있다. 정규적 허가는 유용한 목적에 사용되는 한 영구히 인정되고, 계절적 허가는 규정된 해 동안만 부여되고 특정 계절, 기간 동안 물 사용이 제한된다는 점에서 정규적 허가와 차이가 있다. 긴급허가는 가뭄 등의 긴급 상황이 발생했을 때, 최고 30일 동안만 물 사용을 허용한다.

81) 반면 지하수의 경우는 영국 관습법의 영향으로 토지소유자가 토지 아래의 모든 지하수를 사용할 수 있다.

유주의 재산으로 간주되며 광물이나 석유 및 가스와 비슷한 수준으로 처리된다. 다만 특정 범주의 지하수는 소유 지분이나 적용되는 규제 관할구역과 관련하여 법적으로 '지하수'와 구별된다.

(2) **'채취 규칙' 및 보통법**(Common Law)**의 제한**

Houston & Texas Central Railway Co. v. East 사건[82]에서 텍사스 대법원은 Acton v. Blundell 사건[83]에 대한 영국의 보통법 규칙을 채택하여 그 행위가 그 이웃이 그의 토지에서 물을 얻을 수 있는 능력에 영향을 주는 지와 상관없이 토지소유자가 그의 토지로부터 무제한 수량의 물을 채취할 수 있다고 판결했다. 이 권리를 '채취 권리(Rule of Capture)'라고 한다. 더욱이 금지 명령이나 손해의 발생이 그러한 행위를 막는 논거가 될 수 없다. 침투된 물을 채취하고 이용할 수 있는 토지소유자의 권리에 관한하여 보통법에는 두 가지 중요한 제한이 존재한다. 첫째, 토지소유자는 이웃을 침해하거나 자원을 고의적으로 낭비하는 악의적인 목적으로 침투된 물을 채취하거나 사용할 수 없다.[84] 둘째, 1978년 이래로 인근 토지의 지반침하를 초래하는 지하수의 과도한 취수에 대해서는 손해를 배상하여야 한다.[85]

Comanche Springs 사건[86]은 지표수 공급에 영향을 미치더라도 East case의 원칙을 지하수 사용에 적용하였다. 지표수의 법정 선임권리자인 원고는 피고의 우물이 관개를 위한 물 이용이 부족해질 정도로 Comanche Springs의 지표수를 감소시켰다고 주장했다. 법원은 원고의 물 이용에 대한 권리는 지하로부터 물이 용출된 이후에만 인정되며, 그러한 용출 이전

---

82) 98 Tex. 146, 81 S.W. 279 (1904).

83) 12 M. & W. 324, 152 Eng. Rep. 1223 (Ex. 1843).

84) *City of Corpus Christi v. City of Pleasanton*, 154 Tex. 289, 276 S.W.2d 798, 801 (1955).

85) *Friendswood Dev. Co. v. Smith-Southwest Indus., Inc.*, 576 S.W.2d 21, 30 (Tex. 1978).

86) *Pecos County WCID No. 1 v. Williams*, 271 S.W.2d 503 (Tex. Civ. App.—El Paso 1954, writ ref'd n.r.e.).

에는 피고가 타인에게 미치는 영향과 관계없이 얼마든지 물을 사용할 수 있다고 판시하였다.[87] 지표의 토지소유자는 자신의 부지 내에서만 지하수를 사용할 필요가 없다. 관습법에 있어 토지소유자는 자신의 토지 표면 아래에서 채취한 지하수를 제3자에 의한 현장 외 사용을 위해 판매할 수 있다.[88] 대부분의 물이 운송 중에 손실될 수 있더라도 멀리 떨어진 장소에서 지하수를 사용하는 것은 허용된다. Corpus Christi v. City of Pleasanton 사건[89]에서 텍사스 대법원은 코퍼스 크리스티(Corpus Christi)가 118마일에 달하는 지표 수로를 따라 코퍼스 크리스티(Corpus Christi)의 지하수를 운송하는 것을 승인하였는데, 때로는 증발, 누출 및 운송으로 인해 본래 공급량의 2/3에서 3/4 가량이 손실되었다.[90]

1999년 Sipriano v. Great Spring Waters of America, Inc. a/k/a Ozarka 사건[91]에서 동부의 판례에 대한 재확인 및 보통법상의 채취 규칙을 유효한 이용 원칙(beneficial use doctrine) 또는 합리적 이용 원칙으로 변경할 것을 대법원에 소구하였다. 합리적인 이용 원칙은 지하수를 이웃 사람에게 해가되도록 '부당하게(unreasonably)' 이용하는 토지소유자에게 책임을 부여함으로써 공동의 저수지(reservoir)에서 물을 가져갈 수 있는 관습법상의 권리를 제한한다. 텍사스 물법전 제36장을 통해 주 의회가 선택한 지하수 관리방법의 효력이 상당한 논쟁거리였음을 인정하면서도 대법원은 채취 규칙을 변경하는 것을 거부하였다. 대법원은 지역의 지하수 구역을 통해 지하수를 관리하도록 한 법문의 명시적 규정을 언급하면서 현 시점에서 합리적인 이용 원칙을 규제체계 내에 반영하는 것은 부적절하다고 결론지었다.[92]

---

87) *Id.* at 505-06.

88) Texas Co. v. Burkett, 117 Tex. 16, 296 S.W. 273 (1927).

89) 154 Tex. 289, 276 S.W.2d 798 (1955).

90) Limitations on a landowner's ability to alienate and transport groundwater may exist within groundwater conservation districts, as discussed in § 14.2(e)(1)(B) below.

91) 1 S.W.3d 75 (Tex. 1999).

92) *Id.* at 80.

(3) 지하수 소유권

텍사스에서의 지하수 소유권의 법적 성격과 관련하여 최근 다양한 맥락에서 법적 소송이 제기되었으며, 주 의회에서도 추가로 다루어졌다. 지하수 권리 거래의 관점에서 가장 주목할 만한 발전은 Del Rio 시(市) 사건[93]이다. Del Rio 시는 토지소유자가 특히 지표 토지를 양도할 때 그에 상응하는 지하수 권리를 합법적으로 보유할 수 있는지 그리고 적절하게 보유하고 있었는지와 관련하여 사인이 지방정부에 양도한 재산권에 대한 것이다.[94] 토지소유자 트러스트(Trust)는 자신이 소유한 목장에서 15에이커의 도로를 Del Rio 시(市)로 양도했으며, 트러스트는 이전에 지하수를 취수하지 않았다. 시와의 토지거래에 있어서 트러스트는 해당 지역에 대한 모든 수자원을 확보했으나 해당 토지를 Del Rio 시(市)로 양도한 후 시 당국은 트러스트가 지하수를 생산할 수 있도록 하는 명시적 권리를 부여하지 않았다. 시 당국이 15에이커 규모의 대용량 우물을 판 이후의 소송에서 항소 법원은 1심 법원의 선언적 판결(declaratory judgment)을 확인하였다. "지하수 수리권에 대한 트러스트의 소유권은 유효하고 집행 가능했으며, 트러스트는 15에이커 구역 밑의 지하수 권리를 분리하거나 양도할 권리를 가진다."

텍사스 대법원은 토지소유자가 Edwards Aquifer Authority(EAA)의 허가 결정[95]에 근거하여 '채취(taking)'권을 주장한 사례에 대해 '소유권 확보(ownership in place)' 문제를 정면으로 다루었다. 항소법원의 판결을 확인하면서 대법원은 "토지소유권은 충분한 보상 없이는 공공의 이용을 위해 취할 수 없는 토지 내의 지하수의 이익을 포함한다."고 판결하였다. 대법원의 분석에는 채취 사건의 주요 규칙과 지하수 권리의 입법례에 대한 광범위한 검토를 포함하고 있으며, 대법원은 토지소유권에 부종하는 채취

93) See City of Del Rio v. Clayton Sam Colt Hamilton Trust, 269 S.W.3d 613 (Tex. App. - San Antonio 2008, pet. denied).
94) *Id.* at 617.
95) See Edwards Aquifer Auth. v. Day, 369 S.W.3d 814 (Tex. 2012).

및 소유권을 인정하는 석유 및 가스 판례의 전례가 지하수에도 적합하다고 결론지었다. 대법원은 EAA 및 기타 지하수 보존지구(GCDs)가 지하수 생산을 규제하는 권한을 확인하였으나, 그러한 규제가 적어도 이론상으로는 텍사스 헌법에 따라 보상 가능한 토지소유자의 청구권 주장을 배척할 수 없음을 인정했다.

3) 지표수 수리권

(1) 일반원칙

일반적으로 지표수는 주(州) 정부가 소유하며, 법정 전용 절차에 따라 사인이 이용할 수 있다. 텍사스 물법전의 제11.021조(a)는 다음과 같이 규정하고 있다. "모든 흐르는 강, 자연하천, 호수의 범람, 멕시코만의 모든 만이나 지류, 모든 강의 강우, 자연하천, 협곡, 계곡(ravine), 침하(depression), 그리고 주의 수변지역(watershed)은 주(州) 정부의 재산이다."[96] 물법전 제11.021조의 규정은 모든 형태의 지표수에 대한 주 정부의 소유권을 주장하는 것처럼 보이지만, 그러한 해석은 지나치게 광범위하다. 수리권은 일정한 법적 절차에 따라서 권리자가 타인에게 양도(alienation)할 수 있는 재산권이다. 많은 경우에서 토지에 대한 권한에는 수리권이 포함되어 있었다. 권리의 성격과 범위는 어느 국가(스페인, 멕시코, 텍사스 공화국 또는 텍사스 주)가 권한을 부여했는지에 따라 달라진다. 주 정부 수리권의 양도 범위와 다양한 권한은 제14.3(b)(1)조 및 (b)(2)항에서 규정하고 있다.

(2) 텍사스 지표수 수리권 역사

a) 연안권(Riparian Rights)

연안권은 보통법에서 인정하는 수리권이다. 그것은 수로에 인접한 토지의 소유자에게 물을 합리적으로 사용할 수 있는 권리를 부여한다. 1840년 1월 20일부터 1895년 7월 1일 사이에 국가가 개인에게 토지에 대한 권한을 부여한 경우 그 토지에 연접한 연안권을 가진다. 앞서 언급한 날짜는

---

96) TEX. WATER CODE § 11.021(a).

텍사스가 법적으로 보통법을 채택했던 날이다. 1913년 제정된 관개법(Irrigation Act)은 그 토지 권한에 대한 연안권을 국가가 부여한 마지막 날로 규정했다.

b) 연안권의 특징

연안권의 핵심은 "합리성"이다. 연안권은 정량화되지 않는다. 연안권 소유자는 합리적으로 필요한 양의 물을 사용할 수 있다. 비록 권리보유자가 합리적인 목적을 위해 물을 사용할 수 있지만, 그 권리보유자의 사용은 다른 사용자의 사용을 부당하게 방해하지 않을 의무가 있다. 합리적이고 필요하다면 연안 토지의 소유자는 그의 권리에 따라 물을 가둬둘 수 있다. 연안권 소유자는 다른 연안 토지의 이용자에게 해를 끼치지 않는 한, 해당 지역의 외부 사용을 위해 물을 판매할 수 있다. 연안권 소유자는 타인에게 명시적인 의서표시를 통해 그들의 토지로부터 수리권을 분리할 수 있다. 연안권은 하천의 정상적인 흐름과 결부되어 있으며, 선점권에 비해 우월하다. 즉, 선점권과 달리 연안권은 사용하지 않더라도 시효 등에 의하여 상실되지 않는다.

c) 연안권의 현재 의미

이미 언급한 바와 같이, 주 정부는 연안권을 물 사용허가를 전제로 하는 전용시스템과 병합하는 것을 완료하였다. 주 정부가 재결 절차를 완료했던 강에서는, 연안권과 선점권의 구분이 사라졌으며, 연안권은 모든 실질적 목적을 위한 선점권(의미상 허가수리권: 허가신청 순위에 따라 권리를 부여하므로 선점권이라 표현함)으로 전환되었다.

4) 민법상 수리권

(1) 배경 및 일반원칙

1840년 텍사스 공화국이 관습법을 채택하기 전에, 주의 권한으로부터의 토지 허가는 멕시코나 스페인 식민지 민법의 지배를 받았다. 따라서 멕시코법과 스페인 식민지 민법에 의해 원래 부여된 재산과 관련되어 수리권이 결정되었다. 연안권처럼 이 권리는 허가시스템으로 전환되었다. 텍사스 법원은 처음에 스페인 수법이 보통법과 비슷하다고 판결했고, 합리적으로 사용할 수 있는 연안권을 인정했다. 당시 샌안토니오 항소법원은 수리권에 적용되는 민법을 철저히 재검토했고 적어도 관개를 위한 스페인식 연안권은 존재하지 않는다고 결론 내렸다. 일부 민법상 토지에 대한 사용허가는 명시적으로 물의 사용에 대한 허가를 포함한다. 그렇지 않으면, 주정부가 그 부동산을 허가할 때 그 권리를 계속하여 보유했고, 따라서 그 수리권은 결국 텍사스주로 넘어갔을 것으로 추정된다.

⑵ **푸에블로시 수리권**

푸에블로시 수리권은 몇몇 다른 주들이 민법상 유산을 가지고 있다는 것을 인정하는 시의 물권이다. 일부 주들은 스페인 정착민들에 의해 식민지로 개척된 푸에블로에는 시의 목적에 필요한 만큼의 물을 사용할 수 있는 묵시적인 권한이 있다고 주장했다. 권리의 우선순위는 푸에블로시의 설립으로 거슬러 올라가며, 허가된 물의 양은 자치단체의 물 수요가 증가함에 따라 확장될 수 있었다. 적어도 캘리포니아와 뉴멕시코에서 수리권은 지표수뿐만 아니라 지하수까지 확장되었다. 그러나 텍사스 법원은 이 푸에블로 수리권 원칙이 텍사스 주의 스페인 식민법 제정과 일치하지 않는 것으로 간주하고 기각했다.

5) 선점권

⑴ **개 관**

선점 원칙은 미국 서부에서 널리 사용되는 수리권 체계이다. 연안권과 같이 선점권은 물을 사용할 권리로서 일종의 재산권이다. “합리성”이라는 모호한 기준을 가진 연안권 체계와는 달리, 선점권 체계는 정확하게 정의된 수리권을 제공한다. 주 정부는 일정한 양의 물을 사용하도록 허가하고, 특정한 목적을 위해, 그리고 특정한 지역의 토지 이용을 허가한다. 따라서 허가수리권 이외에 텍사스 물법전 제11장의 모든 해당 요건을 먼저 준수하지 않고 어떤 목적으로든 주의 물을 의도적으로 취하거나 우회하거나 적용하는 것은 불법이다. 위반자는 민사적으로나 행정상의 제재를 받을 수 있다. 1967년, 의회는 텍사스 물법전 제11장의 하위 G절로 수리권허가법(Water Rights Adjudication Act)을 채택했다. 허가절차는 예를 들어 민법상 수리권, 연안권, 인증 또는 허가수리권을 포함한 다양한 종류의 수리권을 주 정부가 정량화하고 조정하는 데 필요한 수단을 제공한다. 허가를 위하여 행정청에 설치된 위원회는 증거청문회 및 위원회의 예비결정에 대한 이의제기를 거친 후, 해당 부문의 모든 수리권을 정의하는 행정명령을 제정한다. 위원회가 인정하는 각 권리에 대해, 명령은 허가된 사용, 수량, 사용 우선순위, 허가된 전환점, 전환율 및 기타 수리권의 조건을 명시한다. 위원회 판결에 불복하는 모든 당사자들에게 기회를 준 후, 위원회는 자동으로 행정적 결정을 지방법원에 제출하여 사법부의 최종적인 조치를 취한다. 위원회는 법원에 의해 최종 판결이 내려지면, 그 판결에 따른 각 수리권자에게 허가인증서를 발행하여 그 결과를 통지한다.

리오그란데 상류 하천 부분에 대한 텍사스의 일반 하천의 마지막 허가는 2007년에 완료되었다. 그 사건은 주 상호간 및 연방과 주 간의 갈등문제와 관련이 있었다. 이 허가에 따라서 연방정부와 2개의 텍사스 수역은 뉴멕시코와 텍사스의 간척국 프로젝트와 관련된 리오그란데의 공동수리권 소유를 인정하였다. 그 이후 두 주 모두에서 동시에 권리 행사를 인정하는 연방법원의 판결에 따라, 리오그란데의 상류 부분에 대한 유사한 판결이 뉴멕시코 주 법원에서 진행 중이다. 1988년 텍사스 대법원은 수리권이 인정될 수 있음을 명백히 하면서 과달루페 강 유역 상부 과달루페 구역의 수리권 재판정에서 1967년 수리권허가의 합헌성을 지지하였다. 대법원은 텍사스 물법전 제11.303(k)조가 1967년 8월 28일 이후 제출된 사건에 대해 선의로 먼저 물을 이용했다는 근거만으로 공평한 수리권을 인정하지 않았다. 즉, 연안권이나 선점권과 같은 기득 수리권을 인정하지 않고, 허가시스템 내에서 우선순위로 수리권을 설정하는 것만이 가능하다고 보았다.

⑵ **수리권 취소**

텍사스 물법전 제11장, 제E장에는 주 정부의 수리권 취소 절차가 명시되어 있다. 이 법은 총 10년의 비사용에 따른 선점권(허가권 또는 판정증명서)의 전부 또는 일부를 폐지한다. 1957년에 제정된 최초의 법령은 Texas Council v. Wright 사건에서 텍사스 대법원에 의해 합헌으로 판시되었다. 비록 완전한 수리권이 기득 재산권으로 고려될지라도, 그 재산권에 존재하는 지속적인 유익한 사용이라는 내재된 조건이라는 이론에 따라 법정 수리권 취소 체계는 합헌이라고 판시하였다. 법원은 물을 사용하지 않는 것은 그 후의 상태를 위반하는 것으로 판단했고, 따라서 헌법상 적정 권리를 박탈하는 것이 가능하다고 규정하였다. 통지와 청문 요건을 충족시킨 후, 관할 행정청은 취소 절차 직전 10년 동안 보유자가 유익한 사용을 전혀 하지 않았다면 수리권을 전부 또는 부분적으로 취소할 수 있다. 이 법은 특정 보존 프로그램 전용에 따른 수리권의 취소와 장기 물 공급계획에 부합하는 물사용에 대해서는 명시적으로 면제하도록 규정하고 있다. 수리권자가 제출한 물 보전계획에 따른 물 보전대책의 이행, 행정청의 책임자의 명령에 따른 물사용 제한, 가뭄으로 인한 물확보 불능 등의 사유가 있는 경우에는 물에 대한 사용이 없다고 하더라도 그 허가를 취소할 수 없다. 텍사스 물법전 제11.183조에 따라, 행정청은 저수지의 저장용량 보유자가 특정 목적을 위한 저수지의 보존 저장용량 범위까지 물을 가둬둘 수 있도록 허용할 수 있다. 제11.184조는 해당 10년 기간 중 언제든지 해당 용도로 물을 사용할 수 있도록 허가의 취소를 금지하고 있다.

물 사용허가를 취소하기 전에 반드시 필요한 청문회를 실시하여야 하지만 그에 대해서는 두 가지 예외가 있다. 첫 번째 예외는 해당 수리권자가 청문회에 대한 권리를 명시적으로 포기하는 경우에 적용된다. 두 번째 예외는 특정 기간 동안에만 부여된 수리권과 관련이 있다. 이러한 "기간 허가"는 명시된 기간보다 오랫동안 허가 보유자에 대하여 수리권을 부여하지 않기 때문에, 더 이상의 통지 또는 청문 없이도 그 기간의 경과에 따라 자동적으로 수리권이 만료되거나 취소된다. 행정청의 허가위원회는 허가를 받은 자가 "합리적인 주의(reasonable diligence)"와 "규정된 비사용(justified nonuse)"에 관하여 조사결과를 도출함에 있어서 허가 보유자의 특정 보존 조치와 수리권이 민간 마케팅에 이용 가능하도록 되어 있는지 또는 환경용으로 예약되어 있는지를 고려해야 한다. 다시 말하자면, 허가 보유자에 의한 특정 보존 조치와 물 권리가 사적인 거래에 이용되고 있는지 또는 환경용으로 비축되어 있는지 여부를 고심사하여야 한다는 의미이다. 이와 같은 수리권 취소체계는 1957년 이후, 과도한 선점권 문제를 해결하기 위한 절차로만 사용되었으나, 행정청과 그 이전 기관들은 실제로는 취소 규정을 광범위하게 사용하지는 않았다.

(3) **수리권 허가**

특정 상대방에 대한 수리권은 사용 장소의 변경, 사용 목적, 전환점, 관개 비율, 관개할 면적 또는 제3자에 대한 허가를 위해 그 내용을 변경할 수 있다. 행정청의 집행 책임자는 오류 수정, 선순위 수리권(senior water rights)의 보호, 보고 요구 또는 지원의 변경을 위해 수리권의 내용을 변경할 수 있다. 특정인의 허가신청이 추가적인 선점을 위한 요청과 관련되어 있지 않는 한, 심사절차는 수리권의 내용에 변경이 다른 수리권자 또는 환경에 영향을 미치는지 여부에 초점을 맞춘다. 행정청의 심사기준은 "침해 없음(no injury)" 원칙에 따르는데, "침해 없음" 원칙이란 변경사항이 다른 수리권자에게 부정적인 영향을 미치는 것으로 판단되면 변경신청자에 대한 전용량 증가, 전환점 변경, 물 소비량 증가, 전환율 증가, 직접 전환에서 채널 저장소로의 변경 등은 허가되지 않는다. 변경신청자는 다른 수리권자 또는 환경에 부정적인 영향이 없음을 입증해야 한다. 법원은 행정청의 변경신청에 대한 수리 내지 거부처분을 다투는 소송에서 일반적으로 행정청의 결정을 존중하며, 행정절차로서 통지와 청문을 실시하지 않다고 하더라도 그 결정의 적법성을 인정하는 경향이 있다. 수리권 변경 신청은 일반적으로 새로운 수리권을 위한 신청서에 적용되는 것과 동일한 통지 요건을 따른다. 행정청 집행담당자의 판단에 따라, 기존 수리권을 침해할 가능성이 없거나, 변동률 감소 또는 사용 위치 변경과 같은 공공의 이익을 훼손할 가능성이 없는 변경안은 다른 수리권자 또는 일반인에 통지 없이 처리된다.

6) 기타 수리권 유형

텍사스 물법전 제11.121조에 따라 정기적인 허가 외에도 텍사스 물법전에 의해 승인된 제한적인 수리권이 허용되고 있다.

(1) 계절적 허가

제11.137조는 원칙적으로 우기 동안 수로 밖의 저수지를 채우기 위한 계절적 허가를 승인한다.

(2) 임시 허가

제11.138조는 3년 이하의 기간 동안 공청회 없이 임시 허가를 승인한다.

(3) 계약상 변경

기본 허가에 따라 명시적으로 허가되지 않은 제3자에 의한 사용을 허가한다. 기본 허가의 소유자는 제3자의 사용을 허가하는 "계약상 변경(contractual amendment)"을 할 수 있는 계약상의 권리를 가진다.

(4) 전환 허가

제11.143조는 허가가 면제된 주내의 저수지 및 가축 저수지를 다른 유익한 용도로 전환하는 것을 허가한다.

(5) 보관 허가

제11.140조에서는 유익한 사용을 조건으로 하는 통상적인 허가를 하지 않고 저장소 프로젝트의 최적 개발을 달성하기 위한 보관 허가를 승인한다.

(6) 기간 허가

제11.381조는 기간 허가를 허용한다. 행정청은 타인에게 전용되었지만 아직 이용되지 않은 물의 가용성에 기초하여 1년 동안 유효한 허가를 할 수 있다. 예를 들어, 미래의 물 수요를 충족하도록 건설된 저수지에 전용되는 물은 미래 요구가 개발될 때까지 기간 허가를 받을 수 있다. 기간 허가는 통지나 청문회 없이 자동으로 이루어지고 조건을 붙여서 그에 따라서 취소할 수 있다.

(7) 비상 허가

제11.139조는 비상사태가 공공 보건 및 안전에 즉각적인 위협을 가하고 실행가능한 대안이 없는 경우 비상 허가를 통해 비상시에 주의 물을 사용할 수 있도록 허용한다. 주지사가 가뭄 등 자연재해의 조건에 따라 비상사태를 선언한 경우 가뭄 재해에 대처하기 위해 필요한 예방조치를 하거나 기타 필요한 조치를 위하여 비상 허가가 이루어진다.

7) 물은행제도

(1) 개 관

1993년 주의회는 텍사스수자원위원회(TWDB)의 후원 하에 자발적인 물시장체계를 수립하기 위한 초기 조치를 취했다. 텍사스 물법전(Water Code) 제15장에 하위 조항 K를 추가한 의회는 TWDB에 규칙을 채택하고 텍사스 물은행을 관리하도록 규정하였다.[97] 이 프로그램에 따라, 지표 또는 지하수 권리소유자는 물을 '예치(deposit)'할 수 있다. 임시 또는 영구적으로 은행에 저축된 물은 두 가지 기능을 제공한다.

① 예치된 수리권은 최대 10년 동안 사용하지 않았다고 하여 취소되지 않으며, 행정청의 승인을 받은 이후 10년 간 수자원 이전에 대하여 권리가 보장된다.

② 저축된 물은 판매용 수리권 등록과 추가 공급이 필요한 사용자에게 수리권 할당을 위하여 자유로운 시장 체제의 개발을 장려하는 기능을 한다.[98]

(2) 텍사스 물은행

텍사스 물은행(Texas Water Bank)은 1993년 텍사스 주의회에서 채택되었다. 물개발위원회가 관리하는 물은행은 수리권 보유자들에게 그들의 할당량의 절반까지를 다른 사람이 사거나 임대할 수 있도록 은행에 예치하

97) TEX. WATER CODE §§ 15.701-. 708; 31 T.A.C. ch. 359.
98) TEX. WATER CODE §§ 15.703, 15.704.

는 것을 허용하였다. 텍사스 물은행은 캘리포니아와 아이다호 물은행과는 달리 임대뿐만 아니라 소유적 거래도 가능하도록 하고 있다. 이는 물 은행이 가뭄 기간의 긴급이전이나 비공식적 물임대의 공식화라는 목적이 아니라 물시장을 염두에 두고 물에 대한 재할당을 촉진하려는 목적으로 설립되었기 때문이다. 텍사스 물개발위원회는 공급가능한 물과 수요량에 대한 정보를 제공하고, 판매자와 구매자 사이의 협상을 지원한다. 물은행을 통한 수리권 이전은 다른 수리권 이전과 마찬가지로 텍사스 자연자원보전위원회의 허가변경이 필요하고, 물은행에 예치된 수리권은 장기간 사용하지 않았다고 해서 취소되지는 않는다.

5. 매릴랜드 수리권제도

1) 개 관

미국 동부에 위치한 매릴랜드 주에서 물 관리를 관장하는 기구는 환경부(Department of Environment)이다. 그러나 환경부가 물 관리를 관장하게 된 것은 비교적 최근의 일이다. 매릴랜드 주의 물 관련 행정기구는 몇 차례 변천을 거듭했다. 주는 1912년에 물 공급을 관장하는 행정기능을 보건부(Department of Health)의 위생 엔지니어링국(Bureau of Sanitary Engineering)에 부여했는데, 1951년에는 이 조직이 보건부 환경위생국(Bureau of Environment Hygiene)의 환경위생과(Division of Sanitary Engineering)가 되었다. 1969년에 건강·정신보건부(Department of Health and Mental Hygiene)가 발족함에 따라 이 조직은 환경보건실 산하의 상하수과로 개편되었다. 1982년에 이 조직은 물 관리실로 재조직되었고, 1987년에는 환경부로 이관되었다. 1995년에는 물 관리실의 기능 중 습지관리 등 몇 가지 업무가 자연자원부로 이관되었다.

물 관리실은 매릴랜드 주의 수질을 보호하고 주민들에게 안전한 식수를 제공하는 임무를 띠고 있다. 물 절약, 댐 안전관리 같은 공급 문제만 아니라 수질 통제와 식수 관리 업무도 포함하고 있어 습지 보호나 어족 보호 같은 야생자원 관리를 제외한 모든 물 관련 행정이 통합되어 있는 셈이다. 매릴랜드에는 400개 이상의 댐이 있는데 이들 댐의 높이는 6피트에서 296피트에 달한다. 대부분 저수지 정도로 낮은 소규모 사력댐이다. 리버티 댐 등 대형 콘크리트 댐이 몇 개 있는 데 이들 댐은 식수 공급용이다. 물 관리실에선 물 공급 프로그램의 수리권과가 수리권 허가와 관리를 담당한다. 수리권과는 1980년대 초에 자연자원부 산하기관으로 발족했으며, 1995년에 환경부 물 관리실 산하로 이관되었다. 수리권과는 매릴랜드 주 내의 지표수 및 지하수 취수허가를 내어준다. 메릴랜드 주 내의 하천, 지하수 및 체사피트 만에서 취수하기 위해서는 수리권과의 허가가 필요하다.

2) 수리권 관련 법규

매릴랜드 주가 허가제 수리권을 도입하게 된 것은 1930년~31년 사이에 심각한 가뭄을 겪고 난 후이다. 1933년에 주의회는 수법을 통과시켰는데 여기에는 연안권의 요건인 '합리적 이용' 요건을 실정법적 요건으로 부과했다. 그리고 1988년 전에는 농업용수에는 허가제가 적용되지 않았으나, 1988년 법률 개정으로 인해 농업용수로 하루에 1만 갤런 이상을 쓰는 경우에는 허가를 얻도록 하였다. 매릴랜드 주 환경법 제5장 취수허가법에 규정된 수리권에 따르면 주의 지표수와 지하수의 취수와 이용에 대해서 허가를 받도록 함으로써 물사용을 법적으로 관리·통제하는 것이 주의 정책이다(제501조).

(1) **취수 또는 물이용에 대한 허가**

지표수나 지하수를 취수하거나 지표수나 지하수를 이용하는 공장, 건물 또는 구조를 건축하려는 사람은 주 환경부의 허가를 받아야 한다. 허가 신청을 하는 사람은 취수가 주(州)의 자연자원을 위협하지 않음을 입증하여야 한다(제501(a)조). 다만 이 조항은 난방, 냉방 이외의 가정용 목적으로 취수하려는 경우, 그리고 1일 10,000갤런 이하의 물을 농업용으로 취수하는 경우에는 적용되지 않는다(제501(b)조). 환경부는 1988년 7월 1일 이전에 농업용으로 취수해 온 사람들이 취수를 위해서 허가를 신청하면 이를 허가해야 한다(제501(c)조). 환경부가 물 공급 부족 비상사태가 발생해서 취수허가를 받은 사람들의 물 수요를 모두 수용할 수 없는 경우에 i) 위생, 음용, 보건 및 안전을 위한 가정 및 도시용 사용, ii) 농축산품 가공을 포함한 농업용 사용, iii) 기타 모든 용도에 따른 순서에 의해 우선 취수권(優先取水權)을 인정한다(제501(d)조). 나아가 발전소 건설과 관련되어 필요한 물 사용 신청은 이 장에 의한 취수허가의 대상으로 본다(제501(e)조).

(2) **허가에 필요한 자료 및 절차**

허가를 신청함에 있어 신청자는 지도, 도면, 물이용 상세 목적, 그리고 수로 건설계획 등을 제출하여야 한다(제505조). 허가절차는 먼저, 허가신청을 접수하여야 하며, 신청절차는 제204조에 따른 절차가 적용된다(제505(a)조). 한편, 농업용 허가 신청의 경우 신청된 사안이 농업용수인 경우 그것이 1993년 7월 1일 이전에 효력을 발휘할 경우라면 사전공고와 청문을 실시하지 아니한다(제505(b)조). 또한 일정 한도 이하의 물이용에 대해서는 절차를 간소화하고 있다. 즉, 연 평균 일일 사용량이 10,000갤런 이하인 경우에도 사전공고와 청문을 생략할 수 있다. 또한 연 평균 일일 사용량이 10,000갤런 이상 50,000갤런 이하인 경우에는 청문을 생략할 수 있다(제505(e)조).

(3) **허가 발부 또는 거부**

허가를 내주기에 앞서 환경부는 관련된 공공이익과 불이익을 형량하여야 한다. 제출된 증거에 의해서 제안된 취수가 주의 물을 적절하게 사용하고 또한 공공안전과 일반적 공익에 이바지한다고 보여지면 환경부는 취수허가를 발급한다(제507(a)조). 취수허가 또는 저수지, 댐 및 수로의 건설을 허가할 때 환경부는 취수 또는 시설 건설에 대해 조건을 부가할 수 있다(제507(b)조).

(4) **허가조건의 준수 및 승계**

법에 따른 허가에 있어 취수, 시설물 건설, 저수지, 댐 또는 수로에 대한 변경, 추가, 보수 등은 조건을 준수해야 한다(제508(a)조) 또한 취수 및 시설 설치는 허가가 발부된 시점의 소유자 및 그 승계 상속인에 승계된다(제508(b)조)

(5) 시설공사 착공 및 준공기간

취수시설 준공에 대한 시한은 농업용 시설의 경우를 제외하고는 2년을 초과할 수 없다. 다만 정당한 이유가 있으면 이를 연장할 수 있다(제510조).

(6) 금지명령에 의한 집행

법원은 환경부의 명령, 고시, 규칙에 위반한 취수 허가자에 대해 취수 금지명령을 내릴 수 있다(제513조).

3) 허가수리권으로의 전환

메릴랜드 주의 경우 1989년에 농업용수를 연안권으로 사용하는 수리권자의 서면신청을 받아 허가를 발급하도록 함으로써 다른 주들이 기존 연안수리권자의 권익에 영향을 미치지 않도록 한 것과는 구별된다. 이러한 조치로 인해 메릴랜드와 농장소유자들이 상당한 저항을 했으나, 정해진 기간 내에 등록하지 않으면 새로 허가를 받도록 했기 때문에 대부분의 농업용 연안권자들이 등록함으로써 연안수리권에서 허가수리권으로 완전히 전환되었다.

Ⅱ. 일본의 수리권

1. 물을 둘러싼 문제

일본에서는 전통적으로 물을 둘러싼 문제는 크게 세 가지로 나눌 수 있다. 제1유형은 수해이다. 하천의 범람은 하천수가 제방을 넘어 거주지에 침입함으로 인한 재해이며, 내수에 의한 침수는 강우가 거주지로부터 원활히 배출되지 않음으로 인한 재해이다. 제2유형은 수리문제이다. 하천수는 다양한 형태로 이용되지만, 그 이용관계를 어떻게 조정하는가라는 문제로 이것은 또한 수력발전, 농업용수, 수도용수 등의 이용형태의 상이로 인해 생기는 영향관계의 조정문제이며, 한정된 수자원을 이용자 간에서 어떻게 분배하며, 하천수가 감소한 경우(갈수기)에 관계자가 어떻게 조정하는지 등의 수자원의 효율적인 이용문제로 구분할 수 있다. 제3유형은 수질문제이다. 물이용은 물 오염을 동반하는 경우가 많은데, 오염된 물이 배출됨으로 인해 여러 가지 문제가 생기게 된다. 이러한 문제는 크게 수돗물 수원의 수질악화 등 물의 안전성확보라는 문제와 악취의 발생, 수변생태의 변화, 친수성의 상실 등의 물환경 문제로 크게 구별할 수 있을 것이다. 이러한 세 가지 물을 둘러싼 문제에 있어 수리문제와 수질문제는 상호 밀접한 관련을 가지고 있다. 물을 이용하면 당연히 배수가 필요할 것이고, 역으로 수질이 악화되면 물이용을 저해할 우려가 생길 것이다. 그러나 수질은 일반적으로 오염의 농도와 관련한 문제이기에 수량과 분리해서 생각할 수 없다. 즉 수질은 수량에 의해 좌우되는 것이기 때문이다.[99)]

2. 사회경제적 변화와 수리

1) 농촌에서의 물분쟁

근대 이전의 주요한 수리문제는 이상(異常)갈수시의 농업용수의 배분과 새로운 경작지 개발에 따른 수자원 확보를 둘러싼 분쟁이었다. 이러한 분쟁은 수전경작을 위해 공동으로 수리를 확보하지 않으면 안 되는 지역공동체간의 분쟁으로, 그 해결을 위한 질서를 구축하는데 ① 물이용의 실태에 맞추고, ② 역사적인 사실을 존중하며, ③ 현실의 지배력을 고려하고, ④ 최종적인 결정은 관습에 기초하는 것이다.[100)] 이러한 농업용수에 있어서의 물분쟁은 물이용 질서를 규율하는 기반으로서 현재에도 계수되고 있다.

2) 수력발전의 영향

수력발전은 하천수가 가지는 중력에너지를 전력으로 전환해서 이용하는 형태이다. 이러한 수력발전은 종래의 하천이용에 큰 영향을 미치게 된다. 즉 댐이 건설되어지면 배를 이용한 물자운반을 방해하며, 어류의 이동

---

99) 長谷部俊治,「水問題と水利権—水利用の秩序をいかに維持するか—」社会志林(法政大学) 第55巻 第2号(2008年) 16頁.

100) 新沢嘉芽統,『利根川の水利 (増補版)』(1988年 , 岩波書店) 参照.

또한 방해한다. 그리고 하천수량을 인위적으로 제어함으로 인해 홍수 시에 댐의 조작 여하에 따라 수해의 발생에도 밀접한 영향을 미치게 된다. 따라서 수력발전에 의한 전력공급을 둘러싸고 극심한 대립이 발생하게 된다. 이렇듯 수력발전으로 인한 물이용의 문제는 전통적인 물이용질서의 유지와 전력확보의 요청이라는 필수적인 국익 간의 긴장관계가 형성됨으로써 이를 조정하는 것이 문제가 되고 있다.

3) 도시의 갈수(渴水)문제

경제가 성장하면 할수록 수돗물 등의 도시용수의 수요는 급증하게 된다. 따라서 대도시권에서는 물수급이 주요한 과제가 되며, 특히 하천의 갈수기에 도시용수의 급수가 곤란한 사태가 빈발하게 된다. 이러한 대책으로 수자원 개발사업을 촉진해서, 물 공급량을 확대하는 일에 중점을 두게 된다. 그러나 물의 효율적인 이용의 촉진, 갈수기의 물이용의 조정의 원활화, 농업용수의 도시용수로의 전용 등, 물이용에 있어 종합적인 검토가 필요하게 된다. 즉, 수력발전의 건설과 같은 다른 종류의 물이용의 출현이라는 문제가 아니라, 한정된 수자원을 어떻게 배분하고 유효하게 활용할 것인가라는 것이 주요한 과제이다. 이렇듯 물 문제는 자원배분의 문제와 지역 간의 이해조정이라는 두 개의 과제가 하나의 세트로서 나타나고 있다.

4) 수질의 악화

도시지역의 갈수가 빈번함으로 인해 수돗물의 수질악화가 심각한 문제로 제기 되고 있다. 그 배경에는 수돗물의 수원인 하천의 오염이 그 주요 원인인데, 하천의 자연정화능력을 넘어서는 오염물질의 부하에 의해 물순환 환경에 악영향을 미치고 있다. 그 대책으로 정수능력의 강화 등이 거론되고 있는데, 종래 취수를 중심으로 고려한 물이용의 질서에 대해서 배수를 포함한 물순환의 적절함을 확보하는 것이 과제로 제기되고 있다. 향후 순환하는 물을 전제로 그 전체로서 검토할 필요가 있다.[101]

---

101) 長谷部俊治, 前掲論文 , 16-19頁 .

3. 물이용의 특성

1) 물순환

물은 끊임없이 순환하며, 물이용은 그 일부로서 그 순환과 연결되어 있다. 그리고 이러한 물순환은 크게 4가지 유형의 서브시스템으로 분류할 수 있는데, 이러한 유형들이 상호 관계로 물순환을 지탱하고 있다.

〈 물순환을 구성하는 4가지 기본 시스템 〉

구 분	하천·호수	지하수	농업수리	도시수계
특 성	지형에 따른 강우 유출	지하의 저유수	관개용수로서의 반복이용	수질의 소비를 동반한 고도의 이용
체류시간	수일 ~ 수년	수년 ~ 수백년	수일 ~ 십수일	수일 ~ 수주 간
인위의 정도	거의 자연성	자연성	거의 인공성	강한 인공성
이용관계	일체적	개별적	강한 일체성	약간 개별적
주요한 사회적 과제	홍수예방, 수자원보호, 수역환경의 보전	지반침하방지	수전기능의 보전	합리적 물이용, 수질의 확보
주요한 관리제도	하천법 (하천관리자)	없음	수리조합 (토지개량구)	수도법, 하수도법

2) 유역(流域)단위

물순환은 서로 상이한 사회와 생태계를 연결한다. 이러한 연결에 의해 형성된 것이 유역(流域)이며, 유역은 사회적으로도 치수와 물이용을 통해서 하나의 운명공동체의 관계를 형성하고 있다. 사실, 물순환과 관련한 각종의 공공적인 정책 예를 들면 치수, 상하수도, 농업수리, 삼림관리(수원지의 관리), 수질보전 등의 정책은 유역이라는 지역단위를 전제로 발전할 수밖에 없다. 더욱이 물순환은 종합적인 것이기에, 그 일면에 착안한 정책은 동일한 유역을 공유하는 다른 정책과 충분한 조정 하에서 집행하지 않으면 안 된다. 즉, 물순환과 관계한 개개의 정책을 전개하는 경우에는 유역을 단위로 생각하지 않으면 안 되는 동시에 개개의 정책집행에 있어 필요한 각 정책의 연계·조정 또한 유역이 단위가 되는 것이다. 또한 역사적으로도 유역은 물순환이라는 과학적인 논리에 기초하지 않더라도 자연스런 사회적인 단위였다.102)

4. 일본에서의 수리권 개요

1) 일본에서의 수리권의 의의

수리권(水利權)이란 광의로 공수(公水)이던 사수(私水)이던 관계없이 물을 사용할 수 있는 권리를 말한다. 원래 물이용에 관한 법제도가 필요하게 된 배경에는 인간사회의 발전과 함께 물 분쟁이 생겼던 사정이 있기 때문이다. 물을 둘러싼 사회적 관계에 질서를 유지할 필요가 생기면서, 수리권에 관한 제도가 대두하였고 발전하게 되었다. 수리권은 역사적으로 보면 관행수리권의 형태로 발생하는 것이 일반적이다.103) 즉 물이용에 있어 물순환과 유역단위라는 자연적 특성에 따르지 않으면 안 된다. 그리고 이러한 특성을 기반으로 해서 물이용에 관한 질서를 유지하면서 중심적인 역할을 담당해 온 것이 수리권이다. 따라서 수리권은 관행에 의한 권리로서 인정하는 과정에서 지역에 있어 협정과 분쟁의 자주적 해결에 의해 주로 해결되었고, 행정청과 법원의 공권력의 개입은 최대한 자제되어온 것이 사실이다. 이러한 배경에서 관행적 질서체계로서의 수리권제도가 용인되었고, 특히 하천유수의 점용권에 착안해서 근대적 수리권제도의 정비가 이루어졌다. 이러한 맥락에서 일본의 (구)하천법 제87조에서 관행수리권의 '허

---

102) 長谷部俊治, 前掲論文 , 21-22頁 .

103) 전통적으로, 일본의 하천관리행정은 크게 치수행정과 수리행정으로 구분해왔다. 치수행정은, 하천 유역에 내린 홍수를 해양까지 안전하게 유하(流下)시켜 국민의 생명이나 재산을 보호하는 것을 목적으로 한다. 한편, 수리행정은 공공의 자산인 하천의 유수를, 수도용수, 공업용수, 발전용수 혹은 농업용수 등으로 취수하여 이용하려는 자에 대하여 하천관리자가 수리권을 허가하는 것을 중심으로 구성되어 있다. 수리권을 부여할 수 있는 하천의 유량에는 당연히 한도가 있기 때문에 수리행정을 행함에 있어서는 하천수의 유효, 적절한 이용을 확보하는 것, 하천유역에서 다수 이수자 간에 원활, 원만한 수리질서를 유지, 확보하는 것이 중요한 행정목적이 된다.

가의제'조항이 규정되었다.

그런데 수리권을 광의로 해석한다면 물을 사용하는 권리 일반으로 볼 수 있는데, 농업수리권이 대다수를 점하면서, 주로 수리권과 관련해서 문제되는 것은 하천법이 적용 또는 준용되는 하천의 유수를 농업용으로 사용하는 권리이다. 즉 일본에서 하천법에 의해 규제와 보호를 받는 "유수점용권"이 협의의 수리권으로 해석되고 있다.104)

〈일본에서의 수리권의 허가권자〉

<table>
<tr><th colspan="2">수리사용구분
하천구분</th><th>특정수리사용
(최대취수량 1.0㎥/s 이상 또는 관개(灌漑) 면적 300㏊ 이상)</th><th>준특정수리사용
(최대취수량 0.3㎥/s 이상 또는 관개면적 100㏊ 이상)</th><th>그 외의 수리사용</th></tr>
<tr><td rowspan="2">1급하천</td><td>직할구간
(대신(장관) 관리구간)</td><td>국토교통대신</td><td>지방정비국장</td><td>지방정비국장</td></tr>
<tr><td>지정구간
(지사관리 구간)</td><td>국토교통대신</td><td>지사(지정도시의 장), 다만 지방정비국장의 인가 요</td><td>지사
(지정도시의 장)</td></tr>
<tr><td colspan="2">2급 하천</td><td>지사(지정도시의 장), 다만 국토교통대신의 동의 요</td><td>지사
(지정도시의 장)</td><td>지사
(지정도시의 장)</td></tr>
<tr><td colspan="2">준용 하천</td><td>시정촌장</td><td>시정촌장</td><td>시정촌장</td></tr>
</table>

2) 법적 성격

수리권은 관행적으로 성립한 권리와 하천법의 수리사용허가에 의해 성립한 권리가 있지만, 양자는 동일한 법적 효과를 지니고 있다고 이해되고 있다. 하천법에 의한 수리사용허가는 일반적으로 금지되고 있는 유수의 점용이라는 행위에 대하여 특정의 요건을 충족한 자에 대해서 그 금지를 해

104) 佐々木勝,「水利秩序権(その2)」農業土木学会誌 第49巻 第2号(1981年) 143頁.

제하는 성격으로 그 허가를 받은 자는 다른 하천사용자에 대하여 일정한 권리를 가지고 있는 것이 되기 때문에 수리사용허가는 새로운 권리를 부여하는 효과를 가지는 이른바 행정법상의 특허로서 이해되는 것이 일반적이다. 즉, 수리사용허가를 득한 자는 관행수리권을 가진 자와 마찬가지로 실질적으로 물을 독점적으로 지배하고 이용할 수 있고, 이것의 방해를 배제하는 등 배타적인 지배권능을 가진다고 이해되며, 취수한 하천수는 수리권자 이외의 자는 이용할 수 없으며, 상류에서의 새로운 취수나 오염배수 등에 의해 수리사용이 방해받는 경우에는 그 중지나 손해배상을 구할 수 있다고 보고 있다. 이러한 권한은 민법상 물권의 작용으로서 인정되는 것이지만, 민법은 물권법정주의를 채용하고 있기에, 수리권을 물권으로 하는 법률은 존재하지 않는다. 그러나 일본의 판례에서는 관습법상의 물권적인 작용을 인정하고 있으며, 수리권도 물권적인 기능을 가지고 있다고 판시하고 있다.[105]

3) 물이용의 질서관계

물이용과 관련된 질서유지는 수리권의 역할을 결정짓는데 있어 매우 중요한 과제이다. 즉, 수리권에 의해 성립한 권리관계는 물이용에 있어 상호영향을 조정하고, 마찰을 방지하는 기능을 다하여 왔다고 생각할 수 있다. 또한 물이용을 둘러싼 분쟁이 생겼을 때 수리권에 기초한 다툼을 조정하고 판단함으로써 원활한 해결을 도모할 수 있다.

⑴ 공익성 존중

우선, 공공적인 기능을 방해하는 수리사용은 허용되지 않는다. 즉 물흐름을 방해한다든가 하천수의 감소에 의한 공익의 저해 등이 생기게 해서는 안 된다. 더욱이 최근에는 하천공간의 오픈스페이스기능, 하천습지의 자연생태계기능 등의 하천환경을 손상시켜서는 안 된다는 점이 매우 중요하다. 또한 이용의 목적도 공공의 복지의 증진에 기여할 것이 요구된다. 하천과 같은 공물을 독점적으로 사용하기 위해서는 그것을 인정하는 충분한

105) 大審院明治32年2月1日判決，同明治38年10月11日判決等．

사회적인 합리성이 필요하며, 농업생산·전력공급·수도수공급과 같은 공익성을 띠는 것이 우선시된다. 더욱이 공공성과 공익성을 유지하고 수리권이 유휴화되는 것을 방지하기 위해서 허가한 목적대로 이용이 실현되고 있는지 수시로 체크함과 동시에 허가의 기간(일반적으로 10년 간, 수력발전은 원칙적으로 30년 간 등)을 정하여 그 갱신 시에 필요성과 허가조건을 다시 한번 검토해야 한다. 수리권의 양도에 있어 그 승인을 할 때 수리권의 재산성을 인정하면서도 사적인 재산으로서 거래되는 것을 막기 위한 체계가 정비되는 것이 무엇보다 중요하다.

⑵ **기득권의 존중**

수리사용허가에 있어 물이용의 질서에 가하는 영향은 최소한도에 머물러야 한다는 기존질서의 존중이 밑바탕에 깔려 있다. 현재 존재하는 사회질서와 역사적인 경위를 존중하여 새로운 수리사용은 그 질서를 저해하지 않는 범위에서 기존의 물이용 질서에 편입하여야 한다. 수리사용허가를 신청할 때 다른 수리사용이나 어업 등과의 조정이 요구되는 것은 이 때문이다. 즉, 새로운 수리권 행사에 의한 영향의 조정은 원칙적으로 당사자 간의 협의조정에 맡겨져 있다. 수리권에 재산성을 인정하면서도 그 양도에 승인을 요구하고 그것을 엄격하게 운영하는 이유도 공공성과 공익성을 담보하기 때문뿐만 아니라 물이용의 질서를 유지하기 위해서는 수리권의 사적거래를 강하게 제한해서 물이용의 조정을 시장매커니즘에 맡기는 것이 아니라 사회적인 합의나 승인을 우선시함으로써 기존의 물질서를 유지할 필요가 있기 때문이다. 동시에 공동체의 질서에 복종하지 않을 우려가 있는 물이용을 배제하려는 의사가 내포되어 있다고 볼 수 있다.

또한 질서의 존중을 위해 수리사용의 내용은 투명하지 않으면 안 되며, 이를 위해 수리사용의 허가에 있어 개개의 수리사용마다 그 이용의 내용과 조건을 명확히 하기 위한 '수리사용규칙'이 제정되어 있다. 이것에 의해 이른바 '물분쟁'을 미연에 방지함과 동시에 물이용의 질서가 구체적으로 명확하게 규정된다. 나아가 갈수기에 있어 수리사용을 조정하는 경우에는 우선 수리사용자는 상호 그 수리사용의 조정에 대해서 필요한 협의를 하도록 노력하지 않으면 안 되며, 그 협의에 있어 상호간 다른 수리사용을 존중하지 않으면 안 된다. 하천관리자는 당해협의가 원활하게 진행되도록 수리사용의 조정에 관한 필요한 정보의 제공을 다하여야 하며, 일정의 요건 하에서 수리사용의 조정에 관해서 필요한 알선 또는 조정을 행할 수 있지만(하천법 제53조), 어디까지나 당사자 간의 협의가 최우선시 되는 것이 일본의 물이용 질서에 있어 주요한 특징이다.[106]

4) 일본에서의 수리권의 유형 및 내용

(1) 수리권의 일반적 유형

A. 허가수리권

일본 「하천법」 제23조에서 "하천의 유수를 점용하고자 하는 자는 국토교통성령에서 정하는 바에 따라 하천관리자의 허가를 받지 않으면 안 된다."고 규정하고 있으며, 이러한 규정에 의해 허가된 유수의 점용 권리를 허가수리권리라 한다.

B. 관행수리권

일본에서 관행수리권에 대해서는 (구)하천법의 제정 전 혹은 하천법에 의해 하천지정 전부터 장기에 걸쳐 계속적 반복적으로 물을 이용해 온 사실이 있어 당해 물이용의 정당성에 대해 사회적으로 승인이 되어져 권리로서 인정된 것을 말한다. 주로 관개용수이지만, 음료수 사용 등도 있다. 이하에서 좀 더 구체적으로 검토하고자 한다.

C. 허가수리권과 관행수리권의 비교

	허가수리권	관행수리권
하천법절차	「하천법」 제23조의 허가신청	「하천법」 제88조의 신고
취수량산출	적산	취수의 방법 기재

106) 長谷部俊治, 前掲論文 , 25-27頁 .

	(단위수량X수익면적)	(수치화 안 된 것이 많음)
심사내용	이수면·취수면·환경면에 있어 지장 유무	심사 없음
허가기간	대부분 10년	없음
취수량파악	취수형태에 따라 하기수량 등에 대해서 계측 • 입방미터/초 • 1일 최대취수량 • 연간취대취수량(1일평균취수량)	없음
취수량보고	허가조건으로 계측 및 보고의무	없음
검토기회	갱신 시 또는 허가내용에 변경이 있을 때	없음

(2) **수리권의 권리의 안정성에 기한 유형**107)

A. 안정(安定)수리권

수리권 허가의 하나의 기준으로서 기준갈수량(基準渴水流量)으로부터 기득권리지의 수리권량 및 하천관리상 필요한 수량을 공제해서 그 공제한 결과 얻어진 잔여유량과 비교해서 신청된 취수량이 당해유량의 범위 내에 있는 경우에는 신규로 수리권이 허가된 것으로 하는 것이다. 이렇게 허가된 수리권은 취수가 안정적으로 계속된다고 해서 "안정수리권"이라 불린다. 신청된 취수량이 하천의 자연유황 그대로는 만족되지 않기 때문에 댐 등의 수자원개발시설을 설치해서 인위적으로 기준갈수유량을 증대시켜 댐으로부터 필요한 물을 보급 받는 수리권도 안정수리권이라 한다.

107) 日本国土交通省HP, http://www.mlit.go.jp/river/riyou/main/suiriken/seido/index.html (최종접속일: 2018년 7월 30일)

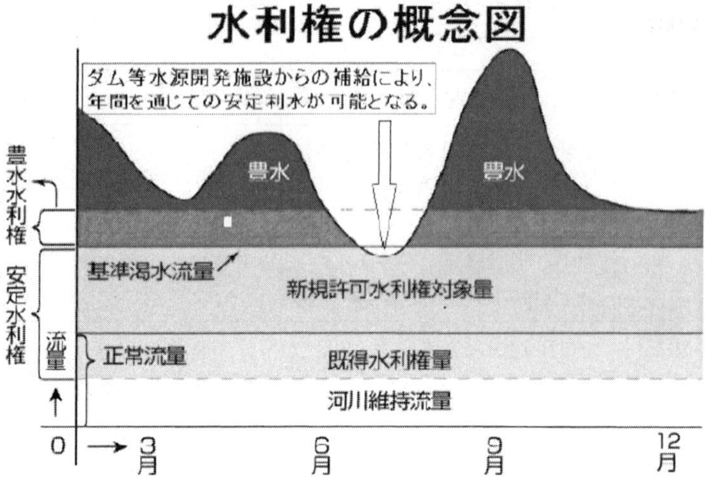

B. 풍수(豊水)수리권

풍수수리권[108]이란 취수의 허가조건으로서 하천의 유량이 일정유량을 넘는 경우에 한해서 취수가 가능하도록 하는 권리이다. 즉, 안정수리권이 기준 갈수년을 중심으로 통상의 취수가 가능한 것에 대해, 풍수수리권은 통상의 취수가 불가능한 경우 혹은 갈수년 등의 유황(流況)이 악화된 연도에는 취수가능량이 감소하게 된다. 이러한 풍수수리권은 ① 풍수시 이외에는 취수가 되지 않기 때문에 수리사용의 목적이 충분이 달성되지 않을 우려가 있으며, ② 허가조건에 반하는 갈수시의 취수가 행해질 우려가 있기에 그 수리사용의 실행 방법에 따라서는 하류의 기득수리나 하천의 정상적인 기능을 침해할 수 있으며, ③ 수자원개발을 통해서 안정적인 취수를 하는 자와의 사이에서 비용부담의 차이가 생기고, ④ 후발 수자원 개발에 의해 이용가능한 풍수가 감소해서 권리의 형해화를 초래한다던지 혹은 후발의 수자원개발을 방해할 우려가 생기는 등의 문제점도 가지고 있다. 다

108) 풍수수리권에 있어 풍수(豊水)는 일반적으로 기준갈수유량(基準渴水流量)을 넘는 부분의 유량을 의미한다.

만, 수력발전에 대해서는 하천의 유황이 매일 변동하기에 항상 취수할 수 있는 수량(상시사용수량)의 범위 내에서만 발전을 하는 것은 아니며, 흘려보내는 발전에 있어서는 연간 70일에서 90일 정도의 기간에서 사용가능한 수량(최대사용수량)이 취수가능한 경우에는 그것을 최대취수량으로서 취수하면서 발전을 하는 것이 통례이다. 또한 수력발전은 일반적으로 발전용수가 다시 하천수로 회기하기 때문에 하천수를 소비하지 않는 수리사용이라는 특색을 가지고 있으므로 발전용 수리권은 풍수수리권으로서 인정되고 있다.

C. 잠정풍수수리권

댐 등에 의해 생산될 수량을 기대하여 수리권 신청이 예정되고 있는 상태에서 댐이 아직 완성되어 있지 않음으로 인해 수도용수 등의 수요가 현실상 발생하고 있음에도 제대로 대응하지 못하고 안정적인 수리사용이 이루어지지 않는 경우가 있다. 이러한 사회적 수요에 따라 긴급히 용수가 필요가 경우에는 허가기한이 도래하면 실효하는 실효조항 및 기준갈수유량을 넘는 경우에 한해서 그 넘는 부분의 범위 내에서만 취수가 가능하도록 하는 의미의 풍수조항을 부가해서 잠정적인 수리권을 허가하는 제도가 있다. 이러한 수리권을 잠정수리권이라 한다.

(3) **관행수리권**

A. 관행수리권의 개요

앞서 살펴보았듯이 관행수리권은 (구)하천법 시행 이전 혹은 하천법의 적용을 받는 법정하천(1급, 2급, 준용하천)으로 지정되기 이전부터 특정의 자에 의해 배타적 계속적으로 사실상 물의 지배가 사회적으로 승인된 권리를 말하는데, 새롭게 하천법에 의한 취수의 허가신청행위를 요하지는 않으며, 허가를 이미 받은 것으로 보고, 다만 하천법 제88조에서 신고제를 의무화하고 있다. 그러나 현재 신고되지 않는 관행수리권이 존재하고 있으며, 신고사항의 일부가 기재되어 있지 않는 것도 존재하고 있기에 이러한 점이 관행수리권의 양성화에 문제를 제기하고 있다.

「河川法」	「하천법」
第八十七条（経過措置） 一級河川、二級河川、河川区域、河川保全区域、河川予定地、河川保全立体区域又は河川予定立体区域の指定の際現に権原に基づき、この法律の規定により許可若しくは登録を要する行為を行つている者又はこの法律の規定によりその設置について許可を要する工作物を設置している者は、従前と同様の条件により、当該行為又は工作物の設置についてこの法律の規定による許可又は登録を受けたものとみなす。第二十五条、第二十七条第一項、第五十五条第一項、第五十七条第一項、第五十八条の四第一項若しくは第五十八条の六第一項の政令又はこれを改廃する政令の施行の際現に権原に基づき、当該政令の施行に伴い新たに許可を要することとなる行為を行い、又は工作物を設置している者についても、同様とする。	제87조(경과조치) 1급 하천, 2급 하천, 하천구역, 하천보전구역, 하천예정지, 하천보전입체구역 또는 하천예정입체구역의 지정에 있어 현재의 권원에 기해 이 법률의 규정에 의해 허가 혹은 등록을 요하는 행위를 하고 있는 자 또는 이 법률의 규정에 의해 그 설치에 대해서 허가를 요하는 공작물을 설치하고 있는 자는 종전과 동일한 조건에 의해 당해 행위 또는 공작물의 설치에 대해서 이 법률의 규정에 의해 허가 또는 등록을 받은 것으로 본다. 제25조, 제27조 제1항, 제55조 제1항, 제57조 제1항, 제58조의4 제1항 혹은 제58조의6 제1항의 정령 또는 이것을 개폐하는 정령의 시행시에 현재의 권원에 기해 당해 정령의 시행에 동반되는 새로운 허가를 요하는 것으로 되는 행위를 하거나 또는 공작물을 설치하고 있는 자에 대해서도 마찬가지이다.
第八十八条（許可等を受けたものとみなされる者の届出） 前条に規定する指定があつた場合においては、同条の規定により、第二十三条若しくは第二十四条から第二十七条までの許可又は第二十三条の二の登録を受けたものとみなされる者で政令で定めるものは、河川管理者に対し、政令で定めるところにより、必要な事項を届け出なければならない。	제88조(허가등을 받은 것으로 보는 자의 신고) 전조에서 규정하는 지정이 있는 경우에는 동조의 규정에 의해 제23조 혹은 제24조부터 제27조까지의 허가 또는 제23조의2의 등록을 받은 것으로 보는 자로서 정령에서 정하는 것은 하천관리자에 대해 정령에서 정하는 바에 따라 필요한 사항을 신고하지 않으면 안 된다.

B. 관행수리권의 법적 성격

관행수리권에 대해 판례는 ㉠ 물이용이 장기에 걸쳐 반복계속, ㉡ 당해 물이용의 정당성에 대해서 사회적 승인이라는 요건을 충족하는 것이 필요하며, 그 사회적 승인이 관습을 법적 규범으로서 성립시키는 근거가 된다고 하면서,[109] 관행수리권의 내용에 대해서는 필요수량에 대한 용익권이

109) ブナ林等原生林伐採禁止仮処分申請事件（山形地裁 昭和63年12月26日）

며, 절대 무제한적인 독점적 배태적인 것은 아니며, 각 권리자별의 필요수량에 한정된다고 설시하면서, 필요수량이란 판결 당시의 필요수량을 말하며, 장래에 그 이외의 사유에 의해 권리자의 필요수량이 증가하더라도 권리자의 수리권이 당연히 증가부분까지 미치는 것은 아니라고 판시하였다.[110] 한편, 농업수리권의 성립에 있어 인공적인 수리시설물의 설치, 유지관리가 필요한 경우 외에 공물의 일시사용인 소방, 세탁을 위한 사용은 관행수리권에 해당하지 아니 한다고 판시하였다.[111]

C. 관행수리권의 활용 - 농업용수 전용

일본에서도 우리나라와 같이 최근 관행수리권의 허가수리권으로의 전환과 농업용수의 타용도 전환 문제와 관련하여 농업수리현황에 대한 구체적인 파악이 주요 정책과제로 등장하였다. 농업수리권과 관련하여 일본과 한국의 가장 큰 차이는 한국은 저수지 이용비율이 높으나 일본은 하천취지 비율이 높아 하천을 중심으로 수리권체계가 잘 정립되어 있다는 점이다. 또한 농업인의 기득 수리권인 관행수리권이 잘 보장될 수 있는 물 관리상의 체계적 특성은 한국과 유사하면서도 한국과 달리 공기업체제가 아니라 여전히 농업인이 중심이 된 조직인 토지개량구라는 조식이 농업용수 관리주체가 되어 있다는 점이 다르다.

일본의 경우 과거 1970년대 이미 농업용수가 여유 있을 경우 농업용수 지분에 해당되는 하천수의 일부를 다른 용도로 전용하는 것에 대한 권리부분을 명확히 하는 정부 지침이 마련되는 등 수리권에 대한 제도적 보완이 많이 이루어졌다. 한국에서 최근 하천법 개정 등을 통해 수리권 논란이 제기되는 것은 농업용수의 적절한 이용과 사용량 통제에 대한 필요성이 제기되어 발생한 것으로 이해한다. 일본에서도 비슷한 경험을 하였다. 농업용수의 잉여분의 전용에 대해서는 1972년 12월 건설성 하천국장 통달(通達)인 "농업용수의 전용에 관한 취급에 대하여"가 발령되어 있다. 이 통달은 농업용수의 전용을 물이용의 합리화를 위하여 하천의 관리자로서도

110) 長野県高瀬川等水利許可処分等取消請求事件 (長野地裁 昭和32年5月28日)
111) 徳島市ごみ焼却場建設差止仮処分申請事件 (徳島地裁 昭和52年10月7日)

적극적으로 추진해야 할 사항으로 인식하고 추진된 것이다. 이러한 인식은 기본적으로 미국, 호주 등의 수리권 거래제도 도입의 기본 취지, 즉 물이용의 합리화를 위한 농업용수의 전용을 도모하는 것이다. 그러나 이 통달의 기본인식은 미국, 호주의 수리권 거래제도와는 기본인식이 다르다. 이 통달에서 제시하는 수리처분의 일반 원칙은 "㉠ 하천수는 공공의 자산으로 사적 거래의 대상이 될 수 없다, ㉡ 하천수의 배분은 하천관리자가 공공이익을 기준으로 결정한다, ㉢ 수리권은 권리설정의 목적에 따라 현실적으로 필요한 양의 취수가 권리로서 확보되는 것이다"는 원칙을 제시하고 있다.

즉 수리권 거래제도 도입은 근본적으로 반대하고 있다. 또한 통달은 농업용수의 전용을 위해서는 먼저 농업 수리 현황을 파악할 필요가 있다고 하면서, "㉠ 관행수리권의 내용을 명확히 함과 동시에 가능한 한 허가 수리권으로 전환하며, ㉡ 실제의 취수량을 파악하기 위하여 취수량의 측정을 행하게 하며, ㉢ 필요수량을 정확하게 파악해야 한다." 등을 제시하고, "경지면적 감소, 계획변경 등에 의해 불용된 부분을 전용하는 것과 수로개선 등 시설의 합리화로 인한 잉여분의 전용을 고려할 수 있다"라는 내용을 담고 있어 기본인식이 관행수리권의 안정적 보장보다는 관행수리권을 허가수리권으로 전환하고 농업용수의 잉여수의 활용에 초점을 두고 있다. 이러한 시도는 우리나라에서도 나타날 가능성이 크며, 관련 법률의 정비가 필요한 사항이라 할 수 있다. 한편 일본도 향후 농업인의 직접적 물관리 참여나 농업용수 관리 관련 비용회수원칙(full cost recovery) 부분에 대한 논란이 제기될 가능성이 높다. 이와 관련하여 논 농업의 다원적 기능 등이 충분히 반영되어야 한다고 본다.

5) 일본에서의 수리권 신청 절차

(1) 수리권 신청의 원칙

A. 사전신청의 원칙

유수(流水)의 점용(수리권)의 허가는 유수를 점용하고자 하는 자의 신청에 기해서 이루어진다. 이 때문에 유수를 점용하고자 하는 자는 미리 하천관리자에게 유수점용의 허가신청을 하지 않으면 안 된다(하천법 제23조).

B. 동시신청의 원칙

통상 유수를 점용하는 것은 하천구역에 댐, 보 등의 시설을 설치해서 이루어진다. 또한 강바닥을 굴삭해서 댐 등의 기초지반의 굴삭에 의해 생긴 토석을 하천구역 내에 버리는 경우도 있다. 이러한 경우 하천법상 유수의 점용허가(하천법 제23조) 이외에 토지의 점용허가(하천법 제24조), 공작물의 신축 등의 허가(하천법 제26조), 하천보전구역에 있어 행위허가(하천법 제554조 제1항) 등을 받을 필요가 있다. 이러한 일련의 허가는 유수의 점용을 하기 위해 필요한 절차이며, 유수의 점용과 관련된 하천점용 등다른 행위 전체는 하나의 사업으로서 더욱이 하천관리상 동시에 진행할 필요가 있기 때문에 하천법 시행규칙 제39조에서는 전부 동시에 신청하지 않으면 안 된다는 동시신청의 원칙을 명확히 규정하고 있다.

C. 그 외의 원칙

수리권은 하천법상의 하천의 유수를 점용하는 권리를 규정하고 있기에, 하천법상의 하천이 아닌 보통하천이나 저수지로부터의 취수, 지하수 또는 해수의 취수는 수리권의 대상이 되지 않는다. 다만 하천의 유수는 표류수에 한하지 않으며, 복류수(伏流水)[112]이더라도 하천의 유수가 일시적으로 복류하고 있는 것은 하천구역의 내외를 불문하고 수리권의 대상이 된다. 또한 하구에 가까운 감조(感潮)구역의 취수에 대해서도 하천의 유수도 취수하는 것이기에 수리권의 대상이 된다.

6) 수리권의 분류와 허가권자

일본에서의 수리사용은 특정수리사용(하천법 시행령 제2조 제3호), 준특정수리사용(하천법 시행령 제20조의2), 그 외의 수리사용으로 분류되고 있다.

(1) 1급 하천의 허가권자

A. 특정 수리사용

1급 하천(국토교통대신이 지정)에 있어 특정 수리사용에 관해서는 지정구

---

112) 하천(河川), 저수지(貯水池), 호수(湖水) 따위의 바닥이나 변두리의 자갈, 모래층에 함유(含有)되어 있는 물을 의미한다.

간의 내외를 불문하고 허가권자는 국토교통대신이다(하천법 제98조). 한편 국토교통대신은 특정 수리사용과 관련한 처분을 하고자 하는 때에는 관계 행정기관의 장과 협의하고, 관계 도도부현 지사의 의견을 청취하도록 하고 있다(하천법 제36조 제1항).

B. 준특정 수리사용

준특정 수리사용과 관련해서 지정구간 외의 경우에는 지방정비국장 또는 북해도개발국장이, 지정구간 내의 경우에는 도도부현 지사 또는 지정도시의 장이 허가권자이다. 다만, 지정구간의 도도부현 지사 또는 지정도시의 장이 처분을 할 때에는 국토교통부대신의 인가가 필요하다. 그리고 지정도시의 장이 처분을 할 때에는 미리 관계 도도부현 지사의 의견을 청취하지 않으면 안 된다(하천법 제36조 제3항).

C. 그 외의 수리사용

먼저 지정구간 외에서는 지방정비국장 또는 북해도 개발국장이며, 그 외 지정구간 내의 경우에는 도도부현지사 또는 지정도시의 장이 된다.

(2) 2급 하천의 허가권자

2급 하천(도도부현지사가 지정)의 유수 점용의 허가권자는 도도부현 지사 또는 지정도시의 장이지만, 특정수리사용과 관련된 수리사용에 대해서는 그 처분을 행함에 있어 국토교통대신과 협의해서 반드시 그 동의를 얻어야 하며(하천법 제79조 제2항), 더불어 도도부현 지사는 관계 시정촌장(하천법 제36조 제2항)에게, 지정도시의 장의 경우에는 관계 도도부현 지사 및 관계 시정촌장(하천법 제36조 제4항)의 의견을 사전에 청취해야 한다. 한편, 국토교통대신은 도도부현 지사 또는 지정도시의 장으로부터 당해 협의에 대한 동의를 하는 경우에는 관계 행정기관의 장과 협의하지 않으면 안 된다(하천법 제35조 제1항).

(3) 준용하천의 허가권자 및 보통하천의 경우

준용하천(시정촌장이 지정)에 있어 유수의 점용허가권자는 시정촌장이다(하천법 제100조, 하천법 시행령 제55조, 제56조). 한편, 보통하천의 유수점용은 하천법의 적용을 받지 않는다. 그러나 댐, 조절지(調節池)에 의한 다량의 저류를 행하고 또는 취수가 행해지면 법정 하천의 관리상 현저한 영향을 받게 된다. 이러한 경우에는 관할 하천관리청은 가능한 한 수리권의 신청시점까지 하천 지정의 절차를 행하도록 지도하고 있다. 한편, 하천 지정시에 이미 보통하천관리조례에 의해 허가 등에 의한 권원을 확보하고 보통하천의 유수를 점용하고 있는 자는 허가를 받은 것으로 보고 있다(하천법 제87조).

7) 일본에서의 수리권을 둘러싼 문제

(1) 수리(水利)문제의 유형

A. 농촌에서의 물분쟁

수리문제로서 소개한 농촌의 물분쟁은 수리이용자 간의 이해조정이 중요한 과제가 된다. 물분쟁에 있어 물을 새롭게 사용하려는 자는 기존의 물이용에 지장을 주어서는 안 된다. 다만, 물이용에 있어 상호 영향이 다른 하천사용자만이 아니라 자연환경의 변화 등으로 인한 폭넓은 관계자에게까지 영향을 미치기 때문에 이에 대한 조정을 함에 있어 수리권만으로는 해결의 한계가 있다.

B. 도시의 갈수(渴水)문제

도시갈수가 제기한 물배분의 합리성이라는 문제에 대해서 주로 기술적인 방법에 의해 해결을 도모하여 왔는데, 그 중심에는 수자원 개발사업을 실시해서 물공급량을 확보하는 방법이었다. 주요한 대책으로 공업용수를 중심으로 한 물의 순환사용 등 물의 효율적인 이용의 촉진, 누수방지 등 수도사업의 효율성 향상, 절수 유도 등 생활의식의 개선 등을 도모하는 시책이 전개되었지만, 자원배분의 재검토 등의 물이용 질서에 입각한 대책까지는 이루어지지 못하였다. 또한 남은 농업용수를 도시용수에 전용하든지 고도의 하수처리에 의해 자원화 하는 등 새로운 수자원개발의 방법을 도입하려는 시도는 있었지만, 충분한 성과에는 도달하지 못하였다. 이에 일본의 경우 도시의 갈수문제에 대해서 수자원 개발사업에 의해 취수가능량을 증가시켜 도시권의 유역으로 수자원을 인공적으로 이전시키는 사업을 진행하고 있다. 이러한 사업은 수리권에 의한 질서를 전제로 해야 하며, 물이용에 있어 공공의 강한 관여가 필요할 것으로 생각한다.

C. 수질의 악화

수질의 악화에 대한 대응은 크게 2가지 방법, 즉 배수규제와 하수도의 건설에 의해 진행하여 왔다. 다량의 배수를 행하는 자에 대해서는 배수의 수질을 규제해서 공공수역에 대한 오염부하를 경감하게 하고, 생활배수 등의 불특정 다수의 배수에 대해서는 하수도에 의한 집수를 한 후에 종말처리장에서 일정의 수질까지 정화해서 하천에 배출하는 것으로 수질의 보전을 도모하는 것이다. 이러한 대책은 물이용의 질서와는 분리해서 수질보전을 위한 별도의 제도 하에서 전개되어왔다. 물이용이 수리권이라는 취수에 착목한 법적 질서에 의해 규율되는 것임에 반해, 수질의 보전은 배수규제라는 단속과 하수도정비라는 기술적인 방법에 의해 대응하여 온 것이다. 이런 관계로 본래 하나인 물순환을 취수와 배수로 분리해서 각각 독자적인 규율을 정해서 질서를 유지하는 시스템을 운영함으로서, 결국 취수질서와 배수규제라는 2가지 형태의 수리 운영이 확립되게 되었다. 이것은 자연적으로 일체인 현상을 조작해서 분리하여 각각의 형상을 독립적으로 관리하려는 정책적인 합리화의 예라고 평가할 수 있을 것이다.[113)]

⑵ **수리(水利)문제 사례**

A. 수리권 분쟁의 개요

수리권 분쟁은 크게 농업수리권 상호간, 농업수리권과 다른 수리권 간의 분쟁으로 구별할 수 있다. 농업수리권 상호간의 분쟁은 ① 신전(新田)개발, ② 신규농업수리사업, ③ 수리시설의 개수, ④ 수리시설유지관리비의 부담 등이며, 농업수리권과 다른 수리권 간의 수리분쟁은 ① 도시용수 등의 종합개발, ② 전원(電源)개발, ③ 하천개수, ④ 하상저하(河床低下), ⑤ 농업용수의 합리화, ⑥ 공장배수·생활배수에 의한 수질오염 등에 기인하고 있다. 이러한 수리권 분쟁을 해결하기 위해 행정기관이 조정이나 중재를

113) 長谷部俊治, 前掲論文 , 27-30頁 .

행하고 있다. 그러나 행정기관인 국가나 지방자치단체가 주체가 되어 수리사업을 하게 되면, 농민의 경우 관행수리권을 잃게 되는 결과가 될 수 있기에, 일본의 경우 수리시설의 개량이나 금전적 보상 등을 통해 수리권 분쟁을 해결하고 있다.114)

B. 농업수리권 상호간의 분쟁

먼저 ① 신전(新田)개발을 통한 수리시설의 설치로 인한 분쟁이 있는데, 새로운 수리시설을 설치하는 경우에는 기득수리권자의 동의가 필요하다. 즉, 새로운 수리시설을 설치함에 있어 최대의 과제는 기득수리권자, 특히 하류의 수리권자의 동의이다. 이 동의를 얻는다면 수리사업의 약 90%가 달성된 것과 동일하다. 그러나 무단으로 설치해 버리기에 기득수리권자와의 사이에서 분쟁이 발생되고 있다. 다음으로 ② 신규농업수리사업으로 인한 분쟁인데, 신규농업수리사업이 시행되면서 종래의 수리시설을 포함하는 등 종래의 수리시설을 이용하고 있었던 자가 불안을 느껴, 수리집단 상호간에 이해가 대립하고, 사업주체와의 견해가 대립되어 분쟁이 생기는 경우가 있다. 사업주체(국가, 도도부현, 수자원개발공단 등)가 수리권의 주체가 되는 경우가 많은데, 신규농업수리사업이 행해지면서, 말단까지 충분히 물이 도달되지 못하여 수익지의 농민의 권리가 침해되기도 한다. 또한 ③ 수리시설의 개수로 인한 분쟁이 있는데, 특히 근대화에 따른 취수방식이 바뀌어 다른 수리집단에 영향을 미쳐서 수리분쟁이 발생하기도 한다.115)

C. 농업수리권과 다른 수리권 간의 분쟁

먼저 ① 도시용수 등의 종합개발로 인한 분쟁이 있는데, 상수용수·공업용수를 포함한 도시용수를 확보할 목적으로 행해지는 수자원의 종합개발사업은 이것이 농업용수와 경합하는 경우에 농업수리와 타 종류의 수리와의 사이에서 또흔 농민과 사업주체와의 사이에서 분쟁이 발생된다. 그리고 ② 전원(電源)개발로 인한 분쟁으로, 발전용수를 확보할 목적으로 전원

114) 小林三衛·小川竹一·片岡直樹, 「水利権の現代的課題-農業用水合理化と水利紛争-」 法社会学第37巻(1985年) 117頁.
115) 小林三衛·小川竹一·片岡直樹, 前掲論文, 117-119頁.

개발을 진행할 때 수량·수온 등 농업용수에 영향을 미치는 경우에 분쟁이 발생된다. 또한 ③ 하천개수로 인한 분쟁으로, 하천개수는 치수를 목적으로 행해지는데, 이러한 공사의 결과로 농업수리시설의 이동·변동·개량 등이 필연적으로 일어나게 된다. 이에 농민이 이용하고 있는 농업수리권과의 분쟁이 발생된다. 덧붙여 ④ 하상저하(河床低下)로 인한 분쟁이 있는데, 치수공사 혹은 자갈채취 등으로 강바닥이 저하되어 농업용수의 취수가 곤란해지거나 불가능하게 되어 분쟁이 발생되기도 한다. 이외에도 ⑤ 농업용수의 합리화로 인해 농업용수의 절감에 따른 분쟁이 발생되기도 하며, 공장배수·생활배수에 의한 수질오염으로 인해 농작물에 영향을 미쳐 분쟁이 발생되기도 한다.116)

8) 일본에서의 수리권의 한계

(1) 경제적 이용의 한계

수리권은 수자원의 배분기능을 다하고 있지만, 그 기초가 되고 있는 기존질서를 우선시하여 거래를 통한 합리적인 배분을 실현하려는 시장활성화에 대해서는 강력한 이견이 있다는 점이다. 따라서 이러한 수리권의 시장화나 거래로 인해 수리권의 가격을 형성하는 기회가 없으며 가격경쟁을 통한 수리권의 취득도 상상할 수 없다. 결국 수자원의 낭비를 막고 물을 합리적으로 이용하도록 하는 인센티브가 작동되기 어려운 환경이다. 이렇듯 수리권의 운영에 있어 경제적 메커니즘을 활용할 수 없기에 합리적인 물이용의 실현 특히 자원배분의 최적화를 도모하는데 한계를 보이고 있다.

(2) 내용상의 한계

수리권의 허가에 있어 하천관리자에 의해 부여되는 조건은 수리권의 내용을 제약한다. 수리사용허가의 내용 및 조건은 허가시에 부여되는 수리사용규칙에 명확히 규정되어 있다. 하천의 유수를 점용하는 권리인 수리권

116) 小林三衛·小川竹一·片岡直樹, 前掲論文, 119-122頁.

의 구체적인 내용은 그 허가에 붙은 '수리사용규칙에'[117] 의해 규정되고 있다. 현재 수리사용규제에 있어서 수력발전, 관개, 수도, 공업용수, 광업용수, 양어, 대소변처리 등의 구분으로 표시하고 있다. 유수점용의 목적은 수리권의 내용이 되기 때문에 점용의 양이 같다 하더라도 목적이 다르다면 별도의 수리권이 된다. 한편, 유수의 점용 장소는 점용의 양과 함께 수리권의 중요한 내용이 된다. 하천의 상류에서의 취수는 하류의 수리권자에 대해서 사실상의 우선적 지위를 취득하며, 사행하천에서는 취수구가 하구로부터 동일 거리에 있는 경우에도 좌우 언덕에 의해 취수의 우열이 사실상 다르게 된다. 그리고 수리권의 허가기간은 원칙적으로 발전수리사용에 대해서는 거의 대부분 20년이며, 그 외의 수리사용에 대해서는 거의 10년으로 실무상 처리되고 있다.

(3) 행사상의 한계

수리권은 하천의 유수를 직접 지배하는 권리로, 하천관리자에 대한 채권이 아니기에 이상갈수로 인해 취수가 불능이 되더라도 그 권리의 내용의 실현을 하천관리자에 요구할 수 없다. 또한 하천관리자가 행하는 하천공사는 수리권자를 포함한 공공의 이익을 위해 실시되기 때문에, 하천공사의 실시에 의해 생기는 유수의 오염에 의한 점용의 지장은 하천공사에 의해 통상 생길 수 있는 정도의 지장일 경우에는 수인하지 않으면 안 된다.

(4) 관리상의 한계

수리권은 유수를 취수하는 행위에 대해서 성립하는 것이기 때문에, 원칙적으로 취수 후의 물이용에 대해서는 관여하지 않는다. 그러나 물은 순환하는 것이다. 이용된 물이 재이용되는 경우도 있으며, 취수한 유수에는 취수지점의 상류에 배수된 물이 포함되어져 있다. 따라서 광범위한 물이용 시스템 전체의 질서를 수리권에 의해 유시하는 것은 처음부터 한계가 있기 마련이다. 도시갈수의 대응이나 이상갈수시의 수리조정 등과 같이 물이

117) 수리사용규칙이란 수리사용의 허가의 내용 및 조건을 정하고 있는 행정청의 내부규칙을 말한다.

용 시스템을 전체로서 최적화하려는 요청에 부응하기 위해서는 물순환을 종합적으로 다루어서 그 질서유지를 위한 체제 확립이 필요하다.118)

9) 수리권 전용

(1) 현행 일본의 수리권제도의 특징과 한계

역사적으로 보면 일본의 수리권은 관행수리권이라는 형태가 일반적이었다. 이 관행수리권은 중첩적 소유관계와 부락에 의한 총유적 소유관계로 보고 있다. 1986년 하천법이 제정된 당시에도 그 전까지의 관행적인 수리권을 인정하여 "유수점용권"이라는 형태로 법 정비를 하였다. 그리고 당시 오래된 수리권에 대해 우선권을 부여했기에, 결과적으로 사수(私水)적 성격이 강한 수리권이 되었다. 한편 1964년 하천법이 개정되면서, 고도성장에 따른 공업화·도시화의 영향으로 공적인 하천관리자에 의한 수자원의 일관적인 관리라는 개념이 도입되면서, 관행수리권을 병존시키면서 한편으로는 수리권을 기본적으로는 하천법 제23조에 기한 "허가제'로 변경하였다.119) 이러한 수리권은 하천법 제2조 제2항이 하천의 유수에 대해서 사권을 배제하고 있었기 때문에 허가수리권을 제외한 관행수리권은 물권적 효력이 있는 절대적인 우선권성에 있어 수리목적에 의한 제한 및 목적에 따른 양과 질에 한정되는 것으로 이해되고 있다.120)

그리고 수리권이 공권적인지 사권적인지에 대해서 (구)건설성은 공권이라고 해석하면서, 남는 부분의 권리에 대해서는 하천관리자에게 일단 반환한 후에 타 종류의 수리에 재부여하는 것으로 해석한 반면, 농림수산성은 사권이라고 해석하면서 하천법 제34조에 기한 유상으로 직접양도를 인정하고 있다. 이러한 양 기관의 해석의 차이는 일본의 고도 성장기를 통한 물수요의 변화가 배경이었다. 즉 농업용수에서 도시용수로의 수리목적의 변경을 둘러싼 논쟁이 그 배경이 되었다. 이처럼 항구적인 수리배분을 근

---

118) 小林三衛·小川竹一·片岡直樹, 前掲論文, 123頁.
119) 일명 "허가수리권제도"로의 변경이 이루어졌다.
120) 宮崎淳, 「水資源の管理と配分に関する基礎理論の検討―水利権の法的性質を中心として」創価法学 第39巻3号(2009年) 参조.

본적으로 변화시키는 수리권의 전용(轉用)은 큰 문제를 야기한다.

〈일본 수리권의 분류〉

관행성	안정성	수리권의 종류
있음	있음	관행수리권
없음	있음	안정수리권 (기득)
		안정수리권 (신규)
	없음	풍수수리권 (잠정)

〈하천유량과 수리권의 분류〉

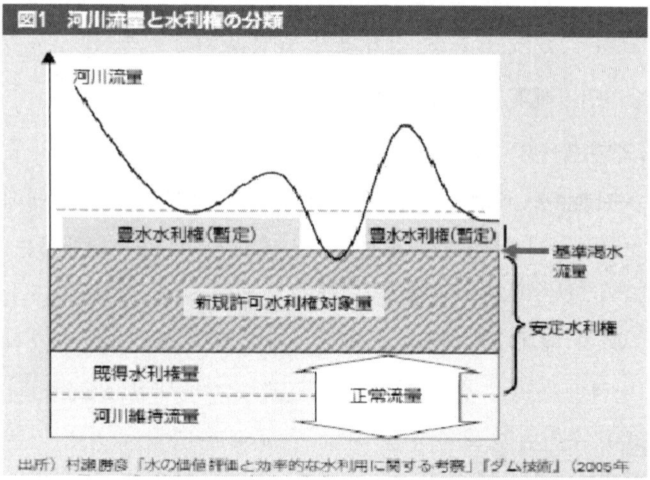

(2) **수리권전용 - 풍수수리권과 관련하여**

수리권은 항구적으로 전용되는 경우와 갈수 등의 비상시에 전용되는 경우로 크게 구분할 수 있다. 수리권전용의 대표적인 예로 공업용수도로부터 상수도, 혹은 농업용수로부터 상수도의 전용이 있다. 예를 들면 공업용수도에서 상수도라는 수리권전용의 경우 관련 종합계획의 수정, 관련부처와의 협의, 보조금의 교부 등이 필요하다. 한편, 농업용수에서 수리권전용은 공업용수도에서 상수도로의 수리권전용과 비교해서 복잡하다. 농업용수는 계절에 따라 이용형태가 달라지기 때문에 수도수원으로 일정하게 취수하려는 때에는 수자원을 고르게 사용할 수 있도록 하기 위한 수원(水源)이 별도로 필요하다. 그러나 농업용수는 하천의 자연유량에 대해서 관행수리권을 보유하고 있는 경우가 많이 있다. 따라서 댐 개발 수리권보다도 다량의 수량을 확보할 수 있으며 조기에 확보할 수 있는 장점이 있다.

그리고 수리권을 확보하기 위해 취수보나 댐 등의 인프라의 건설비·유지관리비를 수리권에 따라 부담시킬 필요가 있지만, 물수요가 감소한 이수자(利水者)에게는 필요 이상의 비용부담은 경영상황을 악화시키는 요인이 된다. 따라서 종래 용도 간에 발생하였던 물의 수급상의 갭을 조정하는 수단으로서의 수리권전용은 인구감소사회라는 수용총감소사회에 있어서는 지금과 같이 기능하지 않을 가능성이 높다고 볼 수 있다.

(3) 수리권거래의 역사적 사례

카가와현(香川県) 미키정(三木町)의 지주수 거래(地主水取引)제도가 있는데, "지주수(地主水)"라는 것은 수리관행으로 일정량의 용수에 대해 이용권이 토지소유로부터 분리해서 완전히 하나의 물권적으로 존재하는 것을 말한다. 지주수의 거래가격은 당사자 간의 합의에 의해 결정되어지는데, 1리의 물이 제2차 세계대전 후의 물가 폭등시에 약 2,000엔까지 가격이 상승하였다. 이러한 지주수를 지탱시킨 요인으로 수원대장(水源台帳)과 배수준로(配水順路), 수리비의 요금방법, 사람 수에 따른 공과금 등이 거론되고 있다. 이처럼 수리권을 매매가 가능하도록 한 용인으로 물의 희소성, 자유지배성, 요수(要水)량의 차이, 지주의 존재 등이 지적되고 있다.[121]

(4) 물융통 제도

A. 개 요

"물융통" 제도란 강학상 명확한 정의는 없지만, 대체적으로 특정한 물이용의 주체가 스스로의 복지에 필요불가결한 물을 이용하기 위하여 이수

---

121) 植村哲士/宇都正哲/三好俊一, 「日本と世界の水利権制度·水取引制度」 知的資産創造 第18巻第9号(2010年) 35-39頁 .

주체 상호의 교섭을 통하여 수리조정을 행하는 것으로 정의되고 있다.[122] 즉 물자원에 여유가 있는 주체에서 부족한 주체로의 (일시적인) 재배분을 행하는 것으로 갈수기의 수자원배분과 관련이 깊다. 이에 대해 일본의「하천법」제53조의2에서 별도로 규정하고 있다. 동 규정은 결국 수리권 거래의 가능성을 보여주고 있다고 평가할 수 있다. 따라서 동 규정을 수리권 거래의 이론적 기반으로 본다면 물융통의 목적은 사회적으로 최적한 수자원 배분의 실현이며, 수자원의 한계적인 귀속가치(Shadow Price)가 각 용수에서 균등하게 되도록 탄력적으로 자원배분을 변경하는 것으로 이해할 수 있다.

「河川法」	「하천법」
第５３条の２（渇水時における水利使用の特例）１ 水利使用者は、河川管理者の承認を受けて、異常な渇水により許可に係る水利使用が困難となつた他の水利使用者に対して、当該異常な渇水が解消するまでの間に限り、自己が受けた第２３条及び第２４条の許可に基づく水利使用の全部又は一部を行わせることができる。	제53조의2(갈수기의 수리사용의 특례) 1 수리사용자는 하천관리자의 승인을 받아서 이례적인 갈수에 의해 허가와 관련한 수리사용이 곤란하게 된 다른 수리사용자에 대해서 당해 이례적인 갈수가 해소되기까지의 기간에 한해서 자기가 받은 제23조 및 제24조의 허가에 기한 수리사용의 전부 또는 일부를 행사하게 끔 할 수 있다.
２　前項の承認に係る水利使用を行わないこととなつた場合においては、当該承認を受けた者は、遅滞なく、河川管理者にその旨を届け出なければならない。	2 전항의 승인과 관련한 수리사용을 행하지 않게 된 경우에는 당해 승인을 받은 자는 지체없이 하천관리자에 그 취지를 신고하지 않으면 안 된다.
３　河川管理者は、前項の規定による届出があつた場合又は第１項に規定する他の水利使用者の許可に係る水利使用が困難でなくなつた場合においては、同項の承認を取り消さなければならない。	3 하천관리자는 전항의 규정에 의한 신고가 있는 경우 또는 제1항에 규정한 다른 수리사용자의 허가와 관련한 수리사용이 곤란하여 없어진 경우에는 동항의 승인을 취소하지 않으면 안 된다.

122) 篭橋一輝,「水融通の制度的特質に関する一考察」水資源·環境研究 第28巻第1号(2015年) 31頁.

B. 물융통 제도의 유형 및 특징

물융통의 유형은 크게 3가지로 구분할 수 있다. 먼저 ① 상수도의 단수의 회피·경감을 목적으로 하는 "용수 간의 융통"이 있다. 이것은 농업용수와 상수도용수 간에 행해지는 취수제한율의 경사배분과 댐의 발전용량의 일시적인 전용도 포함되며, 농업용수나 발전용수로부터 배분시키는 것으로 유역 간의 배수조정을 특징으로 하는데, 주 목적은 상수도의 단수를 회피하는데 역할을 하고 있다. 다음으로 ② 농업용수의 말단수리(토지개량구·수리조합)의 피해경감·회피를 목적으로 하는 "수리 간의 융통"이 있다. 이는 수계를 넘는 배수조정방식으로 농작물 피해의 회피·경감에 있어 역할을 하고 있다. 마지막으로 ③ "수계 내의 융통"이 있다. 각 수계별로 네트워크를 구축해서 농업수리관행권을 활용하여 자율적인 수리조정을 도모하는 방식인데, 농작물 피해의 회피·경감에 있어 역할을 하고 있다.[123)]

Ⅲ. 호 주

호주는 약 200만 ha의 관개농지를 보유하면서 관개농업이 농업총생산의 25%를 차지하고 있다. 주요 관개지역은 Murray-Darling Basin (South Australia, New South Wales, Queensland, Victoria 주에 해당)에 집중되어 있다. Murray-Darling Basin은 Murray River와 Darling River의 지류를 포함하여 유역면적이 약 100만 ㎢를 넘는 호주 최대의 강 유역이다. 호주 전체 관개시설의 75%, 호주 전체 농업 생산량의 41%를 차지한다. 호주의 강우량이 지역적 편차가 심하여 관개농업도 지역적 집중이 심하다.[124)] 호주는 연방국가로서 헌법에 의해 연방정부(Common Wealth)는 제한된 권한만 갖

---

123) 篭橋一輝, 前掲論文, 33-35頁.

124) 호주는 넓은 국토면적을 가진 나라로서 지역별 기후와 강우패턴이 매우 심한 나라이다. 댐의 축조나 방류조절 등이 있어야 계절별 지역별 차이를 보완할 수 있다. 그리고 연평균 강우량도 평균 465㎜정도로 건조하지만, 지역적으로 100㎜에서 2,000㎜로 큰 차이를 보인다(최경숙, 2006).

도록 되어 있으며, 헌법에는 물이나 환경에 대한 규정이 없으며, 각 주가 물관리의 권한을 갖고 있다. 물이용권(수리권)은 철저하게 정부(주 정부)의 통제를 받고 있으며, 사적 관개회사가 존재하지만 주요 물공급 기반시설은 정부에 의해 설치, 소유, 유지 관리되어 왔다.

물론 각 주마다 물관리 내용이 다르다. 주 정부의 물관리 부서가 물 배분계획(water allocation plan)을 수립하며, 물이용 면허(water license)나 허가(permit)를 통해 물을 공법적으로 관리한다. 1995년 이전에는 정부가 직접 물공급을 담당하였으며, 물의 효율성보다 물의 이용을 장려하였다. 호주의 물관리는 초기에 환경적 고려가 거의 없었으며, 물에 대한 법적 안전장치(legal security)가 없었다. 정부는 관개회사의 물사용 지분을 정하고 관개용수량을 판매하며, 물공급, 이용, 환경보호, 재정상태 등을 감독한다. 과거 물공급은 개발장려 차원에서에 정부지원이 이루어졌으나, 점점 물의 추가 개발이 어려워지자 유지관리비의 수익자부담 원칙이 강화되어 왔다. 특히 정부는 물의 부문 간, 부문 내 거래(transfer)정책을 포함하는 물관리체계 개혁, 농촌 물개혁(rural water reform)을 적극 추진하여 왔다. 2004년 이후 National Water Initiative(NWI)에 의해 수리권 거래(water trade)를 적극 확대하는 정책을 추진하고 있다. 이를 위하여 수리권과 토지소유권을 분리하여 수리권을 토지소유와 무관하게 소유할 수 있도록 하였으며, 매년 물이용 권리가 농민 간, 유역 간, 주 간 거래되도록 하였다. 영구수리권(permanent water entitlements)의 거래는 토지거래시만 가능하다.

관개기반시설의 소유와 관리가 사유화 또는 법인체제로 전환되면서 농업인들은 기존의 수리권을 승인받은 물이용 서비스의 수혜자로 전환되고 있다. 정부의 관심은 농민의 물관리에 대한 참여보다는 물의 사용으로 인한 이익의 향유자로서 그들로부터 충분한 비용을 환수할 수 있도록 물값체계의 구축, 물의 절약과 절약된 물을 보다 효율적인 부문으로의 이전할 수 있는 방안을 마련하는데 관심을 둔다. 1990년대 후반부터 시작된 농촌 물개혁(rural water reform), 특히 수리권 거래제도의 도입으로 과거 정부가 직접 물관리를(공급)하는 구조에서 '관개회사'가 주도적으로 물관리를 하는 체계로 전환되었다. 이러한 물관리체계의 개혁으로 다양한 성과가 나타났다. 우선 수리권 거래를 통해 물의 효율적 이용이 시장체계를 통해 실천되고, 일부 농가들이 고부가가치 농업작물 생산으로 생산을 전환하는 등의 효과가 나타나는 것으로 조사되었다. 농업인은 기존의 물 사용량을 기초로, 특히 토지이용을 근거로 수리권을 보장받아 이용하거나 거래를 한다.

호주는 전통적으로 수리권이 토지소유권과 밀접한 관련이 있었다. 농촌지역에서 농업인이 가질 수 있는 물의 배분량은 그 농업인이 소유한 토지 내에 떨어진 강우의 양과 소유지 내를 경유해 지나가는 강이나 하천수에 의해 결정되었다. 이에 비하여 수익을 위한 농산물 생산에 사용되는 용수의 양과 물환경 보전을 위해 사용되는 용수의 양에 대한 효율적인 조절 및 관리가 상당히 어려웠다. 또한 용수의 배분량이 소유한 토지의 규모와 관련이 있기 때문에 관개용수를 더 필요로 하는 농작물로 전환하여 경작할 경우 기존의 용수 배분량보다 더 많은 양의 용수 확보를 위해 불필요한 부가적인 토지매입이 요구되었다.

수리권 개혁을 통해 물 거래(Water trade)가 가능하게 되었고, 물 거래는 농가 수입 증대의 최대화를 목적으로 기존의 재배작물을 포기하고 수익성이 높은 작물로 변경하여 재배하려는 농업인들에게 그 해 재배할 작물의 선택의 폭을 넓혀주었다. 결국 수리권 개혁을 통해 농업선택의 유연성 증대와 농산물 생산성의 증가가 가능하게 되었다. 또한 호주의 물관리 담당자들에 대한 조사 등에 의하면, 수리권 거래를 통해 농업용수의 절약과 타 부분의 물부족 문제를 완화하는데 기여하고 있는 것으로 조사되었다. 이러한 성과는 대부분의 물부족 국가에서 수리권 거래제도 도입의 목적으로 삼고 있는 내용인데, 호주는 다른 나라에 비해 과감한 물관리제도 개혁으로 그 성과가 두드러진 국가로 이해된다.

제5절 갈수기 수리권의 합리적 배분방안

Ⅰ. 현행 수리권제도의 문제점

1. 수리권 규정의 분산

현행 우리나라의 수리권제도는 민법과 하천법, 댐법 등 여러 법률에 분산되어 있어 각 수리권 간의 관계나 우선순위 등이 모호한 상태이다. 민법상의 관행수리권이나 댐법상 기득수리권 등의 경우, 내용이 불분명하여 상이한 해석이 가능하며, 민법과 판례에 의한 공유하천 용수권과 관행수리권, 그리고 하천법이 인정하는 허가수리권이 동일 하천 내에서도 병존하고 있어 그 부여 범위가 중복되는 경우가 발생한다. 또한 국가의 효율적인 물관리 차원에서 수리권의 조정이나 재분배, 신규 수리권 허가 등이 필요함에도 불구하고, 부처 간 이견이나 법률 간 분산에 따라 이를 적절히 관리하지 못하고 있는 실정이다. 그 결과 물의 효율적 사용에 제한이 있으며 농업용수 등 실제사용량이 불명확한 기득 관행수리권을 주장하는 지역 및 하천수 기득물량을 소유하고 있는 지역과 새로운 생활용수의 확보를 위해 하천법상의 허가수리권을 주장하는 지역 간에 갈등요인으로 작용하는 경우가 발생한다.

하천법에서 수량이 부족하거나 그 이용이 상호 침해가 될 때에는 하천관리위원회에서 하천수 사용 등에 관한 분쟁을 조정하도록 되어 있으나, 조정에 대한 법적 효력이 미흡하다. 더욱이 「물관리기본법」 또한 분쟁조정에 대한 규정을 두고 있어 하천법과 물관리기본법 간의 분쟁조정은 하천수의 경우, 해석상 청구권경합의 관계에 놓여 있어 분쟁당사자들에 혼란을 주고 있다. 특히 갈수기에 유량에 대한 불확실성이 높은 곳에서는 물이용을 둘러싼 갈등이 발생할 소지가 많다. 관개용수의 관행수리권에서 발전된 선점우선의 원칙을 원용하여 시간적으로 먼저 취수, 사용하게 된 수리권자에게 우선권이 있는지, 공익성이 현저히 큰 신규수리권 신청자에게 우선권이 있는지 등 기득수리권과 신규수리권 간의 조정원칙이 불분명하다는 것이 우리나라 수리권제도가 갖는 문제점 중의 하나이다

2. 물 배분의 효율성 부재

하천수에 대해서는 댐 건설 이전에 사용하던 농업용수 및 일부 생활용수 등에 대한 하천수 기득물량을 제외하고는 한국수자원공사가, 일부 지자체가 확보한 댐 사용권을 제외하고는 독점적인 수리권을 갖고 있다. 이는 하천의 기준갈수량은 이미 바닥이 난 상태이며, 추가적인 수리권 설정을 위해서는 댐 용수의 공급이 있어야 한다는 것을 의미한다. 주로 농업용수로 사용하고 있는 저수지 용수의 경우에는 한국농어촌공사만이 독점적인 관리권을 가지고 있다. 댐이 설치된 하천에서 본래의 기준갈수량이 명확하게 설정되어 있지 않다면, 댐 사용권에서 댐 용수와 댐 하류지역의 이수유량을 둘러싼 이해관계자 간 갈등이 발생할 수 있다.

전반적으로 수리권의 내용, 수리권 간의 우선순위, 수리권의 소멸, 수리권의 전용 등에 대하여 법·제도가 체계적으로 정립되어 있지 못하여 효율적인 물 배분과 이용이 이뤄지지 못하고 있다. 별도의 법률에 의하여 관행수리권, 허가수리권, 농업기반시설관리권 등이 설정·행사되고 있어 물 배분과 이용에 혼란을 초래하고 있다. 이에 따라 농업용수 등의 환경용수 및 생활용수로의 전용, 관행수리권의 법적 내용 명확화를 통한 하천수 사용의 중복 배제와 환경개선용수의 확보 등 물 배분 및 이용의 효율성 제고에 걸림돌이 되고 있다.

3. 물 재분배 또는 전용의 제한

우리나라에서는 「하천법」 제50조에서 하천수 사용허가와 관련된 내용을 규정함으로써 수리권을 허가제로 운영하고 있으며, 생활용수, 공업용수, 농업용수에 대해 연중 동일한 수리권을 부여하고 있다. 최근 이상갈수와 집중호우 등으로 인하여 강우의 패턴이 변화되고, 가용수량에 대한 불확실성이 증대되고 있어 공급량의 증대만으로는 수리권자들의 이해를 온

전히 충족시키기 어렵고, 수리권 상호간에는 우열이 없어 수리권자들 간의 물사용에 대한 갈등이 발생할 우려가 높다. 이러한 측면에서 과할당 또는 가수요로 인하여 사용하지 않고 있는 수리권에 대해서는 적절한 조사와 분석을 토대로 이를 필요한 수리권으로 조정하거나 재분배, 전환하여야 할 필요가 있다.

또한 유역 내 또는 유역 간의 물 이동에 대한 지역 간 또는 지자체 간의 갈등이 첨예하게 대립하고 있다. 이는 유역의 물사용의 총량(Cap)을 설정함에 있어 물 부족이 심각한 지역으로의 물 이동에 대해 사전에 고려하지 않고 전량을 허가수리권 및 관행수리권으로 인정함으로써 발생한 문제이다. 기후변화가 갈수록 심각해지고 있는 현 시점에서 특정 지역의 이해관계나 관행수리권 및 기득수리권을 재산권적으로 바라보아 보상 없이는 조정과 재분배가 어렵다는 논리는 물 사용에 있어 비용부담 및 합리적인 물 사용원칙이라는 측면에서 설득력을 얻기 어려울 것이다. 따라서 한번 수리권 허가를 받으면 5년 간 변동 없이 수리권을 보유하고 이후 갱신을 통해 지속적으로 수리권을 선점하여 향유하도록 하면서 신규 수리권 허가가 제한되고, 유역 내 또는 유역 간 물이동이 지역 간 갈등으로 비화되지 않도록 수리권의 조정과 재분배를 활성화할 필요가 있다.

4. 수리권 조정원칙 미비

「하천법」상 수량이 부족해지거나 이용이 상호 침해될 경우에는 수자원관리위원회에서 하천수 등에 관한 분쟁을 조정하도록 되어 있으나, 수리권 조정의 기준에 대한 규정이 없는 상태이다. 특히 갈수기의 수리권 조정과 관련된 기준이나 법적 장치가 미비하여 유량의 불확실성이 높은 지역에서는 심각한 갈등이 발생할 우려가 존재한다. 또한 갈수수량의 범위 내에서만 수리권을 인정하며 풍수기 또는 평상시에는 이에 대한 개념 정의되어 있지 않아 수자원을 효율적으로 이용하도록 강제 또는 유도하는 장치가 미비하다.

5. 과도한 환경생태유량 공급비용 발생

유량이 부족한 하천에 환경생태유량을 확보·공급하는 것의 필요성과 효과에도 불구하고 이를 위해 과도한 비용이 발생한다면 물관리 재정의 지속가능성 측면에서 문제가 있다. 국회예산처(2015) 분석을 보면, 하천수 또는 하천처리수를 압송하여 하천유지용수를 공급하는 17개 생태하천복원 사업에서 하천유지용수 공급을 위한 공사비용은 사업당 평균 53억 원이 소요되는 것으로 조사되었다. 가령 춘천 공지천의 경우 도수관로를 설치하여 소양강 취수장으로부터 공지천 상류로 하천유지용수를 공급하는 사업의 총 사업비 217억 원 중 82%에 달하는 178억 원이 취수장 및 정수장 보강, 도수관로 매설 등 용수공급을 위한 시설건설에 사용되었다.[125] 이렇게 많은 예산이 하천유지용수 공급을 위해 투입되었음에도 위의 17개 생태하천복원사업 하천에서 2014년 공급된 하천유지용수는 일평균 10,358톤으로 실시설계 시 계획했던 시설용량인 일평균 29,501톤의 약 35% 수준이었다.[126]

이처럼 계획했던 것에 비해 실제 공급량이 적은 이유는 전력비 등 유지관리 비용이 높고 시설보수가 제대로 이루어지지 않아 관리주체(지방자치단체)가 하천유지용수 공급시설의 일부만을 가동시키거나 하천유지용수 확보목표량 또는 부존량을 과다하게 산정하여 시설용량이 제대로 설계되지 않았기 때문이다.[127] 시설설치뿐만 아니라 이후 유지관리 과정에서 발생하는 높은 유량공급 비용도 문제이다. 경기개발원(2011)이 도내 6개 생태하천을 조사한 결과, 하천당 유지관리비는 9-10억 원 수준이었는데, 생태하천 조성비는 국비지원이 70% 수준인 반면 유지관리 예산은 90% 이상을 시·군의 자체예산으로 조달하고 있다. 경기도 탄천에 조성된 생태하천을 예로 들면, 팔당원수를 유지용수로 공급하는데 수자원공사에 지급된 유지용수요금이 2011년 255,600,000원으로 같은 해 탄천의 전체 유지관

---

125) 김상우, 「생태하천 사업 평가」, 국회예산정책처, 2015.9, 35-37면.
126) 김상우, 「생태하천 사업 평가」, 국회예산정책처, 2015.9, 35-37년.
127) 김상우, 「생태하천 사업 평가」, 국회예산정책처, 2015.9, 35-37면.

리비용(1,142,309,000원)의 22.4%나 차지하였다.[128)]

Ⅱ. 갈수기 용수배분 기준의 정립 방안

1. 수리권 간의 우선권 규정 마련

현행 규정상 물 공급의 근간인 하천수의 배분은 기본적으로 기준갈수량이 중요한 기준이 된다. 하천수의 경우 기준갈수량에서 하천의 생태 등을 위한 하천유지유량을 제외한 유량이 생활, 공업, 농업 등으로의 허가대상으로 된다. 댐이나 보의 경우는 홍수 등 풍수기에 하천에 흐르는 물을 저류하고 이를 생활, 공업, 농업용수 등의 용수로 공급하여 사용한다. 댐이나 보 등에 저류한 물을 하류 하천으로 일정하게 방류하여 기준갈수량을 증가시키는 효과를 가시는 경우, 증가된 이용가능량이 신규 허가대상이 되어 용수공급을 확대하게 된다. 따라서 용수의 배분에 있어 풍수기에 댐이나 보 등의 저류량이 증대되거나 댐이나 보의 신설로 가용수량이 늘어난 경우에는 신규의 수리권 설정이 가능하다고 할 것이다. 그러나 풍수기 일시적으로 늘어난 수량에 대해서는 갈수기에도 그 수리권을 인정하기는 어려울 것이다.

이에 갈수기 물 배분 대책으로 하천수 사용허가를 갈수기와 풍수기로 구분하여 허가하는 방안을 고려해 볼 만하다. 현재 하천수 사용허가는 공업, 농업, 생활용수 등 용수 사용 목적별로 구분하고 사용목적 및 사용량의 적절성에 따라 이루어지고 있다. 그러나 물 배분에서 가장 큰 문제점은 물이 부족한 경우에 허가된 수리권의 물 사용을 어떻게 관리하느냐 하는 것이다. 물이 풍부한 경우에는 허가된 양만큼 물을 배분하는 데 문제가 없겠지만 갈수기 등 물이 부족한 경우에 허가된 양도 처리하지 못하는 경우에는 물 배분에 갈등이 증폭되기 마련이다. 이러한 때를 대비하는 기준이 필요하다.

---

128) 송미영 외, 「생태하천 유지관리를 위한 기초 연구」, 경기개발원, 2011.

현재 하천점용허가 과정에 조건부로 허가를 인정하는 경우를 종종 찾아볼 수는 있다. 이는 흔히 갈수기 시 하천유량이 신청량에 모자라는 경우에 인정되며 갈수 시 기득수리권을 침해하지 않는 한 취수를 허가하는 조건부 허가 방식을 채택하고 있다. 그러나 갈수기가 되어서 물이 부족한 경우가 발생하더라도 물이용의 허가를 얻은 이상 먼저 물을 취수해 버린다면 이를 막을 방안이 현재로는 없다. 따라서 갈수기와 풍수기를 나누어 허가하고, 하천이 일정유량 이하가 되는 경우에 풍수기 수리권은 취수량을 조절해야 한다는 조건을 명시하여 수리권을 허가하면 갈수시 발생하는 물이용의 마찰은 어느 정도 해결이 가능하다.

이를 위해 우선 수리권 허가신청 시 기간별 물 사용계획을 구분하여 제출하도록 하는 방안을 검토할 필요가 있다. 농업용수처럼 물이용의 특성상 기간별로 용수필요량에 많은 차이가 나는 경우, 이를 계절이나 기간별로 구분하여 수리권을 신청하도록 한다. 유량의 변화에 따라서 현재와 같은 수리권(갈수량을 기준으로 한)과 풍수수리권(고수위를 기준으로 한)으로 구분한다. 즉, 물이 많이 필요한 시기에는 현재의 수리권으로 물 배분의 우선등급을 높게 하고 상대적으로 물이 적게 요구되는 기간에는 풍수수리권이라 지정하여 물이 부족한 상황이 발생하면 취수량을 일정부분 제한할 수 있도록 규정하는 방식이다.

이러한 구분이 가능하기 위해서는 우선 수리권 신청 시 신청자가 물 사용계획을 기간별로 구분하여 제출하고 해당 기간에 맞추어 수리권을 선택할 수 있도록 수리권 선택의 다양성을 갖추어야 한다. 현재는 연간 동일한 취수량을 허가신청하고 있고, 일단 하천수 사용을 허가받으면 이를 사용하지 않더라도 기득수리권으로 인정된다. 이로 인하여 추후에 수리권을 신청하는 이들은 실제 하천유량이 남아 있는 경우에도 가용수량 부족으로 물이용을 허가받지 못하는 경우가 발생하기도 한다. 따라서 수리권의 종류를 구분하여 허가하는 방식은 하천의 수자원 환경을 적절히 반영하고 효율적인 물 허가시스템 구축에 도움이 될 것이다.

구분된 수리권 허가가 이루어지면 관리청은 월별 유량자료를 바탕으로 매월 취수가능한 수리권을 공시하고 이를 기준으로 수리권의 우선순위를 결정한다. 예를 들어, 하천유량이 허가수리권의 80% 정도만 감당할 수 있는 정도로 부족한 경우 관리청은 우선 풍수기 수리권의 용수이용량을 일정비율 저감할 것을 공시한다. 풍수기 수리권을 등급별로 구분한 경우라면 가장 낮은 등급순서로 저감비율을 높게 잡는다. 이는 현재 공급제한 순위를 하천유지유량, 농업용수, 공업용수, 생활용수 등으로 일괄 정하는 것보다 효율적이고 현실 적용성이 높다고 본다. 그리고 유역 및 하천에 따라 허가되는 수리권의 성격이 다르게 결정되기 때문에 하천의 특성에 따라 수리권의 제한도 차별적으로 적용할 수 있어 더욱 합리적이다. 홍수기 이후의 물 수요 증대에 맞춰 하천유지유량 외의 보의 잉여 저수량에 대해서라도 신규로 '풍수수리권'을 설정하는 방안을 고려해 볼 수 있다. 다만 최근과 같이 다기능 보 등을 상시 개방하여 녹조를 제거하고자 하는 경우에는 신규 수리권 설정이 어려울 수 있다. 이 경우, 풍수수리권은 기존 하천수 사용허가를 받거나 기득수리권자의 권리를 침해하지 않는 한도 내에서 허용될 수 있어야 한다.

2. 갈수 시 수리조정 규정 신설 - 일본 하천법 제53조 등과의 비교

최근 강수량의 부족 경향이 지속되었고 댐 등 수자원시설의 개발 및 정비가 지체된 데에다 특히 1994년 일본 각지에서 이상 갈수가 발생하여 그 대응책이 강하게 요구된 바 있다. 이상 갈수 대책은 근본적으로는 수자원 개발에 의한 이수 안전도의 향상, 물의 재이용 추진, 국민의 절수의식 고양 등이 필요한데, 당면한 대책으로는 이수자 간의 갈수 조정의 원활화가 중요하여 이에 대한 규정을 강화한 바 있다. 그 중에서도 특히 수리권 사용에 대한 일본 하천법 제53조와 제53조의2 규정을 눈여겨볼 필요가 있다. 이상 갈수 시의 갈수 조정 방법으로는 통상, 각각의 이수자가 취수제한을 하는 방안이 있고, 이것은 이수자 간의 협의로 실현이 가능하다. 그러나 1994년 대갈수와 같은 상황에서는 취수하고 있는 하천에서 하천수가 부족하여 인접한 다른 하천에서 취수할 것이 요망된 곳도 있었다.

이런 경우 이수자는 그 하천에 대해서 수리권을 가지는 것은 아니기 때문에, 취수하려면 일시적이라고는 하지만 새롭게 수리권을 취득할 필요가 있다. 이 경우에 통상적인 절차에 따라 하천사용자의 동의, 관계 행정기관의 협의, 지방공공단체의 의견청취 등을 거쳐서 하천관리자의 허가를 얻어야 한다. 그러나 갈수기에 이와 같은 절차를 거쳐야 한다는 것은 시간상으로 불가능한 경우가 많다. 따라서 법개정에 의해 하천관리자의 승인이라고 하는 간소한 절차에 따라 다른 수리권자로부터 그 수리권의 전부 또는 일부를 사용할 수 있도록 한 것이다(제53조의2 제1항).

이 경우 수리권의 허가에 필요한 동의와 협의는 필요 없게 되었고, 수리권을 사용하는 자가 이상 갈수에 의해 수리권의 사용이 곤란한 상황인지, 수리권자의 요구량이 수리권 허용자의 수리권의 범위 내에 있는지 등의 간단한 심사가 필요할 뿐이다. 그리고 수리권 범위 내에서 용수 목적의 전환 예컨대, 공업용수를 농업용수로 사용하는 등 수리권 사용의 목적을 바꾸어서 사용하는 것도 가능하다. 갈수 시 수리권 사용을 허가하는 자가 이 승인에 기초하여 일시사용을 멈출 때에는 본래의 수리권 사용으로 돌아갈 뿐이고 새롭게 승인을 요하지는 않으며, 하천관리자에게 신청만 하면 충분하도록 되어 있다(제53조 제2항).[129]

〈일본의 하천법 중 갈수 시 규정사항〉

제53조 (갈수시에 있어서의 수리사용의 조정) ① 이상갈수에 의하여 허가에 의한 수리사용이 곤란하게 되거나 또는 곤란하게 될 우려가 있는 경우, 수리사용의 허가를 받은 자(이하 이관에 있어서 수리사용자라 한다.)는 상호간 그 수리사용의 조정에 관하여 필요한 협의를 행하여지도록 하기 위하여 수리사용의 조정에 관하여 필요한 정보의 제공에 노력하여야 한다. ② 전항의 협의를 행하는 경우 수리사용자는 상호간 다른 수리사용을 존중하여야 한다. ③ 하천관리자는 제1항의 협의가 성립되지 않은 경우, 수리사용자로부터 신청이 있는 때 또

129) 日本河川協會 (1997), "河川法の一部改正法律の解說", 國土交通省河川局水政課, 河川 제611호, 13頁 이하 참조.

는 긴급하게 수리사용의 조정을 행하지 않으면 공공의 이익에 중대한 지장을 초래할 우려가 있다고 인정될 때에는 수리사용의 조정에 관하여 필요한 알선 또는 조정을 할 수 있다.

제53조의2(갈수시에 있어서의 수리사용의 특혜)

① 수리사용자는 하천관리자의 승인을 받아 이상갈수에 의하여 허가에 의한 수리사용이 곤란하게 된 다른 수리사용자에 대하여 당해 이상갈수가 해소하기까지에 한하여 자기가 받은 제23조 및 제24조의 허가에 기초한 수리사용의 전부 또는 일부를 행하도록 할 수 있다.

② 전항에 승인과 관련한 수리사용을 행할 수 없는 것으로 된 경우 당해 승인을 받은 자는 지체 없이 하천관리자에게 그 취지를 신고하여야 한다.

③ 하천관리자는 전항의 규정에 의한 신고가 있는 경우 또는 제1항에서 규정하는 다른 수리사용자의 허가에 의한 수리사용이 곤란하지 않게 된 경우에는 동항의 승인을 취소하여야 한다.

3. 비례적 감축 원칙

갈수기 유역별 또는 특정 수계 내에서의 하천수 사용허가 또는 댐용수 사용계약을 체결한 자 간의 물 이용과 관련한 분쟁의 발생 우려가 있는 경우에 각 용수별로 일률적으로 일정비율로 허가량을 줄임으로써 물 사용량을 인위적으로 조정하는 방안이다. 그러나 모든 사용자에게 평등하게 감수를 강요함으로써 형평성이 보장되는 듯 보인다. 그러나 물공급의 감소가 모든 물사용자에게 동등하게 영향을 미치는 것은 아니다. 어떤 산업은 10%의 물공급 감소로도 상당한 부담을 느낄 수 있으며, 반면 다른 산업의 경우에는 10%의 물공급 감소가 있어도 약간의 불편을 겪을 수 있다. 이와 같은 조정에 있어서는 보상에 대한 것이 문제가 될 수 있다. 이러한 문제의 해결방법으로는 허가의 갱신이 거부되었을 때 신규로 허가를 받은 자로 하여금 기존허가사용자의 재산손실을 보상하게 하는 방법이 있다. 이러한 보상방법은 물의 효율적 사용을 계속하기 위한 계속적 투자를 유인할 수 있을 것이다. 또 다른 해결방법은 사용자의 회사나 시설이 존속하는 한 사용권을 유지시키는 방법이다.

4. 농업용수의 전용

하천수 사용허가, 즉 허가수리권의 재배분이 요구된다. 가령 한강수계에서 댐용수 요금 부과와 관련한 갈등 요인 중의 하나가 하천수 기득물량의 서울시 편중배분이다. 이 문제를 해소하기 위해서는 기득수리권의 조정 또는 재배분, 허가수리권으로의 통합이 필요하다. 더욱이 이와 같은 기득물량의 조정 또는 재배분은 지역간 배분의 형평성과 용도 간 재배분의 합리성을 확보하기 위해 반드시 선행되어야 한다. 문제는 이와 같은 재배분은 수리권의 선점권 원칙에 위배된다는 문제점을 가지고 있다. 하천수 기득물량의 용도 간 재배분에서 합리성을 확보하는 것이 중요한데, 일본과 같이 하천수 기득물량 중에서 농업용수를 생활용수로 전용하는 것이 필요하다. 산업의 발전과 도시화 등으로 기존의 농업용수의 수요는 감소한 반면 생활용수의 수요는 증가하고 있다. 이에 사용하지 않고 있는 농업용수를 생활용수로의 용도변경이 필요하다. 이 역시 수리권제도 재편과 연계하여 하천수 기득물량 중 농업용수를 생활용수로 변경할 수 있도록 허용하는 것이 물배분의 합리성을 제고할 수 있는 방안이라고 할 수 있다.

5. 댐용수의 재배분

환경에 대한 국민의식의 전환 등으로 인하여 신규 수자원 확보가 점점 어려워지고 있는 상황에서 심화되고 있는 홍수위험과 갈수위험 등 물 문제에 효과적으로 대응하기 위하여 기존 댐과 저수지 등의 용수공급 능력과 홍수조절 능력을 극대화하는 관리방안으로의 정책 전환이 요구되고 있다. 정부에서도 이러한 시대적 흐름에 따라 기존의 댐 건설과 개발 위주에서 댐 관리를 중심으로 하는 정책으로 전환하고 있다. 특히, 다목적 댐과 발전목적으로만 운영되어 오던 수력발전 댐 등에 대한 용수공급 및 홍수조절의 기능을 부여하여 연계 운영함으로써 용수공급능력 및 홍수조절을 극대화할 수 있다. 더욱이 기존에 용수공급의 목적이었던 보와 저수지 등도 연계함으로써 효율적인 용수 관리와 배분을 도모할 수 있다.

「하천법」 제14조 제4항은 “환경부장관은 홍수로 인한 재해의 방지와 수자원의 효율적인 운영을 위하여 필요한 경우에는 2 이상의 하천시설 간의 유기적인 연계운영에 관한 관리규정을 정할 수 있다. 이 경우 환경부장관은 미리 관계 중앙행정기관의 장 및 관계 시·도지사의 의견을 들어야 한다.”고 규정하여 댐-보-저수지의 연계에 대한 법적 근거를 마련해 두고 있다. 댐용수 중 생·공용수의 경우는 댐별 수요량의 변화를 반영하여 조정이 필요하다. 농업용수의 경우는 댐별 수요량의 변화를 반영하되, 기득수리권 등 수리권 조정 방안에 대한 검토가 필요하다. 또한 하천유지유량의 경우 하류 하천의 유지유량을 하천유지유량의 수요로 가정하여 검토하되, 유지유량 중 댐에서 담당해야 할 양에 대한 검토가 필요하다. 환경개선용수의 경우 수혜자의 확보 목적과 계획에 따라 달라지므로 용수공급 능력의 증·감과 현재 배분된 용도의 수요량 변화를 감안하여 댐별로 검토하는 것이 바람직하다. 특히 환경개선용수 등 물 이용 환경변화에 따른 신규 용수의 배분 시에 별도의 댐 사용목적을 신규로 설정하는 것이 바람직하다. 현재 하천유지유량은 댐에 따라 공제 수량으로 포함하고 있어 환경개선용수는 하천유지유량과는 별도로 배분(댐 사용권 설정)하는 것이 적절할 것으로 판단된다. 이때 사용료 등은 환경개선용수의 특성을 반영하여 일반적인 사적 용도와는 염가로 공급하는 등 다른 방식을 적용하는 것이 바람직하다.

6. 다기능 보의 신규 수리권 설정

4대강 사업으로 확보된 다기능 보의 저수량에 대해서는 명확하게 규정하고 있지 않지만 평시 상시 개방을 통하여 하천유지유량으로 활용하는 방안이 고려되고 있다. 그리고 보 운영계획상 기후변화로 인한 극심한 가뭄 시에는 비상용수로 활용한다는 것도 포함되어 있다. 가령 다기능 보의 저수에 대하여 농업용수나 생·공용수 등으로 취수하고자 한다면, 현재 댐과 연계 운영되고 있는 보의 저수가 문제될 수 있다. 즉, 녹조 방지를 위해 댐의 저수를 확보하는 대신 다기능 보가 하천유지유량을 담당하게 됨으로써 다기능 보에 저수된 물이 하천수인지, 아니면 배분 대상이 아닌 하천유지유량인지 혹은 댐용수와 같이 볼 것인지 구분이 명확하지 않게 되었다. 다기능 보 저수의 성격이 무엇이든 해당 저수에 대해서는 배분되지 않은 용수이거나 또는 국가가 보유하고 있는 용수 또는 수리권으로 봄이 타당하다. 이에 수요변화 등으로 새롭게 발생하는 공공성 높은 물 수요(하천유지유량이나 환경개선용수 등)에 충당하는 것이 원칙적으로 바람직하다. 그리고 지역차원에서의 환경개선용수로 충당함에 있어서 환경개선용수는 그 편익이 일정수준 해당 지자체에 국한된다는 점에서 공급 받는 지자체가 일정부분 비용을 부담하는 방안도 검토할 수 있다.

Ⅲ. 소 결

최근 들어 물에 대한 수요는 기존과 같은 생활, 공업, 농업용수 위주에서 환경과 생태를 고려한 환경용수까지 개념이 확대되고 있으며, 물배분과 물사용에 대한 비용부담 등을 둘러싸고 지자체의 다양한 욕구들이 증가하고 있다. 단순히 직접적으로 소모하는 물뿐만 아니라 보고 즐기는 간접적인 물사용에 대한 국민들의 가치평가가 높아지고 있다. 물에 대한 지역자원으로서의 인식이 제고되면서 물배분과 물사용에 대한 지자체들의 이해관계 역시 첨예화되고 있다. 이에 용수배분기준과 방안을 모색함에 있어서 기본방향을 다음과 설정한다. 첫째, 물의 효율적 이용을 위하여 기존의 물배분에 대한 재평가하고 새로운 수요변화에 대한 유연한 배분체계를 구축해야 한다. 즉, 물배분에 있어서 변화한 국민의 물에 대한 인식을 반영해, 생활용수, 공업용수, 하천유지유량이나 환경개선용수에 대한 중요성을 새롭게 인식해야 한다. 이를 위해서는 기득물량, 댐용수 등 기존의 물 배분에 대한 재평가를 바탕으로 한 조정이 필요하다.

둘째, 물의 경제적 이용을 촉진토록 해야 한다. 이를 위해서는 허가받은 양의 유휴화, 비경제적 사용 시에는 배분된 허가수리권을 조정 내지는 축소하는 등 신축적 운영이 가능하도록 물 이용허가나 수리권제도를 재편하여야 한다. 장기적으로는 물에 대한 재산권 개념을 도입하여 물의 경제적 가치에 근거한 최적배분과 수자원의 효율적 이용을 유도하기 위하여 수리권거래제도의 도입을 적극적으로 추진할 필요가 있다. 이를 통하여 물시장이 형성되고 시장원리를 적극 반영하여 물 가격이 결정될 수 있도록 하여야 한다.

셋째, 물 배분의 지속가능성을 제고하기 위하여 갈수기 생활용수, 공업용수, 농업용수, 하천유지용수 간 배분의 우선순위 결정하기 위한 보다 구체적인 법적 근거를 마련하여야 한다. 또한 용수 간의 전용이나 용수 공급 감량에 대한 보상도 고려하여야 할 것이다. 더불어 외국의 경우처럼 수리권을 댐 및 저수지를 비롯한 하천의 유량에 따라 우선순위를 정하는 방식을 고려할 수 있다. 일본의 경우는 수리권을 크게 안정수리권과 풍수수리권으로 구분하며, 미국과 호주를 비롯한 선진국에서는 우월수리권, 열등수리권으로 분류하여 물 부족 시 안정수리권과 우월수리권을 먼저 충족한 뒤 풍수수리권과 열등수리권에 추후 배분하는 등 물 배분의 우선순위를 정하고 있는데 이를 참고할 필요가 있다. 이에 따라 신규 댐이나 보 등의 건설이나 풍수기 수량 확보 시 일본과 같이 기간을 정하여 풍수수리권을 인정하는 방안을 고려해볼 수 있다.

넷째, 물 배분의 형평성을 고려하여야 한다. 유역변경사업 등을 통해 수자원의 지역 간 불균등 분포 등을 완화하는 등 수자원 배분의 형평성 제고를 위하여 하천법이나 물관리기본법 등에 유역변경에 관한 법적 근거를 규정하는 것이 바람직하다. 합리적 배분에 있어 환경개선용수 등 공익성이 높은 물의 이용이라든가 인간의 생존에 필수적인 물이용의 보장, 필수적인 산업과 연계된 용수 사용 등에 대한 일정 수준 이상의 용수배분 보장으로 물배분과 이용의 형평성을 제고하는 것이 중요하다.

제2편

물관리 거버넌스

제1절 물관리기본법상 거버넌스 체계에 관한 소고

Ⅰ. 서 론

오늘날 국제사회의 당면 과제 가운데 기후변화와 물의 관계는 가장 핵심적인 이슈로 여겨지며,[1] 매년 극심한 가뭄으로 전국이 몸살을 앓으면서 물 공급의 불확실성 증대와 극단적인 홍수와 가뭄 등의 자연재해는 물관리의 중요성을 환기시키고 있다. 그럼에도 이제까지 기후변화로 인해 우리나라가 얼마나 영향을 받고 있는지와 관련한 연구는 미비한 실정이다.[2]

특히, 우리나라는 물관리 부처들이 다원화되어 있고, 물 관련 법령들 역시 소관 부처별로 각각의 필요에 따라 독자적으로 제정되어 상호 연계가 미흡하며, 수자원 보전과 개발 그리고 이용과 관련하여 통합적인 관리가 부재한 실정이다.[3] 가령 물 관련 개별 법률들에서 소관 행정기관별로 장기종합계획을 수립토록 의무화하고 있고,[4] 다양한 수질보호조치 내지 행위제한 등이 규정되고 있어, 유사업무가 중첩될 뿐만 아니라 그에 따라 업무의 책임성이 약화되고, 관련 부처 간의 비협조와 갈등이 발생되고 있다.[5] 또한 수자원의 이용 등과 관련하여 중앙정부와 지방자치단체 간 또

---

1) 박재현, "기후변화와 국가물관리전략", 물정책 경제 제17호, 2011, 5-6면.

2) 박동균·이행준, "기후변화에 따른 물부족 문제의 위기관리 방안", 한국위기관리논집 제6권 제2호, 2010. 6, 206-207면.

3) 1960년대부터 우리나라의 물관리 행정체계는 치수 및 이수 등 주로 수량관리와 관련한 개발을 중심으로 국토관리나 건설관련 부서가 수행해 왔으나, 1991년 낙동강 페놀오염 사건 이후 환경처가 환경부로 위상이 제고되고, 수질관리를 전담하게 됨으로써 오늘날과 같은 수량과 수질의 2원체계를 갖추게 되었다.

4) 환경부는 물환경관리 기본계획, 오염총량관리 기본계획, 하수도정비기본계획 등을, 국토교통부는 수자원장기종합계획, 유역종합치수계획, 하천기본계획, 지하수관리 기본계획, 댐건설 장기계획 등을, 국민안전처는 소하천정비종합계획을, 농림축산식품부는 농어촌용수계획 등을 관리하고 있다. 이기영 외, 「물환경 관련 법정계획의 합리적 개선방안」, 경기개발연구원, 2014, 30-31면.

5) 「물은 우리 모두의 책임이다」, UN 세계물개발보고서 2, 2006, 73-74면.

는 지방자치단체 상호간의 분쟁[6]이 증가하여 아들 상호간의 물관리에 있어 역할분담 또는 갈등 해결도 중요한 이슈로 부각되고 있다.

더욱이 각 부처별로 너무나 많은 물 관련 법령들이 산재해 있기 때문에 어느 부처의 어떠한 법률을 기준으로 분산된 법령들을 체계적으로 정비할 것인지 정하는 것은 현실적으로 불가능해 보일 뿐만 아니라 기존의 법률들 간의 갈등과 모순을 근본적으로 해결할 수 없을 것으로 보인다.[7]

이에 현행 물 관련 법제들이 상호유기적으로 작용할 수 있도록 법제 간의 정합성을 높이기 위해서는 보다 상위법으로 기능할 수 있는 기본법을 제정할 필요가 있으며, 이러한 논의는 비교적 오랜 기간 지속적으로 제기되어 왔다.[8] 또한 오늘날 물관리 행정체계에 있어서 유역관리(River Basin Management)[9] 및 통합수자원관리(Integrated Water Resource Managemet, IWRM) 등의 패러다임 변화는 기능적·조직적으로 분산된 물관리 행정의 통합과 재편의 필요성을 제고하고 있다.

이에 기존에 제기되었던 주요 물관리기본법(안)과 최근 제기된 정우택 의원안을 중심으로 통합물관리를 위한 물관리기본법(안)상의 거버넌스 체계 구상방안을 제시하고자 한다.

---

6) 용담댐과 관련한 전북과 충청의 물분쟁이나 남강댐과 관련한 부산시와 경상남도 간의 물분쟁이 지방자치단체 간의 대표적인 물 분쟁사례이다.

7) 이러한 점에서 물관리에 관한 통합법이 필요하다는 견해는 소병천, "물관리기본법의 제정 필요성과 그 방향 및 내용", 환경법연구 제25권 2호, 2003; 김현준, "지속가능한 물관리를 위한 법제도 정비에 관한 소고", 토지공법연구 제54집, 2011. 8, 참조.

8) 이러한 입법 필요성에 따라 정부를 비롯한 국회의원들이 물관리기본법(안)들을 국회에 상정하여 왔지만 본회의를 통과하기 못하고 폐기된 바 있다. 폐기된 물관리기본법안은 2006년 정부 및 김소남 의원(안), 2009년 이윤성 의원(안), 이병석 의원(안), 2013년 함진규 의원(안) 등이 있으며, 국가물관리위원회의 구성이나 물관리 기본계획의 수립 등에서 차이를 보이고 있다.

9) 유역(river basin)은 소유역(watershed)을 포함하며, 유역은 넓은 강수계를 의미하고, 소유역은 그 보다 작은 집수구역(catchment)을 의미한다. 송재석, "우리나라 제도적 물레짐의 개혁적 진화: 수리권과 수자원 정책의 변화", 한국지방자치학회보, 제22권 제2호, 2010, 24면.

Ⅱ. 통합물관리를 위한 거버넌스 체계 확립 방안

1. 물관리 패러다임의 변화와 통합물관리의 필요성

대규모 수자원의 개발이 필요한 시기에는 수량을 중심으로 중앙정부 차원에서의 물관리가 중심이 되었지만 수질 보전에 대한 논의가 대두된 이후, 지속적으로 변화되어 오늘날에 와서는 물관리의 중심 패러다임이 물순환의 건전성[10] 회복으로 변화하게 되었다.[11] 최근의 물관리 이슈와 관련해서는 물순환, 통합관리, 하천유역관리, 참여, 지속가능성, 형평성 및 효율성 등이 주요한 이슈로 다루어지고 있다.[12]

1) 물순환

물관리는 그 동안 양적, 질적인 관리를 중심으로 한 전통적인 관리 패러다임에서 벗어나 빗물, 댐·수자원, 상·하수도, 하수 재이용, 해수담수화 등 물순환 전체의 맥락에서 다루어지고 있다. 오늘날 기후변화는 물순환 체계에 영향을 주어 홍수나 가뭄과 같은 재해는 물론 물의 안정성을 저해하고 수질오염에 취약한 하천을 조성하게 된다. 여기서 물순환이라 함은 "물이 증발, 강하하고, 흘러내리거나 침투하여 해역 등에 이르는 과정에서 지표수 또는 지하수로 하천유역을 중심으로 순환하는 것"을 말하는데(水循環基本法 제2조 제1항), 지표수는 물론 지하수와 빗물 등에 대해서도 지속적인 활용을 도모함으로써 통합물관리 체계 확립을 위한 개념이라 할 것이다.[13]

---

10) 일본 「물순환기본법」상 '건전한 물순환'이란 "인간의 활동 및 환경보전에 미치는 물의 기능이 적절하게 유지되는 상태로서의 물순환"을 의미한다(제2조 제2항).

11) 지속가능발전위원회, 「지속가능한 물관리정책」, 박영사, 2005, 46면.

12) 최동진, 「수자원 관리의 패러다임 연구」, 한국법제연구원, 2010, 67면.

13) 다양한 분야의 물 이용자들의 이해를 반영하여 유역간 물 이동 등 물 자원과 수요의 공간적 변화에 대하여 하천 상·하류를 동시에 고려한 유역단위의 물관리가 바로 '통합 물 관리'이다. 권형준, "기후변화에 대응한 물 관리 제도 개선방안", 저널 물 정책·경제, 2010, 82, 87-88면.

2) 통합물관리

우리나라의 현행 물관리 체계는 치수와 이수 그리고 수질을 중심으로 재해관리, 수생태 보전 등이 추가된 형태이다. 즉, 수량과 수질이라는 이원적 형태의 관리체계를 유지하면서 기능별로 다원화되어 있다. 또한 행정구역을 중심으로 관리되고 있고, 물 관련 계획은 중앙정부에 집중되어 지방정부와의 협업이 제대로 이루어지지 않고 있다.

나아가 단일 수계인 하천을 인위적으로 국가하천, 지방하천, 소하천으로 구분하여 국가, 광역자치단체, 기초자치단체가 각각 관리하고 있어 일관성 있는 관리가 이루어지지 않고 있으며, 수계를 행정구역별로 구분하여 관리함으로 인해 상·하류 간의 이해관계 갈등이 지속되고 있다.

이에 통합수자원관리는 수량, 수질 및 생태적 측면에서 물 순환체계의 각 기능들을 통합적으로 접근하여 관리해야 한다는 의미이며, 중앙정부와 지역단위의 협력적 거버넌스(governance) 체계가 수반되어야 한다. 이를 위해서는 다양한 분야의 물 이용자들의 이해를 반영하여 유역 간 물 이동 등 수자원의 공간적 변화에 대해 하천의 상·하류를 동시에 고려하는 유역단위의 물관리가 이루어져야 한다. 이러한 통합물관리는 단순히 관리주체의 통합 요청을 넘어 물관리 조직체계 간의 연계성 및 형평성 제고를 중심으로 논의된다.[14)]

3) 유역관리

물의 경우에 부처별, 행정구역별로 물 관련 업무를 수행하는 것은 계획 간의 연계부족이나 중복, 누락의 문제가 발생하고, 지속가능성의 측면에서도 효율적인 물관리가 이루어지지 않는다는 것이 일반적인 견해이다.[15)] 따라서 오늘날 수계를 중심으로 한 유역별 관리가 물관리의 기본원칙으로 인정되고 있으며, 이는 다른 외국의 물관리 법제에서도 공통적으로 지향하

14) 김성수·강일신, “수법의 체계구상 -독자적 법역으로서 수법학의 성립가능성 대한 시론적 고찰-”, 환경법연구 제37권 1호, 2015, 145면.
15) 김현준, 앞의 글, 136면.

고 있는 원칙이다.

유역관리 접근방법은 유역과 이를 둘러싼 토지 전부를 전체론적 관점에서 결정하는 골격을 창출한다. 이는 하나의 강에 대해 종전의 행정구역별로 별개로 관리되었다면 유역관리 접근방법은 공정한 독립, 조직, 기구를 통하여 통합적으로 관리하는 것을 의미한다. 즉, 유역관리 개념은 단순히 관리의 기본단위가 행정구역에서 유역으로 바뀌는 것만을 의미하는 것이 아닌, 관리개념의 근본적인 변화를 의미한다.[16] 이러한 점에서 유역관리는 유역 내의 물, 토지, 식생 및 기타 자연자원의 균형적 이용과 보전을 통해 물의 지속가능성을 유지하기 위한 통합적이고 반복적인 결정절차 및 활동방법이라 할 것이다.[17]

4) 물 거버넌스

국제적인 물관리 정책의 핵심적인 사항은 '거버넌스' 개념으로 이해당사자, 즉 정부부처, 전문가, 시민단체 및 사용자 등의 참여를 보장함으로써 다자간 합의에 바탕을 둔 새로운 정책수립 및 시행을 목표로 한다. 특히, 행정기관 외에 유역 내 NGO 대표, 지역수민 대표 및 전눈가의 참여를 보장해야 할 것이다. 우리나라의 물관리 체계의 문제점은 다원화된 정부의 물관리 체제뿐만 아니라 다양한 의견을 지닌 이해관계자들의 의견을 수렴할 수 있는 거버넌스 체계가 마련되지 않은 데 있다. 따라서 각 유역의 물 관련 이해관계자들이 참여하여 유역 물관리 정책을 협의할 수 있는 유역위원회의 신설이 필요하다.

또한 오늘날 물관리에 있어서 분권화는 의사결정을 실무적으로 집행하는 곳으로의 분산을 의미하며, 이는 국가가 물관리의 권한과 책임의 일부를 하부단위의 민간부문·지역사회·시민단체 등에 넘기는 것을 말한다. 직접적인 물 이용자인 지역사회는 해당 지역의 수자원뿐만 아니라 사회경제

16) 이창희, 「물자원의 효율적 이용을 위한 유역관리 방안-낙동강 수계관리를 중심을」, 한국환경정책평가연구원, 1999, 10면.
17) 이창희, 앞의 책, 8면.

적으로 많은 지식과 정보를 보유하고 있고, 물 관련 결정에 가장 많은 이해관계를 가지고 있다. 국제적으로도 물관리에 있어 분권화와 관련하여 지역사회로의 권한위임, 환경의 지속가능성과 지역사회와의 연계성 제고를 중요한 요소로 보고 있다.[18)]

이론적으로 이러한 분권화는 의사결정과정, 의사결정통제에 일반 공중의 참여를 제도화하는 것을 필요로 한다. 이를 통해, 사회적 형평성의 제고, 지속가능성, 투명성, 연대의 가치가 구현될 수 있기 때문이다. 분권화를 통한 민주적 참여권의 제도화는 의사결정에의 주민참여, 사법적 거버넌스 구축을 위한 이해관계인 내지 이용자들의 사법적, 준사법적 구제수단에의 접근성 보장, 그리고 물관리의 하위공동체에의 위임을 포함한다.[19)]

나아가 이러한 분권화의 실현방식으로는 투명성이 대단히 중요한 의미를 갖는데, 투명성은 이용자들, 시민사회가 물 분야에 참여할 수 있는 전제조건이다. 또한 투명성은 공무원들의 책임성과 반부패를 확보하는 수단이기도 하다. 그것이 대중들에게 정보를 제공하고, 시민들이 예산, 재정적 조치를 검토하여, 법제도 논의에 참여할 수 있도록 하는 수단이기 때문이다.[20)]

2. 통합물관리를 위한 의사결정구조

1) 물관리 행정조직의 개편의 필요성

물관리의 통합에 있어서 내용적인 측면에서 핵심적인 사항은 물관리를 위한 권한과 책무를 과연 누가 행사하는가의 문제라고 할 수 있다. 일단 국가의 물관리 책무는 헌법 제120조[21)]에 근거하고 있는 국가의 자원보호

18) 「물은 우리 모두의 책임이다」, UN 세계물개발보고서2, 2006, 73-74면.
19) 김성수·강일신, 앞의 글, 145면.
20) 물거버넌스 논의의 국내법적 함의에 대한 다양한 분석으로는, 고문현 外, 「물거버넌스」, 피어나, 2014 참조.
21) 대한민국 헌법 제120조 ① 광물 기타 중요한 지하자원·수산자원·수력과 경제상 이용할 수 있는 자연력은 법률이 정하는 바에 의하여 일정한 기간 그 채취·개발 또는 이용을 특허할 수 있다.

에 관한 중요한 과제이기 때문에, 이는 정부조직이 담당하는 것이 민주주의원리에 부합한다. 따라서 물관리업무를 수행하는 조직에 민간전문가나 시민이 참여할 수는 있고 그것이 당연히 바람직한 측면을 가지고 있음에도 불구하고 조직 자체는 정부의 공적 조직에 의하여 수행되어야 한다.

그런데 물관리업무를 담당하는 정부의 공적 조직 내지 기관은 「정부조직법」에 따라서 대통령을 정점으로 하고 국무총리가 통할하는 행정각부의 형태를 띨 수도 있다. 우리나라의 경우에 통합물관리의 이념과 전략을 효과적으로 수행하기 위하여 국토교통부와 환경부를 통합하는 부처로 물관리를 일원화하자는 견해도 제시되고 있다.[22]

2) 물관리 거버넌스 체계 확립 필요성

한편으로 공공성을 가지는 공물(公物)로서의 물은 그 이용과 관리에 있어서 다양한 이해관계를 가지는 주체들이 존재한다.[23] 예를 들어 현재 우리나라에서는 물에 대한 부존량을 관장하는 국토교통부와 수질 및 수생태계 등 환경 보전업무를 수행하는 환경부, 홍수와 가뭄 등 물과 관련한 재난업무를 관장하는 총리실 소속의 국민안전처, 농업용수를 관리하는 농림축산식품부, 물을 이용한 발전 등 에너지 문제를 담당하는 산업통상자원부 등이 물관리와 관련된 정부 부처 차원의 이해관계 당사자들이라고 할 수 있다.

그런데 물관리와 물과 관련한 공적 과제를 처리하는 이해관계 당사자들이 정부 부처에만 국한되는 경우에는 행정각부 형태의 정부조직으로서 어느 하나의 부처에 통합하여 효율적으로 물관리업무를 수행하는 것도 하나의 대안이 될 수 있다. 그렇지 않으면 물과 관련된 관리업무를 지금과

② 국토와 자원은 국가의 보호를 받으며, 국가는 그 균형있는 개발과 이용을 위하여 필요한 계획을 수립한다.

22) 통합부처인 수자원부나 물관리부 신설방안이나 이 밖에도 독립행정기구의 성격인 국가물관리위원회 신설방안이 있다. 안경섭, "정부 물관리 정책 기능 중복 개선에 관한 연구", 한국사회 행정연구 제23권 제3호, 2012. 11, 201면.

23) 물의 공공재로서의 성격을 명확히 하고, 재산권 행사의 공공복리 적합의무(헌법 제23조 제2항)를 바탕으로 공법적으로 관리되어야 한다는 견해도 있다. 김현준, 앞의 글, 135면.

같이 각 관련 부처에 분산하고 이를 국무총리로 하여금 통합하고 조정하도록 하는 것도 가능하다. 그러나 간과할 수 없는 사실은 물에 대한 이해관계는 정부 차원에 머무르지 않는다는 것이다.[24] 다시 말하자면 유역을 관리하는 지방자치단체도 수량과 수질, 물로 인한 재해에 대하여 지대한 관심을 가지고 있고, 물을 소비하는 국민, 정부를 감시하고 시민의 입장을 대변하는 NGO, 그리고 물관리에 대하여 연구하는 전문가 집단도 광의의 이해관계자라고 할 수 있다.

따라서 이들 광의의 물관리 이해관계자의 의견과 입장을 조율하는 것은 과거의 위로부터의 통치(government)를 위한 의사결정구조를 벗어나는 것을 의미한다. 다시 말하자면 물과 관련한 다수의 이해관계자들을 아우르고 그들의 이해관계를 적절하게 조절하는 협치(governance)구조를 구축하는 것이 무엇보다 중요하다.[25]

다만, 이미 언급한 바와 같이 우리 헌법상의 의회민주주의 제도 하에서는 이와 같이 정부 외적 이해당사자들의 전문성과 참여를 유도하면서도 동시에 조직의 민주적 정당성을 유지하고 정부의 책임성을 담보하는 물관리 조직이 요구된다는 것이다. 그렇다면 이와 같이 물관리 거버넌스를 구축하기 위한 정부의 공적 조직의 형태가 과연 어떠한 것이 적절한 것인가에 대한 논의가 필요한데, 이는 독임제 행정관청을 전제로 하는 행정각부의 고전적인 형태를 유지하면서 행정절차 등을 통하여 정부 외적 이해당사자들을 참여시키는 방안과 의사결정조직 자체를 거버넌스 구축의 전략에 합당하도록 위원회 등의 형태로 조직하는 방안이 있을 수 있다.

---

24) 기존에 정부 중심의 일방적 통치방식을 지양하고, 각각의 물관리 조직 및 이해집단이 참여하여 유역에 적합한 수량 및 수질의 목표를 설정하는 한편, 생태계를 고려하면서 지역주민의 삶의 질을 향상시키는 물 거버넌스의 확립이 필요하다. 서왕진, "21세기 새로운 물관리 체제로서의 거버넌스", 국토연구 통권 259호, 2003. 5, 41면.

25) 유역차원에서의 거버넌스 확립을 위해서는 수량과 수질의 문제와 아울러 이해당사자의 참여 보장, 유역의 지속가능성 확보, 행정기관간의 협업의 활성화 등이 선행되어야 한다. 안형기, "물관리정책의 진화과정과 4대강정비사업", 한국정책과학학회보 제13권 제4호, 2009. 12, 148면.

Ⅲ. 기존 물관리기본법(안)상의 거버넌스 체계의 평가

금번 물관리기본법(안)이 제기되기 이전에도 물관리 통합 및 조정을 위한 노력은 수차례 진행되었다. 대표적으로 1997년 국무총리 산하에 '물관리 정책조정위원회'와 '수질개선기획단'이 설치되었으나, 실질적인 통합이나 조정기능을 수행하지 못하고 2005년 폐지되었다.[26]

2006년 8월 구 건교부와 환경부는 물관리기본법 제정을 합의하였으며, 이에 따라 환경부는 물관리기본법을 입법예고한 후 물관리기본법을 정부안으로 발의하였다. 그 이후에는 2009년 제18대 국회에서 의원입법으로 물관리기본법 3건이 발의되었는데, 2009년 3월 3일 김소남 의원(이하 '김소남안'), 2009년 8월 31일 이윤성 의원(이하 '이윤성안'), 2009년 10월 30일 이병석 의원(이하 '이병석안')이 그것이다. 다만, 2006년의 정부안과 김소남안은 대동소이하므로 하나의 안으로 검토하기로 한다.

제18대 국회에서 발의된 3건의 물관리기본법(안)은 당시 해당 상임위원회인 국토해양위원회에 배정되었으나 법률로서 제정되지 못하였다. 19대 국회에서는 2013년 2월 6일 새누리당의 함진규 의원(이하 '함진규안')이 물관리기본법(안)을 재차 발의하였고, 이 또한 역시 구 국토해양위원회 소관으로 배정되었다. 이하에서는 물관리기본법(안)에 대한 정부안과 의원입법안의 내용을 검토하고 평가하고자 한다.

1. 정부안(김소남 의원안)

1) 국가물관리위원회의 소속 및 권한

정부안의 경우에 다른 법안에 비하여 국가물관리위원회는 최소한의 권한과 책무를 가지고 있는 것으로 평가할 수 있다. 정부안에 따르면 국가물관리위원회는 국무총리소속이며, 국무총리는 10년마다 물관리기본계획을

---

26) 김철회, "물 관리 행정체계, 어떻게 바뀌어야 하는가? : 전문가 인식조사를 중심으로", 한국콘텐츠학회지 제13권 제10호, 2013, 271면.

관계 중앙행정기관의 장과 시·도지사의 의견을 들은 후 제18조에 따른 국가물관리위원회의 심의를 거쳐 수립하도록 규정하고 있다(안 제14조 제1항).

따라서 정부안에서는 물관리와 수자원 보호에 대하여 핵심적인 기능을 수행하는 기관은 국무총리이며, 국가물관리위원회는 국무총리가 수립하는 물관리기본계획에 대한 단순한 심의기능만을 가지고 있을 뿐이다.[27] 물론 국가물관리위원회는 전국 또는 둘 이상의 광역자치단체와 관련된 물관리계획의 수립과 변경에 대한 권한을 가지고 있으나, 이러한 물관리계획 역시 심의와 조정권을 가지고 있는 것에 그치는 것이어서 국무총리가 수립하는 물관리기본계획의 범주 내에서 보조적인 기능만을 수행하는 것과 본질적인 차이를 보이지 않는다.[28] 또한 정부안에 따라서 설치되는 국가물관리위원회는 중앙행정기관 간, 광역자치단체 간, 중앙행정기관과 광역자치단체 간의 물관리에 관한 이견을 조정하는 권한을 가지고 있으나, 이는 매우 제한적인 분쟁처리절차로 보인다. 그 이유는 이견을 조정하고 그 결과에 따라서 상대방이 이를 수락하는 경우 일정한 법적 구속력을 인정하거나 재판상 화해와 같은 강력한 효력을 예정하고 있지 않기 때문이다.

2) 국가물관리위원회의 구성

국가물관리위원회의 구성을 살펴보면 위원장인 국무총리를 포함하여 주로 물관리와 관련된 행정각부의 장을 중심으로 하여 행정기관이 다수를 점하고 있다. 또한 실무위원회 역시 국가물관리위원회의 업무를 실무적으로 지원하는 보조기관으로서의 가능을 가지는 데 그친다. 물론 외부의 물관리 전문가 등의 참여가 예정되고 있지만 국가물관리위원회가 정부 주도로 운영될 가능성이 크다. 또한 유역별 물관리가 물관리기본법의 중요한 목표임에도 불구하고 유역을 대표할 만한 위원이 보이지 않고 시민사회와

---

27) 정부안은 유역관리 및 유역의 참여를 배제한 중앙정부 중심의 물관리체계를 유지하고 있다는 점에서 근본적인 비판이 제기되었다. 김진홍, "물관리기본법(안)의 쟁점 사항", 「효율적인 물 관리 체제 구축의 필요성과 방향」, 2008. 1. 17, 36면.

28) 이와 관련하여 정부안에 따른 국가물관리위원회에 대해 1997년 물관리정책조정위원회가 지녔던 독립적인 조직과 예산의 부재로 인한 한계를 극복하지 못할 수 있다는 우려를 제기하기도 하였다. 김진홍, 앞의 글, 35-36면.

소비자 대표 등의 참여도 이루어지고 있지 못하기 때문에 정부안은 물관리에 관한 적절한 거버넌스를 구축하고 있다고 평가할 수 없다.[29)]

2. 이윤성 의원안

1) 국가물관리위원회의 소속 및 권한

이윤성안은 정부안에 비하여 물관리의 거버넌스 체계를 보다 정교하고 세밀하게 구성하였다는 점을 우선 강점으로 지적할 수 있다. 그 이유로는 다음과 같은 것들을 들 수 있다. 첫째, 국가물관리위원회는 물관리에 관한 통합된 국가계획을 수립하고 중요한 국가정책을 심의·조정하기 위하여 대통령 직속으로 설치된다(안 제14조). 정부안이 국가의 물관리에 대한 기본계획의 수립권한을 국무총리에게 부여하고 있는데 비하여 이윤성안은 국가물관리전략을 수립하는 중추적인 권한을 국가물관리위원회가 담당하도록 하여 국가물관리위원회가 실질적인 물관리 계획과 전략수립에 대한 책무를 가지도록 하였다(안 제15, 18조).

또한 정부안과는 달리 국가물관리위원회에 법률상 특정한 과제와 임무를 규정하고 있다는 점에서 한층 그 위상이 강화되었다고 할 수 있다. 다만, 여전히 국가물관리위원회가 심의와 조정에 그치고 일정한 의결권을 행사할 수 없다는 점에서 그 권한상의 한계를 가지고 있다는 점을 지적할 수 있다(안 제15조).

나아가 이윤성안은 물관리와 관련되는 재원에 대하여 언급하면서 국가물관리위원회가 물관리 재원의 운용관리에 대한 원칙의 심의·조정 및 투자방향과 관련한 이견조정에 대한 심의와 조정권을 갖는 것으로 규정하고 있으나, 이러한 분쟁조정권 역시 그에 따르는 일정한 법적 효과를 예정하고 있지 않아서 법적 구속력이 결여되고 있다는 비판을 면하기 어렵다. 이

29) 비록 정부안이 사무국의 전문성과 다양한 이해관계자들의 참여를 보장하고 있지는 못하지만 좋은 물관리 체계를 지향하는 기본적인 조항은 두고 있다는 견해도 있다. 김승, “물관리 체제 개편의 시발점 – 물관리기본법”, 「효율적인 물 관리 체제 구축의 필요성과 방향」, 2008. 1. 17, 55면.

는 이윤성안의 국가물관리위원회가 심의위위원회라는 한계를 반영한 결과라고 할 수 있다.

2) 국가물관리위원회의 구성

국가물관리위원회의 인적 구성과 관련하여 이윤성안은 일단 물관리업무와 관련되는 중앙행정기관의 장을 위원으로 규정하면서도 동시에 관공서, 연구기관, 대학, 산업체, 시민단체 등에서 물 관련 업무를 20년 이상 담당하였으며, 물관리 전반에 대한 식견이 풍부한 자를 포함시킴으로써 광범위하게 민간전문가와 시민사회의 참여를 보장하고 있다는 점을 주목할 수 있다(안 제16조 제2항 제2호). 특히 중요한 것은 국가물관리위원회의 위원은 위원장 및 부위원장 각 1인을 포함하여 25인 이상 30인 이내의 위원으로 구성하면서도 공무원이 아닌 위원은 전체위원의 과반수가 되어야 한다고 규정하고 있다는 점이다(안 제16조 제2항). 이는 국가물관리위원회가 국가의 획일적인 행정과 통치에서 벗어나 민간의 전문가 및 시민사회와 광범위하게 소통하고 의견을 수렴하겠다는 수평적 거버넌스를 실현하고 있는 것으로 평가되고 있다.

3) 권역물관리위원회의 권한

이윤성안은 후술하는 바와 같이 국가물관리위원회와는 별도로 권역별 물관리위원회를 예정하고 있는데(안 제21조), 이는 국가와 유역별 내지 관련 자치단체별로 유기적인 수직적 거버넌스의 체계를 구축한 것이라고 할 수 있다. 이를 위해서 국가물관리위원회의 위원으로 권역별위원회의 위원장을 포함시키고 있다(안 제16조 제2항 제1호).

권역별위원회도 역시 심의와 조정권한을 가진 위원회로서 국가물관리위원회와 같은 인적 구성과 민간부문의 주도적 기능을 보장하고 있다. 다만, 국가물관리위원회와 권역위원회 간의 수직적 거버넌스가 교차점이 없는 단순한 병열관계로서 그치는 것을 방지하고 국가물관리전략과 권역별 기본계획의 정합성을 제고하기 위하여 권역위원회 위원장은 수립한 권역별계획의 심의를 국가물관리위원회에 요청하도록 하고 있다(안 제24조 제3

항). 이에 따라서 국가물관리위원회는 권역위원회 위원장이 수립, 제출한 물관리기본계획이 국가물관리전략에 부합하는지를 심의하고, 부합하지 않다고 판단되는 경우에는 권역위원회의 장에게 그 계획의 조정을 요구할 수 있으며, 물 관련 계획의 조정을 요구받은 권역위원회의 장은 특별한 사유가 없으면 이를 반영하도록 한 것이다(안 제26조).

3. 이병석 의원안

1) 국가물관리위원회의 소속과 권한

이병석안의 특징은 다른 법안들과는 달리 물관리기본법의 거버넌스를 강력한 권한을 갖는 중앙행정위원회의 구조를 취하고 있다는 점이다. 이병석안의 국가물관리위원회는 현행 「방송통신위원회의 설치 및 운영에 관한 법률」에 의한 방송통신위원회의 위상과 권한에 비교할 수 있는 것이다.

이병석안은 국가물관리위원회가 "독립적으로 사무를 수행하기 위하여 대통령 소속"으로 설치된다는 점을 강조하고 있다(안 제21조 제1항). 그 이유는 국가물관리위원회가 국가물관리기본계획의 수립은 물론 물 관련 기금과 예산 등에 대한 실질적인 권한을 행사하고 있기 때문에 정부의 행정각부와는 달리 정부의 물관리 정책으로부터 독립하여 중립적으로 그 업무를 수행하는 것을 중심적인 과제로 보았기 때문이다. 예를 들어 4대강 사업과 같은 국가물관리의 미래를 결정할 만한 중대안 사안의 경우 정부의 행정각부가 이 문제를 담당한다고 가정한다면 대통령을 정점으로 하는 정부의 의사에 절대적으로 좌우된다. 우리 헌법은 제66조 제4항에서 "행정권은 대통령을 수반으로 하는 정부에 속한다"고 규정하고, 제86조 제2항에서는 "국무총리는 대통령을 보좌하며, 행정에 관하여 대통령의 명을 받아 행정각부를 통할한다"고 규정하고 있다.

따라서 국토교통부 혹은 환경부가 주도적으로 4대강 사업과 같은 중요한 물관련국책사업을 수행하는 경우에는 대통령의 국정철학을 거스를 수 없으며, 국무총리가 행정각부를 통할하기 때문에 실무적인 사안에 대하여

총리의 감독을 받게 된다. 다시 말하자면, 물관련 국책사업에 대해 야당, 일반 국민이나 시민사회의 비판적 견해를 효과적으로 전달하는 데에는 커다란 장애가 발생할 수 있으며, 이러한 국책사업을 정치적 중립성과 독립성을 가지고 전문적인 관점에서 수행하기 어렵다.

이병석안이 제21조 제2항에서 국가물관리위원회를 「정부조직법」 제2조의 중앙행정기관으로 보면서도 「정부조직법」 제16조(현행 제18조[30])의 적용을 배제하고 있는 것은 바로 이러한 취지를 반영한 것이다(안 제21조 제2항). 따라서 국가물관리위원회는 대통령에 소속된 위원회이기는 하지만 적어도 총리의 일상적인 행정감독권 행사의 대상이 되지 않기 때문에 그 업무의 독립성과 중립성을 상당한 정도로 확보할 수 있다.

2) 국가물관리위원회의 구성

이병석안은 국가물관리위원회의 구성 및 업무와 관련하여 '방송통신위원회의 설치 및 운영에 관한 법률'의 내용을 대부분 차용하고 있다(안 제3조부터 제10조). 특히 주목할 부분은 이병석안 제22조 이하의 위원회의 구성과 임명 등에 대한 것인데, 이는 「방송통신위원회의 설치 및 운영에 관한 법률」의 내용과 동일하다.

이병석안 제22조 제1항에 의하여 국가물관리위원회는 위원장 1명과 부위원장 1명을 포함하여 전원이 상임위원으로서 위원회를 구성하며, 이들은 모두 정무직공무원으로서 「정부조직법」 제10조가 규정하지 않지만 정부위원이 된다. 그런데 이병석안에 의하면 국가물관리위원 5명 중 위원장을 포함한 2명은 대통령이 지명하고 3명은 국회의 추천을 받아 임명한다. 이 경우 국회는 위원 추천을 함에 있어 대통령이 소속되거나 소속되었던 정당의 교섭단체가 1명을 추천하고 그 외 교섭단체가 2명을 추천한다(안 제23조 제2항).

30) 제18조(국무총리의 행정감독권) ① 국무총리는 대통령의 명을 받아 각 중앙행정기관의 장을 지휘·감독한다. ② 국무총리는 중앙행정기관의 장의 명령이나 처분이 위법 또는 부당하다고 인정될 경우에는 대통령의 승인을 받아 이를 중지 또는 취소할 수 있다.

결과적으로 국가물관리위원회의 위원 5명 중 대통령이 2인을 지명할 수 있도록 함으로써 대통령 소속기관으로서의 기능과 위상을 유지하고, 대통령이 소속되거나 소속되었던 여당의 교섭단체가 1명을 추천하여 정부 여당의 위원이 다수를 점하도록 하고 있다. 야당 소속의 교섭단체는 2명의 국가물관리위원 추천권을 가지게 됨으로써 정부 여당의 물관리정책과 예산배분 등을 견제할 수 있다.

4. 함진규 의원안

1) 국가물관리위원회의 소속과 권한

함진규안은 19대 국회에서 제안된 법안임에도 불구하고 그 내용과 거버넌스의 구축 등에 있어서 이병석안이나 이유성안에 미치지 못하고 정부안과 김소남안을 답습하고 있는 것으로 볼 수 있다. 따라서 국가물관리위원회가 국무총리 소속으로 설치됨으로써 국가물관리기본계획을 주도하는 주체는 오히려 국무총리라고 할 수 있다(안 제18조). 즉, 국가물관리위원회는 단순한 심의·조정기관에 불과하며, 소관사무 역시 매우 추상적인 차원에서 규정되고 있다. 가령 국무총리가 유역별 물관리계획의 기본방침을 비롯한 물관리기본계획을 수립하도록 하고(안 제14조 제1항 제7호), 관계 중앙행정기관의 장이 유역별 물관리계획을 수립하고 국가물관리위원회는 이를 심의하도록 함으로써(안 제15조) 국가물관리위원회는 심의기능만 존재하는 한편, 실질적으로 유역별 특수성을 고려하는 물관리가 이루어질 수 있을지도 문제이다.

2) 국가물관리위원회의 구성

거버넌스와 관련하여 국가물관리위원회의 구성은 정부측 인사들이 다수를 차지하고 있으며(안 제19조) 유역별 대표가 참여하는 것도 아니어서 수평적·수직적 거버넌스의 구축에 모두 문제를 드러내고 있다.

5. 기존 물관리기본법(안)의 평가

전체적으로 기존의 물관리기본법(안)은 다원화된 물관리 정책의 개선을 위해 행정부처의 통합이 아닌 국가물관리위원회의 구성과 운영을 규정하고 있다는 점에서 부처 간 이해관계의 조율 및 종합적인 물관리라는 목표 달성을 위한 최소한의 기준을 준수하고 있다. 다만 일부 법안의 경우, 유역위원회를 반영하지 않았고, 위원장의 정치적 독립성을 위한 제도적 장치를 마련하지 못했다는 점에서 한계로 지적되고 있다.

이윤성안은 국가물관리위원회가 대통령 소속으로서 전문성을 가지고 있으며, 위원 구성면에서도 물관리업무에 대한 나름대로의 중립성과 독립성을 유지하고 있다는 점에서 물관리업무의 가장 현실적인 대안으로 볼 수 있다. 또한 권역별위원회와의 유기적인 거버넌스도 장점으로 평가할 수 있다. 다만, 국가물관리위원회는 여전히 심의위원회라는 권한과 기능상의 한계를 가지고 있다. 즉, 국가물관리위원회는 권역별 물관리기본계획을 통합하여 국가물관리기본계획으로 제시하도록 하고 있는데, 국가물관리기본계획에 대한 자세한 언급이 없으며, 국가물관리전략과 국가물관리기본계획 간의 관계설정이 모호하다는 점을 지적할 수 있다.

이병석안은 국가물관리위원회를 방송통신위원회가 같은 강력한 독립규제위원회의 위상을 부여하고 있으나, 위원회의 구성을 전적으로 대통령과 국회의 정치적 역학관계에 의존하게 함으로써 국가물관리업무를 정치적 의사결정의 구도에서 시행하려는 의도를 반영하고 있다. 그러나 대통령의 리더십이 지나치게 편협하여 국회와의 타협적 자세가 결여되거나 대통령과 국회 간의 관계가 원만하지 못한 경우, 국회 내에서 여야가 극단적으로 대립하게 되는 상황이 조성되는 경우 등에는 국가물관리위원회 역시 정쟁의 대상이 될 가능성을 배제할 수 없다.

예를 들어 4대강 사업과 같이 정치적으로 예민한 사안으로 정부 여당과 야당이 대립한다면 국가물관리위원회가 마비될 수도 있으며 그 업무가 파행으로 흐를 가능성도 있다.[31]

---

31) 4대강 사업에 대한 지역설명회나 공청회가 있기는 하였으나 사업의 규모에 비해 너무나

또한 이병석안은 국가물관리위원회의 구성을 정치적 구도에 따라 이루어지게 한 나머지 시민사회나 물소비자인 국민의 입장을 수렴하기에는 적절한 거버넌스체제라고 보기 어렵다. 물론 물 관련 단체, 기관 또는 회사 대표자 또는 임직원이 국가물관리위원이 될 수 있는 길을 열어놓고 있으나 이는 주로 물 관련 전문가들을 예상한 것으로서 국민 전체의 의사를 대변하는 위원으로 보기에는 미흡하다.

또한 이병석안은 국가물관리위원회의 기능과 위상에 집중한 나머지 유역별 관리에 미진하고 특히 유역별·권역별위원회나 권역별 물관리계획 등에 대하여 별다른 규정이 없어서 수평적 거버넌스는 물론 수직적 거버넌스에 있어서도 부실하다는 비판을 면하기 어렵다. 이와 더불어 국가물관리위원회의 사무에 대해서는 추상적으로 규정하고 있으나 국가물관리위원회가 대통령소속의 심의·의결기관인지 아니면 단순한 자문과 심의에 그치는 위원회인지에 대하여 분명한 입장을 유보하고 있다.

이상과 같이 이병석안이 방송통신위원회의 설치 및 운영에 관한 법률과는 달리 국가물관리위원회를 행정각부의 위상과 유사한 중앙행정기관으로서 독립규제위원회의 위상을 인정하면서도 구체적으로 소관 사무에 대한 의결권을 갖는 의사결정기관인지에 대하여 모호한 태도를 취하고 있다.

생각건대 그 이유는 국가물관리위원회가 분쟁조정이나 물 관련 기금과 예산 등의 배분에 대하여 업무를 수행하기는 하지만 구체적으로 수행하여야 할 업무에 대하여 아직 구체적인 대안이 결여되고 있다는 점에서 유래하는 것으로 볼 수 있다.[32] 기본적으로는 국가물관리위원회는 의사결정기관으로서의 위상을 갖는 것이 바람직한 것이다.

도 허술하고 비정상적인 공론화절차를 밟고 있는 것으로 보인다. 우선 의사소통의 계기 자체가 거의 없다시피 했다. 사업에 비판적인 전문가들은 거의 논의과정에 초대받지 못했고, 또한 사업에 비판적인 조직이나 단체에서 주최하는 토론회나 세미나에는 정부 측 담당자를 포함하여 사업 추진 찬성 인사들이 거의 참여하지 않았다.

32) 이상헌 "통합적 수자원 관리 원칙에 의한 4대강 사업의 정당성 검토", ECO 제14권 1호, 2010, 82면.

앞서 언급한 대로 함진규 의원안의 경우, 유역별 관리원칙이나 이해당사자의 참여라는 거버넌스 측면에서 기존의 통합물관리(안)보다 오히려 퇴보한 것으로서 2006년 정부안의 문제점을 거의 답습하고 있다.

Ⅳ. 최근 발의된 물관리기본법의 거버넌스 체계 평가 및 시사점

1. 정우택 의원안의 주요 내용

1) 국가물관리위원회의 설치

정우택 의원안은 "물관리를 위한 국가의 계획을 수립하고 중요한 국가정책을 심의·조정 및 의결하기 위하여 대통령 소속으로 국가물관리위원회를 둔다."고 규정하면서 국가물관리위원회의 설치에 관한 규정을 두고 있다(안 제17조). 즉, 국가물관리위원회가 국가의 종합계획을 수립하고 물 관련 국가의 중요정책을 심의·조정·의결하도록 하기 위해 대통령 소속으로 국가물관리위원회를 설치하도록 하였다.

2) 국가물관리위원회의 권한

정우택 의원안은 국가물관리위원회는 심의 권한뿐만 아니라 법적 구속력을 가지는 의결권을 행사할 수 있도록 규정하였다. 즉, 국가물관리위원회는 국가물관리종합계획 수립지침 및 국가물관리종합계획, 권역물관리기본계획, 권역 간 물의 적정배분을 위한 물 이동, 물분쟁의 조정, 국가물관리종합계획의 이행 여부 및 물관리 전반의 평가, 물 관련 연구·조사 및 지원, 물관리 사업의 투자방향, 물 관련 남북한 및 국제협력, 물관리와 관련하여 대통령, 국가위원회의 위원장이 회의에 부치는 사항, 그 밖에 이 법 또는 다른 법률에 따라 국가위원회가 심의·의결하도록 하였다(안 제19조 제1항).

3) 위원회의 구성과 운영

국가물관리위원회는 위원장과 부위원장 각 1인을 포함하여 25인 이상 40인 이내의 위원으로 구성하며, 위원장과 부위원장은 상임으로 보한다.

위원은 관련 부처의 장관과 국무조정실장과 같은 공직자와 연구기관, 대학, 공공기관, 산업체, 시민단체, 법률가 등 물 관련 전문가와 소비자의 이해관계를 대표할 수 있는 다양한 민간부문의 인적 구성을 포함하며, 민간위원이 과반수를 넘도록 하여 국가는 물론 사회 각계각층의 이해를 반영하는 거버넌스를 구축한다(안 제18조 제1항).

4) 국가물관리종합계획의 수립

국가물관리위원회의 업무 중 핵심적인 사안이 종합계획을 수립하는 것이다. 위원장은 관계 중앙행정기관의 장 및 권역물관리위원회의 위원장과 협의하여 국가의 물관리 비전과 목표, 기본방향, 권역별 특성을 반영한 '국가물관리종합계획 수립지침'을 작성하고 위원회의 심의를 거쳐 확정한다(안 제27조 제1항). 나아가 종합계획수립지침과 권역물관리기본계획을 종합적으로 고려하여 국가물관리종합계획을 수립하도록 하였다(안 동조 제2항).

이와 같이 정우택 의원안은 국가물관리종합계획의 주요한 기준과 방향을 국가물관리위원회가 주도하면서도 동시에 권역위원회와 협의하도록 하여 권역의 특성을 수립지침에 반영하는 Bottom-Up 방식을 지향하였다.

동시에 권역의 이해관계를 초월하는 국가 차원의 종합계획이 물관리의 일관성과 통합성을 유지하기 위하여 국가물관리위원회는 권역별로 수립되는 기본계획이 종합계획의 지침에 부합하는지 심의하고 이에 부합하지 않는다고 판단하는 경우 권역물관리위원회의 위원장에게 기본계획의 조정을 요구할 수 있다(안 제29조).

5) 권역물관리위원회의 권한

정우택 의원안은 권역위원회에 권역물관리기본계획, 해당 권역의 물관리 관련계획, 권역 안의 물배분, 권역 안에서 발생한 물분쟁의 조정, 권역 내 물관리와 관련하여 권역위원회의 위원장이 회의에 부치는 사항, 그 밖에 이 법 또는 다른 법률에 따라 권역위원회가 심의·의결하는 사항에 대해 심의·의결한다(안 제21조).

6) 공청회의 개최

정우택 의원안은 위원회의 위원장이 국가물관리종합계획을 수립하려는 때에는 공청회를 열어 국민 및 관계 전문가 등으로부터 의견을 청취하여야 하며, 공청회에서 제시된 의견이 타당하다고 인정되는 경우에 각 계획의 내용에 반영하도록 함으로써 민의를 반영토록 하고 있다(안 제23조 제1항).

7) 소위원회 및 전문위원회의 설치

국가물관리위원회는 소관 사무의 전문성을 제고하기 위하여 전문위원회 설치를 포함하여 물분쟁 조정 등을 위한 소위원회를 둘 수 있으며(안 제26조), 업무수행에 필요한 사무국을 설치할 수 있다(안 제25조). 사무국의 국장은 공무원이 아닌 위원 중에서 위원장이 지명하고 국가물관리위원회의 간사를 겸임한다. 국가물관리위원회의 전문성을 보좌하기 위해서는 반드시 전문위원체계를 두는 것이 바람직할 것이다. 물정책과 관련하여 주요한 문제 중에 하나는 물관련 연구조사 및 물관리 행정의 중복인데 전문위원회가 위원회에 대한 자문과 국가 차원의 연구조사를 일관되게 추진할 수 있다.

2. 분석 및 시사점

1) 국가물관리위원회의 성격

국가물관리위원회 내지 권역별 물관리위원회의 기능과 관련하여 대체로 기존의 물관리기본법안은 심의·조정위원회로서의 위상을 선호하고 있다. 그 이유는 물관리위원회가 기존에 행정각부 등에 분산된 국가의 물관리기능을 통합하여 조정하는 것이기 때문에 의결기능과 집행기능을 가지는 경우에는 물관리를 담당하는 부처와 갈등을 일으킬 가능성이 크기 때문이다. 이와 같이 물관리위원회가 심의·조정위원회의 기능을 갖는 것으로 예정할 경우, 물관리기본법을 제정함에 있어서 보다 현실적인 수용가능성이 클 수 있다.

다만, 국가물관리위원회가 국무총리 소속으로 설치되어 운영되는 경우에는 총리실이 중심이 되어 국가물관리업무를 총괄하고 국가물관리위원회는 총리가 위원회에 부의하는 안건에 대하여 자문하는 정도의 기능에 그칠 가능성이 크다. 이와 같은 이유 때문에 국가물관리위원회를 국무총리 소속으로 설치하는 정부안, 김소남안, 함진규안은 모두 입법론적으로 일정한 한계를 지니고 있다.

이에 비하여 국가물관리위원회를 심의와 의결기능을 모두 가지도록 설계하는 것은 방송통신위원회나 공정거래위원회와 같이 이른바 독립규제위원회(Independent Regulatory Commission)로서의 위상을 갖는 것을 의미한다. 우리나라의 공정거래위원회는 국무총리 소속으로서 의결기능을 갖는 매우 특이한 형태라고 할 수 있다. 따라서 공정거래위원회는 조직법상으로는 국무총리 소속이기는 하지만 직무상의 독립성이 인정되는 중앙행정기관으로서의 위상을 가지고 있다.[33)]

그런데 국가물관리위원회를 의결기능을 가지는 독립규제위원회로서의 위상을 부여한다는 것은 구체적으로 무엇을 의미하는 것인가? 이를 보다 구체적으로 보면 국가물관리위원회에게 일정한 사안에 대하여 의결하고 규제하는 일상적인 행정권능 이외에 행정부 소속의 행정위원회[34)]임에도 불구하고 準司法的(quasi judicial), 準立法的(quasi legislative)기능을 행사함을 의미한다.

33) 방통위나 금융위 등의 행정위원회는 독립성이 요구되는 기능을 수행되는데 공정거래위원회 역시 비록 대통령 혹은 국무총리 소속이라 하더라도 독립성이 역할 수행에 매우 중요한 요소이다. 정병걸·송지은, “과학기술정책조정과 합의제 행정위원회: 국과위와 주요 행정위원회의 비교와 함의”, 과학기술과 정책 제22권 제4호, 2012, 173-174면.

34) 현재 정부 내에 있는 행정위원회는 미국의 독립규제위원회(Independent Regulatory Agencies)제도에서 유래했다고 보는 것이 일반적이다. 하지만 미국 역사의 특수한 정치적·법적 문제상황에 근거해 발달한 독립규제위원회 모델이 우리나라 헌법 체계와 완전히 일치한다고 보기는 어렵다. 이종수·전주상·김철, 「정부위원회의 효율적 운영방안」, 서울: 한국행정연구원, 2003, 37면.

2) 국가물관리위원회의 분쟁조정기능

정우택 의원안에 있어 국가물관리위원회는 권력분립상 행정부에 소속한 행정기관이지만 일정한 범위에서 준사법권과 준입법권을 가진다. 우선 국가물관리위원회가 의결기관으로서 준사법적 권한을 행사하는 것은 물과 관련된 분쟁조정을 하는 것을 말한다.[35] 이러한 준사법권의 행사를 보다 강력하게 보장하기 위해서는 위원회의 분쟁조정절차를 법원에 의한 소송 등 사법절차를 밟기 이전에 반드시 거쳐야 하는 前審節次로 구성하는 것이다. 그러나 물관리기본법을 처음 제정하는 것이고 또한 아직 분쟁조정의 경험이 일천하며, 헌법상 보장된 국민의 재판청구권을 부당하게 제약하지 않도록 배려한다는 점에서는 이른바 분쟁조정전치주의는 바람직스럽지 못하다. 오히려 재판상 화해와 같은 법적 구속력을 부여함으로써 분쟁조정절차의 실효성을 제고하는 것이 보다 중요하다.

따라서 정우택 의원안이 제시하는 바와 같은 분쟁조정절차를 단순한 심의와 조정의 권한만을 갖는 국가물관리위원회에 부여하는 것은 체계적인 정합성에서 문제가 있을 가능성이 존재한다. 다시 말하자면 분쟁조정과 같은 준사법적 기능을 국가물관리위원회에 부여하는 경우에는 오히려 독립규제위원회 형태에 보다 체계적으로 부합한다는 의미이다.

3) 국가물관리위원회의 의결기능

국가물관리위원회가 준사법권과 함께 준입법권을 행사한다는 의미는 자신의 업무 내지 의결사항과 관련하여 일정한 입법행위(rule-making)를 할 수 있다는 것이다. 실제로 정우택 의원안은 국가물관리위원회는 심의·의결권을 규정하고 있다.[36] 이 중에서 주목할 부분은 위원회가 자신의 업

---

35) 물 관련 갈등이 빈번함에 따라 분쟁해결은 중요한 요소이다. 그러나 갈등 관계에 있는 부처와 위원회의 상대적 지위와 권한에 따라 이런 역할을 수행할 수 있는 가능성은 제한된다. 따라서 물관리위원회가 상위기관의 지위와 권한을 보유할 때 갈등의 조정자나 통합적 관점의 의사결정자 역할을 수행할 수 있을 것이다. 정병걸 외, 앞의 글, 173-174면.

36) 심의와 의결, 심판은 행정개혁 문제와 같이 초일상적인 성격은 아니지만 일상적 문제와는 거리가 있다. 행정위원회는 이러한 복잡성과 불확실성이 높은 비일상적 문제 해결을

무처리에 필요한 규칙을 제정할 권한 중에는 지방상수도사업자나 광역상수도사업자, 공업용수도사업자의 관련 업무, 예를 들어 사용료 등에 대하여 일정한 지침을 제정할 수 있다는 것이다.

물론 이와 같이 국가물관리위원회가 가지는 규칙제정권에 따라서 만들어지는 규정은 일반적으로 외부적 구속력과 법규성을 가지지 않는 행정규칙(Verwaltungsvorschriften) 또는 행정명령(Verwaltungsverordnungen)으로서 국가물관리위원회나 권역위원회 스스로를 구속하는 내부적 효력을 가지는 것이 원칙이다. 그런데 이러한 행정규칙 내지 행정명령은 굳이 법적인 근거가 존재하지 않아도 얼마든지 독립규제위원회는 이를 제정 또는 개정할 수 있다. 바꾸어 말한다면 법률에 국가물관리위원회가 물관리업무와 관련하여 규칙제정권을 가진다고 명기하는 경우 이를 근거로 대외적 구속력을 가지는 법규명령(Rechtsverordnungen)을 제정할 수 있는 가능성을 전혀 배제할 수 없다.[37]

위해 전문가를 위원으로 참여시키고 있다. 김근세·박현신, "한국행정위원회의 역사적 변화 분석: 국가기능을 중심으로", 「한국행정연구」, 제16권 제2호, 2007, 67-68면.

37) 대법원은 "법령의 규정이 특정 행정기관에 그 법령 내용의 구체적 사항을 정할 수 있는 권한을 부여하면서 그 권한 행사의 절차나 방법을 특정하고 있지 않은 관계로 수임행정기관이 행정규칙인 고시의 형식으로 그 법령의 내용이 될 사항을 구체적으로 정하고 있는 경우에는, 그 고시가 당해 법령의 위임한계를 벗어나지 않는 한, 그와 결합하여 대외적으로 구속력이 있는 법규명령으로서 효력을 가지는 것이고(대법원 1987. 9. 29. 선고 86누484 판결; 대법원 1999. 7. 23. 선고 97누6261 판결; 대법원 2003. 9. 26. 선고 2003두2274 판결 등 참조), 또한 법령상의 어떤 용어가 별도의 법률상의 의미를 가지지 않으면서 일반적으로 통용되는 의미를 가지고 있다면, 상위규범에 그 용어의 의미에 대한 별도의 정의규정을 두고 있지 않고 권한을 위임받은 하위규범에서 그 용어의 사용기준을 정하고 있다 하더라도 하위규범이 상위규범에서 위임한 한계를 벗어났다고 볼 수 없으며, 행정규칙에서 사용하는 개념이 달리 해석될 여지가 있다 하더라도 행정청이 수권의 범위 내에서 법령이 위임한 취지 및 형평과 비례의 원칙에 기초하여 합목적적으로 기준을 설정하여 그 개념을 해석적용하고 있다면 개념이 달리 해석될 여지가 있다는 것만으로 이를 사용한 행정규칙이 법령의 위임한계를 벗어났다고는 할 수 없다"(대법원 2008. 4. 10. 선고 2007두4841 판결)고 판시하였다.
헌법재판소 역시 "이 사건 신문고시는 공정거래위원회가 신문업에 있어서 발생할 가능성이 높은 불공정거래행위의 유형과 기준을 공정거래법 제23조 제2항, 제3조의2 제2항, 동법 시행령 제36조 제2항, 제5조 제6항에 따라 보다 구체화하여 불특정의 국민에게 이를 알리는 것으로 행정규칙에 해당한다고 할 것이다. 일반적으로 행정규칙은 행정조직 따라서 국가물관리위원회를 독립규제위원회로 설계하고 규칙제정권을 부여하는 경우 지방상수도사업자, 광역상수도사업자 등의 권리와 의무를 직접적으로 규율하는 결과가 되기 때문에 신중한 접근이 요망된다.

4) 국가 또는 권역물관리위원회에 있어 공중참여의 보장

정우택 의원안은 국가물관리위원회의 구성뿐만 아니라 권역물관리위원회의 구성에 있어 민간의 참여를 보장하고 있다. 단적인 예로 위원장을 민간인으로 하는 방안이 그 예이다. 다만 이 경우 민간인이 책임행정을 제대로 반영하지 못할 우려도 있으나 광범위한 공중참여가 보장되고, 사무국과 전문위원회를 통해 그 전문성이 제고된다면 이러한 우려도 일정 부분 해소될 수 있을 것이다.

또한 국가물관리기본계획의 수립에 있어서 수립지침이나 권역물관리계획을 반영하는 계획 수립 절차, 계획 수립단계에서의 공청회 개최 등은 정보제공은 물론 공중참여에 있어 진일보한 체계라고 할 수 있다.

3. 평 가

국가물관리위원회와 권역위원회에게 심의·조정기능만을 부여하는 경우 이를 집행하는 권한과 책임은 기존의 국토교통부, 환경부, 국민안전처, 산업통산자원부 등 중앙행정기관과 지방자치단체, 한국수자원공사 등이 각각 집행하게 된다. 다시 말하자면, 국가물관리위원회는 물 관련 계획의

내부에서만 효력을 가지는 것이고 대외적인 구속력을 가지는 것이 아니어서 원칙적으로 헌법소원의 대상이 되는 '공권력의 행사'에 해당하지 아니한다(헌재 1991. 7. 8. 91헌마42, 판례집 3, 380, 383). 그러나 행정규칙이 법령의 규정에 의하여 행정관청에 법령의 구체적 내용을 보충할 권한을 부여한 경우나, 재량권 행사의 준칙인 규칙이 그 정한 바에 따라 되풀이 시행되어 행정관행이 이룩되게 되면 평등의 원칙이나 신뢰보호의 원칙에 따라 행정기관은 그 상대방에 대한 관계에서 그 규칙에 따라야 할 자기구속을 당하게 되는 경우에는 대외적 구속력을 가지게 되는 바, 이러한 경우에는 헌법소원의 대상이 될 수도 있고(헌재 1990. 9. 3. 90헌마13, 판례집 2, 298, 303), 또한 법령의 직접적 위임에 따라 수임행정기관이 그 법령을 시행하는데 필요한 구체적 사항을 정한 것이면, 그 제정형식은 비록 법규명령이 아닌 고시·훈령·예규 등과 같은 행정규칙이더라도 그것이 상위법령의 위임한계를 벗어나지 않는 한 상위법령과 결합하여 대외적인 구속력을 갖는 법규명령으로서 기능하게 된다고 보아야 할 것이다"(헌재 2002. 7. 18. 2001헌마605).

수립과 더불어 물배분이나 물분쟁 등의 사항에 대한 심의와 조정, 평가 등에 대한 업무를 수행하는 것으로서 이에 따르는 집행기능을 가지고 있지 않기 때문이다.

그러나 정우택 의원안에서는 물분쟁 조정에 관한 규정을 가지고 있고, 조정조서에 대한 기속력을 부여한다는 점에서 일정 부분 국가물관리위원회가 집행기능을 가지는 것으로도 볼 수 있다. 그 결과 정우택 의원안은 국가물관리위원회가 준입법권과 준사법권까지 모두 가지는 독립행정위원회가 되는 경우에는 물 관련 중앙행정기관은 물론 지방자치단체와 한국수자원공사 등 공공단체가 수행하는 물 관련 집행업무까지 상당 부분 흡수하게 되기 때문에 관련 부처와 자치단체 등의 반발도 예상된다. 또한 방송통신위원회와 같이 그 업무상 전국적인 통일성과 집행의 효율성이 요구되는 업무와는 달리 물관리업무와 같이 지역성과 권역별 특징이 강하게 표출되는 영역에서는 중앙에서 하나의 행정기관이 모든 문제를 결정하고 집행한다는 것이 바람직스럽지 못한 측면이 있다.

반면 국가물관리위원회가 집행기능까지 갖는다고 하여도 모든 집행기능을 자족적으로 확보할 수 있을지도 의문이다. 이 경우 마치 「금융위원회의 설치 및 운영에 관한 법률」에서 보듯이 금융규제 정책결정기능을 금융위원회가 가지고 금융사업자에 대한 개별적인 규제와 집행기능은 무자본특수법인으로 설립된 금융감독원에게 사실상 위임하는 형태를 고려해 볼 수 있다. 그러나 국가물관리위원회를 설립하면서 별도로 개별적인 집행기관을 두는 것이 과연 바람직하고 가능한 대안인지에 대해서는 상당한 이견이 존재할 수 있다.

V. 결 론

우리나라의 물관리체계는 다원화된 물관리 기구와 법제 간 정합성 부재 등으로 인해 많은 문제점이 지적되고 있으며, 기후변화로 인한 재해의 증가와 늘어나는 물 관련 분쟁에 효과적으로 대응하지 못하고 있다. 이는 기존의 물관리 법제가 관련부처의 수요에 따라 산발적으로 제정됨으로 인해 행정적으로 중복되거나 상호 연계가 부족하였기 때문이기도 하다.

그러나 물관리와 관련한 패러다임이 점차 유역별 관리를 중심으로 한 통합관리를 추구하게 됨에 따라 물관리체계를 개선하고자 하는 노력이 지속적으로 이루어지고 있다. 그럼에도 본질적으로 규범적 차원에서 어떠한 조직 체계를 구성할 것인가와 거버넌스 구축에 있어 합일점을 찾지 못하고 있다.

이에 통합물관리와 관련한 기존 법안들에 있어 공통적으로 제시되고 있는 국가물관리위원회의 소속과 구성, 권한을 비교·검토하는 한편, 2015년 발의된 정우택 의원안에 대한 평가를 통하여 통합물관리의 실현을 위한 바람직한 거버넌스 체계에 대한 방향을 제시하였다. 즉, 통합물관리의 실현에 있어 거버넌스 측면에서 민주적 의사결정 체계의 구축, 실효성 있는 심의·의결권한 부여, 공중의 정보제공 및 참여 보장 등이 이루어져야 할 것이다.

이러한 측면에서 정우택 의원안은 기존의 통합물관리법안과 차별성을 지니고 있다. 다만 국가물관리위원회에 의결권을 부여하고, 독립행정위원회와 같은 권한을 부여할 경우 관련 부처의 반발이 예상된다. 따라서 근본적으로 국가물관리위원회가 실질적으로 물관리를 위한 최고의 의사결정기구로서의 역할을 수행할 수 있도록 하는 한편, 기존 물관리 부처 및 기관의 집행권한에 대한 통합 및 조정을 최소화할 필요가 있다.

제2절 행정조직법상 거버넌스와 민주적 정당성, 행정의 책임성
- 국가물관리위원회 제도설계를 중심으로 -

Ⅰ. 문제의 제기

행정조직법(Verwaltungsorganisationsrecht)은 국회가 제정한 정부조직법 등에 의하여 행정청 내부의 업무를 분장하고 관료제를 중심으로 하는 수직적인 조직원리에 따라서 공직자들이 국민들의 권리와 의무에 직접적인 영향을 미치는 공적 과제를 집행하는 법적인 근거로 이해하는 것이 일반적이었다. 그리고 이와 같은 의사결성방식이 국민의 직접적인 선거에 의하여 선출된 대통령을 수반으로 하는 정부와 국회의 의사에 부합하는 것으로서 대의제를 핵심적인 제도적 기반으로 하는 민주주주의 원리, 내지 행정활동의 민주적 정당성과 책임성을 실현하는 수단으로 보았다.

그러나 지난 수십년 간 우리나라뿐만 아니라 세계 여러 국가에서 공통적으로 이루어진 사회적, 정치적, 경제적 여건의 변화에 따라서 행정청과 공무원이 독점하는 수직적인 행정조직과 의사결정구조는 더 이상 국민에게 "좋은 행정"을 담보할 수 없게 되었다. 다시 말하자면 전 지구적으로 금융 및 무역, 환경 등의 분야에서 발생하는 빠르고 다양한 변화로 인하여 여기에 적절하게 대응하지 못하는 관료제의 경직성이 드러나게 되었다. 또한 공공부문이 가지지 못하는 풍부한 지식이나 정보, 재원, 인적자원을 활용한 민간부문이 등장하면서 이들이 국가행정에 미치는 영향이 증대되었다. 민간부문의 역량이 성장하고 증대되었다는 것은 행정에 대한 일방적인 영향력의 강화라는 것을 의미하는 것이라기보다는 행정과 공공부문이 민간부문과 사인의 역량을 공행정에 활용하여 공익과 민복을 증진하는 "좋은 행정"을 실현할 필요성을 가지게 되었다는 것을 의미한다.

“좋은 행정”을[38] 위해서는 행정조직법의 원리도 전통적인 상명하달식의 일방적인 의사결정을 위한 수단으로서의 기능을 지양하고 공동체의 다양한 관계인들(stakeholder)의 이해관계를 조정하고 공동체에게 최적의 좋은 행정을 실현하기 위하여 이들과 협력하는 보다 수평적인 조직원리를 모색하는 것이 일반화 되고 있다. 독일의 경우 과거의 관료제를 중심으로 하는 행정조직원리와 전통적인 법학방법론에 터 잡은 행정행위론에 대한 비판적 대안으로서 제시된 이른바 제어학으로서의 행정법(Verwaltungsrecht als Steuerungswissenschaft) 또는 제어학적 방법론(steuerungswissenschaftlicher Ansatz)은[39] 행정청을 포함하는 공공부분이 민간부문에 대하여 일방적으로 우월적인 공권력을 행사하는 것을 지양하고 있다.[40] 제어학적 방법론은 공동체 내에서 이루어지는 중요한 결정을 민간부문의 사적 행위주체에게 일단 위임하고 국가와 행정은 그들의 결정이 일정한 한계를 넘거나 그릇된 방향으로 가지 않도록 제어 내지 조정하여 본래의 공익적 목적을 실현할 수 있도록 최후적인 보장책임을 지는 것을 행정법의 기능으로 이해하고 있다.[41] 물론 제어학적 방법론에서는 정부와 공공부문이 민간부문의

38) 여기에서 좋은 행정(good governance)의 의미는 전통적인 행정의 법률적합성원칙에 따르는 합법적인 행정을 넘어서서 효율성, 책임성, 투명성, 공정성, 반응성(responsive), 포용성, 참여성 등을 보장하는 행정활동을 가리키는 의미로 사용한다. Europäische Kommission, Europäisches Regieren - Ein Weißbuch, Kom(2001), 428 endg. v. 25.7. 2001, 10면, 각주 1.

39) 이에 대한 상세한 논의는 Gunnar Folke Schuppert, Verwaltungsrechtswissenschaft als Steuerungswissenschaft, in : Hoffmann-Riem/Schmitt-Aßmann/Schppert, Reform des Allgemeinen Verwaltungsrechts, 65면 이하.

40) 여기에서 제어라는 의미는 “특정 시스템에 대한 목적지향적인 영향력 행사”를 의미한다. Gunnar Folke Schuppert, (상게서) 65면 이하. 또한 제어는 이러한 영향력의 행사 자체가 목적이 아니라 이를 통하여 “무엇인가 결과를 도출하도록 하는 것이다. Cristian Bumke, Die Entwicklung der Verwaltungsrechtswissenschaftlichen Methodik in der Bundesrepublik Deutschland, in : Schmitt-Aßmann/ Hoffmann-Riem (Hrgs.), Methoden der Verwaltungsrechtswissenschaft, 73면 이하(105면 이하).

41) 여기에서 제어라는 의미는 “특정 시스템에 대한 목적지향적인 영향력 행사”를 의미한다. Schuppert, (각주 2), 65면 이하. 또한 제어는 이러한 영향력의 행사 자체가 목적이 아니라 이를 통하여 “무엇인가 결과를 도출하도록 하는 것이다. Bumke, 상게서, 73면 이하(105면 이하).

행위자들의 행태를 제어하고 조정함으로써 협력적인 의사결정체계를 지향하지만 여전히 행정이 다수의 민간부문의 행위자들을 제어할 수 있는 일정한 틀을 형성하고 유지하는 것을 중심으로 한다는 의미에서 제어의 주체는 행정청 내지 정부이며, 민간부문의 관계인들은 제어의 대상이 된다. 다시 말하자면 양자의 관계는 일대 일의 관계라는 측면이 있으며, 행정은 민간부문의 행위자들의 배후에서 이들을 행위를 조절하는 것이다.

따라서 제어학적 방법론은 일상적이고 제도화된 협력적 의사결정과는 다소 거리가 있다. 거버넌스의 개념은 이러한 제한적인 의미와 기능을 가진 제어학적 행정법론을 넘어서서 다수의 이해관계인들과 보다 제도적이고 다층적인 의사결정구조를 구축하여 협력적 의사결정을 일상화한다는 의미에서 등장한 것이다. 거버넌스의 경우 정부와 공공부문은 단순히 사적부문의 행위자들의 행태를 바람직한 방향으로 제어하는 것이 아니라 이들과 더불어 일상적인 행정결정을 내리기 위하여 상호 의사교환을 위한 다층적인 의사교환의 통로를 확보하는 것이 중점을 둔다.[42] 제어의 경우 공공부문이 민간부문의 행위자들의 등 뒤에서 그들의 행태를 유도하고 조정하는 형태를 가지고 있다면 거버넌스는 행정과 민간부문이 서로 마주 보는 상태에서 서로 소통하고 협력적인 의사결정을 일상화한다는 점에서 구조적인 차이를 보이고 있다.[43] 또한 거버넌스는 다수의 이해관계자들을 원탁으로 초대하고 행정과 민간부문, 국가와 지자체, 국가와 민간부문을 매개하는 공기업이나 시민단체를 포함, 종횡으로 네트워크를 구축하여 국민 다수의 권리와 의무, 일상적인 생활에 지대한 영향을 미치는 행정적 결

---

42) G. F. Schuppert, Vom produzierenden zum gewährleitenden Staat, in : Klaus König/Arthur Benz(Hrsg.), Privatisierung und staatliche Regulierung, 1997, 539면 이하; 동인, Der moderne Staat als Gewärleistungsstaat, FS. Helmut Wollmann, 2001, 399면 이하; 동인, Der Gewährleistungsstaat - ein Leitbild auf dem Prüfstand, 2004

43) 실제로 제어라는 용어보다는 다자간 협치의 의미로 거버넌스라는 용어를 사용하는 경향이 있으나, 양자를 사실상 같은 것으로 이해하는 등 의견의 일치를 보이는 것은 아니다. Peter Huber, Einleitung, in : Hoffmann-Riem(Hrsg.), Die Governance - Perspektive in der rechtswissenschaftlichen Innovationsforschung, 2011, 5면.

정을 통하여 최종 결정의 민주적 정당성과 국가정책에 대한 국민의 수용도를 제고한다. 이러한 의미에서 거버넌스는 다면적인 관계이며, 때로는 수평적으로 혹은 경우에 따라서 수직적인 협력체계를 지향한다.44)

본 연구는 우선 전통적인 행정조직법의 원리와 내용을 검토하고 이러한 조직법상의 원리가 사회적, 정치적, 경제적 여건의 변화에 따라서 작동하지 않는 구체적인 사례를 제시하고, 그 대안으로 논의되는 거버넌스의 내용과 구체적인 예에 대하여 논급한다. 본 연구에서는 기존의 수직적이고 위계적인 행정조직법에 따라서 국가의 의사결정이 이루어진 결과 정부의 실패가 발생하고 극심한 갈등을 초래한 이른바 4대강 사업의 문제점을 지적하고 장기적으로 지속가능하고 바람직한 국가 물관리의 거버넌스가 어떠한 내용과 원칙에 따라서 구성되어야 하는가에 대하여 검토하기로 한다. 오늘날 행정조직법의 원리가 수직적인 관료제와 위계질서를 극복하고 국가의 지속가능하고 합리적인 의사결정구조를 지향하기 위해서는 민간부문과의 협력적 거버넌스를 형성하는 것이 무엇보다 중요하다. 다만, 국가적 의사결정에 민간부문의 적극적으로 참여하여 협력하고 공적인 의사결정과정을 주도하는 경우 국민의 직선에 의하여 선출된 대통령과 국회를 중심으로 하는 의회민주주의라는 민주적 정당성원칙(Demokratische Legitimation)에 반할 수 있는 문제가 발생한다. 국가적 의사결정에 민간부문의 역량이 강하게 투영되는 경우 민주적 정당성의 문제와 더불어 행정의 책임성원칙 또한 훼손될 수 있는 위험성이 존재한다.

행정의 민주적 정당성과 책임성의 문제는 흔히 보장국가론에서 논의되는 이른바 "규제된 자율규제"(staatlich global gesteuerte gesellschaftliche Selbstregulierung)의 개념과 더불어 거버넌스와의 조화점을 모색하기로 한다.45) 개념적으로는 보장국가가 최종적인 보장책임을 진다는 점에서 전체

---

44) 이와 같이 다자간, 다면적인 규율구조체가 바로 Schuppert가 지적하는 거버넌스인 것이며, 행정조직법에서는 바로 이러한 의사결정구조가 마련되어야 하는 것이다.

45) 이에 대한 논의는 Wolfgang Hoffmann-Riem, öffentliches Recht und Privatrecht als wechselseitige Auffangordnungen - Systematisierung und Entwicklungsperspektiven, in : Hoffmann-Riem/Schmitt-Aßmann(Hrsg.), Auffangordnungen, 261면(301면 이하).

적인 규제의 틀을 유지하지만,[46] 민간부문의 역량이 강화되고 주도적인 의사결정을 기능을 갖는 상황에서 국가의 최종적인 규율책임의 실효성이 과연 담보될 수 있는지도 중요한 연구의 대상이다. 결국 이 문제는 대의제, 의회민주주의로 대표되는 민주적 정당성과 국민의 직접적인 참여와 협력을 요구하는 국민주권의 직접적인 실현방식과 조화를 모색하는 문제를 제기한다. 여기에서 간과할 수 없는 사실은 국가 내지 행정과 협력하는 민간부문이 과연 어느 정도의 대표성을 가질 수 있는지, 진정한 협치를 위한 거버넌스에서 사회적 약자의 의사적 소외 문제를 어떻게 극복할 수 있는지의 문제도 심각하게 고려하여야 한다.

Ⅱ. 전통적인 행정조직법의 원리

1. 수직적인 계층질서로서의 행정조직

일반적으로 행정조직법이란 행정권한을 행사하는 주체의 조직, 즉 행정기관의 설치, 폐지, 구성, 권한 및 행정기관 상호간의 관계를 법적으로 설정한 것을 말한다.[47] 물론 행정조식법에 대한 이와 같은 추상적인 차원의 개념정의에도 불구하고 행정조직에는 국가행정조직, 지방행정조직, 공공기관 등 다양한 형태가 존재하고 각자 조직의 구성 및 운영원리가 상이하기 때문에 이를 모두 포괄하는 행정조직법의 일의적인 정의는 어렵다고 볼 수 있다. 행정조직법의 개념을 새롭게 정의하려는 시도에 따르면 행정조직법은 국가의사를 형성·집행·판단하는 모든 행정주체의 설치, 폐지, 구성, 권한 및 상호관계는 물론, 그 주체들이 인격적으로 존립·활동하게 하는 본질적인 구성요소인 사람, 즉 행정주체의 인적 요소에 대한 권리, 의

46) 보장국가와 보장책임과의 관계에 대해서는 H.-H. Trute, Verantwortungsteilung als Schlüsselbegriff eines sich veränderenden Verhältnisses von öffentlichem und privatem Sektor, in : Schuppert(Hrsg.), Jenseits von Privatisierung und schlankem Staat, 1999, 13면 이하.

47) 김명식, 행정조직법, 법우사, 2014, 3면.

무, 책임 및 상호관계까지를 포함하는 법체계를 의미한다.[48]

그런데 이와 같은 행정조직법의 구성원리로서 전통적으로 논의되어 온 것이 바로 수직적인 계층조직이라고 할 수 있다. 흔히 행정조직은 피라미드와 비교되어 하부구조물이 계층적으로 그 다음 계층조직을 지지하며 순차적으로 좁고 작은 구조물을 지향하면서 정점에 이르게 된다. 절대주의시대 국가에서 행정조직법의 파라미드구조는 국가를 거대한 기계로 보고 이를 정점에서 일사분란하게 조종하여 위로부터의 국가의사가 하부구조로 전달되어 실현되는 것으로 이해하였다.[49] 즉 행정조직은 전체를 구성하는 부분조직을 중심으로 이를 운영하는 인원과 에너지를 통하여 작동하는 거대한 기계와 같은 것이며, 인적 구성요소로서 충성스럽고 성실한 직업공무원이 존재하는 것으로 인식하였다. 직업공무원은 행정조직의 정점에 있는 행정부 수반이 결정한 의사를 실행하여 마치 수레바퀴를 돌리듯 일사분란하게 국가를 운영한다. 그런데 이와 같이 거대한 기계설비에 비교할 수 있을 정도로 체계적인 계층제 행정조직이 정점에 위치한 행정부 수반의 의사를 하부체계에 전달하여 일방적으로 국가업무를 수행하는 과정에서 주권자의 의사를 간과할 수 있다는 점에서 민주주의원칙에 반하는 것으로 비판할 여지가 있을 수 있다.

그럼에도 불구하고 일단 관료제를 중심으로 하는 행정의 수직적 계층구조가 가지는 긍정적 기능을 간과할 수 없다. 막스 베버는 수직적인 행정조직의 구조는 관료제가 그 핵심으로서 근대적인 행정조직의 본질적인 요소라는 점을 강조하고 있다. 관료제와 수직적인 행정조직법은 그것이 행정조직법정주의와 행정의 법률적합성원칙과 같은 법치국가의 근본원리와 연계되는 경우 국가권력이나 행정활동의 자의적 행사를 방지하고 합리적이며 예측 가능한 방식으로 이루어지도록 보장하는 긍정적인 기능을 갖는다

48) 김명식, 상게서 (각주 9), 7면.

49) Horst Dreier, Hierachische Verwaltung im demokratischen Staat. Genese, aktuelle Bedeutung und funktionelle Grenzen eines Bauprinzips der Exekutive, 1991, 70면.

는 것이다. 베버는 계층구조를 가지고 정점에서 중앙집권적으로 통제되는 관료제가 국가권력의 행사를 합리화하는 기능이 크기 때문에 현대국가에서 가장 영향력 있는 정치 및 사회적 제도라는 점을 강조하고 있다.[50] 그러한 이유 때문에 수직적 관료제가 가지는 소통과 합의의 부재라는 내재적인 한계에도 불구하고 오늘날까지도 여전히 행정조직법의 대표적인 조직원리로 존재하는 것이다. 일반적으로 관료제는 수직적인 조직으로서 상하의 엄격한 위계질서를 그 특징으로 하지만 계층조직을 형성하고 있는 각 조직단위를 통한 기능적 분화가 가능하다는 점을 간과할 수 없다. 다시 말하자면, 위계적인 관료제조직이라고 하더라도 모든 결정을 정점에 있는 행위주체가 독점적으로 행하는 것이 아니라 행정활동의 대상이 되는 상대방에 대한 거시적인 지도 및 통제기능에 국한한다. 오늘날 행정관리론을 중심으로 하는 행정의 현대화 과제는 위계적 관료제가 분권화된 업무단위의 자율성과 책임성을 실현하면서도 동시에 이를 제어하는 최상의 중추기관이며 조정자로서의 역할을 적정하게 수행할 수 있도록 한다는 의미에서 두 마리 토끼를 동시에 잡는데 초점을 맞추고 있다. 따라서 행정조직법의 이론적 측면은 물론 실증적인 관점에서도 이와 같이 위계적인 관료제가 행정조직법의 원형으로서 가지는 장점을 결코 간과할 수 없다.[51]

2. 위계적 관료제의 한계

관료제의 기능적 한계론과 이를 대체하는 거버넌스에 대한 논의는 주로 1980년대 행정학을 중심으로 전개되었다.[52] 당시 작은 정부와 신행정

---

50) Max Weber, Wirtschaft und Gesellschaft. Herrschaft, MWG 제1권/22-4, 2005, 185면.

51) Arthur Benz, Governance in verbundenen Arenen - Politikwissenschaftliche Analyse von Koordinierung und Steuerung in komplexen Regelsystemen. Beitrag zum Theorieworkshop “Neue Governance-Formen in der Forschung - disziplinäre Theorienansätze, Schnittstellen und Integrationsmöglichkeiten” im Forschungsinstitut für öffentliche Verwaltung, Speyer, 1./2. Juni 2004.

52) 이에 대한 상세한 논의는 거버넌스, 안네 메테 키에르 지음, 이유진 옮김, 도서출판 오름, 2007, 33면 이하.

관리론의 등장은 행정과 이를 중심으로 하는 정부부문에 시장원리를 통한 개혁의 물꼬를 제공하였다. 다시 말하자면 국가와 행정이 공동체의 발전을 주도하는 시대에 만들어진 수직적인 관료제와 행정조직으로는 새로운 시대의 복잡하고 다층적인 과제를 수행하기에 적절하지 않다는 현실적인 한계를 경험하면서 공동체 내의 다양한 이해관계를 가지는 주체들을 서로 네트워크화 하여 이들 간의 소통과 협치를 통한 새로운 행정조직의 모델을 추구하는 과정에서 거버넌스에 대한 관심이 자연적으로 부상한 것이다.[53] 전통적인 공법질서는 행정조직법과 관련하여 수직적이고 위계적인 관료제에 너무나도 익숙하여 왔기 때문에, 이러한 공법질서와 행정조직법에 순응하였던 조직의 행위자들은 현대국가가 당면한 과제수행방식에 대하여 스스로를 변화시키려는 노력을 상당한 정도로 주저하는 경향이 있다.

그러나 공동체 내에서 민간부문의 역량이 성장하고 이들과의 협력과 소통을 통하여 공적 과제를 실현하여야 하는 여건의 변화에 대응하려는 과정을 통하여 행정조직의 인적, 물적 요소의 재구성과 배치에 점차적으로 관심을 보이기 시작하였다. 이와 같은 공동체가 처한 여건의 변화로부터 국가는 이제 자신의 독점적인 영역이자 과제로 인식하였던 공공복리 내지 공익의 실현방식의 변화를 모색하고 그에 따르는 행정조직법의 원리를 재발견하고자 한 것이다. 국가의 공적 과제와 업무는 관료제의 우위를 바탕으로 하는 수직적이며 고권적인 처리방식에서 벗어나서 상대방과의 협력과 수평적 관계를 지향하게 된 것이다. 이것은 전통적으로 관료제가 가지는 장점에도 불구하고 사회적, 정치적, 문화적 환경의 변화에 따라서 국가 역시 관료제라는 수직적인 위계질서를 바탕으로 하는 의사결정에 한계를 경험하게 되었다는 것이다.[54] 이런 의미에서 오늘날의 관료제는 "나쁜 제

53) Fritz W. Scharpf, Positive und negative Kordination in Verhandlungssystemen, in : Adrienne Hértier, Policy-Analyse, PSV Sonderheft 24, 1993, 57면 이하; 동인, Interaktionsformen. Akteurszentrierter Institutinalismus in der Politikforschung, 2000, 323면 이하.

54) Wolfgang Hoffmann-Riem, Governance im Gewährleistungsstaat. Vom Nutzen der Governance-Perspektive für die Rechtswissenschaft, in : Schuppert (Hrsg.),

도"라기 보다는 "낡은 제도"라는 점이 분명해진 것이다. 그리고 특히 관료제를 중심으로 하는 전통적인 행정조직법이 행정부의 수반으로서 대통령을 중심으로 하는 통치구조와 결합되는 경우 대통령의 의지와 정책기조를 상명하달하는 기능으로 축소되는 것을 피하기 어렵다. 정부의 통치방식이 권위적인 문화와 속성을 강하게 가지는 경우에는 관료제와 전통적인 수직적 행정조직법의 체계는 소통과 참여를 통한 협치에 적합한 모델이라고 할 수 없다. 이 경우에는 관료제와 수직적 행정조직법 체계가 가지는 권력행사의 합리성과 예측가능성이라는 장점보다는 대통령의 개인적 성향이나 정치적 선호도를 형식적이고 기계적으로 전달하는 기제로서 전락하는 문제점을 노정할 가능성이 크다.

Ⅲ. 4대강 사업과 국가의 물관리 거버넌스

우리 세대뿐만 아니라 미래세대를 위한 균형 있는 물관리와 효율적인 물사용, 기후변화에 따르는 물 부족과 홍수 등 자연재해, 수질과 수량의 통합, 통일을 고려한 남북 간의 통합적 하천관리 등 이른바 지속가능하고 통합적인 물관리(sustainable & integrated water ressources management)라는 개념이 등장하는 것은 국가의 하천과 수자원의 관리 역시 장기적인 관점에서 다양한 이해관계인들과의 소통과 협력을 통하여 최적의 해법을 도출하여야 한다는 당위성에서 그 근거를 찾을 수 있다.[55] 이러한 장기적이고 지속가능한 국가의 물관리라는 측면에서 볼 때 4대강 사업에 대한 논란은 여전히 진행 중이고 특히 사업을 위한 거버넌스의 측면에서 상당한 반성적인 고려가 필요하다. 주지하는 바와 같이 4대강 사업은 이명박 대통령이 정권적 차원에서 수행한 대규모 국가프로젝트이고 통치자의 의지와 철학

Governance-Forschung - Vergewisserung über Stand und Entwicklungslinien, 2005, 205면.

55) 통합 물 관리에 대한 개념은 김성수, 기후변화 적응을 위한 통합 물 관리 법적 거버넌스 구축 방안, 물 거버넌스, 도서출판 피어나, 2014, 175면 이하.

이 강하게 반영되었다. 4대강 사업은 대통령의 의지와 국정철학에 따라서 국무총리가 헌법 제86조 제2항의 규정에 근거하여 대통령을 보좌하고 대통령의 명을 받아 행정각부를 통할하는 대통령제 하에서 전형적인 수직적인 관료제 중심의 행정조직체계를 통하여 집행되었다. 그리고 실무적으로 집행의 핵심적인 조직은 국토교통부 소속의 4대강 살리기 추진본부가 주도적인 역할을 수행하였다.

물론 4대강 사업에 대한 긍정적인 평가가 일부 있는 것도 사실이지만 이 사업으로 인하여 회복하기 어려운 하천생태계의 파괴와 녹조의 발생 등 환경적인 측면에서 거의 재앙에 가까운 부정적인 결과를 야기하였다. 그런데 4대강 사업의 부정적인 결과와 관련하여 과연 그 원인이 무엇인가에 대해서는 여러 가지 측면에서 평가가 가능하겠지만 결국 이 문제는 장기적이고 지속가능한 물관리원칙에 역행하는 대표적인 "거버넌스의 실패"라고 볼 수 있다. 물은 전기나 가스 등 다른 자원에 비하여 지역적으로 존재하는 특징을 가지기 때문에 하천에 대한 성상을 변경시키는 행위는 당연히 하천을 중심으로 하는 유역이나 권역에 거주하는 주민이나 관련 자치단체가 첨예한 이해관계를 갖는다. 하천에 대한 이른바 권역별 내지 유역별관리가[56] 중요한 의미를 갖는 것이 바로 이러한 이유 때문이다.[57] 또한 하천이나 물관리는 그 경제적인 이용이나 산업적 측면뿐만 아니라 일종의 공공재로서 국가는 물론 물을 사용하는 소비자로서 국민이 가지고 있는 의견이나 선호도 내지 가치관도 반영되어야 한다. 다시 말하자면 하천과 수자원, 물관리라는 공적 과제에는 대통령과 총리를 포함하는 행정각부, 그 중에서도 물관 직접적인 관계가 있는 국토교통부, 환경부, 농림축산

56) 유역(river basin)은 소유역(watershed)을 포함하며, 유역은 넓은 강수계를 의미하고, 소유역은 그 보다 작은 집수구역(catchment)을 의미한다. 송재석, 우리나라 제도적 물 레짐의 개혁적 진화 : 수리권과 수자원 정책의 변화, 한국지방자치학회보, 제22권 제2호, 2010, 24면.

57) 최봉석, 참여 거버넌스 관점에서의 물 관리 법제에 관한 연구, 상게서 (각주 17), 258면; 권형준, 기후변화에 대응한 물 관리 제도 개선방안, 저널 물 정책·경제, 2010, 82, 87-88면.

식품부, 산업자원통상부 등 부처만의 권한뿐만 아니라 일반 국민, 지역주민, 유역별 지방자치단체, 전문가와 시민단체 등이 다양한 이해관계를 갖고 있기 때문에 이를 조절하기 위해서는 협치의 과정을 통하여 이들이 적절하게 참여하고 소통할 수 있는 채널이 마련되어야 한다.[58] 바로 이러한 협치와 소통을 통한 하천과 물관리가 세대를 넘어서는 지속가능성을 보장하기 때문이다.[59] 이러한 측면에서 보면 4대강 사업은 물관리의 협치와 지속가능성원칙에 반하는 대표적인 사례라고 할 수 있다. 4대강 사업과 관련되는 대표적인 대법원 판결들은 오늘날 행정법학의 방법론이 4대강 사업과 관련된 기본계획이나 실시계획에 대한 승인처분을 중심으로 이를 다투는 항고소송을 분석하는 연구가 중심이 되는 경우 보다 중요하고 근본적인 행정조직법이나 거버넌스의 문제를 간과하는 결과에 이르게 된다.

Ⅳ. 물관리를 위한 합리적 거버넌스

1. 국가 및 유역 단위의 물관리를 위한 거버넌스

물 관련 학자들과 학술단체는 지속적으로 물관리를 위한 민주적 거버넌스의 필요성에 대하여 의견을 제시해 왔다.[60] 물관리 거버넌스의 요체는 수평적으로 물과 관련하여 직·간접적인 이해관계를 가지는 행정청, 주민, 시민단체, 전문가들의 협치구조를 형성하고 이들이 물과 관련된 주요 정책에 대하여 소통과 협력을 통하여 일정한 의사를 결정할 수 있도록 하는 것이다. 그런데 물은 주로 하천과 유역을 중심으로 부존하고 관리하는

58) 관리주체 통합(이른바 물관리 부처 일원화)보다는 조직체계 간의 유기적 관련성을 강조하는 통합 물관리에 대해서는 김성수/강일신, 수법의 체계구상 -독자적 법역으로서 수법학의 성립가능성에 대한 시론적 고찰-, 환경법연구 제37권 제1호, 2015, 145면.

59) 안형기, 물관리정책의 진화과정과 4대강정비사업, 한국정책과학회보 제13권 제4호, 2009, 148면.

60) 소병천, 물관리기본법의 제정필요성과 그 방향 및 내용, 환경법연구 제25권 제2호, 2003; 김현준, 지속가능한 물관리를 위한 법제도 정비에 관한 소고, 토지공법연구 제54집, 2011; 서왕진, 21세기 새로운 물관리 체계로서의 거버넌스, 국토연구 통권 259호, 2003.

국가의 자원이기 때문에 국가 전체의 물관리는 개별 하천이 흐르고 있는 유역 내지 권역 단위의 물관리를 위한 거버넌스와의 유기적 관련성을 고려하여야 한다. 이와 같은 중앙정부와 유역 내지 권역의 유기적이고 통합적인 물관리를 수직적 거버넌스로 표현하여 앞서 언급한 수평적 거버넌스와 개념적으로 비교할 수 있다.[61] 그런데 물을 대상으로 하는 이와 같은 관리주체에 대한 논의는 점차적으로 수평적, 수직적 거버넌스를 위한 발전과정을 거치고 있다. 후술하는 바와 같이 15대 국회부터 물관리를 위한 조직체로서 기존의 국토부나 환경부와 같이 일정한 권한과 책임을 부여받은 정부조직법상 부처 이외에 이들을 통합·조정하는 국가물관리위원회의 설치를 목적으로 하는 물관리기본법이 국회에 발의되었다. 초기에는 이와 같은 국가물관리위원회의 조직은 주로 정부를 중심으로 하는 위원의 구성이 주류를 이루었다면 19대 국회부터 국회에 제출된 물관리기본법안은 국가 및 권역 내지 유역별 물관리위원회의 구성에 있어서 민간부문의 지역주민, 물소비자, 국민의 이해를 대변하기 위하여 상당한 활동경력이 있는 시민사회의 대표자나 전문가 등이 과반 이상을 점유하게 되었다는 사실이다.[62]

2. 정우택안의 국가물관리위원회와 권역물관리위원회의 거버넌스

물관리기본법과 관련하여 초기의 법안들은 대체로 국가물관리위원회 제도를 선호하면서도 그 구성에 있어서는 정부가 주도적인 역할을 수행하는 것을 예정하고 있다. 그러나 19대 국회부터는 함진규안을 제외하고는 대부분의 물관리기본법안이 국가물관리위원회와 더불어 권역 내지 유역별 물관리위원회를 규정하고 각각의 구성에 있어서도 민간부문의 위원이 과반수를 점하도록 거버넌스를 설계한 것이 특징적이다. 이는 앞서 언급한

---

61) 여기서 말하는 '수직적'이라는 개념은 앞서 논의한 관료제와 같은 전형적인 계층 구조적 상하 위계관계를 의미하는 것이 아니라 헌법상 국가의 주요자원으로서 수자원과 물관리에 대한 권한과 의무를 행사하는 국가와 하천이 부존하는 유역 내지 관련 지방정부 간의 유기적인 협조체제를 말한다.

62) 기존의 물관리기본법안에서 규정된 거버넌스에 대한 상세한 소개는 김성수/윤익준, 전게논문(각주 24), 9면 이하; 김성수, 전게서(각주 17), 181면 이하.

바와 같이 물과 관련하여 다양한 이해관계를 가지는 주체들의 협력과 소통을 통하여 보다 장기적이고 지속가능한 관점에서 물에 대한 정책을 결정·집행하겠다는 입법자의 의지를 반영한 결과라고 할 수 있다. 19대 국회와 20대 국회에 제출된 9개의 물관리기본법안 중에서 표준적인 법안이라고 할 수 있는 정우택안은 국가물관리위원회, 권역별물관리위원회의 구성과 기능에 대하여 규정하고 있다.

3. 평 가

20대 국회에 제출된 대부분의 물관리기본법안이 국가위원회와 더불어 권역위원회 내지 유역위원회를 규정한 것은 하천 및 물에 대한 유역과 현장 중심의 문제를 발견하고 국가위원회와의 유기적인 협력을 통하여 국가 전체적인 관점에서 물 문제의 해결방안을 찾겠다는 의지를 선명한 것이다. 물론 중앙과 유역 간의 구도는 형식적으로는 수직적인 관계인 것처럼 보일지 모르지만 유역 내지 권역 중심으로 물과 관련된 문제를 우선적으로 발견하고 해법을 모색하며 중앙에서는 필요한 행정적, 재정적 지원을 하는 상향식 모델이라는 점에서 오히려 양자 간의 관계는 협력적인 것으로 보는 것이 보다 그 실질을 정확하게 이해하는 것이다. 물관리기본법의 핵심적인 정신이라고 부를 수 있는 이와 같은 중앙과 지방 간의 유기적 협력관계는 국가위원회의 국가물관리 종합계획과 권역위원회의 권역물관리 기본계획 간의 관계를 살펴보면 더욱 분명해진다. 즉 국가물관리 종합계획과 권역물관리 기본계획은 권역이 중심이 되는 Bottom-up 방식의 계획수립 과정을 잘 보여준다.[63)]

---

63) 국가물관리위원회의 장은 국가의 물관리 비전과 목표, 추진방향 등 기본적인 계획의 틀인 '국가물관리종합계획 기본지침'을 관계 중앙행정기관 및 권역위원회와 협의하여 작성하도록 하고(정우택안 제27조 제1항), 이렇게 작성된 지침을 국가물관리위원회가 심의하도록 함으로써 유역 내지 권역의 의견이 반영된 국가물관리 종합계획을 수립하도록 한다(제2항). 권역위원회의 위원장은 제27조 제1항에 따른 종합계획 수립지침 및 제30조에 따른 관계 중앙행정기관의 장이나 지방자치단체의 장이 수립·제출한 물관리 관련 계획을 기초로 10년마다 해당 권역의 물순환 및 물관리를 위해 권역위원회의 심의를 거쳐 물관리의 여건과 전망, 수질 및 수생태계 등의 사항을 포함한 권역 물관리기본계획을 수

이와 같이 국가물관리종합계획 기본지침 → 권역별 기본계획 → 국가물관리 종합계획의 수립과정에서 권역의 의견을 적극적으로 반영하는 것 이외에 물과 관련된 기타 계획을 수립하는 관련 중앙행정기관, 지방자치단체까지 포함하는 매우 정교한 협력적 거버넌스가 구축된다. 특히 환경부, 국민안전처 등 관계 중앙행정기관의 장과 지방자치단체의 장의 의견도 반영된다는 점에서 수량과 수질을 모두 고려하는 통합적이고 체계적인 계획의 수립이 가능해진다. 현재의 지방자치와 지방자치법에서는 중앙정부 내지 중앙행정기관의 장이 자치단체를 주로 수직적인 측면에서 통제하고 규제한다는 점을 고려할 때 물과 관련한 국가위원회와 권역위원회, 관련 중앙행정기관, 지방자치단체의 유기적인 협치의 가능성은 앞으로 우리나라에서 중앙정부와 지방정부 간의 새로운 협력관계를 모색함에 있어서 보다 발전된 모델을 제시할 수 있을 것으로 보인다. 이에 대해서는 사회보장기본법에 규정된 중앙정부와 지방정부 간의 관계를 언급하면서 후속하는 연구논문에서 보다 상세하게 논의하기로 한다.

정우택안에서 특징적인 점은 국가위원회와 권역위원회가 각각 그 구성에 있어서 물과 관련된 중앙행정기관의 장, 자치단체의 장과 같은 공공부문이 참여하고 있지만, 연구기관, 대학, 산업체, 시민단체, 물 관련 분야에 학식과 경험이 있는 자 등 공무원이 아닌 위원이 전체위원 과반수가 되어야 하고, 위원장과 부위원장 모두 공무원이 아닌 위원 중에서 대통령이 임명하고, 권역위원회의 위원장과 부위원장은 공무원을 제외한 민간위원 중에서 권역위원회 위원의 호선으로 선출한다는 것이다. 이러한 국가위원회와 권역위원회의 민간부문 위원의 과반수와 위원장 및 부위원장을 모두 민간부문의 위원으로 위촉한 것은 물과 관련된 다양한 이해관계인을 참여시켜 소통과 협력을 통하여 문제를 해결하는 거버넌스를 구축한 것이다. 따라서 이러한 형태의 거버넌스 하에서는 4대강 사업과 같이 물과 관련된 주요 정책을 수행함에 있어서 대통령의 의지를 절대시하고 총리와 관련

립한다(제28조 제1항). 국가위원회의 위원장은 이와 같은 과정을 통하여 수립된 권역별 물관리기본계획을 통합하여 국가물관리종합계획을 수립하는 것이다.

부처가 획일적이며 일방적으로 집행하는 것이 원천적으로 불가능하다. 물론 협치적 거버넌스를 통한 국가적 의사결정과 집행방식이 신속하며 효율적인 정책집행을 방해한다는 견해도 제시될 수 있다. 그러나 물관리기본법안들이 천명하고 있는 기본원칙들은 건강하고 쾌적한 물에 대한 국민들의 접근권, 기후변화에 따르는 통합관리, 균형배분, 이해당사자의 참여, 권역별 관리, 수질 및 수생태계의 지속가능성, 물의 건전한 순환과 같은 것들이다. 물론 위 원칙들은 물에 대한 통합관리와 수요관리 등을 통한 절약 등 물에 대한 효율적 관리를 지향하지만 이는 물에 대한 신속하고 기계적인 의사결정을 통한 국가의 일방통행식 토건행정을 의미하는 것이 결코 아니다. 오늘날 물 문제는 기후변화에 따라서 불확실성과 불안정성이 증대되고 있기 때문에 정부와 공공부문이 열린 자세로 민간부문이 가지고 있는 정보와 지식, 노하우 등을 적극적으로 수용하여 정책독점으로 인한 폐해를 방지하고 관련 당사자의 편익을 극대화하도록 최적의 방안을 도출하는 거버넌스를 구축하는 것이다.

V. 민주적 정당성, 행정의 책임성

1. 민주적 정당성과 규제된 자율규제

민주적 정당성이라는 용어는 '민주주의'와 '정당성'이라는 두 가지 단어가 결합된 개념이다. 여기에서 민주주의는 주권자인 국민이 주체적으로 국가의 중요정책에 대하여 결정권을 행사한다는 의미로서 국가적 의사결정의 주체와 주권자로서의 국민이 일치한다는 의미이다. 이에 따라서 정당성이라는 의미는 이와 같이 주권자로서의 국민이 주체적으로 국가의 주요정책이나 사안에 대하여 결정한 경우에 한하여만 그것이 정당한 것으로 받아들어질 수 있다는 것이기 때문에 국민의 의사가 반영되지 않고 독재자 개인이나 소수의 지배자 등 비정상적인 독과점 형태로 이루어진 공적 의사결정은 민주주주의 원리에 반하고 정당성을 가지지도 못한다. 다만,

헌법 제1조 제2항으로부터 유래하는 국민주권주의와 우리 헌법 도처에서 산재하는 민주주의원리에도 불구하고 국민이 직접 국가의 기관으로서 주체적인 의사를 결정하는 것은 현실적으로 어려운 일이다. 따라서 오늘날 현대국가에서는 주권자인 국민이 대통령이나 국회 등 통치권능을 행사하는 대의기관을 선거를 통하여 선출하고 국민의 선거에 의하여 선출된 의회권력, 내지 행정권력이 국민을 대위하여 통치하는 의회민주주의, 대의제와 같은 간접민주주의 형태가 보편적이다. 오늘날 민주적 정당성이라는 의미는 국민의 선거에 의하여 선출된 권력이 국가의 주요정책이나 사안을 주체적으로 결정하는 것을 의미한다는 점에서 선거와 대의제는 민주적 정당성을 확보하는 핵심제도라고 할 수 있다. 물론 이와 같은 민주적 정당성의 문제는 선거를 통하여 선출된 권력에 의한 주체적 결정뿐만 아니라 다음 선거까지 국민으로부터 신뢰를 유지하는 지속가능성을 전제로 하고 있다.

이와 같은 헌법상 민주적 정당성의 원칙에서 볼 때 물관리기본법안에서 제시된 국가위원회와 권역위원회의 거버넌스가 다양한 이해관계인의 참여와 협력을 통하여 최적의 의사결정을 이끌어낸다고 하더라도 국민의 선거를 통하여 선출된 권력이 임명한 공공부문의 공무원 위원이 민간부문의 위원들과 같이 과반수만을 점하게 되고, 더욱이 위원장과 부위원장은 모두 민간무문의 위원들을 보임함에 따라서 문제가 제기될 수 있다. 더욱이 국가위원회나 권역위원회는 단순한 자문이나 심의를 위한 기관이 아니라 중요한 사안에 대하여 심의·의결하는 권한을 가지고 있기 때문에 민주적 정당성의 문제는 보다 첨예한 측면을 가질 수 있다. 또한 국가위원회나 권역위원회에 참여하는 민간위원들이 사회 전체로 볼 때 대표성을 가지는 것도 아니며 그에 따라서 일정한 책임을 지는 것도 아니라는 점에서도 더욱 그러하다. 그럼에도 불구하고 오늘날 공공부문과 민간부문의 협력을 통하여 보다 협치에 근접한 의사결정을 지향하는 것은 국가와 민간이 수행하는 역할과 책임을 분담한다는 것을 의미한다.[64] 오늘날 많은 공적 과제

---

64) Schuppert, 전게논문 (각주 4), Der Gewährleistungsstaat - ein Leitbild auf dem Prüfstand, 2004, 24면.

들은 그 구조가 복잡하고 다양한 이해관계가 대립되는 경우가 많이 있어서 정부 등 공공부문이 공동체에 중요한 영향을 미치는 의사결정을 독점한다는 것은 가능하지도 않으며 또한 바람직스러운 것도 아니다.

앞서 언급한 바와 같이 하천과 물을 관리한다는 것 역시 국가와 공공부문이 의사결정을 주도하는 경우 정부의 실패를 경험할 수 있으며, 4대강 사업과 같은 부정적인 결과에 이르게 될 가능성이 크다. 따라서 일단 정부와 공공부문은 의사결정의 독점적 지위를 지양하고 민간부문의 주도권을 인정하는 상태에서 그들과 협력적 관계를 모색한다. 그리고 물관리와 같이 공동체에 다양한 이해관계를 가지는 주체들이 혼재하는 경우 일단 그 업무에 대하여 민간부문의 자율적인 결정이나 규제활동을 지켜보면서 공공부문은 그로 인한 부정적 결과의 예방과 차단에 주력한다. 이른바 신사조 행정법이 말하는 사회의 자율규제 내지 결정기제의 작동이 가능하도록 그들의 활동이 이루어지는 영역을 존중하는 것이다.[65]

그러나 이와 같은 민간부문의 자율결정 내지 규제의 기제들은 국가의 총체적이고 거시적인 규제로부터 완전히 일탈하거나 자유로운 것은 결코 아니라는 점을 간과할 수 없다. 국가물관리위원회는 그 업무 수행에 있어서 독립성과 정치적 중립성을 보장받고 있으나, 엄연히 대통령에 소속한 기관으로서 대통령의 통제를 받으며, 인사나 예산·재정문제에 있어서도 인사혁신처, 기획재정부와 같은 중앙행정기관으로부터 활동상의 제약을 받는다. 이와 같이 민간부문이 주도하는 국가물관리위원회도 대통령제 국가에서 헌법과 정부조직법에 따라서 최종적으로는 정부와 공공부문이 일정한 운영방식과 형태를 결정하기 때문에 이른바 "국가에 의하여 규제된 사회의 자율규제"라는 틀을 벗어나지 못하는 것이다. 결국 국가는 이러한 제도적인 장치를 통하여 민주적 정당성의 원칙이 훼손되지 않도록 보장하며, 관련되는 헌법과 법률규정은 혹여 민간부문의 자율결정과 규제가 선거

65) Andreas Voßkuhle, Neue Verwaltungsrechtswissenschaft, in : Hoffmann-Riem/Schmitt-Aßmann/Voßkuhle (Hrsg.), Grundlagen des Verwaltungsrechts, 제1권, 53면.

에 의하여 선출된 권력의 의사에 반하는 행위를 하지 못하도록 통제하는 기능을 수행한다. 그러나 이와 같은 국가적 규제와 통제는 과거와는 달리 직접적·구체적·개별적 방식을 지양하고 무엇이 공동체의 민복과 공동선을 실현하는데 효과적인가를 고민하면서 보다 스마트한 방향으로 변화한다. 바로 협치를 위한 거버넌스는 이러한 스마트한 규제방식을 지향하는 행정조직법상의 원리인 것이다.

2. 행정의 책임성

1) 고전적인 행정의 책임성 실현구조

행정학 분야에서 행정의 책임성에 대한 논의는 다양하게 이루어지고 있으나 일반적으로 행정이 국가와 사회의 다른 기관이나 구성원에게 자신의 행위의 내용과 정당성을 설명하고 일정한 기준에 의한 평가를 받을 의무를 말한다.[66] 고전적으로 보면 행정의 책임성을 실현하는 주체는 실제로 행정권을 행사하는 공무원이라고 할 수 있다. 헌법과 법률에 의하여 일정한 권한을 행사하는 공무원들은 앞서 언급한 관료제에 의하여 계층적 구조를 형성하는데, 이러한 관료제는 권한이 여러 부처나 사람에게 분산되어 책임의 소재가 산재하는 것보다는 특정 부처의 장이나 조직의 수뇌부가 권한을 집중적으로 행사하는 경우에 한하여 그 책임과 권한의 소재가 명확해질 수 있다는 장점을 가진다. 결국 수직적인 관료제를 통하여 행정권한의 행사에 대한 신뢰를 제고하고 권한을 가진 자에 대하여 구체적으로 책임을 추궁할 수 있다. 물론 행정의 책임성은 이를 추궁하는 주체에 따라서 조직의 장을 비롯한 행정내부의 책임도 문제될 수 있으나 주로 행정에게 일정한 권한을 부여한 의회에 대한 책임, 즉 행정의 민주적 책임성이 그 토대를 이룬다고 할 수 있다.

또한 행정의 책임은 그 내용에 따라서 국회에 대한 정치적 책임, 성과

66) 엄석진, 행정의 책임성 : 행정이론간 충돌과 책임, 한국행정학보 제43권 제3호, 2009, 21면.

에 대한 정책적 책임, 재정이나 예산의 집행에 대한 회계적 책임 등 다양한 방식으로 발현될 수 있으나 행정의 민주적 책임을 담보하는 것은 무엇보다도 법적인 책임이라고 할 수 있다. 즉 행정권은 헌법 제66조 제4항에 따라서 대통령을 수반으로 하는 정부에 속하며, 국무총리와 국무위원은 임면권자인 대통령과 국회에 대하여 정치적·행정적 책임을 진다. 결국 헌법상 민주주의원리에 따라서 행정권은 주권자인 국민이 대통령과 국회에 부여한 민주적 정당성원리에 기속되어, 대통령과 국회에 행정의 권한행사를 설명하고 자신의 행위에 대한 정당성을 확인받아야 하는 것이다.67) 또한 권력분립의 원칙에 따라서 법원과 헌법재판소는 행정의 권한행사가 헌법과 법률에서 정한 한계를 넘어서는 경우 이를 통제함으로서 행정의 법적 책임성 원칙을 보장한다. 이상과 같이 행정의 법적 책임성은 관료제를 중심으로 하는 공무원조직이 헌법상 민주주의원리와 권력분립의 구조 하에서 국회와 대통령, 법원 및 헌법재판소에 의한 통제를 받음으로써 실현된다.

그러나 이와 같은 고전적인 행정의 책임성에 대한 법적인 실현구조는 민영화, 규제완화, 민관협력을 통한 거버넌스 시대에 다소 도식적이고 단순하다는 비판을 면하기 어렵다. 다시 말하자면 민주주의원리와 권력분립이라는 헌법의 기본원칙을 고수하고 행정에 대한 법적 통제만이 행정의 책임성을 실현하는 기제인가에 대해서는 반성적 고려가 필요하다는 것이다. 그 이유는 오늘날의 행정은 성과를 강조하고 사회의 다양한 수요에 부응하여 이른바 맞춤형 문제해결방식을 지향하기 때문에 그에 대한 책임성 평가기준이나 내용 역시 달라질 필요가 있기 때문이다. 무엇보다도 행정이 주권자인 국민에게 보다 좋은 서비스를 제공하여야 한다는 수요자 중심의 행정과 성과주의 목표가 결합되는 경우 행정의 책임성은 국회와 대통령에 대한 법적인 책임이라는 단순한 구조로부터의 변화가 불가피해 보인다.

---

67) Wolfgang Hoffmann-Riem, Eigenständigkeit der Verwaltung, in : Hoffmann-Riem/ Schmitt-Aßmann/ Voßkuhle, (Hrsg.), Grundlagen des Verwaltungsrechts 제1권, 712면.

2) 거버넌스 시대의 행정책임

기존의 관료제를 중심으로 하는 민주적 행정책임이 조직의 장이나 국회, 대통령에 대한 법적 책임만을 다하는 것으로 이해하고 이를 제도적으로 실현한 결과 새로운 시대적 변화에 적응하는데 한계를 노정하면서 그 제도적 경직성에 대한 문제가 지적되었다. 법적으로는 완전해 보이는 관료제와 행정의 법적 책임성은 정작 행정의 수요자인 국민 앞에서는 초라한 성적표를 받게 된 것이다. 이제 새로운 시대의 공직자는 계속적으로 공공목적을 달성하기 위한 대안의 합리적 평가자이어야 하며, … 기획가이어야 하며, … 심판이 아닌 경기자(player)이며, … 공공 의지를 실현하기 위한 전문가들이어야 한다. … 그들은 다양한 시민을 위하여 국민주권을 체득하고 완전히 표현할 수 있도록 하는 사람들이어야 하는 것이다.[68] 이와 같이 변화된 공직문화 속에서 이제 행정의 책임도 단순한 법적인 책임을 넘어서서 성과를 지향하고 국민들의 행정만족도를 제고하며, 공공선택이론에 따라서 공공부문이 독점하던 행정활동이 비효율적이고 성과를 내지 못하는 경우 과감하게 이를 민간에 이양하거나 민간부문과의 협력을 위한 새로운 책임의 구조를 모색하여야 하는 것이다.

이와 같이 오늘날 행정의 책임은 고전적인 대의제와 민주적 정당성을 근간으로 하는 법적인 의미의 책임을 실현하면서도 성과주의를 지향하는 과정에서 자연스럽게 분출하는 "좋은 행정, 필요하고 다양한 서비스"라는 다소 이율배반적인 요청을 여하히 조화시키겠는가의 기로에 서 있다고도 말할 수 있다. 이와 같은 의미에서 거버넌스 시대의 행정책임은 고전적인 행정책임을 대체하는 것이 아니라 이를 보완하는 관계에 있다. 따라서 거버넌스 시대에서 행정의 책임은 고전적인 민주적 책임성의 근간을 유지하면서도 국민에게 특정한 공적 서비스를 제공하기 위하여 공공부문과 민간부문의 행위주체들 간의 소통과 협력을 유도하고 촉진하며 이를 통하여

---

68) Frederickson, New Public Administration. Alabama: University of Alabama Press. 1980, 114-115면. 엄석진, 전게논문(각주 39), 29면 재인용.

행정의 최종 소비자인 국민의 만족도를 높이는데 그 목표를 둔다.

주권자인 국민을 지향하는 이와 같은 행정의 정치환경적 책임을 행정의 정치적 책임이라고 표현할 수도 있겠지만, 정치적인 책임이라는 개념을 사용하는 경우 이는 자칫 고전적인 행정의 의회에 대한 정치적 책임과 혼동될 여지가 있으므로 거버넌스 시대 행정의 이와 같은 책임을 국민에 대한 책임이라고 표현할 수 있을 것이다. 행정청과 담당 공무원은 국민에게 특정한 행정적 서비스의 제공과 관련하여 최적의 결과를 도출하는데 행정적 책임의 목표를 설정하고 이를 위하여 민간부문에 대하여 열린 대화와 수용적 자세를 견지함으로서 행정과 공공부문에서는 조달하기 어려운 아이디어나 노하우, 자본 등을 유치하기 위하여 노력한다. 이러한 과정에서 행정은 헌법과 법률을 통하여 부여받은 권한만을 고집하지 않고 자신이 발굴하기 어려운 사항에 대하여 최대한 민간부문으로부터 학습하는 자세와 포용적인 태도를 유지한다.

이와 같이 거버넌스 시대 행정적 책임 내지 공적 과제수행의 책임은 공공부문과 민간부문에게 적절하게 분배하는 것을 의미하는데, 그럼에도 불구하고 행정은 민간부문이 자신들의 사적 이익이나 매우 제한된 영역의 부분적 이익에 매몰되지 않고 공동체, 그리고 궁극적으로는 행정의 수혜자인 국민의 민복을 실현할 수 있도록 이들을 바람직한 방향으로 이끌고 가면서 소비자 중심, 주권자 중심의 새로운 책임의 기제를 구축한다. 결국 거버넌스에서 행정의 책임은 기존의 민주적 책임의 근간을 확고하게 유지하는 것을 그 전제로 하기 때문에 민간부문의 포획으로부터 스스로를 지키는 책임과 민간부문이 자신의 협소한 이익에 매몰되는 것을 방지하고 공동선을 지향하도록 유도하는 책임을 실현한다는 의미에서 일종의 최후적 보장책임(Die letzte Gewährleistungsverantwortung)을 지고 있는 것으로 이해할 수 있다.[69] 그리고 이와 같은 보장책임은 기존의 법적인 책임과 더불

69) Mattias Schmitt-Preuß, Die Verwaltung und das Verwaltungsrecht zwischen staatlicher Steuerung und gesellschaftlicher Selbstregulierung, VVDStRL 56 (1996), 160면 이하 (특히 181면 이하).

어 거버넌스 시대가 보다 유연하고 광범위한 행정의 책임을 요구하고 있다는 점에서 한 차원 높은 질적인 변화를 경험한 결과라고 할 수 있다.

3) 국가물관리위원회의 책임성에 대한 평가

앞서 언급한 바와 같이 국가물관리위원회의 위원장과 부위원장을 모두 공무원이 아닌 민간전문가로 보임하고 있으며, 위원회의 구성에 있어서도 민간부문의 위원이 과반수를 점하고 있다는 점에서 대통령 소속 행정위원회의 구성이 민주적 정당성원칙에 반하고 행정의 책임성을 훼손할 수 있다는 지적이 제기될 수 있다. 그런데 국가물관리위원회의 거버넌스를 이와 같이 구성한 것은 무엇보다도 통합물관리를 통한 행정의 효율성을 제고하겠다는 취지이지만 궁극적으로는 수량에 대한 안정적 확보, 수질개선, 재해로부터의 안전을 확보하여 국민의 생존권과 물기본권을 실현하기 위한 것이다. 이와 같은 목표를 실현하기 위해서 기존의 관료제를 중심으로 하는 행정조직이 많은 문제점을 가지고 있기 때문에 국가물관리위원회는 바로 이를 시정하고 보완하려는 제도적 장치로 제안된 것이다. 그런데 정우택안에 의하면 국가물관리위원회는 대통령 소속으로서 대통령이 위원장과 부위원장을 임명하며, 국가물관리위원회 위원의 구성에 있어서도 대통령에 대하여 직접적인 책임을 지는 관련 부처의 장이 과반수, 나머지 민간부문의 과반수 위원도 대통령이 위촉하기 때문에 전체적으로 국가물관리위원회가 대통령에 대한 행정적 책임을 지고 있다는데 의문의 여지가 없다.

또한 국가물관리위원회는 대통령에 소속된 정부위원회이기 때문에 그 구성원인 위원은 헌법 제62조의 '정부위원'으로서의 지위를 가진다. 이에 따라서 국가물관리위원회 위원은 국회의 요구가 있는 경우에는 국회나 그 위원회에 출석하여 국정처리상황을 보고하거나 의견을 진술하고 질문에 응답하여야 하며(제1항), 국회나 그 위원회의 요구가 있는 때에는 출석·답변하여야 한다(제2항). 이와 같이 국가물관리위원회와 그 위원은 국민의 대표기관인 국회에 대하여 민주적 정당성원리에 바탕을 둔 정치적 책임을 진다. 그리고 국가물관리위원회의 소관 업무를 수행하는 과정에서 위원회나 위원들의 행위가 법령에 위반하여 상대방에게 위법한 처분 기타 직무를 집행하는 경우 사법부는 행정소송 내지 국가배상절차를 통하여 위법한 행위를 시정하거나 그에 따르는 손해배상의 판결을 함으로써 권력분립원칙에 따라 위원회에 대하여 법적인 통제를 할 수 있다. 이와 같이 국가물관리위원회는 조직법상으로 국회, 대통령, 사법부에 대하여 정치적·법적인 책임을 부담하는 것으로서 전통적인 관료제를 중심으로 하는 행정조직법의 일부를 구성하고 있다.

다만, 앞서 언급한 바와 같이 국가물관리위원회의 위원장, 부위원장과 위원 과반수를 민간부문에서 위촉하는 것은 국토에 부존하는 희소한 수자원에 대한 효율적이고 지속가능한 관리와 기후변화에 따르는 수량, 수질, 재해 등으로부터 국민의 물에 대한 접근권을 보다 강화하기 위한 거버넌스를 구축하기 위한 것이다. 이러한 조직법상의 취지는 일단 기존의 물관리제도가 전적으로 국가나 지방자치단체, 한국수자원공사와 같은 공급자를 중심으로 이루어졌으며, 특히 대통령 중심제 국가에서 관료제를 중심으로 하는 행정조직이 일종의 정부실패를 야기하였다는 반성적 고려의 결과인 것이다. 따라서 향후의 수자원과 물에 대한 관리는 물이 부존하는 유역 내지 권역의 주민, 자치단체, 물을 일상적으로 사용하는 소비자, 물에 대한 전문적 지식과 경험을 가진 개인과 단체 등이 보다 현장 중심적으로 물의 부존 상태와 수질, 안전과 관련된 업무를 주도적으로 발굴하고 처리하자는 것을 목표로 한다. 이와 같은 목표설정에 따라서 물관리업무는 정부 등 공공부문이 열린 자세를 견지하여 민간부문의 의견과 구체적 제안을 적극적으로 수용함으로써 민간의 혁신적인 아이디어를 물관리업무에 반영하는데 중점이 두어진다. 그 이유는 경직된 관료제 하에서는 현장에서 어떠한 상태의 물이 존재하며 수량이나 수질 등에 문제가 발생하는 경우 이에 효과적으로 대처하는데 상당한 어려움을 노정하기 때문이다.

따라서 물관리기본법안이 제안하고 있는 유역과 국가 간의 유기적인 협조관계는 이러한 현장 중심의 물관리를 가능하게 하고 물과 근접한 소비자와 자치단체, 이해관계인의 적실성 있는 제안을 바로 정책으로 집행할 수 있다는 장점을 가지고 있다. 국가위원회와 권역위원회의 독특한 상호관계는 4대강 사업에서 보여주듯이 대통령 자신의 의사와 국정철학이 중심이 되는 것과는 전혀 다른 Bottom-Up 방식의 협치를 지향하는 거버넌스라고 할 수 있다. 다만, 민간부문의 혁신적이고 현장 중심적인 제안과 아이디어를 적극적으로 수용하는 것은 경우에 따라서 의사결정의 극단적인 분권화로 인한 정책집행의 혼선을 초래하고 물관리업무가 사적 이익에 포획될 가능성도 있다. 이러한 문제는 특히 권역위원회에서 더욱 극적으로 표출될 가능성이 있다. 그러나 이 경우에도 여전히 공무원이 위원의 과반수를 차지하며, 국가위원회의 경우 대통령이 위원장, 부위원장, 위원들에 대하여 인사권을 행사하고 관련 부처의 장은 국가물관리 정책이 특정 개인이나 집단의 이익에 매몰되지 않고 공공선을 실현할 수 있도록 민간부문의 제안이나 아이디어를 바람직한 방향으로 유도하고 제어하는 역할을 수행할 수 있다. 이러한 의미에서 정부와 공공부문의 역할은 배의 노를 스스로 젓는 것이 아니고 조타의 기능을 통하여(steuern statt rudern!) 국가의 물관리정책이 공익과 민복을 실현할 수 있도록 최후의 보장책임을 지는 것으로 이해할 수 있다. 이와 같이 물관리 거버넌스의 핵심은 물관리에 대한 책임과 역할을 공공과 민간이 분담하고 상호간의 협치를 통하여 업무성과의 극대화를 지향하는 데 있다.

Ⅵ. 맺는 말

행정법학의 연구에서 전통적으로 행정조직법은 실체적인 행정작용이 이루어지기 위한 기관의 권한과 의무를 규정하는 보조적 역할을 하는 것으로 이해하였다.70) 이는 종래 행정절차법 역시 실제적 행정법에 비하여

70) 행정실체법에 대한 행정조직법의 이와 같은 보조적 내지 수단적 성격에 대해서는 Matthias Jestaedt, Grundbegriffe des Verwaltungsorganisationsrechts, in : Hoffmann-Riem/Schmitt-Aßmann/Voßkuhle, (Hrsg.), Grundlagen des Verwaltungsrechts

큰 주목을 받지 못한 것과 동일한 맥락이라고 할 수 있다. 행정이라는 국가활동을 기업의 생산활동과 비교할 수 있다면 최종적인 생산실적이나 품질에 중점을 둘 뿐 이를 만들어내는 생산공정이나 생산설비에는 상대적으로 관심이 적었다고 할 수 있다. Max Weber는 관료제의 대표적인 찬양론자다. 관료제를 중심으로 하는 일사불란한 행정조직은 행정이 일정한 결과물을 생산하기 위하여 마치 톱니바퀴와 같이 질서정연하게 반복하는 과정과 분업을 통하여 국가에 필요한 업무를 효과적으로 수행하는 것으로 이해하였다. 따라서 관료제와 행정조직법은 그 어떤 독자적인 의미나 존재철학과는 유리되어 철저하게 가치중립적인 기계처럼 "위에서 시키는 일을 충실하게 따름으로써" 국가의 행정활동을 지원하는 것으로 그 기능을 다하는 것으로 본 것이다. 그러나 이러한 행정조직법에 대한 이해는 이미 그 시대에도 본질을 외면한 측면이 있다. 그 이유는 행정조직은 공무원이라는 인적 구성요소와 더불어 일정한 자원을 배분 받아 소비하는 국가의 단위라는 점에서 물적 요소와 밀접하게 결합함으로써 공동체에 대하여 상당한 파급효과를 가지고 있었기 때문에 이를 단순히 국가를 위하여 존재하는 기계로서 그 유기체적 성격을 간과한 것은 유감스럽다.

그런데 공동체 내에서 국가와 공공부문이 차지하는 비중이 감소하고 민간부문의 영향력이 상대적으로 증가하면서 행정조직은 이와 같은 변화에 어떠한 형태로든 반응하지 않을 수 없으며 민간부문의 창의적이고 혁신적인 아이디어를 끌어들여 한 차원 높은 공익과 민복을 실현하기 위해서는 "숨 쉬는 유기체로서의 행정조직"으로 변모하지 않을 수 없다. 바로 이러한 이유 때문에 오늘날 이른바 거버넌스를 중심으로 하는 행정조직법이 주목을 받고 있는 것이다. 19대 국회부터 20대 국회에 이르기까지 의원입법의 형태로 국회에 제출된 물관리기본법안의 대부분은 협치 실현을 위한 행정조직법의 구체적인 형태로서 국가위원회와 권역위원회를 규정하고 있다. 이는 물관리를 위한 이른바 부처의 일원화를 추진하는 경우 물에 대

제1권 (각주 40), 957면.

한 공룡부처가 탄생하고 이명박 정부의 4대강 사업과 같은 거버넌스의 실패를 되풀이할 수 있다는 우려를 반영하여 위원회제도를 선호한 결과로도 풀이할 수 있다. 국가위원회와 권역위원회는 물소비자, 유역에 거주하는 주민과 관련 지방자치단체, 민간전문가와 유관단체와 같은 물에 대한 근거리 행정과 현장 중심의 문제해결을 위하여 이들의 주도적인 활동을 보장하고 있다. 그리고 국가와 유역 간의 유기적인 협력체제를 통하여 아마도 우리나라 초유의 상향식 협치구조라고 할 수 있는 혁신적인 실험모델을 제시하고 있다. 이러한 법안들이 실제로 입법화 되는 경우 물 문제에 대한 우리에게 특유한 거버넌스 시스템이 국제적인 또 하나의 물관리의 전범이 될 수 있을 것으로 기대된다. 중요한 것은 공공부문의 역할이다. 공공부문은 기존의 상명하달의 물관리 방식이라는 관행에서 벗어나 민간주도의 물관리 거버넌스가 정착되어 공공선과 민복을 실현할 수 있도록 포용하고 수용할 때와 제어와 조정이 필요한 시점을 절묘하게 선택하여야 한다. 정부가 "기다릴 때와 나아갈 때"를 적절하게 인식하는 것은 시민과 민간부문의 존재와 역할을 인정하고 그들과 협치 혹은 동반통치라는 21세기의 새로운 통치철학을 체득하는 과정인 것이다.

제3절 물관리기본법상의 유역거버넌스

Ⅰ. 물관리위원회의 구성

현행 「물관리기본법」상 물관리위원회 구성은 다음과 같다.

> 제20조(국가물관리위원회 및 유역물관리위원회의 설치 등)
> ① 물관리에 관한 중요 사항을 심의·의결하기 위하여 대통령 소속으로 국가물관리위원회를 두고, 국가물관리위원회에 유역별로 유역물관리위원회를 둔다.
> ② 유역물관리위원회의 명칭·위치 및 관할 구역은 대통령령으로 정한다.
>
> 제23조(유역물관리위원회의 구성)
> ① 유역물관리위원회는 위원장 2명을 포함한 30명 이상 50명 이내의 위원으로 구성한다.
> ② 유역물관리위원회의 위원장은 환경부장관과 제3항제3호가목 또는 나목에 해당하는 위원 중에서 국가물관리위원회 위원장의 공동 추천으로 대통령이 임명하는 사람으로 한다.
> ③ 유역물관리위원회의 위원은 다음 각 호에 해당하는 사람이 된다. 이 경우 공무원이 아닌 위원이 전체위원의 과반수가 되어야 한다.
> 1. 해당 유역 관계 시·도지사와 물관리 업무의 경험이 있는 대통령령으로 정하는 공무원
> 2. 「공공기관의 운영에 관한 법률」에 따른 공공기관으로서 대통령령으로 정하는 기관의 장이 추천하는 임직원 각 1명
> 3. 다음 각 목의 어느 하나에 해당하는 사람 중에서 해당 유역 관계 시·도지사가 추천하여 국가물관리위원회 위원장이 공동으로 위촉하는 사람
> 가. 대학이나 공인된 연구기관에서 물관리 분야의 부교수 이상 또는 이에 상당하는 직에 10년 이상 재직한 사람
> 나. 물 관련 단체나 기관에서 10년 이상 종사한 사람
> 다. 법관, 검사 또는 변호사로 10년 이상 재직한 사람
> 라. 그 밖에 해당 유역의 주민으로서 사회적 신망이 높고 물관리 분야에 경험이 풍부한 사람
> ④ 위원장 모두가 부득이한 사유로 직무를 수행할 수 없는 경우에는 환경부장관인 위원장이 미리 정한 위원이 위원장의 직무를 대행한다.
> ⑤ 이 법에서 정한 것 외에 유역물관리위원회의 구성 등에 필요한 사항은 대통령령으로 정한다.

Ⅱ. 검토사항

유역물관리위원회 구성을 법률로 규정할 것인가, 시행령 등 하위규범에 위임할 것인가에 대해 검토를 해보자면, 「물관리기본법」은 유역물관리위원회의 구성과 관련하여 필요한 사항을 대통령령에 위임하고, 유역물관리위원회의 명칭·위치 및 관할 구역은 대통령령으로 정하도록 규정하였다. 위원회의 구성에 관한 사항은 국민의 기본권을 직접적으로 제한하거나 국민에게 의무를 부과하는 권리 침해적 성격의 사안은 아니기 때문에 그 구성을 하위규범에 위임하는 경우에도 헌법 제75조에 따르는 포괄위임금지에 위반하는 것으로는 볼 수 없다. 다만, 유역물관리위원회에서의 물관리는 물의 사용에 대한 비용을 부담하는(하천수 사용료, 물이용부담금, 수도요금) 주민의 물기본권(물인권), 물복지를 실현하기 위하여 본질적이고 중요한 사항에 해당하기 때문에 이른바 중요사항유보 내지 본질사항유보원칙에 따라서 국회가 법률로서 직접 규정하는 것이 필요하다. 따라서 유역물관리위원회의 구성, 특히 주민에 대한 참여와 물기본권의 실현을 위해서 「물관리기본법」에 그 중요사항을 직접 규율하는 것이 바람직하다. 이러한 원칙에 비추어 볼 때 「물관리기본법」이 유역물관리위원회의 구성과 관련하여 중요한 사항은 모두 법률로서 규정하였기 때문에 기타 필요한 사항을 대통령령에 위임하고, 유역물관리위원회의 명칭·위치 및 관할 구역은 대통령령으로 정하도록 규정한 것은 헌법 제75조의 포괄위임금지원칙에 위반하거나 본질사항유보원칙을 침해한 것으로는 볼 수 없다.

다른 검토사항으로는 유역물관리위원회가 국가위원회의 유역별 조직인지 혹은 독자적 조직인지를 살펴보는 것이다. 「물관리기본법」은 물관리에 관한 중요사항을 심의·의결하기 위하여 대통령 소속으로 국가물관리위원회를 두고, 국가물관리위원회에 유역별로 유역물관리위원회를 둔다고 규정하고, 유역물관리위원회의 명칭과 관할구역을 대통령령으로 규정하고 있다는 점을 고려한다면 유역물관리위원회는 국가위원회의 산하조직으로서 대통령의 법적인 규율을 받는다. 이러한 점에서 유역물관리위원회는 국가조직의 일부로서 각 유역을 관할하는 '유역별 국가조직'이라는 것에 의문의 여지가 없다. 이는 유역물관리위원회가 지방자치단체와 같이 독자적인 법인격을 부여받은 자치조직은 아니며, 국가조직의 일부로서 각 유역을 관할하는 의미에서 유역물관리위원회라는 의미이다.

유역물관리위원회의 자율성을 강조하는 경우에는 유역물관리위원회가 마치 지방자치단체와 같이 독자적인 법인격을 가지는 자율적인 조직이 되어야 한다는 견해를 제시할 수도 있겠지만, 이른바 물자치는 조직법적인 개념이 되기 어렵다. 보다 본질적인 문제는 유역물관리위원회가 국가 또는 국가물관리위원회의 유역별 조직이기는 하지만 최대한 유역물관리위원회에 물관리 권한을 분산하고 자율권을 보장하는 것이다. 네덜란드에는 지방자치제도는 없지만 21개의 지역물관리청(regional water authority)을 중심으로 하는 물관리의 분권과 자율이 최대한 실현되는 국가이다. 지역물관리청은 국가로부터 독립한 조직이 아니며, 행정구역을 중심으로 하는 지방행정조직의 일부도 아니다. 네덜란드의 지역물관리청은 국가행정조직의 유역단위로서 물관리업무를 담당하는데, 물의 사용에 대한 허가, 지표수와 지하수의 양과 질에 대한 통합관리, 물관리 시설의 유지에 필요한 분담금과 오염자원인 부담금을 부과하여 자신의 업무의 수행에 필요한 재원을 자율적으로 충당한다. 국가는 원칙적으로 지역물관리청에 대한 재정지원을 하지 않으며, 지역물관리청의 재정자립도는 95%를 상회한다. 따라서 우리나라의 유역관리위원회는 장기적으로 네덜란드의 지역물관리청을 전범(典範)으로 하는 구성과 기능론을 적극적으로 고려할 필요가 있다.

Ⅲ. 구 성

「물관리기본법」은 유역물관리위원회의 위원장은 환경부장관과 제3항 제3호 가목 또는 나목에 해당하는 위원 중에서 국가물관리위원회 위원장의 공동 추천으로 대통령이 임명하는 사람으로 한다고 규정하고 있는데,

제3항 제3호 가목 또는 나목에 해당하는 위원은 다음과 같다.

1.1. 대학이나 공인된 연구기관에서 물관리 분야의 부교수 이상 또는 이에 상당하는 직에 10년 이상 재직한 사람

1.2. 물 관련 단체나 기관에서 10년 이상 종사한 사람

따라서, 유역물관리위원회의 공동위원장은 환경부장관과 국가물관리위원회 위원장이 공동추천하는 전문가나 시민사회단체 민간위원 중 대통령이 임명하는 사람을 보임함으로써 유역물관리위원회의 공동위원장에 중앙부처로서의 환경부장관의 위상과 권한을 강화하고 있다. 이는 유역단위의 물자치보다는 국가 및 중앙행정기관으로서의 환경부의 영향력을 극대화하는 것으로서 논란의 여지가 있다. 유역단위의 진정한 물자치를 실현하기 위해서는 유역물관리위원회의 위원장을 유역위원 중에서 호선으로 선출하도록 하여야 한다. 또한 유역물관리위원회의 공동위원장 선임에 있어서 유역에서 생활의 기반을 가지고 직접적인 이해관계를 가지는 농업인이나 지역주민을 원천적으로 배제하고 있는데 이 규정이 타당한 것인지는 의문의 여지가 있다. 한편, 「물관리기본법」에 의거한 유역물관리위원회 위원은 해당 유역 관계 시·도지사가 추천하여 국가물관리위원회 위원장이 공동으로 위촉하는 사람으로 규정하고 있다.

Ⅳ. 주민과 시민사회의 대표성 확보

「물관리기본법」은 "해당 유역의 주민으로서 사회적 신망이 높고 물관리 분야에 경험이 풍부한 사람"을 위원의 자격으로 규정하여 주민의 참여를 명시하고 있다. 이번 연구의 핵심은 유역관리를 위한 거버넌스를 구축하고 여기에 유역주민을 참여시키는 것이다. 그 이유는 유역의 물관리 문제에 대하여 가장 민감하고 지대한 이해관계를 가지는 주체는 지역주민이고 유역거버넌스는 주민의 물기본권과 물복지를 실현하기 위하여 기존의

공급자, 관 중심의 물관리에서 탈피하고 물에 대한 수요자와 그에 대하여 비용을 실제로 지불하는 자를 참여시키고 일정한 권한을 부여하는(이른바 pay - participate - say) 패러다임의 변화를 지향하기 때문이다. 네덜란드의 경우 지역물관리청의 이사회에는 과반수가 지역주민이나 농업에 종사하는 사람들이며, 이들이 물의 사용에 대하여 다양한 형태의 공과금을 부담하기 때문에 지역물관리 행정에 이들을 참여시키고 일정한 지분과 권한을 부여하는 것이 자연스러운 결과이기 때문이다. 따라서 유역물관리위원회에는 민간부문이 과반수를 차지하는 것을 넘어서서 전문가, 시민사회보다는 과반수의 유역주민과 농업인을 참여시키도록 유역거버넌스를 구축할 필요가 있다. 전문가나 시민사회가 물관리에 필요한 비용을 납부하는 사람들은 아니기 때문에 그들은 유역거버넌스에 참여하는 지분을 최소화하여야 하기 때문이다.

우리나라의 경우 유역주민들, 그 중에서도 특히 하류에 거주하면서 물이용부담금을 납부하는 주민들과 하천수 사용료를 실제로 납부하는 개인이나 사업자 등을 보다 적극적으로 유역물관리위원회에 참여시켜야 한다. 농업용수의 사용에 대한 허가제를 통하여 이를 양성화하고 농업인들 중에서 유역거버넌스에 참여하려는 경우에는 비록 낮은 비용이라고 하더라도 이를 실제로 지불하는 사람들을 참여 대상에 포함시켜야 한다. 다만, 수많은 유역주민, 농업인, 사업자, 시민사회의 구성원 중에서 누구를 어떠한 방식으로 거버넌스에 참여시킬 것인가의 문제는 그들의 대표성과 사회적 수용성을 제고하는 데 있어서 결정적으로 중요한 문제이다. 물론 대통령이 유역물관리위원회의 위원을 위촉하면서 재량에 따라서 그 대표성을 고려하는 것도 가능하며, 우리나라의 경우 이것이 보다 현실적인 대안이다. 대통령에 위원회구성을 맡기자는 것이다.

가장 이상적인 것은 네덜란드의 경우처럼 주민들의 직선에 의하여 유역물관리위원회의 위원을 선출하는 것이다. 그러나 이는 지방선거, 특히 기초의회나 교육감 선거에서도 알 수 있는 바와 같이 주민들의 저조한 관심이 문제라고 할 수 있으며, 지방선거와 병행하여 유역물관리위원을 선출하는 것은 그에 소요되는 비용과 주민들의 관심도를 고려할 때 그 적실성(適實性)에 대해서 의문이 제기된다. 우리나라의 현실과 유역물관리위원회 위원의 민주적 정당성, 대표성을 고려할 때 유관 지방의회에서 일정한 자격을 정하고 그 요건을 충족한 후보 또는 정당이나 시민단체가 추천한 지역주민들을 간접적으로 선출하는 것도 하나의 대안이 될 수 있을 것이다. 그러나 이 경우에도 네덜란드와 같이 주민에 의한 물자치라는 순수성이 사라지고 물관리 행정의 정치화 현상이 나타나는 것은 결코 간과할 수 없는 부작용이라고 할 수 있을 것이다. 현재로 가능한 방안은 민간 유역물관리위원회에 참여 자격이 있는 위원들을 기능별로(예를 들어, 이해당사자, 기술전문가, 정책전문가 등) 후보군을 조성하여 추첨 형태로 위원을 선발하여 운영하는 방식이나, 위원 추천을 위한 별도의 위원회를 구성하여 본 위원회에서 위원을 선출하는 방식을 고려해 볼 수 있을 것이다.

V. 유역 중심 통합물관리를 위한 유역물관리위원회와 협의 거버넌스와의 관계

1. 문제의 제기

「물관리기본법」이 제정되고 유역물관리위원회가 출범하여 유역 중심의 통합물관리가 이루어지는 과정에서 중요한 것은 유역물관리위원회가 주민 중심으로 구성되어 유역에서 실효적인 물자치를 실현하는 것이다. 이미 언급한 바와 같이 「물관리기본법」 제23조 제3항은 "공무원이 아닌 위원이 전체위원의 과반수가 되어야 한다"고 규정하여 민간이 주도하는 유역물관리위원회를 예정하고 있다. 그러나 유역물관리위원회의 위원장은 환경부장관과 대학이나 공인된 연구기관에서 물관리 분야의 부교수 이상 또는 이에 상당하는 직에 10년 이상 재직한 사람 및 물 관련 단체나 기관에서 10년 이상 종사한 사람에 해당하는 위원 중에서 국가물관리위원회

위원장의 공동 추천으로 대통령이 임명하는 사람으로 한다(제23조 제2항)라고 되어 있다. 이와 같이 유역물관리위원회의 민간위원장은 환경부장관과 국가물관리위원회 위원장의 공동 추천하여 대통령이 임명하는 절차와 위계질서를 고려해 볼 때 유역물관리위원회의 운영이 유역 중심보다는 대통령의 철학과 방향에 따라 이루어질 가능성을 배제하기 어렵다.

물론 유역물관리위원회의 위원 구성에서 공무원이 아닌 위원들이 전체 위원의 과반수가 되도록 규정하고 있지만, 유역물관리위원회의 위원 중에 공무원으로서 각 유역물관리위원회 관할 구역의 유역·지방환경청장, 각 유역물관리위원회 관할 구역의 홍수통제소장, 각 유역물관리위원회의 관할 구역을 담당하는 물환경연구소장, 각 유역물관리위원회 관할 구역의 지방국토관리청장 중 국토교통부장관이 추천하는 1명, 각 유역물관리위원회의 관할 구역의 농업용수 관리 업무 경험이 있는 농림축산식품부 소속 공무원 중 농림축산식품부장관이 추천하는 사람 1명, 각 유역물관리위원회 관할 구역의 지방기상청장 중 기상청장이 추천하는 1명, 각 유역물관리위원회 관할 구역의 지방산림청장 중 산림청장이 추천하는 1명이 참여(시행령 제7조 제1항)하도록 되어 있다. 또한, 민간위원 중에서도 한국농어촌공사, 한국수자원공사, 한국환경공단, 한국수력원자력주식회사 등 공공기관의 대표도 포함되기 때문에 이들이 진정한 의미에서 유역의 물관리 정책에 관하여 주민 등 민간부문의 이익을 대변할 수 있을지 의문이다. 더욱이 이들을 제외한 민간부문의 위원들도 지역별, 직능별, 정치적 성향 등에 따라서 서로 입장을 달리하는 경우에는 유역물관리위원회의 운영이 원활하게 이루어진다는 것을 담보하기 어렵다. 특히, 낙동강 유역과 같이 수질문제가 심각하고 취수원의 이전 등에 대한 주민과 지역적 이해관계가 난마(亂麻)와 같이 복잡하고 첨예하게 대립하고 있는 지역의 경우 사실상 유역물관리위원회의 위원들이 과연 소신과 전문성을 가지고 일정한 사항을 심의하고 의결할 수 있을지 의문이 제기될 수 있다. 자칫, 이러한 문제에 대한 해법이 제시되지 않는 경우 유역물관리위원회는 의결무능력 상태에 빠질 가능성도 있다.

따라서, 본 연구에서는 「물관리기본법」에 의한 의결 거버넌스가 효율적으로 작동될 수 있도록 사전에 의제를 조율하고 유역물관리위원회와 상시적으로 소통할 수 있는 협의적인 거버넌스를 운영하는 것이 매우 중요하다고 판단하였다. 이러한 문제의식을 가지고 연구팀은 낙동강정책협의회(이하 협의회라 한다)라는 협의 거버넌스(비공식 거버넌스)를 제안하였다. 이하에서는 낙동강 유역을 관할하는 유역물관리위원회를 가칭 낙동강통합물관리위원회(이하 위원회라 한다)로 부르며, 공식적인 위원회와 비공식적인 협의회와의 관계, 협의회의 구성과 업무 및 그에 대한 법적 근거, 협의회에 대한 재정 및 행정지원의 가능성 등에 대하여 검토하기로 한다.

2. 위원회와 협의회와의 관계

1) 양자의 관계

위원회는 「물관리기본법」에 따라서 구성되어 일정한 권한이 부여된 공식적인 심의·의결을 하는 행정위원회로서 법적 성격을 가지는 반면, 협의회는 낙동강 유역의 모든 현안 물 문제를 협의하는 자발적인 시민들 및 해당 유역 공무원의 협의체로서 법률상으로는 일정한 사항(안건 및 분쟁 등)에 대한 의결을 할 수 있는 권한은 없다. 물론 협의회에는 낙동강 유역의 주민이나 단체의 구성원뿐만 아니라 정부와 지방자치단체의 실무를 담당하는 공무원도 참여하는 반관반민(半官半民) 조직이다. 협의회는 낙동강 유역의 물과 관련한 의제를 발굴하고 구성원 간에 상호 소통하며 문제해결을 위한 공감대를 형성하는 기능을 수행한다. 협의회에는 낙동강 유역의 상·중·하류의 분과를 설치하여 운영하였으며, 협의회의 지배구조는 남녀 각각 위원장 1인과 위원장이 속하지 않은 지역의 부위원장 3인의 임원으로 구성하였다. 따라서 공식적인 위원회와 협의거버넌스의 관계를 규율하는 법적 근거는 존재하지 아니하며, 위원회와 협의회 간에 일정한 소통창구가 반드시 있어야 하는 것도 아니다. 협의회는 비공식적인 조직으로서 외부에서 위원회의 활동을 견제하고 감시하거나 일정한 의제를 여론의 형태로 전달하는 일종의 압력단체라고 말할 수 있다.

이렇게 볼 때 위원회와 협의회는 별도의 조직으로서 자신의 업무에 충실하면 그만이라는 견해도 제기될 수 있다. 그런데 중요한 것은 협의회가 구성된 것은 「물관리기본법」의 제정에 따라서 유역을 중심으로 하는 통합물관리라는 새로운 물관리 패러다임이 출현한 것을 계기로 하여 민·관과 지역주민, 전문가 등이 지역의 물 문제 해결을 위한 협력을 위하여 출범하는 조직이라는 점이다. 비공식적 거버넌스로서 유역정책협의회가 공식 조직인 유역물관리위원회의 활동을 감시하는 것도 필요하지만 동시에 유역중심의 통합물관리를 위해서는 양자 간의 협력이 보다 중요하다는 의미이다. 물론, 「물관리기본법」의 제정 이전에 낙동강 유역에서는 협의회와 유사한 시민들의 조직이나 각 지역을 대표하는 시민들, 공무원들 간에 수많은 협의와 소통의 기회가 있었다. 그러나 결국 낙동강의 물 문제는 여전히 미해결 상태로 남아 있고, 이러한 지난(至難)한 과제들이 이제 「물관리기본법」과 위원회라는 공식적인 제도와 조직이 출범하면서 다시 낙동강의 물 문제 해결에 위한 새로운 계기가 마련되었다는 측면에서 본다면 어떠한 형태이건 공식적인 위원회와 협의거버넌스(협의회) 간에는 일종의 공식적인 소통의 채널을 확보하는 것이 바람직하다.

2) 유역물관리위원회의 사무국

위원회와 협의회의 관계에 대해서는 물관리기본법 제19조가 다음과 같이 민·관 간의 협력에 대하여 느슨한 협력만을 규정하고 있을 뿐이다. "물관리 정책 결정은 국가와 지방자치단체 관계 공무원, 물 이용자, 지역주민, 관련 전문가 등 이해관계자의 폭넓은 참여 및 다양한 의견 수렴을 통하여 이루어져야 한다. 따라서 향후 물관리기본법의 개정을 통하여 협의회의 설치에 대한 명확한 법적 근거를 마련하는 것이 필요할 것으로 보인다. 다양한 경로를 통하여 위원회에 사무국을 설치하여 그 업무 중의 하나로서 협의회와의 업무연락, 의제전달 등을 담당하자는 견해가 제기되었다. 결론부터 말하자면, 위원회에 업무를 보좌하는 사무국의 설치는 반드시 필요한 것이지만 현행법상 사무국의 설치가 어렵고, 설사 사무국이 설치된다고 하여도 협의회와의 소통업무를 수행하는 것이 적절한 것인가에 대해서는 의문이다. 일단 현행법상 사무국의 설치가능 여부를 검토하여 보면, 「물관리기본법」 제26조 제6항에서 "물관리위원회의 운영, 분과위원회의 구성과 운영, 사무국의 조직 등에 필요한 사항은 대통령령으로 정한다"고 규정하고 있으며, 동법 시행령 제11조(사무국의 조직)에서는 다음 아래와 같은 내용을 규정하고 있다.

> 제11조(사무국의 조직 등) ① 법 제26조제5항에 따른 사무국(이하 "사무국"이라 한다)은 다음 각 호의 업무를 수행한다.
> 1. 물관리위원회의 운영 지원
> 2. 물관리위원회 및 분과위원회 심의 안건의 작성·검토 및 협의·조정 지원
> 3. 물관리위원회의 기능과 관련된 전문적인 조사·연구
> 4. 물관리위원회 활동의 홍보 및 대외 협력
> 5. 그 밖에 물관리위원회의 업무 수행을 지원하기 위하여 국가물관리위원회 위원장이 필요하다고 인정하는 업무
>
> ② 사무국에 사무국장 1명을 둔다.
> ③ 사무국장은 국가물관리위원회 위원장의 명을 받아 사무국의 사무를 처리하고, 소속 직원을 지휘·감독한다.
> ④ 국가물관리위원회 위원장은 사무국의 업무 수행을 위하여 필요한 경우에는 관계 행정기관 및 지방자치단체 소속 공무원과 제3조제2항 각 호에 따른 공공기관 및 제25조제1항 제1호부터 제3호까지의 규정에 따른 기관 소속 임직원의 파견을 요청할 수 있다.

「물관리기본법」 제26에서 규정한 물관리위원회에는 국가물관리위원회와 유역물관리위원회를 모두 포함할 수 있으며, 시행령 제9조, 제10조는 물관리위원회에 공통되는 사항을 규정하고 있으나, 유독 시행령 제11조의 사무국에 대한 내용은 국가물관리위원회만을 언급하고 있다. 물론 시행령의 내용이 모법의 범위를 벗어나거나 모법이 규정하지 않은 내용을 추가적으로 규정한 것은 아니지만 이러한 시행령 제11조는 법률의 위임사항을 부당하게 협소하게 해석하는 결과로서 수용하기 어렵다. 정부는 시행령 제11조가 국가물관리위원회에만 해당한다는 해석론을 유지하고 있는데, 이에 의할 경우 유역물관리위원회에는 원천적으로 사무국의 설치가 불가할

것으로 판단된다. 다만, 앞서 언급한 바와 같이 「물관리기본법」 제26조 제6항이 유역물관리위원회를 명시적으로 배제하는 규정은 아니기 때문에 향후 시행령의 개정을 통하여 사무국을 설치할 필요가 있다.

다만, 위원회에 사무국을 설치하는 경우에도 사무국이라는 조직이 협의회와 소통하는 창구로서 적절한가의 문제는 별개이다. 사무국은 위원회가 자신의 업무와 권한을 적절하게 행사할 수 있도록 보조하는 역할을 하며 철저하게 내부의 업무에 집중하는 공식적인 기관이다. 그런데 협의회는 낙동강의 물과 관련한 현안과제를 정치적인 관점에서 조율하고 협의하는 비공식적인 조직체이다. 따라서 순수한 행정업무를 수행하는 보조기관인 사무국이 정책적, 정치적 사안을 주로 다루는 협의회와 소통한다는 것은 조직의 성격이 상이하다는 점에서 바람직하지 못하다. 물론 낙동강 유역의 주민 또는 단체가 헌법상 청원권을 행사하기 위하여 일정한 민원을 제기하는 경우에는 당연히 사무국을 통하여 위원회에 전달하겠지만, 이때에도 사무국과 민원인이 정치적 소통을 하는 것은 아니며 사무국의 통상의 위원회 보조를 위한 일상적인 행정업무를 처리하는 것으로 보아야 한다.

3) 위원회의 분과위원회

그렇다면 위원회가 설치할 수 있는 분과위원회가 협의회와의 소통창구가 될 수 있는가?에 대한 의문을 던졌다. 앞서 언급한 바와 같이 「물관리기본법」 제26조 제6항에서는 분과위원회의 구성과 운영은 대통령령으로 정하라고 되어 있다. 시행령 제10조는 분과위원회의 구성 및 운영에 대해서는 다음과 같이 규정하고 있다.

> **제10조(분과위원회의 구성과 운영 등)** ① 법 제26조제4항에 따라 물관리위원회에 계획 관련 분야, 물분쟁 조정 분야 및 그 밖의 분야로 구분하여 분야별 분과위원회(이하 "분과위원회"라 한다)를 둔다.
>
> ② 분과위원회는 소관 사항에 대하여 다음 각 호의 업무를 수행한다.
>
> 1. 물관리위원회의 심의 사항에 관한 사전 검토
> 2. 전문적인 조사·연구 업무
> 3. 그 밖에 물관리위원회로부터 위임받은 사항의 처리

③ 분과위원회는 위원장 1명을 포함하여 15명 이내의 위원으로 구성한다.
④ 분과위원회의 위원은 물관리위원회의 위원 중에서 물관리위원회 위원장이 지명한다. 이 경우 각 분과위원회의 위원은 다른 분과위원회의 위원을 겸임할 수 있다.
⑤ 분과위원회 위원장은 분과위원회 위원 중에서 호선(互選)한다. 다만, 분과위원회 중 물분쟁 조정 분과위원회 위원장은 법 제21조제3항제3호다목 및 제23조제3항제3호다목의 위원 중에서 물관리위원회 위원장이 지명한다.
⑥ 분과위원회의 회의는 분과위원회 재적위원 과반수의 출석으로 개의하고, 출석위원 과반수의 찬성으로 의결한다.
⑦ 분과위원회의 자료 또는 의견의 제출, 출석 요청 및 출석 수당과 여비의 지급에 관하여는 제9조제5항 및 제6항을 준용한다. 이 경우 "물관리위원회"는 "분과위원회"로 본다.

물론 분과위원회의 구성과 운영사항은 전적으로 위원회가 운영규정 등을 통하여 결정하겠지만, 특히 낙동강 유역의 경우 오랫동안 축적된 난제들을 해결하기 위하여 어떠한 형태로든 위원회의 공식조직과 소통하는 것이 중요하다. 사무국과는 달리 분과위원회에는 위원들이 참가하며, 위원들 중에는 공무원은 물론 지역주민이나 지역에서 활동하는 전문가 등이 포함될 수 있기 때문에 협의회에서 논의 중이거나 위원회에서 심의·의결할 사항에 대한 사전 교감 등이 이루어질 가능성이 크다. 물관리기본법 시행령 제10조 제1항에 따라서 계획 관련 분야, 물분쟁 조정 분야 및 그 밖의 분야로 분과위원회를 설치할 수 있으므로 낙동강 유역에서는 유역물관리위원회에 "그 밖의 분야"로서 가칭 '소통분과위원회'를 설치하고 협의회와의 이와 같은 소통업무를 수행하도록 하는 것이 바람직스럽다. 물분쟁을 담당하는 분과위원회가 설치되는 경우에는 주로 법률가들이 참여하여 법률적인 판단을 내릴 가능성이 크기 때문에 "정치적·사회적 소통"을 중심으로 하는 협의회의 카운터 파트가 되기에는 적절하지 않다. 특히 분과위원회의 업무가 주로 위원회가 다루는 사안들의 사전검토, 사전논의, 전문적 조사 등이기 때문에 낙동강 유역의 물 문제와 관련한 현안에 대하여 이른바 '소통분과위원회'가 협의회와 사전적인 조율하기에 적절할 것으로 보인다.

3. 낙동강정책협의회의 법적 근거와 형태

1) 법적 근거

앞서 언급한 바와 같이, 협의회에 대한 현행법상의 근거는 아직 존재하지 않는다. 만약, 유역물관리위원회와 낙동강정책협의회가 각각 어떠한 의사교환의 채널도 없는 별도의 조직이고 협의회가 낙동강 유역의 물 문제를 협의하기 위한 시민사회와 공공부문, 공기업을 아우르는 사회적 압력단체에 불과하다면 그 법적인 근거에 대한 고민도 필요가 없을 것이다. 그러나 위원회에 설치된 분과위원회로서 소통분과위원회가 정책협의회와의 소통창구의 역할을 하는 경우 협의회 역시 비공식적인 거버넌스임에도 불구하고 일정한 법적인 근거를 마련하는 것이 바람직하다. 일정한 법적인 근거를 둔다는 것은 정책협의회가 일시적인 모임이 아니라 영속하는 조지으로서 회원의 자격 등 조직구성, 기관, 유형, 활동의 내용과 목적, 재정적, 행정적 지원 등에 대한 사항을 규정하여 최대한 정책협의회 활동의 투명성과 예측가능성을 부여하도록 하는 것이다.

정책협의회와 같은 조직은 우리나라에서 이미 몇 가지 선례를 가지고 있는데, 대표적으로 '시화지구시속가능발전협의회'를 들 수 있다. 이 협의회는 시화지구의 공공정책으로 인하여 발생한 갈등의 조정을 목적으로 설립되어 시화호 및 시화호 주변지역의 개발에 관한 사항, 시화호 수질, 시화지구 대기질 등 환경개선에 관한 사항, 기존 "시화지속협의회"의 합의사항 이행에 관한 사항 등을 그 업무로 하고 있다. 그런데 시화호지속가능발전협의회의 설치 근거는 대통령령인 "공공기관의 갈등예방과 해결에 관한 규정"(대통령령 제19886호, 이하 갈등예방규정이라 한다)을 근거로 한, 국토해양부 훈령 제2008-43호에 두고 있다.

정책협의회는 위원회라는 공식적인 조직과 상시적으로 소통하고 협의하는 기능을 수행하기 때문에 갈등예방규정을 근거로 하여 환경부의 내부규정인 행정규칙으로서 훈령을 제정하는 방안을 검토할 필요가 있다. 시화호 협의회 규정은 낙동강 협의회에 전범(典範)이 될 수 있을 것으로 보인다. 다만, 정책협의회는 시화호 협의회와는 그 기능과 목적이 다소 상이하기 때문에 기관의 구성이나, 활동사항 등에 대해서는 정책협의회의 특성을 최대한 고려하고 환경부와 협의하여 운영규정과 운영세칙을 제정할 수 있을 것이다. 다만, 문제가 되는 것은 갈등예방규정은 그 적용범위와 목적이 중앙행정기관의 갈등 예방과 해결에 관한 역할·책무 및 절차 등을 규정하고 중앙행정기관의 갈등 예방과 해결 능력을 향상시킴으로써 사회통합에 이바지함을 목적으로 하는 것이어서 시화호 협의회와는 달리 유역관리를 중심으로 하는 낙동강 협의회에는 적용가능성이 없을 수도 있다.

그러나 정책협의회가 시화호 협의회와는 달리 중앙행정기관의 갈등 해결을 목적으로 하지 않는다고 하더라도 정책협의회를 환경부의 훈령으로 제정하는 것은 전혀 문제가 없다. 그 이유는 훈령이라는 법적 형식이 일종의 행정규칙으로서 행정기관 내부의 사항을 규율하고 대외적인 구속력을 가지지 않는 형식이기 때문에 상위 법률이나 명령의 위임이 반드시 있어야만 하는 것은 아니기 때문이다. 그러나 시화호 협의회의 경우에도 중앙행정기관뿐만 아니라 관련 지자체, 공공기관 외에 민간위원으로서 다양한 시민사회의 대표들이 참여하고 있기 때문에 낙동강정책협의회가 갈등예방규정을 근거로 설립된다고 하더라도 위법의 가능성은 희박할 것으로 보인다.

2) 법적 형태

(1) **비영리 사단법인**

시화호 협의회의 경우 단순한 협의체를 구성하여 상당한 기간 운영하여 왔다. 물론 낙동강정책협의회의 경우에도 갈등예방규정과 환경부 훈령에 근거를 두고 별도의 특별한 법적 형식이 없이 운영하는 것도 하나의 대안이다. 그러나 시화호 협의회의 업무가 주로 시화호 및 시화호 주변지역으로 제한되는 반면에 낙동강정책협의회의 경우에는 광역시, 도와 수많은 자치단체와 지역주민을 대상으로 하여 광역적이고 복잡한 사안을 협의하는 조직이므로 일정한 법적 형식을 갖추는 것이 바람직하다. 여기에서 말하는 법적 형식이란 조합, (사단)법인, 등록한 단체 등을 의미한다. 가장 견고하고 지속가능성이 큰 조직형태로는 민법상의 비영리 사단법인의 형태가 될 수 있을 것으로 보이며, 분명히 정책협의회의 법적 형식으로서 하나의 대안이 될 것은 분명하다. 정책협의회는 공익이나 사회적 목적으로 사업을 하는 조직체이므로 일반법인보다는 비영리법인을 설립하는 것이 적절한 것으로 볼 수 있다.

정책협의회를 비영리법인으로 설립하면 우선 가장 큰 장점으로는 외부로부터 기부금 모금의 근거가 생긴다는 점이다. 관할관청으로부터 인가를 받은 비영리법인은 기부자에게 기부금에 대한 소득공제 혜택을 줄 수 있으며, 정부 등 공공 부문으로부터 보조금을 받을 수도 있고, 여러 가지 세제상의 혜택도 가능하다. 법인세에 대해서는 비영리법인도 일반영리법인과 마찬가지로 법인세를 내야 하지만 고유목적사업에 대해서는 법인세의 납세의무는 없으며 수익사업에 대해서만 세금을 납부한다. 동시에 부가가치세에 대해서는 면세혜택의 장점을 누릴 수도 있다. 비영리법인이 고유의 사업목적을 위해 일시적으로 공급하거나 실비 또는 무상으로 공급하는 재화나 용역은 부가세가 면세될 수 있다(부가가치세법 제26조 제18호와 제27조 제4호 등).

이에 비하여 비영리법인의 단점으로는 비영리법인을 설립 시 '설립 인가주의'의 적용을 받기 때문에 비영리법인을 설립할 때에는 영리법인에 비해 설립 절차가 까다롭고 절차도 상대적으로 복잡하다. 또한 해당 주무관청의 재량에 따라 설립은 물론 운영에도 제약을 받을 수 있으며, 관련 법규에 의하여 주무관청의 감독을 받아야 한다. 그런데 낙동강정책협의회는 최근 출범한 신생조직이며, 기관의 구성 등과 관련하여 난마같이 얽혀 있는 낙동강의 이해관계를 고려한다면 쉽게 합의를 도출하기도 어렵다. 따라서 정책협의회를 비영리 사단법인의 형태로 운영하는 것은 일단 협의회가 출범하고 상당한 기간 동안의 성과를 평가한 이후의 장기적인 과제로 검토하는 것이 바람직할 것이다.

특히 「물관리기본법」은 제43조에서 단체의 설립에 대하여 아래와 같이 규정하고 있는데, 장기적으로 협의회는 이 규정에 따라서 협의회의 법인화에 대한 가능성에 대하여 고민할 필요가 있다.

> 제43조(단체의 설립)
> ① 대통령령으로 정하는 바에 따라 물과 관련한 연구 및 업무에 종사하는 자는 물에 관한 조사연구·기술개발·교육·홍보, 물 분야의 국제적인 협력 등을 위하여 관계 중앙행정기관의 장의 인가를 받아 단체를 설립할 수 있다.
> ② 제1항에 따른 단체는 법인으로 한다.
> ③ 제1항에 따른 단체의 정관·운영·감독 등에 필요한 사항은 대통령령으로 정한다.
> ④ 제1항에 따른 단체에 관하여 이 법에 규정된 것을 제외하고는 「민법」 중 사단법인에 관한 규정을 준용한다.

(2) **비영리 민간단체**

낙동강정책협의회는 「물관리기본법」에 근거한 낙동강 유역물관리위원회와 소통하면서 유역의 다양한 의제 발굴, 소통, 공감형성 기능을 담당한다는 점에서 그 목적과 활동으로 보아 일종의 비영리조직이다. 협의회를 민법상 비영리법인이 아닌 다른 형태의 비영리 조직으로 설립하고 운영할 수 있는 유력한 대안의 하나는 「비영리민간단체지원법」(이하 비영리단체법이라 한다)에 따라서 주무관청인 환경부에 등록하는 방안이다. 비영리단체법에 의한 비영리단체의 요건에 대해서는 제2조가 아래와 같이 규정하고 있다.

> 제2조(정의) 이 법에 있어서 "비영리민간단체"라 함은 영리가 아닌 공익활동을 수행하는 것을 주된 목적으로 하는 민간단체로서 다음 각 호의 요건을 갖춘 단체를 말한다.
> 1. 사업의 직접 수혜자가 불특정 다수일 것
> 2. 구성원 상호간에 이익분배를 하지 아니할 것
> 3. 사실상 특정정당 또는 선출직 후보를 지지·지원 또는 반대할 것을 주된 목적으로 하거나, 특정 종교의 교리전파를 주된 목적으로 설립·운영되지 아니할 것
> 4. 상시 구성원수가 100인 이상일 것
> 5. 최근 1년 이상 공익활동실적이 있을 것
> 6. 법인이 아닌 단체일 경우에는 대표자 또는 관리인이 있을 것

낙동강정책협의회의 설립목표, 구성원 및 기관 등을 고려할 때 「비영리단체법」에 따르는 비영리 민간단체의 요건을 어렵지 않게 충족할 수 있

을 것으로 보인다. 후술하는 바와 같이 비영리단체법에 의하여 비영리 민간단체로 등록하는 경우에는 행정적·재정적 지원, 세제상의 혜택을 누릴 수 있다는 장점이 있으며, 비영리 사단법인에 비하여 설립절차와 기간 등에서 상대적으로 유리하다. 「비영리단체법」 제4조에 따라서 지원을 받고자 하는 비영리 민간단체는 그의 주된 공익활동을 주관하는 중앙행정기관의 장이나 특별시장·광역시장·특별자치시장·도지사 또는 특별자치도지사(이하 "시·도지사"라 한다)에게 등록을 신청하여야 하며, 등록신청을 받은 중앙행정기관의 장이나 시·도지사는 그 등록을 수리하여야 한다(제1항). 중앙행정기관의 장이나 시·도지사는 비영리 민간단체가 제1항의 규정에 의하여 등록된 경우에는 관보 또는 공보에 이를 게재함과 동시에 행정안전부장관에게 통지하여야 한다. 등록을 변경한 경우에도 또한 같다(제2항).

낙동강정책협의회의 경우, 다수의 자치단체 대표들이 관여하기 때문에 특정 자치단체에 등록하는 것은 당해 자치단체의 영향력을 배제하기 어렵고 협의과정에서 갈등이 표출될 수 있기 때문에 낙동강유역 전체를 아우를 수 있는 국가의 중앙행정기관으로서 환경부가 적절할 것으로 보인다. 환경부장관은 「물관리기본법」에 따라서 각 유역별 위원회의 공동위원장이며, 국가물관리위원회의 위원으로서 유역과 국가 전체의 입장에서 위원회와 협의회 등의 활동을 지원 또는 조정할 수 있으며, 「비영리단체법」의 관할 중앙부처인 행정안전부장관 역시 국가물관리위원회의 위원이기 때문에 양자 간의 원활한 업무협의가 가능하기 때문이다. 이와 관련하여 「물관리기본법」은 민간참여를 활성화하고, 그에 따르는 재정지원 등에 대하여 아래와 같이 규정하고 있어서, 물 관련 비영리 민간단체의 입지는 향후 상당한 정도로 제고될 것으로 기대된다.

> **제40조(민간참여의 활성화)** 국가와 지방자치단체는 물이용자와 지역 주민 또는 민간단체가 자발적으로 추진하는 물환경 보전활동과 건강한 물순환 유지를 위한 활동을 활성화하고 지원하기 위하여 필요한 조치를 강구하여야 한다.
>
> **제44조(재정지원)** 국가와 지방자치단체는 다음 각 호의 어느 하나에 해당하는 업무를 수행하는 자에 대하여 해당 사업에 드는 비용의 전부 또는 일부를 보조할 수 있다.

1. 물문화 육성
2. 물관리 국제협력
3. 북한의 수자원 조사·연구 등
4. 물관리에 관한 조사·연구와 기술개발
5. 물관리 전문인력의 양성
6. 물관리 자료의 표준화·정보화
7. 물관리에 관한 교육·홍보
8. 물과 관련한 기술의 수출

3) 행정적, 재정적 지원 등

시화호 협의회의 활동이 상당한 기간 동안 이루어질 수 있었던 가장 중요한 이유는 한국수자원공사가 자금을 마련하여 협의회의 운영비를 재정적으로 지원할 수 있었기 때문이다. 낙동강 협의회의 경우에도 그 성패는 상당 부분 어떻게 안정적인 재원을 마련하는가에 달려 있다고 하여도 과언이 아니다. 협의회의 재원조달방안 중의 하나는 4대강수계법의 하나인 「낙동강수계 물관리 및 주민지원 등에 관한 법률」(이하 낙동강수계법이라 한다)에 따라 설치된 낙동강수계관리기금에서 협의회를 지원하는 것이다. 낙동강수계법 제35조는 수계관리기금의 용도를 아래와 같이 규정하고 있다.

제35조(기금의 용도) 기금은 다음 각 호의 어느 하나에 해당하는 용도로 운용한다.
1. 제6조제1항에 따른 제한에 따라 경작자가 입은 손실보상
2. 제6조제3항에 따른 오염물질을 줄이거나 저감(低減)하기 위한 시설이나 녹지의 설치 지원
3. 제8조에 따른 토지 등의 매수
4. 제9조제5항에 따른 조사·연구지원
5. 제17조에 따른 오염총량관리에 필요한 비용의 지원
6. 삭제
7. 제23조에 따른 주민지원사업
8. 제25조에 따른 수질오염방지시설의 운영지원
9. 제26조제1항제2호에 따른 환경기초시설의 설치·운영지원
10. 특별회계로의 전출금
11. 물이용부담금의 부과·징수에 필요한 비용의 지원

12. 제37조에 따른 낙동강수계관리위원회의 운영
13. 제39조에 따른 수질보전과 감시활동의 지원
14. 제41조제1항에 따른 개선요청의 이행에 필요한 비용의 지원
15. 제37조에 따른 낙동강수계관리위원회가 인정하는 환경친화적인 청정산업에 대한 지원
16. 그 밖에 낙동강의 수질개선을 위하여 대통령령으로 정하는 사업

제16호에 따라서 시행령 제36조는 기금의 용도를 아래와 같이 규정하고 있다.

제36조(기금의 용도) 법 제35조제16호에서 "대통령령으로 정하는 사업"이란 다음 각 호의 사업을 말한다.

1. 수변의 녹지조성사업
2. 2002년 7월 14일 이전에 조성된 산업단지(분양이 공고된 산업단지를 포함한다) 및 2009년 6월 30일 이전에 지정된 공업지역에 설치된 완충저류시설의 운영비 지원
3. 수질개선을 위한 교육 및 홍보
4. 「수도법」 제3조제22호에 따른 일반수도사업자(제28조에 따른 물이용부담금의 부과대상 공공수역에서 취수하는 자를 말한다)의 다음 각 목의 어느 하나에 해당하는 경우에 대한 정수비용의 지원
   가. 원수의 생물화학적 산소요구량이 월평균 리터당 3밀리그램을 초과하는 경우
   나. 원수에 대하여 조류경보가 발령된 경우
   다. 원수 중 과불화옥탄술폰산(PFOS)의 월평균 농도와 과불화옥탄산(PFOA)의 월평균 농도의 합계가 리터당 0.07마이크로그램을 초과하는 경우
   라. 원수 중 과불화헥산술폰산(PFHxS)의 월평균 농도가 리터당 0.48마이크로그램을 초과하는 경우
5. 광역상수도를 공급(댐의 저수를 공급하는 경우만 해당한다)하는 지방자치단체에 대한 지원
6. 수원함양 기능을 증진하기 위한 산림사업
7. 상수원관리지역의 관리
8. 환경기초조사사업
9. 매수한 토지 등의 관리
10. 비점오염저감사업
11. 「물환경보전법」 제31조제1항에 따른 쓰레기의 운반·처리 비용(위원회가 정하는 댐에서 발생하는 쓰레기에 대한 지방자치단체의 분담비용 중 위원회가 인정하는 것만 해당한다)
12. 그 밖에 낙동강수계 상수원의 수질개선을 위하여 위원회가 선정하는 사업

낙동강수계기금은 법률 제35조에 규정된 조사·연구지원, 제39조에 의하여 국가와 지방자치단체가 낙동강수계의 수질보전을 위한 지역 전문가와 민간단체의 수질보전활동이나 수질감시활동에 대한 지원, 시행령 제36조 제3호의 수질개선을 위한 교육 및 홍보, 그 밖에 낙동강수계 상수원의 수질개선을 위하여 위원회가 선정하는 사업 등에 사용할 수 있다. 그리고 이와 같이 낙동강수계기금이나 수계위원회가 지원할 수 있는 사업은 낙동강협의회의 설립목적과 활동영역에 해당할 여지가 있다. 향후 협의회의 활동에 대한 구체적인 범위와 영역이 정해지겠지만 중요한 것은 협의회는 문자 그대로 협의회이며, 현재 시점에서 협의회가 의도하는 것은 "유역물관리위원회와 소통하면서 유역의 다양한 의제 발굴, 공감형성"에 제한된다. 따라서 협의회의 향후 계획이 아직 구체적이지 않기 때문에 교육 및 홍보, 수질보전활동이나 수질감시활동이 여기에 포함될 수 있을지는 아직은 예단하기 어렵다.

이러한 이유 때문에 낙동강수계기금에서 협의회의 활동을 지원하는 것은 현재 시점에서 법적으로 문제가 될 수 있다. 그리고 낙동강수계법을 포함하여 4대강수계법의 수계기금은 물이용부담금으로 조성된 것으로서 그 용도는 하천의 수질을 유지하기 위하여 재산권 행사의 제한을 받는 상류 주민에 대한 지원사업과 수질개선사업에 한정하는 것이 법리적으로 타당하다. 그런데 법률과 시행령을 통하여 주민지원사업과 수질개선사업뿐만 아니라 환경부가 일반예산으로 지출해야 하는 각종 사업에 기금을 사용하는 것은 법적으로나 윤리적으로 비판의 대상이 된 것이 사실이다. 현재 헌법재판소에 물이용부담금에 대한 위헌 여부가 심판대상이 된 것도 이와 같은 사정과 무관하지 않기 때문에 낙동강수계기금으로 협의회의 활동을 지원하는 것은 윤리적, 법적으로 허용되기 어렵다. 원래 4대강 수계법의 목적과 물이용부담금의 부과 목적은 상수원 상류지역의 수질개선과 상류지역에서 토지 등 재산권 이용을 제한받는 주민에 대한 지원사업을 하기 위한 재원을 조성하는 것이다. 그러나 위에서 살펴본 바와 같이 한강수계법상 수계기금의 용도는 수질개선사업과 주민지원사업 이외에 방만하게 확대된 측면이 있으며, 이는 4대강 수계법과 물이용부담금의 취지에 반하는 것으로서 위법 내지 위헌적인 요소를 가지고 있다. 따라서 수계기금의 용도는 원래의 법과 물이용부담금의 목적과 취지로 환원하고 여기에 집중하여야 한다.

문제는 수계기금과 수계위원회가 「물관리기본법」의 시행 이후에는 필연적으로 유역물관리위원회와 일정한 협업이 있을 것으로 보이는데, 일단 현재 시점에서는 수계위원회가 수계기금의 용도에 대하여 법령상 주도권을 행사한다고 하더라도 통합물관리를 위한 일정한 사항에 대한 유역물관리위원회의 권고 내지 요구를 거부하기는 어려울 것으로 보인다. 장기적으로 수계기금과 수계위원회를 유역물관리위원회로 통합하는 경우에는 유역물관리위원회에 참여하는 주민이나 단체의 대표 등이 지역대표성을 가지고 보다 강력하게 주민지원사업 등을 요구할 가능성이 크고 상대적으로 수질개선사업에 사용되는 재원이 축소될 가능성도 배제할 수 없다. 수계위원회와 유역물관리위원회의 통합 이후에 낙동강 정책협의회의 활동에 대해서 일정한 재정지원이 가능할 것인가는 향후 법령의 개정에 따르는 것이지만 현행 법과 같이 주민지원사업과 수질개선사업에 국한한다면 유역물관리위원회가 관리하는 재원에서 지원이 가능할 것으로는 보이지 않는다. 「물관리기본법」 시행 이후 통합물관리를 위한 법령, 조직, 계획의 통합 등이 이루어지는 경우 향후 수계위원회와 유역물관리위원회의 조직통합에 대한 보다 상세한 내용이 구체화될 수 있을 것으로 보인다.

대안은 앞서 언급한 비영리단체법에 따르는 재정적, 행정적 지원의 가능성을 검토하는 것이다. 비영리단체법에 따라서 행정안전부장관 또는 시·도지사는 공익활동에 참여하는 비영리 민간단체에 대하여 필요한 행정지원 및 이 법이 정하는 재정지원을 할 수 있다(제5조 제2항). 행정안전부장관 또는 시·도지사는 등록된 비영리 민간단체에 대하여 다른 법률에 의하여 보조금을 교부하는 사업 외의 사업으로서 공익활동을 추진하기 위한 사업에 대하여 소요경비를 지원할 수 있으며(제6조 제1항), 소요경비의 범위는 사업비를 원칙으로 한다(제2항). 따라서 협의회가 비영리 민간단체로 등록하는 경우 행정안전부장관은 물론 운영규정과 운영세칙 등을 통하여 환경부장관, 시·도지사, 공공기관 등으로부터 재정지원을 받을 수도 있다. 더 나아가 비영리 민간법인에게는 「비영리단체법」에 따라서 「조세특례제한법」 및 기타 조세에 관한 법령이 정하는 바에 의하여 조세를 감면할 수 있으며(제10조), 공익활동에 필요한 우편물에 대하여는 우편요금의 일부를 감액할 수 있다(제11조).

4. 훈령에 근거한 자율적 조직

낙동강 정책협의회의 법적 형식과 관련하여 하나의 대안으로 제시할 수 있는 것은 법령에 근거는 없지만 순수한 훈령 등 행정규칙에 근거하여 운영하는 방식이다. 이는 앞서 언급한 바와 같이 시화호 협의회가 대통령령인 "공공기관의 갈등예방과 해결에 관한 규정"(대통령령 제19886호, 이하 갈등예방규정이라 한다)을 근거로 하여, 국토해양부(현재 국토교통부)훈령 제2008-43호에 근거를 두고 있는 것과 대조된다. 즉 시화호 협의회의 설치근거가 국토교통부 훈령이기는 하지만 대통령령에 근거를 두고 있는 것과 달리 낙동강 정책협의회를 국무총리 또는 환경부장관의 단독 훈령에 의거하여 설치하고 운영하는 것이다. 규제개혁위원회의 경우 규제개혁 추진체계는 위원회, 국무조정실 규제조정실, 민·관합동규제개선추진단, 각 부처, 지자체 및 일선기관이 참여한다. 특히 민·관합동규제개선추진단은 국무조정실, 대한상공회의소, 중소기업중앙회 등 민간과 정부가 협력하여 설립·운영 중인 조직이다. 2013년 9월 출범한 추진단은 중소기업, 소상공인 등 다양한 목소리를 바탕으로 규제의 합리적 개선을 위한 사업을 진행하고 있다. 추진단의 사업은 규재개선 과제발굴, 관계부처 협의·조정, 규제개선, 이행점검 순으로 이루어진다. 추진단의 설치 근거는 민관합동규제개선추진단설치및운영에관한규정(국무총리 훈령 <부록 4>)에 근거하고 있으며, 연관된 법률체계는 없다. 운영예산을 훈령에 근거하여 국가가 3억 내외를 지원한다.

물론 낙동강 정책협의회를 법령과 관계없이 순수한 국무총리 또는 환경부장관의 훈령을 근거로 설치하고 운영하는 것은 신생조직의 출범에 대한 문턱을 낮출 수 있다는 점에서 보다 용이한 측면이 있다. 또한 낙동강 정책협의회가 유역물관리위원회라는 공식적인 거버넌스와는 달리 비공식적 거버넌스라는 점에서 그 설치 근거를 법령이 아닌 훈령 등과 같은 행정규칙으로 하는 것이 보다 그 성격에 부합하는 측면도 있다. 그럼에도 불구하고 훈령이 법령에 근거가 없이 행정기관의 내부적인 사무를 처리하기 위하여 제정한 자율적인 규범으로서 대외적인 구속력을 가지지 않는다는 점을 고려한다면 낙동강 정책협의회가 비록 비공식적인 거버넌스라는 점을 고려한다고 하더라도 비교적 영속적인 조직임을 고려할 때 반드시 바람직한 것은 아니다. 따라서 낙동강 정책협의회를 국무총리 혹은 환경부장관의 훈령에 의하여 일단 출범시키는 것은 고려해볼 수 있는 대안이지만 중장기적으로는 법령에 근거를 명시하고 세부적인 활동분야나 구성에 대해서는 훈령 등 행정규칙으로 상세한 내용을 정하도록 하는 것이 보다 바람직할 것으로 보인다.

Ⅵ. 유역 통합물관리 체계와 법제도 개선방안

1. 물관리기본법과 동법 시행령의 개정방안

1) 유역물관리위원회와 국가물관리위원회의 관계

앞서 언급한 바와 같이 현행 「물관리기본법」에 의하면 유역물관리위원회는 국가물관리위원회의 유역별 조직에 불과하다. 물관리기본법 제20조 제1항은 "물관리에 관한 중요 사항을 심의·의결하기 위하여 대통령 소속으로 국가물관리위원회를 두고, 국가물관리위원회에 유역별로 유역물관리위원회를 둔다"고 규정하고 있다. 그럼에도 불구하고 「물관리기본법」 제11조, 제12조에 따라서 유역별 통합물관리가 효율적으로 이루어지기 위해서는 후술하는 바와 같이 유역물관리위원회의 기능 강화와 함께 업무의 자율성과 독립성이 최대한 보장되어야 한다. 국가물관리위원회와 유역물관리위원회 간의 상호관계와 역할분담과 관련하여 전술한 바와 같이 국가물관리위원회의는 전반적으로 국가물관리정책의 기본목표와 추진방안을 결정하는 정책위원회결정자로서 국가 전체의 물관리정책을 향도하는 기능을 수행하도록 하는 것이 바람직스럽다.

이에 비하여 유역물관리위원회는 장기적으로 물관리기본법 등 관련 법령의 개정을 통하여 물의 사용에 대한 허가권을 행사하고 그에 따르는 각종 비용과 부담금 등을 부과하여 실질적으로 유역 중심의 통합물관리가 가능하도록 보다 집행적인 기능을 수행할 수 있도록 하여야 할 것이다. 현행 「물관리기본법」은 유역물관리위원장의 임명에 관하여 환경부장관(당연직)과 국가물관리위원회 위원장의 공동 추천으로 대통령이 임명하는 사람(위촉직)으로 하며(제23조 제2항), 민간위원의 경우에는 해당 유역 관계 시·도지사가 추천하여 국가물관리위원회 위원장이 공동으로 위촉하는 사람이 임명되기 때문에(제23조 제3항 제3호), 인사에 있어서도 국가물관리위원회 위원장의 영향력이 절대적이다.

예산과 재정에 관해서도 역시 현행법상으로 유역물관리위원회는 어떠한 권한도 가지지 못하며 환경부의 일반예산으로 배정된 국가물관리위원회의 예산의 일부를 유역별로 배분받을 것으로 보인다. 이렇게 볼 때 유역물관리위원회는 조직, 인사, 예산에 있어서 국가물관리위원회에 전적으로 의존하는 관계라고 할 수 있기 때문에 유역물관리위원회를 중심으로 하는 통합물관리가 효과적으로 이루어지기 어려운 구조를 가지고 있다. 따라서, 단기적으로는, 국가물관리위원회는 유역물관리위원회가 수행하는 업무의 자율성과 독립성을 최대한으로 존중하는 관행을 정착시킬 필요가 있으며, 이를 위한 「물관리기본법」의 개정이 필요하다. 개정안으로는 「물관리기본법」 제20조 제3항을 다음과 같이 신설할 것을 제안한다.

제20조 (유역물관리위원회의 자율성과 독립성) ③ 국가물관리위원회는 유역물관리위원회 업무의 자율성과 독립성을 존중하여야 한다.

중장기적으로는, 유역물관리위원회 업무의 자율성과 독립성을 확보하는 방안으로 현행 4대강 수계법에 의한 수계관리위원회와 같이 유역물관리위원회를 법인화하는 방안을 검토할 필요가 있다. 물론 이는 물관리를 위한 조직, 재정, 권한의 통합이 이루어진 이후의 문제라고 할 수 있다.

2) 유역물관리위원회의 기능 강화

유역물관리위원회의 기능강화 및 효율적인 업무수행과 관련하여 중요한 쟁점 중 하나는 유역물관리위원회의 사무국 설치에 관한 것이다. 현행 「물관리기본법」은 제26조 제5항에서 국가물관리위원회에 사무국을 둔다고 하여 사무국은 국가물관리위원회에만 설치할 수 있는 것으로 규정하고 있다. 이에 따라서 동법 시행령 역시 제11조에서 국가물관리위원회에 설치되는 사무국에 대해서만 규정하고 있다. 실제로 국가물관리위원회에 설치되는 사무국은 물관리위원회의 운영 지원, 물관리위원회 및 분과위원회 심의 안건의 작성·검토 및 협의·조정 지원, 물관리위원회의 기능과 관련된 전문적인 조사·연구 등의 실무적인 업무를 수행하고 물관리위원회를 지원하는 역할을 하기 때문에 유역물관리위원회는 사무국이 없는 상태에서 자신의 업무를 효율적으로 수행하기 매우 어렵다.

이와 같이 유역물관리위위원회의 정상적인 업무수행에 사무국이 필요하다는 것은 긴 설명이 필요하지 않은 것임에도 불구하고 「물관리기본법」과 시행령에 국가물관리위원회의 사무국에 대해서만 규정을 둔 것은 입법적인 흠결이라고 볼 수밖에 없다. 다만, 「물관리기본법」 제26조 제6항은 제5항과는 달리 "물관리위원회의 운영, 분과위원회의 구성과 운영, 사무국의 조직 등에 필요한 사항은 대통령령으로 정한다"고 규정하여, 국가물관리위원회는 물론 유역물관리위원회를 아우르는 내용을 두고 있다. 실제로 제26조에 선행하는 제3장 제20조 내지 제25조는 국가물관리위원회와 유역물관리위원회 양자에 모두 공통적으로 적용되는 규정이다. 따라서 「물관리기본법」 시행령을 제11조 제1항을 "법 제26조 제5항 및 제6항"으로 개정할 필요가 있다. 보다 근본적으로는 「물관리기본법」 제26조 제5항을

"국가물관리위원회와 유역물관리위원회에는 사무국을 둔다"로 개정하여야 할 것이다.

중장기적으로 유역물관리위원회의 실질적인 기능 강화를 위해서는 하천수, 지하수 등의 사용에 대해 유역물관리위원회의 허가를 받도록 하는 것이 필요하다. 이를 위해서는 「물관리기본법」의 개정은 물론 하천법, 지하수법, 소하천정비법 등 관련 법률의 개정이 이루어져야 한다. 동시에 유역물관리위원회와 수자원의 조사·계획 및 관리에 관한 법률에 의한 지역수자원관리위원회, 4대강 수계법에 규정된 수계관리위원회와의 조직의 통합과 더불어 유역물관리위원회가 물의 사용에 대한 허가와 함께 사용료를 부과할 수 있는 권한을 부여하여야 한다. 물론 이러한 문제들 역시 관련 법령의 개정이 필요하며, 국가물관리위원회와 국가수자원관리위원회의 통합, 4대강 수계법상 물이용부담금의 부과주체 및 수계기금 관리권을 유역물관리위원회로 변경하는 것 등이 그 주요한 내용이다.

더 나아가 유역물관리위원회는 하천수 사용료, 지하수이용부담금 등 수자원의 사용에 대한 사용료의 부과, 수자원의 오염 등에 대한 원인자부담금 내지 총량초과의 제재금 성격인 물환경보전법의 배출부과금, 오염총량초과과징금 등의 부과주체 내지 수입의 귀속주체, 물이용부담금의 수입에 대한 부과 또는 그 수입의 귀속주체가 되어야 한다. 이를 위해서는 「하천법」, 「지하수법」, 「소하천정비법」, 「물환경보전법」, 「환경정책기본법」 등의 개정이 이루어져야 한다. 예를 들어, 현행 「물환경보전법」의 배출부과금과 가산금, 오염총량초과과징금은 「환경정책기본법」에 따른 환경개선특별회계의 세입이 되는데, 이를 유역물관리위원회의 세입으로 변경할 것인가에 대해서 국가물관리위원회가 국가 전체의 물관리정책 결정자로서 깊은 논의가 필요하다. 더 나아가 「환경정책기본법」의 환경개선특별회계의 수입원은 다양하고 환경의 전 분야를 아우르는 것이기 때문에 물환경 부분만을 분리하는 경우 다른 분야에 미치는 영향이 크기 때문에 통합적 환경관리라는 차원에서 물과 관련된 수입원만을 분리하는 것이 오히려 부정적인 결과를 가져올 수도 있다. 향후 유역물관리위원회의 예산과 재정과 관련하여 환경개선특별회계와 어떻게 관계를 설정할 것인가에 대하여도 역시 심도 있는 검토와 더불어 필요한 경우 관련 법률들 간의 정합성 제고를 위한 개정 문제도 제기될 수 있다. 물관리일원화에 따르는 재정, 행정, 조직법상의 개편과제는 이 연구에서 다루기에는 한계가 있으며, 향후 환경부를 중심으로 지속적인 법령의 개선이 요구된다.

2. 유역물관리위원회와 협의 거버넌스와의 관계

유역물관리위원회 민간위원의 경우에는 해당 유역 관계 시·도지사가 추천하여 국가물관리위원회 위원장이 공동으로 위촉하는 사람이 되기 때문에 위원들이 지역 중심으로 기계적인 분배가 이루어지는 경우 특히 낙동강 유역의 경우에는 위원 간 첨예한 의견대립이 예상된다. 이는 물론 낙동강 유역에서만 문제될 수 있는 것은 아니며, 각 유역의 물관리위원회가 물관리기본법령에 따라서 행정구역만을 중심으로 구성되는 경우 발생할 가능성이 있다. 따라서 유역정책협의회, 유역센터 등 명칭에 관계없이 유역물관리위원회와 상시적으로 소통하고 유역물관리위원회의 의제를 사전에 조율하는 비공식적 거버넌스의 존재는 필수적이다.

다만, 유역물관리위원회에서 그 소통창구를 누가 담당할 것인가에 대해서는 분과위원회 중 기획총괄 분과도 가능하지만 시행령 제10조 제1항에서 규정하는 "그 밖의 분야"로서 소통분과를 별도로 설치하여 유역정책협의회와 유역참여센터 등 비공식적 거버넌스와의 소통과 사전 의제조율만을 전적으로 담당하도록 하는 것도 고려할 필요가 있다. 이 문제는 향후 유역물관리위원회가 자문단 등을 구성하여 적절한 대안을 검토할 수 있을 것으로 보인다. 그리고 보다 근본적인 문제로서 「물관리기본법」의 원칙 중 하나로 제19조에서 물관리 정책 참여에 대하여 다음과 같이 규정하고 있다. "물관리 정책 결정은 국가와 지방자치단체 관계 공무원, 물 이용자, 지역 주민, 관련 전문가 등 이해관계자의 폭넓은 참여 및 다양한 의견 수렴을 통하여 이루어져야 한다." 그런데 물관리 정책결정에 대한 이와 같은 이해관계자의 참여 원칙은 단순한 원칙으로 그칠 뿐 구체적인 행동강령이나 방식은 규정하고 있지 아니하다. 물론 이 규정이 물관리의 기본원칙을 규정한 것으로서 내용상의 한계는 있지만 그 내용을 다소 보충하여 유역차원에서 참여와 소통을 위한 자발적 활동을 보장할 필요가 있다. 따라서 「물관리기본법」 제19조를 다음과 같은 내용으로 개정할 것을 제안한다.

제19조 (물관리 정책 참여) 물관리 정책 결정은 국가와 지방자치단체 관계 공무원, 물 이용자, 지역 주민, 관련 전문가 등 이해관계자의 폭넓은 참여 및 다양한 의견 수렴을 통하여 이루어져야 하며, 유역단위에서 이해관계자의 참여와 소통을 위한 자발적 활동을 보장하여야 한다.

제4절 네덜란드의 유역물관리청에 대한 비교법적 검토

Ⅰ. 네덜란드 물관리 거버넌스 개관

오늘날 전 지구적으로 진행되고 있는 기후변화에 따르는 가뭄과 홍수 등 수자원의 불안전성은 물에 대한 의존성이 큰 네덜란드 같은 국가에서는 일종의 생존의 문제에 해당한다고 할 수 있다. 국가의 존망이 달린 과제로서 네덜란드는 효과적인 물관리와 이를 위한 적절한 거버넌스의 구축에 온 국가적 역량을 집중하여 왔다. 상세하게 후술하겠지만 네덜란드 물관리에 있어서 핵심적인 거버넌스는 일정한 강 유역 내지 지역을 관장하는 21개의 지역물관리청이다. 이늘 지역물관리청은 국가조직이기는 하지만 당해 지역의 물관리 행정을 수행함에 있어서 분권화된 형태로서 상당한 자율성을 부여받고 있다. 국민들을 물로 인한 재해로부터 안전하게 보호하고 생활 및 산업활동에 필요한 충분한 물을 공급하도록 조직화하는 것은 네덜란드에서 지역물관리청이 수행하는 핵심석인 과제라고 할 수 있다. 네덜란드에서 물관리라는 국가적으로 핵심적인 과제를 수행하는 주체는 전국적으로 지역을 분할하여 관장하고 있는 지역물관리청(영어로는 regional water authorities라고 하고, 네덜란드어로는 waterschappen이라고 부른다)이다.

지역물관리청이 자신에게 부여된 물관리업무를 적절하고 효율적으로 수행하기 위해서는 일정한 재원이 필요하며, 물관리를 위한 물리적인 구조 및 지식뿐만 아니라 이해관계인들을 물관리업무에 보다 효율적으로 참여시키고 이들로부터 행정에 대한 신뢰를 구축하는 것이 필요하다. 이와 같이 조직, 재원, 정보 및 지식과 같은 유형적 자산과 민주적 참여 및 행정조직의 신뢰 등의 무형적 자산을 잘 조합하여 물관리업무의 성과를 극대화하는 것이 오늘날 흔히 말하는 좋은 거버넌스라고 말할 수 있다.

앞서 언급한 바와 같이 네덜란드의 21개 지역물관리청은 국가의 행정조직이기는 하지만 물관리업무 수행에 있어서 상당한 자율성을 가지고 있으며, 국가, 국가관할 지방행정조직(province)과 함께 통합수법에 따라서 독자적인 권한을 부여받고 있다. 물론 지역물관리청의 업무가 국가행정활동 전반에서 크게 두드러지는 것은 아니며, 네덜란드의 일반 국민들 역시 그들의 업무의 내용이나 존재 자체를 잘 알고 있다고는 이야기하기 어렵다. 일반 국민들은 지역물관리청이 발행하는 물오염세 등에 대한 납부통지서를 받고나서야 비로소 물관리청의 존재를 인식하는 경우가 대부분이기 때문이다.

그럼에도 불구하고 네덜란드의 지역물관리청을 중심으로 하는 물관리제도는 독자적인 재원을 바탕으로 물관리업무를 모범적으로 수행하고 있는 것으로 국제적인 평가를 받고 있으며, 지역물관리청의 역사는 13세기에 시작하여 약 800여년의 역사를 가지고 있기 때문에 이 제도가 지속가능성 측면에서도 일종의 典範으로서 인식되고 있다는 것을 간과할 수 없다. 물론 지역물관리청을 중심으로 하는 네덜란드의 물관리 시스템이 유일무이한 제도라고는 말할 수 없으며, 유럽을 비롯한 여러 나라에서도 유사한 물관리 거버넌스를 발견할 수 있다. 이는 오늘날 일종의 보편적인 현상으로서 물관리업무가 분권화되고 그러한 분권화된 단위에게 행정적, 재정적 자율성을 부여하는 시스템이 일반화하고 있다는 사실을 방증하고 있다. 이와 같은 이유 때문에 네덜란드의 정교한 분권형 물관리 거버넌스가 전 세계적으로 주목을 받는 것이라고 볼 수 있다. 네덜란드의 물관리가 효과적으로 이루어지지 못하는 경우 국토의 절반 가량이 해수 범람의 위기에 처할 수 있다는 점을 고려한다면 네덜란드의 지역물관리청이 깨끗한 물과 해수의 침투가 없는 국토를 유지하고 있다는 것은 상당한 성과라고 평가할 수 있는 것이다. 이미 잘 알려진 사실이지만 2006년 UN의 세계 물전망 보고서는 전 세계적인 물위기는 결국 주된 이유가 물관리 거버넌스 위기에서 비롯되는 것으로 지적한 바 있다. 이러한 점에서 네덜란드의 성공적인 물관리 거버넌스가 더욱 주목받는 이유라고 할 수 있는 것이다.

향후 네덜란드는 기후변화에 적절하게 대응하는 것과 더불어 유럽연합의 물관리 기본지침과 홍수대응을 위한 평가 및 관리지침 등 유럽연합의 물관리 정책을 효율적으로 수행하는 것에 보다 초점을 맞추고 있다. 네덜란드는 2014년 가을 이른바 '델타사업'이라는 것을 결정하게 되는데, 이는 향후 닥칠 수 있는 홍수에 대비하고 맑고 건강한 음용수를 확보하는 계획이다. 이를 위해서 2050년까지 약 1500 킬로미터에 이르는 200 여개의 제방을 보수하는 것을 예정하고 있다. 이러한 장기적인 과제에 역시 지역물관리청이 핵심적인 역할을 할 것으로 보이며, 지역물관리청은 상기한 업무 이외에도 홍수방지, 수량과 수질의 관리 및 도시하수의 처리 등에 대한 과제를 수행한다.

지역물관리청은 이와 같은 업무를 혼자서 독자적으로 처리하는 것은 아니며, 국가 및 해당 지역의 국가관할 지방행정조직과의 유기적인 협력체계를 구축하여 협업하는 것을 지향하고 있다. 이를 위하여 국가, 지역물관리청, 국가관할 지방행정조직 및 유관 기업 등은 2011년 물관리를 위한 행정협정을 체결하고, 이러한 협정이 네덜란드 물관리를 위한 거버넌스의 토대를 형성하고 있다. 이를 통하여 물관리를 위한 혁신방안이 도출되었는데, 이러한 혁신은 물관리 목표를 신속하고 효과적으로 달성하며 비용을 절감하는 솔루션을 찾아낼 수 있다는 장점을 가지고 있다. 2014년 지역물관리청은 이러한 혁신을 통하여 과거 전통적인 문제해결 방식이 상상하지 못하는 성과를 거둔 것으로 평가하고 있다.

예를 들어서 지역물관리청은 행정협정과 그 동안의 경험과 노하우를 바탕으로 하여 도시하수 처리 문제에 대하여 에너지 공장과 원료공장이라는 두 가지의 새로운 개념을 제시하였다. 여기에 ICT 기술을 결합하여 새로운 에너지원을 개발하고 燐酸鹽과 같은 원료를 추출한 것이다. 지역물관리청은 이러한 노력을 통하여 에너지와 원료를 얻기 위한 공정을 가속화하고, 즉시 경제성을 가질 수 있는 방식을 찾기 위하여 수백만 유로를 투자하였다. 이와 같이 도시하수에 대한 지속가능한 처리방식을 통하여 지역물관리청은 에너지를 절약하고 경제적 효과를 창출할 수 있었던 것이다.

2014년 3월 OECD는 당시 네덜란드 인프라환경부(현재는 인프라물관리부로 개칭)와 지역물관리청의 도움을 받아서 네덜란드 물거버넌스에 대한 보고서를 발표하였는데, OECD는 이 보고서에서 네덜란드의 물관리 거버넌스를 전 세계적으로 참고할 수 있는 모델로서 평가하였다. 이 보고서에서 OECD는 네덜란드의 물관리 체계가 효과적으로 조직되어 있으며, 특히 지역물관리청의 기능과 역할에 대해서 주목하고 있다. 이 보고서에서 OECD 사무총장은 네덜란드 물관리업무와 거버넌스에 있어서 지역물관리청을 핵심적인 조직으로 평가하고 있다. 특히 주목할 부분은 지역물관리청의 조직, 관리 및 재원조달시스템 등에 관한 것이다. 더 나아가 지역물관리청의 조직에 대한 법적인 근거 및 기관 구성에 있어서의 민주적 정당성의 보장, 지역사회 및 주민을 비롯한 이해관계자들과의 관계형성 등이다. 특이한 것은 지역물관리청이 물관리를 위한 재원조달의 방식으로 자본시장에 대한 접근을 가능하게 하도록 설립한 네덜란드 물은행(NWB Bank; Nederlandse Waterschapsbank N.V.)인데, 네덜란드 물은행은 60여년 전통을 가지고 있다.

Ⅱ. 네덜란드 지역물관리청 모델

주지하는 바와 같이 네덜란드는 역사적으로 제방이나 둑과 같은 인공구조물에 의하여 경작이 가능한 농토를 확보하여 왔다. 산업화가 진행되면서 이와 같은 가용한 토지는 제방시설을 보강하면서 농업뿐만 아니라 인구의 증가에 따르는 산업용 용수를 확보하기 위하여 확대되었다. 토지와 수자원의 확보를 위해서는 대규모의 사회기반시설이 필요하였기 때문에 도로나 철도를 포함하여 수자원 확보 시설을 건설하고 운영하는 것이 네덜란드 국가행정의 중요한 과제로 등장한 것이다. 이와 같은 역사적 경험을 통하여 네덜란드인들은 농업과 산업활동이 가능한 乾燥地를 확보하는 것을 운명적인 과제로 여기게 되었고 수량과 수질을 포함하여 물관리업무를 유럽에서도 대표적으로 인구가 조밀한 국토와 연계시키는 지혜를 발견한 것이다. 제방, 배수시설, 운하 등과 같은 물관리시설에 대한 끈임 없는 관리는 물론 감독활동이 소홀한 경우에는 네덜란드라는 국가의 존망이 시급을 다툴 수 있다는 사실 또한 잘 인식하고 있다.

바로 이와 같은 물관리업무를 관장하는 국가행정청이 지역적으로 분포한 21개의 지역물관리청 2013년 기준으로 네덜란드 정부가 물관리에 지출한 비용은 총 690억 유로 정도인데, 이 중에서 지역물관리청에는 약 280억 유로가 배정된다. 같은 해 네덜란드는 가구당 696유로를 연간 물과 관련된 諸稅 공과금으로 지출하였는데, 이 중에서 지역물관리청에게 305유로의 오염세를, 183유로를 하수도 요금으로, 208유로를 상수도 요금으로 지출하였다. 지역물관리청은 기능적으로 보면 분권화된 국가행정기관이며, 수량과 수질, 舟運 등 전적으로 물과 관련된 행정활동을 담당하는 행정청이다. 각각의 지역물관리청이 관장하는 하천이나 수자원은 행정구역을 중심으로 분절한 것이 아니라 물과 관련된 제방, 저수지, 배수지 및 저류지 등을 기준으로 관할 구역을 결정한다. 따라서 지역물관리청은 3, 4개의 국가관할 지방행정조직이 관장하는 하천이나 저수지 등에 대한 물관리업무를 담당하는 경우도 있다.

1. 지역물관리청의 법적 근거

1) 헌 법

지역물관리청은 네덜란드에서 가장 오래된 민주적 정부형태 중의 하나이다. 초기 형태의 지역물관리청은 13세기로 거슬러 올라간다. 앞서 언급한 바와 같이 지역물관리청은 국가의 행정조직이기는 하지만 특정 지역의 물관리업무에 대한 책임을 진다. 물관리라는 용어는 역사적으로 홍수방지, 지하수와 지표수를 포함하는 모든 수자원의 수질과 수량의 관리, 주운, 토양과 주거환경에 대한 개선과 보호라는 일종의 주거와 환경의 복지를 증진하는 업무로 인식되었다. 이와 같은 공적 과제와 업무를 수행한다는 점에서 지역물관리청은 네덜란드헌법 제21조에 그 근거를 두고 있다. 동조는 "(국민에 대한) 정부의 보호의무는 국토의 住居性 증진과 환경의 보호와 개선을 지향한다"는 내용을 규정하고 있기 때문에 앞서 언급한 지역물관리청의 업무와 과제를 근거 지우는 헌법적인 정당성의 근거를 제공하고 있다. 더욱이 최근 기후변화 및 그에 따르는 해수면 상승, 지표면 침강 및 도시화에 따라 국토와 환경에 대한 국가적 배려의무는 큰 의미를 가지는 것으로 볼 수 있다.

앞서 통합수법의 내용을 살펴보는 과정에서도 언급하였지만 물관리업무는 하천, 호수, 운하, 제방, 排水場, 하수처리장 등과 같은 물관리 시설에 의하여 이루어진다. 지역물관리청은 이와 같은 물관리시설의 정상적인 기능을 유지하기 위하여 일종의 행정규칙에 해당하는 규범정립의 권한을 가진다. 예를 들어 지역물관리청은 자신의 허가를 받지 아니하고 하천에서 식목을 하거나 이를 제거하는 등의 행위를 금지하고 있다. 또한 이와 같은 하천시설물을 훼손하는 행위는 네덜란드 형법에 따라서 엄격한 처벌의 대상이 된다. 2012년부터 지역물관리청은 또한 자신의 행정규칙에 따라서 행정강제나 행정벌과 같은 행정적 제재도 가하고 있다. 이외에도 물관리에 적용되는 규범으로는 후술하는 바와 같이 국가관할 지방행정조직의 자치규범을 들 수 있으며, 이들 역시 물관리 행정의 주요한 法源인 지역물관리청법(Waterschapswet), 통합수법(Waterwet)과 함께 중요한 기능을 수행한다.

앞서 언급한 바와 같이 네덜란드는 물론 유럽연합의 회원국들은 유럽연합 차원에서 물관리와 관련한 수많은 지침을 국내법으로 전환하여야 하는 의무를 지고 있다. 따라서 유럽연합의 물관리 기본지침, 홍수의 위험에 대한 평가와 관리에 관한 지침, 음용수 지침, 수영용 물지침, 지하수 및 도시하수 지침 등도 국내법과 함께 물관리에 적용되는 중요한 법원이다. 물관리 행정은 국가의 특별한 행정영역이기는 하지만 다른 행정업무와 공통점을 가지고 있음을 부인할 수 없다. 그러므로 물관리 행정은 다른 행정영역을, 다른 행정영역은 물관리 행정활동을 상호간에 고려하여야 하는 것이다. 이른바 통합물관리라고 하는 개념이 바로 그것이며, 이는 수량과 수질, 지표수와 지하수를 동시에 고려하는 물관리 개념인 동시에 더 나아가 국가의 공간계획이나 다른 환경적 요소를 정책에 반영하는 물관리 방식인 것이다.

네덜란드의 경우 국가의 공공정책 수립 시 이른바 "물환경평가"(Water Assessment)절차를 거치도록 하고 있는데, 이는 국가의 특정 공공정책이 물환경에 미치는 영향을 조사하고 분석하는 것이다. 물환경평가의 목적은 도시나 산업단지를 건설하는 경우 물환경평가 절차를 통하여 통합적인 물관리 개념과 부합하지 않는 부정적인 효과를 미리 차단하는 것이다. 이미 언급한 바와 같이 통합수법에서는 국가물관리계획과 지역물관리계획을 각각 국가와 지역물관리청에 수립하도록 규정하고 있는데, 이 두 가지 계획은 모두 국가와 관련 지역의 공간활용 계획적 요소를 반드시 고려하여야 한다. 이는 결국 국가의 물관리행정과 국토계획을 상호 연계하려는 목적이다.

2) 헌법과 지역물관리청법

앞서 언급한 바와 같이 지역물관리청의 역사는 13세기에 시작된 것으로서 약 800여년의 역사를 가지고 있으나 그의 법적 지위에 대한 논란이 없었던 것은 아니다. 특히 20세기 후반에는 지역물관리청의 존속 여부에 대하여 극심한 논쟁이 벌어진 것을 그 예로 들 수 있다. 1968년 당시 네덜란드 교통건설부는 지역물관리청의 개혁을 위한 연구위원회(Studiecommissie Waterschappen)를 발족시켰다. 연구위원회의 임무는 지역물관리청의 기능과 구조를 분석하고 다른 국가 행정청과의 관계를 연구하여 그 결과를 교통건설부장관에게 보고하는 것이었다. 1974년 "지역물관리청과 그 미래"라는 이름으로 발간된 보고서에서 연구위원회는 그 동안 폐지까지 거론되었던 지역물관리청을 매우 긍정적인 국가행정의 모델로 평가하면서 향후 지방자치단체의 물관리 거버넌스 역시 지역물관리청을 典範으로 삼을 것을 권고하였다. 연구위원회는 특히 지역물관리청의 운영원리와 관련하여 중요한 원칙을 발견하였는데, 지역물관리청이 수행하는 업무에 이해관계를 가지는 자는 그에 필요한 비용을 지불하고 지역물관리청 거버넌스에 참여할 수 있는 기회를 보장하라는 것이다. 여기에서 유명한 이른바 三角原則이 제시되었데, 삼각원칙이란 이해관계-비용부담-참여(interest-pay-say)라는 것으로서 "물관리에 이해관계를 가지는 자는 비용을 지불하고 행정에 참여하라"는 매우 실사구시적인 조직의 운영원리인 것이다.

이에 따라서 연구위원회는 지역물관리청에 대한 법적인 근거를 입법적으로 마련할 것을 권고하였는데(지역물관리청법: Regional Water Authorities Act, RWA Act), 이 법은 지역물관리청의 행정적, 재정적 구조와 업무에 대하여 규정하고 있다. 1977년 네덜란드 정부는 연구위원회의 권고를 수용하여 "지역물관리청을 위한 새로운 길"이라는 각서를 발표하고 다음과 같이 이른바 "좋은 물관리 거버넌스"의 원칙을 제시하였다. 1. 물관리는 효과적으로 이루어져야 한다(효과적 물관리). 2. 물관리는 가능한 한 유역을 중심으로 이루어져야 한다(유역물관리). 3. 물관리는 모든 이해관계의 요소를 형량하여 이루어져야 한다(통합관리). 동시에 네덜란드 정부는 연구위원회가 권고한 이른바 삼각원칙을 수용하고, 지역물관리청의 핵심적인 업무는 홍수방지와 통합물관리라는 점을 재차 확인하였다. 그리고 정부는 지역물관리청의 법적 근거를 조속히 마련할 것을 의회에 촉구하였다.

1978년 네덜란드 하원은 거의 만장일치로 정부의 각서를 승인하고 지역물관리청의 계속적인 존립과 정부 내의 행정기관으로서 위상을 인정하였다. 다만, 물관리청법의 제정은 네덜란드 국내의 정치적인 상황으로 인하여 지체되다가 1983년 네덜란드 헌법이 개정되면서 더 이상 그 제정을 미룰 수 없게 되었다. 그 이유는 1983년 개정된 네덜란드 헌법이 연구위원회의 권고와 정부의 각서를 전폭적으로 수용하였기 때문이다. 1983년 개정된 네덜란드 헌법 제133조의 내용은 다음과 같다. 제1항 : 지역물관리청의 설립과 해산, 물관리청의 업무, 의사결정기관의 구조와 구성은 법률에 특별한 다른 규정이 없는 한 지역물관리청법이 규정하는 바에 따라서 국가관할 지방행정조직(Province)의 명령으로 정한다. 제2항 : 지역물관리청 의사결정기관의 규제권한 및 여타의 권한과 조직의 공적 성격은 법률로 정한다. 제3항 : 지역물관리청 의사결정기관에 대한 국가관할 지방행정조직 및 타 기관의 감독에 대해서는 법률로 정한다. 지역물관리청 의사결정기관의 결정은 공익과 법률에 반하는 경우에 한하여 이를 무효화할 수 있다.

1992년 개정된 헌법을 반영하여 드디어 지역물관리청법이 제정되고 시행되었는데, 그 이후에도 법률은 수차례 개정되었다. 2006년 지역물관리청법에 대한 중요한 개정이 이루어졌는데, 네덜란드 정부는 앞서 지역물관리청의 혁신과 현대화를 위한 법안을 네덜란드 하원에 제출하였다. 그 중요한 내용은 후술하는 바와 같이 지역물관리청의 지배구조, 즉 의사결정기관의 구성과 선거 및 재원조달에 관한 것이다. 2007년 하원은 정부의 법안을 수용하여 법률을 개정하였는데, 여기에 대해서는 상세하게 후술한다.

2014년 법률개정을 통해서 지역물관리청 위원회의 선거에 대해서는 네덜란드 선거법이 적용된다. 2012년 새로운 정부의 출범과 함께 지역물관리청의 개혁은 다시 한 번 도마 위에 오르게 되는데, 새 정부의 단기과제는 21개의 지역물관리청을 10개 내지 12개로 통폐합하는 것과, 장기과제는 21개의 지역물관리청이 소재한 국가관할 지방행정조직을 12개에서 5개로 통합하는 것이다. 더 나아가 앞서 1983년 네덜란드 헌법 제133조가 규정한 지역물관리청을 폐지하는 안도 제시되었다. 이러한 새 정부의 개혁안은 선거 후 연립정부 구성과정에서는 공론화되지도 않은 것으로서 지역물관리청의 입장에서 보면 상당한 쇼크로 받아들여질 수 있는 사안이었으나 실제로 실행으로 옮겨지지는 않았다.

2014년 3월에는 네덜란드 정부가 아니라 OECD가 네덜란드 물관리 거버넌스에 대한 보고서(네덜란드 물관리 거버넌스 : 미래에 적합한가?)를 발표하였는데, OECD는 네덜란드의 물관리 체계를 원점에서 독립적으로 객관적인 시각에서, 그리고 특히 글로벌한 관점에서 분석하고 평가하였다. 그리고 앞서 언급한 바와 같이 OECD는 결론적으로 네덜란드의 물관리 체계 내지 거버넌스가 세계적으로 모범적인 사례로서 일종의 물관리의 전범이라는 긍정적인 의견을 제시하였다. 다만, 한편으로 OECD는 네덜란드의 물관리 정책이 일부 영역에서는 보다 엄격하게 시행될 필요가 있음을 지적하였는데, 구체적으로는 물관리의 중요성에 대한 네덜란드 국민의 보다 큰 각성이 요구되며, 물관리와 공간활용 계획과의 보다 유기적인 연관성이 필요하며, 이른바 삼각원칙을 보다 현실적으로 적용할 것, 수질을 제고하기 위한 보다 원대한 구상과 이를 위한 더욱 강력하고 독립적인 규제기관의 필요성 등이다.

결국 OECD보고서는 인프라환경부장관으로 하여금 네덜란드 하원에게 기본적으로 지역물관리청의 행정과 조직에 대한 근본적인 변화가 필요하지 않음을 확인시켜 주는 계기를 제공하였다. 물론 인프라환경부장관은 지역물관리청 스스로가 통폐합을 통한 규모의 경제를 실현할 필요를 느끼고 있음을 하원에 상기시키고 OECD보고서에 의한 권고사항은 물관리 이해당사자 간의 물행정협정을 통해서 해결할 수 있다고 한다. 2014년 6월 네덜란드 하원은 인프라환경부장관의 의견을 지지하였으며, 결국 지난 시간 동안 계속되었던 지역물관리청의 혁신을 둘러싼 오랜 논란에 종지부를 찍었다.

앞서 언급한 바와 같이 지역물관리청은 일종의 헌법기관으로서 그 위상을 가지고 있으며, 이를 뒷받침하는 지역물관리청법에 의하여 기능적으로 분권화된 지역적 관할권에 따라서 물관리에 대한 독자적이고 자율적인 조직으로서 고유한 재원조달 방식을 가지고 있는 물관리 전문행정청이라고 할 수 있다. 국가의 계층적 행정조직이라는 구조에서 보면 지역물관리청은 국가관할 지방행정조직과 동일한 위상을 가지는 것으로 볼 수 있다. 네덜란드 헌법에 의하면 국가관할 지방행정조직(province)은 지역물관리청의 조직에 관하여 중요한 역할을 수행한다. 국가관할 지방행정조직은 명령을 제정하여 지역물관리청의 구성, 권한 등에 대한 규범을 제정하며 지역물관리청을 감독한다.

지역물관리청의 규모는 지난 50년 간 매우 큰 변화를 보였는데, 50년 전 2,650개의 지역 물관리청으로 세분화 되었으나 현재는 21개로 존속한다. 이와 같이 소규모 지역물관리청을 통폐합한 이유는 첫째, 그 동안 있었던 홍수 등으로 인하여 많은 인명피해가 발생하여 작은 조직으로는 효율적으로 재난에 대비하기 어려운 점이 있었기 때문이다. 둘째, 1970년대 이후로 지역물관리청의 업무는 방재와 수량 확보뿐만 도시하수 처리 등 수질문제까지 통합적으로 관리할 필요성이 커졌기 때문에 이에 필요한 재원을 확보하는 것에 보다 대규모 조직이 유리하였기 때문이다. 마지막으로 앞서 언급한 통합물관리라는 새로운 패러다임에 따라서 지역물관리청은 지표수와 지하수, 수량과 수질보호라는 복합적인 업무를 수행하는데 소규모의 분절적인 조직에 대한 한계를 느끼고 조직의 통폐합을 요구하였기 때문이다. 현재 21개의 지역물관리청에는 모두 11,000명의 직원이 근무하고 있다.

3) 지역물관리청법

지역물관리청의 업무와 그 수행방식에 대한 법적 근거는 지역물관리청법이다(이하 법이라 한다). 법 제1조에서는 지역물관리청이 물관리업무를 수행하는 행정관청이라는 점을 분명하게 밝히고 있는데, 여기에는 세 가지 개념적 요소가 존재한다. 첫째, 제1조는 지역물관리청이 네덜란드 공행정의 일부이며, 네덜란드 중앙정부의 조직이라는 점을 명확하게 하고 있다. 결과적으로 지역물관리청은 국민에 대하여 법적으로 구속력을 가지는 처분이나 결정을 할 수 있다는 것인데, 이와 같은 처분이나 결정에는 명령 등 규범제정권, 물사용에 대한 허가 또는 금지처분, 과세처분 등이 해당한다. 필요한 경우 지역물관리청은 이와 같은 법적인 구속력의 실효성을 확보하기 위하여 행정벌을 포함하는 행정강제 수단을 동원할 수 있다.

둘째, 지역물관리청의 지역적 관할권이다. 지역적 관할권을 가진다는 의미는 특정 지역물관리청은 특정 지역의 물관리업무만을 수행한다는 의미이다. 물론 지역물관리청은 국가의 중앙행정조직의 일부이지만 지역적인 관할권을 행사한다는 점에서 지방자치단체나 국가관할 지방행정조직과 같은 이른바 분권화된 행정조직이다. 다만, 이미 언급한 바와 같이 지역물관리청의 관할권은 행정관할권과 일치하는 것이 아니며 물관리와 관련된 하천, 수로, 운하, 제방 등의 시설 등을 통하여 지역적으로 구획된다.

마지막으로 수차례 언급한 내용이기는 하지만 지역물관리청법은 지역물관리청은 오직 물관리업무라는 특수하고 전문적인 행정업무만을 처리하는 전문행정기관이라는 점을 강조하고 있다. 이것이 지역적인 관할권을 가지고 일반적인 모든 행정업무를 처리하는 지방자치단체와 구별되는 점이다. 법 제1조는 지역물관리청이 수행하는 과제를 규정하고 있다. 2007년 법률개정에 따라 법은 현재 수량관리는 물론 도시하수 처리 등 수질업무도 처리하고 있다. 앞서 언급한 바와 같이 지역물관리청의 주요업무는 홍수방지 등 방제업무와 수량 및 수질관리 업무 이외에 주운을 위한 하천과 수로관리를 맡고 있다.

2011년 법률개정에 따라서 지역물관리청의 업무에는 사향 쥐, 뉴트리아 등으로 인한 수인성 감염병 예방업무도 추가되었다. 추가된 법 중에서 주목할 부분은 지역물관리청 지배구조(의사결정기관)의 구성과 자신의 업무수행에 필요한 재원을 조달하기 위한 오염세 부과와 같은 과세권이다.

그런데 지역물관리청의 과세권을 주목하는 이유는 네덜란드에서 국가관할 지방행정조직이나 지방자치단체는 국가가 지방펀드의 형태로 조성하여 교부하는 이전재원으로 각자의 업무를 처리하는 반면에 지역물관리청의 경우에는 독자적인 과세권을 행사하여 재정의 자율성과 독립성을 가지고 있다는 점이다. 이는 어느 다른 나라에서도 찾아보기 어려운 네덜란드 물관리 행정조직만의 상당히 예외적인 제도라고 할 수 있으며, 이는 결국 네덜란드라는 국가가 헌법상 물관리업무를 지역물관리청의 관할로 하고 있으며, 국가의 명운을 좌우하는 중요한 과제라는 것을 스스로 밝히고 있는 점이라고 할 수 있다. 2014년 현재 지역물관리청의 오염세 등 조세수입은 26억 유로에 이르고 있다.

4) 통합수법

지역물관리청법을 제외하고는 네덜란드에서는 2009년 통합수법이 제정되기 이전에는 물관리를 위한 입법은 각 분야별로 산재하면서 각각 다른 구조, 법적 수단, 절차 및 권리구제수단을 규율하고 있었다. 이와 같은 법체계가 통합물관리라는 물관리의 새로운 패러다임에 부합하지 못하고 있다는 문제가 계속적으로 제기되고, 이에 더하여 계속되는 가뭄과 홍수 등 자연재해까지 더해지면서 통합적인 물관리 법제가 필요하다는 의견이 더욱 강하게 대두되었다. 네덜란드 정부와 하원은 이와 같은 필요성과 현실을 깊이 인식하고 당시 분야별로 산재한 물관리 법제를 통합하기로 의견을 모았다. 계속 이에 더하여 유렵연합 차원에서도 물과 관련한 다양한 지침을 통합한 유럽연합 물관리 기본지침이 제정되면서 네덜란드는 국내적으로 통합수법의 제정은 더 이상 미룰 수 없는 상황에 이르게 된 것이다. 앞서 언급한 바와 같이 이러한 과정을 거쳐서 2009년 12월 제정된 네덜란드 통합수법은 기존의 8개 법률을 통합한 것이다. 통합수법은 이를 구체화하는 인프라환경부장관의 하위 명령, 국가관할 지방행정조직과 자치단체의 조례 등으로 일련의 체계를 이루고 있다.

앞서 언급한 바와 같이 통합수법은 통합물관리를 위한 목적에 보다 적합한 입법형식으로서 8개의 개별 입법으로 분산된 물관리의 비효율성을 극복하고 개인과 기업에 대한 행정적 부담을 경감하기 위한 혁신입법이라고 할 수 있다. 이는 물관리 행정이 개인과 기업에 대한 규제를 완화하고 혁신한다는 의미로서 예를 들어 통합수법은 기존의 여섯 개의 물사용 허가를 하나로 통합하여 일종의 집중효를 부여하였다. 통합수법은 네덜란드 물관리 법제의 투명성을 한 단계 제고한 것으로 평가할 수 있는데, 그 이유는 통합수법이 물과 관련된 모든 법제도와 개념을 망라하여 포함하고 있기 때문이다. 다만, 앞서 언급한 바와 같이 지역물관리청에 대해서는 역사적인 이유에서 여전히 지역물관리청법이 규율하고 있으며, 지방자치단체의 하수처리는 환경관리법이, 음용수에 대해서는 음용수법이 각각 규율하고 있다.

다만, 현재의 통합수법은 2018년 환경계획법(environmental planing act)에 통합되었다. 2014년 네덜란드 정부는 하원에 환경계획법안을 제출하였다. 이 법은 생활환경과 관련된 복합적인 문제를 통합하는 것을 목적으로 하고 있다. 광의의 복합적인 생활환경에는 물관리가 포함되는 것으로서 현재의 통합수법은 공간계획법, 환경허가법 및 재난관리법과 함께 환경계획법에 통합되는 것을 그 내용으로 하고 있다. 따라서 환경계획법은 단일한 개별법이라기보다는 생활환경을 규율대상으로 하는 일종의 환경계획의 法典化 작업의 일환으로 볼 수 있다. 따라서 2018년 제정된 환경계획법전이 완성되면 통합수법은 이 법전에 통합되고 독자적인 개별법으로서는 더 이상 존재하지 않을 것으로 보인다.

2. 물관리 행정조직

앞서 언급한 내용을 중심으로 보면 지역물관리청이 유일한 물관리 행정기관이라는 생각을 할 수 있다. 그러나 이는 사실이 아니며 네덜란드에서 물관리를 위한 행정활동은 중앙정부, 국가관할 지방행정조직 및 지방자치단체의 모든 레벨에서 이루어진다. 다만, 통합수법은 물관리 행정의 주체로서 중앙정부와 지역물관리청만을 언급하고 있을 뿐이다. 네덜란드 물관리 행정의 특징은 다양한 요소를 고려하는 철저하게 맞춤형 행정이라는 점이다. 물관리 행정이 고려하는 맞춤형 목표와 대상은 다음과 같은 것들이다.

1) 홍수방지

주지하는 바와 같이 네덜란드의 국토는 절반 가량이 해수면 이하에 분포하기 때문에 홍수로부터 국토를 보호하는 것은 국가의 핵심적인 과제이며, 이는 결국 네덜란드 국민의 생사에 관계되는 문제라고 할 수 있다. 그리고 홍수방지 업무는 경제적인 측면에서도 상당한 중요성을 가지고 있다. 예를 들어 홍수방지를 위하여 건설한 각종 제방은 약 2000억 유로의 경제적 가치를 가지고 있는 가계와 기업을 보호하고 있다. 가계와 기업은 네덜란드 GDP의 80%를 생산하고 있는 생산의 주체이기 때문에 이를 보호하는 것은 또 다른 의미에서 네덜란드에게 생사의 문제라고 할 수 있다. 이와 같은 홍수방지를 위한 행정책임은 중앙정부와 지역물관리청의 몫이다. 중앙정부는 네덜란드의 해안과 해안선을 보호하며, 서부 지역의 강어귀를 보호하는 댐을 관리한다. 이를 제외한 하천, 제방 등 대부분의 물관리 시설은 지역물관리청이 관장한다. 지역물관리청이 관리하는 하천이나 제방의 총연장은 하천의 경우 3,600킬로미터이며, 제방의 전체 길이는 13,500킬로미터이다. 앞서 언급한 바와 같이 통합수법은 제2장에서 홍수방지에 대하여 규정하고 있으며, 통합수법이 위임한 하위명령, 국가관할 지방행정조직 및 자치단체의 규정 등이 보다 상세하게 홍수방지에 대해 규정하고 있다.

2) 수량확보

수량확보는 특정 지역에 부존하는 지표수의 양을 관리하는 것을 목적으로 한다. 수량관리는 지표수가 일정한 수위를 유지하고 이를 효율적으로 사용할 수 있도록 관리하는 것이다. 여기에서 일정한 수위는 물의 사용 목적에 따라서 농업용, 주운용, 환경유지용 등 다양한 종류가 있을 수 있다. 지표수의 양을 적절하게 유지하기 위해 물을 공급하고 배수하는 행정기관은 물이 넘치거나 부족함이 발생하지 않도록 유의한다. 국가는 수량관리의 측면에서 주요하천과 북해, 일부 운하 등에 대해 책임을 지고 있으며, 지역물관리청은 지역적으로 수량을 관리하는 의무가 있다. 네덜란드에서는 수량관리를 위하여 전국적으로 3,700 여개의 펌프장이 있으며, 이들이 수량관리를 위한 핵심적인 물관리 시설이다. 국가와 지역물관리청의 정확한 관할 구분은 통합수법의 하위규범인 규칙 부록에서 상세하게 정하고 있다. 통합수법에서는 수량관리를 위하여 다양한 법적 수단을 규정하고 있으며,

예를 들어 홍수위, 가뭄 시 용수배분순위, 물협정, 수위결정, 물의 사용과 배수에 대한 물관리청의 허가 등이다.

3) 수질관리

수질관리는 특히 지표수를 오염원으로부터 보호하는 것이다. 수질관리는 자연관상용 및 레저용, 지하수개발, 농업 등 다양한 용도의 물사용 목적에 따라 그 목적에 상응하는 수질기준을 유지하는 것이다. 수질관리 행정활동에 있어서도 중앙정부와 지역물관리청이 핵심적인 역할을 하고 있다. 앞서 언급한 네덜란드의 주요 하천과 운하 등 국가적 의미가 있는 수자원의 수질관리는 중앙정부가 관장하고 지역의 수자원이나 소규모 하천의 수질관리는 지역물관리청의 책임사안이다. 수질관리와 관련된 내용은 통합수법 제6장과 제7장에서 주로 규정하고 있으며, 그 수단으로는 물사용에 대한 허가, 제세공과금, 하수처리에 대한 규정 등을 들 수 있다. 수질관리 행정과 관련하여 흥미로는 분야는 수영용 물에 대한 수질을 유지하는 것이다. 네덜란드는 전국적으로 약 690여개의 실외수영장이 있는데, 이에 대한 수질은 지역물관리청이 관리하고 있으며 지방자치단체는 수영이 가능한 지역을 지정한다. 지역물관리청은 수영용 물의 수질이 일정 기준 이하로 내려가는 경우에는 지방자치단체로 하여금 수영을 금지하거나 수영객에게 경고하도록 권고한다. 도시하수처리는 지표수의 수질에 결정적인 영향을 미치는 문제이기 때문에 지역물관리청은 가계와 기업에서 배출하는 하수에 대한 처리책임을 지고 있다. 이를 위하여 지역물관리청은 전국적으로 360여개의 하수처리장을 운영하고 있다.

4) 지하수관리

통합수법은 지표수와는 달리 지하수의 관리에 대해서는 다양한 행정청에 그 관할을 부여하고 있다. 다만, 지하수관리 업무에 대해서도 여전히 지역물관리청이 핵심적인 역할을 수행하고 있다. 앞서 언급한 내용에 따르면 통합수법은 연간 산업용으로 150,000 세제곱미터 이상의 지하수 취수행위, 음용지하수 취수행위, 지열을 얻기 위한 지하수 사용행위 등에 대한 허가권을 국가관할 지방행정조직에게 부여하고 있다. 국가관할 지방행정조직은 이 외에도 통합수법 상 지하수세를 부과할 수 있는 권한도 가지고 있다. 빗물을 포함하여 도시지하수에 대한 권한은 해당 지방자치단체가 행사한다. 지하수에 대한 수질관리는 지하 및 지상에서 이루어지는 각종 행위에 대한 규제와 밀접하게 관련되어 있으며 이는 결국 토양의 보호 문제로 이어지기 때문에 지하수의 수질보호를 위한 내용은 토양보호법에 규정되고 있다. 토양보호법의 집행과 지하수의 수질보호에 대한 업무는 이 법에 따라서 국가관할 지방행정조직과 당해 지방자치단체의 업무이다.

5) 뉴트리아 등 설치류 퇴치

우리로서는 다소 이해하기 위한 이러한 업무는 2011년 통합수법이 개정되면서 기존의 국가관할 지방행정조직으로부터 지역물관리청으로 이관되었다. 이에 대해서는 통합수법과 지역물관리청법 및 관련 하위규범이 규율하고 있다.

6) 수로관리

수로에 대한 관리는 수로 자체의 안전성과 더불어 깊이, 교량관리 등을 포함하고 있다. 수로관리 업무는 법상 중앙정부와 국가관할 지방행정조직의 업무이나 이를 지역물관리청에 위임하는 경우도 있다. 다만, 수로는 주운과 관련되기 때문에 주운에 대한 운행규칙은 선박교통법에 의하여 규율된다.

7) 도로관리

도로 역시 물관리와 일정한 관련성을 갖고 있기 때문에 홍수 등으로 인하여 하천이나 제방이 범람하는 경우 그로부터 도로의 안전성을 확보하는 것이다. 네덜란드에서 도로관리는 중앙정부, 국가관할 지방행정조직, 지방자치단체 및 서부지역의 5개 지역물관리청이 담당한다. 도로관리의 주요한 내용은 도로법에 규정되어 있다.

8) 하수도관리

엄격하게 말해서 하수도관리는 물관리업무와 직접적인 관련성은 희박하지만 수질관리와 연관되는 부분이 있음을 부인할 수 없다. 하수도의 건설, 관리, 유지 업무는 환경보전법에 따라서 지방자치단체에게 부여된 업무이다. 이 법은 지방자치단체에게 하수도관리계획을 입안할 의무를 부과하고 있다. 하수도시설을 통하여 지방자치단체는 빗물과 하수도를 집수하여 이를 지역물관리청이 운영하는 하수처리시설로 보낸다. 지방자치단체는 통합수법이 정하는 바에 따라서 하수도사용료를 징수하여 위와 같은 업무의 수행에 필요한 재원으로 사용한다. 지방의회는 이와 관련하여 지방자치법을 근거로 조례를 제정한다.

3. 식수 공급

식수 공급 역시 물관리업무와 직접적인 관련성은 적지만 지표수와 지하수의 수질은 먹는 물에 직접적인 영향을 미친다. 네덜란드에서 식수에 대한 공급, 즉 수도사업은 열 개의 수도회사가 담당하고 있으며, 음용수법에 의하여 규율되고 있다. 비영리재단인 암스테르담 수도회사를 제외하고는 나머지 수도회사는 사법상 회사로서의 법적 성격을 가지고 있다. 다만, 음용수법은 수도회사를 공공부문이 소유하도록 규정하고 있기 때문에 사법상 수도회사도 준공기업 조직으로 인식되고 있다. 이상에서 살펴본 바와 같이 네덜란드에서 물관리업무는 공공서비스에 해당하는 것으로 볼 수 있다. 이러한 업무를 집행하는 것은 중앙정부의 책임이며, 중앙정부는 제방, 수처리 플랜트 등을 건설하고 유지하는 구체적인 작업을 민간기업과 계약 등을 체결하여 그들로 하여금 이를 담당하도록 하는 것이 일반적이다. 또한 네덜란드는 다른 나라들과 비교하여 음용수 공급, 하수도 건설, 하수처리 등 물순환과 관련한 업무를 중앙행정기관이 독점적으로 수행하는 것이 아니라 수도회사, 지방자치단체 및 지역물관리청이라는 다른 3주체와 협력하는 것이 특징적이다.

이러한 물관리의 조직과 운영형태는 역사적인 뿌리를 가지고 있는 것으로서 상당한 기간 동안 시행착오를 겪으면서 발전해 온 것이다. 통합수법은 명시적으로 물관리업무와 관련하여 지방자치단체와 지역물관리청이 협력하도록 규정하고 있으며, 특히 이러한 협력분야는 하수도의 건설과 하수처리 분야에서 두드러진다. 그리고 물관리업무에 핵심적인 역할을 수행하는 지역물관리청은 통합수법에 따라서 강력한 법적 권한과 재량을 가지고 있다. 지역물관리청의 권한과 재량은 특히 물사용에 대한 허가권과 긴급 시 관계자들의 수인의무 등을 통하여 실현된다.

4. 정부기관 상호간의 협력

앞서 언급한 바와 같이 네덜란드의 중앙정부와 국가관할 지방행정조직 및 자치단체 등 모든 성부 레벨에서 물관리업무가 이루어진다. 물론 이러한 정부기관 상호간에는 물관리업무의 효율성을 제고하기 위한 협력이 필수적이다. 통합수법과 관련 법령들은 이와 같은 정부기관 상호간의 협업을 가능하게 하는 규정들도 다수 가지고 있지만 이들 간의 상호 협의나 비공식적인 의사교환 역시 중요한 역할을 하고 있다. 국가 전체적인 차원에서는 인프라환경부장관이 의장직을 맡고 있는 협의체가 정기적으로 물관리 정책에 대한 의견을 교환하고 있다. 이러한 협의체에는 중앙정부는 물론 국가관할 지방행정조직, 지방자치단체, 지역물관리청 및 수도회사들이 참여한다. 이와 더불어 이른바 "좋은 거버넌스"라는 기조 하에 지역물관리청은 국가관할 지방행정조직 및 지방자치단체와 함께 정기적으로 네덜란드 내무부(Ministry of the Interior and Kingdom Relations)와 협의를 하고 있다. 앞서 언급한 바와 같이 이와 같은 정부기관 상호간의 협의와 의사교환을 제도적으로 뒷받침하는 것이 이들 상호간에 체결된 물관리 협정 등인데, 국가 물관리업무의 효율성을 제고하기 위하여 2011년에 물관리 행정협정이 체결되었다.

이와 같은 행정협정이 체결되는 이유는 물관리의 효율성을 제고하고 유럽연합 차원에서 요구하는 보다 엄격한 수준의 수질관리를 위한 재원을 염출하며 그 부담을 분배하는 것이 필요하였기 때문이다. 통합수법은 제3장에서 물관리를 위한 행정협정에 대해서 규정하고 있는데, 물관리 주체들에게 보다 일관적이고 효율적인 거버넌스를 구축하는 협정을 체결하도록 하여 상호간의 업무를 연관하여 파악하고 집행할 수 있도록 한다. 특히 통합수법 제3장에서는 지역물관리청과 관할 지방자치단체가 하수처리업무에 있어서 협력을 강화하도록 제도화하고 있다. 이 외에도 통합수법은 지역물관리청이 지방자치단체에게 물사용 허가를 발급하는 업무나 하수처리시설에 하수를 배출하는 업무에 대해서 조언을 할 수 있도록 하는 등의 협업에 대한 제도화를 시도하고 있다.

5. 지역물관리청에 대한 감독

지역물관리청법과 통합수법은 지역물관리청에 대한 감독규정을 포함하고 있다. 이러한 감독규정은 분권화된 국가행정조직으로서 일정한 자율성을 가지는 지역물관리청이 업무범위를 벗어나지 않도록 적절하게 규제하는 목적을 가진다. 네덜란드는 "분권화된 중앙행정국가"(decentralised unitary state)라는 성격을 가지고 있다. 분권화된 중앙행정국가라는 것은 개념적으로 네덜란드가 독일과 같은 연방제 국가가 아니라 단일 중앙정부가 입법, 행정, 사법권을 가지고 있다는 것을 의미한다. 그럼에도 불구하고 분권화라는 것은 동시에 네덜란드가 중앙행정국가이기는 하지만 예를 들어 지역물관리청과 같이 특정한 지역을 관할하는 중앙행정기관의 분절조직이 최대한 행정적 자율성을 행사한다는 의미이다. 따라서 중앙정부는 중앙행정기관의 지방조직이 내린 결정이 중요한 공익적 이유에 의하여 국가전체적으로 바람직스럽지 않다고 판단하는 경우에는 이를 교정할 수 있다. 이것이 바로 지역물관리청에 대한 국가의 규제 내지 감독권을 법리적으로 설명할 수 있는 부분이다. 그리고 국가 내지 중앙정부가 지역물관리청에 대하여 행사하는 규제 내지 감독권은 예방적 감독, 제재적 감독과 적극적 감독으로 구분한다. 예방적 감독이란 예를 들어 지역물관리청이 설치하려는 특정 시설이나 공사 등에 대하여 국가관할 지방행정조직이 이러한 시설 등이 통합수법에 부합하는지 여부에 대하여 사전에 승인하는 것 등이다.

이에 비하여 제재적 감독은 국가관할 지방행정조직이 지역물관리청의 결정을 취소 또는 변경하는 등 사후적으로 이를 교정하는 감독권 행사를 말한다. 적극적 감독은 통합수법 제3장에 규정되어 있는 내용으로서 국가와 국가관할 지방행정조직이 보다 광범위하게 감독권을 행사하는 것을 의미한다. 예를 들어 국가관할 지방행정조직은 지역물관리청이 제공하는 지역물관리계획의 준비작업, 개념정의, 수정, 내용 등에 관련된 정보가 보다 일관되고 효과적으로 지역 물관리 거버넌스의 운영목적에 부합할 수 있도록 일정한 지침을 발하는 것 등이다. 국가 차원에서 인프라환경부장관도 동일하게 이러한 사전적이고 보다 적극적인 규제지침을 국가관할 지방행정조직과 지역물관리청에게도 발령한다. 국가관할 지방행정조직이 보다 일관되고 효과적인 지역 물관리 거버넌스의 운영에 필요하다고 판단하는 경우에는 지역물관리청이 행사하는 권한과 과제수행에 대하여 일정한 행정지도를 할 수 있다. 이러한 행정지도에 대한 권한은 국가 차원에서 인프라환경부장관도 가지고 있는데, 인프라행정부장관은 네덜란드가 가지는 국제법적인 의무를 이행하는데 필요하다고 판단하는 경우에는 국가관할 지방행정조직과 지역물관리청에 대하여 이에 상응하는 행정지도를 할 수 있다.

6. 참여와 권리보호

통합수법은 지역물관리청이 물사용 허가신청에 대하여 행한 위법한 거부처분이나 과세처분으로 인하여 권익을 침해당한 개인 또는 기업에 대한 권리보호제도에 대해서도 규정하고 있다. 이는 위법 또는 부당한 행정활동에 대하여 국민이 불복하는 재판청구권이 인정되는 법치국가에서는 일반적인 제도라고 할 수 있다. 이러한 불이익처분에 대해서는 당연히 상대방의 참여를 보장하고 이에 대한 의견을 청취할 수 있는 절차적 권리가 보장되어야 한다. 그리고 상대방이 행정절차에서 제기한 의견을 지역물관리청이 제정한 행정규칙에 따라 반드시 기록하도록 법적으로 강제하고 있다.

또한 지역물관리청이 행한 위법한 거부처분이나 과세처분 등에 대해서는 상대방이 이를 다투기 위하여 관할 행정법원에 제소할 수 있다. 여기에는 네덜란드 일반행정법(General Administrative Law Act)의 규정이 적용된다. 다만, 예외적으로 지역물관리청이 입안한 건설계획을 국가관할 지방행정조직이 승인한 처분에 대해서는 국가평의회의 행정분과(Administrative Jurisdiction Division of the Council of State)에 불복을 신청할 수 있다.

네덜란드에서 지역물관리청의 처분 등에 대한 불복절차 중 흥미로운 것은 정식 소송이나 재판절차 이외에 일종의 민원처리기관으로서 옴부즈만 제도를 들 수 있다. 지역물관리청의 주장에 의하여 20년 전에 도입된 옴부즈만은 지역물관리청의 처분 등에 대한 관계인들의 광범위한 이의신청을 접수하여 처리한다. 이른바 물옴부즈만은 지역물관리청에 소속되어 물과 관련된 각종 민원을 처리하는데, 매년 약 100여건의 민원이 접수되고 있다. 옴부즈만이 접수하여 처리하는 물관련 민원은 주로 지역물관리청의 과세처분이 대부분이다.

Ⅲ. 물관리 거버넌스의 민주적 정당성

1. 네덜란드 협의 모델

네덜란드는 수세기 동안 물과 싸워 왔다. 물 문제를 해결하는 것은 어느 한 주체의 힘만으로는 불가능한 것이기 때문에, 다수 이해관계인의 유기적인 협력이 필수적이다. 따라서 물 문제 해결을 위한 협의, 합의 및 타협이라는 네덜란드만의 독특한 협력문화와 그에 따른 제도를 탄생시켰다. 네덜란드의 지역물관리청은 전세계적으로 합의에 바탕을 둔 공행정기관으로 평가받고 있다. 오늘날 지역물관리청은 네덜란드의 민주주의 제도에서 자율적인 권한을 가지는 지역행정기관으로서의 법적 지위를 인정받고 있다.

지역물관리청은 물과 관련된 업무만을 처리하는 행정기관이기 때문에 정치적 이해관계로부터 자유롭고, 이것이 기관의 전문성과 독립성을 유지하는 비결로 작용하여 왔다. 앞서 지역물관리청의 개혁에 대한 역사적 과정에 대해서 언급하였지만 지역물관리청의 역할과 기능에 대해서는 지난 수십년 간 상당한 변화가 있었다. 그리고 이와 같은 지역물관리청은 결국 헌법상 헌법기관으로 승격되었기 때문에 이와 같은 헌법적 기능에 따르는 민주적 정당성을 요구한다.

보다 직접적으로 지역물관리청의 민주적 정당성 문제는 그 집행기관인 위원회(board)의 구성에 있어서 물관리에 관하여 이해관계를 갖는 다양한 이해관계인이 참여한다는 것을 의미한다. 지역물관리청의 위원회에 대한 구성과 선출에 대해서는 2007년 "지역물관리청 현대화법"(Wet modernisering waterschapsbestel)이 제정되고 2008년부터 동법이 시행되면서부터 급격한 변화를 겪었다. 핵심적인 변화는 위원회를 구성함에 있어서 선출된 지역주민이 항상 과반수 이상을 점한다는 것이며, 지역주민을 선출함에 있어서 개인이 출마하는 것이 아니라 선출대상자에 대한 名簿제도를 도입하였다는 점이다. 이러한 개혁은 지역물관리청 스스로가 제안한 것으로서 2015년부터는 지역물관리청에 대한 선거를 국가관할 지방행정조직의 장에 대한 선거와 병행하여 실시하고 있다.

2. 물관리위원회의 구성

지역물관리청의 위원회는 이사회(governing board), 집행위원회(executive committee) 및 집행위원회의 의장(chairperson)으로 구성된다. 이는 마치 지방자치단체위 기관구성과 비교할 수 있다. 지방자치단체에도 지방의회, 집행위원회와 자치단체의 장이 있기 때문이다.

1) 이사회

지역물관리청의 이사회는 지역물관리청이 수행하는 물관리업무에 대하여 이해관계를 가지는 자들을 대표하는 사람들로 구성한다. 이는 이미 언급한 이른바 삼각원칙에 따라서 물관리에 이해관계를 가지는 자는 이에 소요되는 비용을 지불하고 참여하라는 것을 구체화하는 것이다. 그런데 여기에서의 이해관계는 일반적 이해관계와 특별한 이해관계로 구분할 수 있다. 일반적인 이해관계는 지역물관리청이 집행하는 업무에 대하여 이해관계를 갖는 지역주민이나 사업장 등의 참여를 의미한다. 특별한 이해관계는 특정한 분야에 대해서 이해관계를 가지는 농민, 기업 등을 지칭한다. 이에 따라서 지역물관리청법 제12조는 이사회를 다음과 같은 사람들로 구성하도록 규정하고 있다. 1. 지역주민. 2. 농민 등 토지소유자. 3. 자연자원 등의 소유자. 4. 기업.

따라서 이와 같은 이해관계자들의 입장이 이사회의 구성을 통하여 보호되어야 하고, 지역물관리청을 감독하는 국가관할 지방행정조직은 이사회에서 이들의 숫자를 안분하여 확정한다. 인구가 많고 조밀하며 산업활동이 활발한 지역을 관장하는 지역물관리청의 경우에는 농업을 위주로 하는 지역을 관할하는 지역물관리청보다 이사회 구성에 있어서 주민과 기업 대표의 숫자가 더 많도록 배려한다. 지역물관리청 이사회의 구성원은 최소 18명에서 최대 30명이다. 앞서 언급한 바와 같이 주민들이 지역물관리청의 운영에 필요한 경비의 대부분을 조세의 형태로 납부하기 때문에 항상 주민의 대표가 다수를 점한다. 특별한 이해관계를 대표하는 이사회의 구성원은 7명에서 9명이다.

이사회는 지역물관리청법에 따라서 지역물관리청에 부여된 업무를 규제하고 감독하는 권한을 가지고 있다. 원칙적으로 지역물관리청은 자신의 재량에 따라서 업무를 처리하기 때문에 법령을 위반하고 재량권을 일탈할 수 있다. 물론 지역물관리청에 대해서는 통합수법이나 지역물관리청법에 따라서 국가관할 지방행정조직이 감독권과 규제권을 행사하지만 일차적으로 지역물관리청의 이사회가 그에 대한 내부적인 감독권을 행사하는 것으로 이해할 수 있다. 이사회는 필요하다고 판단하는 경우 자신의 감독권을 집행위원회에 위임할 수 있다. 이사회의 권한과 업무는 구체적으로 지역물관리청법 제83조에 규정되고 있는데, 예산심의와 의결, 결산, 水位에 대한 결정, 규칙제정, 조세부과 등이다.

2) 집행위원회

지역물관리청의 집행위원회는 이사회가 선출하는 위원과 위원장으로 구성한다. 집행위원회는 지역물관리청의 일상적인 업무를 수행하는 집행기관이며, 위원수는 지역물관리청별로 상이하다. 일반적으로 집행위원회는 4, 5명의 위원으로 구성한다. 지역물관리청법 제40조는 집행위원 중 최소한 한 명은 특별한 이해관계를 대변하는 자가 선출되도록 규정하고 있으나, 이는 단순한 권고규정으로 이해하는 것이 일반적이다. 집행위원회의 위원은 대부분 이사회의 구성원으로 구성하는 것이 일반적이기는 하지만 외부인사를 영입하는 경우도 있다. 이사회는 집행위원장을 제외하고 집행위원을 선출하는데, 특별한 이해관계를 가지는 이사회 구성원은 별도로 자신의 이해를 대변하는 집행위원을 선출하는 것이 아니라 전체 이사회 구성원이 모든 집행위원을 선출한다. 따라서 지역물관리청법 제41조는 집행위원들은 이사회의 전반적인 신임을 얻어야 한다고 규정하고 있다. 집행위원회는 지역물관리청의 일상적인 업무를 처리하는 것 이외에 이사회의 결의대상 안건을 준비하고 정리하기 때문에 지역물관리청이 정책수행에 상낭한 영향을 미친다.

집행위원회는 집행기관이라는 법적 지위를 가지고 있기 때문에 관련 법령을 집행하고 물사용 허가신청에 대한 허가처분, 허가 예외사항에 대한 면제처분, 행정강제와 행정벌을 부과한다. 집행위원회는 합의제기관으로서 모든 결정은 개별 위원이 아니라 집행위원회 명의로 책임을 진다. 다만, 집행위원회 위원장은 이사회의 구성원이 될 수 없으며, 따라서 이사회에서는 표결권을 가지지 않는다. 위원장은 집행위원회의 구성원이며 집행위원회에서만 표결권을 행사한다. 집행위원장은 네덜란드 왕이 임명하며, 임기는 6년이다. 지역물관리청법 제46조에 의하여 이사회는 집행위원장의 임명과 관련된 자신의 권고의견을 국가관할 지방행정조직을 통하여 인프라환경부장관에게 전달할 수 있다. 집행위원장은 지역물관리청을 대표하며, 이사회와 집행위원회의 회의를 주재한다. 집행위원장은 이사회, 집행위원회 및 지역물관리청의 고위공무원이 작성한 문서에 서명한다. 현존하고 긴급한 위해가 발생하고 이사회와 집행위원회의 개회가 불가능한 경우 집행위원장은 이사회와 집행위원회의 모든 권한을 대행할 수 있다. 집행위원장은 이사회에 대하여 책임을 진다.

3. 선 거

지역물관리청은 지방자치단체와 국가관할 지방행정조직과 마찬가지로 이사회에 대한 선거를 실시한다. 최근까지만 하더라도 지역물관리청의 선거는 네덜란드 하원선거나 지방자치단체 등에 대한 선거와는 여러 가지 측면에서 다른 방식과 성격을 가지고 있었다. 앞서 언급한 바와 같이 최근에는 선거법이 개정되어 지역물관리청에 대한 선거 역시 선거법이 적용되기 때문에 일반선거와의 차이는 존재하지 않는다. 다만, 한 가지 결정적인 차이가 있다면 지역물관리청 선거는 이사회구성원 중 지역주민 대표만을 선출한다는 점이다. 주민을 제외한 기업이나 농민 등 이사회에 참여하는 대표들은 국가관할 지방행정조직의 장이 임명한다. 앞서 언급한 바와 같이 주민들의 대표는 개인적인 입후보가 폐지되고 선거명부제가 채택됨으로써 특정 주민을 선거명부에 등재하기 위하여 환경단체와 정당들이 자신들이 추천하는 후보자가 주민과 활발하게 접촉하는 현상이 벌어지고 있다. 따라서 이사회 구성은 특정 이해관계 그룹에게 몇 석의 대표를 배당하는가의 문제보다는 선거명부에 자신들이 추천하는 후보자가 주민의 대표로서 몇 명이나 선출되는가에 더 많은 관심을 거지게 되었다. 실제로 선거에서도 이러한 현상이 두드러지는데, 이는 정당국가화나 시민단체의 역할증대라는 점에서는 긍정적인 효과를 가질 수 있지만 물관리의 정치화를 초래하고 지역주민의 의사를 순수하게 대표할 수 있는 주민대표는 설 자리가 없게 되는 부작용을 발생시킬 수 있다.

이사회 구성원의 임기는 4년이다. 특히 선출직 주민대표의 경우 선거 이전에 각 정당이나 시민단체는 자신들이 추천하는 후보자를 명부에 올리는 일을 시작한다. 그리고 이 명단을 관할 선거관리위원회에 등록한다. 그런데 지역물관리위원회의 집행위원장이 바로 선거관리위원장의 지위를 겸한다. 이사회 이사의 피선거권 요건으로서 18세 이상의 연령이어야 하며, 결격 사유 없는 선거권이 있어야 한다. 앞서 언급한 바와 같이 지역물관리청 이사회 선거의 투표율을 제고하기 위하여 2015년에는 지방선거와 동시에 실시하였는데, 2008년까지는 대략 이사회 투표율은 24% 정도였다. 지역물관리청법 제31조는 이사회 이사들의 겸직금지의무를 규정하고 있는데, 중앙정부의 장차관, 왕실국장, 국가관할 지방행정조직 장과 의원, 시장, 시의원 등은 이사회의 이사가 될 수 없다.

Ⅳ. 네덜란드 통합수법과 물관리 거버넌스가 우리나라 물관리에 주는 함의

1. 통합관리

네덜란드 통합수법이 우리나라 하천법이나 지하수법, 물환경보전법 등에 주는 시사점은 역시 통합물관리를 위한 법제로서의 의미라고 할 수 있다. 네덜란드의 통합수법은 지표수와 지하수, 수량과 수질에 대한 관리방식과 관리주체를 보다 합리적으로 규정하고 그에 따르는 효과적이고 통합적인 물관리를 기대할 수 있도록 설계되었다는 점이 바로 그것이다. 다만, 그 구체적인 내용을 살펴보면 우리나라 국회에서 최근 제정된 물관리기본법에서 규정하고 있는 내용에 비하여 네덜란드가 보다 선진적인 내용을 담고 있는 것으로는 보이지 않는다. 여기에서 두 나라의 통합물관리 법제를 세세하게 비교하기는 적절하지 않지만 우리나라 물관리기본법에 비교하여 네덜란드의 통합수법이 가지고 있는 상대적인 우위는 물사용에 대한 허가제도를 가지고 있다는 점이다. 우리나라 물관리기본법은 물사용에 대한 허가제도를 규정하고 있지 않으며, 기존의 이른바 관행수리권에 대한 신고를 통하여 이를 허가수리권으로 양성화시키는 정도의 규정을 두고 있을 뿐이다. 어느 나라를 막론하고 통합수법을 제정하는 경우 가장 큰 관심사 중의 하나는 지표수는 물론 지하수와 해수 등의 사용에 대해서 허가제를 도입하는 것인데, 우리나라의 경우 물관리기본법에서는 향후 논의를 거쳐서 이와 같은 허가수리권에 대한 상세한 내용을 규정하는 것이 바람직스러울 것으로 보인다.

통합물관리와 관련하여 네덜란드 통합수법이 규정하고 있는 빗물관리에 대한 내용을 우리나라의 경우에도 물관리기본법에 포함할 것인가를 고려할 필요가 있다. 우리나라에서는 '빗물관리기본법안'과 같이 별도의 입법을 통하여 빗물의 처리와 관련자의 의무를 규정하는 것도 하나의 방법이지만, 통합물관리원칙과 물순환에 따르는 통합관리의 측면을 고려한다면 역시 이를 물관리기본법과 같은 통합수법에서 규정하는 것이 보다 효율적일 것으로 보인다. 더 나아가 하수처리의 경우에도 우리나라에서는 하수도법에서 이 문제를 별도로 규정하고 있으나 통합물관리와 수질문제를 동시에 고려한다는 점에서 하수처리의 주체나 원칙 등을 물관리기본법에 규정하고 하수도법에 의하여 자치단체의 책임과 권한으로 규정한 하수처리 문제를 유역 내지 유역물관리위원회의 권한으로 이양하는 것을 심도 있게 논의할 필요가 있다.

2. 유역관리

네덜란드는 유역 내지 지역을 중심으로 하는 물관리가 이루어지는 대표적인 국가라고 할 수 있다. 앞서 언급한 바와 같이 네덜란드에서 통합물관리업무를 수행하는 핵심적인 주체는 전국적으로 하천이나 수원지, 주요 제방 등을 중심으로 분포한 21개의 지역물관리청이다. 지역물관리청은 지표수는 물론 지하수, 수량과 하수처리를 통한 통합관리 업무를 수행하며, 지역물관리계획을 수립하고 오염세를 자율적으로 징수하여 통합물관리업무에 소요되는 재원으로 활용한다. 네덜란드의 유역관리 개념은 우리나라에도 상당한 시사를 할 수 있을 것으로 보인다. 네덜란드 지역물관리청은 지방자치단체의 행정관청이 아니라 국가의 지방행정조직이라는 점에서 그 특징을 찾을 수 있다. 물론 국가가 관할하는 지방행정조직 중에서 보다 큰 단위인 Province는 국가관할 지방행정조직이지만 지역물관리청과는 달리 지방의 일반적인 행정업무를 처리하는 반면에 지역물관리청은 오로지 통합물관리업무라는 특별한 과제를 관장하는 전문행정기관이라는 점에서 양자는 차이가 있다.

다만, 통합물관리업무 역시 국가의 행정적 과제의 일부이기 때문에 통합수법과 지역물관리청법 및 하위규범에 따라서 국가관할 지방행정조직과 지역물관리청은 유기적인 협력관계를 구축하고 있다. 우리나라 역시 독일이나 미국과 같은 연방국가가 아니라 단일국가로서 네덜란드와 유사한 국가적 성격을 가지고 있다. 다만, 네덜란드의 경우에는 국가관할 지방행정조직과 지역물관리청에게 상당한 자율권과 독립성을 부여하고 있다는 점을 지적할 수 있다. 이와 같은 맥락에서 우리나라 물관리기본법에서 규정하고 있는 유역물관리위원회에게 유역관리의 중심적인 기능을 부여할 필요가 있을 것으로 보인다. 물 문제는 결국 지역 내지 유역의 문제에서 출발하는 것으로서 비록 그 업무를 관장하는 기관이 국가행정조직의 일부라고 하여도 중앙정부의 직접적인 통제와 감독을 받지 않고 유역의 특수성을 고려한 합리적이고 효율적인 물관리가 가능하기 때문이다.

우리나라의 경우 지역의 물 문제에 대해서 지방자치단체의 참여나 관여가 중요하고 또한 필요한 것으로 보고 있지만 자칫 지방자치단체가 정치논리에 따라서 자신의 권한만을 주장하는 경우 유역관리는 위기에 처할 가능성이 있다. 특히 지방자치단체 간에 힘겨루기 양상이 유역의 물관리를 어렵게 하는 예를 수도 없이 경험하고 있는 것이 우리의 현실이다. 앞서 언급한 바와 같이 네덜란드에서는 지역물관리청 위원회의 이사회 등에 지방자치단체가 직접적으로 참여하거나 그들의 대표가 이사회의 구성원이 되는 경우는 찾아볼 수 없다. 물론 유역이나 지역의 물관리가 당해 지방자치단체 입장에서는 상당히 중요한 공적 과제라는 점을 인정하지만 앞서 언급한 이유들 때문에 지방자치단체는 유역거버넌스에 직접 참여하는 대신에 지방자치단체는 통합수법에 따라서 지역물관리청과 행정협정이라는 수단을 활용하는 것이다. 즉 유역물관리에서 지방자치단체는 직접 참여의 주체가 아니라 물관리 협력상대방으로서의 지위를 가지는 것으로 이해할 수 있다.

네덜란드를 “분권화된 단일국가”라고 국가적 성격을 정의할 때, 단일국가이면서 최근 지방분권을 보다 적극적으로 실현하려고 하는 우리나라와 유사하다고 할 수 있다. 따라서 네덜란드 지역물관리청의 모델은 우리나라의 경우에도 물관리업무가 유역중심주의원칙으로 정착하는데 중요한 시사점을 줄 수 있을 것이다.

더욱이 네덜란드는 국가관할 지방행정조직과 지방자치단체에게는 이른바 고유재원이 존재하지 않고 국가가 조성하는 지방펀드에서 이전하는 재원을 중심으로 업무수행에 필요한 재원을 조달하는 반면에 지역물관리청이 고유한 과세권을 행사한다는 것은 상당히 이례적으로 받아들일 수 있는 대목이다. 물론 이와 같은 국가와 지방의 재원조달시스템을 우리나라에서 수용하기는 어렵겠지만 물관리기본법에서는 거의 논의되지 않고 있는 재원조달방식과 관련하여 유역물관리위원회에게 지방세 부과를 위한 과세권을 인정할 수는 없다 하더라도 보다 자율적이고 독립적인 부담금, 수수료 등의 부과권을 부여하는 방안을 심도 있게 논의할 필요가 있을 것으로 보인다.

3. 재 정

네덜란드의 통합수법은 하천오염에 대한 원인자부담금으로서 오염세와 지하수 사용료를 규정하고 있다. 오염세는 지표수에 대하여 일정한 오염물질을 유입한 원인자에 대하여 부과하고 있는데, 앞서 언급한 바와 같이 국가행정조직의 일부인 지역물관리청이 과세권을 행사하는 것은 전 세계적으로 이례적인 것이다. 물론 여기에서 말하는 오염세라는 것이 그 법적 성질상 원인자부담금에 해당하는 것으로 볼 수 있다면 다른 나라의 경우에도 그러한 제도를 도입하는 것은 법제도상 크게 문제되지 않을 것으로 보인다. 네덜란드의 경우 지역물관리청이 지표수 및 지하수의 오염에 대한 원인자부담금과 더불어 물에 대해서 부과하는 공과금으로서 특별한 의미를 갖는 것이 이른바 물관리시설 유지세(부담금)(water system tax; charge)이다. 물관리시설 유지세는 그 성격상 조세라기보다는 지역물관리청이 관할하는 각종 물관리시설의 유지와 관리행위에 소요되는 비용을 충당하고 이러한 시설을 이용하는 사용자의 편익을 대상으로 부과한다는 점에서 일종의 분담금(Beitrag)으로서 수익자부담금의 일종이라고 할 수 있다.

이와 더불어 지역물관리청은 하수처리세(waste water treatment tax)를 부과하는데, 이 역시 조세로서의 성격을 가지기 보다는 하수처리시설이라는 일종의 공물 내지 공공시설을 이용하는 자가 향유하는 편익을 대상으로 부과한다는 점에서 시설사용료로서 보는 것이 합당할 것이다. 지역물관리청이 부과하는 각종의 공과금 수입은 법적으로 모두 물관리를 위한 비용으로 지출하도록 규정되어 있으며, 네덜란드의 물관리가 성공적이라는 평가를 받는 이유는 지역물관리청이 부과하는 각종 공과금 수입으로 이와 같은 물관리 행정비용을 충당하는데 부족함이 없기 때문이다. 다시 말하자면 네덜란드 물관리 성공의 비결은 지역물관리청이 충분한 재원을 자율적으로 사용할 수 있다는 점이며, 이는 우리나라의 물관리, 특히 유역을 중심으로 하는 유역관리에 상당한 시사를 할 것으로 보인다.

물론 네덜란드의 경우에도 중앙정부가 지표수에 대한 오염자원인 부담금을 부과하고, 국가관할 지방행정조직 역시 지하수세를 부과하며, 지방자치단체는 하수도세를 부과하지만 전체 수입으로 보면 지역물관리청의 물관리 재원규모에 비하여 큰 비중을 차지하지 못한다. 이는 네덜란드의 물관리가 철저하게 유역 중심으로 이루어지고 있다는 반증이라고 할 수 있다. 반면에 네덜란드는 하천수 사용료와 지하수 사용료는 미미한 수준이라고 볼 수 있는데, 이는 비교적 풍부한 수자원을 가지고 있어서 지하수와 지표수의 사용 자체에 높은 비용을 부과하여 소비절약을 유도하여야 하는 우리나라와는 근본적으로 다른 점이다. 또한 네덜란드의 경우에는 농업용수에 대해서도 거의 비용을 부과하지 않는다.

우리나라의 경우 지표수에 오염물질을 유입하는 자에게는 일종의 원인자부담금인 배출부과금이 존재하는데, 이는 환경부담금의 일종으로서 물관리를 위한 일반적인 재원으로 사용하는 것은 아니다. 우리나라는 하천법에 따라서 하천수 사용허가를 받은 자에 대하여 하천수 사용료를 부과하고 있는데, 이는 원인자부담금의 성격을 가지는 환경부담금이 아니라 공물인 하천수를 사용하는 자에게 사용량에 따라서 부과하는 사용료에 해당한다. 다만, 우리나라의 하천법상 국가가 하천수 사용허가를 부여하지만 하천수 사용료 부과는 시·도지사의 권한으로 규정하고 있다.

우리나라도 물관리기본법에 따라서 구성되는 국가물관리위원회의 유역조직인 유역물관리위원회가 하천수 사용료에 대한 부과권을 가지도록 입법화하는 것을 고려하여야 한다. 현재 자치단체가 부과하는 하천 및 하천수 점·사용료의 수입이 과소하고 자치단체가 지방상수도사업을 하기 위한 하천수 사용에 대해서는 하천수 사용료를 면제하는 등 하천관리재원이 현저하게 부족한 상황이다. 따라서 하천수 사용료 부과권을 국가로 이관하되 유역관리가 중심이 되는 경우 유역물관리위원회가 이를 관장하도록 한다면 유역관리를 위한 재원조성을 위하여 보다 적극적으로 하천수 사용료를 부과하고 징수할 수 있는 제도적 여건이 조성될 수 있다. 또한 유역물관리위원회별로 독립채산제를 실시하여 유역물관리위원회들 간의 선의의 경쟁을 유도한다면 물사용에 대한 합리적 가격이 설정되고 보다 효율적이고 합리적인 물관리 행정의 정착을 기대할 수 있기 때문이다.

4. 거버넌스와 주민대표의 선거제도

OECD는 네덜란드 물관리 거버넌스를 전 세계적으로 모범적인 예로 들고 있다. 특히 눈길을 끄는 것은 이른바 삼각원칙에 따라서 물관리에 비용을 부담하는 자를 거버넌스에 참여시키고 권한을 부여하라는 명제가 물관리 행정에 대한 민주적 정당성의 기초를 제공하고 있다는 점이다. 이에 따라서 조세 또는 사용료의 형태로서 물관리에 비용을 부담하는 지역 주민 내지 물사용자가 물관리 행정의 주도적인 주체로서 참여한다는 것은 우리의 물관리 행정과 그 민주적 정당성의 근거에 대해서도 주는 함의가 큰 것으로 볼 수 있다.

우리나라와 비교하여 보면 수도요금을 납부하는 소비자 내지 주민대표가 수돗물 행정에 제도적으로 참여하는 것이 수도법에 수돗물평가위원회와 관련하여 규정이 있기는 하지만 대부분 관련 공무원이나 이른바 전문가의 몫으로 구성되는 것이 대부분이다. 더욱이 수도법과 동법 시행령은 수돗물평가위원회의 구성을 해당 지방자치단체의 조례에 위임하고 있지만 해당 조례에 이와 관련되는 규정이 없는 경우도 흔하다. 하물며 국가의 물관리행정의 주체인 국토교통부나 환경부 등의 관련 부처에 주민대표와 협치를 위한 제도적 장치는 전무하다. 이와 같이 우리나라에서는 삼각원칙 내지 소비자 참여는 철저하게 무시되어 온 것이 사실이다.

물론 네덜란드의 경우와 같이 지역물관리청 위원회의 이사회에 주민대표를 선거로 선출하는 것이 반드시 바람직한 것은 아니다. 이 문제는 우리의 정치문화와는 너무도 다른 측면이 있으며, 네덜란드에서 조차도 이른바 名簿式代表制에서는 진정한 주민의 대표라기보다는 정당과 시민단체에서 추천하는 대표자들만이 득세한다는 비판이 있는 것이 사실이다. 이는 물관리의 정치화라는 또 다른 문제를 제기할 수도 있다.

우리나라의 경우 최근 국회를 통과한 물관리기본법에서는 국가물관리위원회와 유역물관리위원회에 주민을 비롯하여 전문가 그룹, NGO, 학계 등의 대표자들이 참여하고 있는데, 이것은 물관리 거버넌스에서 이제까지는 찾아보기 어려운 것으로서 공무원 이외에 민간부문에게 물관리 거버넌스의 외연을 확장한 것으로 평가할 수 있다. 특이한 것은 민간부문의 대표자들을 국무총리, 환경부장관과 함께 각각 국가물관리위원회와 유역물관리위원회의 공동위원장으로 보임하고 위원회의 과반수를 차지하도록 규정하고 있다는 점이다.

네덜란드의 경우에는 주민대표를 선거로서 이사회에 선출하기 때문에 이들이 공적 업무를 수행한다 하더라도 민주적 정당성의 문제가 전혀 제기되지 않는다. 그러나 우리나라 물관리기본법에서는 주민대표 등 민간부문의 위원이 과반수를 점유하여 공적 의사결정을 내린다는 점에서 민주적 정당성의 문제가 제기될 수 있으나, 입법자인 국회가 법률을 통하여 위원회 구성에 대한 가이드라인을 제공하고 있다는 점에서 큰 문제가 없을 것으로 보인다. 더욱이 물관리기본법에서는 대통령을 비롯한 공직자들이 위원에 대한 임면권을 행사하고 정부가 예산에 대한 권한도 가지고 있기 때문에 민주적 정당성의 문제는 불식될 수 있다. 주민대표의 참여 문제는 국가물관리위원회보다는 유역물관리위원회에 보다 많은 비율로 참여하는 것이 유역관리의 주민밀착성과 근거리 행정을 실현한다는 점에서 바람직스러울 것으로 보인다.

제3편

하천수 사용료, 물이용부담금

제1절 하천수 사용에 대한 비용부담과 법제 개선방안

Ⅰ. 문제의 제기

물을 사용하는 사람은 물 값을 지불하여야 하는가? 물은 자유재인가 혹은 경제재인가? 물 값을 지불한다면 그 적절한 부담의 수준을 어떻게 정할 것인가? 과거 마실 물을 포함하여 생활용수로 혹은 농업을 영위하기 위하여 하천이나 湖沼에 존재하는 물을 관행적으로 사용하는 것은 일종의 관습법상의 권리로서 그에 대한 비용을 지불하지 않는다는 관념이 지배적이었다. 물은 자연에 분포하는 이른바 자유재로서 다른 사람을 방해하지 않는 범위 안에서 자유롭게 사용하는 대상으로 인식한 것이다. 우리 민법 제231조의 공유하천용수권과 제234조의 관행수리권은 이러한 물에 대한 무상사용을 전제로 하여 다수의 물 이용자들의 상린적 이해관계를 조절하기 위한 조항이다.

그런데 민법이 규정한 공유하천용수권, 관행수리권과 같은 수리권은 오늘날 도시화와 산업화가 급격하게 이루어지고 물에 대한 국가의 관리가 일반화된 상황에서는 그 타당성을 상당 부분 상실하였다. 전 지구적으로 진행되고 있는 기후변화에 따라서 가뭄과 홍수의 빈도가 잦아지고 UN을 비롯한 국제사회는 물과 관련된 국제사회와 단위 국가의 책무를 21세기의 새천년 과제로 다루고 있는 실정이다.[1)]

---

1) 2015년 UN 세계물개발보고서(WWDR 2015)는 서문에서 2015년 이후의 개발안건에 대하여 다음과 같이 밝히고 있다. 새천년 목표는 글로벌 빈곤 감소를 위한 공공, 민간 및 정치적 지원을 재편하는데 성공적이었다. 물과 관련하여 새천년 목표는 상하수도 혜택의 개선을 위한 더 큰 노력을 불러일으키는 데 도움이 되었다. 그러나 새천년 개발목표의 수행 경험은 상하수도 문제를 넘어서서 물에 대한 주제별로 보다 광범위하며 세부적이고 상황별로 특화된 체계가 2015년 이후의 언건으로 요구되어야 할 것을 보여준다. 2014년에 UN 세계물개발보고서는 물에 국한하는 지속가능한 개발목표를 제시하였으며, 다음의 5개 목표영역으로 분류된다. 1. 상하수도 및 보건. 2. 수자원. 3. 물 관련 거버넌스 구축. 4. 물관련 재해. 이러한 집중된 물 목표는 투입된 비용을 능가하는 사회적, 경제적, 재정적 및 기타의 편익을 창출할 것이다. 이러한 편익은 건강, 교육, 농업 및 식량생산, 에너

이와 같이 물은 이미 경제재로서 그 사용에 대해서는 농업용수의 무상사용이라는 예외는 있지만 적절한 비용을 부담하는 것이 보다 일반적인 경우로 이해할 수 있다. 물에 대한 일반적인 법률관계를 규율하고 있는 하천법에 따르면 하천수를 사용하려는 사람은 하천수 사용허가를 받아야 하며, 사용량에 따라서 하천수 사용료를 납부하여야 한다. 하천수의 유상사용에 따르는 사용료를 부담하는 것과는 별도로 댐의 사용과 댐용수의 사용에 대하여도 일정한 비용을 납부하여야 한다. '댐건설 및 주변지역지원 등에 관한 법률'(이하 댐법이라 한다)에 따라서 댐 사용권을 설정 받은 자는 댐건설에 소요된 일정 부분의 비용을 국가에 납부하여야 한다(제33조). 댐법은 이를 '납부금'이라고 부르고 있는데 납부금 역시 사용료와 마찬가지로 수익자부담금 중의 하나이지만 댐의 계속적 사용에 대하여 납부하는 것이 아니라 댐건설 비용의 전부 또는 일부에 대한 일회성 납부로 그친다는 점에서 그 법적 성격이 무엇인지, 산정원리는 적절한 것인지에 대한 검토가 필요하다. 댐법상 댐 사용권자는 댐건설 이전에 하천법에 따른 하천수의 사용허가를 받아 하천의 물을 사용하는 경우를 제외하고는 댐의 저수를 사용하는 자로부터 사용료를 받을 수 있다. 댐 사용권자는 자신이 사용하는 댐의 물을 받아서 이를 다시 사용하는 사람과 용수계약을 체결하고 용수료를 받게 되는데, 이러한 용수료는 계약상의 권리로서 물의 사용에 대한 비용을 의미하지만 앞서 언급한 사용료나 납부금과는 달리 公課金(öffentlich-rechtliche Abgaben)이 아니라 私法상 사용대가로서의 법적 성질을 가진다.

그런데 지방자치단체 등이 댐 사용권자와 용수계약을 체결하고 지방상수도를 통하여 주민에게 수돗물을 공급하는 경우 수도법에 의한 사용료 이외에 이른바 사대강 수계법(한강의 경우 '한강수계 상수원수질개선 및 주민지원 등에 관한 법률')에 의하여 주민 등 최종 수요자에게 물 사용량에 따라서 물이용부담금을 부과한다. 물론 물이용부담금은 지방상수도사업과 밀접하게

지, 산업 및 사회·경제적 활동에까지 확대될 것이다.

연관되어 있으나 원론적으로는 댐용수 사용을 위한 용수계약에 따라 이루어지는 수돗물의 사용에 대하여 지방상수도 사용료 이외에 별도로 부과된다는 점에서 역시 물사용에 대한 비용이다. 마지막으로 지표수는 아니지만 지하수법에 의하여 부과되는 지하수이용부담금 역시 하천법과 일정한 연관관계가 있다. 하천법 제50조 제6항에 따라서 하천의 인근에서 지하수를 채취할 경우 지하수법 제7조에 따른 지하수영향조사 결과 하천의 수량에 영향을 미치는 것으로 인정되는 때에는 하천관리청은 그 지하수를 채취하는 자로부터 하천수 사용료를 징수할 수 있으며, 이 경우 지하수법은 하천법에 따르는 하천수 사용허가를 받은 경우에는 지하수이용부담금을 면제하고 있기 때문이다. 다만, 지하수이용부담금 역시 하천수의 사용과는 역시 직접적인 관련이 없으므로 본 연구에서는 고찰하지 않는다. 이와 같이 하천수의 사용 및 광의의 하천수에 해당하는 댐용수 및 수돗물의 사용에 대하여 다양한 형태의 공법적, 사법적 비용부담이 존재하지만 이들의 법적 성격에 따르는 철저한 평가가 이루어지지 못하고 비용 상호간의 체계가 정합하지 못하는 경우도 있으며, 특히 하천수의 사용에 대한 사용료의 부과 및 징수체계에는 상당한 문제점들이 노출되어 물의 사용에 대한 비용구조를 왜곡하고 수자원의 효율적인 사용이나 배분체계를 교란하고 있는 상황이다. 본 연구는 이하에서 앞서 언급한 물의 사용에 대한 비용부담의 법적 성격과 산정원리, 문제점 분석과 더불어 보다 체계적인 비용체계 구축을 위하여 필요한 입법적 과제는 무엇인지 고찰하기로 한다.

Ⅱ. 하천점용허가와 점용료

이미 언급한 바와 같이 하천수를 사용하려는 사람은 일반적으로 하천수 사용에 대한 시설을 설치하기 위하여 하천구역 안에서 토지 등에 대한 점용이 불가피하므로 일단 하천점용허가를 받아야 한다. 하천점용은 자연공물의 하나인 하천을 사용하는 행위로서 그에 대한 허가처분은 공물의 특별사용 중 특허처분에 해당하며,[2] 이는 행정청의 법적 의무에 합당한 재량행위이다.[3] 따라서 하천관리청은 하천점용허가를 행함에 있어서는 하천의 性狀이나 流水의 양, 하천점용행위가 가지는 국민경제적 효과 등 여러 가지 요소를 고려하여 허가 여부를 결정할 수 있다.[4] 하천법 제33조 제2항에 따라서 하천관리청은 하천의 오염으로 인한 공해, 그 밖의 보건위생상 위해를 방지함에 필요한 부관을 붙일 수 있다. 하천점용허가에 대한 대가로서 지불하는 점용료는 자연공물을 이용하는 자가 누리는 경제적 편익을 상쇄하기 위하여 부과하는 광의의 수익자부담금(Vorzugslasten)의 일종인 사용료(Benutzungsgebühr)에 해당한다. 여기에서 사용료는 사법상의 사용료와는 달리 공법상의 사용료로서 공과금이기 때문에 이에 대한 체납이 있는 경우 국세와 지방세의 예에 따라서 강제로 징수한다.

하천점용료가 하천점용을 통하여 상대방에게 일정한 법적 지위를 설정해주는 이른바 설권료(Verleihungsgebühr)에 해당하는가 하는 의문이 있을 수 있으나, 하천법과 동법 시행령의 내용으로 보아 이는 앞서 언급한 공물

---

2) 대법원의 판례에 의하면 하천법 및 공유수면관리법에 규정된 하천 또는 공유수면의 점용이라 함은 하천 또는 공유수면에 대하여 일반사용과는 별도로 하천 또는 공유수면의 특정부분을 유형적·고정적으로 특정한 목적을 위하여 사용하는 이른바 특별사용을 의미한다(대법원 2004.10.15. 선고 2002다68485 판결).

3) 박균성, 하천수 사용에 대한 공법적 연구, 토지공법연구 제44집, 112면.

4) 하천관리청이 하천점용허가를 하고자 할 경우에는 다음 각 호의 사항을 고려하여야 한다(제33조 제5항).

1. 제13조에 따른 하천의 구조·시설 기준에의 적합 여부.
2. 하천기본계획에의 적합 여부.
3. 공작물의 설치로 인근지대에 침수가 발생하지 아니하도록 하는 배수시설의 설치 여부.
4. 하천수 사용 및 공작물 설치 등으로 수문조사시설 등 하천시설에 미치는 영향.

의 이용으로 인한 경제적 이익을 대상으로 부과하는 사용료로서의 성격이 두드러진다. 일반적으로 설권료의 경우 권리의 설정 내지 법적 지위의 부여라는 행정활동을 그 부과의 대상으로 하므로 권리설정에 대한 1회적 부과로 그치는 경우가 일반적이라는 점에 비교하여 하천점용료는 하천관리청이 하천점용허가를 받은 자로부터 매년 점용료 등의 전액을 한 번에 징수하는 것으로서 공물의 계속적 사용을 전제로 하다는 점에서도 법적으로 사용료에 해당한다. 다만, 하천점용료는 하천수 사용허가의 전제가 된다는 점에서 광의의 하천수 사용비용에 해당하지만 직접적으로 하천수 사용에 대한 대가가 아니라는 점에서 후술하는 하천수 사용료와 구별된다.

Ⅲ. 하천수 사용허가와 하천수 사용료

하천수를 사용하려는 자는 하천법 제50조 제1항에 따라서 하천수 사용허가를 받아야 한다. 생활·공업·농업·환경개선·발전·주운(舟運) 등의 용도로 하천수를 사용하려는 자는 대통령령으로 정하는 바에 따라 환경부장관의 허가를 받아야 한다. 시·도지사는 제1항에 따라 하천수 사용허가를 받은 자에게 사용료를 징수할 수 있으며(제5항), 사용료의 징수 및 감면에 관하여는 제37조 제3항부터 제5항까지의 규정을 준용한다(제9항).[5)]

하천수 사용허가 역시 자연공물인 하천의 이용관계를 설정하는 설권행위로서 특허처분에 해당하며,[6)] 하천관리청은 하천수의 부존량과 하천수의 사용에 대하여 기득권을 가지고 있는 자들의 상황 등을 고려하여 허가 여부를 결정한다. 하천관리청은 필요한 경우 하천수의 사용에 대하여 조건

5) 하천법 제50조 제5항에 의한 동법 시행령 제57조는 다음 각 호의 기준에 따라 하천수 사용료를 산정하도록 규정하고 있다. 1. 발전용수: 1일 100세제곱미터에 대하여 연액 231원. 2. 농업용수: 1일 1천세제곱미터에 대하여 연액 231원. 3. 생활용수 또는 공업용수(화력발전을 위한 경우를 포함한다): 한국수자원공사법 제16조 제2항에 따라 국토교통부장관이 승인한 요금 또는 사용료. 4. 그 밖의 용수: 제3호에 따른 요금 또는 사용료(제1항). 하천수 사용료의 산정과 징수에 필요한 사항은 시·도의 조례로 정한다(제2항).

6) 정우상, 하천수 사용료에 관한 법리 연구, 중앙대학교 박사학위 청구논문, 2012. 72면.

등 다양한 형태의 부관을 부가할 수 있다. 하천수 사용에 대하여 부과하는 사용료는 앞서 언급한 하천점용료와 마찬가지로 공과금으로서 수익자부담금의 하나인 사용료로서의 성격을 가지고 있다. 그리고 하천수 사용료에 대해서는 하천점용료의 부과 및 징수기준과 절차 등을 규정한 하천법 제37조 제3항부터 제5항을 준용하고 있다. 하천점용료의 경우 하천이라는 자연공물을 그 대상으로 하므로 사용료의 산정기준으로서 하천점용으로 인한 경제적인 편익을 적용하는 것이 일반적일 것이다. 그러므로 점용료 등의 산정기준을 규정하고 있는 하천법 시행령 별표 4의 경우 점용대상인 토지의 가격, 채취하는 골재의 가격, 선박의 운행의 경우 선박의 가격 등을 산정기준으로 한 것은 하천점용으로 인한 경제적 편익을 상쇄하는 합리적인 산정기준으로 볼 수 있다. 다만, 하천점용료의 산정기준을 하천수 사용료에 그대로 적용하기 어렵기 때문에 위 시행령 별표 규정과 하천법 제50조 제9항에 따라 그 하천관리청이 속하는 시·도의 조례로 정하도록 규정하고 있다. 지방자치단체가 조례로 정하는 하천수 사용료 부과기준은 대체로 하천법 시행령 제57조를 따르고 있다.[7)]

이와 같이 하천수 사용료는 전형적인 사용료로서 그 부과기준은 용수의 종류별로 사용량을 기준으로 정해진다. 주목할 것은 일부 자치단체의 하천수 사용료 부과기준을 정한 자치단체의 조례 중에는 점용료의 부과기준 외에 별도로 하천수 사용에 대한 부과기준을 규정하지 않는 경우도 있어서 문제가 제기될 수 있다. 이미 언급한 바와 같이 하천법은 하천점용료의 부과기준을 하천수 사용료 부과기준과 동일하게 규정하고 있으나 양자는 같은 사용료임에도 불구하고 전자의 경우 하천의 점용으로 인한 경제적 이익을, 후자의 경우 하천수의 사용목적과 사용량을 부과기준으로 하기 때문에 하천점용료의 부과기준을 하천수 사용료의 부과기준으로 동일하게

7) 예를 들어 경기도의 '경기도 하천점용료 등 부과·징수 조례'에 따르면 하천수 사용료의 부과기준은 다음과 같다(별표 1). 가. 발전용수 : 1일 100세제곱미터에 대하여 연액 231원. 나. 농업용수 : 1일 1천세제곱미터에 대하여 연액 231원. 다. 생활용수 및 공업용수(화력발전을 위한 경우를 포함한다) : 한국수자원공사법 제16조 제2항에 따라 국토교통부장관이 승인한 요금 또는 사용료. 라. 그 밖의 용수 : 다호에 따른 요금 또는 사용료.

적용하기 어렵다. 따라서 조례가 양자의 차이를 인식하고 각각 별도의 부과기준을 규정해야 함에도 불구하고 하천수 사용에 대한 부과기준을 정하지 않는 것은 명백한 조례의 입법적 불비라고 볼 수밖에 없다. 경기도 하천점용료 등 부과·징수 조례의 경우 생활용수, 공업용수, 발전용수의 경우 한국수자원공사법 제16조에 따라서 환경부장관이 승인한 요금을 하천수 사용료 부과기준으로 정하고 있다.[8)]

Ⅳ. 댐 사용료와 댐용수 사용료

1. 댐 사용료

댐법은 댐 사용권이라는 일종의 수리권을 인정하고 있다. 댐 사용권이란 다목적 댐에 의한 일정량의 저수를 일정한 지역에 확보하고 특정 용도에 사용할 수 있는 권리를 말한다(제2조 제3호). 댐 사용권은 다목적 댐의 저수를 특정 용도에 사용하려는 자의 신청을 받아 국토교통부장관이 설정하며(제24조 제1항), 댐 사용권은 물권(物權)으로 보고, 댐법에 특별한 규정이 있는 경우를 제외하고는 부동산에 관한 규정을 준용한다(제29조). 댐법은 기존에 건설한 댐에 대하여 사용권을 설정 받은 자를 댐 사용권자로, 건설 예정인 댐에 대하여 댐 사용권을 설정하려는 자를 댐 사용권설정예정자로 그 개념을 구분하고 있다(제19조 제1항). 그런데 댐법에 따라서 댐 사용권자와 댐 사용권설정예정자 모두 댐 건설에 소요되었거나 건설을 위하여 예상되는 금액의 일부를 납부하여야 한다. 댐법 제33조에 따라서 댐 사용권자는 대통령령으로 정하는 바에 따라 산출한 금액의 납부금을 국고에 납부하여야 하며, 이 경우 납부금을 산출할 때에는 제20조 제2항 제1호

---

8) 한국수자원공사법 제16조 제1항은 하천수 사용료의 법적 성격이 사용료이기 때문에 그 부과기준을 다음과 같이 규정하고 있다. “공사는 수자원개발시설이나 수도시설에 의하여 공급되는 물·수자원개발시설이나 그 수면 또는 하수종말처리시설을 사용하는 자로부터 해당 시설의 건설 및 운영·관리에 필요한 비용을 고려하여 사용자가 사용하는 물의 양 또는 시설이나 그 수면의 사용 정도와 배출된 하수의 양과 오염도에 따라 요금 또는 사용료를 징수할 수 있다.”

에 따라 산정한 추정투자액을 고려하여야 한다. 댐 사용권설정예정자 역시 다목적 댐의 건설비용 중 대통령령으로 정하는 바에 따라 산출한 비용을 부담하여야 한다(제20조 제1항).

댐법은 댐 사용권자가 부담하는 비용을 '납부금'으로, 댐 사용권설정예정자의 경우에는 '부담금'이라고 다른 용어를 사용하고 있으나, 그 실질은 댐건설에 이미 투입되었거나 예정될 금액의 일부를 부담한다는 점에서는 차이가 없는 것으로 보아야 한다. 그렇다면 이와 같은 납부금 또는 부담금의 법적 성격은 어떠한 것인가? 댐법은 이와 같은 부담금 또는 납부금의 산정기준으로 제20조 제2항 제1호와 제33조에서 "댐 사용권을 설정하려는 용도에 다목적 댐의 저수를 사용하여 얻어지는 효용에서 산정되는 추정투자액"이라고 규정하고 있다. 다시 말하자면, 부담금 또는 납부금은 댐 사용권자 또는 댐 사용권설정예정자가 댐물을 사용하여 얻을 수 있는 경제적 효용 내지 가치를 기준으로 부과한다는 점에서 역시 광의로 보면 수익자부담금으로 그 법적 성격을 파악할 수 있다. 그런데 이와 같은 수익자부담금은 하천수의 사용 등 구체적인 공물의 사용으로 인하여 발생할 수 있는 편익을 대상으로 부과하는 사용료, 인·허가 등 행정적 서비스에 대한 수수료와 더불어 댐 사용권이라는 공법상의 권리 또는 법적 지위를 형성하고 이러한 권리의 행사 또는 법적 지위를 활용하여 잠재적으로 획득할 수 있는 경제적 편익을 부과의 대상으로 하는 設權料(Verleihungsgebühr)로 구분할 수 있다. 설권료 자체가 고액인 것이 일반적이고 자기기여 부분이 확인가능하기 때문에 댐 사용권은 물권이며, 헌법상 보호 받는 재산권이다. 댐 사용권이 댐건설에 소요되는 비용의 일부를 부담하는 사법상의 계약과 그로 인한 채무로 볼 여지도 있겠지만, 댐법은 국토교통부장관이 제20조 제1항에 따른 부담금이나 제33조에 따른 납부금을 납부하지 아니한 자가 있을 때에는 납부기한을 정하여 서면으로 이를 독촉하고(제37조 제1항), 제1항에 따른 독촉을 받은 자가 그 지정기한까지 부담금 및 납부금을 납부하지 아니할 때에는 국세 체납처분의 예에 따라 징수할 수 있으므로

(제2항) 이는 조세와 같이 공과금의 하나로 보아야 한다. 제1항에 따른 부담금과 납부금을 징수할 권리는 5년 간 행사하지 아니하면 시효로 소멸하는(제3항) 것 역시 공법상 부담금으로 인한 채권의 일반적인 소멸시효를 규정한 것으로 볼 수 있다.

2. 댐용수 사용료

1) 댐용수 사용료의 법적 성격

댐용수 사용료는 댐 사용권자로부터 방류되는 저수를 사용하는 자와 일정한 계약을 체결하고 계약이 정하는 바에 따라서 댐용수를 사용하는 양을 기준으로 부과한다. 댐 사용권자는 댐건설에 소요된 비용의 일부를 납부하고 댐용수권이라는 수리권을 설정 받은 것이기 때문에 납부금을 회수하기 위하여 자신이 확보한 저수를 제3자에게 용수계약을 통하여 사용하게 하면서 이로부터 사용료를 받을 수 있다. 따라서 댐 사용권은 댐 사용권자가 스스로 댐용수를 사용하는 것은 물론 이를 타인에게 이용하게 할 수 있는 권리를 포함하는 것이다. 이미 언급한 바와 같이 댐 사용권은 물권이며, 헌법 제23조 제1항의 재산권에 해당하므로 헌법상 재산권의 내용으로서 사적 유용성과 처분권한을 통하여 제3자에게 물을 판매하고 이로부터 일정한 수익을 창출하는 권리를 포함하는 것이다.[9] 댐법은 제35조에서 댐 사용권자가 댐용수를 사용하는 자로부터 사용료를 부과할 수 있다는 내용을 규정하고 있다.[10] 댐용수 사용료는 댐 사용권자와 댐용수를 사용하는 지방자치단체 등과 체결한 용수계약을 근거로 하여 그 사용량에

---

9) 박균성, 전게논문(각주 3), 114면.

10) 댐 사용권자나 댐 사용권설정예정자는 해당 댐의 저수를 사용하는 자로부터 사용료를 받을 수 있다. 다만, 댐건설 이전에 하천법 제50조에 따른 하천수의 사용허가를 받아 하천의 물을 사용하는 경우에는 사용료를 받지 아니한다(제1항). 제1항에 따른 사용료는 댐 사용권자나 댐 사용권설정예정자가 제20조 제1항에 따라 부담한 금액이나 제33조에 따라 납부한 금액의 범위에서 댐의 저수를 사용하는 자가 사용하는 수량 등을 고려하여 정하여야 한다(제2항). 댐 사용권자나 댐 사용권설정예정자는 제1항에 따라 사용료를 받으려는 경우에는 그 산출방법과 수납방법 및 수납기한 등을 정하여 미리 국토교통부장관의 승인을 받아야 한다(제3항).

비례하여 결정된다. 그런데 이와 같은 용수계약은 댐법이 아니라 댐 사용권자의 하나로서 다목적 댐을 관리하고 운영하는 한국수자원공사 설립의 근거가 되는 한국수자원공사법에서 규율하고 있다. 한국수자원공사법 제15조 제1항에 따라서 한국수자원공사가 관리하는 수자원개발시설이나 수도시설에 의하여 공급되는 물·수자원개발시설 또는 그 수면을 사용하려는 자는 공사와 사용계약을 체결하여야 한다. 법문상으로는 사용계약이라는 용어를 사용하고 있으나 통상 실무적으로는 이를 용수계약으로 부르고 있다. 따라서 댐용수 사용에 대해서는 일차적으로 용수계약이 체결되고, 그 이후에 실제로 사용하는 용수량에 따라서 사용료를 부담한다.

용수계약은 용수의 공급과 그의 대가로서 사용료를 지급하는 것을 목적으로 하는 민법상의 채권계약이며, 용수료에 대한 체납 등이 발생하는 경우 한국수자원공사가 국세나 지방세의 예에 따라서 강제로 징수하는 것이 아니라 단순히 채무불이행에 따르는 손해배상책임만이 문제될 뿐이다. 한국수자원공사와 서울시 간의 용수료 분쟁사건에 대한 항소심은 용수계약을 기본적으로 민법상 계약으로 판단하고 있다. 다만, 이른바 행정사법(Verwaltungsprivatrecht)이론에 따라서 다음과 같이 용수계약에 대한 공법적 기속을 인정하면서, 이를 근거로 댐용수 사용료 산정의 기준으로서 이른바 총량공제방식의 적법성을 인정하고 있다.[11] 다만, 중요한 것은 용수계약에 대하여 행정사법이론을 적용한다고 하더라도 용수계약이 사법상 계약으로서의 본질을 상실하는 것은 아니라는 점이다. 이는 순차적으로 댐용수 사용료의 법적 성격을 결정하는 중요한 논점이 될 수 있다. 다시 말하자면 하천 또는 댐용수의 사용에 대하여 부과하는 다른 비용이 대부분 공법상 사용료로서 그에 대한 분쟁이 제기되는 경우 행정소송절차에 의하고 체납이 있는 경우 국세 또는 지방세에 준하여 강제로 징수하는 것과는 달리 댐용수 사용료는 사법상의 이용대가를 의미하기 때문에 그에 대한 분쟁은 민사소송절차에 의하며 채무불이행이 있는 경우 민사집행절차에

11) 대전고등법원 2009. 2. 12. 선고 2006나12112 판결.

따르다.[12)]

2) 이른바 기준갈수량의 문제

(1) **기준갈수량의 개념 - 하천법 제35조 제1항의 해석론**

앞서 언급한 바와 같이 댐용수 사용료가 물의 공급에 대한 사용대가로서의 성격을 가지고 있지만 행정사법이론을 적용하는 경우 평등권, 재산권, 과잉금지의 원칙과 같은 공법적 기속을 고려한다면 공과금으로서의 사용료에 준하여 그 산정기준을 적용할 수 있다. 바꾸어 말한다면 공법상 사용료의 산정기준으로서 사용량에 비례하는 응익성 또는 대가성원칙(Äquivalenzprinzip)과 재화와 용역을 공급하는 시설의 관리유지비, 감가상각비 등을 고려한 비용충족의 원칙(Kostendeckungsprinzip)이 과잉금지의 원칙을 구체화한 형태로 댐용수 사용료에도 적용되는 것으로 보아야 한다. 그런데 실제로 용수료와 관련된 분쟁사건을 자세히 살펴보면 이와 같은 교과서적인 산정원리가 잘 적용되지 못하고 하천법상의 이른바 기득수리권과 그에 의거한 기득 허가물량과 기준갈수량의 범위에 대한 해석상의 견해차가 존재한다. 1961년 하천법이 제정되어 하천수 사용에 대한 허가가 이루어지게 되었는데, 1970년대 다목적 댐이 건설되기 시작하면서 댐으로부터 추가적으로 하천에 흘러드는 댐용수를 사용하는 자는 댐용수 사용료를 부담하게 되었다. 이 때문에 기존에 하천법에 의하여 허가를 받아 하천수를 사용하는 수리권을 보호할 필요성이 제기되어 하천법이 이를 기득수리권으로 보아 계속적인 무상사용을 인정하는 것이다.

---

12) <표> 하천수 사용료의 체계와 구조(종합)

	법적 성격
하천점용허가에 따르는 점용료	사용료
하천수 사용허가에 따르는 점용료	사용료
댐 사용료	설권료
댐용수 사용료	사법상 사용료

하천법은 제34조, 제35조, 제50조 제8항 등에서 기득수리권자를 보호하는 규정을 두고 있으며, 앞서 언급한 바와 같이 댐법 제35조 제1항에 따라서 댐 사용권자나 댐 사용권설정예정자는 해당 댐의 저수를 사용하는 자로부터 사용료를 받을 수 있지만, 댐건설 이전에 하천법 제50조에 따른 하천수의 사용허가를 받아 하천의 물을 사용하는 경우에는 사용료를 받지 아니한다. 이와 같은 기득수리권의 인정 범위와 관련하여 갈수기에 하천에 흐르는 자연적인 최소한의 유지유량을 기득수리권에 포함시킬 것인가 하는 문제가 제기된다.[13] 이와 같은 기준갈수량을 기득수리권에 포함시키는 경우 추가적으로 하천에 흐르는 유량은 전적으로 댐으로부터 유입되는 것으로 보아 기득수리권의 범위는 축소되고 하천수를 사용하는 자는 댐용수에 대한 사용료를 추가적으로 부담하여야 하는 문제가 발생하기 때문에 기득수리권과 기준갈수량은 용수료 분쟁에 있어서 핵심적인 사항으로 등장한다.

(2) **기준갈수량 포함설**

기준갈수량이 기득수리권의 물량에 포함된다고 이해하는 견해는 실제로 이를 포함시키고자 의도하는 것이 眞意가 아니라 기득수리권에 기준갈수량이 포함되는 것으로 이해하는 경우 기득수리권의 물량이 축소되고 상대적으로 자신이 실제로 사용하는 하천수에서 댐용수가 차지하는 비율이 증가함으로 고액의 하천수 사용료를 부담하는 것이 정당하지 못하다는 점을 부각시키는 非眞意 意思라고 할 수 있다. 거꾸로 말한다면 기준갈수량 포함설을 취하게 되는 경우 댐 사용권자가 자신이 하천으로 방류하는 댐

13) 하천법상 국토교통부장관의 위임을 받아 홍수통제소가 유수사용에 관한 하천점용허가를 함에 있어 가장 중요한 판단요소인 물수지분석의 기준이 되는 기준갈수량은 각각의 하천별로 정해지는데, 이것은 과거 10년 동안 연 355일 간 흐르던 물 중 최저량 즉 갈수량을 말하므로, 연중 당해 하천에 흐르는 최저 지표수위에 해당한다. 그리고 기준갈수량은 하천유수를 취수하는 개별 취수지점의 기준갈수량이 아니라 국가에서 고시하는 특정지점(한강의 경우 인도교)의 기준갈수량을 의미한다. 이는 하천의 물은 상·하류 공동으로 이용해야 하기 때문에 한강수계 전체의 기준이 되는 인도교 지점을 기준으로 삼기 때문이며, 따라서 취수하고자 하는 개별 지점의 기준갈수량은 한강관리청의 유수사용허가 내지 하천점용허가 여부에 영향을 미치지 않는다.

용수 전체, 즉 댐이 건설된 이후에 비로소 추가로 방류하는 협의의 댐용수를 비롯하여 댐건설 이전부터 자연적으로 하천에 존재했던 기준갈수량, 하천법 제51조에 의한 하천유지유량 모두를 댐법 제35조 제1항의 '댐의 저수'로 보고 그 유량에 대한 대가를 요구하는 부당한 결과에 이른다는 주장이다. 이른바 기준갈수량 포함설은 댐법 제35조 제1항에 대한 헌법소원심판청구사건(헌재 2001. 1. 18. 99헌마548)에서 심판청구인이 주장한 내용이다.[14] 이 사건에서 심판청구인은 댐건설 이전에 하천수 사용허가를 받은 부분을 제외한 하천유량은 모두 댐으로부터 흘러드는 것으로 이해하여 기준갈수량의 개념을 고사시킨 것으로 비판하면서 기준갈수량을 사실상 기득수리권에 포함시켜 그 입지 자체를 봉쇄한 의미로 이해하는 듯하다.

(3) **기준갈수량 불포함설**

위 헌법소원사건에서 심판청구인의 견해와는 달리 관계기관으로서 당시 건설교통부장관과 한국수자원공사는 기득수리권과 기준갈수량은 별개의 것으로서 댐건설 이전부터 허가를 받은 물량과 하천의 자연유량이기 때문에 양자 모두 용수계약의 대상도 아니고 용수료를 부담하는 것도 아니라고 주장하였다. 결과적으로 기준갈수량 불포함설은 댐법 제35조 제1항 본문에서 사용료가 부과되는 댐의 저수에는 댐의 건설로 인하여 비로소 신규로 하천에 유입되는 댐용수를 의미하는 것이기 때문에 댐건설 이전에 이미 하천의 자연유량에 해당하는 기준갈수량이 포함되지 않으며, 또

---

14) 이 사건에서 춘천시 환경단체의 간부인 심판청구인은 다음과 같이 주장하였다. "다목적댐의 건설로 하천의 유수를 저수하더라도 이러한 생태계의 보전과 댐 자체의 담수능력으로 인하여 적어도 기준갈수량만큼은 매일 방류하여야 하는데, 실제 소양강다목적댐에서는 기준갈수량 약 70만톤의 4배에 달하는 약 260만톤을 매일 방류하고 있다. 따라서 댐사용권자가 댐저수에 대한 사용료를 받을 수 있다하더라도 기준갈수량을 초과하는 범위내에서만 받을 수 있다 할 것인데, 이 사건 법률조항에서는 댐 사용권자 또는 댐 사용권설정예정자에게 기준갈수량이 아니라 댐건설 이전부터 하천점용허가를 받아 취수하여 온 양만큼만 제외한 나머지 초과분에 대하여 사용료를 받을 수 있도록 허용함으로써 청구인의 환경권을 침해하였다. 나아가 기준갈수량 중 허가가 가능한 양을 상회하였다는 이유로 1980년 11월 이후에 취수를 개시한 경우에는 그 취수 전량에 대하여 사용료를 납부하고, 그 이전부터 취수를 개시한 경우에는 한 푼도 사용료를 납부하지 않아도 된다는 것은 평등권에도 위배된다".

한 포함되어서도 아니 된다는 것이다. 또한 단서의 규정은 댐건설 이전에 이미 하천수 사용허가를 통하여 허가의 상대방에게 사용이 허가된 하천수의 물량에 대해서는 비록 허가의 기준이 되는 기준갈수량 등 하천의 지속가능한 유량이 고갈되고 허가 이후에 이른바 관행수리권에 발견되어 하천유지를 위한 유량에 일부 댐용수의 사용이 불가피한 경우라 하더라도 기득하천수리권자의 보호를 위하여 이에 대한 용수료를 면제하는 의미가 있다는 것이다.[15)]

(4) **평 가**

A. **현황분석**

댐법 제35조 제1항 분문과 단서의 해석과 관련하여 댐의 저수에는 단서에 따라 댐건설 이전에 허가를 받은 기득수리권과 이미 하천에 자연적으로 부존하는 기준갈수량이 포함되지 않는다고 보는 이른바 불포함설이 보다 합리적인 해석으로 보인다. 특히 불포함설은 1961년 하천법이 제정된 이후 하천수 사용허가가 진행되는 과정에서 물수지분석을 행하게 되었는데, 1970년대 다목적 댐이 건설되기 이전에 이미 물수지분석을 통하여 하천수 사용허가의 기준이 되는 기준갈수량이 고갈되었음을 강조하고 있다.[16)] 이와 같이 형식적으로 보면 매우 완벽하게 보이는 이른바 불포함설

---

15) 정우상, 댐 사용권과 댐물사용료에 대한 법적 분석, 법학논문집(중앙대학교 법학연구소) 제35집 제2호, 339면.

16) 다시 말하자면, 1981년 당시 수리권 실태조사 결과 물수지분석 자료에 의하면 팔당댐 지점의 기준갈수량 75㎥/초(소양강댐 유역의 8.1㎥/초를 포함해 팔당댐 상류지역으로부터 유입한 자연갈수량에서 팔당댐 상류의 순 물소모량을 제외한 팔당댐 지점의 유량)가 팔당 하류 수도권의 생활용수 및 공업용수, 농업용수 등의 기득수리권과 염해방지 및 하천유지용수로 완전히 소진되어 하구에서 10.818㎥/초(934㎥/일)의 물 부족이 발생하고 있다. 즉 1999년 댐법 제정 당시 소양강 지점의 기준갈수량(8.1㎥/초)이든 팔당댐 지점의 기준갈수량(75㎥/초)이든 모두 이미 소진되었으며, 실질적으로는 부족량(10.818㎥/초; 934㎥/일)이 댐의 저수에 의해 공급되고 있고, 결과적으로 그 부족분을 댐의 저수가 공급하고 있는 실정이라고 한다. 따라서 댐법 제35조 제1항 단서의 의미는 이러한 상황에도 불구하고 댐 사용권자의 경제적 손실을 감수하면서까지 기득하천수리권자에게는 무상으로 용수를 계속하여 사용할 수 있는 권리를 보장하고 기준갈수량을 별도로 인정하겠다는 논리인 것이다. 정우상, 상게논문, 342면.

은 주로 국토교통부가 일관되게 주장하고 있는데, 논리의 완벽성 뒤에 숨어 있는 현실적 불합리를 간과하지 않았는가 하는 의문이 제기된다. 우선 지적할 수 있는 문제는 기준갈수량을 결정하는 물수지분석이 객관성과 공정성을 담보할 수 있는지 하는 의문이다. 1981년의 물수지분석은 이미 당시에도 기준갈수량이 고갈되었다는 것을 밝히고 있는데, 기준갈수량은 고정된 시점을 기준으로 하여 항구적으로 변화하지 않는 常數라는 점을 이해하기 어렵다. 기준갈수량은 우리나라 강우패턴의 변화, 정수처리 등 기술의 발전에 따라서 하천으로 다시 돌아오는 이른바 回期水의 포함 여부, 지천이나 지하수의 하천 유입으로 인한 유량의 증가 등 일정한 주기를 두고 다양한 변화의 요인이 존재하는 것이기 때문에 하천수의 부존량과 상황에 대한 주기적인 모니터링을 근거로 기준갈수량을 다시 정하는 문제가 제기될 수 있기 때문이다. 이러한 기술적, 자연적 여건의 변화에 따르는 하천법과 댐법의 개정이 適實하게 이루어져 온 것인지에 대한 진지한 검토가 요구된다. 둘째, 하천수 점용허가 내지 하천수 사용료에 대한 사용료 부과와 같은 전형적인 공권력 행사는 행정처분 등을 수단으로 하는 것으로서 국가 내지 행정청의 일방적인 의사표시를 통하여 이루어진다. 그러나 물수지분석은 일종의 평가업무에 해당하는 것이기 때문에 그 주체나 방식과 관련하여 전문가와 이해관계자의 참여를 통하여 그 결과에 대하여 승복할 수 있는 거버넌스를 구축하는 것이 핵심적인 사항이다. 적어도 물수지분석에 대하여 사전에 이해관계자들에게 정보를 제공하거나 그 결과에 대하여 이의를 제기할 수 있는 통로를 마련하는 등 적법절차 형성에 보다 세심한 배려를 기울이는 것이 중요하다.[17)]

---

17) 이와 관련하여 현행 하천법은 제92조 제1항에서 환경부장관의 권한 중 일부를 대통령령으로 정하는 바에 따라 시·도지사 또는 소속 기관의 장에게 위임할 수 있도록 규정하였다. 이에 따라서 하천법 시행령 제105조 제3항은 다음 각 호의 권한을 관할 홍수통제소장에게 위임하였다. 20. 법 제50조 제1항에 따른 하천수의 사용허가, 같은 조 제2항에 따른 통보, 같은 조 제3항에 따른 제한 및 같은 조 제6항에 따른 지하수 채취 관련 사용료 징수. 21. 법 제51조에 따른 하천유지유량의 산정 등에 관한 권한.

B. 개선방안

그런데 용수료를 둘러 싼 법적 분쟁이 발생할 때마다 홍수통제소의 물수지분석에 대한 합리성과 객관성에 대하여 문제가 제기되고 있다는 점을 고려할 때 적어도 하천유지유량의 분석에 대해서는 일정한 협의체를 구성하도록 하는 방안을 적극적으로 고려할 필요가 있다. 이를 통하여 물수지분석에 대하여 비록 불만이 있는 이해관계자들도 그 결과를 승복할 수 있도록 하는 적정한 절차를 마련하는 것이 핵심이기 때문이다. 특히 기준갈수량의 측정시점과 측정지점 등에 대하여 이와 같은 협의체를 통하여 이해관계 당사자들 간에 충분한 검토와 토론이 있어야 할 것이다. 현행 하천법 시행령은 환경부장관이 하천유지유량을 산정하려는 경우에는 미리 관계 행정기관의 장과 협의하는 절차만을 예정하고 있을 뿐이다(제59조 제1항). 물관리기본법에 따라서 유역위원회 내에 설치되는 소위원회에서 이러한 문제를 담당하도록 한다면 물 분쟁과 관련된 제도적 흠결이 상당 부분 해소될 수 있을 것으로 보인다. 이와 더불어 하천법 제51조의 하천유지유량과는 별도로 기준갈수량에 대한 개념 정의와 그 산정과 관련되는 규정을 하천법 및 동법 시행령 등에 명시하는 방안도 고려할 필요가 있다.

3) 댐법 제35조 제2항과 한국수자원공사법 제16조 제1항과의 관계 – 사용료 부과의 범위

앞서 언급한 바와 같이 하천수 사용료는 공법상 부담금의 하나인 전형적인 사용료로서의 성격을 가지고 있음에 비하여 댐용수 사용료는 사법상 사용료에 해당한다. 양자의 이러한 성격상의 차이로 인하여 사용료에 대한 법적 분쟁이 있는 경우에 전자의 경우 행정쟁송절차를 통하여, 후자는 민사소송에 의한다는 점에서 법원의 관할을 달리한다. 그럼에도 불구하고 댐용수 사용료 및 용수계약 등에 이른바 행정사법이론이 적용됨에 따라서 댐용수 사용료의 산정원리로서 응익성원칙, 비용충족원칙 및 위법심사의 기준으로서 과잉금지원칙에 적용된다는 점에서는 하천수 사용료에 준하여 취급된다. 댐법 제35조 제1항이 댐 사용권자나 댐 사용권설정예정자는 해당 댐의 저수를 사용하는 자로부터 사용료를 받을 수 있도록 하면서 다만, 댐건설 이전에 하천법 제50조에 따른 하천수의 사용허가를 받아 하천의 물을 사용하는 경우에는 사용료를 받지 않도록 규정한 것은 본분의 댐용수 사용료와 단서의 하천수 사용료의 법적인 성격 차이에도 불구하고 동일한 문제로 취급하겠다는 의미로 해석된다.

댐 사용료의 부과기준과 관련하여 댐법 제35조 제2항은 제1항에 따른 사용료는 댐 사용권자나 댐 사용권설정예정자가 제20조 제1항에 따라 부담한 금액이나 제33조에 따라 납부한 금액의 범위에서 댐의 저수를 사용하는 자가 사용하는 수량 등을 고려하여 정하도록 하고, 댐 사용권자나 댐 사용권설정예정자는 제1항에 따라 사용료를 받으려는 경우에는 그 산출방법과 수납방법 및 수납기한 등을 정하여 미리 환경부장관의 승인을 받아야 한다(제3항). 댐법 제35조 제2항을 문리해석 하는 경우 댐 사용권자 등은 제20조나 제33조에 따라 자신이 납부한 부담금이나 납부금을 상한으로 하여 댐용수 사용자로부터 사용료를 받을 수 있는 것으로 보인다. 다시 말하자면, 댐용수권자가 댐물을 사용하는 자로부터 오랜 동안 사용료를 받은 결과 그 총액이 자신이 댐건설에 납부한 기여금을 초과하는 경우에는 댐용수 사용자가 댐용수를 계속하여 사용하는 경우에도 더 이상 사용료를 받을 수 없다는 결론에 이른다. 마치 한국도로공사가 특정 구간의 고속도로를 건설하고 장기간 통행료를 부과하여 그 통행료의 수입이 고속도로 건설비용을 초과하는 경우에는 더 이상 통행료를 받을 수 없다는 논리와 유사하다. 문제는 건설비용을 초과하였음에도 불구하고 다목적 댐에 대한 관리·운영비와 개보수에 소요되는 비용은 여전히 관리주체가 부담할 수밖에 없는데, 이러한 관리비용을 사용료에 포함시킬 수 있는가의 문제로 귀착된다.

댐법은 제36조 제1항에서는 다목적 댐의 유지, 수리 또는 그 밖의 관리에 필요한 비용은 국고·댐 사용권자 또는 댐 수탁관리자의 부담으로 한다고 규정하여 제35조 제2항과 유기적인 해석을 하는 경우 관리비용은 댐용수 사용료에 포함되지 않는다. 물론 댐법 제35조 제2항의 사용료에는 댐의 관리, 유지, 개보수 비용이 포함된다고 해석하는 견해도 있으나,[18] 적어도 댐법 제35조 제2항과 제36조 제1항에 대한 입법자의 의도는 이를 허용하지 않는 것으로 볼 여지가 크다. 그럼에도 불구하고 댐법은 댐의 건설과 운영에 대한 일반법적인 성격을 가지고 있으며, 댐 사용권자는 한국수자원공사를 포함하여 지방자치단체 등이 될 수 있으므로 댐용수 사용료에 대한 일반적인 원칙을 정한 것이기 때문에 댐용수 사용료에 대한 다른 특별한 규정이 있는 한 그에 따르는 사용료 부과도 가능한 것으로 보아야 한다.[19]

앞서 언급한 바와 같이 댐법이 일반법적 성격을 가지고 있으며, 한국수자원공사법은 특정 공기업에 대한 특별한 규율을 위하여 제정된 특별법으로서의 성격을 가지고 있으므로, 댐용수 사용료의 부과기준으로서 시설의 "건설 및 운영·관리에 필요한 비용"을 명시적으로 언급하고 있는 한국수자원공사법 제16조 제1항이 댐법 제35조 제2항과 제36조 제1항에 우선하여 적용될 수 있다. 다만, 댐법은 제4조와 동법 시행령 제2조에서 환경부장관, 특별시장·광역시장·도지사 또는 특별자치도지사, 시장·군수, 한국수자원공사가 생활용수·공업용수 또는 환경개선용수의 공급이나 홍수조절을 위하여 건설하는 댐에 모두 적용하고 있으므로 댐의 건설주체가 한국수자원공사인가 혹은 지방자치단체 등인가에 따라서 댐용수 사용료의 부과기준을 달리한다는 것은 바람직하지 못하다. 그렇다면 댐법 제35조

---

18) 성, 전게논문(각주 3), 121면; 정우상, 전게논문(각주 10), 344면.

19) 이와 관련하여 한국수자원공사법은 제16조에서 댐용수 사용료의 부과기준에 대하여 다음과 같이 규정하고 있다. 공사는 수자원개발시설이나 수도시설에 의하여 공급되는 물·수자원개발시설이나 그 수면 또는 하수종말처리시설을 사용하는 자로부터 해당 시설의 건설 및 운영·관리에 필요한 비용을 고려하여 사용자가 사용하는 물의 양 또는 시설이나 그 수면의 사용 정도와 배출된 하수의 양과 오염도에 따라 요금 또는 사용료를 징수할 수 있다(제1항). 공사는 제1항에 따른 요금 또는 사용료의 산출방법·징수절차 등에 관한 규정을 정하여 수자원개발시설 및 수도시설의 경우에는 국토교통부장관의 승인을, 하수종말처리시설의 경우에는 환경부장관의 승인을 미리 받아야 한다. 다만, 해당 요금 또는 용료의 산출방법·징수절차 등에 관하여 다른 법률에 따라 관계 행정기관의 장의 승인을 받은 경우에는 그러하지 아니하다(제2항).

제2항의 “부담금과 납부금의 범위에서”를 어떻게 통일적으로 해석할 수 있을까? 결국 이 문제는 사용료의 산정기준으로서 평등권과 재산권, 과잉금지의 원칙과 같은 헌법원리를 구체화한 응익성원칙과 비용부담원칙을 적용하여 해결하여야 한다.

댐법과 한국수자원공사법의 관련규정에도 불구하고 공법은 물론 사법상의 사용료는 일단 제공되는 재화와 용역의 가격과 공급량에 따라 산정하는 것이 위 헌법원칙에 부합한다. 따라서 댐용수 사용료 역시 생산원가와 공급량을 기준으로 하는 응익성원칙이 적용된다. 그 다음으로는 재화와 용역을 생산하는 시설의 건설비용, 관리·운영비용이 추가적으로 산정원리로 적용되는데, 이를 흔히 비용충족원칙이라고 부른다. 댐용수 사용료는 댐이 건설된 초기에는 건설비용이 압도적으로 큰 비중을 차지한다. 그러나 댐이 노후화되고 건설비용을 상환한 비율이 증가할수록 관리운영비, 개보수비용 이외에 댐의 건설비용을 댐용수 사용료의 부과기준으로 여전히 적용하는 것은 노후화된 댐의 저수를 사용하는 자의 평등권이나 재산권을 과도하게 침해할 가능성이 있다. 이 경우 댐용수 사용료는 댐법 제35조 제2항에도 위반하기 때문에 용수료 분쟁이 발생하는 경우 용수 사용자는 그 위법성을 주장할 수 있다. 그러므로 극단적으로 노후한 댐용수의 사용에 대해서는 개보수 비용과 댐용수의 생산원가와 공급량만을 기준으로 산정하는 것이 헌법원칙에 부합한다. 따라서 댐법 제35조 제2항의 “부담금과 납부금의 범위에서”라는 내용은 댐건설 비용의 상환시점을 염두에 두고 그 시점이 도래한 경우 부담금이나 납부금은 더 이상 댐용수 사용료의 부과기준으로 적용되지 않는다는 일종의 주의적 규정이라고 볼 수 있다.

다시 말하자면 댐법 제35조 제2항이 댐용수 사용료의 산정기준으로서 처음부터 관리·운영비용을 포함하는 비용충족원칙을 배제한 것이라면 명백하게 위헌이지만 위와 같은 취지의 규정으로 볼 여지가 있다면 충분히 헌법합치적 해석이 가능하다. 한국수자원공사법 제16조가 규정하는 “건설 및 운영·관리에 필요한 비용을 고려하여”라는 의미는 사용료의 부과기준으로서 관리비용을 포함하는 비용충족원칙이 적용된다는 것을 역시 주의적으로 규정한 것이다. 그런데 댐이 노후화 과정을 겪으면서 댐용수 사용료에 댐 사용권자가 부담한 납부금을 계속하여 반영하는 것은 한국수자원공사법 제16조 제1항과 헌법상 과잉금지원칙에 반하여 댐용수 사용자의 재산권과 평등권을 침해할 가능성이 있다. 따라서 댐용수 사용료의 산정기준에 대한 보다 상세한 기준을 모두 댐법에서 규정하기는 어렵지만 적어도 기본적인 사항을 댐법에서 정하도록 하고 세부적인 내용을 동법 시행령이나 시행규칙에 위임하는 방안을 적극적으로 검토하여야 할 것이다.

V. 하천수 사용료 부과체계의 문제점 - 하천법 제50조

1. 하천법상 하천수 사용료 부과체계 - 감면 및 사용에 대한 제한 등

앞서 언급한 바와 같이 생활·공업·농업·환경개선·발전·주운(舟運) 등의 용도로 하천수를 사용하려는 자는 대통령령으로 정하는 바에 따라 환경부장관의 허가를 받아야 하며(제1항), 시·도지사는 제1항에 따라 하천수 사용허가를 받은 자에게 사용료를 징수할 수 있다(제5항). 하천수 사용료 징수방법 등은 대통령령으로 정하는 범위 안에서 그 하천관리청이 속하는 시·도의 조례로 정하며, 하천관리청은 하천점용허가를 하는 때에 제33조 제1항 각 호에 따른 점용 또는 사용이 다음 각 호의 어느 하나에 해당하는 경우에는 대통령령으로 정하는 바에 따라 점용료 등을 감면할 수 있다. 1. 공용·공공용 그 밖의 공익을 목적으로 하는 비영리사업인 경우. 2. 국민경제에 중대한 영향을 미치는 공익사업으로서 대통령령으로 정하는 사업인 경우. 3. 재해나 그 밖의 특별한 사정으로 본래의 하천점용 목적을 달성할 수 없는 경우(제9항).[20]

---

20) 또한 지방자치단체는 하천에서 생기는 부담금·점용료·사용료 및 변상금, 제85조에 따라 양여받은 천부지 등으로 인한 수입금과 그 밖의 수입을 대통령령으로 정하는 기준에 따라 하천의 유지·보수에 한 비용에 사용하여야 한다(제66조).

2. 부과주체의 문제점, 실효성 부족, 하천관리 재원부족

1) 하천수 사용료 부과주체의 문제

하천수 사용료의 부과체계는 위에서 언급한 내용으로 구성되어 있으나 하천법 시행령 제57조는 하천수의 사용용도에 따라서 그 부과주체를 국가와 지방자치단체로 2원화하여 규정하고 있다. 하천법 제50조 제5항에 의하여 시·도지사는 하천수 사용허가를 받은 자에게 사용료를 징수할 수 있는데, 이에 대한 구체적인 사항을 정하기 위하여 대통령령이나 부령에 위임한다는 수권규정이 없다. 다시 말하자면, 하천법 시행령 제57조는 하천법 제50조 제5항에 의한 위임의 근거가 없다는 점에서 헌법 제75조에 반하는 측면이 있다. 이에 대해서는 향후에 위임의 근거를 명시하는 법률개정이 요구된다고 볼 것이다.[21)]

따리시 현재 하천법상 하천수 사용료의 징수대상은 생활용수, 화력발전을 포함하는 공업용수, 농업용수, 수력발전용수, 그 밖의 용수로 구분된다. 하천법 시행령상 발전용수와 농업용수는 시·도지사가 정액제로 부과하고 있으나, 생활용수 또는 화력발전을 공업용수와 그 밖의 용수에 대해서는 하천법 시행령이 그 금액을 규정하지 않고 환경부장관이 승인한 요금 또는 사용료(이는 통상적으로 국토교통부장관의 훈령인 '댐용수요금산정규정'에 의한다)를 한국수자원공사가 부과하도록 함으로써 부과의 주체를 용수의 목적에 따라서 시·도지사와 국가(국가의 승인에 따르는 공기업)로 구분하고 있는 것이다. 앞서 언급한 바와 같이 개념상으로 하천수 사용료와 댐용수 사용료를 구분하는 이유는 하천수와 댐용수가 광의의 하천수로서 상호간에 밀접하게 연관되어 있음에도 불구하고 하천수 사용유량이 부족한 경우 자

---

21) 하천법 시행령 제57조의 내용은 다음과 같다. 법 제50조 제5항에 따른 하천수 사용료는 다음 각 호의 기준에 따라 산정한다. 1. 발전용수: 1일 100세제곱미터에 대하여 연액 231원. 2. 농업용수: 1일 1천세제곱미터에 대하여 연액 231원. 3. 생활용수 또는 공업용수(화력발전을 위한 경우를 포함한다): 한국수자원공사법 제16조 제2항에 따라 국토교통부장관이 승인한 요금 또는 사용료. 4. 그 밖의 용수: 제 3호에 따른 요금 또는 사용료(제1항). 하천수 사용료의 산정과 징수에 필요한 사항은 시·도의 조례로 정한다(제2항).

연스럽게 댐용수 사용을 위해서 한국수자원공사와 용수계약을 체결하는 것을 염두에 둔 불가피한 결과이기 때문이다.

하천법상 하천수 사용허가는 환경부장관이 관할 홍수통제소장에게 위임한다(하천법 제50조 제1항, 동법 시행령 제105조 제3항 제20호). 관할 홍수통제소장은 기준갈수량 등을 고려하여 물수지분석을 통하여 가용유량의 여유가 있는 경우 하천수 사용허가를 신청한 자에게 취수지점과 취수시설을 지정하여 그 허가 여부를 결정하며, 하천의 가용유량이 더 이상 존재하지 않는 경우에는 하천법 제50조 제8항에 따라서 기득하천수리권자의 동의를 구하여 하천수 사용에 대한 허가를 한다. 만약 기득하천수리권자가 신규로 신청한 하천수 사용허가에 대하여 동의를 하지 않는 경우에는 더 이상 하천유량을 대상으로 하는 하천수 사용허가를 할 수 없기 때문에 이 때에는 광의의 하천수이기는 하지만 댐법상의 댐용수에 대한 사용이 불가피하고 이 단계에서는 더 이상 하천법이 적용되지 않고 댐법상의 댐용수 사용문제로 전환된다. 댐법은 이와 관련하여 제35조의 규정을 두고 있음을 이미 언급하였으며, 특히 댐용수권자가 한국수자원공사인 경우에는 한국수자원공사법 제15조와 제16조가 적용되는 것이다.

이와 같이 하천법에서 하천수 사용과 댐용수 사용에 대하여 체계적으로 구분하지 않고 댐법과 한국수자원공사법의 관련 규정을 전혀 언급하지 않음으로 인하여 댐용수의 사용으로 인한 물 값 분쟁을 부추기는 측면이 있다고 할 수 있다. 또한 하천수 사용료와 댐용수 사용료는 그 징수와 사용의 목적이 상이함에도 불구하고 하천법에서 위임의 근거도 불명한 시행령을 통하여 양자를 기계적으로 동일한 범주 내에서 다루는 것은 법적인 안정성과 예측가능성을 크게 저해할 수 있다. 이러한 이유 때문에 하천법과 동법 시행령에서 하천수 사용료와 댐용수 사용료의 부과주체를 2원화하는 것이 불가피하다면 개념적으로 명확하게 구분되는 하천수 사용과 댐용수 사용을 하천수 사용이라는 동일한 범주에 넣어 하천법령에 규정하는 것이 과연 바람직한 것인가 하는 문제가 제기되는 것이다. 따라서 "환경부장관의 승인에 따라서 한국수자원공사가 부과하는 하천수 사용료는 개념상 댐용수 사용료이며 이는 댐법과 한국수자원공사법에서 별도로 정한다"라는 내용을 하천법에 명시할 필요가 있다.

2) 하천수 징수체계의 비효율성과 하천관리 재원의 부족

하천법 제50조 제5항에서는 하천수 사용료 징수권을 시·도지사에게 부여하고 있으나 하천수 사용자는 대부분 시·도지사(시장·군수)로서 징수자와 사용자가 동일하여 사용료를 미징수하는 것이 거의 관행으로 굳어져 왔다. 또한 시·도지사가 하천관리청인 경우 하천법 제50조 제9항에 따라서 다음과 같은 사유가 있는 경우 하천수 사용료를 감면할 수 있다. 1. 공용·공공용 그 밖의 공익을 목적으로 하는 비영리사업인 경우. 2. 국민경제에 중대한 영향을 미치는 공익사업으로서 대통령령으로 정하는 사업인 경우. 3. 재해나 그 밖의 특별한 사정으로 본래의 하천점용 목적을 달성할 수 없는 경우.[22)]

하천수 사용료 감면에 대한 하천법 시행령 제58조 제1항과 제44조 제3항은 하천수 사용이 공용·공공용 그 밖의 공익을 목적으로 하는 비영리사업인 경우인데, 하천관리청이 하천수를 사용하는 목적과 용도를 스스로 공용 또는 공공용을 판단하는 경우 하천법 시행령 자체가 하천수 사용료를 면제하도록 규정한 것이다. 사실상 백지면제를 하천관리청에게 인정한 것이나 다름없으므로 시·도지사(시장·군수)가 자신의 하천수 사용에 대하여 사용료를 내는 것을 기대하기 어려운 것이다. 또한 하천법 시행령 제58조 제2항 제1호에 따라서 하천관리청이 제56조 제2항에 따른 하천수 사용허가의 기준이 되는 유량범위에서 하천수를 사용하는 경우에도 하천수 사

22) 또한 하천법 시행령 제58조는 하천수 사용료의 감면에 대하여 다음과 같은 규정을 두고 있다. 법 제50조 제9항에 따른 하천수 사용료의 감면에 관하여는 제44조 제3항을 준용한다(제1항). 제1항에도 불구하고 다음 각 호의 경우에는 하천수 사용료를 면제한다. 1. 하천관리청이 제56조 제2항에 따른 하천수 사용허가의 기준이 되는 유량범위에서 하천수를 사용하는 경우. 2. 하천수 사용자가 한국수자원공사법 제16조에 따라 한국수자원공사에 사용료를 내는 경우. 3. 하천수 사용자가 농어촌정비법 제23조에 따라 한국농어촌공사에 용수 사용료를 내는 경우(제2항).

용료를 면제하도록 하고 있으니 시·도지사(시장·군수)가 하천수 사용료를 납부하는 것을 법적으로 어렵게 하고 있는 셈이다. 이와 같이 시·도지사가 하천관리청으로서 하천수 사용료를 부과하고 징수하는 법적 장치가 작동하지 않고 그게 따르는 소극적 학습효과가 고착화되면서 제3자인 사인이 하천수를 사용하는 경우에도 하천수 사용료를 장기간 부과하지 않는 관행이 흔히 발견된다. 다시 말하자면 지방자차단체 외에 제3자가 하천수 사용자인 경우 징수권자인 지자체 공무원의 하천수 사용료 징수에 대한 이해부족 및 행정 착오, 관리부실 등으로 사용료 미납이 발생하는 것이다.[23)]

Ⅵ. 하천수 사용료 부과 및 징수체계의 개선

1. 하천수 사용료 징수주체의 국가 이전

앞서 언급한 바와 같이 하천수 사용료와 댐용수 사용료는 각각 그 부과와 징수의 목적이 상이하기 때문에 부과의 징수의 주체를 2분화하여 각각 병존하는 것이 불가피하다. 다만, 현행 하천법상 하천수 사용료 징수권을 시·도지사가 행사하고 자신이 하천수를 사용하는 경우에는 하천법령을 통하여 하천수 사용료를 스스로 면제하도록 하고 있어서 하천수 사용료 징수의 효율성이 크게 훼손되고 있는 것이 현실이다. 따라서 하천법을 개정하여 하천수 사용료에 대한 부과와 징수의 주체를 환경부장관으로 이전하고 환경부장관이 판단하여 특정한 국가기관이나 지방자치단체에게 징수권한의 전부 또는 일부를 대통령령이 정하는 바에 따라서 위임하는 방안

---

23) 대표적인 하천수 사용료 징수 관리 부실 사례로서 국내 맥주 시장 점유율 1위 기업인 OB맥주가 36년 간 남한강 물로 맥주를 제조하면서 최근까지 하천수 사용료를 내지 않은 것으로 밝혀진 것이다. 지난 1976년 이천시 부발읍에 이천공장을 준공한 OB맥주는 한강홍수통제소로부터 여주시 능서면 왕대리의 남한강 취수정에서 매년 하루 3만 5,000t의 공업용 하천수 사용 허가를 받은 뒤 물을 끌어다 맥주 제조에 사용해왔다. 경기도와 여주시는 뒤늦게 2년 간 하천 사용료 12억여 원을 부과해 납부받았으나 사용료 부과의 제척기간이 5년뿐이어서 35년 간 77억여 원의 미납된 사용료는 결국 징수하지 못했다. 매일경제, 2015. 1. 19.

을 적극적으로 고려할 필요가 있다.24) 즉 하천수 사용허가권자와 하천수 사용료의 부과 및 징수권자를 일치시키는 것이다. 현행 하천법령은 하천수 사용허가권은 환경부장관과 그 위임을 받은 관할 홍수통제소장에게, 하천수 사용료의 부과권자는 시·도지사에게 상호 분할하여 관할권을 부여하고 있다. 그 결과 앞서 언급한 바와 같이 하천수 사용료의 부과와 관련하여 지자체가 스스로 사용하는 하천수는 물론 제3자를 대상으로 하는 하천수 사용료의 징수가 제대로 이루어지지 못하고 하천관리 재원의 확보를 어렵게 하는 것이다.

하천법 제57조가 규정하는 바와 같이 하천법 제50조 제1항에 따르는 하천수 사용허가와 제5항에 의하여 하천수 사용료의 부과가 이루어지고 하천법 시행령 제57조에 따라서 하천수 사용료 부과기준이 정해지게 되는데, 부과 및 징수권 행사 역시 국가의 중앙행정기관으로서 환경부장관과 그 위임을 받은 특정 국가기관 또는 공공단체가 담당하는 것이 보다 체계적이다. 따라서 하천수 사용료의 부과 및 징수권 자체는 환경부장관 또는 대통령령이 정하는 바에 따라 국가의 특정기관 내지 공공단체에게 위임하는 것이 바람직하며, 지방자치단체에게는 원칙적으로 부과 및 징수와 관련된 절차 등 기술적인 문제만을 조례로 정하도록 하천법을 정비할 필요가 있다. 하천수 사용료를 국가가 징수하는 경우 각 지방자치단체가 징수하는 것에 비하여 그 재원규모가 상당한 정도로 증가하게 될 것으로 예상되기 때문에 이를 투명하고 합리적으로 관리·사용하는 경우에는 하천관리재원을 안정적으로 확보하고 보다 효율적으로 운용할 수 있는 제도적인 장치가 마련될 수 있을 것이다. 하천수 사용료 수입의 귀속주체와 관련하여 하천법 제65조 제2항은 "제37조 및 제50조 제5항에 따라 징수하는 점용료·사용료 등은 해당 시·도의 수입으로 하고, 그 밖에 하천에서 생기는 수입은 국가하천에 관한 것은 국고의 수입으로, 지방하천에 관한 것은 시·도의 수입으로 한다"고 규정하고 있는데, 하천수 사용료의 부과와 징수의 주체

---

24) 이에 대한 상세한 논의는 이영근, 하천수 사용료 징수체계의 현황 및 개선방안, Journal of Water Policy & Economy 25권, 2015. 9, 59면.

를 국가로 변경하는 경우에는 하천법 제50조 제5항에 의한 수입 역시 국가의 수입으로 변경하는 것이 필요하다. 하천수 사용료의 징수권을 국가가 보유하게 되는 경우에도 필요한 경우에는 지방자치단체에게 징수권의 전부 또는 일부를 위임할 수 있는 규정을 두어 운영의 묘를 살리도록 하고, 이 경우에는 그 수입도 시·도에게 귀속시킬 수 있을 것이다.

2. 사용료 제한의 실효성 제고

하천법 제66조는 "지방자치단체는 하천에서 생기는 부담금·점용료·사용료 및 변상금, 제85조에 따라 양여받은 폐천부지 등으로 인한 수입금과 그 밖의 수입을 대통령령으로 정하는 기준에 따라 하천의 유지·보수에 관한 비용에 사용하여야 한다"고 규정하여 하천수입금을 하천의 유지와 보수 등의 목적에만 사용할 수 있도록 제한하고 있다.[25] 하천수익금의 사용을 제한하는 것은 하천으로부터 발생하는 수입을 하천의 관리비용으로 보다 집중적으로 사용하여 그 실효성을 높이려는 의도로 보인다. 이는 하천관리재원이 구조적으로 결핍된 상황에서 불가피한 조치로 보이기는 하지만 조세와 사용료의 수입은 국가나 지자체의 일반회계에 편입시켜 공동체의 일반적인 과제의 수행에 필요한 재원으로 사용하는 예산총계주의 등 예산법의 일반원칙에 반하는 측면이 있다. 특정한 재원을 일정한 목적에만 사용하게 하는 이른바 목적제한성은 목적세나 부담금의 경우에는 예외적으로 인정하지만, 이러한 목적제한성으로 인하여 예산운영의 투명성과 유연성이 침해되기 때문에 일반적인 조세수입이나 사용료 등 세외수입의 경

25) 이에 따라서 하천법 시행령 제77조는 하천수 사용료의 사용목적을 다음과 같이 규정하고 있다. 법 제 66조에 따라 지방자치단체는 수입금을 다음 각 호의 비용으로 사용하되, 제1호 및 제2호에 우선적으로 사용하여야 한다. 1. 하천의 유지·보수비. 2. 하천구역 안의 편입토지에 대한 보상금. 3. 지방하천의 하천기본계획의 수립과 하천시설의 관리대장 및 수문조사시설의 관리대장을 작성·관리하는 데에 드는 비용. 4. 하천수입 또는 폐천부지 등의 관리대장을 작성·관리하는 데에 드는 비용. 5. 폐천부지 등의 관리 및 처분에 소요되는 비용. 6. 하천공사비. 7. 그 밖에 하천관리에 드는 비용. 지방자치단체는 하천에서 생기는 수입금을 징수하거나 사용한 경우에는 수익금의 징수 현황 및 사용 명세를 환경부령으로 정하는 바에 따라 환경부장관에게 제출하여야 한다(제2항).

우에는 사용목적을 제한하는 것을 원칙적으로 불허하는 것이다. 하천법 제66조의 규정에도 불구하고 실제로 지방자치단체는 하천수 사용료를 일반회계에 편입하고 사용하도록 예산을 편성하고 집행하고 있는 것이 현실이다. 일부 견해는 이와 같은 이유 때문에 징수된 하천수 사용료의 용처가 불명해지는 문제를 제기하면서 하천수 사용료를 일반회계가 아닌 특별회계로 편성하여 사용하자고 제안하고 있다.[26]

다만, 지방재정법은 목적세의 경우를 제외하고는 특별회계의 설치를 특별한 사유나 근거가 있는 경우로 제한하고 일몰제를 적용하는 등 엄격하게 규율하고 있다.[27] 따라서 하천수 사용료에 대하여 해당 지자체의 조례로 특별회계를 설치하는 것은 가능하다. 그러나 조례로 하천수 사용료를 위한 특별회계를 설치하는 것보다는 하천법 제66조에 따라서 그 사용목적을 제한하는 것이 불가피하다고 판단하는 경우에 앞서 언급한 바와 같이 부과와 징수의 주체를 국가로 변경하는 방안이 보다 합리적이다. 하천수 사용료 부과와 징수주체를 지방자치단체로 유지하고 구조적인 납부면제의 남용과 재원의 부족을 방치하면서 특별회계를 설립한다고 하여 하천수 사용료의 수입이 하천의 유지와 보수에 효과적으로 사용된다고 담보하기 어렵기 때문이다. 국가가 하천수 사용료의 부과와 징수의 권한을 가지게 되는 경우 일반회계를 통하여 보다 안정적으로 하천관리에 소요되는 예산을 편성할 수 있기 때문에 장기적으로는 하천법 제66조와 같은 조항이 불필요하게 되고, 국가재정법, 지방재정법상의 예산총계주의와의 충돌문제도

---

26) 이영근, 상게논문, 53면.

27) 특별회계는 지방공기업법에 따른 지방직영기업이나 그 밖의 특정사업을 운영할 때 또는 특정자금이나 특정세입·세출로서 일반세입·세출과 구분하여 회계처리할 필요가 있을 때에만 법률이나 조례로 설치할 수 있다. 다만, 목적세에 따른 세입·세출은 다른 법률에 특별한 규정이 있는 경우를 제외하고는 특별회계를 설치·운용하여야 한다(제9조 제2항). 지방자치단체가 특별회계를 설치하려면 5년 이내의 범위에서 특별회계의 존속기한을 해당 조례에 명시하여야 한다. 다만, 법률에 따라 의무적으로 설치 ·운용되는 특별회계는 그러하지 아니하다(제3항). 지방자치단체의 장은 특별회계를 신설하거나 그 존속기한을 연장하려면 해당 조례안을 입법예고하기 전에 제33조 제9항에 따른 지방재정계획심의위원회의 심의를 거쳐야 한다. 다만, 법률에 따라 의무적으로 설치·운용되는 특별회계는 그러하지 아니하다 (제4항).

자연스럽게 해소될 수 있을 것으로 보인다.

Ⅶ. 맺는 말

하천수의 사용은 원칙적으로 정부의 허가를 받아야 하며, 하천법상 사용료 부과대상이 된다. 하천수 사용허가를 받기 위해서는 하천에 시설을 설치하기 위한 하천점용허가를 받아야 하고, 이에 대해서는 하천점용료를 납부하여야 한다. 그런데 하천수를 사용하는 문제는 하천법상의 규정으로 종결되는 것이 아니라 댐법상의 댐 사용 및 댐용수 사용과 밀접하게 연관되어 있으므로, 댐 사용에 대한 댐 사용료와 댐용수 사용에 대한 계약상의 대가인 댐용수 사용료 역시 하천수 사용과 하천수 사용료의 연장선상에서 파악하는 것이 중요하다. 이와 같이 하천수의 사용에 대해서는 여러 단계가 존재하고 각각 다른 성격의 사용대가인 하천점용료, 하천수 사용료, 댐 사용료, 댐용수 사용료가 부과되는데 각각 이러한 공과금 내지 계약상 채무는 독립적인 부과의 정당성과 합법성을 갖추고 있는 것이어서 이러한 사용료 내지 설권료, 계약상의 채무를 인위적으로 통합하거나 단순화 하는 것은 논리적으로 설득력이 없다.

현행 하천법에 따라 시·도지사가 하천수 사용료의 부과 및 징수의 주체이며, 그 수입 또한 시·도지사에 귀속되어 하천에 대한 관리 및 보수비용에 사용된다. 그러나 하천법과 동법 시행령 등을 통하여 지자체가 사용하는 하천수에 대해서는 이를 면제하고 제3자의 하천수 사용에 대한 징수도 효과적으로 이루어지지 못하는 경우가 있다. 따라서 하천수 사용허가에 따르는 하천수 사용료 부과의 주체 역시 국가가 담당하도록 하고, 그 수입도 국가가 사용하도록 하여 관리의 투명성과 효율성을 제고하여야 한다. 하천수 사용에 대하여 다양한 형태의 비용을 부담하도록 하는 것은 하천수를 사용하는 자에게 경제적인 부담을 주는 것이기는 하지만 이를 통하여 보다 효율적이고 합리적인 하천관리를 가능하게 할 뿐만 아니라 물이 경제재라는 인식을 보편화하여 국가가 수자원을 합리적으로 배분하는데 기여할 것이다. 물관리기본법은 "물을 이용하는 자에 대하여는 그 물관리에 드는 비용의 전부 또는 일부를 부담시킴을 원칙으로 한다"(제17조 제1항)는 원칙적이고 선언적인 내용만을 규정하였으나, 향후 수리권과 그에 대한 비용만을 별도로 "물의 사용 및 비용부담에 관한 법률"을 제정하는 것도 중요한 입법과제가 될 수 있을 것으로 보인다.

제2절 하천수 사용료 부과체계 개선을 위한 입법정책적 과제

Ⅰ. 문제의 제기

물에 대한 수요는 날로 증가하는 추세에 있다. 우리가 사용하는 물은 기존의 생활용수, 공업용수, 농업용수 등과 함께 하천유지용수, 레저 및 관광을 포함하는 도시환경 개선 용수 등 그 용도 역시 다양화되고 있는 것이 오늘날의 현실이다. 물론 이와 같은 물에 대한 양적, 질적인 변화에 따라서 그 水源도 지표수, 지하수, 해수 등 다양하지만 그 중에서도 압도적인 비중을 가지는 것이 하천지표수라고 할 수 있다. 하천수를 사용하려는 사람은 관할 행정청의 허가를 받아야 하는데, 이는 하천수라는 일종의 자연공물에 대한 특허처분을 통하여 발생하는 공물에 대한 공법적 이용관계가 성립하는 것이다.[28] 또한 후술하는 바와 같이 하천법은 하천수 사용에 대하여 사용료를 부과하고 있는데, 이는 전형적인 공법상 금전부담의 하나로서 사용료에 해당한다.

그런데 특이한 것은 하천법이 하천수 사용에 대한 허가처분을 행하는 행정청과 하천수 사용료를 부과하여 징수하는 행정청을 분리하였다는 점이다. 다시 말하자면, 하천법은 하천수 사용허가는 환경부장관으로서 중앙정부가 행하는 것으로 규정하지만, 하천수 사용료에 대한 부과와 징수권은 시·도지사에게 부여하고 있다. 이와 같이 하천수 사용허가와 하천수 사용료의 부과와 징수권이 2원화 됨으로써 소규모의 하천수 사용료 부과수입이 더욱 과소화되고, 그마저도 실제로 하천법령이 규정하는 하천정비사업

28) 정우상, 하천수 사용료에 관한 법리 연구, 중앙대학교 대학원 박사학위논문, 2012, 71면; 김성수, 수리권의 법적 근거와 한계, 토지공법연구 제43집 제1호, 353면; 김성수, 수리권의 법적 성격과 하천법의 과제, 토지공법연구 제73집 제1호, 11면; 조성규, 지방자치단체의 물의 사용에 관한 권리, 행정법연구 41호, 119면; 박균성, 하천수 사용에 관한 공법적 연구, 토지공법연구 제44집, 111면.

에 효과적으로 투입되지 못하여 만성적인 하천관리의 재원결핍 현상을 초래하고 있다. 또한 지방자치단체가 하천수 사용료를 부과하는 과정에서 하천법령에 자신이 공익목적으로 사용하는 하천수 사용에 대해서는 이를 감면하도록 하는 관행이 일반화되어 하천관리와 정비를 위한 재정적 여건은 더욱 열악한 실정이다. 이는 결과적으로 국가가 안정적인 하천관리를 통하여 궁극적으로 국민생활과 산업활동을 위한 수자원을 확보하는데 상당한 애로를 형성하며, 국민의 물복지 내지 물인권과[29] 국가의 물안보를 실현하는 목표를 교란하고 있다. 따라서 본 연구에서는 현행 하천수 부과체계의 내용과 문제점, 특히 지방자치단체가 하천관리청으로서 하천수 부과주체가 될 수 있는가에 대한 해석상의 논란과 더불어 감면의 대상 여부를 검토하고 최종적으로 합리적인 대안은 무엇인지 제시하기로 한다.

Ⅱ. 하천법상 하천수 사용료 부과체계

하천법 제50조에 의하여 생활·공업·농업·환경개선·발전·주운(舟運) 등의 용도로 하천수를 사용하려는 자는 대통령령으로 정하는 바에 따라 환경부장관의 허가를 받아야 하며(제1항), 시·도지사는 제1항에 따라 하천수 사용허가를 받은 자에게 사용료를 징수할 수 있다(제5항). 하천수 사용료 징수방법 등은 대통령령으로 정하는 범위 안에서 그 하천관리청이 속하는 시·도의 조례로 정하며, 하천관리청은 하천점용허가를 하는 때에 제33조 제1항 각 호에 따른 점용 또는 사용이 다음 각 호의 어느 하나에 해당하는 경우에는 대통령령으로 정하는 바에 따라 점용료 등을 감면할 수 있다.[30]

---

29) 물인권과 물복지에 대한 상세한 논의는 김성수(편), 물과 인권 - 국제사회의 물 논의와 국내 도입의 이슈, 도서출판 피어나, 2012. 참조.

30) 1. 공용·공공용 그 밖의 공익을 목적으로 하는 비영리사업인 경우. 2. 국민경제에 중대한 영향을 미치는 공익사업으로서 대통령령으로 정하는 사업인 경우. 3. 재해나 그 밖의 특별한 사정으로 본래의 하천점용 목적을 달성할 수 없는 경우(제9항). 또한 지방자치단체는 하천에서 생기는 부담금·점용료·사용료 및 변상금, 제85조에 따라 양여받은 폐천부

Ⅲ. 부과주체의 문제점, 실효성 부족, 하천관리 재원부족

1. 하천수 사용료 부과주체의 문제

하천수 사용료의 부과체계는 위에서 언급한 내용으로 구성되어 있으나 하천법 시행령 제57조는 하천수의 사용용도에 따라서 그 부과주체를 국가와 지방자치단체로 2원화하여 규정하고 있다.[31] 따라서 현재 하천법상 하천수 사용료의 징수대상은 생활용수, 화력발전을 포함하는 공업용수, 농업용수, 수력발전용수, 그 밖의 용수로 구분된다. 하천법 시행령상 발전용수와 농업용수는 시·도지사가 정액제로 부과하고 있으나, 생활용수 또는 화력발전을 포함하는 공업용수와 그 밖의 용수에 대해서는 하천법 시행령이 그 금액을 규정하지 않고 환경부장관이 승인한 요금 또는 사용료를 한국수자원공사가 정하는 규정에 따라서 역시 시·도지사가 부과·징수한다. 개념상으로 하천수 사용료와 댐용수 사용료를 구분하는 이유는 하천수와 댐용수가 광의의 하천수로서 상호간에 밀접하게 연관되어 있음에도 불구하고 하천수 사용유량이 부족한 경우 자연스럽게 댐용수 사용을 위해서 한국수자원공사와 용수계약을 체결하는 것을 염두에 둔 불가피한 결과이기 때문이다.

하천법상 하천수 사용허가는 환경부장관이 관할 홍수통제소장에게 위임한다(하천법 제50조 제1항, 동법 시행령 제105조 제3항 제20호). 관할 홍수통제소장은 기준갈수량 등을 고려하여 물수지분석을 통하여 가용유량의 여유가 있는 경우 하천수 사용허가를 신청한 자에게 취수지점과 취수시설을 지정하여 그 허가 여부를 결정하며, 하천의 가용유량이 더 이상 존재하지

지 등으로 인한 수입금과 그 밖의 수입을 대통령령으로 정하는 기준에 따라 하천의 유지·보수에 관한 비용에 사용하여야 한다(제66조).

31) 하천법 시행령 제57조의 내용은 다음과 같다. 법 제50조 제5항에 따른 하천수 사용료는 다음 각 호의 기준에 따라 산정한다. 1. 발전용수: 1일 100세제곱미터에 대하여 연액 231원. 2. 농업용수: 1일 1천 세제곱미터에 대하여 연액 231원. 3. 생활용수 또는 공업용수(화력발전을 위한 경우를 포함한다): 한국수자원공사법 제16조 제2항에 따라 국토교통부장관이 승인한 요금 또는 사용료. 4. 그 밖의 용수: 제3호에 따른 요금 또는 사용료(제1항). 하천수 사용료의 산정과 징수에 필요한 사항은 시·도의 조례로 정한다(제2항).

않는 경우에는 하천법 제50조 제8항에 따라서 기득하천수리권자의 동의를 구하여 하천수 사용에 대한 허가를 한다.[32] 만약 기득하천수리권자가 신규로 신청한 하천수 사용허가에 대하여 동의를 하지 않는 경우에는 더 이상 하천유량을 대상으로 하는 하천수 사용허가를 할 수 없기 때문에 이 때에는 광의의 하천수이기는 하지만 댐건설 및 주변지역지원 등에 관한 법률(이하 댐법이라 한다)상의 댐용수에 대한 사용이 불가피하고 이 단계에서는 더 이상 하천법이 적용되지 않고 댐법상의 댐용수 사용문제로 전환된다. 댐법은 이와 관련하여 제35조의 규정을 두고 있으며,[33] 특히 댐용수권자가 한국수자원공사인 경우에는 한국수자원공사법 제15조 제1항과[34] 제16조가[35] 적용된다.

이와 같이 하천법에서 하천수 사용과 댐용수 사용에 대하여 체계적으로 구분하지 않고 댐법과 한국수자원공사법의 관련 규정을 전혀 언급하지 않음으로 인하여 댐용수의 사용으로 인한 물값 분쟁을 부추기는 측면이

---

32) 기득수리권자 동의의 법적 성격과 문제점에 대해서는 김성수, 수리권의 법적 성격과 하천법의 과제, 토지공법연구 제73집 제1호, 20면.

33) 댐 사용권자나 댐 사용권설정예정자는 해당 댐의 저수를 사용하는 자로부터 사용료를 받을 수 있다. 다만, 댐건설 이전에 하천법 제50조에 따른 하천수의 사용허가를 받아 하천의 물을 사용하는 경우에는 사용료를 받지 아니한다(제1항). 제1항에 따른 사용료는 댐 사용권자나 댐 사용권설정예정자가 제20조 제1항에 따라 부담한 금액이나 제33조에 따라 납부한 금액의 범위에서 댐의 저수를 사용하는 자가 사용하는 수량 등을 고려하여 정하여야 한다(제2항). 댐 사용권자나 댐 사용권설정예정자는 제1항에 따라 사용료를 받으려는 경우에는 그 산출방법과 수납방법 및 수납기한 등을 정하여 미리 국토교통부장관의 승인을 받아야 한다(제3항).

34) 한국수자원공사가 관리하는 수자원개발시설이나 수도시설에 의하여 공급되는 물·수자원개발시설 또는 그 수면을 사용하려는 자는 한국수자원공사와 사용계약을 체결하여야 한다.

35) 한국수자원공사는 수자원개발시설이나 수도시설에 의하여 공급되는 물·수자원개발시설이나 그 수면 또는 하수종말처리시설을 사용하는 자로부터 해당 시설의 건설 및 운영·관리에 필요한 비용을 고려하여 사용자가 사용하는 물의 양 또는 시설이나 그 수면의 사용 정도와 배출된 하수의 양과 오염도에 따라 요금 또는 사용료를 징수할 수 있다(제1항). 한국수자원공사는 제1항에 따른 요금 또는 사용료의 산출방법·징수절차 등에 관한 규정을 정하여 수자원개발시설 및 수도시설의 경우에는 국토교통부장관의 승인을, 하수종말처리시설의 경우에는 환경부장관의 승인을 미리 받아야 한다. 다만, 해당 요금 또는 사용료의 산출방법·징수절차 등에 관하여 다른 법률에 따라 관계 행정기관의 장의 승인을 받은 경우에는 그러하지 아니하다(제2항).

있다고 할 수 있다. 또한 하천수 사용료와 댐용수 사용료는 그 징수와 사용의 목적이 상이함에도 불구하고 하천법에서 다소 포괄적으로 위임한 시행령을 통하여 양자를 기계적으로 동일한 범주 내에서 다루는 것은 법적인 안정성과 예측가능성을 크게 저해할 수 있다. 이러한 이유 때문에 하천법과 동법 시행령에서 하천수 사용료와 댐용수 사용료의 부과주체를 시·도지사와 한국수자원공사로 2원화하는 것이 바람직하고, 개념적으로 명확하게 구분되는 하천수 사용과 댐용수 사용을 하천수 사용이라는 동일한 범주에 넣어 하천법령에 규정하는 것은 어떠한 종류의 물을 사용하는가에 대하여 혼란을 야기할 수 있다. 따라서 "환경부장관의 승인에 따라서 한국수자원공사가 부과하는 하천수 사용료는 개념상 댐용수 사용료이며 이는 댐법과 한국수자원공사법에서 별도로 정한다"라는 내용을 하천법령에 명시할 필요가 있다.

2. 하천수 징수체계의 비효율성과 하천관리 재원부족

앞서 언급한 바와 같이 하천법 제50조 제5항에서는 하천수 사용료 징수권을 시·도지사에게 부여하고 있으나 하천수 사용자가 시·도지사(시장·군수)인 경우 하천수 사용자와 하천수 사용료 징수권자가 동일하여 사용료를 미징수하는 것이 거의 관행으로 굳어져 왔다. 또한 시·도지사가 하천관리청인 경우 하천법 제50조 제9항에 따라서 다음과 같은 사유가 있는 경우 하천수 사용료를 감면할 수 있다.[36] 또한 하천법 시행령 제58조는 하천수 사용료의 면제에 대하여 다음과 같은 규정을 두고 있다.[37] 하천수 사용

36) 1. 공용·공공용 그 밖의 공익을 목적으로 하는 비영리사업인 경우. 2. 국민경제에 중대한 영향을 미치는 공익사업으로서 대통령령으로 정하는 사업인 경우. 3. 재해나 그 밖의 특별한 사정으로 본래의 하천점용 목적을 달성할 수 없는 경우.

37) 법 제50조 제9항에 따른 하천수 사용료의 감면에 관하여는 제44조 제3항을 준용한다(제1항). 제1항에도 불구하고 다음 각 호의 경우에는 하천수 사용료를 면제한다. 1. 하천관리청이 제56조 제2항에 따른 하천수 사용허가의 기준이 되는 유량범위에서 하천수를 사용하는 경우. 2. 하천수 사용자가 한국수자원공사법 제16조에 따라 한국수자원공사에 사용료를 내는 경우. 3. 하천수 사용자가 농어촌정비법 제23조에 따라 한국농어촌공사에 용수 사용료를 내는 경우(제2항).

료 감면에 대한 하천법 시행령 제58조 제1항과 제44조 제3항의 내용을 보면 하천수 사용이 공용·공공용 그 밖의 공익을 목적으로 하는 비영리사업인 경우인데, 하천관리청이 하천수를 사용하는 목적과 용도를 스스로 공용 또는 공공용을 판단하는 경우 하천법 시행령 자체가 하천수 사용료를 감면하도록 규정한 것이다. 사실상 백지면제를 하천관리청에게 인정한 것이나 다름없으므로 시·도지사(시장·군수)가 자신의 하천수 사용에 대하여 사용료를 내는 것을 기대하기 어려운 것이다. 또한 하천법 시행령 제58조 제2항 제1호에 따라서 하천관리청이 제56조 제2항에 따른 하천수 사용허가의 기준이 되는 유량범위에서 하천수를 사용하는 경우에는 하천수 사용료를 아예 면제하도록 하고 있으니 시·도지사(시장·군수)가 하천수 사용료를 납부하는 것을 법적으로 어렵게 하고 있는 셈이다.

이와 같이 시·도지사가 하천관리청으로서 하천수 사용료를 부과하고 징수하는 법적 장치가 작동하지 않고 그에 따르는 소극적 학습효과가 고착화되면서 제3자인 사인이 하천수를 사용하는 경우에도 하천수 사용료를 장기간 부과하지 않는 관행이 흔히 발견된다. 다시 말하자면 지방자치단체 외에 제3자가 하천수 사용자인 경우 징수권자인 자치단체 공무원의 하천수 사용료 징수에 대한 이해 부족 및 행정 착오, 관리부실 등으로 사용료 미납이 발생하는 것이다.[38)]

이와 같이 시·도지사가 하천수 사용료를 관행적으로 면제하거나 미납함으로서 하천관리재원의 만정적인 부족사태를 초래하고 있다.[39)]

---

38) 대표적인 하천수 사용료 징수 관리 부실 사례로서 국내 맥주 시장 점유율 1위 기업인 OB맥주가 36년 간 남한강 물로 맥주를 제조하면서 최근까지 하천수 사용료를 내지 않은 것으로 밝혀진 것이다. 지난 1976년 이천시 부발읍에 이천공장을 준공한 OB맥주는 한강홍수통제소로부터 여주시 능서면 왕대리의 남한강 취수정에서 매년 하루 3만 5,000t의 공업용 하천수 사용 허가를 받은 뒤 물을 끌어다 맥주 제조에 사용해왔다. 경기도와 여주시는 뒤늦게 2년 간 하천 사용료 12억여 원을 부과해 납부받았으나 사용료 부과의 제척기간이 5년뿐이어서 35년 간 77억여 원의 미납된 사용료는 결국 징수하지 못했다. 매일경제, 2015. 1. 19.

39) 국가하천의 유지관리비 분담원칙에 따라 지방자치단체의 하천유지관리에 대해 국가가 지원하고 있으나, 지원가능 재원은 제한적인 것이 현실이다. 국토교통부장관은 국가에서 유지·보수하는 하천의 시설 및 구간을 고시하고 있는데(국토부 고시 제2012-118호), 한

Ⅳ. 국가하천의 하천수 사용료 징수에 있어서 시·도지사가 하천관리청의 지위를 가지는가?

1. 논의의 실익과 견해의 대립

앞서 언급한 바와 같이 하천법은 하천수 사용허가에 대한 권한은 환경부장관이 관할 홍수통제소를 통하여 행사하고(제50조 제1항), 하천수 사용료 부과와 징수권은 시·도지사에게 부여하고 있다(제5항). 그런데 이와 같이 하천수 사용허가권과 하천수 사용료 부과권을 이원화함으로써 시·군 등 기초자치단체가 수행하는 지방상수도사업의 경우에 시·도지사는 자신이 하천법상 하천관리청의 법적 지위를 가지고 있다는 점을 강조하며 이들 기초자치단체의 수도사업을 위한 하천수 사용료를 면제하는 관행을 유지하고 있다. 시·군 등 기초자치단체가 생·공용수 등의 목적으로 하천수를 사용하는 경우에는 하천수 사용료의 납부의무를 가지고 있지만, 시·도지사는 하천관리청의 개념을 확대해석하여 시·군 등 기초자치단체가 수행하는 지방상수도사업을 위한 하천수 사용료를 면제하거나 미납하는 관행을 묵인하고 있는 것이다.

한편, 하천법은 용어의 정의와 관련하여 제2조 제4호에서 하천관리청의 개념을 다음과 같이 규정하고 있다. "'하천관리청'이라 함은 하천에 관한 계획의 수립과 하천의 지정·사용 및 보전 등을 하는 국토교통부장관, 특별시장·광역시장·특별자치시장·도지사·특별자치도지사(이하 "시·도지사"라 한다)를 말한다." 이와 같이 하천법은 하천관리청으로서 중앙정부는 물론 시·도지사와 같은 광역자치단체의 장을 하천행정의 관할행정청으로 규

강·금강·영산강·섬진강·낙동강·아라천 6개 하천 1,283Km가 이에 해당한다. 국가가 관리하고 보수하는 시설은 제방, 댐, 보, 준설 등이며, 지방자치단체는 주로 고수부지 자전거도로, 생태공원 등을 관리하는데 소요되는 비용을 부담하고 있다. 2014년 하천유지관리비는 총 1,905억 원이며 이 중 원래는 지방자치단체가 부담해야 할 생태형 하천에 국가가 51% 가량을 지원하고 있어 하천관리예산이 만성적으로 부족한 실정이다. 이를 주체별로 보면 한국수자원공사 358억 원, 국가직접 시행사업 575억 원, 지자체 보조 972억 원이다. 예를 들어 서울특별 이지만 하천수 사용료를 포함한 전체 하천수익금은 37억 원에 불과하므로 국가 전액부담 및 관리 주장하고 있는 것이 현실이다.

정하고 있다. 이에 따라서 하천법 제8조에 의하여 국가하천은 국토교통부장관이(제1항), 지방하천은 그 관할 구역의 시·도지사가 관리한다(제2항). 다만, 하천법은 국가하천의 경우에도 예외적으로 시·도지사가 하천관리청이 되는 경우를 예정하고 있는데, 하천법 제37조 제2항은 하천점용료 등의 징수에 있어서 국가하천의 경우 제27조 제5항 단서에 따라 시·도지사가 그 하천을 유지·보수하는 때에는 해당 시·도지사를 그 국가하천의 하천관리청으로 본다는 내용을 규정하고 있다.[40]

그런데 흥미로운 것은 하천법이 하천점용허가에 대해서는 위 규정을 통하여 국가하천의 경우에도 시·도지사에게 하천관리청의 지위를 인정하였으나 하천수 사용료의 부과와 징수에 있어서는 제50조 제5항에 따라 이를 시·도지사의 권한으로 명시하였음에도 불구하고 여전히 하천관리청으로서의 법적 지위는 인정하지 않고 있다는 점이다. 다시 말하자면 하천법 제50조 제9항은 하천수 사용료의 징수 및 감면에 관하여는 제37조 제3항부터 제5항까지의 규정을 준용하고 있으나, 하천법 제37조 제2항, 즉 시·도지사를 하천관리청으로 간주하는 규정은 준용에서 제외하고 있는 것이다. 그렇다면, 다음과 같은 결론이 가능하다. 하천법 제50조 제5항에 의하여 시·도지사는 국가하천의 하천수 사용허가를 받은 자에게 사용료를 징수할 수 있지만, 하천관리청으로서의 법적 지위를 가지는 것은 아니다. 이를 단순화시키면 "시·도지사는 하천수 사용료의 부과권을 가지지만 하천관리청은 아니다"라는 어색한 결과가 되는 것이다.

그렇다면 이와 같은 법적 상황에 따라서 하천수 사용에 대한 허가권은 환경부장관이 관할 홍수통제소를 통하여 행사하고 있기 때문에 하천수 사용허가를 신청하였으나, 이에 대한 거부처분 또는 부작위가 있는 경우 취

---

40) 하천법 제27조 제5항 단서규정에 따라서 국가하천의 경우에도 시·도지사가 하천관리청이 되는 경우는 다음과 같다. 하천공사와 하천의 유지·보수는 이 법에 특별한 규정이 있는 경우를 제외하고는 하천관리청이 시행한다. 다만, 국가하천의 유지·보수는 홍수로 인한 재해의 방지와 수자원의 효율적인 운영을 위하여 다음 각 호의 어느 하나에 해당하는 경우로서 국토교통부장관이 고시하는 국가하천의 시설 및 구간을 제외하고 시·도지사가 시행한다. 1. 제방(호안 및 배수시설을 포함한다). 2. 저수로. 3. 보. 4. 그 밖에 제1호부터 제3호까지의 시설과 연계하여 관리할 필요가 있는 시설로서 대통령령으로 정하는 시설.

소소송이나 부작위위법확인소송의 피고는 환경부장관(홍수통제소)이 된다. 반면에 하천수 사용료 부과와 징수에 대한 위법사항이 있는 경우 상대방은 시·도지사를 피고로 하여 관할 행정법원에 항고소송을 제기하여야 한다. 이와 같이 하천수 사용허가권과 하천수 사용료의 징수권을 행사하는 행정청이 2원화된다는 것은 입법체계상으로나 상대방의 권리구제를 위하여 바람직하지 않는 것은 분명하다. 따라서 하천법 제27조 제5항 단서에 따라서 시·도지사 유지·보수하는 국가하천 구간에 대해서는 해석상으로 시·도지사가 하천관리청이 될 수 있다는 견해도 제시될 수 있다. 하천법 제59에 따라서 시·도지사가 국가하천의 유지·보수를 위한 비용을 부담하며, 동법 제72조에서는 시·도지사가 하천관리원을 임명하여 하천을 관리하는 것 등을 종합적으로 고려한다면 시·도지사가 유지·보수하는 국가하천구간에 대해서는 시·도지사를 국가하천의 하천관리청으로 볼 여지를 제공하고 있기 때문이다.

이에 반하여 하천법 제50조 제9항은 하천수 사용료의 징수 및 감면에 관하여는 제37조 제3항부터 제5항까지의 규정을 준용하고 있으나, 하천법 제37조 제2항, 즉 시·도지사를 하천관리청으로 간주하는 규정은 준용에서 제외하고 있으므로 시·도지사는 하천관리청이 될 수 없다는 해석론도 가능하다. 즉 하천법 제37조 제2항에 따라서 하천수 사용료가 아닌 하천점용료의 징수에 한정하여 시·도지사를 국가하천의 하천관리청으로 인정하고 있을 뿐이고, 그 외의 사항에 대해서는 시·도지사를 국가하천의 하천관리청으로 간주하는 준용규정이 없기 때문에, 하천수 사용료 징수에 있어서는 여전히 국가하천의 경우에 국토교통부장관이 하천관리청으로서의 법적 지위를 가진다.

2. 소 결

시·도지사를 하천관리청으로 볼 수 있는가 하는 문제의 실익은 후술하는 바와 같이 하천법 시행령 제58조 제2항 제1호에 의하여 하천관리청이 제56조 제2항에 따른 하천수 사용허가의 기준이 되는 유량의 범위 안에서 하천수를 사용하는 경우 하천수 사용료를 면제할 수 있기 때문이다. 실제로 이 조항에 따라서 시·도지사는 자신을 하천관리청으로 자처하며 기초자치단체가 수행하는 지방상수도사업에 대하여 하천수 사용료를 면제하고 있다. 그러나 하천관리청의 개념을 확장해석하는 것은 현행 하천법의 명문규정과 부합하지 않는다는 점이 문제라고 할 수 있다. 이미 언급한 바와 같이 하천법 제50조 제9항은 하천수 사용료의 징수 및 감면에 관하여는 제37조 제3항부터 제5항까지의 규정을 준용하고 있으나, 시·도지사를 하천관리청으로 간주하는 제37조 제2항은 명시적으로 준용에서 제외하였기 때문에 이를 포함하는 것으로 해석하는 것은 문리해석의 범위를 벗어나는 것이다. 따라서 자치단체의 수도사업이 비영리 공익사업으로서 하천수 사용료를 면제하는 관행을 계속하여 유지하는 것이 필요하다고 판단하는 경우에는 하천법 제37조 제2항도 준용규정에 포함시키는 하천법 개정이 선행되어야 할 것이다. 보다 근본적으로는 후술하는 바와 같이 하천수 사용허가권자와 하천수 사용료 부과 및 징수권자를 국가로 일원화하는 방향으로 하천법을 개정하는 것이 바람직할 것으로 판단한다.

V. 수도사업자인 자치단체가 생·공용수 등의 목적으로 취수하는 하천수 사용료를 감면할 수 있는 근거가 있는가?

1. 지방상수도사업은 하천법 시행령 제58조 제2항 제1호 "하천관리청이 하천수 사용허가의 기준이 되는 유량범위에서 하천수를 사용하는 경우"에 해당하는가?

하천법 시행령 제58조 제2항 제1호는 하천관리청이 제56조 제2항에 따른 하천수 사용허가의 기준이 되는 유량범위에서 하천수를 사용하는 경우에는 하천수 사용료를 면제한다. 그런데 앞서 언급한 바와 같이 하천수 사용료의 부과주체인 시·도지사를 하천관리청으로 인정하는 해석론에 따를 경우 하천수 사용료를 면제하는 결론을 얻을 수 있다. 현행 하천법상 하천수 사용 허가권자와 하천수 사용료 부과권자가 분리된 것과는 대조적으로 과거 하천법은 허가권자와 징수권자를 모두 시·도지사로 규정하여 자치단체를 하천관리청으로 보고 하천관리청은 허가된 유량의 범위 안에서 자치단체가 수도사업자로서 생·공용수 등의 목적으로 취수하는 경우 모두 하천수 사용료를 면제하였다. 특히 지방상수도사업은 지방자치법상 자치단체의 자치사무 내지 고유사무로서 관할 구역 내의 주민들에게 생활에 필수적인 생·공용수로서 수돗물을 공급하는 것은 이른바 생존배려행정으로서 헌법 제117조 제1항에 의한 주민의 복리에 관한 사무로서의 성격을 가진다. 따라서 "지방상수도사업"이라는 용어에도 불구하고 "사업성"보다는 "주민의 복리에 관한 생존배려행정"이라는 의미에서 당연히 하천수 사용료를 면제하여야 한다는 논리가 성립할 수 있다.

반면에 하천수 사용허가권은 환경부장관이 가지고 있으며 현행법상 하천수 사용료 징수권을 시·도지사에게 부여하였음에도 불구하고 명시적으로 시·도지사를 하천관리청에서 배제하고 있는 점을 고려한다면 적어도 문리해석상 하천관리청이 아닌 자치단체가 수도사업을 하는 경우 하천수 사용료를 면제하는 것은 어려울 것으로 보인다. 따라서 이를 위해서는 앞서 언급한 바와 같이 하천법 제50조 제9항에서 하천법 제37조 제2항의 하천관리청규정을 명시적으로 준용하도록 하천법이 개정되는 것이 선행되어야 한다. 더욱이 하천법 제37조 제2항은 "제1항에 따른 점용료 등의 징수에 있어서 국가하천의 경우 제27조 제5항 단서에 따라 시·도지사가 그 하천을 유지·보수하는 때에는 해당 시·도지사를 그 국가하천의 하천관리청으로 본다"고 규정하고 있다. 다시 말하자면, 위 조항은 시·도지사가 하천관리청이 되는 경우를 "그 하천을 유지·보수하는 때"라고 한정적으로 규정하고 있어서 단순한 하천의 유지와 보수가 아닌 주민에게 생·공용수를 공급하는 지방상수도사업의 경우 하천수 사용료를 면제하는 것은 현행법의 해석론상으로 어려울 것으로 보인다. 또한 이 문제는 후술하는 지방상수도사업의 영리성 여부와 밀접하게 연관되어 있다.

2. 지방상수도사업은 하천수 사용료의 감면에 준용되는 하천법 제37조 제5항 제1호 "공용·공공용 그 밖의 공익을 목적으로 하는 비영리사업"에 해당하는가?

1) 자치단체 수도사업의 영리성 여부

앞서 언급한 바와 같이 하천법 제50조 제9항은 하천수 사용료의 징수 및 감면에 관하여는 제37조 제3항부터 제5항을 준용하도록 규정하고 있다. 이 중 제37 제5항 제1호는 하천수 사용료 감면에 관련되는 내용으로서 공용·공공용 그 밖의 공익을 목적으로 하는 비영리사업인 경우를 들고 있음을 상술한 바와 같다. 또한 제33조 제1항 각 호는 하천점용허가와 관련된 사항으로서 다음과 같은 내용을 규정하고 있다.[41] 그런데 여기에서 중요한 것은 수도사업자인 자치단체가 생·공용수 등의 목적으로 하천수를 사용하는 것이 과연 공용·공공용 그 밖의 공익을 목적으로 하는 비영리사업인 경우에 해당하는가 여부에 대한 것이다. 이와 관련하여 하천법 시행령 제44조 제1항은 다음과 같이 규정하고 있다.[42] 하천법 제37조 제5항 제1호는 "공용·공공용, 그 밖의 공익을 목적으로 하는 비영리사업"이라는 불확정개념을 사용하여 해석의 여지에 따라서는 자치단체가 수행하는 수도사업을 "공공용 비영리사업"으로 볼 가능성도 있다. 그럼에도 불구하고 하천법 시행령 제44조 제1항은 법 제37조 제5항 제1호가 규정하는 "공용·

41) 하천구역 안에서 다음 각 호의 어느 하나에 해당하는 행위를 하려는 자는 대통령령으로 정하는 바에 따라 하천관리청의 허가를 받아야 한다. 허가받은 사항 중 대통령령으로 정하는 중요한 사항을 변경하려는 경우에도 또한 같다. 1. 토지의 점용. 2. 하천시설의 점용. 3. 공작물의 신축·개축·변경. 4. 토지의 굴착·성토·절토, 그 밖의 토지의 형질변경. 5. 토석·모래·자갈의 채취. 6. 그 밖에 하천의 보전·관리에 장애가 될 수 있는 행위로서 대통령령으로 정하는 행위.

42) 법 제37조 제5항 제1호에서 "공용·공공용, 그 밖의 공익을 목적으로 하는 비영리사업인 경우"란 다음 각 호의 어느 하나에 해당하는 경우를 말한다. 1. 재해응급복구를 위한 경우. 2. 하천관리청이 시행하는 하천공사(법 제28조에 따라 대행하는 경우를 포함한다), 그 밖에 하천관리를 위한 경우. 3. 국가기관의 장 또는 시·도지사가 직접 시행하는 도로의 유지·보수 공사를 위한 경우. 4. 국가 또는 지방자치단체에 귀속되는 공작물을 설치하는 경우. 5. 사립학교법에 따른 학교법인이 사립학교를 설치·경영하는 경우 6. 군작전 또는 국가안보를 위한 경우.

공공용, 그 밖의 공익을 목적으로 하는 비영리사업"의 내용과 범위를 열거함으로써 여기에 해당하지 않는 사업의 경우 하천수 사용료를 감면할 수 없는 규정형식을 취하고 있다. 다시 말하자면, 하천법 제37조 제5항 제1호의 규정방식은 불확정 개념을 통한 예시주의를 취하고 있으나, 시행령 제44조 제1항은 열거주의방식이므로 이는 시행령이 법률의 위임을 받았지만, 위임의 범위를 일탈하여 "그 밖의 공익을 목적으로 하는 비영리사업"의 해석의 여지를 봉쇄함으로써 법률의 내용에 반한다는 문제를 가지고 있다.

다만, 여기에서는 일단 법 제37조 제5항 제1호의 "그 밖의 공익을 목적으로 하는 비영리사업"에 초점을 두고 자치단체가 생·공용수 등을 공급할 목적으로 수행하는 지방상수도사업이 비영리사업에 해당하는가를 검토하여야 한다. 앞서 언급한 바와 같이 지방상수도사업은 지방자치법 제9조 제2항 제4호에 따라서 지방자치단체의 고유사무 내지 자치사무의 성격을 가지고 있다. 또한 지방상수도사업을 위한 수도시설은 국가와 지방자치단체가 소유하는 재산이라는 관점에서 국유재산법, 공유재산 및 물품관리법에 따라서 행정재산으로 분류할 수 있다. 현행 공유재산 및 물품관리법에 의하면 행정재산과 일반재산은 다음과 같이 구분된다.[43] 일반적으로 지방자치단체가 수행하는 지방상수도사업의 경우 지방자치단체와는 별도의 법인격을 가지는 지방공사와 지방공단을 설립하는 경우는 없으며, 모두 지방직영기업의 형태로 운영된다.

지방직영기업이란 지방자치단체의 조직과 인원으로 사업을 수행하기

43) 공유재산은 그 용도에 따라 행정재산과 일반재산으로 구분한다(제5조 제1항). '행정재산'이란 다음 각 호의 재산을 말한다. 1. 공용재산 : 지방자치단체가 직접 사무용·사업용 또는 공무원의 거주용으로 사용하거나 사용하기로 결정한 재산과 사용을 목적으로 건설 중인 재산. 2. 공공용재산 : 지방자치단체가 직접 공공용으로 사용하거나 사용하기로 결정한 재산과 사용을 목적으로 건설 중인 재산. 3. 기업용재산 : 지방자치단체가 경영하는 기업용 또는 그 기업에 종사하는 직원의 거주용으로 사용하거나 사용하기로 결정한 재산과 사용을 목적으로 건설 중인 재산. 4. 보존용재산 : 법령·조례·규칙에 따라 또는 필요에 의하여 지방자치단체가 보존하고 있거나 보존하기로 결정한 재산 '일반재산'이란 행정재산 외의 모든 공유재산을 말한다(제3항).

는 하지만 기업적 방식에 따라서 회계와 운영의 자율성이 존중되는 방식이다. 따라서 지방직영기업의 경우에도 지방공사나 지방공단과 같이 지방공기업에 해당하는 것이기 때문에 그에 속하는 재산은 기업용재산으로 볼 수 있다. 현실에서는 그 예를 찾기 어렵지만 만약 자치단체가 수도사업을 지방직영기업을 포함하는 지방공기업의 형태를 취하지 않고 다른 행정업무와 전적으로 동일하게 일반 행정업무로서 자치단체의 조직을 통하여 수행하는 경우에는 수도사업에 사용되는 시설의 재산법적 성격은 행정재산으로서 공공용재산에 해당할 것이다. 지방상수도시설이 공공용재산이라면 지방상수도사업을 영리사업이라고 볼 근거가 희박하다. 실제로 우리나라 지방상수도사업은 수도사용료를 통하여 사업에 소요되는 인건비, 자재비용, 시설 유지 및 관리비용에 턱 없이 미치지 못하는 만성적자에 시달리고 있다는 점에서 이를 영리사업으로 볼 근거가 없다는 견해도 충분히 설득력이 있다. 관행적으로 자치단체의 수도사업은 지방자치단체의 영리사업이라기 보다는 일반적인 자치단체의 고유사무 내지 자치사무로서 일반행정 업무에 해당하는 것으로 인식되어 온 것이 사실이다. 판례가 수도사용료의 납부를 내용으로 하는 법률관계를 급수 사용료 부과처분이라는 행정치분을 통하여 성립한 공법관계로 보고 있다는 점도 자치단체의 수도사업이 비영리사업임을 암시하는 것이다.

그러나 앞서 언급한 바와 같이 우리나라의 현실을 보면 자치단체의 수도사업이 비록 일반직 공무원이 수행하는 지방직영기업의 형태이기는 하지만 공기업으로서 운영과 회계상의 독립성이 강조되고 수도시설은 "지방자치단체가 경영하는 기업용 재산"이라는 점을 고려한다면 영리적 성격을 가지고 있다는 반론도 제기될 수 있다. 다시 말하자면, 여기에서 말하는 수도사업의 '영리성'은 수익성이라는 관점과 함께 사업의 有償性, 규모, 계속성과 반복성이라는 실질적 기준에 따라서 판단하는 것이 보다 합리적이다. 영리적 의사를 가지고 계속적·반복적으로 수행하는 사업이 결과적으로 수익을 창출하지 못한다고 하여도 그 사업의 영리성을 부정하는 근거는 되지 못한다. 대법원은 유사한 사건에서 공익사업의 영리성 여부를 다음과 같은 기준으로 판단하고 있다.[44] 물론 위 판례에 비추어 보면 비영리 공익사업의 판단기준으로는 수익성 여부을 포함하여 그 사업의 규모, 횟수, 태양 등에 비추어 수익을 목적으로 하면서 사업활동으로 볼 수 있을 정도의 계속성과 반복성을 가지고 있는 것인지의 여부가 될 것인데, 자치단체의 수도사업을 자치단체의 일반 행정업무와 분리하여 지방공기업 형태의 하나인 지방직영기업으로 운영한다는 것은 처음부터 지방수도사업의 수익성을 의도적으로 배제하였다고는 보기 어려운 측면이 있다. 단지, 지방상수도 사업이 결과적으로 수익을 창출하지 못했을 뿐이며, 수돗물의 공급에 대해서는 소비자에게 수도사용료를 부과하는 점, 사업의 규모나 계속성, 반복성을 보았을 때 그 영리성을 인정할 논거도 있다.

이와 관련하여 수도법은 "수도사업을 경영한다"는 용어를 사용하고 있고 (예를 들어 수도법 제3조 제22호 : "일반수도사업자란 제17조 제1항에 따른 일반수도사업의 인가를 받아 경영하는 자를 말한다"), 제12조에서는 수도사업의 경영원칙으로서 수도사업자가 수도사업을 경영하는 경우 합리적인 원가산정에 따른 수도요금체계를 확립할 것을 주문하여(제2항), 합리적인 원가산정을 강조하고 있으며, 수도사업자는 제2항에 따른 수도요금체계를 확립하는

44) "국유재산법 제26조 제3호는 행정재산 등을 대통령령이 정하는 공공단체가 직접 비영리 공익사업용에 사용하고자 하는 때에 그 행정재산 등의 사용·수익을 허가함에 있어서 사용료를 면제할 수 있다고 규정하고 있는바, 어느 사업이 비영리공익사업인지의 여부는 그 사업이 수익성이 있는 것인지의 여부, 그 사업의 규모, 횟수, 태양 등에 비추어 수익을 목적으로 하면서 사업활동으로 볼 수 있을 정도의 계속성과 반복성을 가지고 있는 것인지의 여부 등을 고려하여 사회통념에 따라 합리적으로 판단하여야 하는 것이다. 사실관계가 원심이 확정한 바와 같이 이 사건 국유재산 중 대지 일부에 설치된 노외주차장의 이용대상이 복지회관시설 이용자 외에 일반인을 포함하여 아무런 제한이 없고 일반인들이 인근 사설주차장 주차료의 약 40% 내지 60%의 주차료를 부담하고 있는 데다가 원고가 이 사건 노외주차장을 일반인들의 이용에 계속적, 반복적으로 제공하면서 그 대가를 수령하여 왔다면, 그 수익을 복지회관의 운영경비에 충당하였다고 하더라도, 그 이용규모, 횟수, 태양 등에 비추어 이 사건 노외주차장의 운영은 영리성이 있거나 영리를 목적으로 한 수익사업이라고 할 것이다. 원심이 이를 비영리공익사업으로 판단한 것은 국유재산법 제26조 제3호의 법리를 오해한 잘못을 저지른 것이라 할 것이다"(대법원 1999.7.9. 선고 97누20724 판결).

경우에 수요자의 물 절약을 유도하고 수요자가 물을 공급받는 데에 드는 비용과 사업의 계속성을 유지하기 위하여 필요한 재원을 요금수입으로 확보하도록 노력할 것을 요구하고 있다(제3항). 이와 같이 수도사업은 기본적으로 자치단체가 수행하는 일반적인 행정사무와는 달리 원가에 토대를 둔 요금제도와 수요자에게 공급하는 수돗물 생산 및 시설비용, 사업의 지속가능성을 보장하는데 필요한 재원을 확보할 수 있도록 요금체계를 확립할 것을 규정하고 있다는 점에서 수도사업은 공익목적을 가지고 있기는 하지만 처음부터 영리성을 배제한 비영리사업으로는 보기 어렵다.

2) "국가 또는 지방자치단체에 귀속되는 공작물을 설치하는 경우"의 의미

하천법 제37조 제5항 제1호에 의하여 자치단체가 수행하는 지방상수도사업이 비영리 공익사업에 해당한다고 하여도 동법 시행령 제44조 제1항 제4호에 따라서 국가 또는 지방자치단체에 귀속되는 공작물을 설치하는 경우에 해당하는지 문제가 될 수 있다.[45] 또한 이 문제는 첫째, 국가 또는 지방자치단체에 귀속되는 공작물을 설치하기 위하여 이를 건설하는 중에만 하천수 사용료를 감면할 수 있다는 것인지 혹은 건설기간은 물론 건설 이후에 이를 운영하는 중에도 계속하여 하천수 사용료를 감면할 수 있는 것인지 해석상 논란이 있을 수 있다. 둘째, 이 조항은 원칙적으로 제3자가 설치하는 시설이 국가 또는 지방자치단체에 귀속되는 것을 상정한

---

45) 하천법 시행령 제44조의 내용은 다음과 같다. 법 제37조 제5항 제1호에서 "공용·공공용, 그 밖의 공익을 목적으로 하는 비영리사업인 경우"란 다음 각 호의 어느 하나에 해당하는 경우를 말한다(제1항). 1. 재해응급복구를 위한 경우. 2. 하천관리청이 시행하는 하천공사(법 제28조에 따라 대행하는 경우를 포함한다), 그 밖에 하천관리를 위한 경우. 3. 국가기관의 장 또는 시·도지사가 직접 시행하는 도로의 유지·보수 공사를 위한 경우. 4. 국가 또는 지방자치단체에 귀속되는 공작물을 설치하는 경우. 5. 사립학교법에 따른 학교법인이 사립학교를 설치·경영하는 경우. 6. 군작전 또는 국가안보를 위한 경우. 법 제37조 제5항 제2호에서 "대통령령으로 정하는 사업"이란 전기공급시설·전기통신시설·송유관·가스공급시설 또는 열수송시설을 설치하기 위한 사업을 말한다(제2항). 법 제37조 제5항에 따라 하천관리청은 다음 각 호의 기준에 따라 점용료등을 감면할 수 있다(제3항). 1. 법 제37조 제5항 제1호에 해당하는 경우: 전액 면제. 2. 법 제37조 제5항 제2호에 해당하는 경우: 2분의 1 감면. 3. 법 제37조 제5항 제3호에 해당하는 경우: 재해나 그 밖의 특별한 사정의 정도를 고려하여 하천관리청이 정하는 비율에 따라 감면.

것이므로, 지방상수도사업과 같이 자치단체가 직접 사업을 수행하기 위하여 설치하는 시설에도 하천수 사용료 감면이 적용될 수 있는 것인지 의문이 제기될 수 있다.

(1) 국가 또는 지방자치단체에 귀속되는 공작물을 설치하기 위하여 이를 건설하는 중에만 하천수 사용료를 감면할 수 있는가?

하천법 시행령 제44조 제1항 제4호의 "국가 또는 지방자치단체에 귀속되는 공작물을 설치하는 경우"를 협의로 해석하는 경우 공작물을 설치하는 단계, 즉 건설 중에 한하여 하천수 사용료를 감면할 수 있다는 결론도 가능하다. 그러나 보다 근본적으로 해석의 기준은 하천법 제37조 제5항 제1호의 "공용·공공용 그 밖의 공익을 목적으로 하는 비영리사업"의 경우에 하천수 사용료를 감면하는 것이 되어야 한다. 앞서 언급한 바와 같이 비영리 또는 영리사업이라는 것은 계속성과 반복성을 가지는 활동이기 때문에 국가 또는 지방자치단체에 귀속되는 시설을 설치 또는 건설하는 것은 그 자체가 목적이 아니며, 수도시설을 통하여 주민에게 필요한 물을 공급하는 사업의 계속성과 반복성을 당연히 염두에 둔 것이다. 실무상으로도 이러한 점용료나 사용료는 건설 이후에 시설을 운영하고 관리하는 단계에서도 당연히 감면되고 있다. 하천법 제50조 제9항과 제37조 제4항에 따라서 하천수 사용료의 부과 및 징수와 관련된 사항은 자치단체의 조례로 정하도록 하고 있다. 대부분 자치단체의 조례는 공작물을 설치하는 경우 국가 또는 자치단체에 귀속되는 공작물을 제외하고[46] 연간 점용면적에 대하여 하천수 사용료를 부과·징수하고 있음에 비추어 볼 때 수도시설의 건설 중은 물론 그 이후의 운영 및 관리단계에서 계속하여 하천수 사용료가 감면되고 있다는 것을 알 수 있다. 수도시설이 건설 중 인가 혹은 그 이후의 관리 및 운영단계에서도 하천수 사용료가 감면되는 것인가의 문제보다 본질적인 것은 수도시설을 통한 수도사업이 비영리사업에 해당하는가 하는

---

46) 예를 들어 경상남도 하천 점용료 및 하천수 사용료 징수 조례 제3조의2 제1항에서는 국가 또는 지방자치단체에 귀속되는 공작물을 설치하는 경우에는 하천수 사용료를 감면하고 있다.

것을 실질적으로 구분하여 판단하는 것이다.[47)]

(2) 국가 또는 지방자치단체가 직접 사업을 수행하기 위하여 설치하는 시설에도 하천수 사용료 감면이 적용될 수 있는가?

앞서 언급한 바와 같이 통상의 경우 이 조항이 적용되는 것은 제3자인 사업자가 공익목적의 비영리사업을 위한 시설을 설치하여 그 소유권이 국가 또는 자치단체에게 귀속되는 경우를 예정한 것이다. 위에 논의한 대법원 판례 역시 건설회사의 컨소시움 형태로 설립된 시행사가 도로를 건설한 경우로서 제3자의 건설과 시설의 자치단체 귀속에 관련되는 것이다. 그럼에도 불구하고 국가 또는 지방자치단체가 공익목적의 비영리사업을 위하여 건설한 시설을 국가 등에 귀속시키는 경우에 이 조항의 적용을 배제할 합리적인 근거를 찾기 어렵다. 결과적으로 제3자이든 공공부문이든 가리지 않고 공익목적의 비영리사업을 위한 시설을 건설하고 이를 국가 등에 귀속시키는 경우 하천법 제37조 제5항 제1호가 규정하는 공용·공공용, 그 밖의 공익을 목적으로 하는 비영리사업으로서 하천수 사용료를 감면하는 것이 합리적이기 때문이다. 따라서 공익목적의 비영리사업을 위하여 수도시설을 건설하는 주체가 누구인가는 부차적인 문제로서 중요하지 않다. 보다 본질적인 것은 과연 그러한 수도시설이 공익목적을 위한 비영리사업

---

47) 이와 관련하여 대법원은 이와 유사한 공유수면 점·사용료 부과사건에서 국가 또는 지방자치단체에 귀속되는 공작물을 설치하기 위한 사업이 비영리 공익사업인 경우에만 점·사용료가 감면될 수 있다고 판시하였다. "국가 또는 지방자치단체에 귀속되는 공공시설물을 설치하는 사람이라 할지라도 공익목적의 비영리사업을 위하여 점·사용하는 경우에 해당하지 않는다면 공유수면의 점·사용료를 감면받을 수 없고, 공유수면의 점·사용허가를 받은 자가 공익목적의 비영리 사업을 위하여 공유수면을 점·사용하는지 여부는 관련 법령 규정의 내용과 취지, 당해 사업의 목적과 내용, 규모, 성질 등 제반 사정을 참작하여 판단하여야 한다. 여러 건설회사의 공동출자로 설립된 회사가 자신의 사업비로 부산-거제 간 연결도로를 준공한 뒤 소유권을 지방자치단체에 이전하기로 하는 대신 40년 간 위 도로의 통행료를 징수하는 등으로 사업비를 회수하며 통행료 수입이 일정 금액에 미달하면 지방자치단체가 그 미달액을 보전하여 주기로 예정되어 있는 경우, 위 회사는 구 공유수면관리법 시행령 제16조 제1호 (사)목에서 정한 '지방자치단체에 귀속되는 공공시설물을 설치하는 자'에 해당하지만 '공익목적의 비영리사업을 위하여 점·사용하는 경우'에는 해당하지 아니하여, 공유수면 점·사용료를 감면받을 수 없다"(대법원 2007.4.26. 선고 2006두18379 판결).

을 위하여 건설된 것인가의 문제일 것이다. 상론한 바와 같이 자치단체가 수행하는 지방상수도사업이 비영리사업이라는 견해도 제시될 수 있지만, 이에 대해서는 상당한 반론이 제기될 수 있으며, 사업의 수익성, 계속성과 반복성 등의 기준에 비추어 볼 때 이를 비영리사업이라고 단정할 근거가 희박하다.

Ⅵ. 하천수 사용료 부과 및 징수체계의 개선

1. 하천수 사용료 징수주체의 국가 이전

앞서 언급한 바와 같이 하천수 사용료와 댐용수 사용료는 각각 그 부과와 징수의 목적이 상이하기 때문에 부과의 징수의 주체를 2분화하여 각각 병존하는 것이 불가피하다. 다만, 상론한 바와 같이 현행 하천법상 하천수 사용료 징수권을 시·도지사가 행사하고 자신이 하천수를 사용하는 경우에는 하천법령을 통하여 하천수 사용료를 스스로 감면 또는 면제하도록 하고 있어서 하천수 사용료 징수의 효율성이 크게 훼손되고 있는 것이 현실이다. 따라서 하천법을 개정하여 하천수 사용료에 대한 부과와 징수의 주체를 환경부장관으로 이전하고 환경부장관이 판단하여 특정한 국가기관이나 지방자치단체에게 징수권한의 전부 또는 일부를 대통령령이 정하는 바에 따라서 위임하는 방안을 적극적으로 고려할 필요가 있다.[48] 즉 하천수 사용허가권자와 하천수 사용료의 부과 및 징수권자를 일치시키는 것이다.

하천법 제57조가 규정하는 바와 같이 하천법 제50조 제1항에 따르는 하천수 사용허가와 제5항에 의하여 하천수 사용료의 부과가 이루어지고 하천법 시행령 제57조에 따라서 하천수 사용료 부과기준이 정해지게 되는데, 부과 및 징수권 행사 역시 국가의 중앙행정기관으로서 환경부장관과 그 위임을 받은 특정 국가기관 또는 공공단체가 담당하는 것이 보다 체계

48) 이에 대한 상세한 논의는 이영근, 하천수 사용료 징수체계의 현황 및 개선방안, Journal of Water Policy & Economy 25권, 2015. 9, 59면.

적이다. 따라서 지방자치단체에게는 원칙적으로 부과 및 징수와 관련된 절차 등 기술적인 문제만을 조례로 정하도록 하천법을 정비할 필요가 있다. 하천수 사용 한 정도로 증가하게 될 것으로 예상되기 때문에 이를 투명하고 합리적으로 관리·사용하는 경우에는 하천관리재원을 안정적으로 확보하고 보다 효율적으로 운용할 수 있는 제도적인 장치가 마련될 수 있을 것이다. 하천수 사용료 수입의 귀속주체와 관련하여 하천법 제65조 제2항은 "제37조 및 제50조 제5항에 따라 징수하는 점용료·사용료 등은 해당 시·도의 수입으로 하고, 그 밖에 하천에서 생기는 수입은 국가하천에 관한 것은 국고의 수입으로, 지방하천에 관한 것은 시·도의 수입으로 한다"고 규정하고 있는데, 하천수 사용료의 부과와 징수의 주체를 국가로 변경하는 경우에는 하천법 제50조 제5항에 의한 수입 역시 국가의 수입으로 변경하는 것이 필요하다. 하천수 사용료의 징수권을 국가가 보유하게 되는 경우에도 필요한 경우에는 지방자치단체에게 징수권의 전부 또는 일부를 위임할 수 있는 규정을 두어 운영의 묘를 살리도록 하고, 이 경우에는 그 수입도 시·도에게 귀속시킬 수 있을 것이다.

2. 사용료 제한의 실효성 제고

하천법 제66조는 "지방자치단체는 하천에서 생기는 부담금·점용료·사용료 및 변상금, 제85조에 따라 양여받은 폐천부지 등으로 인한 수입금과 그 밖의 수입을 대통령령으로 정하는 기준에 따라 하천의 유지·보수에 관한 비용에 사용하여야 한다"고 규정하여 하천수입금을 하천의 유지와 보수 등의 목적에만 사용할 수 있도록 제한하고 있다.[49] 하천수익금의 사

49) 이에 따라서 하천법 시행령 제77조는 하천수 사용료의 사용목적을 다음과 같이 규정하고 있다. 법 제66조에 따라 지방자치단체는 수입금을 다음 각 호의 비용으로 사용하되, 제1호 및 제2호에 우선적으로 사용하여야 한다. 1. 하천의 유지·보수비. 2. 하천구역 안의 편입토지에 대한 보상금. 3. 지방하천의 하천기본계획의 수립과 하천시설의 관리대장 및 수문조사시설의 관리대장을 작성·관리하는 데에 드는 비용. 4. 하천수입 또는 폐천부지 등의 관리대장을 작성·관리하는 데에 드는 비용. 5. 폐천부지 등의 관리 및 처분에 소요되는 비용. 6. 하천공사비. 7. 그 밖에 하천관리에 드는 비용. 지방자치단체는 하천에서 생기는 수입금을 징수하거나 사용한 경우에는 수익금의 징수 현황 및 사용 명세를 국토

용을 제한하는 것은 하천으로부터 발생하는 수입을 하천의 관리비용으로 보다 집중적으로 사용하여 그 실효성을 높이려는 의도로 보인다. 이는 하천관리재원이 구조적으로 결핍된 상황에서 불가피한 조치로 보이기는 하지만 조세와 사용료의 수입은 국가나 지자체의 일반회계에 편입시켜 공동체의 일반적인 과제의 수행에 필요한 재원으로 사용하는 예산총계주의 등 예산법의 일반원칙에 반하는 측면이 있다. 특정한 재원을 일정한 목적에만 사용하게 하는 이른바 목적제한성은 목적세나 부담금의 경우에는 예외적으로 인정하지만, 이러한 목적제한성으로 인하여 예산운영의 투명성과 유연성이 침해되기 때문에 일반적인 조세수입이나 사용료 등 세외수입의 경우에는 사용목적을 제한하는 것을 원칙적으로 불허하는 것이다. 하천법 제66조의 규정에도 불구하고 실제로 지방자치단체는 하천수 사용료를 일반회계에 편입하고 사용하도록 예산을 편성하고 집행하고 있는 것이 현실이다. 일부 견해는 이와 같은 이유 때문에 징수된 하천수 사용료의 용처가 불명해지는 문제를 제기하면서 하천수 사용료를 일반회계가 아닌 특별회계로 편성하여 사용하자고 제안하고 있다.[50)]

다만, 지방재정법은 목적세의 경우를 제외하고는 특별회계의 설치를 특별한 사유나 근거가 있는 경우로 제한하고 일몰제를 적용하는 등 다음과 같이 엄격하게 규율하고 있다.[51)] 따라서 하천수 사용료에 대하여 해당 자치단체의 조례로 특별회계를 설치하는 것은 가능하다. 그러나 조례로 하

교통부령으로 정하는 바에 따라 국토교통부장관에게 제출하여야 한다(제2항).

50) 이영근, 상게논문, 53면.

51) 특별회계는 지방공기업법에 따른 지방직영기업이나 그 밖의 특정사업을 운영할 때 또는 특정자금이나 특정세입·세출로서 일반세입·세출과 구분하여 회계처리할 필요가 있을 때에만 법률이나 조례로 설치할 수 있다. 다만, 목적세에 따른 세입·세출은 다른 법률에 특별한 규정이 있는 경우를 제외하고는 특별회계를 설치·운용하여야 한다(제9조 제2항). 지방자치단체가 특별회계를 설치하려면 5년 이내의 범위에서 특별회계의 존속기한을 해당 조례에 명시하여야 한다. 다만, 법률에 따라 의무적으로 설치·운용되는 특별회계는 그러하지 아니하다(제3항). 지방자치단체의 장은 특별회계를 신설하거나 그 존속기한을 연장하려면 해당 조례안을 입법예고하기 전에 제33조 제9항에 따른 지방재정계획심의위원회의 심의를 거쳐야 한다. 다만, 법률에 따라 의무적으로 설치·운용되는 특별회계는 그러하지 아니하다(제4항).

천수 사용료를 위한 특별회계를 설치하는 것보다는 하천법 제66조에 따라서 그 사용목적을 제한하는 것이 불가피하다고 판단하는 경우에 앞서 언급한 바와 같이 부과와 징수의 주체를 국가로 변경하는 방안이 보다 합리적이다. 하천수 사용료 부과와 징수주체를 지방자치단체로 유지하고 구조적인 납부감면의 남용과 재원의 부족을 방치하면서 특별회계를 설립한다고 하여 하천수 사용료의 수입이 하천의 유지와 보수에 효과적으로 사용된다고 담보하기 어렵기 때문이다. 국가가 하천수 사용료의 부과와 징수의 권한을 가지게 되는 경우 일반회계를 통하여 보다 안정적으로 하천관리에 소요되는 예산을 편성할 수 있기 때문에 장기적으로는 하천법 제66조와 같은 조항이 불필요하게 되고, 국가재정법, 지방재정법상의 예산총계주의와의 충돌문제도 자연스럽게 해소될 수 있을 것으로 보인다.

Ⅶ. 맺는 말

물을 사용하는 사람은 정당한 대가를 지불하여야 한다. 아직도 중요한 공공재로서 국가의 효과적인 관리의 대상이 되어야 함에도 불구하고 여전히 관행수리권이나 기득수리권 등 물의 사용에 대한 사용료를 납부하지 않는 사용이 많아서 자원배분을 왜곡하고 사용자 간의 형평성을 저해하고 있다. 따라서 물의 사용과 그 비용에 대한 원칙은 기본법이라고 할 수 있는 하천법에 구체적으로 명시되어야 한다. 그러나 하천수 사용료 납부에 대해서는 다수의 예외가 인정되고 있고 특히 문제가 되는 것은 자치단체가 스스로 공공용으로 사용하는 하천수에 대해서는 사용료를 감면할 수 있다는 점이다. 이와 같은 이유로 인하여 하천점용료와 하천수 사용료의 부과액수가 과소하기 때문에 하천점·사용료만을 가지고는 하천의 정비나 관리에 소요되는 충분한 재원을 확보하기 어려워서 만성적인 재정결핍 현상이 발생하고 있다. 현행 하천법은 하천수 사용 허가권과 하천수 사용료 징수권을 각각 환경부장관과 시·도지사에게 2원적으로 부여하고 있어서 시·도지사는 기초자치단체가 수행하는 지방상수도사업을 포함한 하천수 사용에 대하여 하천법령의 해석을 통하여 하천수 사용료를 감면함으로써 이러한 재원부족을 더욱 악화시키고 있다. 그러나 현행 하천법상 시·도지사가 하천수 사용료의 징수권자임에도 불구하고 하천관리청이 될 수 있는가에 대해서는 논란이 있으며, 자치단체가 수행하는 지방상수도사업도 공익목적의 비영리 사업인가에 대해서도 견해가 대립되고 있다. 이러한 문제를 하천법의 해석에 맡기는 것 보다는 자치단체의 하천수 사용에 대한 사용료를 감면하는 것이 정책적으로 필요하다고 판단하는 경우 이에 대한 명문규정을 두는 하천법 개정이 선행되어야 한다. 그리고 하천점·사용료의 부과와 징수를 보다 효과적으로 수행하여 장기적으로 하천관리를 위한 재정의 지속가능성을 확보하기 위해서는 하천수 사용허가권과 하천수 사용료의 부과와 징수권을 국가로 일원화하는 하천법 개정이 이루어져야 한다. 하천수 사용료 수입이 안정적으로 확보된다면 자치단체의 조례로 하천수 사용료 수입과 사용에 대한 특별회계를 설치할 필요는 없을 것으로 보인다. 하천수 사용료에 관한 그릇된 지방분권의 함정을 극복하고 전국에 산재하는 하천의 균형적 관리를 통해서 종국적으로는 국민들에게 생존에 필요한 물을 안정적인 공급하는 중요성을 자각할 시점이다.

제3절 물이용부담금에 대한 헌법적 평가

Ⅰ. 문제의 제기

물이용부담금은 수도사업자가 하천 등 공공수역으로부터 취수하는 물을 사용하는 최종소비자로부터 그 사용량에 따라서 부과하는 공과금이다. 수도사업자는 소비자로부터 물이용부담금을 부과·징수하여 수계관리기금에 납부한다. 이렇게 납부한 물이용부담금의 수입은 주로 상수원관리지역에서 행위제한에 따르는 주민의 손실을 지원하거나 수질개선사업의 재원으로 사용된다. 그런데 물이용부담금은 하천에서의 취수로 인하여 최종소비자에게 공급하는 물을 대상으로 부과된다는 점에서 광의의 하천수 사용에 대한 비용 중의 하나이다. 특히 그 법적 성격과 더불어 하천수 사용료, 수도사용료와의 중복 문제 등 존립의 정당성에 대하여 끊임없이 의문이 제기되고 있다. 현재 우리나라에서는 「한강수계 상수원 수질개선 및 주민지원 등에 관한 법률」, 「영산강·섬진강수계 물관리 및 주민지원 등에 관한 법률」, 「낙동강수계 물관리 및 주민지원 등에 관한 법률」, 「금강수계 물관리 및 주민지원 등에 관한 법률」을 통하여 물이용부담금을 부과하고 있다.

무엇보다 중요한 것은 물이용부담금의 법적 성격이다. 분명한 것은 물이용부담금이 현재 우리나라의 공과금법의 체계에서 보았을 때 조세는 아니며, 후술하는 바와 같이 이른바 비조세적 공과금(nichtsteuerliche Abgaben) 중 하나로 그 법적 성격을 규정할 수 있다. 그런데 물이용부담금이 "부담금"이라는 명칭을 사용하고 있고, 부담금에 대한 무분별한 남설을 방지하고 법적인 통제를 가하기 위하여 제정된 부담금관리기본법 별표에 규정되어 있기 때문에 실정법상 부담금에 해당하는 것은 분명하다. 그럼에도 불구하고 후술하는 바와 같이 부담금이라는 명칭보다는 그 실체적인 법적 성격이 문제되는 것이므로 이를 규명하는 것이 무엇보다 큰 의미를 갖는다. 부담금 또는 특별부담금(Sonderabgaben)은 조세와 조세외적 공과금을 제외한 금전부담의 집합체적 개념이 아니라 독일 연방헌법재판소와 그의 판례를 수용한 우리나라 헌법재판소가 특히 납세자의 조세저항과 조세와의 중복 내지 경쟁관계를 우회하는 편법적 입법관행을 방지하기 위하여 요구하는 특별히 엄격한 심사기준과 헌법적 요건을 충족하여야 한다. 과연 물이용부담금이 이와 같은 엄격한 헌법적 심사기준과 요건에 비추어 합헌적인 공과금으로서 평가될 수 있는 것인지 상세한 논의가 필요하다.

이와 더불어 물이용부담금이 자연자원으로서의 물에 대한 국가적 관리행위로부터 취수하는 자가 얻을 수 있는 경제적 이득을 상쇄하기 위하여 부과되는 것이라면 일종의 수익자부담금으로서 사용료나 수수료의 개념에 포섭될 수 있는 것인지 면밀한 검토가 필요하다. 이와 관련하여 과거 독일에서는 일부 주의 취수부담금(이하 편이상 물이용부담금이라 한다)(Wasserentnahmeentgelt)의 법적 성격을 둘러싸고 학계에서 많은 논의가 있었으며,[52] 결국 1995년 연방헌법재판소는 취수행위로부터 발생하는 경제적 이익을 대상으로 부과하는 사용료라고 그 법적 성격을 규정하는 결정을 하였다.[53] 우리나라의 물이용부담금은 "수도사업자가 하천 등 공공수역으로부터 취수하는 물을 사용하는 최종소비자로부터 그 사용량에 따라서 부과하는 공과금"이라고 정의할 때 그 부과의 구성요건으로서 "공공수역에서의 취수행위", "물을 사용하는 최종소비자", "그 사용량에 따라서 부과하는" 등이 핵심적인 내용인데, 이러한 부과요건을 종합할 때 국가가 관리하는 자연자원으로서의 물을 사용하고 그 양에 따라서 물이용부담금의 액수가 결정되는 구조를 취하고 있다면 독일의 물이용부담금과 유사한 측면이 있다.

만약, 물이용부담금이 물사용에 대한 사용료인 경우에는 부담금관리기본법이 규정하는 부담금이라는 명칭에도 불구하고 그 법적 성격은 사용료라는 의미인데, 그렇다면 공공수역 중 하천수의 사용에 대하여 부과하는

52) 이에 대한 성세한 논의는 Susanne Mayer, Gebühren für die Nutzung von Umweltressourcen. Unzulässiger Preis für Freiheitsausübung oder zulässiger Bewirtschaftungsinstrument? 1995, 42면 이하.
53) BVerfGE 93, 319.

하천수 사용료와 중복되며, 공공수역으로부터 취수한 물을 수돗물로 사용하는 최종소비자가 부담한다는 측면에서 역시 수돗물 사용료와 중복가능성이 있다. 이와 같이 물이용부담금이 (특별)부담금으로서의 헌법적 정당화 요건을 결여하고 기존의 하천수 사용료, 수돗물 사용료와 중복되어 비조세적 공과금으로서의 독자적인 정당성이 없다면 위헌의 문제가 발생한다. 물이용부담금의 법적 성격이 하천수 사용료, 수돗물 사용료인 경우에는 그 수입이 원칙적으로 자치단체의 일반회계에 편입되어 특별한 사용목적의 제한 없이 자치단체의 일반적인 사무를 처리하는 재원으로 사용되어야 한다. 그런데 물이용부담금은 이른바 4대강수계법에 따라서 그 수입이 수계관리기금의 재원이 되며, 주민지원사업과 수질개선사업 등 법률이 정하는 목적에만 제한적으로 사용되는 일종의 목적부담금(zweckgebundene Abgaben)이다.

만약, 물이용부담금의 실체적 개념이 사용료임에도 불구하고 이를 특별회계에 편입시키고 목적제한적인 용도에만 사용하는 경우 이는 예산법상의 통합예산주의나 예산단일주의에도 위반되며, 더 나아가 재정민주주의원칙에도 반하는 일종의 편법적 입법이라는 평가를 받을 수 있다. 이와 같이 물이용부담금은 그 실체적 개념과 함께 예산법이나 재정민주주의원칙 등 헌법상의 원칙이나 개념과 배치될 가능성이 있다.

앞서 언급한 바와 같이 독일에서도 물이용부담금의 부과와 관련하여 이와 같은 헌법적 쟁점들이 제기되었으며, 연방헌법재판소의 결정에 따라서 해결의 실마리를 찾게 되었다. 우리나라의 물이용부담금이 가지고 있는 헌법적 쟁점을 포착하고 올바른 입법적 대안을 제시하기 위해서는 상기한 1995년 독일 연방헌법재판소의 결정을 상세하게 분석하는 것이 필요하다. 이 결정 이후에도 2010년까지 몇 차례 유사한 사건이 연방헌법재판소에 제기되었으나 연방헌법재판소는 1995년도 결정을 계속하여 유지하고 있다. 우리나라 헌법재판소의 경우에는 1998년 이후 수많은 부담금 내지 특별부담금에 대한 결정이 있었지만 현재까지 물이용부담금이 헌법재판소의 심판대상이 되지는 않았다. 다만, 헌법재판소는 물의 이용과 관련하여 수질개선부담금에 대하여 두 차례 결정을 내렸기 때문에 이 결정들을 분석하여 물이용부담금의 부과요건과 비교하면 유의미한 결과를 얻을 수도 있다. 현재의 물이용부담금이 부담금이라는 명칭을 사용하고 그 수입을 관리기금에 포함시켜 목적제한적으로 사용하는 것이 사용료로서의 본질에 반하고 위헌이라는 판단을 하게 되는 경우에는 그에 대한 입법적 대안을 검토할 필요가 있다.

Ⅱ. 이른바 4대강수계법과 물이용부담금의 부과요건, 대상 등 법적 현황

앞서 언급한 바와 같이 물이용부담금을 부과하고 징수할 수 있는 법적 근거는 약칭 4대강수계법이다. 이들의 정식명칭은 각각 「한강수계 상수원 수질개선 및 주민지원 등에 관한 법률」, 「영산강·섬진강수계 물관리 및 주민지원 등에 관한 법률」, 「낙동강수계 물관리 및 주민지원 등에 관한 법률」, 「금강수계 물관리 및 주민지원 등에 관한 법률」이다. 본 연구는 이 중에서 한강수계 상수원 수질개선 및 주민지원 등에 관한 법률(이하 한강수계법이라 한다)을 중심으로 물이용부담금의 법적 현황에 대하여 논의하기로 한다. 우선 중요한 것은 물이용부담금의 부과 대상과 징수절차, 감면대상 등을 살펴보고, 그 다음으로 그 수입이 귀속되는 한강수계관리기금에 대하여 언급한다. 한강수계관리기금의 재원조성, 사용목적 및 관리와 운영 등이 논의의 주요 내용이다. 그 다음으로 물이용부담으로 통하여 조성된 수입이 한강수계관리기금을 거쳐 각 자치단체로 이전되어, 자치단체는 그 수입으로 특별회계를 설치하고 수질개선사업과 주민지원사업을 시행한다. 이와 같이 물이용부담금은 한강수계만을 대상으로 보아도 국가는 물론 관련 자치단체까지를 연결하는 매우 광역적인 네트워크를 구축하고 있으며, 물이용부담금이 주민지원사업과 수질개선사업 등에 사용됨으로써 광범위한 정책적 파급효과를 가지고 있다.

1. 물이용부담금의 부과와 징수

제19조(물이용부담금의 부과·징수) ① 수도사업자는 주민지원사업과 수질개선사업 등의 재원을 조성하기 위하여 대통령령으로 정하는 공공수역으로부터 취수된 원수(原水)를 직접 또는 정수(淨水)하여 공급받는 최종 수요자에게 물사용량에 비례한 부담금(이하 "물이용부담금"이라 한다)을 대통령령으로 정하는 바에 따라 부과·징수하여, 제20조에 따른 한강수계관리기금에 납입하여야 한다. 다만, 다음 각 호의 어느 하나에 해당하는 경우에는 그러하지 아니하다.

1. 최종 수요자가 상수원관리지역에 거주하는 경우
2. 하천유지용수로 사용하는 경우

② 다음 각 호의 어느 하나에 해당하는 자가 대통령령으로 정하는 공공수역으로부터 취수하는 경우에는 대통령령으로 정하는 바에 따라 자기가 취수하는 원수의 양에 따른 물이용부담금을 제20조에 따른 한강수계관리기금에 납입하여야 한다.

1. 「수도법」 제3조제11호에 따른 전용수도의 설치자
2. 「하천법」 제50조제1항에 따른 하천수의 사용자

③ 제2항제2호에도 불구하고 다음 각 호의 어느 하나에 해당하는 자는 물이용부담금의 부과대상에서 제외한다.

1. 「전원개발촉진법」 제3조에 따른 전원개발사업자로서 발전용 댐을 운영하는 자
2. 하천수를 농업용수로 사용하는 자

④ 수도사업자는 대통령령으로 정하는 바에 따라 취수량·공급량, 및 손실률 등 물이용부담금의 산정과 예측에 필요한 자료를 제24조에 따른 한강수계관리위원회에 제출하여야 한다.

⑤ 물이용부담금의 산정 방법, 부과·징수 방법, 납입 절차 등에 관하여 필요한 사항은 대통령령으로 정한다.

⑥ 제2항제2호에 따른 하천수의 사용자에 대하여 대통령령으로 정하는 바에 따라 물이용부담금을 감면할 수 있다.

⑦ 수도사업자는 물이용부담금의 납부의무자가 물이용부담금을 내지 아니하면 지방세 체납처분의 예에 따라 징수할 수 있다. 이 경우 수도사업자가 지방자치단체가 아니면 대통령령으로 정하는 바에 따라 해당 지역을 관할하는 지방자치단체의 장에게 징수를 위탁할 수 있다.

⑧ 환경부장관은 제2항 각 호의 어느 하나에 해당하는 자가 물이용부담금을 제20조에 따른 한강수계관리기금에 납입하지 아니하면 국세 체납처분의 예에 따라 징수할 수 있다.

⑨ 환경부장관은 제8항에 따라 징수한 물이용부담금을 제20조에 따른 한강수계관리기금에 납입하여야 한다.

⑩ 제7항에 따른 물이용부담금의 강제징수에 관하여는 「수도법」 제68조제2항과 제3항을 준용한다.
⑪ 물이용부담금을 부과·징수하는 지역에 대하여는 「수도법」 제9조, 제10조 및 제11조를 적용하지 아니한다.

2. 한강수계기금의 설치, 재원, 사용목적, 운영과 관리

제20조(한강수계관리기금의 설치) 제19조에 따라 부과·징수된 물이용부담금을 효율적으로 관리하기 위하여 제24조에 따른 한강수계관리위원회에 한강수계관리기금(이하 "기금"이라 한다)을 설치한다.

제24조(한강수계관리위원회의 설치) ① 한강수계 상수원의 수질관리를 위한 다음 각 호의 사항을 협의·조정하기 위하여 한강수계관리위원회(이하 "위원회"라 한다)를 설치한다.
1. 한강수계의 수질개선을 위한 오염물질삭감 종합계획
2. 수변구역 관리기본계획의 수립에 관한 사항
3. 물이용부담금의 부과·징수에 관한 사항
4. 기금의 운용·관리에 관한 사항
5. 그 밖에 대통령령으로 정하는 사항

② 위원회는 법인으로 한다.
③ 위원회는 환경부차관을 위원장으로 하며, 다음 각 호의 자를 위원으로 한다.
1. 국토교통부의 고위공무원단에 속하는 일반직공무원 중 하천관리를 담당하는 자로서 국토교통부장관이 지명하는 자
2. 서울특별시·인천광역시·경기도·강원도·충청북도의 부시장 또는 부지사(해당 지방자치단체에 부시장 또는 부지사가 2인인 경우에는 해당 시·도지사가 지명하는 자를 말한다)
3. 「한국수자원공사법」에 따른 한국수자원공사 사장
4. 「전원개발촉진법」 제3조에 따른 전원개발사업자로서 발전용 댐을 운영하는 자

④ 위원장은 위원회를 대표하며 위원회의 사무를 총괄한다.
⑤ 한강수계의 관계 지방자치단체는 위원회가 결정한 사항에 따라야 한다.
⑥ 위원회의 업무를 지원하기 위하여 대통령령으로 정하는 바에 따라 사무국을 둘 수 있다.
⑦ 위원회에 관하여 이 법에 규정한 것 외에는 「민법」 중 사단법인에 관한 규정을 준용한다.
⑧ 위원회의 운영, 그 밖에 필요한 사항은 대통령령으로 정한다.

제21조(기금의 재원) 기금은 다음 각 호의 재원으로 조성한다.
1. 물이용부담금

2. 매수한 토지등으로부터 발생하는 수익과 토지등의 매도금액
3. 국가 외의 자가 출연(出捐)하는 현금·물품, 그 밖의 재산
4. 일시차입금(해당 연도 물이용부담금의 수입계획 한도 내로 한정한다)
5. 기금운용수익금

제22조(기금의 용도) 기금은 다음 각 호의 어느 하나에 해당하는 용도로 운용한다.
1. 제6조의2제1항에 따른 제한에 따라 경작자가 입은 손실 보상
1의2. 제7조에 따른 토지등의 매수
1의3. 제8조제1항에 따른 목표수질이 달성·유지되는 지역 중 대통령령으로 정하는 수질 이상을 유지하는 지역의 수질관리에 필요한 비용의 지원
1의4. 제8조제5항에 따른 조사·연구반의 운영 지원
1의5. 제10조에 따른 오염총량관리에 필요한 비용의 지원
2. 주민지원사업
3. 제12조의2에 따른 수질오염방지시설의 운영 지원
4. 제13조제1항제2호에 따른 환경기초시설의 설치·운영 지원
5. 특별회계로의 전출금
6. 물이용부담금의 부과·징수에 필요한 비용의 지원
7. 제24조에 따른 한강수계관리위원회의 운영
8. 제28조제1항에 따른 개선 요청의 이행에 필요한 비용의 지원
9. 친환경 청정사업의 지원
10. 그 밖에 상수원의 수질개선을 위하여 대통령령으로 정하는 사업

제23조(기금의 운용·관리) ① 기금은 제24조에 따른 한강수계관리위원회가 운용·관리한다.
② 한강수계관리위원회는 기금의 효율적인 운용·관리를 위하여 다음 각 호의 사항이 포함된 기금 운용계획을 5년마다 수립·시행하여야 한다. 〈신설 2014.1.28.〉
1. 수질개선계획을 반영한 기금의 수입·지출 및 운용의 전망에 관한 사항
2. 물이용부담금의 부과·징수 및 제21조 각 호의 기금 재원별 조성계획에 관한 사항
3. 그 밖에 효율적인 기금 운용·관리를 위하여 한강수계관리위원회가 정하는 사항
③ 한강수계관리위원회는 기금 운용의 성과를 평가하여 그 결과를 기금 운용에 반영하여야 한다.
④ 제1항부터 제3항까지에서 규정한 사항 외에 기금의 운용과 관리 등에 필요한 사항은 대통령령으로 정한다.

3. 자치단체의 수질개선사업, 주민지원사업과 특별회계의 설치

제11조(주민지원사업) ① 관리청은 다음 각 호의 어느 하나에 해당하는 주민 또는 지역에 대한 지원사업(이하 "주민지원사업"이라 한다)에 관한 계획을 수립·시행하여야 한다. 이 경우 제24조에 따른 한강수계관리위원회의 심의를 거쳐야 한다.

1. 상수원관리지역 또는 그 지역의 주민

1의2. 상수원관리지역에 토지·건축물 등을 소유하고 해당 상수원관리지역을 관할하는 시·군·자치구(이하 "시·군·구"라 한다)에 거주하는 주민 및 그 주민이 거주하는 마을

2. 한강수계 안에서 주민의 자율적인 노력에 의하여 연평균 수질을 대통령령으로 정하는 기준 이내로 환경부령으로 정하는 일정 기간 이상 유지하고 있는 지역으로서 환경부장관이 인정하는 지역

3. 상수원관리지역을 관할하는 시·군·구 지역 중 상수원관리지역 면적, 거주인구 등을 고려하여 환경부령으로 정하는 기준에 적합한 지역

② 주민지원사업의 종류는 다음 각 호와 같다.

1. 농림축산업 관련 시설의 설치, 유기영농(有機營農)의 지원 등 소득증대사업
2. 주민편익시설의 설치 지원 등 복지증진사업
3. 교육기자재(敎育機資材) 공급 등 육영사업
4. 대통령령으로 정하는 오염물질 정화를 위한 시설과 하수도의 설치 및 정비를 위한 지원사업
5. 상수원보호구역의 지정으로 「수도법」 제7조제3항제2호에 따라 행위가 제한되어 생업을 유지하는 것이 곤란하다고 인정되는 사람의 이주(移住)나 전업(轉業)에 대한 지원
6. 주택개량에 사용되는 자금지원 등 그 밖에 대통령령으로 정하는 직·간접 지원사업

③ 주민지원사업에 관한 계획의 수립, 시행 절차, 세부 내용 및 재원(財源) 배분의 기준과 주민지원사업의 지원대상이 되는 주민 또는 지역의 범위 등에 관하여 필요한 사항은 대통령령으로 정한다.

④ 주민지원사업에 대하여는 「수도법」 제9조와 제10조를 적용하지 아니한다.

제13조(수질개선사업) ① 특별시장·광역시장·시장·군수는 매년 다음 각 호의 사항이 포함된 수질개선사업에 관한 계획(이하 "수질개선사업계획"이라 한다)을 수립·시행하여야 한다. 이 경우 특별시장·광역시장은 환경부장관의 승인을 받아야 하며, 시장·군수는 미리 관할 도지사와 협의한 후 환경부장관의 승인을 받아야 한다.

1. 제24조제1항제1호에 따른 종합계획의 세부 추진계획
2. 환경기초시설의 설치 및 운영·관리 계획
3. 지방비 등 재원의 확보계획
4. 그 밖에 상수원의 수질개선을 위하여 환경부령으로 정하는 사항

② 제8조의3에 따라 시행계획을 수립·시행하는 특별시·광역시·시·군은 수질개선사업계획을 수립·시행하는 것으로 본다.
③ 제1항 및 제2항에서 규정한 사항 외에 수질개선사업계획의 수립·시행에 필요한 사항은 환경부령으로 정한다.

제16조(수질개선특별회계의 설치 등) ① 수질개선사업과 주민지원사업 등에 드는 사업비를 확보하기 위하여 시·도 및 시·군·구에 수질개선특별회계(이하 "특별회계"라 한다)를 설치할 수 있다.
② 특별회계는 시·도지사 및 시장·군수·구청장이 관리·운영한다.

제17조(특별회계의 세입·세출) ① 특별회계의 세입(歲入)은 다음 각 호와 같다.
1. 국가 또는 시·도의 보조금
2. 일반회계 및 다른 특별회계로부터의 전입금
3. 제20조에 따른 한강수계관리기금으로부터의 전입금
4. 차입금
5. 제1호부터 제4호까지의 규정에 따른 자금의 운용으로 생기는 수익금
② 특별회계의 세출(歲出)은 다음 각 호와 같다.
1. 제22조 각 호(같은 조 제1호·제6호 및 제8호는 제외한다)의 사업에 드는 비용
2. 그 밖에 상수원의 수질개선을 위하여 대통령령으로 정하는 사업에 드는 비용
③ 특별회계의 예산 편성·결산 및 운용 등에 필요한 사항은 해당 지방자치단체의 조례로 정한다.

Ⅲ. 물이용부담금의 법적 성격

1. 공과금법의 5분체계

앞서 언급한 바와 같이 물이용부담금의 부과요건은 한강수계법 제19조 제1항에 따라서 "공공수역으로부터 취수된 원수(原水)를 직접 또는 정수(淨水)하여"와 "최종수요자에게 물사용량에 비례"하여 부과한다는 두 가지로 구성된다. 이를 하나로 통합하면 물이용부담금의 부과요건은 "공공수역으로부터 취수된 원수(原水)를 직접 또는 정수(淨水)하여, 최종수요자에게 물사용량에 비례"하여 부과한다"는 내용이다. 그렇다면 최종수요자의 입장에서는 수도사업자가 공공수역에서 취수한 물을 사용량에 따라서 납

부하는 것이 물이용부담금의 납부요건이 되는 것이다.

앞서 언급한 바와 같이 우리나라 공과금법은 헌법상의 분류는 아니지만 조세, 수익자부담금으로서 사용료와 수수료, (특별)부담금, 분담금, 사회보험료의 5분체계로 구성된다.[54] 특히 조세국가를[55] 지향하는 헌법질서에서 보면 국민의 일반적인 의무이자 특별한 부과의 정당화 요건을 필요로 하지 않는 조세를 제외한 나머지 세외적 공과금들은 그 부과에 대한 헌법적 부과요건을 충족하는 경우에 한하여 평등권이나 재산권 등을 침해하지 않는다. 다시 말하자면, 조세를 제외한 세외적 공과금은 국민의 재산권 등 기본권에 직접적인 제한을 가하는 것으로서 독자적인 개념요소와 부과의 헌법적 정당성의 요건을 결하는 경우에는 위헌으로 평가할 수 있다는 것이다. 따라서 물이용부담금의 부과요건을 고려할 때 과연 공과금의 5분법에 따라서 개념적으로 어떠한 법적 성격를 가지며 헌법이 요구하는 정당성의 요건을 충족하고 있는지 세밀하게 검토할 필요가 있다.

2. 물이용부담금은 조세인가?

물이용부담금이 그 실체적 개념요소에 따라서 조세로서의 법적 성격을 갖고 있는지 검토하면, 일단 우리 헌법이나 국세기본법 등에서는 조세의 개념을 정의하고 있지 않다. 이와 관련하여 우리나라 헌법재판소는 다음과 같은 결정을 반복하고 있다. "헌법이나 국세기본법에 조세의 개념정의는 없으나 조세는 국가 또는 지방자치단체가 재정수요를 충족시키거나 경제적·사회적 특수정책의 실현을 위하여 국민 또는 주민에 대하여 아무런 특별한 반대급부 없이 강제적으로 부과·징수하는 과징금을 의미하는 것이다".[56] 그런데 물이용부담금은 그 부과 요건상으로 "공공수역으로부터 취수" 행위와 "물사용량에 비례"하여 부과하는 것이기 때문에 공공재로서

54) 김성수, 개별행정법, 법문사, 2001, 34면 이하

55) 조세국가의 기원에 대한 논의는 Ute Sacksofsky, Umweltschutz durch nicht-steuerliche Abgaben, 2000, 126면 이하.

56) 헌재 1990. 9. 3. 89헌가95.

물이라는 국가가 관리하는 자원을 사용하는 행위에 대하여 그 사용량에 따라서 부과하는 것이므로 전형적인 급부와 반대급부라는 관계가 성립한다.

앞서 언급한 바와 같이 오늘날 공과금의 5분법에 따라서 조세만이 국민의 헌법상의 의무로서 유일하게 아무런 반대급부나 전제조건 없이(gegenleistungs- bzw. voraussetzungslos) 부과된다. 위의 헌법재판소의 결정 역시 조세는 "아무런 특별한 반대급부 없이"라는 내용을 조세의 개념요소로 들고 있다. 물이용부담금이 조세로서의 성격을 가지지 않음이 분명한 이유 중의 하나는 그 부과기준으로서 "물사용량에 비례"를 규정하고 있기 때문이다. 물이용부담금이 조세인 경우에는 사용량에 비례하여 부과기준을 결정하는 것이 아니라 납부의무자의 경제적 담세능력이 부과의 기준이 된다. 마지막으로 현행 국세기본법과 지방세기본법에 규정된 국세와 지방세 중에서 과세요건으로 "공공수역으로부터 취수된 원수(原水)를 직접 또는 정수(淨水)하여, 최종 수요자에게 물사용량에 비례"라고 규정하는 경우는 없기 때문에 실정법상으로도 물이용부담금을 조세로서 분류할 수 없다.

3. 물이용부담금은 (특별)부담금인가?

1) 물이용부담금은 부담금관리기본법상의 부담금인가?

앞서 언급한 바와 같이 현행 4대강수계법에 규정된 물이용부담금은 전형적인 부담금 내지 특별부담금으로서의 형태를 취하고 있다. 그 수입 역시 국가나 자치단체의 일반회계에 편입되지 않고 수계관리기금으로 귀속되어 수질개선사업과 주민지원사업 등에 한정적으로 지출됨으로서 목적제한적 사용이라는 부담금의 일반적인 특징을 가지고 있다. 부담금이라는 용어는 현행 부담금관리기본법상의 부담금을 의미하는 것이며, 특별부담금(Sonderabgabe)은 학설상의 논의, 독일 연방헌법재판소와 우리나라 헌법재판소의 판례를 통하여 그 헌법적 허용요건이 확립된 개념이라고 할 수 있다. 일단 부담금관리기본법상 부담금의 개념은 다음과 같이 규정되고 있다. "이 법에서 부담금이란 중앙행정기관의 장, 지방자치단체의 장, 행정권한을 위탁받은 공공단체 또는 법인의 장 등 법률에 따라 금전적 부담의 부과권한을 부여받은 자(이하 "부과권자"라 한다)가 분담금, 부과금, 기여금, 그 밖의 명칭에도 불구하고 재화 또는 용역의 제공과 관계없이 특정 공익사업과 관련하여 법률에서 정하는 바에 따라 부과하는 조세 외의 금전지급의무(특정한 의무이행을 담보하기 위한 예치금 또는 보증금의 성격을 가진 것은 제외한다)를 말한다"(제2조).

그리고 이 법 별표는 부담금으로서 16.「금강수계 물관리 및 주민지원 등에 관한 법률」 제30조에 따른 물이용부담금, 19.「낙동강수계 물관리 및 주민지원 등에 관한 법률」 제32조에 따른 물이용부담금, 52.「영산강·섬진강수계 물관리 및 주민지원 등에 관한 법률」 제30조에 따른 물이용부담금, 82.「한강수계 상수원수질개선 및 주민지원 등에 관한 법률」 제19조에 따른 물이용부담금을 각각 부담금으로 규정하고 있다. 일단, 부담금의 개념과 관련하여 물이용부담금은 부담금관리기본법 제2조의 개념정의와 일부 일치하는 부분이 있다. 다시 말하자면, 물이용부담금은 수도사업자가 주민지원사업과 수질개선사업 등의 재원을 조성하기 위하여 공공수역으로부터 취수된 원수를 직접 또는 정수하여 공급받는 최종 수요자에게 물사용량에 비례하여 부과·징수하는 것이기 때문에, "특정 공익사업과 관련하여 법률에서 정하는 바에 따라 부과하는 조세 외의 금전지급의무"에 해당한다. 그리고 지방상수도사업의 경우에는 지방자치단체가, 광역상수도사업은 한국수자원공사와 같은 공기업이 그 주체가 되는 것이므로 "중앙행정기관의 장, 지방자치단체의 장, 행정권한을 위탁받은 공공단체 또는 법인의 장"이 주체가 되어 부과하는 부담금이라고 할 수 있다.

그러나 물이용부담금이 현행 부담금관리기본법상 부담금으로서의 개념적 요소를 갖추기 어려운 이유는 바로 물이용부담금이 "재화 또는 용역의 제공과 관계없이" 부과되는 공과금이 아니기 때문이다. 후술하는 바와 같이 물이용부담금은 국가가 관리하는 자연자원 내지 공물로서의 물을 사용하는 것으로부터 발생하는 경제적 편익을 상쇄하는 것으로서 물이라는 국가의 관리를 받는 공공적 재화의 공급에 대한 반대급부로서 부과하는 것이기 때문이다. 이것이 이른바 물에 대한 환경부담금으로서 사용료의 이론적 기초를 제공한다. 부담금관리기본법은 부담금의 개념 중 "재화 또는 용역의 제공과 관계없이"라는 요건을 통하여 부담금의 개념에서 사용료 및 수수료와 같은 이른바 수익자부담금(Vorzugslasten)을 의도적으로 배제하고자 한 것이다. 결과적으로 현행 부담금관리기본법상으로도 물이용부담금은 부담금의 개념적 요건을 충족하지 못하는 위법한 부담금으로서 심각한 법석 문제를 가지고 있다. 지하수이용부담금의 경우에도 동일한 논리가 적용될 수 있다.

2) 물이용부담금은 특별부담금인가?

(1) **재정조달목적 부담금, 정책실현목적 부담금**

부담금이 부담금관리기본법이라는 실정법상의 논의에 해당한다면 독일의 학설과 특히 연방헌법재판소의 판례에 의하여 성립하고 발전한 특별부담금은 주로 조세와의 관계에서 그 헌법적 허용 내지 정당화 요건을 중심으로 이루어진 헌법적 개념이라고 할 수 있다. 독일에서 특별부담금에 대한 학문적 논쟁은 주로 두 가지 측면에서 제기되었다고 할 수 있다. 첫째, 국가의 일반적 과제는 원칙적으로 국민의 의무이자 아무런 조건과 반대급부가 없는 조세를 통하여 필요한 재원을 조달하여야 한다는 것이 이른바 조세국가원리(Steuerstaatsprinzip)이다.[57] 그런데 조세국가원리라는 원칙에도 불구하고 정부나 국회는 조세를 신설하거나 세율을 인상하여 필요한 재원을 마련하는데 정치적인 어려움에 직면한다. 다름 아니라 국민의 조세저항이 있기 때문이다. 그러므로 국회와 정부는 사실상 조세와 유사하지만 조세라는 명칭을 가능하면 회피하고 다른 명칭을 가진 공과금, 그리

57) 이른바 조세의 우위원칙(Der Steuervorrang)에 대한 논의는 Klaus Vogel, Der Finanz- und Steuerstaat, in : Isensee/Kirchhof (Hrsg.), Handbuch des Staatsrechts, 제1권, § 27, 1151면(1173).

고 수입도 국가의 일반회계가 아닌 기금이나 특별회계로 귀속되어 국회의 통제를 피하려는 끈임 없는 유혹을 받게 되는데, 바로 이러한 공공적 심리가 부담금을 양산하는 결과를 초래한다. 둘째, 독일의 경우에는 기본법 제10장 제104a조 이하에서 연방국가의 재정질서와 조세수입의 귀속에 대하여 매우 정교한 규정들을 두고 있는데, 바로 부담금과 같은 세외적 공과금을 효과적으로 통제하지 않는 경우에는 이와 같은 정교한 재정질서 내지 재정헌법이 궤멸되는 상황을 맞을 수 있다.

이와 같이 국민의 조세저항을 피하고 재정민주주의를 우회하며 연방국가에서 돈의 흐름을 규정하는 재정헌법의 機能不全을 방지하기 위하여 나온 이론과 판례가 바로 특별부담금 이론인 것이다. 독일 연방헌법재판소는 특별부담금에도 여러 가지 유형이 존재하지만 대체적으로 특정한 공적 과제의 처리를 위한 재원을 조달하기 위하여 부과되는 이른바 재정목적 특별부담금(Finanzierungssonderabgaben)과 납부의무자들을 행태를 일정한 방향으로 유도하기 위한 유도목적 특별부담금(Lenkungssonderabgaben)으로 크게 양분하였다. 그리고 특히 전자의 경우에는 조세와 중복되거나 경쟁관계에 설 가능성이 크기 때문에 엄격한 정당화요건이 요구되며, 후자의 경우에는 유도목적 달성을 위한 합리적이고 상당한 수단인가의 여부를 판단하기 위하여 전자의 정당화 요건을 탄력적으로 적용하면서 과잉금지의 원칙을 심사기준으로 제시하였다.

다시 말하자면 재정목적 특별부담금에 있어서는 납부의무자들의 집단적 동질성(Gruppehhomogenität), 부담금 사용에 있어서의 집단적 효용성(Gruppennützigkeit), 부담금의 부과목적에 대한 납부의무자들의 객관적 근접성(Sachnähe)과 집단적 책임성(Gruppenverantwortung)의 요건을 충족하는 경우에 한하여 조세와 구별되는 독자적인 헌법적 정당성을 인정하였다. 이는 헌법재판에서 특별부담금을 규정하고 있는 입법에 대하여 일반적인 의미의 과잉금지원칙 외에 위에서 언급한 엄격한 요건을 중복적인 심사기준으로 적용한다는 의미이다. 반면에 특별부담금의 주된 목적이 납부의무자들의 행태를 유도하는 것인 경우에는 집단적 동질성이나 집단적 효용성 등의 엄격심사기준을 완화하고 과잉금지의 원칙으로 포섭하는 경향을 보였다. 우리나라 헌법재판소 역시 특별부담금에 대한 심판사건에서 대체로 재정조달목적 부담금과 정책실현목적 부담금으로 2분화 하고 후자의 경우에는 위 엄격심사기준을 다소 완화하여 그 합헌성을 심사하고 있다.

(2) 재정조달목적인가 혹은 정책실현목적 부담금인가?

물이용부담금이 특별부담금으로서의 헌법적 정당화 요건을 충족하고 있는 것인가와는 별도로 우선 대부분의 환경부담금이 유도적 목적 내지 정책실현목적을 주로 가지고 있기 때문에 유도적인 특별부담금으로 분류할 수 있는지를 검토하기로 한다. 이와 관련하여 한강수계법 제19조 제1항은 "수도사업자는 주민지원사업과 수질개선사업 등의 재원을 조성하기 위하여 대통령령으로 정하는 공공수역으로부터 취수된 원수를 직접 또는 정수하여 공급받는 최종수요자에게 물사용량에 비례한 부담금을 대통령령이 정하는 바에 따라 부과·징수하여"라고 규정하여 그 부과목적과 물사용량을 그 부과기준으로 규정하고 있다. 그런데 물이용부담금의 목적이 수질개선사업이나 주민지원사업 등의 재원조성이라고 법률상 명시되어 있으므로 직접적으로 재정조달목적 부담금이라는 것을 어렵지 않게 이해할 수 있다. 예를 들어 물이용부담금의 부과목적이 위 사업을 위한 재원조달 이외에 물사용을 절약하고 공공수역에서의 수질오염을 방지하기 위한 정책적 목적이 동시에 규정되어 있었다면 이를 정책실현수단 부담금으로 볼 여지도 있었을 것이다.

또한 부과기준은 어떠한가? 물이용부담금이 물사용량에 비례한다는 것은 사용량만큼 부과액수가 증가한다는 것을 의미하는데, 예를 들어 물이용부담금의 부과기준이 물의 사용량에 따라서 비례(propotional)하지 않고 일정한 사용량을 넘어서는 경우에는 부과기준이 누진(progressive)적이거나 일반적 부과기준 이외에 특정한 용도(예를 들어 생활용수나 공업용수, 농업용수 등)에 대하여 특별히 높은 부과기준 또는 정책적인 저율(농업용수 등)을 설정하는 경우에는 유도적인 목적이 전면에 등장할 수 있다. 그러나 한강수계법 제19조 제1항은 "물사용량에 비례한" 부과기준 외에 이러한 특별한 규정이나 목적을 찾아볼 수 없다.

그렇다면 한강수계법 제19조 제1항의 위임에 의하여 제정된 동법 시행령은 어떠한 부과기준을 규정하고 있을까? 동법 시행령 제24조가 이를 규정하고 있는데 그 내용은 다음과 같다. 제24조(최종 수요자의 물사용량의 산정 방법) ① 법 제19조 제1항에 따른 최종 수요자의 물사용량은 수도요금의 부과·징수 기준인 물사용량으로 한다. ② 수도사업자가 제21조에 따른 물이용부담금의 부과 대상인 공공수역에서 취수한 물과 이에 해당하지 아니하는 공공수역에서 취수한 물을 혼합하여 공급하는 경우에는 제1항에도 불구하고 제1호의 물사용량에 제2호의 비율을 곱하여 산정한 물사용량을 해당 수도사업자가 관할하는 급수구역(수도사업자가 지방자치단체인 경우에는 해당 지방자치단체의 관할 구역을 말한다)에서의 최종수요자 물사용량으로 한다. 1. 수도요금의 부과·징수 기준인 물사용량. 2. 해당 수도사업자의 전년도의 전체 취수량 중에서 물이용부담금의 부과 대상인 공공수역에서 취수한 물의 양(물이용부담금의 부과 대상인 공공수역에서 새로 취수하는 경우에는 해당 연도의 공급계획물량을 말한다)이 차지하는 비율.

결국 시행령의 내용 역시 물이용부담금의 부과기준은 한결같이 물사용량이며, 앞서 언급한 물의 사용목적에 따른 차등적인 기준이나 물사용량의 증가에 따르는 누진적인 부과체계는 찾아볼 수 없다. 결론적으로 물이용부담금은 수질개사업과 주민지원사업 등을 위한 재정조달목적의 공과금이며, 철저하게 그 부과기준은 물의 사용량이다.

(3) 소 결

물이용부담금의 부과목적이 수질개사업과 주민지원사업 등을 위한 재정조달이기 때문에 만약 물이용부담금이 특별부담금으로서 헌법상 수용되기 위해서는 독일 연방헌법재판소와 우리나라 헌법재판소가 제시한 네 가지 엄격한 심사기준을 통과하여야 한다. 우선 첫째, 납부의무자들의 집단적 동질성 여부에 대하여 검토하기로 하자. 일단 한강수계법상 법적인 의미의 납부의무자가 누구인지 살펴보는 것이 필요한데, 제19조 제1항에 따라서 수도사업자는 최종수요자에게 물사용량에 비례한 부담금을 부과·징수하여, 한강수계관리기금에 납입하여야 한다. 그런데 실제로 물이용부담금을 납부하는 자는 수돗물을 사용하는 최종소비자이다. 이렇게 볼 때 법률상 물이용부담금의 납부의무자가 수도사업자인지 혹은 최종소비자인지 의문이 제기될 수 있다. 결론적으로 말한다면, 한강수계법 제19조 제1항은 물이용부담금의 부과, 징수 및 수계기금에의 납입의무는 수도사업자에게 부담시키고, 물이용부담금의 납부의무자는 최종적으로 수돗물을 사용하는 소비자로 이분화하고 있다. 따라서 물이용부담금을 직접적으로 납부하는 법적인 의무를 지는 자는 수돗물의 최종소비자이다.

동법 시행령 제25조 또한 다음과 같이 물이용부담금의 부과 및 징수, 수계기금에의 납입의무는 수도사업자에게, 물이용부담금의 법적인 납부의무는 최종적인 소비자이게 2원적으로 부담시키고 있다. 제25조(물이용부담금의 부과·징수 방법 등) ① 최종수요자에 대한 물이용부담금은 수도요금 납입고지서에 통합하여 부과·징수하되, 물이용부담금과 수도요금을 구분하여야 한다. ② 수도사업자는 최종수요자로부터 부과·징수한 물이용부담금을 지체 없이 기금에 납입하여야 한다. 그렇다면 수돗물을 최종적으로 소비하는 납부의무자들은 단순히 수돗물을 사용하는 자치단체의 주민일 뿐이며, 이들이 공동체의 다른 집단과 비교하여 역사적·사회적·문화적·직업적인 측면 등을 고려하여 특별하고 고유한 기준에 의하여 구별되는 동질성을 가지고 있는 집단이라고 말할 수 없다. 그러므로 물이용부담금은 집단적 동질성의 요건을 결하고 있다.

둘째, 물이용부담금의 수입은 한강수계기금으로 귀속되어 주로 상류에서 행위제한을 받는 주민들에 대한 지원사업이나 수질개선사업에 사용되는데, 수질개선사업으로 인하여 수돗물을 사용하는 최종소비자들에게 매우 추상적인 의미에서 후생이 증대되는 것은 사실이지만 물이용부담금은 재정목적조달 부담금으로서 그 수입의 주된 부분이 수질개선사업, 환경보호사업, 주민지원사업 등 납부의무자들의 집단적인 효용을 유지·증대시킬 목적으로 사용되는 것은 아니므로 집단적 효용성의 요건도 결하고 있다.

셋째, 보다 본질적인 문제는 물이용부담금의 납부의무자인 수돗물의 최종소비자는 수질개선사업, 환경보호사업 주민지원사업 등 국가가 수행하는 일반적 과제에 대하여 공동체의 다른 집단이나 국민들에 비하여 객관적으로 근접해 있다고 보기 어렵다. 다시 말하자면 이러한 국가의 공적 과제는 국민이 일반적으로 부담하는 조세수입으로 처리해야 하는 것이지 수돗물의 최종소비자가 일반국민보다 이러한 과제에 객관적으로 보다 근접하고 있지 않기 때문에 객관적 근접성의 요건을 충족하지 못하였다. 또한 이러한 이유 때문에 물이용부담금의 납부의무자인 일반 수돗물의 소비자가 주민지원사업이나 수질개선사업과 같은 국가의 공적 과제에 대하여 일반국민에 비하여 보다 특별한 재정적 책임을 부담한다고 볼 수 없어서 집단적 책임성의 요건 또한 결하고 있다.

결론적으로 물이용부담금을 부담금관리기본법을 통하여 이른바 특별부담금으로 도입하려 했다면 이는 헌법상 특별부담금의 요건을 갖추지 못한 위헌적인 부담금이다.

4. 사용료로서의 물이용부담금

1) 공공수역에서의 취수행위 또는 수돗물의 사용행위에 대한 부과

이미 수차례 언급한 바와 같이 물이용부담금의 부과요건은 수도사업자가 공공수역으로부터 취수한 물을 최종소비자에게 공급하여 그 사용량에 비례하여 부과하는 것이다. 수도사업자가 공공수역에서 물을 취수하는 것은 수도사업이라는 일종의 공공적 성격의 사업을 위한 것이고, 사업이 결과적으로 이윤을 창출하였는가 와는 관계없이 계속성과 반복성을 그 특징으로 한다. 다시 말하자면, 수도사업자는 공공수역으로부터 물을 취수하는 행위로 인하여 수도사업을 영위할 수 있는 일종의 사업수단을 확보하는 것으로서 경제적으로 일정한 이득을 얻게 되는 것이다. 다만, 앞서 설명한 바와 같이 한강수계법 제19조 제1항은 공공수역에서의 취수행위로 인하여 발생하는 경제적 이득에 대해서 직접 수도사업자에게 물이용부담금을 부과하는 방식을 지양하고 수도사업자에게는 물이용부담금의 부과 및 징수, 수계기금에의 납부의무만을 부과하고 최종소비자인 물사용자에게 사용량에 대하여 물이용부담금을 부과하는 방식을 취하고 있다. 어떻게 보면 공공수역의 취수행위로 인하여 수도사업의 사업수단으로 확보하여 경제적으로 이들을 보는 수도사업자를 대신하여 수돗물을 최종적으로 소비하는 사용자가 수도요금과는 별도로 물이용부담금을 떠 않는 결과가 된 것이다. 다만, 여기에서 중요한 것은 공공수역에서의 취수행위에 대한 것이든 아니면 물을 사용하는 행위이건 간에 물을 취수 또는 사용하는 행위와 그 양에 비례하여 부과하는 물이용부담금의 실체적 성격이다.

2) 공공수역에서의 취수행위는 사용료의 부과대상인가?

공공수역에서 물을 취수하는 행위는 부존하는 자연자원을 이용하는 것이고 특별히 국가가 이를 관리하지 않던 시대에는 물이용에 대한 대가를 지불한다는 생각은 하지 않았다. 그러나 물은 공공재이고 굳이 공공신탁이론을 거론하지 않는다고 하더라도 현행법상 하천과 하천수는 공물이다. 일단 헌법은 제120조에서 국가의 주요한 자연자원으로서 수자원을 의식하여 일정한 기간 그 채취·개발 또는 이용을 특허할 수 있음을 규정하고(제1항), 자원에 대한 국가의 보호를 선언하고 있다(제2항). 헌법규정과 자연자원으로서의 물을 대상으로 하천법은 하천과 하천수에 대한 사용에 대해서는 하천관리청의 허가(특허)를 받도록 하고(제33조 제1항, 제50조 제1항), 그에 대해서는 점·사용료를 부과하고 있다(제37조 제1항, 제50조 제5항).

이와 같은 규정들은 하천과 하천수가 강학상 공물이라는 것을 전제로 하고 있으며, 그 이용행위는 공물에 대한 일반사용 내지 자유사용을 넘어서는 것으로서 사용허가라는 행성처분이 개재된 특별사용이며, 특별사용 중에서도 사용허가는 하천관리청의 재량이 인정되는 특허처분으로 보는 것이다. 또한 하천과 하천수와 같은 공물에 대한 특허사용에 대해서는 당연히 사용료가 부과된다. 결국 하천과 하천수는 헌법상 국가의 보호와 관리의 대상으로서 하천법에 의하여 그 이용관계가 보다 정확하게 드러나며, 국가는 그 동안 우리 사회에서 극심한 논쟁의 대상이 되었던 4대강 사업 등에 상당한 재원을 투입하여 하천 및 하천수의 부존량과 수질에 대하여 관리행위를 하고 있다. 이는 이른바 공유지의 비극을 의식하여 이제 더 이상 하천과 하천수의 사용이 자유롭고 대가 없이 이루어지는 것이 아니라는 점을 분명히 하고 있다.

이와 같이 보았을 때 4대강의 공공수역에서 물을 취수하는 행위는 국가의 관리를 받는 공물을 특별하게 이용하여 일정한 경제적 이익을 창출하는 것으로서 이에 대한 점·사용료를 부과하는 행위는 하천관리라는 국가적 급부로 인하여 발생한 경제적 이익을 상쇄하는 전형적인 수익자부담금으로서 사용료에 해당한다. 물이용부담금 역시 공공수역에서의 취수행위로 인하여 수도사업자에게 발생한 경제적 이익을 상쇄하기 위한 목적으로 부과되는 사용료이며, 다만 그 납부의무자가 엉뚱하게도 경제적 이익을 향유하는 수도사업자가 아니라 수돗물의 최종소비자가 되는 것이다.

3) 사용료의 개념, 종류, 부과기준

우리나라 헌법상 사용료의 개념을 규정한 조항은 없다. 다만 헌법재판소는 "유로도로법에 의한 고속국도 통행료는 부담금으로서의 성격을 가지나 기본적으로는 고속국도 통행에 대한 반대급부로서 징수하는 사용료라고 할 수 있다"고 하여 사용료의 본질이 국가의 급부행위에 대한 반대급부로서의 성격을 가지고 있음을 분명히 하였다.[58] 사용료의 개념과 관련하

58) 유료도로법 상 통행료는 '유료도로를 통행하는 자'에게만 부과되고(제15조), 국고 또는 지방재정으로 수납된 통행료는 '유료도로의 신설 또는 개축에 관한 비용의 원리금 상환, 도로의 관리상 필요한 비용'으로만 지출되며(제23조), '특별회계'로 그 수입 및 지출이 관리되고, 유료도로관리청이 아닌 유료도로관리권자도 관련된 회계보고서를 제출해야 한다(제24조). 또한 유료도로법 상 통행료는 원칙적으로 유료도로관리청이 이를 결정하고(제16조, 제17조), 그 징수는 체납처분의 예에 따를 수 있으며(제21조), 그 귀속도 원칙적으로 국고 또는 지방자치단체의 수입으로 한다는 점(제22조)에서 공과금의 형태를 띠

여 지방자치법 제136조에서 "지방자치단체는 공공시설의 이용 또는 재산의 사용에 대하여 사용료를 징수할 수 있다"고 규정하고 있는데, 이는 사용료의 개념을 정의한 것이라기보다는 자치단체가 사용료를 부과할 수 있는 대상을 설시한 것으로 이해할 수 있다.

독일의 경우 사용료의 개념은 헌법이나 실정법에서 규정하고 있지 않지만 Wilke교수의 사용료(Gebühr) 개념을[59] 연방헌법재판소가 받아들임으로써 정착된 것으로 보고 있다. 연방헌법재판소는 "사용료는 개별적으로 납부의무자에게 귀속시킬 수 있는 공적 급부에 대하여 그에 소요된 비용의 전부 또는 일부를 회수하기 위하여 공법상의 규정 또는 기타 고권적인 조치를 통하여 부과하는 공법상의 부담금이다"라고 사용료의 개념을 정의하였다.[60]

고 있다. 이와 같이 고속국도의 통행료는 ① 유료도로법 상 통행료를 받을 수 있는 유료도로관리청 등이 ② 사회기반시설인 고속국도의 유지 관리와 관련된 특수한 공적 과제 수행을 위한 재원마련의 목적으로 ③ 그 과제와 관련이 있는 고속국도 통행자에 대해서 유료도로법이 정하는 바에 따라 부과하는 금전지급의무이다. 게다가 앞에서 본 바와 같이 이 사건 법률조항의 통합채산제에 근거한 통행료는 전국 고속국도의 신설 및 관리에 있어서 소요되는 재정을 충당하기 위한 것으로서 당해 고속국도의 통행과 엄밀한 대가관계가 인정되지 않으므로, 통합채산제로 부과되는 고속국도 통행료는 공과금 중 '부담금'으로서의 성격을 가진다고 볼 수 있다. 그러나 '도시교통정비 촉진법' 제35조의 혼잡통행료는 '부담금관리 기본법' 별표 60호에 규정되어 있는 데 비하여, 유료도로법 상 고속국도 통행료는 부담금으로 규정되어 있지 않다. 또한 부담금은 '재화 또는 용역의 제공과 관계없이 특정 공익사업과 관련하여 법률이 정하는 바에 따라 부과하는 조세 외의 금전지급의무'('부담금관리 기본법' 제2조)인 데 반해, 현행법상 고속국도 통행료는 국가 등이 제공하는 특정한 급부에 대한 반대급부로서 고속국도 이용자에게만 부과된다. 즉 유료도로의 통행료는 그 도로의 이용자에게 '통행에 대한 이익'에 대한 대가로 부과하는 것이고(유료도로법 제4조 제1항, 제16조 제1항 참조), 고속국도 통행료 역시 고속국도의 이용자에게 고속국도 서비스이용의 대가로서의 성격을 기본으로 하면서 그 특수성을 고려하여 부과하는 것이다(같은 법 제4조 제2항, 제16조 제2항 참조). 그리고 '사회기반시설에 대한 민간투자법'에 의한 고속국도의 통행료는 사용에 대가로 부과되는데(같은 법 제25조 제4항, 같은 법 시행령 제23조 제1항), 유료도로법 상 고속국도의 통행료를 달리 볼 이유가 없다. 이러한 점들을 종합하면, 유료도로법에 의한 고속국도 통행료는 부담금으로서의 성격을 가지나 기본적으로는 고속국도 통행에 대한 반대급부로서 징수하는 사용료라고 할 수 있다. 헌재 2014. 7. 24. 2012헌바104.

59) Dieter Wilke, Gebührenrecht und Grundgesetz, 1973, 55면 이하, 90면 이하.

60) BVerfGE 50, 217(226). öffentlich-rechtliche Geldleistungen, die aus Anlaß

공과금으로서의 사용료는 국가의 일정한 재화의 공급행위에 대한 반대급부로서 부과하는 사용료(Benuzutzungsgebühr)와 행정의 역무제공에 대하여 부과하는 수수료(Verwaltungsgebühr), 그리고 공법상 일정한 권리의 부여에 대하여 부과하는 設權料(Verleihungsgebühr)가 있는데, 이들을 모두 포괄하는 상위개념으로서의 사용료를 흔히 수익자부담금(Vorzugslasten)이라고 한다.[61] 사용료의 부과기준으로서는 전통적으로 국가가 제공하는 재화와 용역의 양이나 가액에 따르는 응익성원칙(Äquivalenzprinzip)과 이를 공급하기 위한 시설의 건설, 운영비용 등을 반영한 비용충족원칙(Kostendeckungsprinzip)이 있으며, 최근에는 이들과 함께 사용료의 경우에도 납부의무자들의 행태를 유도하기 위한 유도성원칙(Lenkungsprinzip)을 사용료의 부과기준으로 보고 있다.[62] 물론 이와 같은 응익성, 비용충족, 유도성원칙은 이를 포괄하는 상위의 과잉금지원칙에 포섭되어, 재판과정에서 사법부의 심사기준으로 적용된다.

4) 물이용부담금의 경우

앞서 언급한 바와 같이 물이용부담금은 4대강의 공공수역에서의 취수행위로부터 발생하는 경제적 편익을 상쇄하기 위하여 그 반대급부로서 부과하는 것이므로 사용료에서 전형적으로 나타나는 국가적 급부로서 국가가 관리하는 자연자원인 하천수의 공급에 대한 반대급부로서의 금전부담이라는 구도가 성립한다. 만약, 물이용부담금의 부과대상을 최종소비자의 수돗물 사용행위로 보는 경우에도 역시 수돗물의 공급과 그에 대한 반대급부로서 수도요금 이외에 물사용량에 비례하여 부과하는 것이기 때문에

---

individuell zurechenbarer, öffentliche Leistungen dem Gebührenschuldner durch eine öffentlich-rechtliche Norm oder sonstige hoheitliche Maßnahmen auferlegt werden und dazu bestimmt sind, in Anknüpfung an diese Leistung deren Kosten ganz oder teilweise zu decken)

61) Dietrich Drömann, Nichtsteuerliche Abgaben im Steuerstaat. Ein Beitrag zur dogmatischen Bewältigung von Verleihungsabgaben, 1999, 114면 이하.

62) Jörn Heinlich, Die Verleihungsgebühr als Umweltabgabe. Zugleich ein Beitrag zur Dogmatik des allgemeinen Gebührenrechts, 1996, 159면 이하.

사용료로서의 성격을 가진다. 물이용부담금의 부과기준에 대한 한강수계법 제19조 제1항, 동법 시행령 제25조도 사용료의 전형적인 부과기준인 재화의 사용량을 대상으로 규정하고 있다.

물이용부담금이 공법상 사용료로서의 성격을 가지는 경우에는 하천법상 하천수 사용료의 부과대상과 중복되는 문제가 발생한다. 이와 관련하여 한강수계법 제19조 제3항은 하천수 사용이라는 공공수역에서의 취수행위임에도 불구하고 전원개발촉진법 제3조에 따른 전원개발사업자로서 발전용 댐을 운영하는 자와 하천수를 농업용수로 사용하는 자를 물이용부담금의 부과대상에서 제외하고 있다. 또한 동법 제19조 제6항과 동법 시행령 제25조의2에 따라서 역시 하천수 사용행위로서 공공수역에서 취수행위이지만 다음과 같은 경우에도 물이용부담금이 면제된다. 1. 국가나 지방자치단체가 수질오염을 측정할 목적으로 하천수를 사용하는 경우. 2. 전기사업법 제2조 제4호에 따른 발전사업자가 하천수를 냉각수로 사용하는 경우로서, 사용한 후 하천으로 방류되는 물에 수질 및 수생태계 보전에 관한 법률 제2조 제7호에 따른 수질오염물질이 포함되지 아니하고 취수된 하천수의 양과 방류된 물의 양에 변동이 없는 경우.

이와 같은 경우에 한강수계법과 동법 시행령이 하천수 사용료가 부과되는 하천수 사용행위로서 공공수역의 취수행위에 대하여 물이용부담금의 면제를 규정하고 있으나, 이는 매우 제한된 사유에 그치며 근본적으로 하천수 사용료와 물이용부담금의 부과요건이 중복되는 것을 피할 수 없다. 이는 명백한 이중부과행위에 해당한다. 또한 공공수역에서 물을 취수하는 수도사업자가 물이용부담금을 납부해야 마땅함에도 불구하고 부과기반과 수입의 확장을 위하여 수돗물의 최종소비자를 법적인 납부의무자로 의제함으로써 수돗물을 사용하는 자는 자신의 편익이 발생하지 않았음에도 불구하고 수도요금 이외에 별도로 사용량에 따라서 다시 중복적으로 물이용부담금을 부담하게 된다. 이 역시 명백한 이중부과행위로서 사용료의 부과기준인 응익성원칙, 비용충족원칙과 더 나아가 과잉금지원칙에도 반하여 평등권과 재산권을 침해하는 결과를 야기한다. 결국 이 문제는 물이용부담금의 폐지를 포함하여 하천수 사용과 취수행위에 대한 사용료 부과체계 개편이라는 입법정책적인 과제를 제기한다.

Ⅳ. 물이용부담금에 대한 독일 연방헌법재판소의 결정

1. 1995년 11월 7일 결정(BVerfGE 93, 319)

1) 문제의 제기

독일에서는 1980년대 중반부터 희소한 자원으로 인식되기 시작한 물을 절약하고 환경친화적인 물이용을 유도하기 위하여 지하수 혹은 지표수를 이용·채취하는 행위 등에 대하여 물이용부담금(Wasserentnahmeentgelt)을 부과하는 문제가 초미의 관심사로 부상하였다. 물이용부담금을 부과하고 징수할 수 있는 입법권을 가지고 있는 독일연방의 일부 주들은 실제로 수법(Wassergesetze) 또는 지하수부담금법(Grundwasserabgabengesetz)에 그 근거를 마련하게 되었다. 이러한 과정을 통하여 1980년대 후반에 대부분의 주들은 물이용부담금을 부과할 수 있는 법적인 근거를 가지게 되었다. 대표적으로 바덴-뷔르템베르그주는 1988년부터, 헤센주는 1992년부터 물이용부담금을 부과·징수하였다. 이 중 바덴-뷔르템베르그주의 수법은 지하수는 물론 지표수의 채취와 이용에 대해서도 물이용부담금을 부과하였다.

두 주의 물이용부담금은 다수의 부과 예외사유를 규정하고 있는데, 예를 들어 수법상 관할 행정청의 허가처분을 요하지 않는 물이용이나 경미한 양의 물이용 또는 채취행위 등이 부담금 면제사유에 해당한다. 부담금의 액수는 사용량과 사용목적에 따라서 결정되며, 바덴-뷔르템베르그주의 경우에는 水源도 부과기준으로 고려된다. 또한 물이용부담금의 부과로 인하여 납부의무자가 경제적으로 어려움에 처하는 경우 등에는 이를 감면할 수 있는 규정도 두고 있다. 부담금은 매년 1회 부과되나, 납부의무자는 2회에 걸쳐 중간예납의 의무가 있다. 부담금의 수입은 바덴-뷔르템베르그주의 경우 주의 일반회계로 편입되어 사용목적이 한정되지 않지만 헤센주의 경우에는 지하수의 보존이나 수질개선을 위한 다양한 사업에만 지출할 수 있도록 목적이 제한되며, 이를 위하여 설치된 기금의 재원을 형성한다. 헤센주의 경우 기금운용의 투명성을 확보하기 위하여 기금의 운영주체인 주의 관할장관이 매 3년마다 기금에 대한 보고서를 작성하여 법의 집행상황과 함께 주의회에 제출하여야 한다. 법률상 물이용부담금의 납부의무자는 지하수나 지표수를 이용하는 공공부문 또는 민간부문의 수도사업자이지만 이들은 물이용부담금을 최종소비자인 국민에게 전가시킬 수 있으므로 최종소비자가 물이용부담금의 실제적인 부담자들이 된다.

연방헌법재판소에 헌법소원으로 제기된 이 사건에서는(BVerfGE 93, 319) 우선적으로 물이용부담금의 법적 성격이 문제되었다. 다시 말하자면 물이용부담금이 이용자에게는 어떠한 경제적 편익도 제공하지 않고 국가의 재정수입 확보나 유도적인 목적으로 일방적으로 부과되는 조세에 해당하는 것인지, 아니면 국가가 관리하고 제공하는 자연공물의 하나인 하천의 이용관계로 인한 경제적인 이익을 상쇄하는 전형적인 사용료의 성격을 갖는 것인지에 따라서 그의 부과기준(경제적 담세능력인가 아니면 응익성 및 비용충족의 원칙인가)이 달라지게 된다. 만약, 물이용부담금이 조세나 사용료의 성격을 가지지 않는다면 이른바 설권료 혹은 제3의 공과금으로서의 가능성이 검토되어야 한다. 다시 말하자면 물이용부담금은 독일 연방헌법재판소의 판례를 통하여 성립·발전한 이른바 특별부담금(Sonderabgabe)에 해당하는지 여부가 문제될 수 있다.

연방헌법재판소는 특별부담금이 특히 재정목적을 가지는 경우 조세와 경쟁관계에 설 수 있기 때문에 특별한 헌법적인 정당화 요건이 충족되는 경우에 한하여 납부의무자의 평등권과 재산권을 침해하지 않는 것으로서 합헌으로 인정하고 있다. 물이용부담금을 조세, 사용료 또는 특별부담금 등 제3의 공과금으로 그 성격을 규명하는 것은 연방국가인 독일에서 연방과 주 중 누가 입법관할권을 갖는가를 결정하는 중요한 기준이 된다. 특히 독일 기본법은 연방과 주 상호간에 정교한 조세입법권과 수입권에 대한 분배를 통하여 재정권력의 분립을 지향하고 있다. 그렇기 때문에 조세에 해당하는 공과금임에도 불구하고 조세저항 등을 고려하여 다른 공과금의 형태로 이를 부과하여 그 수입을 귀속·배분하는 경우에는 기본법상의 정교한 재정권력의 분배시스템이 제대로 작동할 수 없다. 따라서 재정헌법질서의 유지를 통한 재정권력의 적정한 분배가 이루어지기 위해서는 문제가 되는 공과금의 성격을 밝히는 것이 중요한 문제로 제기된다. 특히 헤센주의 경우처럼 부담금의 수입이 정부의 일반회계에 귀속되더라도 사용목적이 특정되는 경우에는 예산완전성의 원칙 등 예산법의 원칙에 위반되고 국회에 의한 예산통제가 어려워지는 등의 문제가 발생할 수 있다.

2) 청구인들의 주장

바덴-뷔르템베르그주에서 헌법소원을 청구한 심판청구인은 물이용부담금의 부과를 규정하고 있는 바덴-뷔르템베르그의 수법 자체가 심판청구인의 일반적인 행동자유권과 평등권을 침해하였다고 주장하였다. 청구인은 주입법자가 물이용부담금의 근거가 되는 수법을 제정할 수 있는 헌법상의 권한이 없기 때문에 자신의 일반적인 행동자유권이 침해되었다는 주장을 제기하였다. 즉 입법자의 주장과는 달리 물이용부담금은 사용료가 아니기 때문에 기본법 제70조 이하에 따라 주가 입법권을 행사할 수 있는 대상이 아니다. 사용료는 행정주체의 특정한 재화나 용역의 급부행위에 대하여 반대급부로 납부하는 금전부담이다. 따라서 사용료는 조세와는 달리 납부의무자에게 국가의 특정한 재화나 용역의 제공이라는 급부가 제공되며, 이는 납부의무자에게 개별적으로 귀착된다.

전통적으로 사용료는 행정수수료(Verwaltungsgebuhr), 사용료(Benutzungsgebuhr) 및 설권료(Verleihungsgebuhr)로 구분된다. 그런데 물이용부담금은 행정청이 제공하는 용역에 대하여 부과하는 것이 아니므로 행정수수료의 성격을 가지고 있지 않다. 또한 물이라는 자연자원을 이용하는 대가로 지불하는 물이용부담금은 국가가 제공하는 재화의 공급에 대하여 부과하는 것도 아니어서 이를 사용료로 보기 어렵다. 물이용부담금이 사용료로서의 성격을 가지기 위해서는 부과주체인 주정부가 물에 대한 소유권을 가지고 있어야 하지만, 이 경우는 여기에 해당하지 않는다. 물이용부담금이 사용료의 특수한 형태로 공물의 특별사용에 대하여 부과하는 특별사용료(Sondernutzungsgebuhr)의 성격을 가질 수 있을 가능성이 있으나, 물은 이용자 모두에게 개방되어 있는 자연적 재화이고 물이용부담금의 납부의무자에게만 특별하게 그 사용을 허가한 것이 아니므로 특별사용료의 개념에 부합하지 않는다.

그러므로 물이용부담금에 있어서는 사용료의 본질적 개념요소인 개별적 귀속성이 결여된다. 또한 물은 연방정부, 주정부 및 자치단체에 의하여 공동으로 관리되기 때문에 수요자의 경우는 물론 공급자의 측면에서도 개별적 귀속성의 요소가 존재하지 않으며, 따라서 특정 주체에 의한 물사용권리의 부여라는 행정처분에 대하여 부과되는 설권료로서의 성격도 배제된다. 설권료를 사용료의 하나로 인정할 수 있는가의 문제는 별론으로 하더라도 물이용부담금은 물이용권의 설정이 아니라 물의 이용 그 자체에 대하여 부과하는 것이므로 설권료로 보기 어렵다.

물이용부담금은 실체법적인 측면에서도 헌법상 평등권을 침해하고 있다. 물이용부담금을 사용료로 보는 경우 이는 응익성의 원칙에 부합하지 못한다. 다시 말하자면 사용료는 국가가 생산한 재화와 용역의 총비용과 개별 납부의무자에게 제공되는 가격과 밀접하게 연관되어야 한다. 그런데 물은 자연적인 자원으로서 기존에 어떠한 시장가격도 형성되어 있지 않으며, 따라서 전적으로 정치적 관점에 따라서 결정될 뿐이다. 또한 물에 대한 국가의 관리비용을 충당하기 위하여 물이용부담금이 부과되어야 하지만, 물의 생산비용과 부담금 간에는 실제로 어떠한 상관관계도 찾아보기 힘들다. 특히 하천이나 물에 대한 관리비용은 연방과 주정부, 그리고 지방자치단체가 공동으로 부담하는 것이기 때문에 그 중에서 주정부에게 귀속되는 비용만을 정확하게 산출하는 것은 어렵다. 이와 같은 사정으로 인하여 물이용부담금의 납부의무자들은 국가가 일반국민을 대상으로 제공하는 재화인 물에 대하여 일정한 대가를 지급함으로써 합리적인 이유 없이 차별을 받고 있는 것이다.

특히 헤센주에서 헌법소원을 제기한 심판청구인들은 물이용부담금이 특별부담금에 해당하기는 하지만 독일 연방헌법재판소가 요구하는 헌법적 정당화요건을 결여하여 위헌이라고 주장하였다. 이는 물이용부담금을 재정충당 목적의 특별부담금으로 보던 아니면 유도적 목적을 가진 특별부담금으로 인정하던 그 결과는 달라지지 않는다. 물이용부담금이 물의 소비절약과 환경친화적인 이용을 유도하려는 목적을 가지고 있는 것은 사실이지만 납부의무자들이 이러한 유도적 목적에 대하여 일반 국민에 비하여 특별한 책임을 지고 있는 것도 아니며, 이와 같은 이유에서 납부의무자들의 범위를 결정한 것도 결코 합리적이지 못하다. 왜냐하면 물의 소비절약은 모든 국민들을 대상으로 하는 경우에 한하여 소기의 목적을 달성할 수 있기 때문이다.

더욱이 물이용부담금은 물을 대량으로 사용하여 생산활동을 영위할 수 밖에 없는 제지업자의 직업의 자유를 침해하는 일종의 絞殺的 부담금이다. 물이용부담금의 부과 이후에 제지업계의 타격은 심각할 정도이며, 일부 사업자는 적자상태를 면하지 못하고 있다. 독일 연방헌법재판소는 이미 수차례의 결정을 통하여 부담금이 부과된 결과 특정 업종이 경제적으로 회생불가능해지거나 영업활동 자체가 경제적 의미를 상실하는 경우에는 영업의 자유에 대한 위헌적인 침해가 이루어진 것으로 판시하였다. 이와 같은 상황에서 물이용부담금이 기업이 소유하고 있는 생산수단의 형태로서 재산권의 사적 효용성 자체를 박탈할 정도로 과도한 재산권 침해가 이루어지는 것을 배제할 수 없다. 이 외에도 심판청구인은 물이용부담금을 통하여 조성된 재원이 기금에 편입되어 국가예산으로부터의 일탈이 발생하기 때문에 헌법상 평등권을 침해하였다고 주장하였다. 더 나아가 기금경제는 예산완전성과 이를 바탕으로 하는 의회의 예산통제권을 무력화시키고 재정민주주의원리에도 반한다. 따라서 이와 같은 기금경제를 규정하고 있는 관련 법규는 헌법상 일반적인 행동자유권, 평등권, 직업의 자유, 재산권과 더불어 기본법 제109조 제3항과 기타 예산원칙에 반하여 위헌이다.

3) 연방헌재의 결정

연방헌재는 헌법소원심판청구의 요건은 충족되었으나 다음과 같은 이유로 심판청구를 기각하였다.

(1) 물이용부담금은 사용료로서의 성격을 가지며 주입법권자는 헌법상 입법관할권을 가지고 있다.

바덴-뷔르템베르그주와 헤센주는 독일 기본법에 의하여 물이용부담금에 대한 입법관할권을 가지고 있으므로 심판청구인의 일반적인 행동자유권을 침해하지 않는다.

물이용부담금은 지하수와 지표수 등 수자원을 보호하고 그 이용을 효과적으로 유도하는 목적을 가지고 있다.

물에 대한 이용은 독일에서 이미 오래 전부터 공법적 규제의 대상이 되어 왔다. 그 내용은 연방의 수자원관리법과 각 주의 수법에 구체화되었다. 연방수자원관리법에 따라서 소중한 자연부존자원의 본질적 구성요소인 물은 항상 공익과 연계하여 사용자의 편익을 증진시키는 방향으로 이용되어야 하며, 가능한 한 그에 대한 침해가 이루어지지 않도록 관리되어야 한다. 이를 위하여 연방수자원관리법은 물을 이용하기 위해서는 원칙적으로 관할 행정청의 허가를 얻도록 규정하고 있다. 또한 물이용의 허가에 대한 이용자의 권리는 인정되지 않으며, 이러한 권리를 부여할 것인가의 여부는 전적으로 관할 행정청의 의무에 합당한 재량과 정책적 판단에 의한다.

또한 관습법상 인정되는 이른바 전통적인 기득수리권은 필요한 최소한도로 인정될 뿐이다. 이마저도 독일에서는 사법상의 이용권으로 보지 않고 공물에 대한 일반사용(Gemeingebrauch)으로 이해하고 있다. 연방수자원관리법에 의한 수자원 보호수단은 주로 명령과 강제를 그 내용으로 하는 행정처분이 주류를 이루고 있다. 그러나 이미 오래 전부터 환경법학자들은 이른바 질서법상의 규제수단과 함께 경제적인 유인수단으로서 환경부담금의 유용성에 대하여 의견을 제시하였고, 이러한 경제적 유인수단은 질서법상의 규제수단이 가지고 있는 집행의 결여(Vollzugsdefizit)를 보완할 수 있는 제도로 보고 있다. 이미 19세기 후반부터 독일의 프로이센을 비롯한 몇몇 주의 수법에서는 경제적 유인수단으로서의 환경부담금을 규정하고 있다.

(2) 물이용부담금에 대한 주의 입법관할권은 수자원관리의 영역에서 연방의 입법관할권을 침해하지 않는다.

독일 기본법 제70조 제1항에 따라서 기본법이 연방의회에 명시적으로 특정 사안에 대하여 입법관할권을 부여하지 않는 경우에는 그 사안에 대하여 주의회가 입법권을 행사할 수 있다. 특히 중요한 조항은 기본법 제75조 제1항 제1문 제4호의 수자원관리에 대한 연방의 골격입법권인데, 이 사안에 대하여 연방의회는 주가 물이용부담금을 부과하지 못하도록 입법권을 행사하지 않았기 때문에 주의회가 합헌적으로 이에 대한 입법권을 행사할 수 있는 것이다. 이미 역사적으로 독일에서는 연방의회가 물이용부담금을 부과할 수 있도록 하는 연방수자원관리법에 대한 개정이 논의되었으나, 주들의 반대로 무산된 경험을 가지고 있다.

(3) 독일의 연방주의로부터 유래하는 기본법 제104a조 이하의 재정헌법은 위헌적인 부담금을 억제하고 이를 통하여 국민의 재산권을 보호하는 기능을 가지고 있으므로, 이는 기본법 제70조 이하의 이른바 사항적 관할권을 근거로 하는 공과금 부과권에 대해서도 그대로 적용된다.

조세 이외의 공과금을 부과하기 위해서는 헌법상 특별한 정당화 요건이 충족되어야 한다.

독일 기본법상의 재정헌법은 연방과 주들이 부과하는 조세수입에 대한 관할권을 적절하게 분배하여 각자 그들에게 부과된 헌법상의 과제를 원활하게 수행할 수 있도록 보장하는 기능을 수행한다. 이른바 조세국가원리에 따라서 국가의 재정수입은 원칙적으로 조세수입에 의하여 조달되어야 하며, 이를 위하여 기본법은 연방과 주가 부과할 수 있는 조세의 종류와 수입의 귀속주체를 상세하게 규정하고 있다. 따라서 조세 이외에 다른 공과금이 무분별하게 출현하는 경우에는 이러한 재정헌법의 질서가 더 이상 유지될 수 없기 때문에 조세 이외의 공과금에 대해서는 헌법상 엄격한 존재의 정당화 사유가 요청되는 것이다. 그리고 이와 같은 특별한 헌법상의 정당화 사유는 다음과 같은 재정헌법의 원칙에 기반을 두고 있다. 첫째, 조세 이외의 공과금에 대하여 납부의무를 부담하는 사람들은 동시에 조세에 대한 납부의무도 지고 있는 일반 국민인 경우가 대부분이기 때문에 조세 이외의 공과금을 부과하는 입법을 시도하는 입법권자는 납부의무지의 평등권 침해 여부에 대하여 세심한 배려를 할 필요가 있다.

둘째, 조세 이외의 공과금의 수입이 국가의 일반회계에 편입되지 않고 기금이나 특별회계 등에 귀속되는 경우에는 의회의 재정통제기능을 핵심으로 하는 재정민주주의 원칙에 반할 가능성이 있다. 재정민주주의에 바탕을 둔 예산법의 핵심적인 헌법원칙으로서 예산완전성의 원칙은 국가의 모든 수입과 지출이 예산안에 계상되어 국민의 대표기관인 의회가 그에 대한 심의와 의결을 통하여 재정을 민주적으로 통제하고자 하는 목적으로 성립하였다. 따라서 의회가 감시하지 못하는 음성적인 재원이 산재하는 경우에 의회의 재정통제 기능은 형해화 되고, 재정민주주의는 실현될 수 없다. 또한 재정민주주의와 의회의 재정통제는 자기목적이 아니라 결국 이를 통하여 국민의 재산권과 기본권을 수호하려는 것이기 때문에 연방헌법재판소는 재정헌법의 통제 및 보호기능을 염두에 두고 조세 이외의 공과금에 대해서 헌법상 특별한 정당화 요건의 충족을 요구하기에 이른 것이다.

이와 같은 재정헌법의 취지와 목적을 고려하여 볼 때 사용료와 수수료와 같은 이른바 수익자부담금 등 조세 외의 공과금에 대해서 헌법적으로 근본적인 문제가 제기되는 것은 아니다. 그 이유는 이러한 공과금이 국가의 재화 또는 용역의 공급을 통하여 발생한 납부의무자의 경제적 이익을 상쇄하는 정당한 사유를 토대로 존재하기 때문이다. 그러므로 사용료와 수수료의 납부의무자는 국가가 제공하는 재화와 용역의 공급에 소요되는 비용을 기준으로 각자에게 구체적으로 귀속된 경제적 이익의 내용과 범위에 따라서 적절한 경제적 부담을 지게 된다.

수익자부담금과는 달리 특정한 급부와 반대급부와의 연관성이 희박하여 조세와 유사한 성격과 외형을 가지고 있는 이른바 특별부담금의 경우에는 당연히 연방헌법재판소가 엄격한 헌법상의 정당화 요건을 요구하였으며, 특히 특별부담금이 재정수요의 창출을 목적으로 하는 이른바 재정충당 목적을 가지는 경우에는 더욱 조세와 경합할 가능성이 크기 때문에 이하에서 언급하는 요건이 보다 엄격하게 적용된다. 특별부담금이 재정목적을 충당하는 기능을 주로 하는 경우에는 납부의무자들 간에 국가공동체의 일반 국민이나 다른 집단에 속한 구성원과는 달리 역사적·사회적으로 특별한 기준에 의하여 구별되는 동질성이 있어야 한다(집단적 동질성). 부담금의 수입은 납부의무자들의 집단적인 후생을 위해서만 사용되어야 한다(집단적 효용성). 납부의무자들은 부담금의 부과를 통하여 수행하는 목적에 일반 국민이나 납세자들보다는 보다 근접한 지위에 있어야 한다(객관적 근접성). 이러한 객관적 근접성으로부터 납부의무자들은 부담금을 통하여 수행되는 목적에 대하여 누구보다도 일차적으로 집단적인 책임을 진다(집단적 책임성).

재정목적을 충당하기 위하여 부과되는 특별부담금과는 달리 국가가 의도하는 일정한 방향으로 납부의무자들을 유도하는 유도적·조정적 목적의 특별부담금의 경우에는 재정목적은 2차적인 것이므로 조세와의 경합가능성이 약하다는 점에서 위 요건들이 완화되어 적용된다. 다시 말하자면, 유도적 목적으로 부과되는 특별부담금의 경우에는 집단적 동질성이나 집단적 효용성의 요건을 반드시 요구하는 것은 아니지만, 이러한 요건이 충족되는 경우에 그 부과의 정당성이 보다 공고해진다. 다만, 이 경우에도 객관적 근접성이나 집단적 책임성의 요건은 가감 없이 적용되어야 하며, 이것은 특별부담금이 조세부담 이외의 추가적인 경제적 부담으로서 납부의무자들에 대한 합리적인 차별을 정당화하여 헌법상 평등권을 침해하지 않도록 하기 위함이다.

(4) 물이용부담금은 사용료로서의 성격을 가지고 있으며 헌법적으로 정당화 된다.

앞에서 언급한 조세국가원리에도 불구하고 물이용부담금은 사용료로서 정당하게 부과할 수 있다. 다만, 물이용부담금이 유도적 기능을 주된 목적으로 하는가의 문제는 여기에서 중요한 것은 아니다. 물이용부담금의 본질은 물에 대한 공법상의 이용관계로부터 발생하는 편익을 상쇄하는 수단이라는 점에서 찾을 수 있다. 물과 같은 희소한 자연적 부존자원은 공공의 일반적인 이용의 대상이 될 수 있다. 국가가 관리하는 위와 같은 자원에 대한 이용이 개인에게 허용되는 경우에는 그에 대한 적절한 비용의 지불이 요구된다. 이와 같이 국가가 관리하는 공공재로서 물을 이용하는 사람들이 이를 전혀 이용하지 않거나 작은 양만을 사용하는 사람들에 비하여 특별한 편익을 제공받는다는 것은 분명한 사실이다. 그러므로 이와 같이 발생한 경제적 편익을 상쇄하기 위하여 사용료를 부과하는 것은 헌법적으로 정당화될 수 있으며, 이것이 전통적인 사용료의 부과근거를 제공한다.

물이용부담금은 독일 기본법상 조세로서의 성격을 가지지 않는다. 물론 독일 기본법은 스스로 조세의 헌법적 개념을 규정하지는 않았지만 독일 조세법통칙(Abgabenordnung)상의 조세의 개념을 헌법적으로 수용하였다는 것이 통설과 판례의 입장이다. 이에 따르면 조세는 어떠한 반대급부도 없이 납세자의 경제적 담세능력에 따라서 부과되는 공과금으로 규정하고 있으므로 납부의무자에게 구체적으로 귀속되는 반대급부 또는 경제적 편익을 상쇄하기 위해 부과하는 사용료와 구별된다. 바덴-뷔르템베르그주와 헤센주의 물이용부담금의 부과요건을 검토하면, 이용의 가능성이나 권리부여가 아니라 실제로 이용한 물의 양에 따라 사용료의 액수가 결정되도록 하고 있어서 전형적인 사용료의 부과기준을 채택하고 있다. 이와 더불어 중요한 문제는 납부의무자들이 납부하는 물이용부담금의 합계액이 물에 대한 관리비용을 초과하는가 하는 것이다. 만약, 이러한 상황이 벌어지는 경우에는 물이용부담금의 납부의무자들이 국가의 하천관리라는 일반적인 과제의 비용을 부담하는 것으로서 사용료가 아닌 조세를 통해서 납부하는 것만이 헌법적으로 정당화될 수 있을 뿐이다. 그러나 실증적인 조사를 통해서 확인된 것은 물론이고 심판청구인조차도 물이용부담금의 납부의무자들조차 자신들의 부담의 합계액이 물관리를 위한 총비용을 상회하였다는 주장을 하지 않는 것은 물이용부담금이 사용료로서의 헌법정당성을 유지하고 있다는 사실을 방증하고 있다.

바덴-뷔르템베르그주에서 헌법소원을 청구한 심판청구인은 물이용부담금은 물이용으로부터 발생하는 편익을 상쇄하는 것이 아니라 연방수자원관리법 제19조 제4항에 따라서 상류의 수자원보호구역에서 비료 등의 사용제한으로 발생하는 농민들의 수입 감소를 보전하기 위한 목적으로 지출된다는 점에서 이를 순수한 사용료로 보기 어렵다고 주장하고 있다. 그러나 바덴-뷔르템베르그주의 경우 이미 언급한 바와 같이 물이용부담금의 수입은 주의 일반회계로 편입되고 사용목적이 한정되는 것이 아니기 때문에 사용료 수입의 일부가 농민에 대한 보상재원으로 사용된다고 하여도 사용료로서의 본질을 훼손하는 것이 아니다. 이에 비하여 헤센주의 경우에 물이용부담금의 수입은 사용목적이 한정되어 있어서 의회의 재정통제권을 약화시킬 가능성이 있다. 이른바 전체적 충족의 원칙(Gesamtdeckungsprinzip)은 예산의 일부 항목을 특정하여 일정한 목적에만 사용하도록 하지 못하게 함으로써 의회의 재정에 대한 통제권한을 강화하고 행정부에 의한 편의적인 재정집행을 방지한다는 목적을 가지고 있다. 그러나 전체적 충족의 원칙은 헌법적 위상을 가지는 것은 아니므로 그에 대한 위반이 있는 경우 이를 위헌으로 단정하기는 어렵다. 다만, 재원 대부분의 사용목적이 한정되어 있어서 전체적으로 예산운용 자체를 어렵게 만드는 경우에는 재정민주주의 원칙과 의회의 예산에 대한 심의·의결권을 형해화하여 위헌문제를 발생시킬 가능성이 있다. 그러나 헤센주의 물이용부담금의 사용에 대한 관련 법규를 검토한 결과 그 정도에는 이르지 않았다는 점을 확인할 수 있다.

(5) 바덴-뷔르템베르그주와 헤센주의 물이용부담금은 헌법소원심판청구인들의 평등권, 직업의 자유와 재산권을 침해하지 않았다.

A. 평등권 침해 여부

각각 다른 水源이나 이용방법에 따라 부과율에 차등을 두는 관련 법규정들은 헌법상 평등원칙을 위반하지 않았다. 평등원칙은 기본적으로 같은 사안을 다르게 처우하거나 다른 사안을 동일하게 다루는 것을 금지하고 있나. 이른바 "같은 것은 같게, 다른 것은 다르게 처리하라"는 헌법상의 명령인 것이다. 다만, 여기에서 무엇이 동일하고 상이한가를 합리적으로 가려내는 기준은 일반적으로 정할 수는 없으며, 규율의 대상이 되는 구체적인 사안의 성격에 따라 결정된다. 헌법상 평등원칙은 입법자가 채택한 차별의 기준이 합리적이고 명백한 근거에 의할 것을 요구하고 있다. 이러한 대원칙에 따라서 구체적으로 물이용의 대상이나 이용방법 등에 차별을 인정하는 것이 헌법상 평등원칙에 부합하는 것인지 검토하기로 한다. 우선 공공용으로 이용하는 물에 대하여 상업적 목적으로 이용하는 물보다 낮은 물이용부담금으로 부과하는 것은 국민들에 대한 식수의 공급이라는 중대한 공익적인 사유가 존재하므로 합리적 근거에 의한 차별로서 평등권에 대한 침해가 아니다. 더 나아가 냉각수 이용, 양식용 물이용에 대한 낮은 부과율, 농업용수와 정원수, 경미한 양의 물이용에 대한 감면 등도 합리적인 근거에 의하여 혜택을 부여하는 것이므로 역시 평등권에 대한 위헌적인 침해가 아니다.

B. 재산권과 직업의 자유 침해 여부

다량으로 물을 이용하는 제지업자는 헌법소원심판청구를 통하여 직업의 자유와 재산권 침해를 주장하고 있으나 헤센주 수법 제1조 제6항은 특정한 집단의 납부의무자들을 대상으로 물이용부담금의 감면을 규정하고 있으므로 이는 이유 없는 주장이다. 이 조항을 통하여 입법자는 납부의무자에게 물이용부담금의 부담수준을 감당할 수 있을 정도의 기대가능성이 없는 경우에는 감면의 가능성을 입법적으로 배려한 것이다. 물이용부담금의 액수가 이러한 정도에 이르지 않지만 납부의무자에게 여전히 부담스러운 경우에는 헤센주 수법 제1조 제5항이 역시 감면의 가능성을 규정하고 있기 때문에 직업의 자유나 재산권을 침해하는 것이 아니다.

2. 2010년 1월 20일 결정 (Beschluss vom 20. Januar 2010 - 1 BvR 1801/07)

1) 물이용부담금에 대한 연방헌재의 다른 결정들

독일 연방헌법재판소는 2002년 12월 18일에도 슐레스비히-홀슈타인주의 지하수이용부담금법에 대하여 각하결정(Beschluss vom 18. Dezember 2002 - 2 BvR 591/95)을 내린 바 있으며, 가장 최근으로는 2010년 1월 20일 물이용부담금을 규정한 니더작센주의 수법에 대해서 역시 각하결정을 내렸는데, 두 결정의 내용은 대동소이하며, 1995년 연방헌법재판소 결정의 주요 내용을 그대로 따르고 있다. 다만, 연방헌법재판소는 두 사건 모두 각하사건임에도 불구하고 본안판단에 준하는 상세한 설시를 하고 있다.

2) 내 용

이 헌법소원사건은 니더작센주 수법(이하 법이라 한다) 제47조 이하에 규정된 물이용부담금을 그 대상으로 하고 있다.

(1) 법 제47조 이하에 따라서 州는 물사용에 대하여 사용료를 부과한다. 여기에서 동법은 물사용이라 함은 하천의 지표수를 취수, 유출하는 행위, 지하수의 개발, 유출 등의 목적으로 물을 이용하는 것을 말한다고 규정하고 있다. 법 제47조 제1항에 따라서 하천수를 사용하는 자는 사용료를 납부하여야 한다. 법 제47조h는 부담금 수입의 사용에 대하여 규정하고 있는데, 동조 제1항에 따라서 주와 관할 지방자치단체의 하천관리청이 물이용부담금과 관련된 업무를 수행하는 행정비용에 사용된다. 그리고 나머

지 수입은 하천과 하천수의 보전, 기타 자연보호사업에 사용된다. 부담금의 부과기준은 사용하는 물의 종류(지표수인가 지하수인가 등)와 목적에 따라서 차등적으로 적용된다.

(2) 심판청구인들은 니더작센주에서 원자력발전소를 운영하는 기업으로서 냉각수로 사용하기 위하여 지표수를 사용하는 자들이다. 올덴부르그 행정법원의 제1심을 거쳐 항소심인 니더작센주 고등행정법원은 2006년 6월 29일 연방헌법재판소가 1995년 11월 7일 내린 결정을 기초로 하여 주가 관련법에 따라서 물이용부담금을 부과할 권한이 있다고 판결하였다. 그리고 원고가 물이용부담금이 과도하다는 주장도 기각하였다. 물이용부담금은 취수행위로 인하여 발생하는 경제적 편익을 상쇄하기 위하여 부과된다. 이와 같은 사용료의 부과원칙은 물사용으로부터 발생하는 경제적 이익을 그 대상으로 하는 것으로서 이러한 사용료의 부과목적은 정당한 것이다. 물사용에 대한 사용료 부과는 이러한 경제적 편익이 구체적이어야 하며, 하천을 유지하기 위하여 소요되는 비용과 반드시 일치하여야 하는 것은 아니다. 그 이유는 하천수 사용으로 인한 경제적 편익을 구체적으로 계산할 수 있는 것이 아니며, 개별적인 사건에만 적용되는 것은 아니기 때문이다. 그러므로 사용료의 부과기준이나 액수는 오직 헌법상 과잉금지원칙의 적용을 통하여 그 위헌 여부를 가릴 수 있을 뿐이다. 다시 말하자면 사용료의 부과기준이나 액수가 하천수 사용행위로부터 발생하는 편익과 현저한 불균형 상태에 있는 경우에 한하여 위헌으로 판단할 수 있을 뿐인데, 이 사건에서는 그러한 사정을 찾아볼 수 없다.

(3) 물이용부담금 부과는 그 근거와 액수가 모두 헌법에 합치한다. 비조세적 공과금에서 핵심적인 헌법적 요건은 단순하게 재정조달목적을 대체하거나 보완하는 것을 넘어서서 특별한 객관적인 정당화 사유가 있어야 한다는 것이다. 그리고 이러한 원칙은 사용료의 부과기준과 액수에 대해서도 그대로 적용된다. 사용료에 대한 이와 같은 객관적 정당화 사유와 부과기준은 비용충족, 경제적 이익의 상쇄, 납부의무자의 행태유도, 기타 사회

정책적인 고려 등과 같은 사용료의 목적으로부터 결정된다. 그리고 사용료의 부과기준이 사용료의 부과를 통하여 수행하는 목적에 비하여 현저한 불균형을 이루는 경우에는 비례의 원칙을 위반하여 위헌이다. 이러한 기준을 적용하여 볼 때 이 사건의 물이용부담금의 액수와 부과기준은 합헌이다. 즉 물이용부담금은 경제적 이익의 상쇄, 납부의무자들의 물 절약 유도, 그리고 부과기준을 고려할 때 합헌이다.

(4) 물이용부담금은 공법상 공과금체계에서 볼 때 경제적 편익을 상쇄하는 사용료로서의 성격을 가지고 있다. 희소한 자원의 하나로서 물은 공공일반의 관리에 속하는 재화이다. 국가가 관리하는 자연자원을 사용하는 사람은 이를 사용하지 않는 다른 사람에 비하여 일정한 경제적 편익을 향수한다. 물론 이러한 자연자원의 사용으로 인하여 발생하는 편익은 사전적으로 정확하게 계산하기 어렵다. 이와 같은 사정은 이번 사건에서 문제가 되는 지표수의 사용에 대해서도 동일하게 적용되며, 사실상 이에 대한 정확한 시장가격은 존재하지 않는다. 그러나 이러한 사정으로 인하여 천연자원에 대한 특정인의 사용행위에 대하여 사용료를 부과할 수 있는 근거를 부정할 수는 없으며, 입법자는 사용료의 부과기준을 정함에 있어서 상당한 입법형성권과 미래예측적 판단에 대한 여지를 가질 수 있다. 물론, 이러한 입법자의 형성권이나 판단의 여지도 비례의 원칙에 의한 헌법적 제한을 받는데, 이번 사건에서는 입법자가 이와 같은 과잉입법을 한 근거를 찾아볼 수 없다. 법 제47조 및 부록 부과기준표에 따르면 물이용부담금의 부과기준은 물의 종류, 연간사용량, 사용목적에 따라서 결정된다. 이와 같이 입법자는 물의 종류와 사용목적에 따라서 차등적인 부과기준을 정하였으며, 특히 보전필요성이 큰 지하수의 사용에 대해서는 높은 부과기준을 적용하였다.

이와 같은 입법자가 물의 종류와 사용목적에 따라서 차등적 부과기준을 적용하였기 때문에 심판청구인이 주장하는 바와 같이 자신이 사용하는 냉각수에 대해서 특별히 높은 부과기준을 규정한 결과 영업상 심각한 타격을 받았다는 주장은 받아들이기 어렵다. 그러므로 심판청구인이 주장하는 물의 사용목적과 부과기준 간에 현저한 불균형관계가 존재한다는 사실은 수용할 수 없다. 심판청구인은 원자력발전소의 원자로 냉각방식을 현재의 수랭식에서 향후 바람직할 것으로 판단되는 공랭식으로 전환하는 경우에 비하여 물이용부담금을 부과하는 경우 약 3분의 1 가량의 더 비싼 기회비용을 지불하고 있다고 주장하고 있다. 물론 이와 같은 심판청구인의 주장에 일견 타당한 측면이 있다고 하더라도 입법자는 심판청구인이 주장하는 기회비용이나 회피비용이라는 부과기준을 반드시 수용하여야 할 헌법적 의무는 없다. 만약, 입법자가 심판청구인이 주장하는 기회비용을 물이용부담금의 유일한 부과기준으로 채택하는 것은 순수히 경영학적 기준을 적용하게 되는 결과가 되는데, 이는 물사용으로 인한 경제적 편익을 시장가격으로 계산할 수 없는 것을 전제로 하여 부과기준을 결정한 입법자의 의도와 배치되는 것이다. 가사 심판청구인이 주장하는 기회비용에 근거한 부과기준을 적용한다고 하더라도 물이용부담금의 부과기준이 과잉금지원칙에 위반된다고 단정할 수 없다.

(5) 물이용부담금의 부과기준으로서 납부의무자들로 하여금 물사용의 절약을 유도하는 것 역시 정당한 목적이며, 입법자는 이와 같은 유도적 부과기준을 채택할 수 있다. 이러한 목적은 이미 연방수자원관리법(Wasserhaushaltgesetz) 제1a조 제2항에 규정된 내용으로서 니더작센주 입법자는 모든 주민이 물을 절약하는데 주의의무를 부담한다는 위 규정의 취지를 받아들인 것이다. 즉 물이용부담금의 부과기준을 결정함에 있어서 특히 희소한 자원인 지하수의 사용절약을 유도한다는 것이 중요한 목적이다. 심판청구인은 입법자의 유도적 목적이 법에 정교하게 구체화되지 못하였다고 주장하고 있으나, 입법자는 물이용부담금의 납부의무자가 향유하는 경제적 편익을 대상으로 부과기준을 정한 것으로 충분한 것이지 부과목적에 대한 더 이상의 구체화 의무는 없다. 다시 말하자면, 입법자가 사용료의 일정한 부과기준을 정함으로서 납부의무자들로 하여금 국가적 급부를 사용함에 있어서 어느 정도의 억제효과를 가지는 것으로 유도목적에

충분한 근거를 제시하는 것이다.

심판청구인들은 원자력발전소에 냉각수를 사용하기는 하지만 이것이 하천수의 수온상승을 일으키는 효과는 미미하며, 공랭식으로 냉각방식를 변경하는데 상당한 시일이 소요되기 때문에 물이용부담금의 유도효과가 없다고 주장하나 이 역시 받아들일 수 없다. 입법자가 물이용부담금을 통하여 이 사건에서 문제가 된 냉각수가 하천으로 유출되어 하천의 수온이 상승하는 방지하는 것이 중요한 목적이라고 판단하여 이에 적절한 부과기준을 설정하고 이러한 유도적 목적을 입법화하는 것을 헌법적으로 정당하다. 환경의 변화로 인하여 지표수의 수온이 상승하는 것이 생태적으로 바람직스럽지 못하다는 견해는 더 이상 다툴 수 없는 정설이며, 이를 물이용부담금이 부과기준으로 채택하는 것 역시 정당하다. 심판청구인은 수랭방식에서 공랭방식으로 전환하는 것이 법적으로나 경제적으로 현실성이 없다고 주장하지만 물이용부담금을 통하여 적어도 신규로 건설하는 원자력발전소나 적은 비용으로 개조가 가능한 시설에 대해서는 상당한 유도적 효과를 가질 수 있다. 다시 말하자면, 물이용부담금의 유도적 효과가 일반적일 수는 없으며, 특히 이 번 사건에서 제한적이라고 하는 사실이 경제적 유인수단으로서 환경부담금의 적합성을 저해하는 것은 아니다.

(6) 이와 같은 정당한 유도적 목적이 물이용부담금의 부과요건을 통하여 명확히 드러나게 됨으로써 이 법이 법치국가원리에서 유래하는 법률의 명확성원칙에 부합한다. 여기에서 말하는 법 내지 규범의 명확성이란 이 사건의 경우 관련 규정을 통하여 국가적 급부를 생산하고 유지하는 비용과 납부의무자가 향유하는 경제적 편익이 물이용부담금의 부과기준을 통하여 인식할 수 있다는 것을 의미한다. 다시 말하자면 납부의무자의 입장에서 볼 때 어떠한 국가적 급부행위에 대하여 사용료가 부과되며, 입법자가 어떠한 부과기준을 통하여 어떠한 목적을 실현하려는지 인식할 수 있다면 법률의 명확성원칙은 준수되는 것이다. 바로 이 사건은 여기에 해당한다. 즉 법률규정을 통하여 어떠한 국가적 급부행위에 대하여 물이용부담

금이 부과되는지 명확하다. 법 제47조 제1항은 제4조 제1항과 제7항에 따르는 물사용에 대하여 물이용부담금을 부과한다고 규정하고, 이러한 물사용을 "취수행위"로 정의하였다. 이 규정을 통하여 납부의무자는 명확하게 물이용부담금의 부과대상을 인식할 수 있다. 그리고 물이용부담금의 목적 역시 한편으로 물을 사용하는 자가 향유하는 경제적 이익을 상쇄하고, 다른 한편으로는 물사용의 절약이라는 유도적 목적이라는 점이 분명해진다.

(7) 심판청구인은 입법자가 물이용부담금의 부과요건을 규정하면서 부과대상이 물을 사용하는 권리를 그 대상으로 한 것인지(이른바 설권료) 혹은 물사용 그 자체를 부과요건을 한 것인지 불명확하다고 주장하나, 이것이 헌법적으로 문제될 것이 없다. 실제로 입법이유서를 보면 물이용부담금은 물을 사용하는 권리를 부과대상으로 하는 동시에 부분적으로 물의 사용으로 인한 경제적 편익을 상쇄한다고 언급하고 있으나, 이유서의 전체적인 맥락을 보면 물이용부담금은 납부의무자가 물사용을 통하여 발생하는 경제적 편익에 대한 반대급부라는 사실이 명확해진다. 입법이유서에는 누구든 자연자원인 물을 비용을 지불하지 않고는 사용할 수 없으며, 바로 물이용부담금이 자연자원의 사용에 대하여 사용료를 부과함으로써 경제적인 유도효과를 발생시키는 것으로 설명하고 있다. 따라서 물이용부담금은 이른바 설권료(Verleihungsgebühr)가 아니다. 중요한 것은 국가의 관리를 받고 있는 자연자원인 물을 사용하여 발생하는 특별한 이익에 실제적으로 상응하는 액수의 물이용부담금을 부과하는 것이지 이것이 사용료인지 아니면 설권료인지는 부차적인 문제에 불과하다.

(8) 앞서 수차례 언급한 바와 같이 심판청구인은 입법자의 유도적 목적이 불분명하고 그 효과도 제한적이라고 주장하고 있으나 물사용의 절약을 유도한다는 입법적 의사는 명확하다. 물론 입법자는 이러한 입법목적을 명시적으로 규정하지는 않았으나 특히 물이용부담금의 부과기준을 통하여 유도적 목적을 설정하였으며, 또한 간과할 수 없는 사실은 물이용무담금이 납부의무자의 직업수행을 불가능하게 할 정도의 이른바 絞殺的 부담금

(Erdrosselungsabgabe)이 되지 않도록 배려하였다는 점이다. 입법자는 1999년 예산부속법을 통하여 수법을 개정하면서 물이용부담금을 인상하였는데, 특히 원자력발전소가 사용하는 냉각수에 대하여 보다 높은 부과율을 적용한 것은 바로 공랭식으로 냉각방식의 전환을 유도하는 목적이 강하게 표출된 것으로 볼 수 있다. 또한 이를 통하여 하천수의 수온상승 역시 방지할 수 있다.

V. 수질개선부담금에 대한 헌법재판소 결정

1. 헌재결 1998. 12. 24. 98헌가1 사건

헌재는 1998년 12월 24일 구 먹는물관리법 제28조 제1항에 대한 위헌제청사건에서 처음으로 특별부담금의 존재와 그 헌법적 한계에 대하여 언급하고 있다. 물론 헌재는 수질개선부담금의 법적 성격을 명시적으로 '특별부담금'이라고 규정하지는 않았지만 "수질개선부담금은 특정한 행정과제의 수행을 위하여 그 과제에 대하여 특별하고 긴밀한 관계에 있는 특정집단에 대하여만 부과되는 조세외적 부담금"이라고 판시하여 사실상 그 성격을 특별부담금으로 보고 있다. 특히 헌재는 수질개선부담금과 조세를 구분하고 부담금의 이른바 유도적·조정적 성격을 다음과 같이 기술하고 있다. "수질개선부담금은 반대급부 없는 금전납부의무를 부담하게 한다는 점에서 조세와 유사한 점도 있으나 그 법적 성격, 목적과 기능의 면에서 조세와는 근본적으로 다르다. 조세는 국민이 국가공동체의 일원으로서 국가의 일반적 과제 수행에 필요한 재정수요를 각자의 경제적 능력에 따라 반대급부 없이 염출하는 것임에 반하여, 수질개선부담금은 지하수자원의 보호 및 먹는 물의 수질개선이라는 특정한 행정과제의 수행을 위하여 그 과제에 대하여 특별하고 긴밀한 관계에 있는 특정집단에 대하여만 부과되는 조세외적 부담금이다. 이 사건 법률조항이 수질개선부담금을 부과하는 것은, 수원을 개발하고 지하수를 채취하여 이를 판매함으로써 공공자원인

지하수를 소모시킬 뿐만 아니라 그 과정에서 수자원오염이라는 침해를 일으키는 먹는샘물제조업자에게 재정적 부담을 지움으로써 환경을 고갈시키고 침해하는 기업활동을 억제하도록 간접적으로 유도함과 아울러 먹는 물, 특히 수돗물 수질개선이라는 환경정책 실현을 위한 재원을 마련하고자 하는 것이다. 그러므로 수질개선부담금은 그 내용상 환경에 관한 부담금이고, 기능상으로는 정책목표 달성을 유도하고 조정하는 성격을 가진 부담금이다."

또한 헌법재판소는 수질개선부담금의 부과를 통하여 달성하려는 목적, 회계의 관리, 부담금의 납부의무자와의 긴밀한 관계 및 부담금납부의무자의 동질성에 대하여도 다음과 같이 판시하고 있다. "따라서 이 사건 법률조항에서 특별히 먹는샘물 제조업자라는 집단을 선정하여 수질개선부담금을 부과한 것도 타당성이 있다 할 것이다. 먹는샘물 제조업자들은 먹는샘물을 제조·판매한다는 점에서 일반인과 구별되는 동질성을 지닌 특정한 사회적 집단이고, 부담금 징수로 추구하는 지하수자원 보전 및 먹는물, 특히 수돗물 수질개선이라는 목적과 먹는 샘물 제조·판매행위는 긴밀한 관계에 놓여있기 때문이다. 지하수를 이용하는 다른 집단이나 일반인과는 달리 이들은 수돗물과 대체적·경쟁적 관계에 놓여있는 먹는샘물을 제조·판매함으로써 그로 말미암아 지하수 보전 및 수돗물 우선정책에 대한 특별한 위험을 야기하는 집단이고 그만큼 부담금이라는 재정적 부담을 지울 수 있을만한 특별한 관계에 있는 것이다. 마지막으로 이 사건 법률조항에 따라 징수한 수질개선부담금은 조세와는 달리 국가의 일반세입으로 들어가지 아니하고, 환경개선특별회계의 세입으로 된다(법 제28조 제4항). 이 회계의 세입은 환경개선특별회계법 제4조에 따라 수돗물 수질개선과 같은 국가환경개선사업, 지방자치단체의 환경개선사업 지원 등의 용도로 사용된다."

결론적으로 헌재는 수질개선부담금을 그 납부의무자의 사회적 동질성, 수질개선부담금의 수행목적과의 객관적 근접성, 유도적·조정적 기능을 가지는 정당한 특별부담금으로 보고 있다. 다만, 이 사건에서 헌재는 수질개선부담금이 재정목적보다는 유도적·조정적 기능이 전면에 나서는 부담금임에도 불구하고 납부의무자의 사회적 동질성을 그 정당화 요소의 하나로 보고 있는 점이 특이하다. 반면에 헌재는 부담금의 사용목적이 수질과 환경의 개선이라는 일반적인 용도로 사용된다면 특별부담금의 헌법적 정당화 요건 중의 하나인 "그 수입이 납부의무자들에게 한정적으로 유용하게 지출되어야 한다"는 집단적 효용성이 결여되는 것이 아닌가에 대한 문제에 대해서는 언급하고 있지 않다.

2. 헌재결 2004. 7. 15. 2002헌바42 사건

1) 사건의 개요와 쟁점

헌법재판소는 이미 1998년 12월 24일 구 먹는물관리법 제28조 제1항에 의한 수질개선부담금의 법적 성격을 특별부담금으로 인정하였으며, 이것이 헌재가 최초로 특별부담금을 다루게 된 계기를 제공하였다. 그런데 헌재는 2004년 7월 15일 다시 한 번 먹는물관리법에 의한 수질개선부담금의 법적 성격, 평등권 및 비례의 원칙에 대한 위반 여부에 대하여 합헌결정을 내렸다. 그러나 1998년 결정과는 달리 반대의견을 제시한 4명의 재판관은 위 부담금이 이른바 특별부담금으로서의 정당화 요소를 갖추고 있지 못하기 때문에 평등권에 반하며 부담금의 비율도 지나치게 높아서 비례의 원칙에도 위반하여 위헌이라는 의견을 제시하고 있다. 따라서 이 사건의 핵심적인 쟁점은 첫째, 부담금의 헌법적 정당화 요건의 존재 여부. 둘째, 먹는샘물의 수입 및 판매업자에 대한 수질개선부담금 부과가 평등원칙에 위배되는지 여부 및 셋째, 먹는샘물 평균판매가액의 100분의 20의 범위 안에서 수질개선부담금을 부과하도록 하는 것이 비례성원칙에 위배되는지 여부이다.

2) 다수의견과 반대의견

다수의견의 결정요지는 다음과 같다.

1. 부담금은 조세에 대한 관계에서 어디까지나 예외적으로만 인정되어야 하며, 어떤 공적 과제에 관한 재정조달을 조세로 할 것인지 아니면 부담금으로 할 것인지에 관하여 입법자의 자유로운 선택권을 허용하여서는 안 된다. 부담금 납부의무자는 재정조달 대상인 공적 과제에 대하여 일반국민에 비해 '특별히 밀접한 관련성'을 가져야 하며, 부담금이 장기적으로 유지되는 경우에 있어서는 그 징수의 타당성이나 적정성이 입법자에 의해 지속적으로 심사될 것이 요구된다. 다만, 부담금이 재정조달목적뿐 아니라 정책실현목적도 함께 가지는 경우에는 위 요건들 중 일부가 완화된다.

2. 우리나라의 자연환경, 수자원의 현황, 국민의 소득수준 등의 여러 요소와 사정을 종합적으로 고려할 때 음용수에 관하여 국가가 수돗물 우선정책을 추진하는 것은 합리적인 정책형성권 행사로서 존중되어야 할 것인데, 수돗물과 대체적·경쟁적 관계에 있는 수입 먹는샘물이 음용수로 사용되는 것이 증가하면 그만큼 수돗물 우선정책은 위축되게 되고, 나아가 수입 먹는샘물을 선택할 경제적 능력이 부족한 저소득층 국민들로 하여금 질 낮은 수돗물을 마시지 않을 수 없게 하는 결과를 초래할 것이다. 그러므로 먹는샘물 수입판매업자에게 수질개선부담금을 부과하는 것은 수돗물 우선정책에 반하는 수입 먹는샘물의 보급 및 소비를 억제하도록 간접적으로 유도함으로써 궁극적으로는 수돗물의 질을 개선하고 이를 국민에게 저렴하게 공급하려는 정당한 국가정책이 원활하게 실현될 수 있게 하기 위한 것으로서, 부과에 합리적인 이유가 있으므로 평등원칙에 위배되는 것이라 볼 수 없다.

3. 먹는물관리법(1997. 8. 28. 법률 제5394호로 개정된 것) 제28조 제1항 중 먹는샘물 수입판매업자에 관한 부분은 먹는물의 수질에 관한 국가의 일원화되고 합리적인 관리를 재정적으로 뒷받침하는 한편, 수돗물 우선정책이 원활하게 실현될 수 있게 하여 궁극적으로는 국민이 질 좋은 수돗물을 저렴하게 공급받을 수 있도록 함을 목적으로 하며, 이러한 입법목적은 정당하다. 한편, 먹는샘물은 수돗물과 마찬가지로 음용수로 사용된다는 점에서

수돗물과 대체적·경쟁적 관계에 있어서 먹는샘물이 음용수로 보편화되면 그만큼 수돗물 우선정책이 위축되는바, 먹는샘물을 수입하여 판매함으로써 수돗물 우선정책에 특별한 위험을 야기하는 수입판매업자에 대하여 수질개선부담금을 부과하기로 한 것은 부과대상자의 선정의 측면에서 적정하다. 이 사건 법률조항은 단지 부담금의 부과 및 그것의 가격에의 반영을 통해 먹는샘물의 수입판매 및 소비를 간접적으로 규제하는 데 그치고 있을 뿐, 이를 원천적으로 봉쇄하고 있지는 않다. 한편, 수질개선부담금은 먹는샘물의 보급 및 소비를 억제함으로써 수돗물 우선정책의 원활한 실현을 가능하게 하고 아울러 먹는물의 수질개선에 소요되는 재정을 마련하기 위한 것인바, 입법자는 이러한 공익목적과 국민의 사익을 적절히 형량하여 합리적이라고 판단되는 부과율을 책정할 수 있다. 그런데 이 사건 법률조항은 먹는샘물 수입판매업자에 대한 구체적인 부과율을 평균판매가액의 100분의 20의 범위 안에서 대통령령이 정하도록 위임하고 있고, 그에 기하여 법 시행령 제8조는 이를 1천분의 75(7.5%)로 정하고 있는바, 이러한 부과율 자체가 현저히 불합리하거나 위헌이라고 볼 정도로 지나치게 높다고 할 수 없다. 더구나 부담금관리기본법 제7조에 의하면 기획예산처장관은 매년 부담금의 부과실적 및 사용명세 등이 포함된 부담금운용종합보고서를 작성하여 국회에 제출하도록 되어 있어, 수질개선부담금 징수의 타당성이나 적정성은 매년 입법자의 지속적인 심사 하에 놓여 있다. 그렇다면 이 사건 법률조항은 먹는샘물 수입판매업자의 직업의 자유와 재산권, 국민의 행복추구권을 필요 이상으로 지나치게 제약함으로써 헌법에 위반되는 것이라고는 볼 수 없다.

반면에 반대의견으로서 위 법률조항에 대한 위헌의견을 제시한 4명의 재판관의 견해는 다음과 같이 요약될 수 있다.

재판관 윤영철, 재판관 김영일, 재판관 권 성, 재판관 송인준의 반대의견

1. 준조세적 성격을 가진 부담금은 자칫 공과금 부담의 형평성을 훼손하고 국회의 재정통제권을 무력화시킬 수 있기 때문에, 납부의무자가 특정

한 공적 과제에 대하여 일반국민에 비해 특별히 밀접한 관련성이 있는 경우에 예외적으로 최소한의 범위 내에서 허용되어야 하며, 그 위헌성은 엄격하게 심사되어야 한다. 그런데 먹는샘물 수입판매업자는 국내 지하수 자원을 이용하거나 훼손하지 않는 점에서 공공의 지하수자원의 보호라는 과제에 대하여 특별히 밀접한 관련성을 가진다고 할 수 없다. 또한 수입 먹는샘물 이외의 먹는물, 그 중에서도 특히 수돗물의 수질개선의 과제는 국가나 지방자치단체의 일반적 과제에 속하므로 이에 대해 먹는샘물 수입판매업자들에게 특별한 재정책임을 인정하기는 어렵다. 그렇다면 이 사건 법률조항은 합리적 이유 없이 수입판매업자에 대하여 조세외적 부담금을 추가로 부담시킴으로써 공과금 부담의 형평성을 훼손한다고 할 것이므로 평등원칙에 위배된다.

2. 다음으로, 수입 먹는샘물에 관한 수질개선사업이란 사실상 수질검사 및 유통관리에 국한될 수밖에 없다. 나아가 관계법령의 규정을 보면, 수입 먹는샘물 자체의 수질개선사업에 소요되는 재정은 매우 미미할 것으로 보이고, 실제로 먹는샘물 수입판매업자에게서 거둔 이 사선 부담금은 환경개선특별회계에 편입되어 그 세입의 일부를 이루지만 동 특별회계의 세입 중 정작 수입 먹는샘물과 관련하여 별도로 지출되는 금액은 거의 전무한 실정이다. 그럼에도 불구하고 먹는샘물 수입판매업자들은 이 사건 법률조항에 의하여 매 분기마다 평균판매가액의 최고 100분의 20의 비율 범위 내에서 수질개선부담금을 고정적으로 납부하도록 되어 있는바, 이는 먹는샘물 수입판매업자들의 기업활동의 자유나 재산권을 필요 이상으로 지나치게 제약하는 것으로, 비례성의 원칙에 위배된다.

3) 평 가

(1) 부담금의 성격 및 헌법적 정당화 요소

A. 부담금에 관한 독자적인 법리구성인가?

우선 위의 결정은 수질개선부담금의 법적 성격에 대하여 "특별부담금"이라는 용어를 사용하지 않고 합헌의견을 제시한 다수의견이나 위헌의견을 개진한 반대의견이나 공통적으로 수질개선부담금에 대하여 단순하게 "부담금'이라고 언급하고 있는데, 이는 특별부담금의 헌법적 정당화 요소를 강조하고 있는 반대의견을 고려한다면 매우 이례적인 것이다. 이것이 과연 독일법에 의하여 생성되고 발전된 특별부담금의 개념에서 벗어나 우리나라의 실정법상의 용어로 정착되어가는 과정에서 토착화된 부담금법의 논리를 전개하려는 의도인지는 아직 불분명하다. 그러나 헌재결정의 전체적인 취지와 전개된 논리를 감안한다면 아직 이러한 용어사용의 특이성이 수질개선부담금을 학문적으로 사용되는 특별부담금의 개념과 성격을 벗어나서 독자적이고 한국적인 부담금법의 체계로 의도하고 있는 것으로는 보이지 않는다. 특히 헌재는 다른 사건에서도 특별부담금이라는 용어 대신에 단순히 "부담금"이라는 표현을 사용하고 있기 때문에 이번 결정을 통하여 독자적인 부담금에 대한 법리를 구성하려는 의도를 가지고 있는 것으로는 보기 어렵다.

B. 다수의견

이와 관련하여 다수의견은 부담금을 재정조달목적 부담금과 정책실현목적 부담금으로 대별하고 조세와 비교하여 볼 때 재정조달목적 부담금의 헌법적 정당화에 있어서는 다음과 같은 요청들이 충족되어야 할 것으로 판단하고 있다. 첫째, 부담금은 조세에 대한 관계에서 어디까지나 예외적으로만 인정되어야 하며, 어떤 공적 과제에 관한 재정조달을 조세로 할 것인지 아니면 부담금으로 할 것인지에 관하여 입법자의 자유로운 선택권을 허용하여서는 안 된다. 즉, 국가 등의 일반적 재정수입에 포함시켜 일반적 과제를 수행하는 데 사용할 목적이라면 반드시 조세의 형식으로 해야 하지, 거기에 부담금의 형식을 남용해서는 안 된다. 둘째, 부담금 납부의무자는 재정조달 대상인 공적 과제에 대하여 일반국민에 비해 '특별히 밀접한 관련성'을 가져야 한다. 당해 과제에 관하여 납부의무자 집단에게 특별한 재정책임이 인정되고 주로 그 부담금 수입이 납부의무자 집단에게 유용하게 사용될 때 위와 같은 관련성이 있다고 볼 것이다. 셋째, 이상과 같은 부담금의 예외적 성격과 특히 부담금이 재정에 대한 국회의 민주적 통제체계로부터 일탈하는 수단으로 남용될 위험성을 감안할 때, 부담금이 장기적으로 유지되는 경우에는 그 징수의 타당성이나 적정성이 입법자에 의해 지속적으로 심사될 것이 요구된다고 하여야 한다.

그러나 헌재는 수질개선부담금의 부과목적이 공공의 지하수 자원을 보호하고 먹는물의 수질개선에 기여하게 한다는 특정한 공적 과제를 우선적으로 실현한다는 점에서 정책실현목적 부담금의 일종으로 보고 있다. 정책실현목적 부담금의 경우 재정조달목적은 오히려 부차적이고 그보다는 부과 자체를 통해 일정한 사회적·경제적 정책을 실현하려는 목적이 더 주된 경우가 많다. 이 때문에, 헌재는 다음과 같은 이유 때문에 재정조달목적 부담금의 정당화 여부를 논함에 있어서 고려되었던 사정들 중 일부는 정책실현목적 부담금의 경우에 똑같이 적용될 수 없다는 입장을 보이고 있다. 첫째로, 헌법이 예정하고 있는 기본적 재정질서에 터잡아 부담금에 대한 조세의 우선적 지위가 인정되는 것은 어디까지나 그 부과목적이 재정조달에 있는 경우라 할 것이며, 특정한 정책 실현에 목적을 둔 모든 경우에도 같다고 볼 것은 아니다. 공과금은 그 개념상 원래 국가 또는 지방자치단체의 재정수입을 목적으로 하는 것인데, 재정수입의 목적보다는 주로 특정한 경제적·사회적 정책을 실현할 목적에서 공과금을 부담시킬 수가 있는가 하는 것은 기본적 재정질서가 어떠한가와는 별개로 헌법적 쟁점이 되고 있으며, 그러한 한에서 공과금으로서의 조세와 부담금은 똑같은 문제상황에 처해 있기 때문이다. 둘째로, 조세평등주의는 담세능력에 따른 과세의 원칙을 예외 없이 절대적으로 관철시킬 것을 의미하지는 않으며, 합리적 이유가 있는 경우라면 납세자 간의 차별취급도 예외적으로 허용될 수 있다. 마찬가지로, 부담금도 그 납부의무자에게 추가적인 공과금을 부담시킬 만한 합리적 이유가 있으면 공과금 부담의 형평성에 반하지 않는다. 그리고 바로 그러한 합리적 이유로서, 재정조달목적 부담금의 경우에는 납부의무자가 재정조달의 대상인 공적 과제에 대하여 일반국민에 비해 특별히 밀접한 관련성을 가질 것이 요구되는 것이다.

그런데 정책실현목적 부담금의 경우에는, 특별한 사정이 없는 한, 부담금의 부과가 정당한 사회적·경제적 정책목적을 실현하는 데 적절한 수단이라는 사실이 곧 합리적 이유를 구성할 여지가 많다. 그러므로 이 경우에는 '재정조달 대상인 공적 과제와 납부의무자 집단 사이에 존재하는 관련성' 자체보다는 오히려 '재정조달 이전 단계에서 추구되는 특정 사회적·경제적 정책목적과 부담금의 부과 사이에 존재하는 상관관계'에 더 주목하게 된다. 따라서 재정조달목적 부담금의 헌법적 정당화에 있어서는 중요하게 고려되는 '재정조달 대상 공적 과제에 대한 납부의무자 집단의 특별한 재정책임 여부' 내지 '납부의무자 집단에 대한 부담금의 유용한 사용 여부' 등은 정책실현목적 부담금의 헌법적 정당화에 있어서는 그다지 결정적인 의미를 가지지 않는다고 할 것이다.

C. 반대의견

반대의견은 다수의견과는 달리 수질개선부담금을 재정조달목적을 가지는 부담금으로 보고 있다. 물론 부담금이 재정조달목적뿐 아니라 정책실현 목적도 함께 가지는 경우에는 그 정당화 요건은 부분적으로 완화된다고 할 것인바, 다수의견은 먹는샘물 수입판매업자에 대해 부과되는 이 사건 부담금의 경우 재정조달목적 이외에 원활한 수돗물 우선정책의 실현목적도 있는 것으로 파악하고 있다. 그러나 반대의견은 이 사건 부담금이 정책실현목적은 인정하기 어렵고 다음과 같은 이유에서 오로지 재정조달에 주된 목적이 있는 것으로 보고 있다. 즉, 수질개선부담금의 근거가 되는 이 사건 법률조항은 단지 "공공의 지하수자원을 보호하고 먹는물의 수질개선에 기여하게 하기 위하여"라고 설치목적을 밝히고 있으므로, 이러한 법문에 명시된 목적과 전혀 동떨어진 것은 부담금을 부과하는 적법한 목적으로 볼 수 없다. 헌재가 98헌가1 결정에서는 "먹는샘물과 수돗물 사이의 대체적 관계" 및 "국가의 수돗물 우선정책" 등을 주요하게 고려하고 있기는 하나, 이는 국내의 지하수 자원으로 먹는샘물을 제조하는 경우를 전제로 한 논의로서, 그 의미는 어디까지나 '공공의 지하수 자원 보호 및 먹는물의 수질개선'이라는 부담금 설치목적의 연장선상에서 제한적으로 파악되어야 한다.

그러므로 위 결정에서 먹는샘물과 수돗물이 대체적 관계에 있다고 한 것은 한정된 국내 수자원을 어디에 배분하고 어떤 형태로 소비할 것인가 하는 구체적 관점에서 볼 때 그렇다는 의미이지, 단순히 소비의 측면에서 대체재 관계에 있음을 뜻하는 것으로 풀이할 것은 아니다. 또한 수돗물 우선정책도 우리나라의 자연환경, 수자원의 현황, 국민의 소득수준 등의 여러 요소와 사정을 종합적으로 고려할 때, 국내 수자원을 효율적으로 관리하는 방안으로서 그 타당성이 인정된다고 한 것이지, 그와 무관하게 단순히 국민에게 먹는샘물 대신에 수돗물을 마시도록 강권하는 차원에서 그 타당성이 있다고 본 것은 아니라고 할 것이다. 이렇게 볼 때에, 외국산 먹는샘물은 국내 지하수 자원을 개발·이용한 것이 아닌 탓에 국내 수자원의 배분이라는 측면에서는 수돗물과 대체적 관계에 놓여 있지 않으며, 그 수입·판매는 국내 수자원을 효율적으로 관리하기 위한 방안으로서의 수돗물 우선정책과 정면으로 상충되지도 않는다.

이와 같은 이유로 반대의견은 수돗물 우선정책의 원활한 실현을 위해 수입판매업자에 대해 수질개선부담금을 부과한다는 논리가 타당하지 않다는 결론을 내리고 있다. 나아가, 외국산 먹는샘물의 완제품을 수입·판매하는 데에 대해 부담금을 부과한다고 하더라도 그것만으로 곧바로 국내 지하수 자원의 보호나 먹는물의 수질개선의 효과가 나타나는 것은 아니고, 이러한 효과는 오로지 그 부담금 수입을 지출하는 단계에서 비로소 기대할 수 있다. 결국 반대의견은 이 사건 부담금은 그 부과 자체로 추구되는 정당한 사회적·경제적 정책 실현 목적은 없고, 다만 '공공의 지하수자원을 보호하고 먹는물의 수질을 개선하는 데 소요되는 비용을 충당한다'는 재정조달목적의 관점에서 그것이 헌법적으로 정당화될 수 있는가에 대해서만 평가가 가능한 것으로 보고 있다.

(2) 소 결

우선 수질개선부담금이 다수의견과 같이 정책실현을 위한 유도적 기능을 가지는 특별부담금인지 아니면 반대의견이 주장하는 재정조달적 목적을 가지는 특별부담금인가를 구별하는 실익은 헌재가 이전의 다른 결정에서 강조하는 바와 같이 이른바 특별부담금의 실체적 정당화 요소가 원칙적으로 적용되는가 여부를 결정하기 위해서 중요하다. 우선 유도적·조정적 정책목적이란 부담금의 부과를 통하여 납부의무자에게 국가가 의도하는 방향으로 협력하도록 하거나 이들의 사업활동 또는 소비행태를 일정한 방향으로 조정(steuern)하는 것이다. 그런데 먹는샘물의 수입판매업자에게 수질개선부담금을 부과한다고 하더라도 이들이 부담금의 부과를 통하여 달성하려하는 "지하수자원의 보호와 수돗물의 수질개선"이라는 정책목표가 실현될 수 있을지 의문이다. 왜냐하면 부담금의 정책목적은 일차적으로 부담금의 납부의무자를 대상으로 그 실현 여부가 결정되어야 하는데, 수질개선부담금은 먹는샘물의 수입판매업자에게 지하수자원을 보호하도록 유도하거나 수돗물의 수질을 개선하도록 조정할 수 있는 기능을 전혀 수행할 수 없기 때문이다.

예를 들어 수질개선부담금이 국내에서 먹는샘물을 생산하여 판매하는 사업자에게 부과되는 경우에는 유도적인 정책목표를 일정부분 실현할 가능성은 있다. 그러나 이러한 정책목표는 먹는샘물의 수입판매업자의 경우에는 오로지 일정한 재원이 형성되고 이를 지출하는 과정에서 달성될 수 있는 성질의 것으로서 반대의견이 "외국산 먹는샘물의 완제품을 수입·판매하는 것에 대해 부담금을 부과한다고 하더라도 그것만으로 곧바로 국내 지하수 자원의 보호나 먹는물의 수질개선의 효과가 나타나는 것은 아니고, 이러한 효과는 오로지 그 부담금 수입을 지출하는 단계에서 비로소 기대할 수 있다"는 표현은 바로 이러한 측면을 강조하는 것이라고 볼 수 있다.

따라서 수질개선부담금의 납부의무자가 먹는샘물의 수입판매업자인 경우에는 유도적 정책목표의 실현은 구조적으로 불가능하며 적어도 수입판매업자를 중심으로 볼 때 수질개선부담금은 재정적 목적을 가지는 것으로 보아야 한다. 그렇다면 헌재가 특별부담금과 관련된 다른 결정례에서 보여준 집단적 동질성, 집단적 효용성, 객관적 근접성, 집단적 책임성이라는 특별부담금의 헌법적 정당화 요소는 비교적 엄격하게 적용되어야 하며, 특히 이 중에서도 객관적 근접성과 집단적 책임성의 요건은 반드시 충족되어야 한다.

(3) **평등원칙에 대한 위반 여부**

A. **다수의견**

이미 언급한 바와 같이 다수의견은 수질개선부담금을 정책적 목표를 수행하는 유도적 부담금으로 보고 특별부담금의 헌법적 정당화 요소 중 일부의 적용이 다음과 같은 이유에서 배제되는 것으로 보고 있다. "먹는샘물 수입판매업자에게 수질개선부담금을 부과하는 것은, 수돗물과 마찬가지로 음용수로 사용된다는 점에서 수돗물과 대체적·경쟁적 관계에 있는 수입 먹는샘물이 음용수로 증가함으로써 수돗물을 음용수로 이용하는 사람의 수가 감소하게 되어 상수도 보급 확대, 시설개량 및 수돗물 수질개선에 관한 정부의 정책 유인이 감소되어 장기적으로는 먹는물의 일종인 수돗물의 수질 저하가 야기되는 것을 방지하기 위하여 수돗물과 대체관계에 있는 수입 먹는샘물의 보급 및 소비를 상대적으로 억제하고 징수된 부담금으로 수돗물 수질개선이라는 환경정책 실현을 위한 재원을 마련함으로써 국가가 수돗물의 질을 개선하여 저렴하게 공급하는 수돗물 우선정책을 달성하는데 밀접한 관련이 있으므로 그 내용상으로는 환경에 관한 부담금이고, 그 기능상으로는 정책실현목적의 유도적 부담금이라 할 것이다. 따라서, 먹는샘물 수입판매업자에게 추가적으로 수질개선부담금을 부과하는 것에 합리적 이유가 있는지 여부를 판단하는 데 있어서는 특별한 사정이 없는 한 부담금의 부과가 정당한 사회적·경제적 정책목적을 실현하는 데 적절한 수단인지 여부를 살펴보는 것으로 충분하고, 달리 납부의무자에게 재정조달의 대상인 공적 과제에 대하여 일반국민에 비해 특별한 재정책임이 인정되는지 여부 혹은 그러한 부담금의 수입이 납부의무자의 집단이익을 위하여 사용되는지 여부 등은 살펴볼 필요가 없다 할 것이다."

먹는샘물 수입판매업자도 다른 일반국민과 마찬가지로 국가에 대하여 납세의무를 부담하고 있음에도 이 사건 법률조항은 일반국민은 부담하지 않는 수질개선부담금이라는 조세외적 공과금을 먹는샘물 수입판매업자에게 부담시키고 있는데, 이러한 선별적 부담금 부과에 합리적 이유가 있는지 살펴본다. 살피건대, 우리 재판소는 1998. 12. 24. 선고한 98헌가1 결정에서 구 먹는물관리법(1995. 1. 5. 법률 제4908호로 제정되고 1997. 8. 28. 법률 제5394호로 개정되기 전의 것) 제28조 제1항 중 먹는샘물 제조업자에 관한 부분의 위헌 여부를 심사하면서 다음과 같이 판시한 바 있다.

"음용수에 관하여 수돗물 우선정책을 추진할 것인지, 수돗물과 먹는샘물간에 자유경쟁관계를 유지할 것인지, 혹은 먹는샘물 우선정책을 채택할 것인지는 중요한 정책의 과제로서 국가의 정책형성권에 맡겨져 있다 할 것이므로, 국가는 합리적이라고 판단되는 음용수 정책을 선택하여 시행할 수 있는 것이다. 현재 우리나라는 국가가 수돗물의 질을 개선하여 저렴하게 공급한다는 수돗물 우선정책을 택하고 있는바, 우리나라의 자연환경, 수자원의 현황, 국민의 소득수준 등의 여러 요소와 사정을 종합적으로 고려하여 수돗물 우선정책을 선택한 국가의 판단이 명백히 자의적이거나 불합리하다고 보이지 아니한다면 원칙적으로 존중되어야 하는 것이다. 먹는샘물은 수돗물과 마찬가지로 음용수로 사용된다는 점에서 수돗물과 대체적·경쟁적 관계에 있어서, 먹는샘물이 음용수로 보편화되면 그만큼 수돗물 정책이 위축되는 관계에 있다. 국가의 수돗물 우선정책과 병행하여 민간기업이 먹는샘물의 개발과 보급에 대거 참여한다면 음용수에 대한 투자가 중복되어 국가자원 배분의 효율성 측면에서도 바람직하지 아니하다. … 수돗물은 가격 면에서 먹는샘물에 비하여 현저히 저렴하다. 그리하여 국민의 대다수가 수돗물을 음용수로 이용하고 있는 상황에서 … 수돗물 우선정책이 포기되거나 제대로 실현되지 아니한다면 수돗물을 이용하는 대다수

국민의 먹는물 비용부담을 증가시키게 되고, 특히 먹는샘물을 선택할 경제적 능력이 부족한 저소득층 국민들은 질 낮은 수돗물을 마시지 아니할 수 없는 결과를 초래하게 된다."

이러한 판시는 먹는샘물의 수입판매업자에 관한 이 사건 법률조항의 경우에도 마찬가지로 적용될 수 있다 할 것이다. 즉, 우리나라의 자연환경, 수자원의 현황, 국민의 소득수준 등의 여러 요소와 사정을 종합적으로 고려할 때 음용수에 관하여 국가가 수돗물 우선정책을 추진하는 것은 합리적인 정책형성권 행사로서 존중되어야 할 것인데, 수돗물과 대체적·경쟁적 관계에 있는 수입 먹는샘물이 음용수로 사용되는 것이 증가하면 그만큼 수돗물 우선정책은 위축되게 되고, 이는 자원배분의 효율성 면에서도 바람직하지 않고, 나아가 수입 먹는샘물을 선택할 경제적 능력이 부족한 저소득층 국민들로 하여금 질 낮은 수돗물을 마시지 않을 수 없게 하는 결과를 초래할 것이므로, 먹는샘물 수입판매업자에게 수질개선부담금을 부과하는 것은 수돗물 우선정책에 반하는 수입 먹는샘물의 보급 및 소비를 억제하도록 간접적으로 유도함으로써 궁극적으로는 수돗물의 질을 개선하고 이를 국민에게 저렴하게 공급하려는 정당한 국가정책이 원활하게 실현될 수 있게 하기 위한 적절한 수단이라 할 것이다. 입법자는 이와 같은 사정들을 종합적으로 고려하여 먹는샘물의 수입판매업자에게 수질개선부담금을 선별적으로 부과한 것이므로 거기에는 합리적인 이유가 있다고 할 것이어서 평등원칙에 위배되는 것이라 볼 수 없다.

국내 지하수자원을 개발·이용하는 먹는샘물 제조업자와는 달리 외국의 먹는샘물 완제품을 수입하여 판매하는 수입판매업자는 우리나라의 지하수 자원을 고갈시키거나 환경오염을 유발할 우려가 없음에도 먹는샘물 제조업자와 똑같은 비율의 수질개선부담금을 부과하는 것은 '다른 것을 같게' 취급하는 것으로서 평등원칙에 반하는 것인지 여부에 관하여 살펴본다. 먹는샘물은 수입된 것이거나 국내에서 제조된 것이거나 상관없이 모두 음용수로 사용되는 면에서는 수돗물과 대체적·경쟁적 관계에 있기 때문에 먹는샘물이 음용수로 사용되는 것이 증가하면 그만큼 수돗물 우선정책은 위축될 뿐만 아니라, 수돗물은 가격면에서 먹는샘물에 비하여 현저히 저렴하므로 국민의 대다수가 수돗물을 음용수로 이용하고 있는 상황에서 수돗물 우선 정책이 포기되거나 제대로 실현되지 아니한다면 수돗물을 이용하는 대다수 국민의 먹는물 비용부담을 증가시키게 되고, 특히 먹는샘물을 선택할 경제적 능력이 부족한 저소득층 국민들은 질 낮은 수돗물을 마시지 아니할 수 없는 결과를 초래하게 되므로, 결국 먹는샘물 수입판매업자와 먹는샘물 제조업자는 모두 국가의 수돗물 우선 정책에 직접적이고도 상반되는 이해관계를 가지면서 그에 특별한 위험을 야기하는 집단으로서 수질개선부담금을 부과할 만한 특별한 관계에 있다는 점에서 동일하다고 할 것이다.

B. 반대의견

이에 비하여 반대의견은 수질개선부담금이 재정적 목적을 가진 특별부담금으로 보고 다음과 같은 이유에서 헌법적 정당화 요소를 결하고 있는 것으로서 평등권에 반하는 것으로 보고 있다. "이 사건 부담금은 아래와 같은 사유로 재정조달목적 부담금으로서 정당화되기 어렵다. 이 사건 법률조항에서 재정조달의 대상인 공적 과제는 '공공의 지하수자원의 보호'와 '먹는물의 수질개선' 두 가지이다. 이 중에서 먼저 공공의 지하수자원의 보호라는 과제에 관하여 보면, 먹는샘물 수입판매업자는 그에 대하여 특별히 밀접한 관련성을 가진다고 할 수 없다. 이들은 국내 지하수 자원을 이용하거나 훼손하지 않는 점에서 국내 지하수 자원 보호와 관련하여 이들에게 특별한 재정책임을 지울 근거가 없으며, 또한 지하수 자원 보호사업을 위한 재정지출이 이들에게만 특별히 유용한 것도 아니기 때문이다. 그러므로 공공의 지하수 자원의 보호에 필요한 재정을 조달한다는 목적에 관한 한, 일반국민과 달리 유독 먹는샘물 수입판매업자에게 이 사건 부담금을 추가적으로 부담시킬 합리적인 이유가 없다.

다음으로, 수입 먹는샘물 이외의 먹는물, 그 중에서도 특히 수돗물의 수질개선의 과제는 1995년 먹는물관리법의 제정에 의해 먹는샘물의 수입판매가 처음으로 허용되기 훨씬 이전부터 국가나 지방자치단체가 부담하고 있던 일반적 과제에 속한다. 즉, 1961. 12. 31. 법률 제939호로 제정된 수도법 제6조에서 이미 수도사업 공영의 원칙을 선언하였고, 1993. 12. 27. 법률 제4627호로 개정된 수도법 제2조 제1항에서 모든 국민이 양질의 물을 공급받을 수 있도록 수도에 관한 종합적인 계획을 수립하고 합리적인 시책을 강구하여야 할 국가의 책무를 규정한 이래 오늘에 이르고 있다. 그러므로 수입 먹는샘물 이외의 먹는물의 수질개선에 관한 한, 특별한 공적 과제로 접근할 사안이 아니라 전체 국민에 관련되어 있는 일반적 과제로 인식되어야 하므로, 먹는샘물 수입판매업자들에게 특별한 재정책임을 인정하기는 어렵다. 그렇다면 이 사건 법률조항은 합리적 이유 없이 수입판매업자에 대하여 조세외적 부담금을 추가로 부담시킴으로써 공과금 부담의 형평성을 훼손한다고 할 것이므로 평등원칙에 위배된다."

(4) 소 결

이미 언급한 바와 같이 수질개선부담금이 정책목적 부담금인지 혹은 재정목적 부담금인가에 따라서 헌법재판소가 제시한 특별부담금의 헌법적 정당화 요소에 대한 적용범위가 달라질 수 있다. 그러나 이러한 차이에도 불구하고 모든 특별부담금의 정당화 요소로서 결코 포기될 수 없는 것은 부담금의 부과목적에 대한 납부의무자들의 객관적 근접성과 그로 인한 집단적 책임성이다. 다시 말해서 헌재의 다수의견과 같이 가사 수질개선부담금의 주요 목적이 일정한 정책적 과제를 실현하는 것이라고 하여도 부담금의 납부의무자가 일반납세자에 비하여 이러한 정책과제에 보다 근접하지 않고 따라서 집단적인 재정책임도 부담하지 않는다면 수질개선부담금이 특별부담금으로 정당화될 수 없기 때문이다.

4) 물이용부담금과의 비교

헌법재판소가 두 번에 걸쳐서 수질개선부담금에 대하여 내린 결정을 분석한 것은 물이용부담금과의 유사성을 발견할 수 있는지의 문제를 검토하기 위한 것이다. 일단, 수질개선부담금 결정과 관련하여 헌법재판소의 두 번째 결정에서 반대의견이 제시한 법리를 눈 여겨 볼 필요가 있다. 그 이유는 만약 입법자가 물이용부담금을 특별부담금으로 도입하고자하는 의사를 갖고 있었다면 현재의 법상태로 보아 유도적 기능이 전혀 없기 때문에 재정조달목적 부담금에게 적용되는 네 가지 정당화 요건을 충족하기 어려워 위헌으로 판단할 가능성이 크기 때문이다. 그런데 무엇보다 중요한 것은 물이용부담금이 수질개선부담금과 그 부과대상은 물론 법적 성격에 있어서 판이하게 다르다는 점이다.

첫 번째 사건(98헌가1)의 심판대상조항은 수질개선부담금의 부과대상을 규정하고 있는데 다음과 같다. 구 먹는물관리법(1995. 1. 5. 법률 제4908호로 제정되고 1997. 8. 28. 법률 제5394호로 개정되기 전의 것) 제28조(수질개선부담금의 부과·징수) ① 환경처장관은 공공의 지하수자원을 보호하고 먹는물의 수질개선에 기여하게 하기 위하여 먹는 샘물의 제조업자·수입판매업자로부터 먹는샘물 판매가액의 100분의 20의 범위 안에서 대통령령이 정하는 율에 따라 수질개선부담금(이하 "부담금"이라 한다)을 부과·징수할 수 있다. 두 번째 사건 역시 심판대상조항은 수질개선부담금의 부과대상을 대동소이하게 다음과 규정하고 있다. 먹는물관리법(1997. 8. 28. 법률 제5394호로 개정된 것) 제28조(수질개선부담금의 부과·징수) ① 환경부장관은 공공의 지하수자원을 보호하고 먹는물의 수질개선에 기여하게 하기 위하여 먹는샘물 제조업자 및 먹는샘물 수입판매업자 기타 제9조의 규정에 의한 샘물개발허가를 받은 자에 대하여 대통령령이 정하는 바에 따라 수질개선부담금(이하 "부담금"이라 한다)을 부과·징수할 수 있다. 다만, 먹는샘물의 제조업자·수입판매업자에 대하여는 먹는샘물의 평균판매가액의 100분의 20의 범위 안에서 대통령령이 정하는 율에 따라 부담금을 부과·징수하고, 기타 제9조의 규정에 의한 샘물개발허가를 받은 자에 대하여는 샘물을 사용한 제품의 판매가격에서 샘물이 차지하는 원가의 100분의 20의 범위 안에서 대통령령이 정하는 바에 따라 부담금을 부과·징수한다.

첫 번째 사건의 경우 수질개선부담금의 부과대상은 “먹는샘물의 제조업자·수입판매업자로부터 먹는샘물 판매가액의 100분의 20의 범위 안에서 대통령령이 정하는 율”이다. 다시 말하자면 이 사건의 경우 수질개선부담금은 먹는샘물 판매가액의 일정 비율을 그 대상으로 일방적으로 부과하는 것으로서 납부의무자들이 얻을 수 있는 어떠한 경제적 편익을 상쇄하는 구조가 아니다. 다사 말하자면, 수질개선부담금의 경우 부과권자의 일방적인 부과행위가 그 요건이라는 점에서 아무런 반대급부 없이 부과하는 조세와의 유사성이 발견되고 조세와 구별하여 독자적인 정당성을 찾기 위하여 특별부담금으로서의 허용요건을 검토한 것이다. 또한 수질개선부담금의 부과목적은 “공공의 지하수자원을 보호하고 먹는물의 수질개선에 기여하게 하기 위하여”라고 규정하여 수질개선부담금이 재정조달목적과 동시에 지하수자원의 보호라는 유도적 목적을 가지고 있어서 그 헌법적 허용요건에 대한 사법부의 완화된 심사가 가능하다는 것을 암시하고 있다.

두 번째 사건의 경우도 수질개선부담금의 부과대상은 먹는샘물 제조업자 및 먹는샘물 수입판매업자, 샘물개발허가를 받은 자의 제품 판매가격의 일정 비율이다. 이 경우 역시 부과권자는 납부의무자들의 판매가격의 일정 부분에 대하여 수질개선부담금을 일방적으로 부과할 뿐 납부의부자들이 국가의 일정한 급부행위로부터 누리는 경제적 편익을 상쇄하는 것이 아니다. 따라서 이 사건 역시 조세와의 구별, 특별부담금의 헌법적 정당화 요건의 충족 여부가 문세가 된 것이다. 따라서 헌법재판소가 물과 관련된 수질개선부담금에 대하여 두 차례 결정을 하였지만 이 사건에서는 전적으로 특별부담금의 정당화 문제가 그 핵심이었기 때문에 전형적인 사용료로서의 법적 성격을 가지고 있는 물이용부담금과는 어떠한 관련성도 발견할 수 없다.

Ⅵ. 결 론

물이용부담금의 부과대상을 포함한 전체적인 부과요건, 부과목적 등을 전체적으로 고려할 때 물이용부담금은 공과금법상 사용료로서의 성격을 가지고 있다. 여기에 "부담금"이라는 포장을 씌워서 부담금관리기본법과 동법 별표에 규정하고 그 수입으로 주민지원사업과 수질개선사업 등을 수행하는 것은 우리나라 행정편의주의의 전형이다. 앞서 설명한 바와 같이 물이용부담금은 부담금관리기본법이라는 실정법상 부담금도 아니어서 위법하며, 입법자의 의도가 특별부담금을 의도하였다면 특별부담금으로서의 헌법적 허용요건을 결하고 있기 때문에 위헌적인 부담금이다. 더욱이 4대강의 공공수역에서 취수를 통하여 수도사업을 하는 수도사업자에게는 부과와 징수, 수계기금에의 납부의무만를 부과하여 취수와 수도사업으로 인한 경제적 편익은 간과하면서 정작 그 부담을 수돗물을 사용하는 최종소비자에게 전가하는 것은 어떠한 법적 논리로도 설명할 수 없는 부분이다. 어떻게 보면 나름대로의 연합적 세력을 유지하고 있는 수도사업자들은 자신들이 하천수 사용료나 댐용수 사용료를 부담하고 있느니 물이용부담금은 낼 수 없다고 버틸 수도 있지만 아무런 조직적 힘을 가지지 못한 소비자에게 그 부담을 떠넘기는 강자의 논리가 적용된 결과이다.

물이용부담금이 사용료이기 때문에 하천수 사용료와 수돗물 사용료와 중복되는 것이 핵심적인 문제이기 때문에 물이용부담금을 폐지하는 것이 정공법이다. "행정편의는 국민의 상식을 이길 수 없다"는 것이 우리가 살아가는 시대에 국민들이 보편적으로 공유하는 가치라면 물이용부담금이 이러한 상식과 보편적 가치를 피해가기는 어렵게 보이기 때문이다. 그리고 4대강 상류지역에서 행위제한을 받는 주민들에 대한 지원사업이나 하천의 수질개선사업은 정부가 그에 소요되는 예산을 편성하여 국회의 심의와 의결을 거쳐서 집행함으로써 기금편의주의를 극복하고 예산과 재정민주주의를 실현하는 것이 정도인 것이다. 이것이 부분적으로 자치단체의 예산으로 수행될 필요가 있다고 판단하는 경우 일정 부분 하천수 사용료와 수도요금의 현실화를 통하여 필요한 재원을 마련하는 방안을 검토하여야 할 것이다.

다만, 물이용부담금을 당장 폐지하기 어렵다면 일단 그 사용목적이나 대상을 수정하는 것이 필요하다. 앞서 언급한 바와 같이 한강수계법 제22조는 한강수계기금의 용도와 관련하여 다양한 사업을 규정하고 있다. 또한 한강수계법 제16조 제1항에 따라서 수질개선사업과 주민지원사업 등에 드는 사업비를 확보하기 위하여 시·도 및 시·군·구에 조례로서 수질개선특별회계가 설치된다. 한강수계기금과 관련 자치단체의 수질개선특별회계에 규정된 기금의 용도 중 수질개선사업이나 기타 환경보전사업은 국가의 일반적 과제로서 이는 국민의 일반적인 재정부담인 조세를 통하여 수행하여야 하는 과제들이다. 또한 수변생태벨트 조성을 위한 토지매입, 오염총량관리에 필요한 비용의 지원, 수질오염방지시설의 운영비용 지원, 환경기초시설의 설치·운영 지원, 조류(藻類) 발생 등으로 인한 청소비용, 친환경 청정사업의 지원 등은 모두 환경부의 일반예산에서 처리하는 국가의 일반적 과제이지 수도 사용료나 하천수 사용료로서의 성격을 가지는 물이용부담금을 부과하여 시행할 사업이 전혀 아니다.

한강수계법 제22조 제10호는 이러한 사업 이외에도 대통령령을 통하여 거의 무제한적으로 한강수계기금을 환경보호사업에 제출할 수 있는 길을 열어 놓고 있다. 동법 시행령 제28조에 규정된 사업은 다음과 같다. 1. 팔당호 및 잠실수중보 등의 퇴적물 준설사업. 2. 수변녹지 조성사업. 3. 매수한 토지 등의 관리. 4. 민간단체의 수질감시 및 보전활동의 지원. 5. 환경기초조사사업. 6. 수질개선을 위한 교육 및 홍보. 7. 상수원관리지역 및 법 제6조에 따라 상수원보호구역에서의 행위제한이 준용되는 하천구간의 관리. 8. 수질개선을 위한 생태하천 복원사업. 9. 수질자동측정감시 장치의 설치와 운영. 10. 소유자 또는 관리자가 없는 지하수 개발·이용시설에 대한 수질오염방지사업. 11. 비점오염저감사업(非點汚染低減事業). 12. 수원함양기능을 증진하기 위한 산림사업. 13. 「수질 및 수생태계 보전에 관한 법률」 제31조 제1항에 따른 쓰레기의 운반·처리 비용(위원회가 정하는 댐에서 발생하는 쓰레기에 대한 지방자치단체의 분담비용 중 위원회가 인정하는 것만 해당한다). 14. 조류(藻類) 주의보 기간 중 조류 제거에 드는 정수(淨水) 비용의 지원.

이러한 사업들은 환경부의 매우 일상적인 업무에 불과한 것으로서 거의 모든 국민에 해당하는 수돗물 사용자와 하천수 사용자로부터 이중의 사용료에 해당하는 물이용부담금을 부과하여 처리할 특별한 국가적 과제가 전혀 아니다. 결과적으로 한강수계기금을 비롯한 4대강수계기금은 환경부의 제2의 편법예산이며, 헌법재판소가 지적하고 있는 바와 같이 일반예산을 확보하는 것이 재정적으로 어렵고 국민의 동의를 받기 어렵다는 점을 교묘하게 우회하여 부담금 형태를 유지하는 편법의 극치를 보여주는 것이다. 더욱 문제인 것은 한강수계법 시행령 제28조 제15호가 기금의 용도로서 위 사업들 이외에 한강수계의 상수원의 수질개선 또는 상류·하류지역의 협력증진을 위하여 한강수계위원회가 선정하는 사업을 규정하고 있어서 위원회가 자의적으로 결정할 수 있는 사업 모두를 기금의 사용이 가능한 것으로 인정하는 어처구니 없는 내용을 규정하고 있다.

따라서 위에서 지적한 세세한 환경부의 업무는 한강수계기금과 관련 자치단체의 수질개선사업특별회계에서 삭제하는 것이 필요하다. 그리고 물이용부담금을 중·단기적으로 존치시키는 경우에는 철저하게 4대강 상류에서 행위제한을 받는 주민에 대한 지원사업에 주로 사용하여야 한다. 깨끗한 수돗물이나 하천수를 사용할 수 있다는 것은 상류주민들의 희생에 기인하는 것이기 때문이다. 또한 물이용부담금의 법적 성격이 수돗물 사용료 내지 하천수 사용료로서의 성격을 가지고 있으므로 이들 사용료의 수입은 수도시설이나 하천시설을 유지하고 이들 시설로부터 수자원을 안정적으로 확보할 수 있는 사업 등에 사용하는 방안을 장기적으로 검토할 필요가 있다.

VII. 물이용부담금에 대한 헌법재판소의 합헌결정

1. 결정 요지

물이용부담금의 위헌성에 대한 필자의 견해와는 달리 헌법재판소는 지난 2020년 8월 28일 합헌결정을 내렸다. 헌법재판소의 결정 내용 중 주목을 끄는 부분은 아래와 같이 물이용부담금의 부과 근거 조항에 대하여 과잉금지원칙의 내용 중 수단의 적합성에 대하여 설시한 부분이다.

"부담금 부과조항은 한강수계 중 하류 지역의 상수원으로부터 취수된 수돗물의 최종수요자(이하 '부담금 납부대상자'라 한다)에게 물이용부담금을 부과하고 있는데, 물이용부담금을 부과하는 것이 위와 같은 입법목적을 달성하기 위한 적합한 수단이 되기 위해서는 그것이 재정조달목적 부담금으로서 헌법상 허용되는 것이어야 한다. 수자원은 하천을 매개로 관리되는데, 물이 상류에서 하류로 흐르는 자연적 특성상 용수의 사용과 수질이 상·하류 간 밀접하게 영향을 줄 수밖에 없고, 하천마다 주변 자연환경, 지리적·사회적 환경이 다르므로 수자원을 관리할 때에는 하천별 특성들이 고려되어야 한다. 이러한 특별한 정책적 필요에 따라 한강수계법은 '한강'이라는 특정한 수계를 중심으로 수자원을 관리하기 위한 목적으로 제정된 것이다. 따라서 이러한 공적 과제는 반드시 조세에 의하여 재원이 조달되어야만 하는 국가의 일반적 과제라기보다는 관련된 특정 집단으로부터 그 재원이 조달될 수 있는 특수한 공적 과제의 성격을 가지므로 이를 위해 부담금 납부대상자에게 물이용부담금을 부과하는 것이 국가의 일반적 과제를 수행하면서 부담금 형식을 남용한 것이라고는 볼 수 없다. 나아가 상수원의 수질개선은 해당 국민의 건강, 생활환경과 밀접한 관련을 갖는 중대한 공적 과제로 관련 사업이 지속적으로 수행될 필요가 있기 때문에 그에 필요한 재원의 조달이 안정적으로 확보될 필요성이 있으므로 일반적인 재정수단이 아닌 부담금 형식의 별도의 기금을 마련할 필요성이 인정된다.

또한 물이용부담금이 헌법상 정당화되기 위해서는 한강수계의 상수원

수질 개선이라는 공적 과제에 대하여 부담금의 납부의무자 집단으로 선정된 부담금 납부대상자가 특별히 밀접한 관련성을 가져야 하므로 이에 대하여 보기로 한다. 부담금 납부대상자는 공공재로서 한강수계의 특정한 공공수역으로부터 취수된 물을 공급받아 소비한다는 점, 한강수계의 수질개선을 위한 토지 이용규제 등 공적 부담을 지고 있지 않는 집단이라는 점에서 동질적인 특정 요소를 갖추고 있다. 그리고 부담금 납부대상자는 수질개선을 통해 양질의 수자원을 제공받는 특별한 이익을 얻는다는 측면에서 이러한 공적과제와 객관적으로 근접한 집단이고, 그 수혜자로서 해당 비용에 대해 집단적 책임성도 인정된다. 또한 앞서 본 바와 같이 물이용부담금은 한강수계관리기금의 재원이 되어 상수원 수질보전을 위한 토지이용 규제에 따르는 기회비용을 보전하고, 수자원 이용을 위한 수질관리비용에 충당되는바, 한강수계관리기금의 집행을 통한 궁극적 이익은 한강수계로부터 수돗물을 공급받는 최종수요자에게 돌아가게 되므로 결국 물이용부담금은 부담금 납부대상자에게 양질의 수돗물 공급이라는 직접적인 효용을 제공하게 된다. 그러므로 물이용부담금 제도를 통해 추구하는 공적 과제와 부담금 납부대상자 간에 특별히 밀접한 관련성을 인정할 수 있다.

나아가 한강수계법 제19조에 따라 징수한 물이용부담금은 조세와 달리 국가의 일반회계의 재원으로 귀속되지 않고 한강수계관리기금의 재원으로 귀속되어 한강수계의 상수원 수질개선 비용 등의 용도로만 사용된다. 기획재정부장관은 매년 부담금의 부과실적, 사용명세 등이 포함된 부담금 운용종합보고서를 작성하여 국회에 제출하고(부담금관리 기본법 제7조 등), 이를 통해 물이용부담금 징수의 타당성이나 적정성은 입법자의 지속적 심사를 받고 있다. 그러므로 물이용부담금 부과가 재정에 대한 국회의 민주적 통제체계로부터 일탈하는 수단으로 남용될 위험성은 크지 않다. 이를 종합하면, 부담금 부과조항은 입법목적 달성을 위한 적합한 수단에 해당한다"

2. 평 가

헌법재판소의 결정은 그 동안 헌법재판소가 특히 재정조달목적 부담금의 헌법적 요건에 대한 엄격한 심사기준을 스스로 무너뜨렸다는 점에서 우려의 여지가 크다. 정책실현목적 부담금의 경우 헌법재판소가 입법자의 형성권과 정부의 집행권을 존중하고 완화된 심사기준을 적용하는 것은 충분히 이해할 수 있다. 그러나 조세와 경쟁관계에 있는 재정조달 목적 부담금의 경우 국민의 재산권 등 기본권을 수호하는 최후의 보루로서 헌법재판소가 느슨한 심사기준을 적용하여 결국 잘못된 입법을 바로잡을 기회를 스스로 상실한다면 과연 헌재의 존립목적이 무엇인지 되묻지 않을 수 없다.

우선 헌법재판소는 물이용부담금이 집단적 동질성, 집단적 책임성, 객관적 근접성, 집단적 효용성을 모두 충족하였으므로 이른바 재정조달목적 부담금으로서 합헌이라는 입장이다. 과연 그럴까? 헌법재판소는 납부의무자들의 집단적 동질성과 관련하여 "부담금 납부대상자는 공공재로서 한강수계의 특정한 공공수역으로부터 취수된 물을 공급받아 소비한다는 점, 한강수계의 수질개선을 위한 토지 이용규제 등 공적 부담을 지고 있지 않는 집단이라는 점에서 동질적인 특정 요소를 갖추고 있다"는 견해를 제시하였다.

그런데 집단적 동질성이라는 요건은 납부의무자들이 역사적·문화적·사회적·직업적으로 상당한 기간 동안 숙성되어 다른 국민이나 인구집단에서는 찾아보기 어려운 매우 긴밀하고 독특한 유대감으로 구별되는 특징을 말한다. 물이용부담금의 납부의무자들은 아파트 1호와 2호, 3호에 거주하는 장삼이사 평범한 사람들로서 이들은 역사적, 문화적으로 각인된 공통의 유대감을 가진 사람들이 아니다. 이들은 단순하게 아파트 주민이며 공통점이 있다면 수돗물을 사용한다는 점이다. 이들에게 "당신들은 한강 상류로부터 깨끗한 물을 공급받기 때문에 특별한 연대감을 가진 동질적인 사람들이지요?"라고 묻는 다면 "네 그렇습니다"라고 답할 사람이 있을까? 오히려 같은 아파트 주민이라는 동질감이 더 크지 않을까?

그래도 그들은 상류 지역에 거주하는 주민들에 대한 법적 규제로 인하여 깨끗한 취수원을 유지할 수 있고 결과적으로 건강하고 위생적인 수돗물을 사용하는 사람들이기 때문에 특별한 혜택을 받는다는 점에서 집단적 효용성 원칙이 실현되고 따라서 수도요금 이외에 물이용부담금도 마땅히 내야한다는 것이 헌법재판소의 논리이다. 깨끗하고 위생적인 수돗물을 마시는 주민들이 기꺼이 물이용부담금을 부담해야 한다는 이야기를 낙동강 유역, 특히 하류 지역에 거주하는 주민들이 들으면 어떻게 생각할까라는 문제는 별론으로 하더라도 "쾌적하고 깨끗한 물을 마시는 것은 헌법상 당연한 기본권 아닌가요?"라고 헌법재판소에 묻고 싶다.

헌법 제35조 제1항에 따라서 모든 국민은 건강하고 쾌적한 환경에서 생활할 권리를 가진다는 내용을 설마 헌법재판관들이 모르지는 않을 것으로 보인다. 국민들이 수돗물의 사용에 대하여 수도요금이라는 사용료를 지불하는 것 이외에 깨끗한 물을 마시기 위해서 정수기나 먹는 샘물도 아닌데 별도로 물이용부담금을 또 내야만 기본권을 향수할 자격이 생기는 것인가? 사실 깨끗하고 쾌적한 물을 제공하는 것은 국가의 가장 기본적인 책무 중의 하나이며, 그렇기 때문에 우리 헌법과 지방자치법에 따라서 국가에게 (수)자원관리의무를 부과하고 자치단체의 고유사무로 규정하고 있는 것이다.

헌법재판소는 수돗물을 사용하는 주민들과 물이용부담금 제도를 통해 추구하는 깨끗하고 쾌적한 물의 공급이라는 공적 과제 간에 특별히 밀접한 관련성을 인정할 수 있다고 하는데, 원래 깨끗하고 위생적인 물을 관리하고 공급해야 하는 국가나 자치단체는 쏙 빠지고 왜 주민들이 그 책임을 지는 것인가? 그렇다면 수돗물을 사용하는 주민들이 물이용부담금 제도를 통해 추구하는 깨끗하고 쾌적한 물의 공급이라는 공적 과제에 다른 국민들이나 인구집단에 비교하여 특별히 밀접한 책임을 지고 있다고 할 수 있는가?

결국 물이용부담금은 재정조달목적을 가지는 특별부담금으로서의 허용요건을 갖추지 못하였으며, 깨끗하고 건강한 물을 공급하는 국가의 공적 과제는 국민의 세금을 바탕으로 국가의 일반회계에서 지출되어야 하기 때문에 수계기금 역시 헌법적 정당성이 없다. 헌법재판소는 이번 결정에서 조세와 부담금의 차이와 구별에 대한 본질적인 성찰을 방기하고 결과적으로 국민의 재산권과 환경권 등을 수호하는 역할보다는 물이용부담금이라는 정부의 현실적인 재정수단을 정당화 하는 단순한 논리를 제시하였다는 점에서 헌법재판소의 존립 근거에 대한 심각한 우려를 자아내는 결정이라고 혹평하지 않을 수 없다.

사실 물이용부담금와 법체계가 유사한 것으로서 전기사업법 제51조 제1항에 따라서 일반 국민인 전기사용자를 납부의무자로 보고 전기요금에 부가하여 부과하는 전력산업기반 부담금 등 국민들이 잘 모르지만(그 이유는 수도요금과 전기요금 청구서 구석에 슬쩍 끼어 넣기 때문이지만) "정부의 숨겨진 지갑"과 수많은 부담금에 대해서 헌법재판소가 과연 엄정한 평가를 내릴 수 있는 의지와 능력이 있는지 지극히 회의적이다.

제4편

각국의 수법

#《주요 국가의 수법(물관리법) 개관》

제1절 유럽연합의 물관리기본지침 (EU Water Framework Directive, WFD)*

Ⅰ. 문제의 제기

유럽연합이 물 문제에 대하여 직면하고 있는 수질관리와 기후변화 에 관한 위기대응 등 현실인식노 지구상의 다른 나라들과 다르지 아니하며, 적극적으로 물과 관련한 문제를 해결하기 위해 회원국과 함께 노력하고 있다. 유럽은 여러 국가가 물을 나누어 사용하고 있으며, 회원국 내에 지리적으로 속해 있는 유역들 중 60%가 적어도 한 개 이상의 국제하천이 국경을 통과하고 있다. 따라서 단일 국가 차원만의 노력만으로는 물과 관련된 문제를 해결하기 어려우며 회원국 간의 통합관리, 유럽연합 차원의 공동대응 노력이 절실하게 필요하다.

유럽연합의 1차적 법규범은 EU 조약이다. 이 조약은 유럽연합 회원국의 국내법을 통일하도록 하는 공동체 법령의 법원(法源)이다. 이 중 특히 2009년 12월 1일 발효된 유럽연합 운영조약(AEUV, Vertrag über die Arbeitsweise der Europäischen Union) 제20장 제191조, 제193조가 환경문제를 규율하고 있다.

유럽연합이 제정하는 입법형식은 규칙, 지침, 결정, 그리고 권고로 나뉘는데, 규칙(Regulation)[1]이 가장 강력한 입법 장치로서 제정과 동시에 회

* Directive 2000/60/EC of the European Parliament and of the Council of 23 October 2000 establishing a framework for Community action in the field of water policy

1) 지침이 결과에 대해서만 회원국을 구속하는데 반해, 규칙은 국내 법률과 마찬가지로 규칙에 규정되어 있는 모든 조항이 회원국에 직접적으로 효력을 가진다. 지침은 목표를 달성하기 위해 채택하여야 할 방법을 구체적으로 제시하지 않고 단지 각 회원국에게 자국의 사정에 따라 목표를 성취하기 위한 방법을 독자적으로 채택할 수 있는 재량권을 주고 있다. 반면 규칙은 공동체 차원에서 달성하기 위한 목표를 설정하고 그 목표를 달성하기 위

원국 국내법의 일부가 되는 형식이다. 지침(Directive)은 회원국들의 상이한 국내 법령을 조율하며 강제하는 입법 장치이고 결정(Decision)은 개별적인 사례를 해결하고 그 결과를 회원국들에게 똑같이 적용될 수 있게 하는 입법 장치이다. 그리고 권고(Recommendation)와 의견(Opinion)은 법적 구속력을 가지지 않은 EU의 결정들을 일컫는다. 효력과 적용범위 및 적용대상에 따라 각 규범의 형식들은 차이가 있으며, 물 관련 입법은 거의 모두가 대부분 각료이사회(Council of Ministers)[2]에서 지침의 형식으로 제정되었다.

유럽연합이 제정한 이른바 제2차법에 해당하는 각종 지침 등은 회원국의 물 정책에 직·간접적으로 영향을 미치고 있으며, 유럽연합은 대부분 지침을 통해서 물 정책을 주도하고 있다. 이에 따라 개개 회원국의 물 관련 규범은 유럽연합의 지침에 의해 구속되며, 여기에 규정된 목표를 의무적으로 달성하여야 한다. 다만, 각 회원국들은 유럽연합 지침의 내용과 목표에 의하여 구속되기는 하지만, 지침의 내용과 지침이 추구하는 목표를 달성하는 수단이나 형태에 대해선 회원국 나름의 재량권을 가지며 회원국에 합당한 절차에 의해 목표를 달성할 수 있다.[3] 여기서는 그 중 가장 중요한

한 방법까지 명시적으로 규정하는 경우가 많다. 따라서 규칙은 목표를 달성하기 위한 방법이나 수단까지도 회원국을 구속하기 때문에 회원국은 규칙이 정한 방법과 내용을 그대로 이행하여야 한다.

2) 유럽연합의 기관으로는 각료이사회(European Council, Council of Ministers), 유럽집행위원회(European Committee), 유럽의회(European Parliament), 유럽사법재판소(European Court of Justice)가 존재한다.

3) 지침은 통일된 공동체 법령을 제정하기 위한 것이 아니라 회원국으로 하여금 상이한 국내 법령을 조화(harmonizing)하도록 하는 것이다. 따라서 지침은 규칙보다는 덜 강력하지만 적용범위에 있어서는 규칙보다 훨씬 광범위하다. 지침은 회원국을 구속한다는 점에서 규칙과 다를 것이 없지만, 적용범위와 방법이 다르다. 지침은 회원국 전체를 대상으로 할 때도 있으나 특정사안에 대해 특정 국가를 대상으로 하는 것이 보통이기 때문에 그러한 점에서 모든 회원국을 구속하는 규칙과 구별된다. 따라서 각 회원국은 지정된 기간 내에 지침에 부합하는 시행법령을 별도로 제정하여야 한다는 점에서 직접 적용되는 규칙과 다르다. 지침은 '달성될 결과에 대해서(as to result to be achieved)'만 구속력이 있고, '형식과 방법의 선택(choice of form and method)'은 회원국 정부에 위임하는 융통성을 부여하고 있다.

유럽연합 물관리기본지침(EU Water Frame Directive, WFD)에 대해 상세히 설명한다.

Ⅱ. 물관리 기본지침의 개요

유럽에서 물에 대한 보호는 종래 30개 이상의 지침을 통해 규율되었으며, 대부분 개별 법률들은 물관리의 일부 측면만을 다루는 것들이었다. 그러나 하천, 저수지, 지하수 및 연안환경의 개선을 심각하게 고려해야 한다는 견해들이 유럽차원에서 제기되었고, 특히 유럽 전체를 걸쳐 통합적으로 물관리를 할 필요가 있다는 주장이 일반화 되었다. 이른바 '조각 카펫'(Flickenteppich)과 같은 유럽의 물정책으로는 효율적인 물관리가 이루어질 수 없다는 인식을 바탕으로 물관리정책의 새로운 패러다임이 요청되었던 것이다.[4)]

이러한 문제 제기에 따라서 유럽연합 차원에서 보다 근본적이고 통합적인 물관리 정책은 2000년 10월 13일에 제정, 2000년 12월 22일에 발효된 유럽연합 물관리기본지침(WFD)에 의해 결실을 맺는다. 이 지침은 각국의 상반되거나 조정이 필요한 사항에 대한 상호 이해관계를 조정하고 있으며 '지속가능한 수자원 이용'이라는 단일 정책 기준으로 EU에 소속된 모든 지표수, 지하수, 해수를 양적, 실질으로 관리하는 계획을 포함한다. 물관리기본지침은 이전에 산재해 있던 상당한 수의 지침들을 통합시켜 단일화했다는 점에서 커다란 의의를 찾을 수 있다. 유럽연합에서 물정책에 대한 통일된 규율틀(Einheitlicher Ordnungsrahmen der Gemeinschaft in der Wasserpolitik)로써, 이를 통하여 유럽의 통합물관리정책이 가능하게 되었기 때문이다.

4) Vgl. Caspar, Die EU-Wasserrahmenrichtlinie: Neue Herausforderungen an einen europäischen Gewässerschutz, DÖV 2001, 529.

Ⅲ. 기본지침의 목적 및 이행일정

물관리의 주요 목표는 무엇보다도 유럽연합에 속한 지표수, 지하수를 포함하는 모든 물환경 및 생태학적 기준이 2015년까지 '좋은 상태(Good Status)'에 도달하도록 하는 것이다. 세부 전략으로서 유역물관리, 수질관리의 통합접근, 경제원칙을 반영한 물서비스의 합리적 가격설정, 시민참여 및 물관리 관련 법령 체계화 등으로 전 세계적으로 유역중심의 통합물관리를 위한 모범이 되는 정책 틀이라는 평가를 받고 있다. 그리고 유럽집행위원회에서 계획한 물관리기본지침의 각 회원국이 이행해야 할 일정표를 정해 놓았으며, 이를 세부적으로 정리하면 다음 표와 같다.[5)]

〈표 2. 1 물관리기본지침 이행 일정〉

연 도	추진내용	관련규정
1998	유럽공동체(EC)의 초안 가맹국 회람 (1995년 작성, 1997년 공표)	
2000	지침 발효(12월 22일)	제25조
2003	회원국 국내법 전환(12월) 유역지구 담당기관 지정	제3조, 제23조
2004	유역의 특성 분석	제5조
2006	모니터링 네트워크 확립 공공의견 수렴	제8조, 제14조
2008	유역관리계획 초안 (Draft River Basin Management Plan) 공표	제13조
2009	유역관리계획 수립 완료	제11조, 제13조
2010	물 가격 정책(Pricing Policies) 도입	제9조
2012	조치 프로그램 (Operational Programmes of Measures) 도입	제11조

5) http://europa.int/comm/environment/water/water-frameworktimetable.html.

2015	환경목표 달성 - 제1기 종료 - 제2기 유역관리계획 및 제1기 홍수리스크관리계획	제4조
2021	제2기 종료	제4조, 제13조
2027	제3기 종료 및 환경목표 달성	제4조, 제13조

회원국들이 이 지침을 이행하는 데 있어서는 적지 않은 문제점이 야기될 것으로 예상되었다. 특히 유럽연합 비회원국을 포함하여 여러 나라가 협력해서 이행하여야 하는 과제가 있었는데, 이런 문제를 해결하기 위해 유럽연합 회원국과 집행위원회, 그리고 비회원국인 노르웨이는 지침이 발효되고 난 후 5개월이 된 2001년 5월에 구체적인 실행방법에 해당하는 공동이행전략(Common Implementation Strategy)[6] 수립을 위해 필요한 가이드라인을 발표했으며, 이는 회원국들의 의견 수렴을 통하여 마련된 것이다. 그리고 물관리기본지침에는 통합하천유역관리(Integrated river basin management)를 위한 기본방향을 제시하고 있는데, 통합하천유역관리란 하천이 모이는 유역을 중심으로 깨끗하고 양호하게 관리된 물 환경을 달성·유지하기 위한 가장 경제적인 방안을 결정하고, 하천에 영향을 줄 수 있는 모든 요소를 함께 고려하는 것이다.

Ⅳ. 지침의 내용

지침은 전문, 26개 조 본문, 11개의 부속서로 구성되어 있으며, 지침의 대략적인 내용들을 개관하면, 적용범위에 관한 규정(제1조)에 이어, 제1편(제1(a)~22조)은 물관리법에 공통적으로 적용되는 규정, 특히 물 관련 작용에 대한 질서법적 통제수단을 규정하고 있다.

6) EU, Common Implementation Strategy Guidance of Water Framework Directive: http://circa.europa.eu/Public/irc/env/wfd/library?l=/framework_directive/guidance_documents&vm=detailed&sb=Title

제1조 목적 - 모든 종류의 물 보호
제2조 개념 및 용어의 정의
제3조 유역내의 행정협정의 조율 - 행정구역 아닌 자연 또는 수문단위 관리
제4조 환경목표 - 수생태계 보호, 습지 포함 가치 있는 서식지 특별보호, 음용수원 보호, 수영할 수 있는 물의 보호
제5조 유역의 특징분석, 인간 활동에 대한 환경영향평가 및 물이용의 경제적 분석 - 물의 경제적 효과에 맞는 원가 산정
제6조 보호구역 臺帳
제7조 식수확보를 위한 수역
제8조 지표수 상태의 감시, 보호구역 상태의 감시 - 지표수: 좋은 생태적 상태(부속서V), 좋은 화학적 상태(부속서V) - 지하수: 화학적 기준(부속서V), 추가오염금지, 모니터링
제9조 물 서비스의 비용 충당 - 회원국들의 자금 조달계획 작성
제10조 점오염원 및 비점오염원의 통합적 관리 - 특정물질 및 기존 오염물질의 누적효과 통합 규제
제11조 조치 프로그램 - 기존 지침들의 선행 후 필요한 추가조치 시행 요구
제12조 EU 영역 내에서 다룰 수 없는 문제 - EU 인접 국가들에 대한 외교적 처리 프로세스
제13조 유역에서의 관리계획 - 유역의 생태적, 수량적, 화학적 상태 및 보호구역 계획 작성
제14조 민간에 대한 정보공개 및 의견청취 - 이해당사자, 비정부기구, 민간의 감시 및 초안 참여 보장
제15조 회원국의 보고
제16조 수질오염에 대한 전략 - 중요물질 리스트(부속서X)
제17조 지하수 오염의 예방 및 저감을 위한 전략
제18조 EU집행위원회의 보고
제19조 유럽연합의 향후 조치를 위한 계획 - 6년 단위의 단계별 환경목표 달성 프로그램
제20조 지침의 기술적 적합성
제21조 통제위원회
제22조 법적 행위의 폐지 및 경과 규정
제23조 벌칙
제24조 회원국 국내법 전환
제25조 시행일
제26조 지침의 수행자 (회원국)
부속서 1. 관할 행정청의 리스트 작성을 위한 정보 제공
부속서 2.
 2.1. 지표수

2.2. 지하수
부속서 3. 경제적 분석
부속서 4. 보호구역
부속서 5.
5.1. 지표수의 상태
5.2. 지하수의 상태
부속서 6. 조치 프로그램에 포함되어야 하는 리스트
부속서 7. 유역 관리계획
부속서 8. 주요오염물질의 표시리스트
부속서 9. 배출허용기준 및 환경기준
부속서 10. 우선물질(Priority Substances)

기본지침의 내용은 유역물관리, 수질관리의 통합접근, 경세원칙을 반영한 물서비스의 합리적 가격설정, 시민참여 등 세부전략으로 분류할 수 있다.

1. 범국가적 유역관리

제3조(Coordination of administrative arrangements within river basin districts)에 의하면 한 개 이상의 회원국을 거치는 유역에 관해서는 그 유역을 포함하고 있는 회원국끼리 범국가적 기구를 조성하고 상호 협력해서 해당 유역을 관리하도록 명하고 있다. 우선 한 유역이 한 개 이상의 회원국을 거치면 그 유역을 포함하고 있는 회원국들은 유역을 확정하고 유역관리구조(Administrative structure)를 마련해야 한다. 유역에 근거한 물관리란 행정적 단위가 아닌 자연지리 및 수문 단위에 따른 물관리를 의미한다. 라인 강, 마스 강, 셸드 강에 이미 이런 유역관리가 이루어지고 있고 몇몇 회원국도 이를 국내법으로 시행하고 있지만 이제는 유역중심 관리를 유럽연합의 일반적인 원칙으로 천명한 것이다. 특히 국경을 지나서 흐르는 하천의 경우는 하천유역 관리계획을 작성하고 이를 6년마다 업데이트할 것을 요구하였다.

제5조(Characteristics of the river basin district, review of the environmental impact of human activity and economic analysis of water use)에 의하면 모든 유럽 연합 회원국들은 2005년까지 환경적, 경제적 측면을 고려한 유역 관리구조를 마련하여 제출해야 한다. 하지만 유럽연합 회원국들의 경제적, 환경적 여건이 상이하기 때문에 협력적 유역 관리구조를 만든다는 것은 쉽지 않은 일이다. 또한 유역중심 물관리의 구체적인 내용은 지침 제13조의 유역관리계획과 제11조(Programme of measures)의 조치프로그램에 규정되었다. 제13조(River basin management plans)는 회원국들에게 2009년까지 유역관리계획(basin management plan)을 제출할 것을 명하고 있다. 각 계획들은 제11조에 열거된 목표들을 달성할 조치 프로그램(programme of measure)을 포함해야 한다. 가장 좋은 예는 라인 강에서 시행되고 있는 연어 2020 프로그램(The Salmon 2020 Programme)이 있다.

유럽연합 회원국들끼리 범국가적 유역 관리 계획과 프로그램들이 실행될 경우 해양 전략지침과 홍수 지침 등 범국가적 조율을 필요로 하는 다른 유럽연합의 지침들을 이행하는데 수월해 진다는 장점이 있다. 또한, 임의적 성격을 가진 보완조치는 기본조치와는 다른 관점에서 행해지는 경제적 수단, 사후형성조치까지 포함하는 조치를 그 대상으로 한다. 유역관리목표의 달성을 위해 필요한 조치를 선택할 때 지침 제5조의 물이용의 경제적 분석결과는 어떤 조치에서나 항상 고려되어야 한다. 조치 프로그램에서 반드시 포함되어야 할 내용은 지침 제11조 제3항에서 규정하고 있다.

2. 통합 물관리

종래 수질오염에 대해서는 배출 규제 중심의 접근방식과 임미시온(Immission)[7] 중심의 접근방식이 각각 다른 차원에서 시행되고 있었다. 배

7) 임미시온이라 함은 연기, 음향 등과 같이 배출지 내지 배출시설의 경계를 넘어서 이웃에게 영향을 미치는 성질을 가진 물질(협의의 임미시온) 또는 그러한 물질이 배출지의 경계를 넘어서 이웃 토지 내지 그 토지에서 생활하는 사람들에게 의도하지 않는 영향을 미치게 되는 것(광의의 임미시온)을 의미한다. 우리 민법은 제215조 내지 제244조에서 서로 이웃하는 토지소유자들 상호간의 상린관계를 규율하면서 '매연 등에 의한 인지에 대한 방해금지(제217조)'도 규정하고 있으며, 위법성 판단과 관련하여 수인한도론을 적용

출 중심의 접근방식은 오염원에 착안하고, 특히 기술투입을 통하여 한계치 규정에 따른 유해물질 배출을 일정한 상태로 유지하려는 것이다. 이에 반하여, 임미시온 중심의 접근방식은 특정물질의 농도에 대한 법적 제한 및 환경재에 대한 오염한계를 설정하려는 것이다. 이러한 양 접근방식은 각각 문제점을 안고 있으며, 이러한 한계를 극복하기 위해 질과 양을 동시에 고려하는 통합적 사고를 통하여 조화를 이루어야 한다는 인식이 일반화되었다. 기본지침은 이러한 양자 간의 조화를 추구하고 있다. 즉, 지침은 배출한계치규정을 통해 수역원에서의 오염에 대한 양적 통제만이 아니라, 물환경 오염의 예방 및 저감을 위한 질적 규범의 제정에도 기여하는 조화로운 접근방식을 도입했다. 이로써 종래 각각 다른 차원에서 접근하던 환경정책 목표가 서로 연계되어 시너지 효과를 낼 수 있게 되었다.

3. 경제성 원칙을 반영한 물서비스의 합리적 가격설정

기본지침은 경제성 원칙을 도입한 혁신적인 첫 지침이다. 이 지침에는 두 가지 경제성 원칙을 포함한다. 첫째 원칙은 제9조(Recovery of costs for water services)에 의거하여 오염자 부담원칙이다. 기본지침은 물이용료에 상수도 제공에 필요한 시설 운영비와 설비 유지비, 정화비용, 설비 투자비용을 포함할 것을 명하고 있다. 이 지침이 택한 중요한 새로운 정책은 가격 제도이다. 물에 대하여 정당한 가격을 부과하는 것은 물을 지속가능하게 사용하도록 관리하는 중요한 요소이다. 이 지침에 의하여 회원국은 물 소비자에 부과하는 물 값이 진정한 가격을 반영하도록 보장할 의무를 진다. 다만 취약지역, 또는 보편적인 서비스를 제공하기 위한 경우에는 이 원칙으로부터 예외를 인정하고 있다.

더 나아가 환경훼손에 대해서도 물이용료에 포함할 것을 의무화하고 있다. 환경에 대한 가격은 물이용자의 물이용을 통해 수생동식물이나 주변

함에 있어 임미시온을 고려하고 있다. 임미시온에 관하여 보다 자세한 내용은 안경희, "임미시온의 위법성 판단기준 — 민법 제217조와 수인한도론을 중심으로 —", 환경법연구 제37권 제2호, 2015 참조.

환경이 훼손될 경우 이것을 복구하는데 드는 비용이다. 그렇기 때문에 회원국들은 물이용과 관련된 모든 활동들의 경제적 비용을 부담할 수 있어야 한다. 모든 회원국들은 2010년까지 물 사용료 정책을 수립하여야 하며, 오염자 부담원칙상 수질오염을 발생하지 않거나 최소화한 물이용자에 대한 금전적 보상을 통하여 수질 오염을 최소화시킬 수 있는 방안을 찾아야 한다. 두 번째 원칙은 제5조(Characteristics of the river basin district, review of the environmental impact of human activity and economic analysis of water use)에 의거해서 수자원 관리에 따른 경제적 분석과 수자원에 관한 모든 중요 의사결정 시 비용과 편익에 대한 분석과 대안에 관한 총괄비용을 제출해야 한다. 물의 사용에 대한 적절한 비용부담원칙은 회원국들에게 환경오염에 대한 내부화 과정을 통하여 환경오염을 방지하고 이것이 불가피한 경우에도 가장 비용 효과적인 대안들을 선택하도록 한다.

4. 오염위험이 있는 지표수 지역 확정 및 관리계획

물관리 기본지침 제4조(Environmental objectives)는 2015년까지 유럽에 있는 모든 지표수 및 지하수의 수질을 "Good Status"로 만드는 것을 목표로 하고 있다. 지표수의 상태는 매우 양호, 양호, 보통, 나쁜, 심각한 이렇게 5가지로 나누게 되고 2015년까지 평균적으로 양호한 상태가 될 것을 의무화한다. 유럽에는 7만 개의 지표수 지역이 있다. 그 중 80%는 강이며 15%는 호수이고 나머지 5%는 해수나 기수(汽水)다. 하지만 모든 유럽의 육수지역 중 40%는 이러한 2015년 목표에 미달하는 것으로 조사되었다. 오염의 주원인은 공장지대 같은 특정지역 오염이나 농업으로 인한 오염확산 등이 있다.

제4조에 규정된 "Good Status"란 화학적으로 그리고 생태적으로 양호한 상태를 말한다. 화학적, 생태적 기준치를 둘 다 넘지 않아야 한다. 화학적으로 양호한 상태는 지표수 지역의 수질이 지침에 기재되어 있는 화학 오염물들의 기준치를 넘지 않은 상태를 말한다. 화학 오염물의 기준치는 기본지침에 언급된 기준치뿐 아니라 질염산 지침에 언급된 기준치 등

다른 유럽연합의 화학 오염물 기준치를 모두 포함한다. 생태적으로 양호한 상태는 유럽연합의 혁신적인 접근방식을 통하여 생태적으로 양호한 상태를 유지하는 것으로서 우선 각 지표수 지역을 오염시키는 원인들을 확인해야 한다. 오염물질 또는 댐건설 등으로 인한 지형적 변화나 지표수 사용 등 여러 원인들이 이에 포함된다. 이 확인된 원인들이 지침에 나타난 기준치를 넘지 않는 상태를 생태적 "Good Status"라 한다.[8)]

이렇게 확인된 오염지역 및 오염원인들을 제4조에서 언급된 "Good Status"로 만들기 위해 모든 회원국은 2009년까지 제13조에 의거하여 2015년까지 모든 지표수를 "Good Status"로 만들 것인지에 대한 전략을 담은 계획을 제출해야 한다.

5. 지하수 관리

지하수는 인류에게 매우 중요한 물 공급원이다. 유럽연합 회원국 중 75%가 지하수로부터 음용수를 제공받는다. 덴마크 같은 경우 음용수의 전부를 지하수로부터 제공받는다. 또한 지하수의 양과 질이 지속적으로 유지되는 것은 지표수에게도 영향을 주므로 매우 중요하다. 지하수는 기본지침 제13조(River basin management plans)에 의해 2015년까지 제4조에서 언급된 "Good Status"로 유지되어야 한다. 제4조에 규정된 지하수의 "Good Status"란 양적 그리고 화학적으로 양호한 상태를 말한다. 화학적으로 양호한 상태는 지침에 기재된 지표수의 기준지와 동일하다.[9)] 양적으로 양호한 상태는 조사를 통해 각 지하수가 생태적으로 가장 이상적인 수량을 유지하는 것을 말한다. 양적으로 양호한 상태를 유지하기 위해선 지

8) '좋은 생태적 상태'(good ecological status)은 부속서 V에 정의되어 있는데, 생물적 수문적 및 화학적 성분으로 표시되어 있다. 유럽연합 차원의 절대적 기준을 정할 수는 없기 때문에 최소한의 기준을 정하고 회원국이 지침에 의거한 절차에 따라 가변적으로 운영할 수 있도록 하였다.

9) 지하수는 결코 오염되어서는 아니 되기 때문에 화학적 최소기준을 설정하는 것이 반드시 좋은 것만은 아니다. 질소, 살충제 성분 등에 대한 질적 기준을 설정하고 있지만 오히려 더 중요한 것은 예방적 조치로서 지하수에 대한 배출금지, 지하수에 대한 모니터링 등이다.

속가능한 지하수 사용이 중요하다. 이는 사용하는 지하수의 양이 지하수가 채워지는 속도보다 적어야 한다는 의미이다.

2005년에 이루어진 예비조사 결과보고에 따르면 유럽의 지하수 중 30% 이상이 양호한 상태가 아닌 것으로 밝혀졌다. 벨기에, 영국, 체코 공화국 등의 유럽 연합회원국들은 60% 이상의 지하수가 양호하지 못한 것으로 조사 되었고 오스트리아나 포르투갈 같은 경우 80% 이상의 지하수가 2015년의 목표에 미달하는 것으로 조사 되었다. 이처럼 많은 지역이 목표에 미달하여 목표 자체가 사실상 이루기 불가능하다는 우려도 나오고 있다. 목표 미달의 원인은 지역마다 다르지만, 지중해 같은 경우 적은 강우량과 과도한 음용수 채취가 문제이고 대부분 다른 지역에서는 공업화와 과도한 화학 비료 사용이 그 원인이다. 지하수의 수량 보전도 매우 중요한 문제이기 때문에 기본지침은 지속가능한 이용원칙을 규정하고 있다. 또한 기본지침은 유럽연합 차원에서 처음으로 지하수와 지표수가 통합관리 되어야 함을 선언하고 있다.

6. 모니터링(Monitoring) 프로그램

기본지침은 제8조(Monitoring of surface water status, groundwater status and protected areas)에서 회원국으로 하여금 모니터링 프로그램을 운영할 것을 명하고, 2006년까지 모든 모니터링 프로그램을 준비할 것을 의무화하도록 규정하였다. 유럽 물환경의 현재 상태를 확인하고 양호한 물환경 상태의 달성을 위해 어떠한 대책이 필요한가를 찾기 위해 회원국은 유역의 특징을 분석하여야 한다. 또한 기준이 되는 생태학적 상태의 결정 및 주된 영향 요인의 분석, 그 영향에 평가도 이루어져야 한다. 앞서 언급한 물의 사용에 대한 비용을 부담을 확정하기 위한 물이용의 경제성 분석도 이러한 평가에 포함될 수 있다.

7. 오염물질

앞에서도 언급한 바와 같이 기본지침 제4조(Environmental objectives),

제10조(The combined approach for point and diffuse sources), 제11조(Programme of measures), 제16조(Strategies against pollution of water)에 의거해서 화학적으로 양호한 상태로 유역을 관리할 것을 규정하고 있다. 화학오염물질의 기준치는 다른 유럽지침 및 환경법들과 연계되어 있다. 예를 들어 질산염의 양은 질산염 지침에 명시된 기준치를 적용하며 농약의 기준치는 살생물 제품 지침의 기준에 의거한다. 유럽연합은 이미 도시하수처리 지침과 질소지침, 그리고 통합 오염예방 통제지침을 마련하였다. 기본지침은 이들 세 지침을 조화롭게 적용하려는 것이다.

기존 지침을 시행함으로써 문제를 해결할 수 있으면 기본지침의 목적은 달성되는 것이지만 이로써 문제를 해결할 수 없다면 지침은 회원국이 왜 문제를 해결할 수 없는가를 확인해서 필요한 추가적인 조치를 취하도록 요구하고 있다. 예를 들어 산업과 농업에서 발생하는 오염물질 배출에 대해 보다 엄격한 규제를 가하라는 것 등이다. 기본지침 제16조는 수질 오염에 대처하는 전략을 다루고 있다. 이 전략의 첫 번째 단계가 지침의 부속서 X인 중요물질 리스트(list of priority substances)를 정하는 것이다. 유럽집행위원회는 2000년 2월 유럽의회와 각료이사회에 대해 이 리스트를 설정할 것을 제안했다. 2001년 집행위원회는 수정안을 제출했는데, 여기에 32개의 물질 및 물질군(群)을 선정했다. 이들 물질 중에서 집행위원회가 특히 중요한 관심을 두어야 할 우선적 유해물질을 선정했는데, 이런 물질이 포함된 배출행위는 20년 내에 중단되거나 점차 감소되도록 되어야 한다.

8. 유역관리계획 중 공공의 참여

기본지침은 모든 관리계획 수립 시에 공공의 참여를 적극적으로 권장하는 혁신적인 형태를 제안하고 있다. 이로 하여금 각 회원국은 참여과정에서 개진된 다양한 의견을 계획수립에 반영함으로 환경적, 경제적, 정치적 우선순위들의 균형을 맞출 수 있다. 유럽연합 회원국은 제14조(Public information and consultation)에 의거해서 공공에게 정보제공과 상담 및 협의의 의무가 있다. 정보제공과 상담 및 협의는 구두 또는 서면을 통해 이루어질 수 있다. 공공에게 정보를 제공함으로 각 회원국은 공동의 결정을 내릴 수 있다.

유역관리계획에 있어서의 목적을 달성하기 위해서는 다양한 그룹의 이해관계가 반영되는 것이 중요하다. 경제적 분석을 하는 것이 합리적 결정의 기초를 제공하는 것이라면, 그런 과정 자체가 이해관계인들과 공공에게 공개되는 것은 필수적이다. 공공참여가 필요한 또 다른 이유는 이런 과정을 통해서만 이해관계자들 사이에 민주적 정당성 원칙에 기초한 합의를 도출할 수 있기 때문이다. 따라서 기본지침은 유역계획을 작성할 때 시민, 이해당사자, 비정부기구 등이 참가할 것을 요구하고, 계획이 제대로 이행되고 있는지 사후에도 이를 감시할 수 있도록 하였다.

V. 평 가

유럽연합이 유럽 차원의 물관리기본지침을 제정한 것은 유럽의 하천 대부분이 여러 국가를 흘러가는 국제하천이기 때문이며, 또 국가마다 수질 기준이 다르면 그로 인해 여러 가지 관리상의 문제들이 발생할 수 있기 때문이다. 유럽연합은 이미 각 분야별 수질 지침을 설정해 놓았으나 물관리에 관한 기본적 원칙을 정하지 못하고 있었다. 그러나 지난 2000년 물관리 기본지침이 채택됨에 따라 유럽은 물에 관한 공통된 기본지침을 갖게 된 것이다. 유럽연합의 물관리기본지침은 단순히 지표수나 지하수만 포함하고 있는 것이 아니라 유역을 한 관리단위로 확정하고 총괄적이고 구체적인 관리계획을 작성할 것을 요구하고 있다. 더 나아가 여러 가지 목표기한을 설정하여 회원국들에게 구체적으로 어떻게 목표를 이룰 것인지를 보고하도록 요구하고 있다. 또한 다른 여러 지침들이나 관련 유럽법 체계들과 함께 세밀한 부분까지도 관리하도록 명확한 기준들을 제시하고 있다. 물관리기본지침은 기존에는 없었던 혁신적인 방법들도 포함하고 있는데, 수질관리를 경제적인 측면에서 접근하는 것은 물관리 기본지침 이전에는 없던 방식이다. 또한 시민 등 공공의 참여를 통하여 함께 관리계획을 수립하는 것 또한 기존에는 없던 방식들이다. 기본지침의 도입으로 인해 회원국들은 실질적인 하천관리와 균형 잡힌 계획을 수립할 수 있게 되었다.

기본지침은 각국이 물관리에 있어 통합적 접근과 유역관리를 하도록 규정하고 수질기준을 설정하여 각국이 이를 정해진 기간 내에 달성하도록 요구하고, 부속서는 향후 배출이 중단되거나 감소되어야 할 유해물질을 우선적 리스트(priority list)로 정해 놓고 이를 달성하도록 하였다. 이 목표를 달성하는 방식은 각국의 재량이지만 이를 달성하지 못하면 벌칙을 부과함으로써 그 실효성을 담보하고 있다. 기본지침은 또한 시민참여라든가 물가격의 현실화 등 물관리에 있어서 중요한 원칙을 반영하고 있다.

이러한 측면에서 기본지침은 여러 가지 혁신적이고 진보적인 성격을 가지고 있어 수자원정책의 새로운 제도라는 점에서 각광을 받고 있으나 여러 면에서 여전히 해결해야 될 과제들도 가지고 있다. 먼저 물관리지침은 수질문제에만 집중하고 있어 수량문제는 거의 고려하지 않고 있으며, 수질기준인 'Good Status' 역시 정확하지 않고 모호하게 설정돼 있다. 유럽연합이 기본적으로 물이 풍부한 지역이라서 수질관리만 잘 하면 물이용은 별 문제가 없기 때문에 유럽연합의 물 관련 정책이 대부분 수질에 관한 것에 머물고 있다는 점은 향후 기후변화에 따르는 수자원의 불안전성을 고려할 때 문제가 될 수 있다.

또한 관리지침 이행관련 비용 및 지침에 대한 법적 구속력이 없어 회원국의 지침 이행 여부가 확실치 않으며, 특히 물관리 기본지침 추진과정에서 각 국가들은 주어진 이행일정에 따라 국내제도 정비 및 법률 개정을 후속적으로 이행해야 한다. 그러나 지정학적, 경제적, 정치적, 환경적 여건이 다른 여러 국가가 협력해서 공동의 목표를 이루는 것은 쉽지 않다. 또한 몇몇 기준들이나 방침들은 명확하게 정의되거나 설명되지 않아 논란을 일으킬 수 있다. 또한 상대적으로 정치, 경제, 사회적으로 발전이 비진한 회원국들의 계획 이행에는 예외를 인정하고 있어 이런 국가들이 예외조항을 악용해 물관리 기본지침 계획 이행을 회피할 가능성도 있다. 아울러 기본지침에서 목표로 삼은 수준의 수질 및 수자원 환경에 도달하기 위해 소요되는 재원 조달도 문제가 될 수 있다. 재정적으로 여유 있는 서유럽국가들은 문제가 되지 않겠지만 경제성장 및 사회간접자본이 미흡한 동유럽의 국가들이 천문학적 수준인 투자비를 어떻게 마련할지는 좀 더 지켜보아야 할 문제이다.

제2절 독일의 수법체계

Ⅰ. 연방법률

독일은 유럽에서 대표적인 연방국가이기 때문에 물에 대한 관리권한 역시 연방과 연방을 구성하는 각 주로 나뉘어 있으며, 이러한 권한 분배는 연방법률과 주의 입법에 의하여 구체적으로 이루어진다. 또한 후술하는 바와 같이 독일은 유럽연합의 회원국으로서 유럽연합 차원에서 각 회원국의 물관련 법제를 통합하기 위하여 제정된 물관리 기본지침(Water Framework Derective; WFD)에 의하여 국내 입법이 영향을 받는 구조를 형성하고 있어서, 3중의 다층적인 입법체계를 가지고 있다.

1. 입법관할권

독일에서는 2006년 국가개혁 프로그램에 따라서 연방주의에 대한 개편이 이루어지게 되었는데, 연방과 주의 입법관할권과 관련해서는 과거 기본법에서 인정되었던 이른바 연방의 개괄 내지 골격입법권(Rahmengesetzgebungskompetenz)을 폐지하였다. 개괄입법 내지 골격입법이란 연방법률이 주 입법자에 대하여 일정한 가이드라인을 제시하는 것에 그치고 독자적으로 일정한 사항을 집행할 수 있는 내용을 지양하는 입법방식이라고 할 수 있다. 헌법개정을 통하여 개괄입법권을 대체하고 기본법 제74조에 의한 이른바 경합적 입법관할권을 확대하는 조치를 단행하게 됨에 따라서 연방의회는 기본법 제74조 제32호에 의하여 수자원 및 물관리에 대한 광범위한 입법관할권을 행사할 수 있게 되었다. 다만, 경합적 입법관할권 규정에 따라서 각 주는 시설이나 물질과 관련된 사항이 아닌 것을 대상으로, 연방입법과는 다른 내용을 독자적으로 규정할 수 있는 입법관할권을 가지고 있다. 물관리와 관련하여 아래에 언급하는 법률들이 중요한 연방법률의 체계를 구성하고 있다.

2. 연방물관리법(Wasserhaushaltsgesetz; WHG)

2010년 3월 1일 개정된 물관리법은 독일의 물관리 관련 법제를 연구함에 있어서 가장 중요한 의미를 갖는 연방 법률이다. 앞서 언급한 바와 같이 독일에서 2006년 당시 연방주의 전체에 대한 개혁에 따라서 과거의 골격입법을 폐지하고 연방의회의 경합적 입법관할권을 강화한 결과 물관리법에도 연방이 직접적으로 일정한 집행권한을 행사하는 내용을 포함하게 된 것이다. 2010년 물관리법의 주요 내용은 다음과 같다. 1. 물관리와 관련하여 일정한 사항에 대하여 연방의회가 직접적으로 집행적 사항을 규율한다. 2. 과거 각 주가 물관리와 관련하여 담당하던 권한의 일부를 연방으로 이관한다. 3. 유럽연합의 물관리 기본지침을 구속력을 가진 규범으로서 연방 전체에 통일적으로 시행한다. 4. 물과 관련된 법규범들의 이해도와 실용성을 제고하기 위한 목적을 달성하기 위하여 수법을 체계화하고 통합한다. 2010년 개정된 물관리법에 의하면 물관리법의 적용대상은 지표수, 연안수 내지 기수(汽水)와 지하수가 포함된다. 그런데 독일의 연방물관리법은 우리나라와 비교한다면 하천법의 요소를 다수 포함하고 있는데, 예를 들어 하천의 수량과 하천부지 등에 부존하는 골재 등에 대한 관리를 규정하고 있다.

물관리법 제1조는 물에 대한 지속가능한 관리가 자연생태계를 유지하는데 있어서 본질적인 구성요소이며, 인간 생존의 기초이자 동식물의 생존공간 및 자원에 대한 적절한 이용을 보장하는데 그 목적이 있다고 규정하고 있다.[10] 물관리법의 대상인 하천에 대한 관리는 원칙적으로 국가의 책임이며, 물관리를 담당하는 행정청이 그 주체가 된다. 물에 대한 사전배려와 예방적 보호를 위하여 다소간의 예외를 제외하고는 물을 이용하려는 자는 행정청의 허가를 받아야 한다. 여기에서 말하는 행정청의 물이용에

10) Zweck dieses Gesetzes ist es, durch eine nachhaltige Gewässerbewirtschaftung die Gewässer als Bestandteil des Naturhaushalts, als Lebensgrundlage des Menschen, als Lebensraum für Tiere und Pflanzen sowie als nutzbares Gut zu schützen.

대한 허가 내지 하천수의 사용허가는 강학상 특허에 해당하며 행정청의 재량권이 인정된다.[11] 그리고 물관리법 제9조는 허가의 대상이 되는 물 사용의 범위와 종류를 나열하고 있다. 물관리법은 지표수, 연안수, 지하수 등 모든 물을 대상으로 하여 유럽연합 물관리 기본지침에 상응하는 관리의 목표를 설정하여야 하며, 이러한 목표는 원칙적으로 2015년까지 달성하여야 한다. 대표적으로 지표수의 경우 2015년까지 생태학적으로나 화학적으로 좋은 상태를 유지하도록 관리목표가 실현되어야 한다.

물관리법 제23조는 연방정부에게 물관리와 관련된 사항을 법규명령을 통하여 규정할 수 있도록 위임하고 있다. 이러한 하위규범에 대한 위임을 통하여 연방정부는 법률상 위임사항을 구체화하는 것을 포함하여 유럽연합의 물관리 기본지침상의 목표를 연방전체에 통일적이고 광범위하게 실현할 수 있도록 한다. 물관리법 제3장은 물관리에 필요한 다수의 상세한 내용을 규율하고 있는데, 이 중에서 중요한 내용으로는 일정한 시설을 통하여 하천 등에 유입되는 유해물질에 대한 대처(제62조 이하), 하수처리시설의 설치와 운영(제54조), 하천보호 보호관의 임명(제64조 이하), 하천의 보수와 유지관리(제67조 이하), 홍수방지(제72조 이하), 하천보호구역의 지정(제51조) 등을 들 수 있다. 물관리법은 독일의 수법에서 핵심적인 지위를 가지고 있는 연방법률이기 때문에 그 내용과 법리에 대하서는 상세하게 후술하기로 한다.

3. 하수부담금법

하수부담금법은 하천 등에 하수를 방류하는 자에게 부담금을 부과하는 내용을 규정하고 있다. 부담금은 하천에 유입되는 하수의 양과 특정 유해물질의 유해도에 따라 그 액수를 결정하며, 일종의 경제적 유인수단으로서 하천 등에 유해물질의 방류나 유입을 억제한다. 하수부담금은 연방 법률에

---

11) 따라서 행정청은 사용허가 등을 함에 있어서 희소한 수자원에 대한 보호라는 공익을 최우선시 하면서 사용자와 제3자의 이익을 정당하게 형량하여야 한다. Breuer/Gärditz, Öffentliches und privates Wasserrecht, 제4판, 157면.

따라서 부과하는 것이지만 그 수입은 각 주에 귀속하며, 하천의 유지와 보수, 정화 등의 목적에만 사용하는 일종의 목적부담금이다. 독일의 하수부담금법 역시 유럽연합의 물관리 기본지침의 취지에 따라서 그 내용을 규정하여야 하는 의무를 충실하게 이행한 것으로 평가받고 있는데, 일종의 피구세(Pigouvian tax)로서의 기능을 가지는 것으로서 오염원인자의 환경 및 자원오염 비용을 내부화하는 수단이다.

4. 하수부담금법 시행규칙

하수부담금법 시행규칙은 1976년부터 연방 전체에 통일적으로 하천 등에 오염물질을 방류하는 최소한의 기준으로 적용되는데, 이러한 최소기준은 하수의 발생, 방지 및 처리 모두 해당한다. 그런데 과거 하수부담금 시행규칙의 최소기준은 오늘날 연방물관리법 제57조에서 직접 법률로 규정하고 있는데, 이러한 최소기준의 기초는 하수처리에 관한 기술수준이다. 하천 등에 대한 하수방류의 최소기준 및 요건은 하수의 직접 및 간접적인 방류를 모두 그 대상으로 한다. 최소방류기준은 하수부담금법 시행규칙의 부칙에 분야별로 상세하게 규정되고 있으며, 이를 통하여 하수의 처리에 관한 유럽연합의 기술적인 요건을 국내법으로 구체화하는 기능을 수행한다.

5. 지하수 시행규칙

2010년 11월 16일부터 지하수 보호를 위한 지하수 시행규칙이 시행되었다. 이와 같은 새로운 지하수 시행규칙은 1997년 3월 18일에 제정되었던 구 지하수 시행규칙을 대체하고 유럽연합의 子指針 2006/188/EG를 독일의 국내법으로 완전하게 전환한 것으로 볼 수 있다. 이러한 새로운 지하수 시행규칙은 지하수 자원에 대한 개념 정의와 감독 등과 관련하여 위 유럽연합 지침의 취지를 반영하고 있으며, 2013년 12월 22일까지 지하수의 상태에 대한 조사가 이루어지고 그 이후에도 매 6년마다 지하수의 상태에 대한 조사와 그 결과에 대하여 기록하여야 하는 의무를 규정한다. 그 외에도 새로운 지하수의 양에 따르는 판단, 조사, 분류 및 감독에 대한 기준과 더불어 특히 지하수의 화학적 상태에 대한 조사 등에 대한 기준이 규정되고 있다.

지하수의 상태에 대한 감독과 그에 따르는 수질분류는 특히 연방물관리법 제47조가 규정하는 지하수에 대한 감독청의 규제권한 행사를 위하여 중요한 의미를 가진다. 지하수에 대한 감독권한을 가지는 행정청이 위에서 언급한 규제권한을 행사하는 과정에서 연방물관리법 제47조가 규정하는 지하수에 대한 관리기준에 미달하다고 판단하는 경우에는 감독관청이 지하수 시행규칙 제3조 제1항에 의하여 지하수의 상태를 위험수준으로 분류하여야 한다. 이 경우 관할 행정청이 지하수 시행규칙에 정하는 바에 따라서 문제되는 대상 지하수에 유입된 유해물질의 현재 및 향후전망을 모니터링하고 이러한 상태를 반전시키기 위한 적절한 조치를 취하여야 한다.

6. 지표수 시행규칙

2011년 7월 26일부터 지표수 시행규칙이 시행되었다. 동 시행규칙 제1조는 지표수 시행규칙이 지표수의 보호와 물의 이용에 대한 경제적 분석을 목적으로 하고 있음을 규정하고 있다. 지표수 시행규칙은 기존에 각 주가 주의 관련 시행규칙을 통하여 규율하던 법적 상태를 대체하는 것으로서 연방 전체의 차원에서 통일적인 지표수의 보호수준을 결정한다. 무엇보다도 연방물관리법의 위임에 의하여 제정된 지표수 시행규칙은 이와 관련된 유럽연합의 물관리 기본지침을 국내법적으로 전환했다는 점에서 중요한 의미를 부여할 수 있다. 여기에서 말하는 유럽연합의 물관리 기본지침에는 특히 환경에 대한 질적인 수준 보장지침, 화학적 분석에 대한 기술적 특성화 지침, 하천수의 상태에 대한 감독지침 및 물관리 기본지침 부록 제2장, 제3장, 제5장이 속한다.

지표수 시행규칙은 관할 행정청으로 하여금 지표수의 특성에 대한 요건을 준수하고 지표수의 오염을 조사하며 이를 평가하여 각 주의 관련 규정에 따라서 이미 이루어진 평가를 다시 한 번 심사하고 경우에 따라서는 실지조사를 시행하도록 의무를 부과한다. 지표수 시행규칙은 물의 특성에 기반하여 화학 및 생태적 상태에 따르는 분류를 위한 구체적인 평가기준과 지표수의 잠재적인 생태학적 위험 등에 대하여 규정한다. 그 외에도 지표수 시행규칙은 지표수에 포함된 자원적 요소에 대한 유형화, 물과 다른 자원과의 차별 및 경제적 이용에 대한 분석에 대한 내용을 포함하고 있다.

7. 배출시설 설치 시행규칙

배출시설 설치 시행규칙은 배출시설을 대상으로 시설의 설치요건을 규정함으로서 인간과 환경을 유해적인 영향으로부터 보호하기 위하여 규정되었다. 여기에서 말하는 배출시설이란 환경영향평가법에 따라서 계획확정절차 또는 계획승인절차를 거쳐서 설치되는 환경오염시설들이다.

8. 연방토양환경보전법

연방토양환경보전법은 토양오염원인자, 그의 포괄승계인, 토지소유자, 이전 소유자, 재산권을 포기한 자, 상법적으로 협력의무가 있는 자 등에 대하여 관할 행정청이 토양오염 내지 폐기물 등으로 발생한 지하수의 오염을 정화하는 의무를 부과할 수 있도록 규정하고 있다. 그리고 이와 같은 정화의무의 요건은 연방물관리법에 규정되고 있다.

9. 세제법(洗劑法)

환경친화적인 세제법은 세제의 생산, 표시 및 유통에 대한 규정을 포함하고 있다. 동법은 무엇보다도 세제의 환경친화성에 대하여 규정하고 있다. 동법에 의하여 세제가 물환경에 유해한 물질을 포함하는 등 환경친화적인 요건을 충족하지 못하는 경우에는 세제의 유통이 금지되거나 제한될 수 있다. 환경친화적인 세제법 역시 유렵연합의 2004년 3월 31일 지침(이 지침은 2009년 6월 25일 개정되었음)을 국내법적으로 구체화한 것이다.

10. 감염방지법

동법의 정식 명칭은 "인간 전염병에 대한 보호 및 대처를 위한 법률"인데, 동법은 제7장에서 사람이 사용하는 생활용수, 수영 및 목욕용수, 하수의 처리에 관한 규정을 포함하고 있다. 특히 동법은 음용수의 수질요건과 관련하여 인간의 건강을 해하거나 전염병을 야기할 수 있는 상태를 방지하는데 중점을 두고 있다. 또한 동법은 자치단체가 설치하여 운영하는 하수도시설의 위생요건에 대하여 규정하고 있는데, 하수를 처리할 책임이 있는 자치단체나 자치단체의 조합은 하수를 처리함에 있어서 인간의 건강상태를 해할 수 있는 위험요소를 제거할 책임이 부과된다.

11. 음용수 시행규칙

음용수 시행규칙은 유럽연합의 음용수 지침을 국내법적으로 전환한 것이다. 음용수 시행규칙은 인간이 마시는 물, 식품제조에 사용되는 물, 음용수 정화 등과 관련되는 수질에 대한 요건을 규정하고 있다. 음용수 시행규칙은 음용수의 수질, 음용수 공급시설 운영자의 의무, 음용수 공급시설 운영자에 대한 관할 관청의 위생적 조건 등에 관한 감독 등을 규정하고 있다. 더 나아가 음용수 시행규칙은 건강에 유해한 물질과 病源의 한계수치를 확인하며, 이러한 확인작업의 빈도와 범위를 규정하고 있다. 病源의 한계수치는 유럽연합의 음용수 지침과 일치해야 한다.

12. 질소비료 시행규칙

구 질소비료법에 따라 발령된 질소비료 시행규칙을 근거로 하여 특히 농업용 질소비료의 사용으로 발생하는 질소산화물 등으로부터 하천을 보호하는 것이 중요하다. 동시에 질소비료 시행규칙은 유럽연합의 질소사용 지침을 국내법적으로 전환한 것이다. 구 질소비료법은 2009년 초 현재의 법률에 따라 대체되었다.

Ⅱ. 주법(州法)

앞서 언급한 바와 같이 지난 2006년 연방주의 개혁에 따라 독일 기본법의 개정이 이루어졌으며, 이른바 개괄입법 내지 골격입법이 폐지됨에 따라서 물관리에 대하여 연방의 권한이 강화되었다. 물관리 영역에서 각 주의 관련 규정은 연방물관리법의 규정을 집행하고 이를 보충하는 의미를 가진다. 전술한 바와 같이 연방과 각 주의 입법관할권을 헌법적으로 배분함에 있어서 골격입법이 폐지되고 통상적인 경합적 입법관할권으로 통합되었다는 것은 연방의회가 연방 전체에 통일적인 규율의 필요성이 없다고 판단하여 입법권을 행사하지 않고 이를 각 주의 독자적인 입법권 행사의 영역으로 남겨두는 경우에 한하여 주의 입법관할권이 인정된다는 의미이다. 그러므로 각 주가 물관리법을 제정하는 경우 개정된 연방물관리법의 규정을 준수하여야 한다.

1. 각 주의 물관리법

연방주의 개혁과 헌법개정에 의하여 각 주가 물관리에 관하여 독일 기본법 제73조 제3항에 의한 경합적 입법관할권을 어느 정도 실제로 행사할 수 있을 것인가에 대해서는 상당한 이견이 존재한다. 특히 개정 연방물관리법이 2010년 3월 1일 시행되었기 때문에 각 주가 독자적인 주 물관리법을 제정하여 연방 물관리법을 어느 정도로 대체하거나 보완할 수 있을 것인가에 대해서는 좀 더 지켜보아야 한다는 신중론이 우세하다. 독일의 경우 특히 하천수의 사용과 관련하여 지난 수십 년 간 격렬한 논쟁이 되었고 급기야 연방헌법재판소의 결정대상이 되었던 것은 하천수의 사용에 대한 대가가 특별부담금인가 혹은 공물인 하천의 사용에 대한 사용료인가에 관한 것이었다. 독일 연방헌법재판소가 각 주가 주의 '물사용료부과법'(Wasserentnahmeentgeltgesetz)을 통하여 하천수 등 지표수의 사용에 대하여 부과하였던 대가를 사용료로 보고 그 합헌성을 인정하면서, 거의 모든 주가 지표수의 사용에 대하여 사용료를 부과하는 법률을 제정하였다. 물론 지표수 사용료의 법적인 납부의무자는 주민에게 수돗물을 공급하는 자치단체의 수도사업자이지만, 수도사업자는 이를 주민에게 수돗물 사용료를 통하여 전가할 수 있다. 대부분 주의 물사용료부과법에 의하면 물의 사용량과 오염도 등에 따라서 부과하는 물사용료의 수입은 하천수의 수질보호와 하천관리에 사용되며, 일부 주는 일종의 목적사용료로서 하천수의 수질개선 등에만 한정적으로 사용하도록 법적으로 구속력을 부여하는 경우도 있다.

2. 자치단체의 조례

주의 자치단체들 역시 헌법상 자치고권을 부여받고 있기 때문에 이러한 권한에 의거하여 물관리에 대한 구속력 있는 규정을 조례 등의 형태로 제정할 수 있다. 예를 들어 자치단체는 조례 등을 통하여 하수도의 사용에 대한 사용료를 부과하거나 주민들이 상하수도를 의무적으로 사용하도록 하는 등의 결정을 할 수 있다.

Ⅲ. 유럽연합의 물 관련 법

앞서 언급한 바와 같이 유럽연합은 환경분야에서 각 회원국에게 구속력을 가지는 지침 등을 통하여 물관리에 대해서도 상당한 정도로 밀도 있게 규율하고 있다. 환경분야에서도 물관리와 하천보호 등의 업무는 유럽연합 차원에서 상당히 중요한 비중을 가지고 있다. 그리고 이와 같은 유럽연합의 지침 등은 각 회원국들이 관련 분야에서 국내법을 제정 또는 개정하는 경우 상당한 영향력을 미친다. 독일의 경우에도 연방물관리법 내지 수법의 상당 부분이 유럽연합의 지침에 따라서 제정 또는 개정된 내용을 포함하고 있으며, 유럽연합 지침을 집행하는 성격의 규정이라고 할 수 있다. 이하에서는 독일의 연방물관리법 내지 수법과 관련하여 중요한 의미를 가지는 유럽연합의 주요 법규의 내용을 살펴보기로 한다.

1. 제1차법(primärrechtliche Grundlagen)

제1차법으로서 2008년 5월 9일 제정된 유럽연합 운영조약(Vertrag über die Arbeitsweise der Europäischen Union) 제20장 제191조 내지 제193는 환경문제를 규율하고 있다.

2. 제2차법(Sekundärrecht)

유럽연합이 제정한 이른바 제2차법에 해당하는 각종 지침 등은 회원국의 물관리법 내지 수법에 직접 혹은 간접적인 영향을 미치고 있다. 이미 수차례 언급한 바와 같이 수자원과 하천 등 전반적인 물관리 분야에서 유럽연합이 일종의 선제적 입법조치를 취하는 수단은 대부분 지침(Derective; Richtlnie)의 형태로 이루어진다. 이와 같은 유럽연합 지침의 수범자는 일차적으로 유럽연합의 회원국들이며, 각 회원국이 물관리에 대하여 가지고 있는 규범의 내용과 체계를 통일적으로 조정하는 기능을 수행한다. 각 회원국의 물 관련 규범은 유럽연합의 지침에 의하여 구속되며, 여기에 규정된 목표를 의무적으로 달성하여야 한다. 다만, 각 회원국들은 유럽연합 지침의 내용과 목표에 의하여 구속되기는 하지만, 이러한 내용과 목표를 달성하는 수단이나 형태에 대해서는 나름대로의 재량권을 가질 수 있다. 이하에서는 수자원 및 물관리와 관련한 유럽연합의 주요지침에 대하여 언급하기로 한다.

3. 물관리 기본지침(2000/60/REG)

이미 수차례 언급한 2000년 12월 22일 유럽연합의 수자원정책 분야에 조치를 위한 질서의 틀을 구성하는 각료이사회의 지침이다. 이는 흔히 유럽연합 물관리 기본지침(Water Framework Derective; WFD)으로 명명되었다. 2000년 유럽연합의 물관리 기본지침은 그 후 수차례 개정되어 오늘에 이르고 있다. 유럽연합은 이 지침을 통하여 각 회원국의 물과 관련된 보호와 사용 등에 대한 공통의 기본 틀을 확정하였다. 물관리 기본지침의 기본적인 이념과 목적은 하천수, 해수, 연안수, 기수(汽水), 지하수 등 모든 지표 및 지하수 등에 대한 사용과 그 性狀에 대한 변화를 가하는 것은 가능하지만, 그러한 행위로 인하여 하천수 등의 생태학적 기능이 근본적으로 변경되는 것을 금지하는 것이다. 더 나아가 하천수 등 지표수는 여러 나라를 거쳐서 이동하는 경우가 많이 있는데, 국제하천은 관련 당사국들이 상호 협력과 조율을 통하여 사용하여야 한다는 원칙을 규정하고 있다. 물관리 기본지침의 가장 중요한 목표는 2015년까지 각 회원국의 모든 물이 생태학적으로나 화학적으로 "좋은 상태"(guter Stand)를 달성하여야 한다는 것이다. 물관리 기본지침의 주요한 목표는 하천수의 보호, 물환경의 악화방시, 지속가능한 물사용의 촉진, 하천에 의하여 직접적인 영향을 받는 토양 생태계의 보호와 개선, 습지의 보호, 홍수와 가뭄의 영향 최소화 등이다.

이와 같은 주요사항에 대한 관리를 위하여 물관리 기본지침은 유럽연합의 모든 지표수와 지하수에 대한 환경적인 목표를 설정하였다. 특히 생태학적으로 좋은 상태를 유지하고 이를 달성하기 위하여 다양한 지표수의 유형에 대하여 상세한 요건이 규정되있다. 물관리 기본지침의 핵심적인 요소 중의 하나는 모든 회원국들이 하천유역에 대한 광범위한 조사와 분석 작업을 수행하는 것이며, 이러한 조사와 분석에 있어서는 특히 일반의 참여 하에 2015년까지 달성할 목표라는 관점에서 하천유역과 관련된 관리계획, 실행 프로그램 등이 포함되어야 한다. 아래에 언급하는 유럽연합의 물과 관련된 다른 지침들은 앞서 언급한 물관리 기본지침의 내용을 구체화하고 집행하는 기능을 수행한다.

1) 하천보호지침

하천보호지침은 2006년 3월 4일 제정된 것으로서 유럽연합의 모든 하천에 유입되는 특정 유해물질로 인한 오염을 방지하기 위한 것이다. 하천보호지침의 적용대상은 유럽연합의 모든 지표하천, 연안수, 기수 등이다. 하천보호지침의 핵심적인 목표는 이른바 블랙리스트라고 불리는 1차 목록에 규정된 유해물질의 유입을 금지하는 것이며, 이른바 회색리스트라고 불리는 제2차 목록에 규정된 유해물질의 유입을 감소시키는 것이다. 그리고 하천에 유해한 물질의 리스트는 하천보호지침 부록 1에서 상세하게 규정하고 있다. 이러한 유해물질은 독성, 잔류기간, 생물학적 축적도 등에 따라서 각각의 리스트에 분류하여 기재한다.

2) 환경질 규범(Umweltqualitätsnormen)지침

환경질 규범지침은 유럽연합이 2008년 12월 24일 회원국 수자원정책의 조율과 하천의 화학적 상태개선을 위하여 제정하였다. 환경질 규범지침은 물관리 기본지침 제4조에서 규정한 목표와 관련이 있다. 여기에서 말하는 환경질 규범이란 물관리 기본지침 제16조에 의하여 환경과 인간의 건강에 상당한 위해를 가할 수 있는 특정 물질과 우선관리물질을 확정하는 내용으로 구성되어 있다. 환경질 규범지침의 목적은 유럽연합의 모든 하천이 화학적으로 좋은 상태를 유지하는 것이다. 이 지침에 따라서 하천에 유입에 금지되거나 제한되는 유해화학물질의 농도를 규제하고 있는데, 농도규제에 따라서 이와 같은 특정 유해화학물질의 평균치나 허용되는 최대치가 일정한 한계를 넘지 않도록 한다. 그리고 유럽연합의 모든 회원국은 이와 같은 농도규제를 감독할 의무가 있다. 또한 관련 회원국들은 하천의 문제되는 부분에서 특정 유해화학물질의 유입 정도, 이들의 유입과 소멸 등 하천의 상태에 대하여 보고서를 작성할 의무가 있다.

3) 지하수 자지침(子指針)

유럽연합은 2006년 12월 27일 지하수의 오염과 상태악화를 방지하기 위한 지하수 자지침을 제정하였다. 지하수 지침을 자지침이라고 부르는 이유는 물관리 기본지침의 제17조 제1항과 제2항의 위임에 의하여 제정되었기 때문이다. 지하수 자지침에는 지하수 오염의 방지 및 오염도의 제한 등이 규정되고 있다. 지하수는 유럽연합의 많은 회원국에서 특히 음용수의 주요한 원천이다. 지하수 자지침은 지하수라는 소중하고 민감한 자연자원과 지하수와 직·간접적으로 연계된 생태계를 화학적인 오염으로부터 보호하기 위한 내용을 규정한다. 이 외에도 유럽연합의 각 회원국들은 정기적으로 지하수의 화학적 상태를 조사, 평가하고, 인간과 환경에 유해한 것으로 분류된 유해물질, 유해물질 群의 농도를 지속적으로 모니터링하며, 이를 통하여 지하수 자원에 대한 오염도를 기록하는 의무를 지고 있다. 이러한 작업을 토대로 하여 회원국들은 지하수 오염상태에 대한 회복의 기회를 찾고, 지하수에 유입되는 오염물질의 방지와 저감을 위한 조치들을 담은 계획을 수립한다.

4) 자치단체 하수지침

유럽연합은 1991년 5월 30일 자치단체 차원의 하수처리를 위한 지침을 제정하였다. 유럽연합은 자치단체가 설치하여 운영하는 하수도 처리시설에서 발생하는 미처리 하수가 수생태계의 富營養化에 상당한 영향을 미치는 것으로 파악되고 있다. 하수지침은 자치단체가 설치하여 운영하는 하수처리시설로부터 발생하는 하수의 집적, 처리 등과 특정 산업 분야에서 발생하는 하수의 수집과 처리 등을 규정하고 있다. 하수지침의 핵심적인 목표는 미처리 내지 불완전하게 처리된 하수가 하천 등으로 유입하여 수생태계를 오염시키는 것을 방지하는데 있다. 이에 따라서 하수지침은 하수의 처리 등과 관련하여 유럽연합의 회원국들에게 까다로운 요건을 요구하고 있다. 각 회원국들은 하수처리를 위한 하수도의 설치, 생물학적 정화시설, 하수의 발생으로 인하여 특별히 민감한 영향을 받는 지역에서의 정화의무 및 하수의 유입에 대한 허가제와 감독 등을 시행할 의무를 진다.

5) 질소지침

유럽연합은 1991년 12월 31일 농업활동으로 인하여 하천 등에 유입되는 질소로 인한 오염을 방지하기 위하여 질소지침을 제정하였다. 유럽연합 전체로 보면 지난 수십 년 간 집약적 영농으로 인하여 질소비료의 사용량과 빈도가 급격하게 증가하였으며, 질소와 인으로 오염된 토양으로부터 지표수 등이 하천으로 유입되어 심각한 환경 문제를 야기하고 있다. 이에 따라서 질소지침은 영농활동에 사용되는 질소로 인한 하천오염을 방지하고 건전한 수생태계를 유지하는데 그 목적을 두고 있다. 유럽연합은 질소지침을 통하여 각 회원국에게 질소로 오염되거나 오염 가능성이 큰 하천을 확인하고, 이미 오염된 하천이나 지역을 명시하며, 전문적인 관점에서 질소 비료의 사용을 저감하는 농법을 위한 규칙의 제정, 이를 위한 실천계획의 수립 등 다양한 조치를 취할 것을 요구하고 있다.

6) 수영수(水泳水)지침

유럽연합은 2006년 3월 4일 수영수의 수질과 관리에 대한 지침을 제정하였다. 수영은 축구, 사이클과 함께 유럽 사람들이 즐기는 대중적인 스포츠의 한 종목이다. 수영지침은 수영용 하천과 수영이 가능한 물이 흐르는 지역 등 모든 지표수를 그 적용대상으로 한다. 수영지침은 수영용 물의 수질을 유지·개선하고 환경을 보호하며, 인간의 건강을 증진시키는데 그 목적을 두고 있다. 수영지침에 따라서 수영용 물에 대한 감독, 평가 및 등급 부여, 수질에 대한 일반 국민 및 이용자에 대한 정보제공 및 수질관리 등이 각 회원국에게 의무로 부과된다.

7) 음용수지침

유럽연합은 1998년 12월 5일 사람이 마시는 물의 수질에 대한 지침을 제정하였다. 음용수지침은 사람이 마시는 물을 그 대상으로 한다는 점에서 무엇보다도 수질의 요건을 까다롭게 규정하고 있다. 음용수지침의 핵심적인 목표는 음용수의 질을 유지함으로써 인간의 건강을 지키는 것이다. 동시에 음용수지침은 마시는 물의 純度와 享有性을 정하는 것도 중요한 목표 중의 하나이다. 이를 위하여 유럽연합은 각 회원국에게 음용수의 생물학적, 화학적 수준과 같은 건강 및 순도의 기준을 정하는 동시에 방사능 오염과 같은 기준도 엄격하게 규정할 것을 요구하고 있다. 각 회원국들은 인간이 마시는 음용수가 미생물, 기생충 및 다른 유해물질로 인하여 오염되어 인간의 건강을 해치지 않도록 수질과 순도, 향유성을 유지할 수 있도록 적절한 조치를 취할 의무를 가진다. 이를 위하여 음용수는 정기적으로 수질 등에 대한 검사와 감독이 이루어져야 한다. 더 나아가 각 회원국들은 음용수에 대한 일종의 최소한의 요건을 충족시킬 의무를 지고 있는데, 이러한 의무를 어떻게 구체화할 것인가 하는 방법에 대해서는 회원국들이 각자 정하도록 하고 있다. 다만, 회원국의 최소요건은 음용수지침 부록에서 정하는 기준에 미달해서는 안 된다. 그런데 유의할 것은 이러한 최소한의 요건이 충족되는 경우에도 음용수가 잠재적으로 인간의 건강에 유해하다고 판단하는 경우에는 음용수의 사용을 금지하거나 제한할 수 있다.

8) 홍수지침

유럽연합은 홍수 위험에 대한 평가와 관리를 위하여 홍수지침을 2007년 11월 6일 제정하였다. 유럽연합의 회원국 중 상당수가 기후변화로 인한 홍수가 발생하여 사회, 경제적으로 상당한 문제를 안고 있다. 기후변화라는 자연적 여건의 변화와 더불어 하천에 대한 보다 집약적인 이용과 개발, 하천의 性狀에 대한 대규모적인 변화 등으로 인하여 홍수로 인한 위험은 지난 수십년 간 크게 증대되었다. 홍수지침은 하천 등에 대한 이와 같은 자연적, 사회적인 요인들로 인하여 증대된 홍수의 위험을 감소시키는데 그 목적을 두고 있다. 홍수지침에 따라서 각 회원국들은 홍수로 인한 사회적, 경제적 위험을 조사·평가하고 홍수의 위험성과 위해를 표시하는 지도를 작성하며, 일반 국민과 하천 주변에 거주하는 주민 등 이해관계인의 참여하에 홍수위험관리계획을 수립하는 의무를 부담하고 있다.

Ⅳ. 물에 대한 국제적 협력

1. 라인강 국제위원회

독일은 유럽 중심부에 위치한 세계 경제대국 중의 하나로서 수많은 국제적 협력을 위한 당사국으로서의 위상과 의무를 가지고 있으며, 이는 물 분야에서도 예외가 아니다. 물론 이와 같은 국제적 협력의 법적 기초는 독일이 다른 나라 내지 국제기구와 체결하는 쌍방 내지 다자간 조약에 두고 있다. 특히 독일은 라인강, 도나우강과 같은 국제하천이 자국을 흐르고 있고 북해 지역 역시 여러 나라와 국경을 맞대고 있기 때문에 이들 수자원에 대한 국제협력이 물관리에 있어서 중요한 의미를 가지고 있다. 앞서 언급한 유럽연합의 물관리 기본지침은 독일이 물 분야에 대한 국제협력에 있어서 가장 중요한 국제적 法源으로서의 기능을 하고 있다. 개별 하천에 설치되어 운영되는 국제위원회는 관련국의 입장을 조율하고 유럽연합의 물관리 기본지침을 집행한다.

특히 라인강은 유럽에서 경제적으로나 환경적으로 가장 중요한 국제하천이라고 할 수 있다. 라인강은 다목적으로 이용되고 있으며, 그 이용과 보호에 대한 국제적인 협력은 1950년대로 거슬러 올라간다. 처음에는 관련 당사국들이 비공식적인 채널을 통하여 협력하는 방식이었지만 1963년에 라인강 보호를 위한 국제위원회(IKSR)가 설립되었다. 그리고 이러한 국제위원회의 당사자로서 유럽연합이 1976년에 가입하였다. 국제위원회는 국제하천을 보호하기 위한 다자간 협의체로서 최초로 태동된 것이라고 할 수 있다. 그리고 이후에 라인강국제위원회는 다른 국제하천의 공동협력을 위한 기구의 설립을 위한 일종의 典範역할을 한 것으로 평가받고 있다. 라인강 국제위원회의 회원국은 현재 프랑스, 독일, 룩셈부르크, 네덜란드, 스위스 그리고 유럽연합이다. 라인강국제위원회의 일종의 최고의결기관인 각료회의는 라인강의 이용과 보전을 위한 정치적 의사결정을 내리고 있다.

라인강 보호에 대하여 책임을 지고 있는 각 회원국의 장관들은 각료회의를 통하여 각 회원국들의 책임 범위와 국제위원회의 과제와 목표에 대하여 논의한다. 각료회의는 부정기적으로 개최되기는 하지만 의장국은 3년을 임기로 교체된다. 국제위원회의 의결은 만장일치로 이루어지며, 기권하는 회원국이 있어도 의결은 이루어진다. 그리고 각 회원국들은 국제위원회의 의결사항을 자신의 영토 내에서 집행할 의무를 가진다. 또한, 국제위원회의 분야별 쟁점을 사전에 파악하고 의결하기 위하여 실무그룹이 조직되어 있으며, 실무그룹은 수질, 오염물질의 방류, 홍수, 생태, 경제적 이용 등의 분야로 세분화된다. 국제위원회의 사무국은 독일의 코블렌츠 시에 위치하고 있으며, 사무국은 국제위원회의 업무를 보좌한다.

앞서 언급한 바와 같이 라인강국제위원회는 국제하천의 보호와 이용을 위한 국제적 협력체로서 성공한 사례로서 평가받고 있다. 라인강국제위원회가 수립한 1987년 실행계획, 1998년 홍수계획, 1987년의 실행계획을 대체하는 2020년 실행계획 등 일련의 계획을 통하여 1970년대까지만 하더라도 수질에 문제를 가지고 있었던 라인강은 현재 상당한 정도로 그 생태적 기능이 회복되었다. 이와 같은 성공적인 국제협력은 1999년 "라인강 보호를 위한 국제회의"라는 광범위한 법적 기초를 가지게 되었다. 이와 같은 과정을 거치면서 현재 라인강을 중심으로 하는 회원국들의 국제적 협력은 단순히 라인강의 수생태계 및 수질의 보호에 국한하지 않고 환경친화적인 이용과 지속가능한 개발이라는 경제적인 관점에서도 변화를 이루어가고 있다.

라인강 보호를 위한 국제회의와 더불어 라인강의 보호를 위한 鹽素協定(Chlorid Übereinkommen)을 언급할 필요가 있다. 염소협정은 1976년 체결되었는데, 이는 라인강에 염소의 유입을 규제하는 국제협약이다. 염소협정을 체결하기 위하여 관련 당사국들은 수년 간 협의를 진행하였지만 그 결과가 만족스럽지 못했음에도 불구하고 라인강에 유입되는 염소의 양이 대폭적으로 감소하는 성과를 거둔 것으로 평가받고 있다. 1991년 부속합의를 통하여 특히 프랑스가 라인강에 유입되는 염소의 양을 감소시키는 특별한 의무를 지게 되었으며, 라인강에 유입되는 염소농도 상한이 확정됨으로써 농도규제가 이루어지는 계기가 마련되었다. 농도규제의 상한을 넘어서는 경우 당해 사업자나 개인은 더 이상 염소를 배출할 수 없으며, 상한을 넘은 염소를 보관할 의무를 진다. 최근 네덜란드는 스스로 라인강 염소문제의 해결에 일정 부분 기여하기로 선언한 바 있다. 염소를 제거하기 위한 비용은 각 회원국의 배출량에 따라서 안분하는데, 최근 비용분배에 대한 프랑스와 네덜란드의 분쟁은 국제중재법원의 중재절차에 따라 해결되었다.

2. 도나우(다뉴브)강 보호를 위한 국제위원회

도나우강은 유럽에서 두 번째로 긴 국제하천이다. 라인강과 마찬가지로 도나우강 역시 지리적, 정치적 여건이 상이한 여러 나라를 거쳐서 흑해로 흘러간다. 국제하천으로서 도나우강의 보호를 위한 국제협력의 법적 기초는 도나우강보호협정이다. 도나우강보호협정은 회원국들이 1994년 서명하고 그 해에 효력이 발생하였다. 도나우강보호협정은 도나우강에 대한 지속가능하고 정당한 이용을 보장하고 강 유역의 지천을 보호하는 것이다. 그리고 이와 같은 국제협력을 구체하기 위하여 구성된 조직이 바로 도나우강 국제위원회(IKSD)이다. 도나우강국제위원회는 오스트리아의 수도 비엔나에 사무국을 두고 국제위원회의 업무를 보좌한다.

현재 도나우강국제위원회에 가입한 나라는 보스니아/헤르체고비나, 불가리아, 독일, 크로아티아, 몰다우, 몬테네그로, 오스트리아, 루마니아, 세르비아, 슬로바키아, 슬로베니아, 체코, 우크라이나, 헝가리 그리고 유럽연합이다. 도나우강국제위원회는 라인강 보호를 위한 국제회의와 더불어 유럽에서 가장 중요한 국제적인 하천보호기구라고 할 수 있으며, 유럽연합의 물관리 기본지침을 충실하게 이행하고 있다는 평가를 받고 있다. 즉 도나우강국제위원회의 업무는 도나우강의 지속가능하고 정당한 이용 및 수생태계와 관련된 환경보호라고 할 수 있다. 그리고 각 회원국들은 이와 같은 기본적인 책무 이외에도 도나우강의 보호를 위하여 필요한 정보의 교환, 상호원조 등의 업무를 수행하고 있다.

3. 물관리를 위한 기타 국제적인 규범

앞서 언급한 바와 같이 라인강이나 도나우강 등 국제하천은 그 이용과 보전에 있어서 관련되는 다수 당사국 간의 이해관계를 조절하기 위해서 일정한 국제적 협약을 통한 협력이 필수적이다. 물론 두 국제하천의 경우에는 유럽연합의 물관리 기본지침을 비롯한 각종 지침 등이 적용되지만 이를 넘어서는 국제법적인 규범과 관습 등도 중요한 法源이다. 국제하천을 규율하는 대표적인 국제법 규범으로는 아래와 같은 것들이 있다.

1) 국제하천의 비항해용 사용에 대한 국제협약(Convention on the Law of the Non-Navigational Uses of International Watercourses 1997)

UN은 국제하천의 비항해용 사용에 대한 국제협약을 1997년 마련하였다. 이 국제협약은 국제하천과 해양에 대한 이용, 관리, 보호 등에 대한 법적 기초를 이루고 있다. 이 국제협약을 발의하고 성안한 주체는 1970년 UN총회의 결의에 의하여 구성된 국제법위원회이며, 국제법위원회는 1994년 일반적인 항해를 제외한 국제하천과 해양의 이용 등에 대한 초안을 작성하였다. 이 국제협약에 따르면 협약에 가입한 모든 당사국들은 평등하게 국제하천을 이용할 수 있다. 평등이용원칙과 함께 국제하천은 지속가능하고 환경친화적 이용을 통하여 회원국은 인접국에 대하여 손해를 야기하여서는 아니 된다. 더 나아가 국제협약의 당사국들은 국제하천의 보호와 이용에 있어서 상호 협력하여야 하며, 공동의 관리체계를 확립하고 수질에 대한 공동의 기준을 마련하여야 한다. 국제하천의 이용 등에 대한 국제협약은 일종의 개괄적 골격 협약에 해당하기 때문에 당사국들은 구체적인 절차나 이용 조건 등을 별도로 정할 수 있다. 독일은 1998년 8월 31일 위 협약을 비준하였다.

2) UNECE Convention on the Protection and Use of Transboundary Watercourses and International Lakes

1992년 5월 UN의 유럽경제위원회(United Nations Economic Commission for Europe; UNECE)는 국제하천 및 호수의 이용과 보호에 관한 국제협약을 채택하였다. 이 국제협약은 1996년부터 효력을 가지게 되었는데, 유럽과 인접국가의 국제하천, 해양, 호수, 습지 등에 대한 공동의 관리와 보호에 대하여 규정하고 있다. 이 국제협약도 일종의 개괄적 골격협약으로서 지역적, 국가별로 존재하는 지표수와 지하수를 대상으로 하는 각종 법규와 제도를 강화하고, 이들 수자원을 생태학적으로 지속가능하게 이용하도록 의무화하는 목표를 가지고 있다. 이 국제협약은 특히 인접국가들로 하여금 위 목표를 달성하기 위한 협의체를 구성하도록 하고 있다. 독일은 1992년 3월

18일 위 국제협약에 서명하고, 1995년 1월 30일에 이를 비준하였다. 2003년에 개정된 위 국제협약에 따라서 협약의 당사국이 아닌 다른 나라도 이 협약에 가입할 수 있도록 문호를 개방하였다. 이러한 개방적 조치에 따라서 협약의 인접국에 해당하는 이라크, 이란, 시리아 등도 협약에 가입하여 국제하천과 호수 등의 보호와 이용에 대한 협력이 가능하도록 하였다.

3) UNECE Protocol on Water and Health to the 1992 Convention on the Protection and Use of Transboundary Watercourses and International Lakes

앞서 언급한 1992년 국제하천 및 호수 등의 보호와 이용을 위한 국제협약에 대한 의정서는 물관리의 개선과 수인성 전염병의 퇴치를 통하여 물을 사용하는 사람의 건강을 증진하는 목적을 가지고 있다. 특히 당해 의정서는 위생적이고 건강한 물에 사람들의 접근권을 보장하고 전체 국민에 대한 하수시설을 설치할 것을 요구하고 있다. 당해 의정서는 이와 같이 모든 인간에 대한 물인권을 실현하고 위생적인 물에 대한 접근을 보장하며, 의정서 제6조가 규정하는 바와 같이 이러한 목적을 달성하기 위하여 회원당사국들이 개별국가는 물론 지역적으로 현재 사람들이 이용하는 물의 상태를 확인하고 필요한 정보를 제공하여 국민들로 하여금 수인성 질환으로부터 자유로울 수 있는 기반을 조성하는데 중점을 두고 있다. 이러한 목표를 실현하기 의정서가 의도하는 물관리가 이루어져야 하며, 이를 통하여 인간의 건강과 생태계가 지속가능한 개발이라는 원칙에 부합하여야 한다. 독일은 이 의정서를 1999년 6월 17일 서명하고, 2007년 1월 15일 비준하였다. 독일은 동 의정서에 대한 비준 이후에 지속적으로 의정서의 내용과 일정에 대하여 준수하는 태도를 견지하고 있다.

4) 국제관습법

위에서 언급한 바와 같이 독일이 협약 당사자로서 비준한 국제협약 이외에도 일반적으로 승인된 국제관습법 역시 일정한 법적 구속력을 가지는 것으로 보고 있다. 국제관습법의 예는 국제하천에 대한 오염금지, 국제적으로 자원에 대한 적절한 수준의 이용을 규제하는 것 등이다. 이와 같이 국제관습법 중에서도 일정한 법적 구속력을 가지는 것 이외에도 이른바 소프트로(soft law standards)로서 직접적인 구속력을 가지지 않지만 결코 과소평가할 수 없는 다양한 형태의 국제관습 규범이 존재한다. 이러한 소프트로들은 국가들의 행위형태와 국제관습법의 발전에 있어서 상당한 영향력을 가지며, 이른바 소프트로 중에서 물에 관하여 다음과 같은 것들이 있다.

(1) 1996년 **헬싱키 규정**

1996년 국제법학회(International Law Association; ILA)가 제안한 국제하천의 물이용에 대한 헬싱키 규정은 국제하천의 항해 또는 비항해적 이용에 대한 최초의 법안 형태의 초안이라는 의미를 가지고 있다. 동 초안은 국제하천 내지 국제水法 영역에서 적절한 이용의 원칙, 하천오염의 방지, 분쟁해결 등의 내용을 담고 있으며, 국제수법의 영역에서 상당한 법적 발전의 초석을 놓은 것으로 평가받고 있다.

(2) 2004년 **베를린 규정**

2004년 8월 독일 베를린에서 개최된 국제법학회 총회는 수자원에 대한 베를린 규정을 채택하였는데, 이 규정은 헬싱키 규정을 한 단계 업그레이드 시킨 것으로 평가받고 있으며, 기존의 원칙은 물론 아직 발전 과정에 있는 담수자원에 대한 국제관습법의 발전에 대한 내용을 포함하고 있다.

(3) 1992년 **아젠다** 21

UN은 1992년 브라질의 리우데자네이루에서 물관리 문제에 대해 이미 잘 알려진 아젠다 21을 채택하였다. 흔히 아젠다 21은 환경정책에 관한 실행계획으로 잘 알려져 있는데, 법적인 구속력은 가지고 있지 않다. 아젠다 21의 제18장에서는 담수에 대한 자원성과 수질에 대한 보호를 규정하고 있으며, 우리에게 친숙한 물과 관련한 개발, 관리, 이용 등에 대한 이른바 통합관리를 요구하고 있다.

(4) 국제지하수법

지하수는 많은 나라에서 매우 중요한 수자원으로서의 기능을 함에도 불구하고 국제법적으로는 큰 주목을 받지 못하고 있었는데, UN은 2008년 11월 국제지하수법을 공표하면서 그 희소성을 강조하였다. 국제지하수법은 지표수와 지하수가 상호 밀접하게 연관되어 있으며, 결국 동일한 배출경로를 통하여 하천에 유입된다는 사실에 주목하고 있다. 특히 지하수가 가지는 생태적 의미가 비로소 국제지하수법을 통하여 강조되었다. 국제법학회 역시 2008년 국제지하수법에 대한 초안을 제시함으로써 지하수의 중요성에 대하여 학문적인 기초를 제공하였으며, 이 초안은 UN총회에서 채택되었다. 이 초안은 지하수의 중요성, 지속가능한 관리 등을 규정하고 있다. 이러한 지하수관리의 원칙은 과거부터 국제관습법에서 정착된 수자원에 대한 공정하고 적절한 이용, 국경을 넘어서는 손해방지 의무 등의 내용을 구체화한 것이다. 앞서 언급한 바와 같이 유럽연합 차원에서 지하수는 UN 유럽경제위원회와 물관리 기본지침에서 그 중요성이 재차 확인되었다.

V. 독일 연방물관리법

1. 연 혁

독일 물관리 법제 내지 수법 중에서 가장 핵심적인 법률은 연방물관리법이다. 연방물관리법은 우리나라의 물관련 법령과 비교하면 하천법과 가장 유사한 성격을 가지고 있으며, 그러한 의미에서 수자원 법제로서 물에 대한 이용과 수리권 문제를 다루는 내용을 주로 규정하고 있다. 그런데 독일 연방물관리법은 후술하는 바와 같이 물에 대한 지속가능한 이용과 인간 생존의 기초와 동식물의 생존공간으로서의 수생태계의 의미를 강조하고 있어서 물환경에 대한 내용도 상당한 정도로 포함하고 있음이 특징적이다. 연방물관리법은 1957년 최초로 제정되어, 그 동안 수차례 개정되어 오늘에 이르고 있다. 앞서 언급한 바와 같이 과거에는 연방물관리법은 독일 기본법 제75조 제1항 제4호에 따라서 연방의회가 이른바 개괄입법 내지 골격입법을 제정할 수 있는 입법관할권에 따라 제정한 법률로서 그 구체적인 내용은 각 주들의 물관리법에 의하여 집행되는 구조를 취하고 있었다.

그러나 독일에서 국가개혁의 차원에서 이루어진 2006년 제1차 연방주의 개편안에 따라서[12] 물관리 부분은 이른바 연방과 주의 경합적 입법관할권 조항으로 변모되었다.[13] 경합적 입법괄할권이란 특정 영역에서 있어서 연방과 각 주가 모두 원칙적으로 입법관할권을 행사할 수 있는데, 일단 연방이 당해 영역에서 입법권을 우선 행사하면 각 주는 이와 동일한 내용의 입법을 할 수 없으며, 당해 영역에서 연방이 입법권을 행사하지 않는 경우에는 비로소 각 주가 입법권을 행사할 수 있는 방식이다. 현행 기본법 제74조 제1항 제32호가 이와 같은 내용을 규정하고 있으며, 기본법 제72조 제3항 제5호에서 규정하는 물질 내지 시설과 관련되는 내용에 해당하지 않는 한 각 주는 연방이 규율하지 않는 영역에 대하여 경합적 입법관할권을 행사할 수 있다. 실제로 연방의회는 지난 2009년 7월 31일 연방물관리법을 전면 개정하면서, 기존의 개괄입법조항을 연방 스스로의 집행조항으로 전면 대체하였다. 현행 기본법 규정에 의하면 각 주는 연방의회가 물관리 분야에서 어떠한 입법도 하지 않거나 명시적으로 각 주에 물관리에 관한 규정을 제정할 수 있는 권한을 위임한 경우에 한하여 입법권을 행사할 수 있다. 예를 들어 후자에 해당하는 경우로서 연방물관리법 제46조 제3항, 제49조 제4항 등을 들 수 있다. 2009년 전면 개정되어 2010년 3월 1일 시행에 들어간 현행 연방물관리법은 2009년 독일에서 환경법전(Umweltgesetzbuch)의 제정움직임에 영향을 받았지만, 결국 환경법전의 제

12) 이에 대한 상세한 논의는 Breuer, in : Kloepfer (Hrsg.), Umweltföderalismus, 2002, 403면 이하(413면, 421면).

13) Huber, Klarere Verantwortungsteilung von Bund, Ländern und Kommunen? 2004, 60면 이하.

정이 좌절됨에 따라서 위 환경법전에 포함된 물관리 관련 규정이 연방물관리법의 개정 시에 반영된 것이다.

2. 일반론과 법의 체계

독일 연방헌법재판소는 연방물관리법의 근본적인 목적은 물에 포함된 자원과 수량을 관리함으로써 수자원의 오염과 과부하를 방지하는 것이라고 밝힌 바 있다.14) 그러므로 연방물관리법은 원칙적으로는 수자원법이기는 하지만 수법의 중요한 요소인 환경법적 측면을 동시에 가지고 있다. 과거 연방물관리법은 두 가지 주요한 분야인 舟運과 水路에 주목하고 있었으나, 시대의 변화에 따라서 연방물관리법은 이 두 가지의 고전적인 분야보다는 최근 물환경 보호와 물에 대한 지속가능한 이용의 측면을 보다 중시하기 시작하였다. 현행 연방물관리법은 제1조에서 위의 목적과 취지를 반영하여 다음과 같은 내용을 그 목적으로 규정하고 있다. "이 법의 목적은 물에 대한 지속가능한 관리를 통하여 하천을 자연체의 본질적 구성요소로서, 인간의 생존의 기초로서, 동물과 식물의 생존공간으로서 그리고 이용가능한 재화로서 보호하는 것이다." 그리고 동법 제6조는 제1조를 보완하는 의미에서 연방물관리법의 기본원칙을 규정하고 있다. 이에 대해서는 후술한다.

연방물관리법은 규율 대상인 물의 종류에 따라서 각각 지표수, 연안수, 지하수 등에 대한 관리의 목표를 달리 규정하고 있다. 이에 대해서도 역시 후술한다. 물관리법은 모두 6장으로 구성되어 있는데, 그 내용은 다음과 같다. 제1장 총칙. 제2장 하천관리. 제3장 특별한 물관리 규정. 제4장 보상과 조정. 제5장 하천감독. 제6장 벌칙. 독일 연방물관리법의 가장 중요한 목적과 취지는 독일의 모든 하천을 공법상 이용관계의 틀 속에서 법제화하는 것이다. 하천에 대한 공법적 이용관계라는 의미는 예를 들어 물에 대한 이용권으로서의 수리권이 민법이나 관습법을 비롯하여 그 어떤 다른

14) BVerfGE 15, 1(15).

이용형태로 존재하는 것을 원칙적으로 인정할 수 없으며, 국가의 행정기관에 의한 관리와 통제를 받는다는 것을 의미한다. 독일의 경우에도 이미 오래 전부터 물을 대상으로 하여 전 근대적인 관습법적 이용관계가 계속되어 왔지만 19세기에 이르러서 이와 같은 공법적 이용관계가 정착되었으며, 도처에 산재했던 水法적 재산권 관계가 공법상 공물의 이용관계로 전환되었다.

이와 같은 프레임의 변화를 반영한 조항이 연방물관리법 제4조 제3항이다. 이에 의하면 하천부지에 대한 소유권을 가지고 있는 자라고 하더라도 하천수를 이용하거나 하천에 대한 공사 등 性狀 변화를 가할 수 있는 권한을 가지지 못한다고 하여, 하천부지의 개인적 소유권과 하천수의 이용, 하천공사 등 공법적인 문제를 구별하고 있다. 따라서 하천부지에 사적 소유권을 가지고 있는 자라고 하더라도 하천수의 이용이나 하천공사 등에는 관할 행정청의 허가를 받아야 한다. 지하수와 관련해서도 독일 연방헌법재판소는 이른바 골재채취결정(Naßauskiesungsbeschluß)에서 지하수가 희소한 자원으로서 국가의 보호를 받는다는 점을 강조하면서 그 이용관계를 공법적인 성격으로 규정하였다.[15] 이와 같이 독일의 경우 과거 물에 대한 私法적 이용관계를 재산권의 내용으로부터 인정되는 당연한 권리라는 관념을 불식하고 희소한 수자원에 대한 국가적 보호를 강조하고 그 이용에 행정청의 허가 등을 요구하면서 점차적으로 공법적인 이용관계로 발전해간 것이다. 그 결과 국가로부터 허가 등을 받아 물을 이용하는 공법상의 수리권에 대하여 과거 민법이나 관습법에 의한 수리권은 그 대항력을 상실하였다고 보는 견해가 일반적이다.

이러한 독일의 수리권에 대한 역사적 변천과정은 우리나라의 수리권을 이해하고 정립하는데 중요한 시사를 하고 있다. 물론 그렇다고 하여 민법이나 관습법에 의한 수리권이 전적으로 의미가 없다거나 상실된 것은 아니지만 오늘날 공법상의 수리권이 광범위한 영역에 미치게 되면서 매우

15) BVerfGE 58, 300.

제한된 범위 안에서만 인정되는 권리라는 인식이 강하다.[16] 주목할 만한 사실은 2009년 독일 연방물관리법이 전면 개정되면서 독일 민법전의 재산권 조항인 제65조가 폐지되었다는 것이다. 원래 이 조항은 1900년 독일 민법전이 시행되기 이전부터 각 주의 입법에 의하여 당시까지 존재하였던 물과 관련된 사법상의 규정들은 영향을 받지 않는다는 내용을 담고 있었는데, 이 조항이 폐지되었다는 것은 과거의 私法상 수리권은 이제 존재하지 않는다는 의미라고 할 수 있다.

독일의 일부 주는 지표수의 사용에 대하여 물사용료(Wasserentnahmeentgelt)를 부과하고 있는데, 물사용료의 법적 성격과 관련하여 그것이 이른바 특별부담금인지 혹은 사용료인지에 대하여 극심한 논쟁의 대상이 되었다. 독일 연방헌법재판소는 지표수의 취수량과 오염도에 따라서 부과하는 물사용료를 공물인 하천이라는 자연자원을 사용함으로써 발생하는 개인적이고 경제적인 편익을 상쇄하는 사용료(Benutzngsgebühr)라고 판시하여 그 합헌성을 인정하였다.[17] 하천수 내지 지표수를 사용하기 위해서는 관할 행정청의 허가가 필요하고 하천수라는 국가가 관리하는 일종의 자연공물의 사용에 대하여 사용료를 부과한다는 것은, 이제 수리권은 공법상의 법률관계를 전제로 하며 물의 사용은 희소한 자원에 대한 소비행위로서 그로 인한 경제적 편익에 대해서는 일정한 비용부담이 필요하다는 현대적인 의미의 수리권이 정착되는 과정이라고 할 수 있다.

3. 적용범위와 기본개념

연방물관리법은 제2조 제1항에서 이 법이 적용되는 범위를 규정하고 있는데, 지표수, 연안수 그리고 지하수 및 이러한 수자원의 일부에 대해서도 이 법이 적용된다. 이 법의 제2장에서는 각각의 수자원에 대하여 공통적으로 적용되는 원칙과 각각의 수자원의 특성에 따르는 별도의 규정을 두고 있다. 연방물관리법은 수자원이 자연적으로 부존하는 상태를 적용대

16) 김성수, 수법연구, 신조사, 2013,
17) BVerfGE 93, 319 (345ff.).

상으로 하기 때문에 예를 들어 수자원들을 분리하여 인공수영장이나 욕조에 담는 물은 그 적용대상에서 제외한다. 반면에 하천에 부분적인 하수시설, 하수 배출장치 등이 있다고 하더라도 이 법이 적용되는 수자원으로서의 성격을 상실하는 것은 아니다. 또한 이 법이 적용되는 수자원 또는 하천은 인공적 또는 자연적으로 생성되거나 적법 또는 위법적인 방식으로 설치된 것을 묻지 아니한다. 그러나 법이 적용되는 하천 또는 수자원은 다소간 영속적인 물의 부존상태를 의미하는 것이기 때문에 예를 들어 홍수 등으로 일시적으로 형성된 물의 집합상태는 그 적용대상에서 제외된다. 연방물관리법 제2조 제2항은 각 주가 이른바 경합적 입법관할권을 행사하여 연방물관리법의 적용을 받지 않는 예외적인 하천 내지 수자원을 주의 법률로서 정할 수 있다고 규정하고 있다. 이와 같이 연방물관리법의 적용을 받지 않는 수자원 내지 하천이란 수자원의 규모나 부존상태로 볼 때 관리상 중요하지 않은 것들로서, 예를 들어 도로의 일부인 측면도랑, 소규모로 물이 드나드는 도랑, 약수터 등이다.

4. 물관리의 기본원칙

연방물관리법 제6조는 물관리 기본원칙 내지 관리의무에 대하여 규정하고 있다. 이 법 제6조는 제9조에 따르는 물이용에만 국한된 것이 아니라 수자원에 대해 영향력을 미치는 제반 문제를 규율하고 있다. 일반적인 물관리의 기본원칙과 함께 물에 특유한 재산권의 사회적 羈束性(제4조), 일반적인 관리자의 주의의무(제5조) 등이 규정되고 있다. 여기에 연방물관리법은 2009년 개정에 따라서 다른 원칙도 추가하였는데, 이 법 제50조 제2항에 따라서 물공급은 우선적으로 근거리의 수자원에서 조달한다는 내용이다. 제6조의 물관리 기본원칙을 준수해야 하는 주체는 관리자이며, 여기서의 관리자는 물관리에 대한 법적인 권한과 의무를 지는 관할 행정청이다. 물관리는 무엇보다도 지속가능하게 이루어져야 하며, 여기에서 지속가능하다는 의미는 물을 천연자원의 본질적인 구성요소로서 물이 가지는 기능과 공급능력을 고려하면서 모든 동물과 식물의 생존공간으로서 수자원의 지속적인 개선이 이루어져야 한다는 것이다. 수자원과 밀접하게 연관된 토양생태계와 습지 등에 대한 환경적 침해를 방지하고 환경침해가 불가피한 경우 이를 최소한으로 억제하며 가능한 정도로 그 원상을 회복하여야 한다. 여기에서 말하는 수자원에 대한 침해행위는, 예를 들어 하천오염 및 기타 하천의 특성에 대한 부정적인 변성행위, 물의 낭비 등이다.

이와 같은 수자원관리의 목적은 앞서 언급한 연방하수부담금법과 동일하다고 할 수 있다. 또한 물이용은 공공의 복리를 위한 목적으로 이루어져야 하며, 개인적인 이익을 위한 사용 역시 이와 같은 공공복리와 조화를 이루어야 한다. 물관리는 더 나아가 현재 그리고 미래에 국민 또는 주민에게 물을 공급하기 위한 사용가능성을 염두에 두어야 하며, 기후변화를 고려하면서 이루어질 필요가 있다. 특히 지표수의 경우 물관리는 가능한 정도로 자연적이며 무해한 排水가 이루어지도록 하여야 하며, 지표상으로 현재 상태에 부존하는 물을 잘 보존하고 관리하여 홍수 시에 위험한 상태가 발생하지 않도록 하여야 한다. 마지막으로 지표수나 지하수에 대한 철저한 관리를 통하여 해양수와 생태계를 보호하여야 한다. 지속가능한 물관리는 서로 상충하거나 갈등관계에 놓일 수 있는 물사용 행위, 예를 들어 음용수 공급, 어업, 휴양 및 레저, 주운, 에너지 공급, 하수처리 등은 서로 조화를 이루는 방향으로 이루어져야 하며, 정치적 동기 등에 의하여 어느 일방의 물사용 목적이 강조되어서는 아니 된다.

현행 연방물관리법의 특징 중의 하나는 유럽연합의 물관리 기본지침을 충실하게 집행하기 위하여 독일의 하천을 모두 10개의 대유역으로 구분하여 관리하도록 하였다는 점이다. 그리고 2009년 물관리법이 개정되기 이전에 10개의 대유역에 대하여 2009년 12월 22일까지 관리계획과 구체적인 시행계획을 수립하도록 하였으며, 그에 따르는 구체적인 조치가 2012년까지 이루어지도록 하였다. 여기에서 말하는 10개의 대유역은 하천의 자연적인 부존상태를 기준으로 한 것이기 때문에 대체로 10개 대유역은 주 간 혹은 국가 간에 걸쳐서 구획되어 있다. 따라서 필연적으로 이와 같은 10개 대구역에 부존하는 하천에 대해서 주 간 혹은 국가 간의 협력과 조정이 이루어질 필요가 있으며, 주(州) 차원에서 해당되는 구역은 하나의 대 유역에 속하도록 편제되었다.

하천을 중심으로 하는 지표수관리의 핵심적인 목표는 하천생태계에 대한 악화를 방지하고 하천을 생태적, 화학적으로 건강한 상태로 유지하는 것이다. 자연하천에 비하여 인공하천 내지 하천에 대하여 상당한 인공적 변화를 가한 경우에는 하천에 대한 오염방지는 물론 화학적이고 상태학적으로 양호한 잠재력을 유지하도록 관리가 이루어져야 한다. 이상의 물관리 원칙은 연안수에 대해서도 동일하게 적용된다. 지하수의 경우에는 적절한 양의 유지와 더불어 역시 양호한 화학적 상태를 유지하도록 관리하여야 한다. 연방물관리법 제5조가 규정하는 일반적인 주의의무는 물을 관리하는 행정청이 受範者가 아니라 물을 사용하는 모든 사람이며, 이들을 대상으로 하천이나 수자원에 영향을 줄 수 있는 행위를 규제하는 것이다. 규제대상이 되는 행위는 예를 들어 수자원이나 하천수의 특성에 대한 지속적인 변경행위, 물사용에 대한 과소비 방지, 물의 공급이나 자정능력의 유지를 방해하는 행위, 배수의 규모나 속도의 확대 방지를 통한 자연스러운 유속의 확보 등이다.

그리고 연방물관리법의 경찰법적인 요소가 투영된 일반적 주의의무와 제5조 제2항에 따라서 관할 행정청은 홍수로 인한 부정적인 결과나 영향을 최소화하기 위한 조치를 취하여야 할 의무가 있으며, 홍수로 인하여 인간, 환경이나 물건의 가치에 대한 부정적인 영향을 최소화하도록 토지를 이용할 의무를 진다. 그리고 이러한 일반적인 주의의무는 하수처리에 있어서 공공복리를 해하지 않도록 하여야 한다는 이 법 제55조 제1항의 규정과 같은 맥락을 가지고 있다. 앞서 언급한 바와 같이 하천부지에 사적인 소유권을 가지고 있는 경우 이러한 소유권이 하천수의 사용과는 별도라는 내용을 규정한 연방물관리법 제4조 제2항은 물에 특수성을 고려하여 일종의 재산권에 대한 사회적 기속성을 구체화하는 조항이라고 할 수 있다. 이와 같은 원칙들은 물에 대한 사용이 기본적으로 공법적인 규율을 받게 되었다는 역사적 발전과정을 반영하는 것인데, 앞으로 기후변화에 따라서 수자원의 희소성이 더욱 부각되면서 물의 사용, 수리권에 대한 공법적인 기속은 계속하여 강화될 것으로 예상할 수 있다.

5. 물에 대한 사용허가

연방물관리법 제8조는 이 법 또는 이 법에서 위임한 하위규정이 다르게 정하지 않는 한 원칙적으로 모든 물의 사용행위는 관할 행정청의 허가를 받아야 한다고 규정하고 있다. 위 조항은 '허가'라는 용어를 사용하고 있으나, 여기에서 말하는 허가는 일반적, 상대적 금지의 해제라는 소극적인 허가유보라기 보다는 물사용에 대하여 일정한 법적 지위를 설정해 주는 일종의 설권행위로서 강학상 특허에 가까운 것으로 보아야 한다. 따라서 관할 행정청이 물사용에 대한 허가를 함에 있어서는 수자원의 부존상태, 기존의 이용관계와 물량, 향후의 수요 등을 고려하여 상당한 정책적인 재량권을 행사할 수 있는 것으로 보아야 한다. 따라서 이와 같은 관할 행정청의 재량권이 0으로 수축하지 않는 한 물이용에 대한 허가를 신청하는 상대방은 허가처분을 요구할 수 있는 행정법상의 권리를 갖고 있다고 보기 어렵다.

1) 사용의 유형

연방물관리법 제9조는 물이용의 개념을 법적으로 정의하고 있다. 연방물관리법은 제9조 제1항에서 물에 대한 의도적인 영향력 행사를 이른바 진정 물이용(echte Benutzungen)이라는 개념으로, 제2항에서는 물에 대한 기타의 영향력 행사를 이른바 부진정 물이용(unechte Benutzungen)이란 개념으로 구분할 수 있다. 진정 물이용이란 지표수로부터 물을 引水하는 행위, 지표수를 둑을 쌓아 모으는 행위, 지표수로부터 일정한 물질을 채취하는 행위, 하천으로 일정한 물질을 처리하는 행위 등을 말한다. 진정 물이용에 비하여 이른바 부진정 물이용은 훨씬 광의의 개념이다. 부진정 물이용이란 지속적으로 그리고 상당한 규모로 물의 상태에 부정적인 영향을 미치거나 상태를 변경시키는 일체의 행위를 말한다. 부진정 물이용의 예로서는 적절한 시설이나 도구를 이용하여 지하수를 채취, 물길을 돌리거나 우회하는 등의 행위가 포함된다. 다만, 하천에 대한 관리나 보수 등 공사행위는 별도의 계획확정절차 내지 허가절차를 통하여 허가와 동일한 효과를 가지는 행정처분이 이루어지기 때문에 허가를 요하는 물이용행위로는 보지 아니한다.

연방물관리법 제67조 제2항 제1문에서 규정하는 바와 같이 연못을 설치하는 행위는 하천에 대한 보수행위로 보기 때문에 물이용 행위는 아니며, 이 경우 지하수가 용출된다고 하더라도 물을 이용하는 행위로서의 성격을 가지지 않는다. 이른바 간접유입행위(Indirekteinleitungen)노 역시 물이용행위로 보지 아니하는데, 예를 들어 하수를 직접 하천에 유입시키지 않고 하수도로 유입하는 행위가 이에 해당하며, 여기에 대해서는 별도의 허가절차가 예정되고 있다. 액체상태의 폐기기물을 하천이나 하수도로 유입하는 행위는 독일의 연방 '폐기물 및 자원순환법'(Kreislauf/Abfallgesetz)의 적용대상이 아니며, 연방물관리법과 더불어 각 주의 물관리법이 이른바 간접유입행위로서 규율하고 있다.

2) 허가를 요하지 않는 물이용 행위

물을 이용하는 행위이기는 하지만 그 규모가 작고 하천이나 수자원의 부존상태에 큰 영향을 미치지 않는 경우에는 관할 행정청의 허가를 별도로 요하는 것은 아니다. 즉 허가에 대한 예외가 인정된다는 의미이다. 별도의 허가를 받지 않는 소규모의 물 이용행위로는 수영이나 윈드서핑과 같이 지표수에 대한 일반사용으로 볼 수 있는 것들이다. 지표수는 공물이므로 이는 행정법적으로 공물에 대한 일반사용으로서, 도로의 통행, 공원에서의 산책과 같이 하천에서 수영을 하는 행위는 관할 행정청으로부터 별도의 승인이나 허가를 받을 필요가 없다는 의미이다. 그러나 하천에서의 스포츠 행위라고 하더라도 모터 등 동력을 이용한 보트를 이용하는 행위는 허가를 요하는 물 이용행위로 본다. 舟運이 가능한 하천에서 배를 운항하는 행위 역시 하천에 대한 일반사용에 해당하지만 주운에 대해서는 물관리법이 아니라 수로법(Wasserstrassenrecht)이 정하는 바에 의한다. 다만, 하천에서 스포츠를 즐기는 행위는 육지와의 최소한의 이격거리 등을 고려하고 타인의 이용행위 보장, 자연과 경관보호라는 목적에서 원칙적으로 물에 대한 일반사용으로서 별도의 허가를 요하지 않는 것으로 보기는 하지만 이에 대한 규제가 점차적으로 강화되고 있다. 물에 대한 일반사용은 사용자에게 일정한 권리를 부여하는 것은 아니기 때문에 일반사용자가 관할 행정청이나 타인에게 자신의 권리를 주장할 수 없다. 다만, 지속적인 일반사용이 있었음에도 불구하고 예를 들어 공익상의 이유를 들어 관할 행정청이 하천수의 일반사용을 금지하거나 이용관계를 폐지하는 행정처분이 있는 경우, 기존의 사용자는 행정법원법 제42조 제2항에 따라서 자신의 권리침해의 가능성을 주장하며 당해 처분의 취소 내지 무효확인을 구할 원고적격을 가지는 것으로 본다. 이 경우에 원고적격이 인정되는 이유는 법적으로 사용자에게 일정한 권리가 부여될 것까지는 요하지 않으며, 자신의 권리가 침해될 수 있는 개연성을 주장하는 것으로 충분하다고 보기 때문이다.

앞서 언급한 바와 같이 하천부지 등에 사적 소유권을 가지고 있는 자라고 하더라도 하천수를 사용함에 있어서는 원칙적으로 관할 행정청의 허가를 필요로 하는데, 여기에는 일정한 예외가 인정된다. 예를 들어 하천부지에 사소유권을 가지고 있는 자 혹은 인근주민은 하천이나 수자원에 지속적으로 부정적인 영향을 미치지 않는 한도 내에서 그리고 타인의 이용을 방해하지 않는 범위 내에서 하천관리청의 허가를 받지 않고 하천수를 사용할 수 있다. 전통적으로 독일에서는 토지소유자의 일반사용에 대해서는 민법의 적용을 받은 반면에 인근주민의 일반사용은 공법적 성격을 가지는 것으로 보았다. 각 주의 물관리법은 연방물관리법 제43조의 규정에 따라서 沿岸水(Küstenwasser)의 사용, 용천수와 강우의 사용에 대해서도 역시 관할 행정청의 허가가 필요하지 않는 것으로 규정하고 있다.

연방물관리법 제46조 제1항 제1문은 지하수를 가정용으로 사용하는 경우, 농장에서 농업용으로 사용하는 경우, 가축의 음용수 등 농업, 임업, 정원용 토지에 통상적인 물주기 등에 사용하는 경우 등에는 허가를 면제하고 있다. 연방물관리법 제8조 제2항은 예를 들어 홍수 시에 지하실의 배수를 위하여 긴급하게 물을 이용하는 행위 등과 같이 현존하는 위험을 방지하기 위한 경찰법상의 행위는 공공의 안전과 질서를 유지하기 위한 것으로서 물에 대한 부정적인 효과를 야기하더라도 중대한 손해를 방지하기 위하여 불가피한 것으로서 역시 관할 행정청의 허가를 요하지 아니한다. 연방물관리법 제20조는 이른바 기득권으로 인한 물 이용행위, 예를 들어 독일의 영업법(Gewerberecht)에 따라서 시설에 대한 허가의 부수적인 효과로서 물을 사용하는 권리 혹은 과거 각 주의 물관리법에 의하여 물사용이 허가되고 이것이 현재까지 유지되는 경우 등에는 역시 별도의 관할 행정청의 허가가 필요하지 않다. 우리나라의 강학상 기득하천수리권에 유사한 개념이라고 할 수 있다. 더 나아가 국방상 혹은 그에 필요한 군사훈련이나 탐사 등, 공공의 안녕에 대한 위해를 방지하기 위하여 일시적으로 하천수를 사용하는 경우에도 역시 관할 행정청의 허가를 받지 않아도 된다.

3) 허가(Genehmigung)의 유형 - 단순허가(Erlaubnis)와 승인(Bewilligung)

역사적으로 발전해 온 물관리법의 구조에서 특이한 것은 물의 사용에 대한 허가에는 두 가지 행정처분의 유형이 존재한다는 것이다. 하나는 승인(Bewilligung)이고 다른 하나는 단순허가(Erlaubnis)이다. 승인이나 허가 모두 수익적 행정행위로서의 성질을 가지며, 이른바 물적 행정행위로서 허가는 부동산이나 하천시설이라는 물적 요소를 통하여 양수인에게 승계된다. 일반적으로 단순허가는 상대방에게 물을 사용할 수 있는 법적 지위, 자격이나 권능(Befugnis)을 발생시키는데 비하여 승인은 물을 사용할 수 있는 권리(Recht)를 부여하는 행정처분이다. 그러나 승인의 경우에도 그 권리성은 인정되기만 승인처분을 받은 상대방이 관할 행정청을 대상으로 일정한 수질 유지와 양을 요구할 권리를 가지는 것은 아니라고 보고 있다.

이렇게 볼 때 일반적인 허가와 승인은 적지 않는 차이를 가지고 있는 것으로 볼 수 있다. 후술하는 바와 같이 이른바 행정처분의 존속력과 관련하여 양자 간에 일정한 질적 차이가 있는 것은 물론 절차적인 면에서도 구별이 가능하다.

통상적으로 승인의 경우 환경영향평가절차가 선행하며, 연방물관리법 제11조 제2항에 의하여 계획확정절차 또는 승인절차에서는 제3자의 이의신청이 인정된다. 이에 반하여 단순허가절차의 경우에는 환경영향평가절차가 선행되는 경우도 있으나, 이러한 예는 오히려 예외적인 것으로서 환경영향평가는 거의 이루어지지 않는다. 그리고 승인과 허가는 제3자에 대한 효력에 있어서도 차이를 보이고 있는데, 승인의 경우에는 연방물관리법 제16조 제2항에 의하여 이른바 私法形成的 효력을 가진다. 사법형성적 효력이란 승인절차에서 제3자가 어떠한 이의도 제기하지 않는 경우에는 더 이상 승인으로 인하여 성립하는 사법상 법률관계를 부인할 수 없으며, 제3자는 그에 기속된다.

그리고 관할 행정청은 상대방에 대한 단순허가를 한 이후에 일반적으로 아무런 보상 없이 철회를 정당화 하는 사유가 있는 경우 허가를 철회할 수 있는 반면에, 승인의 경우에는 연방물관리법 제18조 제2항 제2문에 따라서 승인을 받은 상대방이 물을 일정 기간 사용하지 않거나 승인된 물량을 상당한 정도로 하회하거나 혹은 사용목적을 변경하는 등 상대방의 책임 있는 사유 등의 요건이 충족되는 경우를 제외하고는 승인을 철회하는 경우 상대방에게 정당한 보상을 지급하여야 한다. 앞서 언급한 바와 같이 승인은 상대방에게 권리를 부여하는데 비하여 단순허가는 상대방에게 일정한 법적 지위나 권능을 인정하는데 그치지만, 단순허가를 받은 상대방에게도 오늘날 항고소송에서 원고적격을 인정하는 것이 일반적인 경향이다.

물관리법 전체를 살펴볼 때 단순허가가 보다 일반적인 행정처분이며, 물 사용에 대한 승인은 다소 예외적인 사안을 대상으로 물관리법 제14조 제1항과 같이 특별한 요건이 존재하는 경우 적용되는 것으로 볼 수 있다.

다시 말하자면, “승인을 통하여 물을 사용하는 자가 강력한 권리를 행사할 수 있는 법적 지위를 부여받는 경우에 한하여 행정청이 의도하는 공익목적을 달성할 수 있을 때”가 여기에 해당한다. 다만, “승인을 통하여 물을 사용하는 자가 강력한 권리를 행사할 수 있는 법적 지위를 부여받는 경우에 한하여 행정청이 의도하는 공익목적을 달성할 수 있을 때”라는 일종의 불확정 개념의 해석과 관련하여 관할 행정청이 이를 부정적으로 판단하여 승인을 거부하는 경우에는 당연히 소송을 통하여 사법부가 당해 거부처분에 대하여, 행정청의 방만하고 자의적인 해석이라는 합리적인 의심 하에 사실인정과 법률해석에 있어서 객관적이며 엄격한 심사기준을 통하여 위법 여부를 판단한다. 예를 들어 하천에 유해물질을 방류하는 것이 명백해 보이는 경우에 관할 행정청은 상대방에 대한 승인을 거부할 수 있으며, 이에 대하여 법원은 대부분 이를 행정청의 적법한 처분으로서 원고의 청구를 기각한다.

허가 및 승인과 더불어 일부 주의 물관리법에서는 오래 전부터 이른바 “高揚된 허가”(gehobene Erlaubnis)제도를 규정하고 있다. 고양된 허가에 대해서는 연방물관리법 제15조도 규정하고 있는데, 고양된 허가란 하천의 사용에 대한 공익상 정당한 사유가 있는 경우에 이루어진다. 여기에서 말하는 공익상 정당한 사유는 예를 들어 제3자의 하천이용에 대한 효력을 미칠 수 있는 허가로서, 제3자의 하천이용을 배제할 수 있는 경우 등을 들 수 있다.[18] 따라서 고양된 허가에는 승인에 적용되는 규정들이 준용되며 제3자의 이용배제와 같은 사법형성적 효력 등이 발생한다.

---

18) 예를 들어 여기에서 말하는 공익이란 하천을 비롯한 지표수의 합리적인 사용과 같은 것이지만, 그 외에도 주민들의 생활에 필요한 수돗물의 공급이나 폐수처리와 같은 것들이 포함될 수 있다. 따라서 이와 같은 高揚된 공익이 있다고 판단하는 경우 행정청은 제3자의 일반적인 지표수사용을 배제하고 사법형성적 효력이 있는 고양된 허가를 발할 수 있다. 따라서 고양된 허가절차에는 반드시 이해관계 있는 제3자가 참여하며, 제3자는 허가절차에서 이의를 제기할 수 있으며, 이러한 이의는 최종 허가 시에 고려되어야 한다. Czychowski/Reinhardt, Wasserhaushaltsgesetz unter Berücksichtigung der Landeswassergesetze und des Wasserstrafrechts, 제11판, WHG 주석, 제15조, 방주 9번.

물관리에 대한 관할 관청은 허가나 승인절차에서 다음과 같은 세 가지 요건이 모두 충족되는 경우 허가나 승인이 정식으로 내려지기 이전이라도 하천이나 하천수를 사전에 사용하게 할 수 있다. 1. 종국적인 허가나 승인에 내려질 가능성이 큰 경우. 2. 사전사용에 대한 정당한 공익이 존재하는 경우. 3. 사용자가 종국적인 허가 등이 이루어지기 전에 발생한 모든 손해를 배상할 책임을 지며, 만약 종국적인 허가 등이 내려지지 않을 경우 하천에 대한 사전사용 이전에 상태로 원상회복할 의무가 있는 경우. 물론 관할 행정청은 언제라도 직권으로 사전사용을 철회할 수 있다(제17조 제1항, 제2항).

하천이나 하천수에 대한 사용을 위하여 일정한 대규모 시설을 설치하는 경우 독일법상 계획확정절차가 적용되는 것이 일반적이다. 계획확정절차는 독일 연방행정절차법에서 대규모 환경침해시설 등을 설치하는 과정에서 다수의 이해관계자들의 갈등을 조절하기 위한 특별한 절차인데, 이러한 대규모 시설이 하천이용과 관련되는 경우 연방물관리법 제19조가 이를 규율하고 있다. 하천수 사용과 관련한 물관리법 제19조의 계획확정절차는 연방행정절차법 제75조 제1항의 일반적인 계획확정절차에 대하여 일종의 특별법 규정이라고 할 수 있다. 그런데 연방물관리법 제19조에 의하여 계획확정절차를 진행하는 관할 행정청은 물사용에 대한 허가나 승인이 필요한 경우 이를 행할 수 있는 권한을 가지고 있다. 물론 이 경우 계획확정절차를 진행하는 행정청은 물관리에 대하여 원래 권한을 가지는 행정청과 사전에 협의하여야 한다. 따라서 법이론적으로 볼 때 계획확정절차를 거쳐서 내려지는 시설의 설치 등에 대한 최종적인 결정과 그 과정에서 이루어지는 하천수 사용 등에 대한 허가나 승인은 서로 별개의 행정처분이라고 보아야 한다. 독일 연방행정법원의 판례 역시 양자의 관계에 대해서 상호 독자적인 행정처분이기 때문에, 이에 불복하는 자는 양자 모두에 대하여 항고소송 등을 통하여 다툴 수 있는 것으로 본다.[19]

---

19) BVerwG, NVwZ 2005, 659면 이하 해설.

4) 허가요건

하천과 하천수에 대한 사용허가는 기본적으로 그 사용을 일반적으로 금지 내지 억제하고 이러한 금지 내지 억제의 필요성이 없게 된 경우 상대방의 신청에 따라서 관할 물관리 행정청은 이러한 금지나 제한을 해제함으로서 이루어진다. 물론 이러한 과정은 우리나라 행정법 이론에 따르면 강학상 허가에 해당하는 것이지만 하천 내지 하천수 사용허가는 강학상 특허로서 재량행위의 성격을 가진다. 연방물관리법 제12조 제1항은 허가와 승인을 거부할 수 있는 사유를 규정하고 있지만, 이는 앞서 언급한 바와 같이 행정청의 의무에 합당한 재량권에 의하여 최종적으로 결정된다. 즉 하천과 하천수의 사용에 대한 허가나 승인은 개별적으로 특수한 상황등을 고려하여 수법을 집행함에 있어서 행정청에 부여된 특별한 관리재량(Bewirtschaftungsermessen)으로 이해되고 있다. 또한 이러한 개별적인 사안과는 별도로 물관리 행정청은 물과 관련된 계획을 수립하는 경우 수질등 물관리의 목표설정과 관련하여 이른바 계획재량권을 가진다.

이렇게 볼 때 물관리를 위하여 관할 행정청이 가지는 재량권은 계획재량권과 개별적인 허가 등에 대한 관리재량권이라는 2단계로 구성된다. 하천수 사용에 대한 허가가 행정청의 재량사항이라는 것은 사용신청인이 허가 등을 요구하는 권리를 가지지 못한다는 의미이며, 개인의 생명, 신체 재산 등에 대한 긴급한 위해가 현실화 하는 등의 사유가 존재하지 않는 한 행정청의 재량권은 유지된다. 독일에서는 이와 같은 행정청의 물관리 재량은 물관리법의 취지와 목적을 고려할 때 정당한 것으로 보고 있으며, 연방헌법재판소는 더 나아가 물관리법의 재량규정을 헌법적으로 요청되는 것으로서 합헌적인 규정으로 판시하고 있다.[20] 연방물관리법 제12조 제1항에 따라서 하천수 사용으로 인하여 하천수 상태에 부정적인 변화가 초래되는 경우, 이를 附款 등을 통하여 피하거나 조정하기 어려운 경우 및 기타 공법상 규정에 의한 요건을 충족하지 못하는 경우에 하천관리청은 허가나

20) BVerfGE 58, 300, 347면.

승인을 거부할 수 있다. 하천수 상태에 부정적인 변화가 초래된다는 의미는 하천수 사용이 공공의 복리에 반하거나 기타 물 관련 법률상의 요건을 충족하지 못하는 경우이다. 판례는 하천수 사용이 공공복리에 적합하지 못한 경우로서 부족한 수량이나 수질악화 등 주로 물의 이용과 관련된 사유를 거론하고 있으나,[21] 경우에 따라서는 반드시 이와 같은 사유가 아니라 하더라도, 예컨대 하천수 사용으로 인하여 제3자의 권익을 부당하게 해하는 것도 포함되는 것으로 보고 있다. 이는 승인이나 고양된 허가 등이 일반적으로 이른바 사법형성적 효력을 가지기 때문이다.

다만, 하천수를 사용한다는 점에서는 동일하지만 오폐수를 하천에 유입시키는 행위는 물환경에 미치는 심대한 영향을 고려하여 보다 요건이 강화된 연방물관리법 제57조에 의한 별도의 허가를 요한다. 이에 따르면 하천에 대한 오폐수 유입 행위는 오폐수의 양과 유해성을 현재의 기술수준(Stand der Technik)에 따라서 최소화할 수 있을 경우에 한하여 허가할 수 있다. 여기에서 말하는 '현재의 기술수준'의 개념에 대해서는 연방물관리법 제3조 제11호가 정의하고 있는데, 이는 하천으로 방출되는 오폐수를 최소화하는 데 있어서 적절한 것으로 판단할 수 있는 발전된 기술수준에 의한 절차, 시설, 운영방식을 의미한다. 그리고 구체적으로 현재의 기술수준이 어떠한 것인가에 대해서는 연방물관리법 부칙 제1조가 상세한 기준을 규정하고 있다. 원래 현재의 기술수준이라는 것은 유럽연합의 여러 환경관련 지침에서 나타나는 "최적으로 이용가능한 기술"(best available technology)로부터 유래하는 개념으로서 독일은 이 개념을 자국의 연방 임미시온보호법이나 자원순환 및 폐기물법 등에 통일적으로 수용하였다.

과거에는 '현재의 기술수준'을 기술의 '경제적 실행가능성'의 의미로 이해하는 경향이 있었지만 오늘날은 이보다는 환경의 지속가능성을 고려한 보다 엄격한 개념으로서 질적으로 변화한 것으로 본다. 물론 특정한 기술수단의 사용을 요구하는 개별 조항의 합헌성 심사기준으로서는 당연히

21) BVerwG, ZfW 1978, 363, 368면; UPR 1989, 348면 이하 해설.

민간부문의 사업자나 공공재정의 효율성이라는 측면에서 과잉금지 원칙이 적용되며 연방물관리법 부칙 제1조에서도 특정 기술수단의 적용에 대한 비용편익분석을 바탕으로 하는 비례의 원칙을 규정하고 있지만 앞서 언급한 바와 같이 질적으로 변화한 현재의 기술수준이라는 개념을 고려할 때 하천에 대한 오폐수 유입이나 기타 환경법규의 합헌성 심사기준으로 이 개념을 적용하는 것이 가능할 것으로 보인다. 다시 말하자면, 질적으로 고도의 환경공익 보호가 필요한 경우에는 환경법규가 사업자나 국가, 지자체 등에게 일반적인 비용편익분석을 벗어나는 다소 경제적으로 무리가 될 수 있는 고가 기술의 사용을 의무화하는 경우에도 사법부는 환경의 지속가능성을 염두에 두고 '현재의 기술수준'을 규정한 입법자의 입법형성권을 존중하고 헌법재판소 역시 완화된 심사기준을 적용하여 당해 조항을 합헌으로 볼 가능성이 크다는 것을 의미한다.

이와 같이 하천에 대한 오폐수 유입을 허가함에 있어서 보다 강화된 의미에서 현재의 기술수준을 구체적으로 어떻게 정할 것인가에 대한 상세한 내용은 연방물관리법 제57조 제2항 제1문에 따라서 연방정부의 법규명령에 위임한다. 과거에 이 문제는 행정규칙으로 규정되어 있었으나 연방정부는 위 위임규정에 따라서 법규명령인 오폐수명령(Abwasserverordnung)으로 대체하면서 유럽연합의 다양한 지침의 내용도 반영하였다. 하천에 대하여 오폐수를 유입하는 것이 동시에 하수처리에 해당하는 경우에는 연방물관리법 제55조 제1항 제1문에 규정하는 보다 특별하고 강화된 요건으로서 무해한 하수처리원칙이 준수되어야 하며, 무해처리원칙만이 본 조항이 지향하는 공공복리에 부합한다. 이 외에도 연방물관리법은 특정한 하천수 사용에 대하여 보다 엄격한 요건을 규정하고 있는데, 예를 들어 오폐수 처리를 목적으로 지표수에 특정한 물질을 유입하는 행위를 일체 금지하고 있다. 하수처리 목적의 특정 물질 유입금지원칙은 연안수, 즉 기수(汽水)에도 동일하게 적용된다.

또한, 지하수에 대한 특별한 보호필요성을 고려하여 연방물관리법 제48조 제1항은 지하수에 특정 물질을 유입하는 행위에 대하여 엄격한 요건을 규정하고 있다. 이에 따르면 지하수에 대하여 특정한 물질을 유입시키는 행위로 인하여 지하수의 전반적인 상태에 지속적으로 부정적인 영향이 미치지 않는 경우에 한하여 그에 대한 허가가 가능하다. 그런데 유럽재판소는 물관리법 제48조 제1항이 유럽연합의 지하수지침을 충분하게 고려하지 않는 것으로서 유럽연합법에 위반하는 것으로 판시하였다.[22] 이에 따라서 독일연방의회는 연방물관리법 제48조 제1항을 개정하여 제2문을 신설하고, 제1문에서 규정하는 "지하수의 전반적인 상태에 지속적으로 부정적인 영향이 미치지 않는 경우"에 대한 구체적인 내용을 연방정부의 법규명령에 위임하는 규정을 신설하였다. 지하수의 보호와 관련하여 연방물관리법 제49조는 터파기공사 등에 대한 특별한 규정을 마련하고 있다. 땅에 대한 터파기공사 등을 통하여 지하수의 이동, 수위, 상태 등에 대하여 직·간접적으로 영향을 미치는 행위에 대해서는 관할 행정청에 이를 신고하여야 한다. 그러나 이러한 터파기공사 등을 통하여 지하수에 특정 물질이 유입되어 지하수의 상태에 다하여 지속적으로 부정적인 영향이 미치는 경우에는 신고로는 부족하고 정식의 허가를 받아야 한다. 지하수를 취수, 표출, 이동하는 등의 행위뿐만이 아니라 지하수를 단순히 노출시키는 것을 포함하여 우연하게 지하수를 사실상 사용하기 위하여 개발하는 행위도 모두 신고의무의 대상이 된다.

5) 부관, 사후결정, 철회 등

연방물관리법은 허가와 승인에 대하여 발령 당시에 부관을 부가하는 것을 포함하여 사후에도 부관을 붙이거나 행정처분의 내용을 조정할 수 있도록 규정하고 있다. 이러한 행정처분의 내용 변경 및 부관의 부가는 하천수의 사용에 대하여 허가나 승인이 이루어지는 경우에도 수자원의 불안정성이나 사후에 발생할 수 있는 홍수, 가뭄 등 자연재해 등을 고려하여 하천수 사용허가의 내용을 사후에 조정할 수 있도록 하기 위함이다. 즉 허가나 승인이 이루어진 이후에도 하천에 유입되는 특정 물질의 종류나 범

22) EuGH, NVwZ 1991, 973면 해설.

위를 정하여 허가 등의 내용을 조정하거나 수자원의 부존상황을 고려한 하천수 사용절약을 위한 조치, 하천수 사용으로부터 발생하는 부정적인 영향을 차단하고 보정하기 위한 조치 등이 이에 포함된다(연방물관리법 제13조 제1항). 또한 국가나 지자체 등 공공부문이 하천수의 사용으로부터 발생하는 부정적 영향을 방지하고 공공복리를 실현하기 위하여 필요한 조치에 소요되는 비용의 일부를 하천수 사용허가를 받은 자에게 부담시키는 것도 이와 같은 내용변경 및 (사후)부관에 해당한다(제2항). 그리고 이와 같은 사전적 혹은 사후적 부관 및 행정처분의 내용조정은 제3자에 대한 부정적인 영향을 차단하거나 조정하기 위한 경우에도 가능하다.

이와 유사한 조항은 연방 임미시온보호법 제17조에서도 규정되고 있는데, 이로서 행정법학에서 논의하는 행정행위의 존속력이 허가와 승인의 경우 상대화 되었다고 보는 견해도 있다.[23] 다시 말하자면, 일반적인 허가에 비하여 승인은 보다 상대방에 대한 권리를 강화하는 것이지만 행정행위의 내용에 대하여 사전적인 부관은 물론 사후부관 내지 조정을 통하여 허가라는 행정처분의 존속력을 상대화시키고 수자원과 물환경 보호를 위한 보다 유연하고 탄력적인 행정을 가능하게 한다. 행정행위의 존속력은 행정법관계의 안정과 행정에 대한 상대방의 신뢰를 보호하기 위하여 인정되는 효력이기는 하지만 기후변화로 인한 수자원의 불안정성과 예상하지 못한 물환경에 대한 부정적 요인 등의 차단 등 고양된 공익을 실현하기 위하여 물사용에 대한 허가나 승인을 받은 상대방의 신뢰보호나 행정법관계의 안정성과 같은 기득권 보호를 제한할 수 있는 상황의 변화가 초래되고 있다고 평가할 수 있다. 지속가능한 환경보호와 상황변화에 대처하는 현대행정의 유연성이라는 新談論을 맞이하여 행정법 이론체계의 핵심 중의 하나인 존속력과 같은 행정행위의 효력론에 대한 수정이 필요한 것인지 학문적으로 또 다른 도전적 과제에 직면하고 있다. 따라서 상대방이 허가나 승인 등 수익적 행정행위에 대하여 가질 수 있는 신뢰를 존속보호의 형태

23) Kloepfer, Umweltrecht, 제3판, 1139면.

보다는 보상보호의 방식에 보다 치중할 수밖에 없다는 점에서 고전적인 권리보호의 방식에 대한 변화도 불가피할 것으로 보인다.

그러나 흥미롭게도 연방물관리법은 제13조 제3항에서 승인의 경우에는 처분과 동시에 부관을 붙이는 것은 허용하지 않고 오직 사후부관만이 가능한 것으로 규정하여 여전히 일반적인 허가에 비하여 그 존속력을 강화하고 있다. 하천수 사용허가와 승인처분을 철회하는 것은 연방물관리법 제18조에서 상세하게 규정하고 있는데, 원칙적으로 어떠한 금전적 보상 없이 물관리법 제18조가 규정하고 있는 사유에 해당하는 경우 언제든지 철회가 가능하다. 앞서 수차례 언급한 바와 같이 수자원에 대한 고도의 보호가능성과 필요성이라는 고양된 공익을 고려할 때 허가나 승인을 받은 자의 기득권을 강하게 보호하지 않겠다는 입법자의 의지를 읽을 수 있는 부분이다. 즉 하천수 사용허가와 승인은 연방행정절차법 제49조 제2항 제1문 제2호부터 제5호까지 열거된 사유가 있는 경우에 철회할 수 있으며, 다음과 같이 물사용과 관련한 특별한 사정이 있는 경우에도 역시 철회가 가능하다. 1. 허가를 받은 자가. 3년 간 계속적으로 하천수를 사용하지 않거나 허가물량을 현저히 초과한 경우. 2. 사용허가의 목적이 변경되어 제14조 제1항 제2호의 계획과 일치하지 않는 경우.

연방물관리법 제14조 제1항 제2호의 계획이란 연방물관리법이 규정하는 특정한 물관련 계획이 추구하는 목적과 배치되는 경우를 말한다. 연방행정절차법 제49조 제2항 각 호가 규정하는 수익적 행정행위의 철회사유는 다음과 같은데, 연방물관리법 제18조 제2항은 이 중에서 제2호부터 제5호의 사유를 하천수 사용허가에 대한 철회에 대하여 준용하고 있다. 1. 법령에 철회사유가 규정되거나 행정행위에 유보된 경우. 2. 행정행위의 부관으로 철회권이 유보되었으나 수익적 행정행위의 상대방이 이를 이행하지 않거나 법령에서 규정한 기간 내에 이행하지 않은 경우. 3. 행정청이 행정행위 발령 후에 일정한 사유가 발생한다면 당해 행정행위를 처음부터 발령하지 않을 권한이 있는 경우. 4. 행정청이 행정행위 발령 후에 일정한 사유가 발생한다면 당해 행정행위를 발령하지 않을 권한이 있으며, 수익적 행정행위의 상대방은 그에 따르는 행위를 하지 않았고, 당해 수익적 행정행위를 근거로 어떠한 급부도 수령하지 않았으며, 당해 행정행위를 철회하지 않으면 공익을 해하게 되는 경우. 5. 공익상 중대한 손해를 방지 내지 제거하기 위한 경우.

앞서 언급한 바와 같이 연방물관리법 제18조 제2항 각 호가 규정하는 사유에 해당하여 하천수 사용허가나 승인을 철회하는 경우에는 원칙적으로 이에 대한 재산상의 손실을 보상할 필요는 없지만 승인의 경우에는 상대방에게 일종의 공법상 권리를 부여하는 수익적 행정행위이므로 신뢰보호원칙이 적용되는 결과 연방행정절차법 제48조 제6항이 규정하는 바에 따라서 손실보상이 인정될 수 있다. 신뢰보호원칙이 적용되는 사안이라고 하더라도 철회를 통하여 실현하는 공익이 큰 경우 하천수 사용허가라는 수익적 행정행위는 철회되므로 이른바 존속보호의 방식은 불가하지만 침해되는 사익이 공익에 미치지 못하더라도 일정한 보호가치가 인정되는 경우에는 보상보호 형태의 신뢰보호가 이루어지는 것이다. 하천수 사용허가 등에 대한 철회 문제는 실무적으로도 상당한 의미를 가지는데 비하여 허가 등이 원시적인 하자를 가지고 있는 경우 그에 대한 취소는 취소의 일반법리와 연방행정절차법 제48조의 규정이 적용된다.

6) 제3자와 기득수리권에 대한 보호

연방물관리법에서 간과할 수 없는 내용 중의 하나는 하천수에 대한 사용허가로 인하여 제3자의 토지소유권 등을 침해하거나 기존에 기득권으로 인정받은 하천수 사용권을 방해하는 경우 이들에 대한 보호규정이다. 하천수 사용허가가 이루어진 인근의 토지소유자 등 이해관계인이 하천수 사용허가로 인하여 부정적인 영향을 받게 되면 이에 대한 이의신청을 할 수 있다(제14조 제3항). 이 경우 관할 행정청은 부관 등을 통하여 제3자의 권리를 보호하고 조정하는 것을 전제로 하여 상대방에게 하천수 사용을 허가할 수 있다. 그러나 부관 등을 통하여 제3자의 권리보호가 불가능하고, 그럼에도 불구하고 공익상 상대방에 대한 하천수 사용허가가 필요한 경우에는 제3자에 대한 손실을 보상하고 상대방에 대하여 하천수 사용을 허가할 수 있다. 또한 제3자의 권리침해까지는 이루어지지 않는다고 하더라도 상대방에 대한 하천수 사용허가로 인하여 자신이 소유한 토지에 대한 기존의 사용을 방해받거나 자신의 취수시설로부터 물이 상실되는 경우 등에는 역시 부관 등을 통하여 이를 방지하고 방지가 불가능하지만 공익상 상대방에 대한 하천수 사용허가가 필요한 경우에는 제3자에 대한 손실을 보상하여야 한다(제4항). 이와 같이 연방물관리법이 하천수 사용에 대한 허가로 인하여 발생할 수 있는 인근의 토지소유자 등 제3자의 권익침해에 대하여 상세한 규정을 두고 있는 것은 허가처분이 제3자에게도 구속력을 가지는 이른바 사법형성적 효력을 가지기 때문이며, 수익적 행정처분의 상대방과 제3자와의 법적 관계를 민법상의 상린관계에 맡기지 아니하고 공법적으로 규율하겠다는 입법자의 의지를 반영한 것이다.

연방물관리법은 제3자의 보호와 함께 우리나라에서 기득하천수리권자에 비교할 수 있는 하천수 사용권자의 지위를 일정 부분 보호하고 있다. 연방물관리법은 이러한 기득하천수리권을 舊 권리와 지위(alte Rechte und Befugnisse)라는 용어로 표현하고 있는데, 하천수 사용에 대한 구 권리와 지위는 연방물관리법이 적용되기 이전에 이미 각 주의 물관리법에 의하여 허가나 승인을 받은 것으로서 독일 통일 이전에는 1957년 8월 12일, 독일 통일조약 제3조에 의하여 구 동독지역의 경우 1990년 7월 1일을 기준으로 취수시설이 현존하여야 한다(제20조 제1항). 다만, 우리와 비교하여 독일은 기득하천수리권자에 대한 보호의 수준이 낮은 편인데, 그 이유는 국가의 수자원 보호의무는 중대한 공익상의 요청에 의한 것이기 때문에 기득권 보호에 소극적일 수밖에 없다는 지극히 논리적인 결과라고 할 수 있다. 따라서 하천수의 사용에 대한 구 권리와 지위가 지속되는 것이 공공복리의 실현에 현저한 지장을 초래하는 경우에는 관할 행정청은 이에 대한 보상을 전제로 허가 등의 철회를 통하여 구 권리와 지위를 박탈할 수 있다.

더 나아가 2010년 3월 1일 전면 개정·시행된 연방물관리법 이전에 적용되었던 법에 따라서 구 권리와 지위는 다음과 같은 사유에 의하여 이미 허용할 수 없는 경우에는 보상 없이 철회가 가능하다. 1. 3년 연속하여 하천수를 사용하지 않는 경우. 2. 기존에 허가된 물량에 따르는 사용이 더 이상 필요하지 않게 된 경우; 특히 허가된 물량을 3년 연속 현저하게 과소 사용한 경우. 3. 하천수 사용목적이 변경되어 허가 시의 목적과 일치하지 않는 경우. 4. 하천수 사용자가 관할 행정청의 허가철회 경고에도 불구하고 허가된 물량을 현저하게 초과하여 과다 사용하거나 허가의 조건 등 부관을 이행하지 않는 경우(제2항). 그리고 2010년 2월 28일까지 水公簿에 등록하지 않거나 그 때까지 등록하기로 신고하지 않는 구 권리와 지위는 2013년 3월 1일까지 관할 행정청의 水公簿에 등록하도록 함으로써 시기를 놓친 구 권리 등을 양성화 하여 이를 관리할 수 있도록 입법적인 조치를 취하고 있다(제21조 제1항).

7) 수돗물 공급, 수자원 보호구역, 약수원 보호

(1) 수돗물 공급

물관리법 제50조 제1항은 일반 국민에게 물을 공급하는 과제를 공적 물공급(öffentliche Wasserversorgung)으로 부르고 이를 국민의 생존을 배려하는 국가의 과제로 규정하고 있다. 국민의 생존을 위하여 물을 관리하고 공급하는 국가적 과제는 가장 중요한 공적 과제 중의 하나로서 중요한 공익에 해당한다. 따라서 공적 물공급에 부여된 이와 같은 고양된 공익으로 인하여 이에 반하거나 경쟁관계에 있는 다른 공익 내지 사익은 물공급이라는 중대한 공익에 양보하여야 한다. 공적 물공급은 근거리에 있는 수자원으로부터 이루어져야 하는 것이 원칙이다(제50조 제2항). 따라서 원거리에 있는 수자원으로부터 공적인 물공급이 이루어지는 것은 예외에 해당하는 것으로서 근거리 수자원의 양과 질이 물공급에 적절하지 않거나 지나치게 과도한 비용이 소요되는 경우에 한한다. 공적 물공급 행정을 수행하는 주체는 대부분의 경우 자치단체로서 이들은 일정한 법적 배려의무를 부담한다. 즉 공적 물공급 주체는 물을 주의 깊게 관리하여야 하며, 물공급 시설로부터 최대한 누수를 방지하고 물을 최종적으로 소비하는 지역주민 등에게 물절약에 필요한 조치와 위생조건을 준수하도록 필요한 정보를 제공하여야 한다(제3항). 또한 물을 공급하는 시설은 일반적으로 승인된 기술 수준에 의하여 설치, 관리 및 운영되어야 한다(제4항). 그리고 물공급 주체는 주 정부의 행정명령 또는 자신의 결정에 의하여 주기적으로 자신이 공급하는 물의 상태에 대하여 자신의 비용으로 이를 조사하여야 한다(제5항).

(2) **수자원 보호구역**

연방물관리법 제52조는 연방정부의 법규명령 또는 관할 행정청의 행정처분을 통하여 특히 음용수의 공급과 안전을 확보하기 위한 목적으로 수자원 보호구역을 지정할 수 있다. 수자원 보호구역으로 지정된 지역에는 일정한 행위를 금지하거나 제한하는 등의 강력한 규제가 이루어진다. 실무적으로 수자원 보호구역은 일정한 지역을 지정하고 여기에 일정한 조건을 부가하는 방식으로 이루어지는데, 이러한 요건들은 수자원 보호구역의 지리적, 환경적 여건에 따라서 그 강약을 조절하는 방식으로 세분화된다. 앞서 언급한 바와 같이 수자원 보호구역은 연방정부의 법규명령 또는 관할 행정청의 행정처분으로 지정하는데, 후자의 경우 보호구역의 지정 여부 및 그 범위는 행정청의 재량에 속한다. 그런데 독일 학계에서는 이와 같은 행정청의 재량의 법적 성격과 관련하여 일반적인 행정재량인지 혹은 계획재량권으로 볼 것인가에 대하여 논란이 있다.[24)]

우리나라의 경우 수도법 제7조에서 환경부장관이 상수원 보호구역을 지정할 수 있는데, 이는 공사이익 등의 형량이 요구되는 계획재량으로 볼 수 있다. 독일의 경우 수자원 보호구역의 지정을 일반적인 행정재량으로 이해하는 경우 물관리법 제51조 제1항의 요건을 객관적으로 해석하고 그에 따른 재량권의 한계를 준수하였는지가 문제될 수 있다. 즉 이 요건에 대한 해석을 그르치거나 재량권 행사의 법적 한계를 일탈 또는 남용하는

24) Laskowski/Ziehm, in : Koch, Umweltrecht, 제3판, §5, 傍註 100.

경우에는 사법심사의 대상이 될 수 있기 때문이다. 물관리법 제51조 제1항은 수자원 보호구역 지정의 요건으로 공익상 요청에 의하여 현재 혹은 미래의 물공급을 방해하는 부정적 영향을 차단하기 위하여 필요한 경우, 지하수 자원을 보호하기 위한 경우 등을 규정하고 있는데, 이러한 요건들은 일종의 불확정 개념으로서 행정청의 판단여지가 인정되지만 객관적이고 합리적인 판단을 결여한 채 수자원 보호구역으로 지정하여 제3자의 재산권 등을 부당하게 침해하는 경우 등에는 지정행위는 위법하다. 그리고 예를 들어 사유지에 대해 필요 이상으로 과도한 지정행위가 있어서 재산권 침해가 발생하는 경우에는 재량권의 일탈이나 남용이 있는 것으로서 사법부는 수자원 보호구역의 지정행위의 위법성을 인정하고 이를 취소하거나 그 무효를 확인할 수 있다.

문제가 되는 것은 수자원 보호구역의 지정으로 인하여 제3자의 재산권을 침해하는 경우 이에 대한 손실보상의 지급 여부이다. 연방물관리법 제52조 제4항은 제1항 제1문 제1호(행위금지, 제한 등)로 인하여 재산권 주체에게 수인한도를 넘은 손실을 발생한 경우에, 금지 등의 해제나 기타의 조치를 통하여 이를 방지 내지 조정하기 어려운 경우에는 재산권 주체에게 재산상 손실로 인한 보상을 지급하도록 규정하고 있다. 그런데 독일에서는 이 보상규정의 법적 성격을 이른바 구제적 보상조항(salvatorische Entschädigungsklausel)로 이해하는 견해도 있다. 구제적 보상규정이란 입법자가 재산권에 대한 제한으로 인하여 발생할 수 있는 재산권 주체의 손실을 예상하여 형평의 원칙상 보상이 필요함을 인정하는 일종의 정책적 보상조치라고 할 수 있다.[25)]

그러나 연방물관리법 제52조 제4항의 보상조항을 구제적 보상조항으로 보는 것은 헌법이론적으로 철저하지 못한 일종의 상황설명론에 불과하므로 보다 헌법도그마에 입각한 철저한 논증이 필요하다는 것이 다수의 견해라고 할 수 있다. 그 이유는 이미 독일 연방헌법재판소가 이른바 자갈

25) Breuer/Gärditz, Öffentliches und privates Wasserrecht, 제4판, 傍註 1119.

채취결정(Nassauskiesungsbeschluss)을 통하여 과거의 이른바 수용유사적 침해이론을 거부하고 공용수용의 개념을 매우 엄격하게 해석하였기 때문이다.[26] 연방헌법재판소의 이른바 분리이론에 따르면 수자원 보호구역을 지정하는 행위는 독일 기본법 제14조 제1항 제2문에 의하여 입법자가 단순하게 재산권의 내용과 한계를 정하는 입법형성권을 행사하는 것으로서 손실보상이 불필요한 행위이거나 아니면 제14조 제3항에 의한 공용수용으로서 재산권 주체에게 정당한 보상을 지급하는 사안으로 볼 수 있다. 특히 후자의 경우에 해당하는 경우에는 연방헌법재판소는 입법자가 기본법 제14조 제3항의 이른바 불가분조항에 따라서 명시적으로 보상조항을 입법화하거나(이른바 입법적 수용), 혹은 행정부로 하여금 정당한 보상을 하도록 못을 박은 경우(이른바 행정적 수용)에 한한다.

그런데 수자원 보호구역의 지정은 공공필요에 의한 재산권에 대한 제한에 불과한 것이지 박탈행위가 아니기 때문에 기본법 제14조 제3항의 공용수용으로 보기 어려우며 이는 결국 제1항 제2문에 따라서 입법자가 재산권의 내용과 한계를 정하는 것에 불과하다. 그렇다면 연방물관리법 제52조 제4항의 손실보상의 법적 성격을 어떻게 이해해야 할 것인가? 이는 이른바 분리이론에 따라서 입법자가 재산권의 내용과 한계를 정하면서 과잉적인 입법을 하여 재산권 주체에게 수인한도를 넘는 손실을 줄 수 있는 경우에 해당하기 때문에 입법자의 형성권 행사가 과잉금지원칙 내지 비례의 원칙에 부합하도록 되돌리고 재조정하는 일종의 조정적 보상에 해당하는 것으로 보는 것이 독일의 통설이다.[27] 과연 어떠한 경우가 이에 해당할 것인가는 역시 입법자가 확인할 몫이다.

다시 말하자면 일반적으로 수자원 보호구역을 지정하는 행위는 재산권 주체에게 자신의 재산권의 내용과 한계가 무엇인지 입법자가 정하는 것으로서 국가의 보상의무가 발생하지 않는다. 그러나 수자원보호구역의 지정행위가 경우에 따라서 재산권 주체에게 자신의 재산권을 전혀 사용,

---

26) BVerfGE 58, 300, 344면.
27) Kloepfer, Umweltrecht, 제3판, § 13, 傍註 180.

수익할 수 없거나 종래의 용도로도 사용하는 것을 금지하는 등의 결과를 야기하여 수인한도를 초과할 수 있으므로 입법자가 자신의 입법권을 과잉적으로 행사하지 않기 위하여 조절적인 보상장치를 마련하는 것으로서 이해하는 것이다. 이른바 독일 연방헌법재판소의 분리이론에 따르는 보상규정을 조정 내지 보상이 필요한 내용 및 한계규정(ausgleichts- und entschädigungspflichtige Inhalts- und Schrankenbestimmung)이라고 부른다. 우리나라의 경우에도 헌법재판소가 구 도시계획법에 의한 개발구역지정행위 결정에서 독일 연방헌재의 분리이론을 적용하였으므로[28] 양국 간 이른바 공용제한행위와 그로 인한 보상의 법적 성격은 동일한 이론적 기초 하에 있다고 할 수 있다. 앞서 언급한 수도법 제7조에 의한 상수원 보호구역의 지정행위에 대해서는 일체의 보상규정이 없기 때문에 입법자는 이 문제를 우리 헌법 제23조 제1항 제2문의 입법자의 입법형성권으로 보고 있다는 결론에 이르게 된다.

독일의 경우 수자원 보호구역의 지정이나 농업활동의 제한 등은 우리나라와 같이 모두 기본법 제14조 제1항 제2문의 문제로 보는 것이 원칙이다. 그러나 연방물관리법 제52조 제5항은 재산권 제한은 아니지만 수자원 보호구역의 지정과 행위제한 등으로 인하여 재산권 주체가 농업이나 임업 등의 행위를 정상적으로 영위하지 못하고 제4항의 보상도 어려운 경우에는 그로 인한 경제적 손실을 적절하게 보상하도록 규정하고 있다. 이러한 보상 규정은 재산권 제한행위의 부수적인 결과로 발생한 손실이기 때문에 앞서 언급한 조정 내지 보상이 필요한 내용과 한계규정으로 인한 보상이 아니기 때문에 헌법도그마적으로 설명이 난해하지만 독일의 경우에 이는 일종의 공평부담의 원칙으로부터 요구되는 형평보상(Billigkeitsausgleich)이라는 개념으로 설명하고 있다.[29] 즉 토지소유자 등 재산권 주체가 농업이나 임업활동으로 인하여 수자원에 대한 비점오염원을 형성함에도 불구하고 포괄적인 행위제한을 받음으로써 그렇지 않은 다른 농림업자들에 비하

28) 헌재 1998. 12. 24. 89헌마214 등.
29) Czychowski/Reinhardt, WHG, 제10판, § 52, 傍註 92.

여 발생할 수 있는 경제적 손실을 형평성의 차원에서 보상한다는 의미이다. 물론 이러한 해석론은 헌법이론적으로 구제적 보상조항만큼이나 철저하지 못한 문제가 있으며, 원인자부담원칙을 부정한다는 견해도 있기 때문에 보상에 대한 인정은 매우 엄격하게 해석해야 한다는 것이 다수의 견해이다.

(3) 약수원 보호

약수원이란 자연적 혹은 인공적으로 발생 혹은 조성한 수자원이며, 그의 화학적, 물리적 특성이나 경험적 사실에 의하여 인간의 건강보호에 이바지 할 수 있는 것들이다(제53조 제1항). 약수원의 유지가 공익에 부합한다고 판단하는 경우에는 국가가 이를 승인하고(제2항) 필요한 경우 그에 대한 운영과 감독권을 행사할 수 있다(제3항).

(4) 시설에 관한 규정

연방물관리법은 하천수 사용자에 대한 행위를 규율하는 허가나 승인 등에 대한 행위규범들과 함께 특정 시설의 허가기준, 예를 들어 하수처리시설 등 시설에 대한 규정을 포함하고 있다. 하수처리시설은 환경영향평가 의무가 있는 하수처리시설을 포함하는데, 연방물관리법은 하수처리시설과 함께 하천수와 수자원에 특정 유해물질을 발생시키는 시설에 대해서도 규정을 두고 있다. 그리고 이러한 시설규정에 대한 내용과 관련하여 기본법 제72조에 의한 연방과 주의 경합적 입법관할권 규정에도 불구하고 주의 물관리법은 연방물관리법과 배치되는 내용을 제정할 수 있다(독일기본법 제72조 제3항 제1문 제5호). 다만, 이 경우에도 주 물관리법은 물관리 행정 중 자원적 요소 및 물관리 시설과 관련이 없는 사항에 대해서만 연방물관리법과 상이한 규정을 둘 수 있다.

(5) 하수시설과 하수처리

연방물관리법이 하천과 수자원의 수질보호와 관련하여 특별한 조치를 규정한 것이 바로 하수처리에 관한 내용이다. 연방물관리법 제3장 제2절 제54조 이하에서는 하수처리에 대하여 규정하고 있는데, 여기에서 하수는 생활하수, 汚水 그리고 降雨水로 구별된다. 생활하수는 가정, 영업소, 농업 및 기타 용도로 물을 사용하여 물의 특성이 변경 내지 오염된 상태를 말하며, 오수는 乾氣候로부터 강우가 발생하여 흐르는 상태의 물을 말한다. 오수에는 하수를 처리, 저장 또는 침전시키기 위한 시설로부터 발생하는 오수를 포함한다. 강우수는 건설 또는 고정된 시설로부터 모여서 흐르는 물을 말한다. 하수처리는 하수를 채집, 이동, 관리, 유입, 유출 등을 하는 행위를 발하며, 하수처리와 관련하여 汚泥를 배출하는 행위 등을 모두 포함한다. 하수처리의 의무주체는 주 물관리법에 의하여 지정된 조합 등 공법상 법인이며, 이러한 공법상 법인은 오직 하수처리의 과제와 의무만을 수행한다. 물론 하수처리는 앞서 언급한 바와 같이 어떠한 경우에도 연방물관리법 제55조가 규정하는 공공복리에 적합한 방식이라는 원칙에 따라서 이루어져야 한다.

하수처리를 위한 시설은 연방물관리법 제57조가 규정하는 바와 같이 공공 하수처리시설에 하수를 유입할 때 적용되는 엄격한 요건에 부합하도록 실시, 운영, 유지되어야 하며, 특히 하수처리시설의 설치와 운영은 일반적으로 승인된 기술수준을 준수하여야 한다. 연방물관리법 제57조에 따라서 공공 하수처리 시설에 하수를 유입하는 행위는 관할 행정청의 허가를 받아야 하며, 여기에는 다양한 내용의 부관이 부가될 수 있다. 또한 연방물관리법 제57조 제2항 제1문의 위임에 의하여 제정된 연방정부의 하수처리 명령과 그 부록 역시 엄격하게 준수되어야 한다. 또한 각 주는 주의 물관리법을 통하여 보다 광범위한 내용을 규정할 수 있는데, 그 이유는 본래 연방물관리법 제정 이전에는 하수처리시설에 대한 하수유입행위 허가권을 각 주가 행사하였기 때문이다. 현재는 연방물관리법 제58조에서 연방 차원에서 하수처리에 관한 사항을 통일적으로 규율하고 있다. 여기에서 말하는 허가는 단순허가라기 보다는 강학상 특허로서 행정청은 상당한 정책적 재량권을 행사할 수 있다.

또한 영업소에서 발생하는 하수를 처리하기 위하여 제3자가 설치한 하수처리시설에 하수를 유입하는 행위 역시 공공 하수처리시설에 하수를 유입하는 행위와 동일하게 관할 행정청의 허가를 필요로 한다. 하수처리시설의 허가와 함께 하수를 관리하는 시설(예를 들어 하수를 저장하는 시설 등)을 설치, 운영, 근본적인 변경 등의 행위 역시 관할 행정청의 허가사항이다(제60조 제3항). 여기에서 말하는 하수관리시설은 하수를 보관 또는 저장하는 시설로서 하수의 유해성을 물리적, 화학적 방법에 의하여 저감하거나 제거하기 위한 시설을 말한다. 하수관리시설에 대한 허가 역시 제60조 제1항에 의하여 하수처리시설에 요구되는 요건 및 기타 관련 공법규정의 요건을 모두 충족하여야만 발급할 수 있다.

(6) **수자원 유해물질 관련 시설**

연방물관리법 제3장 제3절 제62조 이하는 수자원 유해물질을 취급하는 시설에 대하여 규정하고 있다. 여기에서 수자원 유해물질을 "취급한다"는 의미는 수자원에 유해성을 미칠 수 있는 물질을 저장, 용기에 담기, 생산, 취급하는 등의 행위를 말한다. 수자원에 해를 줄 수 있는 물질은 수자원의 상태에 지속적으로 그리고 상당한 정도로 부정적인 변화를 야기할 수 있는 액체, 고체, 기체 상태의 모든 물질을 총칭한다(제62조 제3항). 그 구체적인 종류와 범위는 1999년 제정된 수자원 유해물질의 등급에 대한 연방물관리법 일반 행정규칙에 상세하게 규정되어 있다. 연방물관리법 제62조는 수자원 유해물질을 다루는 시설을 설치, 운영, 관리, 정지함에 있어서는 수자원의 특성에 대한 부정적인 영향에 우려를 주지 않도록 규정하고 있는데, 이를 이른바 '우려원칙'(Besorgnisgrundsatz)이라고 부른다. 예를 들어서 현재 상태에서 객관적으로 입증할 수 있는 방법에 의하여 확인한 결과 당해 물질이 유해하다는 가능성을 명백하게 밝힐 수 없는 경우에는 이러한 우려원칙에 위반된다.

이러한 우려원칙은 경찰법상 위해(Gefahr)보다 완화된 개념으로서, 단순한 우려만 있으면 당해 시설에 대한 관할 행정청의 규제와 개입이 가능하다는 의미이다. 흥미로운 것은 이러한 우려원칙은 연방물관리법 제62조

제1항 제3문에 규정된 농업용 시설보다도 완화된 개념이라고 할 수 있는데, 그 이유는 우려의 경우 단순한 우려가 있는 경우에 행정청의 개입이 가능하지만 농업용 시설은 수자원의 특성에 대한 부정적인 변화를 "최선을 다하여 보호할 의무"가 관할 행정청에 부여되어 있기 때문이다. 물론 수자원 유해시설이나 농업용 시설 모두 연방물관리법에 규정하는 일반적으로 승인된 기술수준이 적용되어야 한다.

그리고 제62조 제4항은 보다 구체적으로 수자원 유해물질에 대한 개념, 수자원 유해물질을 다루는 시설의 상태에 대한 요건, 시설운영자의 의무, 전문가와 전문기업 등의 요건에 대해서는 연방정부의 법규명령을 규정하도록 위임하고 있다. 그리고 물관리법은 수자원 유해물질을 다루는 특정 시설은 그 설치와 운영 전에 관할행정청의 적격성 확인(Eignungsfeststellung)을 받도록 규정하고 있다(제63조). 수자원 유해물질 중 2009년 물관리법 개정에 의하여 특별한 취급을 받는 것이 농업에 사용되는 질소비료로 인한 질산염에 대한 규제이다(제62a조). 농업용 질소비료 사용으로부터 발생하는 질산염에 대한 규제는 1991년 12월 12일 제정되고 2008년 11월 21일 개정된 유럽연합지침에 의하여 새로 추가된 내용으로서 연방환경부는 연방농업성과 협의하여 국가차원의 행동계획을 수립할 것을 규정하고 있다.

6. **하천의 유지**(Unterhaltung)**와 보수**(Ausbau)

하천의 유지와 보수에 대한 규정은 연방물관리법 제7차 개정 시에 처음 도입된 내용으로서 무엇보다도 하천에 대한 관리를 통하여 하천의 정상적인 기능을 유지하는데 그 목적이 있다. 연방물관리법은 특히 지표수를 중심으로 하천의 유지와 보수를 하천관리주체의 공적인 의무로 선언하고 있다(제39조 제1항). 하천의 유지업무는 구체적으로 河床의 유지, 정상적인 하천수 흐름의 보장, 하천변의 유지, 舟運이 가능한 하천수 관리, 하천수 생태계의 기능향상을 위한 유지와 개선, 하천수 순환과 복원의 기능보전 등을 포함한다. 지표수를 중심으로 하는 하천유지 업무는 연방물관리법 제

27조 내지 제31조에서 규정하는 하천관리의 목표(예를 들어 생태적·화학적으로 좋은 상태의 유지 등)를 지향하여야 하며, 제82조에서 규정하는 각 유역별 조치계획에서 요구하는 요건들을 충족하여야 한다. 하천의 자연적 상태와 기능을 고려함과 동시에 하천의 경관 및 휴양적 가치를 중시하는 하천유지 업무가 이루어질 것이 요망된다.

하천유지업무의 수행주체는 원칙적으로 관할 지방자치단체, 지방자치단체의 조합, 물과 토지를 관할하는 자치단체의 조합 및 특정한 목적을 위하여 설립된 자치단체의 조합 등 기타의 공법상의 단체들이지만, 이들이 하천유지업무를 실질적으로 집행할 수 없는 경우에 하천에 대하여 소유권을 가지고 있는 재산권 주체가 이러한 유지의무를 부담한다(제40조 제1항). 후자의 경우 하천의 유지로부터 일정한 경제적 이익을 취하거나 혹은 반대로 하천유지업무를 방해하는 인근 주민 또는 토지 및 하천시설의 소유자 등이 하천유지에 소요되는 비용을 부담하는 의무를 진다(제40조 제1항 제2문). 더 나아가 하천의 정상적인 유지를 위하여 필요한 경우에는 하천에 대한 소유권자, 인근주민 및 배후주민 및 하천에 대하여 일정한 권리와 권한을 가진 자 등은 하천유지와 관련하여 필요한 경우 수인, 부작위, 관리의무를 부담한다(제41조).

하천에 대한 유지업무의 목적이 하천의 정상적인 기능을 보장하는 소극적인 관리행위라면 하천보수업무는 하천의 생성 및 근본적인 변형을 목적으로 하는 보다 적극적인 하천관리행위라고 할 수 있다. 하천보수행위는 하천 자체뿐만 아니라 하천변에 대한 보수를 포함하는 것으로서 연방물관리법 제67조 제2항 제1문에서 이를 규정하고 있다. 하천에 대한 보수행위는 우리나라 하천법상 하천공사에 비교할 수 있는 것으로서 하천의 性狀에 대한 상당한 변경을 통하여 손상을 야기할 가능성도 있다. 따라서 독일의 경우 하천보수행위는 환경영향평가법에 의한 환경영향평가의 대상으로서 그 요건에 부합하여야 하며, 동시에 시행 이전에 이른바 계획확정절차(Planfeststellungsverfahren)를 거쳐야 한다. 이는 결국 하천의 유지보수를 위한 공사는 공공의 참여와 환경적 배려가 중요하다는 것을 의미한다.

다만, 이러한 절차적 요건을 준수하는 경우에는 하천보수를 단계별로 시행하는 것도 가능하며, 위에서 언급한 절차를 거칠 것을 조건으로 하여 사전보수 역시 허용되는 경우도 있다. 하천보수행위의 규모와 환경에 미치는 영향이 크지 않는 경우에는 계획확정절차 대신에 하천공사시행계획 등에 대한 허가로 대신하는 경우도 있을 수 있다. 연방물관리법 제67조 제1항에서는 하천보수행위를 통하여 보수공사 이전의 상태로 복귀가 가능하도록 하천의 자연적 복원면적을 확보하여야 하며, 하천의 자연적인 흐름을 근본적으로 변경할 수 없고 자연친화적인 환경생태계를 유지하여야 하기 때문에 하천에 대한 부정적인 변화를 차단하고 이것이 어려운 경우 그에 상응하는 조치를 취하여야 한다. 결국 앞서 언급한 계획확정절차를 통하여 하천보수를 정당화하는 경제적 공익과 하천의 자연생태계 보전과 유지라는 환경공익에 대한 엄격한 비교형량이 이루어져야 한다.

7. 홍수방지

1) 일반론

독일을 비롯하여 중부유럽을 강타한 지난 2002년 8월의 엘베강과 오더강의 대홍수를 겪으면서 독일 연방의회는 홍수의 예방과 개선을 위한 법률(이른바 홍수방지법; Hochwasserschutzgesetz)을 제정하였다. 홍수방지법 외에도 연방의회는 그 동안 수법에서 일반적으로 소외되었던 홍수방지에 대한 별도의 節을 연방물관리법에 추가하고, 연방건축법과 공간규제법 및 연방수로법 등에 관련 규정을 신설하였다. 홍수방지법과 함께 연방의회는 홍수에 관한 조항을 연방물관리법 제2장 제4절에서 규정하였으나, 유럽연합이 홍수관리지침을 개정하고 연방물관리법이 2009년 개정되어 현재는 연방물관리법 제3장 제6절에서 규율하고 있다. 연방물관리법 제72조에서는 홍수에 대한 개념을 다음과 같이 규정하고 있다. "홍수는 평상시에는 지표수가 없는 토지 혹은 연안지역의 경우 연안수가 없는 지역에 일시적으로 물이 넘치는 것을 말한다. 하수처리시설로부터 발생하는 일시적인 홍수는 홍수의 개념에서 제외한다".

홍수방지의 원칙은 연방물관리법 제6조 제1항 제1문 제6호에서 규정하고 있는데, 지표수는 가능한 정도로 하천의 자연적이며 무해한 흐름을 보장하고 물이 생성된 지점에 물을 가두어 둠으로써 홍수 등 부정적인 효과를 예방하도록 관리하여야 한다. 물론 이와 같은 조항은 국가와 물을 관리하는 관할 행정청을 수범자로 하는 일반적인 주의의무에 해당하기 때문에 홍수지역 인근에 거주하는 주민 등은 국가 또는 관할 행정청에게 홍수방지를 위한 적절한 조치를 요구할 수 있는 행정법상의 권리를 가지는 것으로는 보지 않는 것이 통설적인 견해이다. 일반 국민은 홍수방지와 관련하여 연방물관리법 제5조 제1항 제4호의 규정에 따라서 주의의무, 배려의무, 손해최소화의무 등을 부담한다. 그리고 일반적인 경찰법상의 원칙에 따라서 일반국민은 홍수가 발생한 경우 수인한도를 넘지 않는 범위 한에서 행정청의 적절한 조치와 손해를 최소화하기 위한 행위를 수인하여야 한다.

2) 홍수위험, 홍수지도, 홍수계획

앞서 언급한 바와 같이 연방물관리법은 유럽연합의 홍수관리지침을 수용하여 홍수위험평가, 홍수위험지역의 지정, 홍수관리계획 등의 제도와 함께 홍수방지를 위한 새로운 계획법적인 요소를 도입하였다. 이에 따라서 홍수지도와 계획을 공표하여야 한다(제79조 제1항). 물론 여기에는 이해관계인들의 적극적인 참여가 보장된다. 연방물관리법 제79조 제2항은 주 정부가 주의 물관리법을 근거로 홍수가 발생하는 경우 그 위험과 적절한 조치, 행동요령 등을 일반국민과 관할 행정청 등에 알리도록 하는 내용을 담도록 규정하고 있다. 홍수로 인한 경찰법상의 위해(Gefahr)와 일반적인 위험(Risiko)을 알리는 지도는 유럽연합의 홍수관리지침의 내용과 부합하여야 하며, 위험관리계획은 물관리계획과 조화를 이루어야 한다.

홍수로 인한 위험과 위해지도 및 계획의 작성 등에 앞서서 홍수의 위험에 대한 평가와 홍수위험지역의 지정이 이루어져야 한다(제73조 제1항 제1

문). 홍수로 인한 위험이라는 것은 홍수가 발생할 수 있는 가능성과 더불어 이러한 홍수발생이 인간의 생명, 환경, 문화유산, 경제활동 및 중대한 재산적 가치에 미치는 부정적인 영향이라고 할 수 있다(제73조 제1항 제2문). 홍수위험평가는 유역단위로 이루어지며, 2011년 12월 22일까지 모든 평가가 종료되고, 그 이후 매 6년을 주기로 정기적인 홍수위험평가와 위험지역 지정하고 필요한 경우 현실적인 여건에 맞추어 이를 변경할 수 있다. 특히 기후변화에 따르는 홍수위험의 영향을 고려하여야 한다(제73조 제6항). 따라서 구 연방물관리법상의 홍수위험지역은 모두 폐기되고 새로운 지역이 이에 추가되었다. 앞서 언급한 바와 같이 홍수위험지역에 대해서는 위해지도와 위험지도를 작성하도록 하고 있는데, 홍수의 발생빈도와 정도에 따라서 홍수위험지역에 대한 구체적인 지도를 작성한다. 그 외에도 위해지도에는 홍수의 규모, 수심, 수위, 유속과 배수 등을 고려하여야 한다. 위해지도의 작성은 2013년 12월 22일까지 종료하고 2019년 12월 22일 정기평가 이후 역시 매 6년마다 점검이 이루어져야 한다.

이와 같은 위해 및 위험지도와 함께 연방물관리법 제75조에 의한 홍수위험관리계획이 수립된다. 홍수위험관리계획의 목적은 약 100년을 주기로 발생하는 중빈도 홍수로부터의 부정적 결과와 특히 연안지역에 대한 극단적인 영향을 감소시키기 위한 것으로서 홍수위험관리계획은 적절한 위험관리 목표, 홍수방지를 위한 조치 및 유럽연합 홍수관리지침 부록에 규정된 기타 사항들을 포함하여야 한다. 홍수위험관리계획은 2015년 12월 22일까지 수립하여야 하며, 최초의 점검일은 이로부터 6년 이후인 2021년 12월 22일이며, 이 역시 매 6년을 주기로 정기적인 점검, 평가, 현실화가 이루어진다. 특히 매 점검시기마다 지구의 기후변화가 홍수에 미치는 영향을 다각도로 분석하도록 하고 있다. 구 물관리법에서는 이른바 홍수방지계획이라는 개념이 있었으나, 이는 현행 물관리법상 홍수위험관리계획으로 대체되었다.

3) 홍수지역의 지정

연방물관리법은 제76조부터 제78조까지 홍수지역의 지정에 관하여 상세한 규정을 두고 있는데, 이는 앞서 언급한 바와 같이 수법 영역에서 별로 주목을 받지 못하던 홍수에 대해 다양한 수단을 도입한 것 중의 하나라고 할 수 있다. 지표수와 관련한 홍수지역은 홍수 시에 물이 넘치거나 통과하는 지역, 홍수처리 및 저류를 위하여 필요한 지역이다(제76조 제1항 제1문). 홍수지역은 일반적으로 제방의 전면에 위치한 지역이다. 홍수지역은 그 기능상으로는 저류지로서 유지되는 지역을 발하는데, 저류지로 유지하는 것이 공익에 반하는 경우에 한하여 기존의 용도로 회복하여야 한다(제77조). 홍수지역을 확대하기 위해서는 통계적으로 지난 100년 간 최소한 1회 이상의 홍수가 발생한 지역으로서 주 물관리법을 통하여 홍수위험지역으로 지정하거나 연방물관리법의 위임을 받은 정부의 명령으로 확정하여야 한다. 주 정부는 홍수방지와 저류지 확보를 위하여 필요한 지역을 홍수지역으로 지정할 의무가 있으며, 아직 최종적으로 홍수지역을 지정하지 않았다고 하더라도 이른바 잠정지역을 지정할 수 있다(제76조 제2항, 제3항).

연방물관리법 제78조 이하에서는 홍수지역의 지정과 관련하여 홍수방지를 위한 다양한 수단을 규정하고 있다. 예를 들어서 연방물관리법 제78조 제1항 제1문 제1호는 지방자치단체의 이른바 계획고권을 제한하면서까지 홍수지역에서는 새로운 건축지역을 더 이상 지정할 수 없도록 규정하고 있다. 이는 홍수관리라는 공익이 자치단체의 자치권 중 중요한 내용을 구성하는 계획고권과 건축행정의 제한을 정당화하는 사유로 인정된다는 것을 의미한다. 물론 주민들의 주거권 실현을 위하여 당해 홍수지역에 건축지역을 지정하는 것이 불가피한 경우 등에는 예외가 인정될 수 있으나 홍수지역으로 지정된 지역에서는 신규의 건축허가나 기존 건축물의 확장을 위한 허가 등이 원칙적으로 불허된다. 다만, 건축허가나 확장허가 등이 이루어진다고 하더라도 저류상 큰 문제를 발생시키지 않거나 저류시설의 상실을 바로 복구할 수 있는 경우 등에는 예외가 인정될 수 있다(제78조

제3항). 결국 자치단체의 자치권 내지 계획고권과 홍수지역과의 조화를 위하여 홍수방지라는 공익에 심대한 영향이 없는 한 자치단체의 계획고권을 존중하겠다는 취지로 해석할 수 있다.

그리고 토지를 소유하고 있는 건축주에게 가해지는 홍수지역에서의 재산권 제한이 독일 기본법 제14조 제3항의 공용수용은 아니며, 제1항 제2문의 재산권의 내용과 한계를 규정하는 입법자의 형성권에 속하는 것으로서 국가의 손실보상의무는 없는 것으로 본다. 연방물관리법은 홍수지역의 지정을 통하여 단순히 홍수를 방지하고 적절하게 대처하겠다는 목적을 넘어서서 홍수로 인하여 발생할 수 있는 수질오염이나 하천생태계의 보전에도 상당한 고려를 하고 있다. 예를 들어 난방용 기름의 저장시설에 대하여 홍수를 대비한 시설의 개선이나 보수 등을 통하여 환경재앙에 대비하는 것 등이다. 기름유출을 방지하는 것과 함께 홍수 시에 농업에 사용되는 질소비료나 기타 오염물질이 하천 등에 유입되지 않도록 방지하는 조치 등도 이에 포함된다.

4) 지역적, 국제적 협력

독일의 경우 도나우강, 라인강, 엘베강과 같은 국제하천의 경우 홍수방지를 위하여 하천이 흐르는 각 주 간의 협력은 물론 인접국가 간의 협력이 강조되고 있다. 유럽연합 홍수관리지침은 이러한 목적을 담고 있고 연방물관리법 역시 제73조 제4항, 제74조 제5항, 제75조 제4항, 제5항 등에서 이에 관한 내용을 규정하고 있다. 홍수방지를 위한 소치를 취함에 있어서 각 주 간에 합의가 이루어지지 못하는 경우에는 연방정부가 이 중 한쪽 당사자의 요청에 의하여 조정을 할 수 있지만(제81조), 조정의 구속력 등 그 법적 효력이 불명하다는 것이 제도의 실효성을 반감시키고 있다.

제3절 네덜란드의 수법체계

Ⅰ. 개 관

1. 기후변화

오늘날 물관련 법체계의 典範國家 중 하나인 네덜란드가 2009년 통합수법을 제정한 가장 큰 이유는 전 세계적으로 진행되는 기후변화에 능동적으로 대처하기 위하여 통합물관리의 필요성을 절감하였기 때문이다. 네덜란드 대부분의 토지는 원래 늪지대로 이루어져 있으며, 수 세기를 경과하면서 늪으로 구성된 토지를 보호하기 위하여 제방을 축조하였다. 따라서 네덜란드인들은 자신들이 살아가는 영토의 상당 면적이 해수면 이하라는 사실을 잘 인식하고 물관리업무를 일종의 생존과 숙명으로 여기고 있다.[30)]다만, 이와 같은 오래 된 역사적 인식에도 불구하고 최근 수십년 간 급격하게 이루어진 기후변화가 특히 물과 관련하여 네덜란드인들이 이제까지는 예견하기 어려웠던 심대한 변화를 야기하리라는 것을 고려하고 있다. 기후변화에 따르는 물 문제는 대체로 홍수와 가뭄이 보다 심화됨으로써 수자원에 대한 불확실성이 증대되고 수질이 악화되면서 이것이 결국 식량자원의 확보를 곤란하게 할 것이기 때문에 네덜란드는 물관리를 위한 보다 정교한 제도화를 위하여 특단의 노력이 필요하다는 점을 인식하고 있다. 현대국가에서 물관리의 목적 중 하나는 수자원을 중심으로 하는 다양한 이해관계를 조정하여 모두에게 이른바 물사용의 정의를 실현하는 것이다. 네덜란드가 2009년 제정한 통합수법은 시민참여형 물관리 거버넌스를 구축하고 물과 관련된 미래의 도전과 합리적인 물사용을 통한 배분적 정의를 실현하려는 제도적인 틀이며, 동법은 2009년 말부터 시행에 들어갔다.

---

30) Water Governance. The Dutch Water Authority Model, Dutch Water Authorities, 2017, 3면.

2. 통합물관리

네덜란드 통합수법은 이른바 물에 대한 체계적인 접근을 최적의 상태로 설계한 것으로 평가받고 있다. 물에 대한 체계적인 설계방식이라는 의미는 물을 중심으로 하는 총체적인 관계를 설정하는 것을 말한다. 물에 대한 체계적인 관계설정이라는 것은 이른바 물순환 개념을 중심으로 수량과 수질, 지표수와 지하수를 총체적으로 고려하는 물관리를 지향하며, 더 나아가 물과 토지사용 및 그 사용자 간의 체계적인 관계를 정립하는 것이다. 그리고 통합물관리는 환경과의 관계를 설정하는데 중요한 목표를 두고 있는데, 예를 들어 자연환경 및 도시계획과 같은 공간계획을 수립하는 정책분야와 물관리를 연계시키는 것이다.

1) 통합수법의 장점

네덜란드의 통합수법은 기후변화 등 미래를 내다보고 네덜란드의 물관리를 현대화하는 전략이라고 말할 수 있다. 특히 물사용에 대한 행정청의 통합적 허가제도는 개인과 기업활동에 대한 규제를 완화하고 허가업무로 인한 행정청의 부담을 경감하는 혁신적인 제도로 평가할 수 있다. 이와 더불어 통합수법은 도시공간과 환경을 결합하고 연계하여 물과 도시환경을 동시에 고려하는 관리시스템을 지향한다. 더 나아가 네덜란드의 통합수법은 유럽연합의 물관리 기본지침을 구체화하는데 목적도 가지고 있는데, 특히 유럽연합의 물관리 기본지침을 통한 국제하천, 호수 및 삼각주 등에 대한 관련국 간의 효과적인 관리를 포함하여 홍수관리 및 평가지침, 해양전략지침과도 유기적으로 관련되고 있다는 점에서 그 제도적인 의의를 찾아볼 수 있다.

2) 통합수법의 내용

네덜란드의 통합수법은 다음과 같은 8개의 법을 통합하였다.[31] 1. 물관리법. 2. 지표수오염방지법. 3. 해양오염방지법. 4. 지하수법. 5. 토지매

---

31) Bulletin of Acts and Decrees, 2009, 490면.

립과 제방축조 조항을 포함하는 1904년 7월 14일자 법. 6. 식량보호법. 7. 수로와 관련된 공공 工事관리법. 8. 수로와 관련된 1990년 공공 공사법. 이 외에도, 8개의 법에는 포함되지는 않았지만 통합수법에는 하천과 관련된 토양보호법의 규정도 포함되었다.

3) 하위규범을 통한 상세(詳細)

통합수법은 물관리와 관련된 모든 상세한 사항을 스스로 규율하는 것은 아니며, 그에 대한 상세는 하위규범에 위임되어 있다. 여기에서 말하는 하위규범은 행정입법인 행정명령, 장관의 부령 등과 지역물관리청(regional water authority), 지방자치단체의 자치규정 등을 포함한다. 그리고 이와 같은 하위규범은 통합수법과 함께 2009년 말부터 동시에 시행되었다.

4) 통합물관리 체계에 대한 새로운 요건

통합수법은 물관리체계를 규율하는 요건들에 대한 기본원칙을 규정하고 있으며, 홍수방지를 위한 하천관리의 주요한 기준들 중 중요한 내용은 법률에 직접 규정하는 한편 하천관리와 관련된 상세한 기준이나 요건 등은 하위규범인 행정명령 등을 통하여 정하여진다. 그리고 지방하천의 관리에 대해서는 관련 지방자치단체의 조례나 계획을 통하여 규율하고 있다. 이와 같이 중앙정부와 지방자치단체는 각각의 입법체계를 통하여 홍수와 관련된 피해를 최소화하기 위한 법적 체계를 구축하고 있다. 이를 통하여 중앙정부나 지방자치단체는 하천의 수위에 대한 공식적인 의사를 결정하고 이를 유지한다. 토지의 이용에 있어서도 하천의 수위는 국토계획 등 공간계획과 밀접하게 관련되어 있다.[32)]

갈수기에 수량이 절대적으로 부족한 경우를 예상하여 통합수법은 하천 유량의 다양한 기능 중 우선순위를 정하고 있으며, 가뭄 등 수량 부족 시에 지역의 물관리에 대하여 일정한 기준을 정하고 있다. 통합수법에서는

---

32) 통합수법은 환경계획법, 공간계획법, 재해대책 및 복구법 등과 단일한 법률로 통합될 예정이다. Water Governance. The Dutch Water Authority Model, Dutch Water Authorities, 2017, 21면.

지역의 물관리에 대한 규정을 두어 홍수 시나 수량이 풍부한 경우 하천수를 방류하거나 저류할 수 있도록 하여 국가 전체의 물관리시스템과 통합적인 관리를 지향하고 있다.

3. 물관리 행정청의 의무

앞서 언급한 바와 같이 네덜란드의 통합수법은 유럽연합의 물관리기본지침을 준수해야 하기 때문에 몇 가지 중요한 수질기준을 충족하여야 한다. 지표수의 경우 화학적, 생태적 기준을 준수하여야 하며, 이에 비하여 지하수는 생태적 기준을 충족하는 것으로 족하다. 이와 같은 수질기준과 관련하여 통합수법은 기존의 환경보전법과 지하수지침이 규정한 물질과 그에 따르는 세부기준을 따르고 있는 것이 특징적이다.

집행수단

통합수법은 물관리정책을 효율적으로 수행하기 위하여 下記하는 행정적, 법적 수단을 가지고 있다.

(1) 물협정, 행정협정

물관리청은 물관리와 관련하여 다른 행정청과 협정을 체결할 수 있으며, 이와 같은 협정은 법적으로 어떠한 특별한 요건이 존재하는 것이 아니므로, 물관리와 관련된 어떠한 주제나 내용도 그 대상이 될 수 있다. 물관리청은 또한 지방자치단체와 행정협정을 체결할 수 있는데, 행정협정 역시 물협정과 마찬가지로 특별한 요건이나 형식을 요하지 않는다.

(2) 하천구역의 지정

물관리청은 통합수법에 따라서 하천구역을 지정할 수 있는데, 지정된 하천구역은 公簿에 등재되며, 공부는 하천의 상태, 형태, 규모 및 개·보수 등의 요건에 대하여 구체적으로 기술하고 있다. 하천구역은 하천의 관리대상인 지역과 보호구역 등을 상세하게 표시한다. 예를 들어 하천수의 흐름을 제약하거나 방해할 수 있는 구조물의 설치는 하천보호구역의 규율대상이 되는데, 하천보호구역 내에서 일정한 공작물 내지 구조물을 설치하여 운영하는 행위에 대한 허가는 엄격한 요건 하에서만 허용할 수 있으며, 이를 통하여 제방의 안전성에 대한 위해를 방지할 수 있다. 지역물관리청은 기존의 하천구역의 지정 등의 권한 행사에 많은 경험을 가지고 있으나, 하천보호구역에 대한 지역물관리청의 업무는 하천시설 설치사업와 물관리업무에 비하여 비교적 생소한 측면이 있다.

⑶ 시행계획

지역물관리청은 하천시설 설치에 대한 시행계획을 수립하여 특정한 하천공사를 시행하거나 이를 변경할 수 있다. 시행계획에는 설치되는 공작물의 구조와 설치 및 변경공사의 시행방식 등에 대한 내용이 포함된다. 대규모 토목공사는 반드시 홍수방지 등의 내용을 포함하는 절차적 요건을 준수하여야 한다. 이와 같은 토목공사의 요건들은 복수의 지역을 대상으로 하고 이들 지역에 중요한 의미를 가지는 긴급한 공사에도 적용되는데, 하천공사를 신청하는 요건 등은 관련 자치단체의 규정에 따른다. 일정한 절차적 요건을 요하는 하천공사는 관련 자치단체장의 동의를 받아야 하며, 이들 자치단체들은 하천공사에 대하여 상호 협력할 책임이 있다.

⑷ 동의의무

하천에 대하여 일정한 권리를 가지고 있는 개인이나 기업은 지역물관리청의 하천관리행위를 수인하여야 하는 의무를 진다. 경우에 따라서는 재산권에 대한 침해에 대해서도 동의할 의무가 있는데, 하천에 인접한 사인의 토지에서 침전물이나 가지치기 작업 등을 행하는 행위는 하천관리에 부수하는 행위로서 소유자는 이를 수인하여야 한다. 이러한 하천관리행위에 대한 토지소유자 등의 동의의무는 새로운 것이 아니지만, 하천관리청이 저류지에 일시적으로 하천수를 저류하는 행위에 대한 동의의무는 통합수법에 새로이 규정된 내용이다. 저류지는 지역물관리청의 하천구역 지정행위와 관할 자치단체의 공간계획에 따라서 구체적인 지역과 범위가 결정된다.

⑸ 일반규정과 물사용 통합허가

2009년 네덜란드 통합수법의 가장 큰 특징 중의 하나는 물과 관련된 사용자의 다양한 행위가 가능한 한 통합적이고 일반적인 규제의 대상이 된다는 점이다. 일반적인 규제는 사용자가 일정한 행위에 착수하기 이전에 이미 법적으로 허용되는 행위와 금지되는 행위를 분명하게 알 수 있다는 점을 명확하게 한다는 장점이 있다. 통합수법이 도입한 이른바 물사용 통합허가를 규율하는 일반적인 규제의 내용은 후술하겠지만, 통합수법은 통합의 대상이 되었던 법률에서 규정한 여섯 개의 물사용 허가를 하나로 통합하였다는 점이 중요하다. 오염물질을 지표수로 배출하는 행위, 지하수의 취수행위, 제방의 건설과 같이 기존에는 개별 법률에 따라서 각각 규율되었던 것이 통합허가로 단일화되었다는 점을 지적할 수 있다.[33)]

물사용에 대한 허가는 해당 지방자치단체나 지역물관리청에 할 수 있다. 물환경과 관련된 허가를 요하는 경우 물사용에 대한 허가와 동시에 관할 자치단체에 신청할 수 있는데, 이는 오늘날 각국에서 이루어지고 있는 이른바 허가에 대한 원스톱 서비스의 개념에 속하는 것이다. 관할 자치단체에 신청한 물사용에 대한 허가에 대해 자치단체는 이를 심사한 이후 다시 관할 지역물관리청에 이송한다. 오늘날 원스돕 행징서비스를 지원하기 위하여 다양한 ICT 기법이 사용되고 있는 것은 네덜란드의 경우에도 마찬가지이다. 물사용에 대한 허가가 여러 관할 행정청의 협의를 요하는 경우에는 원칙적으로 이 중에서 가장 상위에 있는 행정청이 최종적으로 허가 여부를 결정한다. 앞서 언급한 바와 같이 여러 행정청이 물사용 허가에 대하여 의사결정 권한을 가지는 경우 사전에 물협정이나 행정협정을 통하여 다른 의사결정 구조를 취할 수 있다.

4. 물관리 조직

네덜란드의 통합수법은 형식적으로 보면 두 가지 형태의 물관리 주체를 예정하고 있는데, 국가하천을 관리하고 있는 국가와 지방하천을 관장하고 있는 지역물관리청이다. 지역물관리청의 구성과 권한에 대해서는 거버

---

33) European And Dutch Water Law, H.F.M.W. van Rijswick & H.J.M. Havekes, 2012, 113면.

넌스 부분에서 상세하게 설명하기로 한다. 지역물관리청은 하수처리 등에 대해서도 일정한 권한을 행사한다. 관할 지방자치단체는 통합수법상 지하수를 제외하고는 물관리의 권한을 행사하는 행정청으로서의 법적인 지위를 가지지 않는 반면, 일정한 관리의무만을 부담한다. 지방자치단체는 잠정적으로 지하수의 취수, 지하수의 재충전과 관련한 아래 세 가지 업무에 대해서만 일정한 행정권을 가지고 있다. 즉 일반 공중용 음용수의 취수, 지하수의 지하 에너지원으로서의 보존, 연간 15만 세제곱미터 이상의 산업용 취수 등이다. 이 외에도 지방자치단체는 과거 물관리법의 규정에 의하여 빗물 및 지하수의 수집과 배수에 관한 의무를 가지고 있다.

통합물관리법은 국가관할 지방행정조직(province)이 지역물관리청을 감독하는 의무를 규정하고 있는데, 이들에 대한 감독권 행사를 위하여 필요한 지침을 발하고 지도할 수 있다. 국가와 국가관할 지방행정조직은 각각의 지역물관리청의 권한을 의결의 형태 혹은 일정한 절차적 규정을 통하여 대신 행사할 수도 있다. 물관리와 관련된 문제가 지역을 초월하거나 국제적인 의무와 협력을 요하는 경우에는 중앙부처인 인프라물관리부가 감독권을 행사한다. 현재 네덜란드의 물관리를 담당하는 부처의 공식명칭은 인프라물관리부(Ministry of Infrastructure and Water Management)이다.

5. 재정 관련 규정

통합수법은 취수에 따르는 부담금, 사용료, 보조금, 보상금, 부당이득 상환 등 다양한 형태의 제세공과금 또는 재원에 대하여 규정하고 있는데, 이는 기존에 관련 법률에서 규정된 재원과 제도들을 통합한 것이다. 우선적으로 통합수법은 하천오염에 대한 원인자부담금으로서 오염세와 지하수 사용료를 규정하고 있다. 오염세는 지표수에 대하여 일정한 오염물질을 유입한 원인자에 대하여 부과하고 있으며, 지하수에 대한 사용료는 국가관할 지방행정조직의 권한이다. 지역물관리청은 지하수와 관련된 각종 공과금의 수입으로부터 지하수의 보전과 관련하여 비용을 부담한 자에 대하여 지역물관리청법이 정하는 바에 따라서 그 비용의 일부를 보조할 수 있다.

지방자치단체는 지방자치법에 정하는 바에 따라서 물 관련 부과금의 수입으로부터 지표수의 보존과 관련하여 일정한 비용을 지불한 자에 대하여 그 비용의 일부를 보조할 수 있다.

6. 지역물관리청의 권한

지역물관리청은 통합수법의 집행에 대한 책임을 지고 있기 때문에 이러한 집행행정작용을 위하여 필요한 경우 관련되는 정보를 수집, 기록하고 집행을 위하여 필요하다고 판단하는 경우 행정강제수단을 동원할 수 있으며, 벌금 등 행정벌도 법률에 허용하는 범위 안에서 부과할 수 있다. 이와 더불어 일종의 제재수단의 하나로서 통합수법은 물사용에 대한 허가를 철회할 수 있는 권한을 지역물관리청에 부여하고 있다.

7. 물관리계획과 공간계획

네덜란드에는 라인강을 포함하여 4개의 국제하천이 흐르기 때문에 통합수법은 이와 같은 상황을 적절하게 고려하고 있다. 통합수법에 따라서 국가하천과 지방하천의 구별이 이루어지고 있으며, 이들은 각각 국가물관리계획과 지역물관리계획에 따라서 물관리 정책과 집행수단에 의한 관리가 이루어지고 있다. 국가물관리계획과 지역물관리계획은 공간문제가 관련되는 경우 공간계획법에 따라서 일종의 국토공간계획으로서 기능한다. 물관리계획은 국토공간계획 정책집행의 길잡이 역할을 수행함으로써 물관리계획과 공간계획 간의 관련성을 제고하는데 중요한 의미를 가진다. 물관리계획은 6년마다 새로이 심사하는데, 인프라물관리부와 지역물관리청은 물관리시행계획을 수립하여 다음 6년 후 계획 심사 시에 집행할 수단을 결정한다. 그리고 이와 같은 시행계획은 홍수와 가뭄 등 비상 시의 대응계획을 포함하고 있다.

Ⅱ. 통합수법의 내용

1. 목 적

앞서 언급한 바와 같이 네덜란드의 통합수법은 물과 관련된 기존의 8개 법률을 물리적으로 통합한 것은 물론 이른바 통합물관리를 위한 기능적인 통합을 성취한 법률로서 평가된다. 통합수법은 제2장 제2조에서 법의 목적으로 "홍수와 가뭄의 방지 및 최소화와 동시에 물순환 체계의 화학적·생태적 기능을 보호 내지 증진하며 이러한 물순환 체계가 일정한 사회적 기능을 충족하도록 한다. 또한 통합수법은 이 법이 규정하는 다른 목적을 수행하도록 한다."고 규정하고 있다.

2. 수량 및 수질기준

통합수법은 제2장 제2조에서 홍수방지를 위한 안전기준에 대하여 규정하고 제2장 제3조에서는 수량 및 수질기준에 대하여 다음과 같은 내용을 규정하고 있다. 통합수법은 국가관할 지방행정조직으로 하여금 연간 洪水位의 가능성을 고려하여 지역적인 물사용과 저수의 편의를 위하여 지역적인 규정에 대한 가이드라인을 제공한다. 통합수법은 행정명령을 통하여 가뭄 시 사용가능한 지표수의 배분을 통하여 물의 사회적, 생태적 수요에 대한 우선순위를 결정한다. 지표수의 수량배분과 더불어 통합수법은 유럽연합의 물관리기본지침상의 수질기준을 고려하고 환경관리법 제5조를 기초로 하여 화학적, 생태적 기준을 규정한다. 통합수법은 국가적 차원의 물관리와 국제하천에 대한 네덜란드의 의무를 이행하기 위한 행정명령의 기준을 제정하며, 지역적인 물관리에 대해서는 국가관할 지방행정조직이 상세한 내용을 규정한다.

3. 모니터링과 평가

지역물관리청은 국가관할 지방행정조직의 장에게 매 6년마다 홍수방지를 위한 보고서를 제출하며, 주요하천을 관리하는 지역물관리청은 하천구역의 변경 여부에 관하여 국가관할 지방행정조직의 장에게 보고서를 제출하여야 한다. 국가관할 지방행정조직의 장은 매년 제방의 상태에 대하여 인프라물관리부에 보고서를 제출하고, 당해 제방이 복수의 자치단체에 걸치는 경우 해당 자치단체들은 공동으로 보고서를 제출한다. 인프라물관리부장관은 국가관할 지방행정조직의 장이 제출한 보고서를 검토한 후 이를 보완하여 최종적으로 네덜란드 국회에 제출한다. 보고서는 제방의 안전에 대한 평가를 포함하며, 상세한 평가기준은 장관의 행정명령으로 정한다. 여기에서 말하는 제방의 기능은 홍수방지에 집중되어 있으며, 필요한 경우 제방의 안전성을 제고하기 위한 조치를 포함한 내용이 보고서에 반영된다. 인프라물관리부장관은 이와 같은 내용을 포함하는 최종보고서를 매 12년마다 국회에 제출한다.

4. 물관리 조직

국가가 관장하는 물관리 조직은 통합수법과 그 위임에 의한 행정명령에 의하여 구성한다. 지표수에 대한 관리범위는 홍수방지시설을 기준으로 하는 행정명령에 의하여 결정한다. 여기에서 언급한 행정명령은 관련되는 모든 지방자치단체의 장과의 협의를 거쳐서 발령하며, 관할 지역물관리청의 동의를 얻어야 한다. 국가의 중앙행정조직으로서 지역을 관할하는 지역물관리청은 국가관할 지방행정조직이 규정하는 명령에 의하여 물을 관리한다. 지역물관리청에는 물위원회가 설치·운영되고 있는데, 물위원회는 도시하수처리에 대한 책임과 권한을 행사한다.

이에 비하여 빗물에 대한 관리는 관할 지방자치단체의 의무에 속한다. 관할 지방자치단체와 자치단체의 장은 빗물을 효율적으로 저류할 의무가 있으며, 빗물을 사용하는 자, 사용하려는 자 혹은 사용해야만 하는 자가 이를 효율적으로 사용할 수 있도록 하여 빗물이 지표수나 지하수로 단순 유입되는 것을 최대한 방지하여야 한다. 또한 지방자치단체와 자치단체의 장은 저류된 빗물을 효율적으로 처리할 의무가 있다. 여기에서 빗물을 처리한다는 것은 빗물의 저장, 이동, 효율적인 사용, 지표수에의 유입 또는 빗물처리시설에의 이동 등의 방식을 의미한다. 앞서 언급한 바와 같이 지하수의 관리 역시 관할 지방자치단체와 자치단체의 장의 의무에 속하는 것으로서 지하수를 효율적으로 관리하여 지하수위에 대한 부정적 영향이 발생하지 않도록 필요한 조치를 취하여야 한다. 여기에서 말하는 필요한 조치는 지하수에 대한 처리를 의미하는데, 지하수의 처리는 앞서 언급한 바와 같이 지하수의 저류, 이동, 지하수 및 지표수에의 재유입 및 지하수 처리시설에 대한 이동 등을 말한다(제3장 제1조).

제3장 제2조에는 다수 지역물관리청의 협력에 대하여 규정하고 있다. 특정한 국가하천의 관리를 위하여 일정한 구역을 관장하고 있는 지역물관리청들은 효율적이고 통합적인 물관리를 위하여 필요한 경우에는 각자의 관할 범위를 벗어나는 하천의 상호 관심사를 규율하기 위하여 물관리협정을 체결할 수 있다. 또한 지역물관리청들은 자신이 처리할 수 없는 문제에 대하여 필요한 경우 물관리에 관한 의무가 있는 다른 행정청을 물관리협정에 참여시켜 문제의 해결을 도모할 수 있다. 물관리협정에 대한 보다 상세한 규정은 인프라물관리부장관의 명령이나 관할 국가관할 지방행정조직의 장의 명령에 의한다. 지역물관리청에 소속한 물관리위원회와 관할 자치단체는 효과적이고 통합적인 하수처리를 위하여 하수의 유입과 수집 등을 포함하여 상호간에 물관리를 위한 책임의 조율 등에 대하여 협력하여야 한다.

제3장 제3조는 감독규정인데, 자치단체의 장은 자신의 관할에 있는 제방의 홍수방지시설에 대하여 책임을 지고 있으며, 당해 홍수방지시설이 여러 자치단체에 걸치는 경우 관할 자치단체의 장은 동의절차를 통하여 동 시설에 대하여 적절하게 관리책임을 진다. 지역물관리청에 소속한 물관리위원회는 효율적이고 통합적인 물관리를 위하여 필요한 경우 지역규정을 제정하여 필요한 정보를 공개하여야 한다. 특정한 지역을 초월하거나 국제적인 의무를 이행하는 과정에서 물관리를 위한 정보의 공개가 필요한 경우 인프라물관리부장관은 명령에 근거한 상세규정을 제정하여야 하며, 이

와 같은 국제적인 의무가 지역에 관련되면 관할 지역물관리청과 자치단체가 상세한 규정을 제정하여야 한다. 국가관할 지방행정조직의 장은 통합적이고 효과적인 물관리를 위하여 필요하다고 판단하는 경우 지역물관리청의 권한과 의무의 행사를 위하여 일정한 지침을 발할 수 있다.

물관리가 여러 개의 지방행정조직에 걸치는 경우 당해 지역물관리청을 감독하는 국가관할 지방행정조직의 장들이 공동으로 위와 같은 지침을 발할 수 있다. 다만, 긴급한 사유가 존재하지 않는 한 지역물관리청이 위와 같은 지침이 필요하다는 의사를 표명하지 않는 경우에는 국가관할 지방행정조직의 장은 관련 지침을 발령할 수 없다. 그러나 지역물관리청이 이와 같은 의사를 표명하는 결정을 적절하게 내릴 수 없는 경우에는 국가관할 지방행정조직의 장이 지역물관리청의 책임 하에 이를 대신하여 지침을 발령할 수 있는 권한을 행사한다. 이 경우 국가관할 지방행정조직의 장은 이를 즉시 인프라물관리부장관에게 보고하여야 한다. 특정 지역을 초월하거나 국제적인 의무의 이행을 위하여 필요한 경우 인프라물관리부장관은 관할 지역물관리청 및 국가관할 지방행정조직의 장의 권한 행사와 의무 이행을 위하여 물관리를 위한 지침을 발령할 수 있다. 그러나 긴급한 사유가 존재하지 않고 관할 지역물관리청과 이를 감독하는 국가관할 지방행정조직의 장이 위와 같은 지침의 발령에 대한 의사를 적극적으로 표명하지 않는 경우에는 인프라물관리부장관이 지침을 발령할 수 없다. 다만, 국제적 의무이행이 필요하고 관할 지역물관리청이 이와 같은 의사를 표명하는 결정을 적절하게 내릴 수 없는 경우에는 국가관할 지방행정조직의 장이 이를 대신하여 지침을 발령할 수 있는 권한을 행사한다.

5. 물관리계획

1) 국가물관리계획, 지역물관리계획

네덜란드의 물관리계획은 국가차원의 계획과 유역차원의 계획 두 가지가 있다. 우선 국가계획의 경우 수립주체는 인프라물관리부장관이며 국가물관리계획에는 국가의 물관리 정책목표와 더불어 공간활용계획적 요소가 포함된다. 국가물관리계획에는 다음과 같은 물관리 정책목표들을 포함하고 있다. 1. 물관리를 위한 법령상의 목표와 관리기준을 고려한 물관리 체계의 바람직한 방향, 운영 및 보호, 이와 관련된 일정표. 2. 위에서 언급한 물관리 체계의 방향, 운영 및 보호의 실현에 필요한 방법 및 규정에 대한 記述. 3. 제안된 정책에 대하여 예상되는 재정적, 경제적 분석. 4. 네덜란드 4개 하천의 유역관리 5. 북해에 대한 정책 및 국가하천의 기능. 인프라물관리부장관은 국가물관리계획을 수립하여 이를 네덜란드의 국회에 제출한다. 국가물관리계획의 준비, 형식 및 내용에 대한 상세한 기준은 인프라물관리부장관의 명령으로 규정되며, 이러한 국가물관리계획의 구체적인 수립기준은 네덜란드의 4개 하천의 유역별 시행계획에도 그대로 적용된다.

국가물관리계획과 유역별 관리계획의 내용 및 형식에 대한 기준은 다음과 같은 사항에 대한 지침을 제공한다. 1. 모든 관련된 지역의 물관리 대표자들, 지역물관리청 및 유관 자치단체와의 상호협의를 위한 방식. 2. 네덜란드의 영토를 넘어서는 네 개 국제하천유역을 관할하는 개별 지역물관리청간의 협의. 3. 북해정책과 관련하여 국제수역인 북해를 관할하는 다른 나라 행정청과의 협의. 4. 주민과 기타 이해관계인들과의 공개된 협의. 국가관할 지방행정조직의 장은 국가물관리계획에 따라서 당해 지역에서 시행하는 물관리정책의 기본방향과 목적을 담은 단수 혹은 복수의 지역물관리계획을 수립하며, 지역물관리계획에는 공간활용계획적 요소를 고려하여야 한다. 지역물관리계획에는 다음과 같은 내용을 포함하여야 한다. 1. 지역하천의 정의와 기능. 2. 지역물관리를 위한 법령상의 목표와 관리기준을 고려한 물관리 체계의 바람직한 방향, 운영 및 보호, 이와 관련된 일정표. 3. 지역물관리 체계의 방향, 운영 및 보호의 실현에 필요한 방법 및 규정에 대한 記述. 4. 제안된 정책에 대하여 예상되는 재정적, 경제적 분석.

국가관할 지방행정조직의 장은 다른 국가관할 지방행정조직의 장과 협력하여 그들이 수립하는 지역물관리계획과 관련되는 하천의 모든 영역을 규율대상으로 하여야 한다. 관련 국가관할 지방행정조직의 장은 자신의 명령으로 지역물관리계획의 수립에 필요한 준비, 구조 및 조직 등에 대하여 규칙을 제정할 수 있다. 이와 같은 규칙은 다음과 같은 내용을 포함한다. 1. 지역물관리 체계에 대하여 책임을 지고 있고 지역을 관장하는 지역물관리청 및 당해 지방자치단체와 협의하여 지역물관리 시행계획의 초안을 마련하기 위한 방식. 2. 인프라물관리부장관, 인근 자치단체의 장, 국경을 마주하고 있는 국제하천의 경우 인접 국가인 독일, 벨기에 물관리 행정청과의 협의. 이와 같은 과정을 통하여 국가관할 지방행정조직의 장이 수립한 지역물관리계획을 최종적으로 인프라물관리부장관에게 제출한다.

2) 지역물관리 시행계획

지역의 물관리를 관장하는 지역물관리청은 자신의 책임 하에 물관리 체계에 대한 시행계획을 수립한다. 물관리시행계획이 지역물관리체계와 관련되는 경우 지역물관리청은 해당 지역물관리체계와의 상호 연관성을 고려한 지역물관리 시행계획을 수립하여야 한다. 더 나아가 지역물관리청은 다른 지역물관리청들의 시행계획과 적절하게 조정 및 조화될 수 있도록 시행계획을 수립할 의무가 있다. 시행계획은 다음과 같은 내용을 포함하여야 한다. 1. 국가물관리계획 및 지역물관리계획의 집행, 운영 및 국가와 지역의 하천과 수자원 보호와 관련된 방법과 규정, 일정표. 2. 국가물관리계획과 지역물관리계획이 예정하고 있는 용수의 배분 및 기능에 대한 추가적인 배분계획. 3. 시행계획의 구체적인 집행에 대한 계획. 4. 시행계획과 그 집행에 필요한 재원조달방안.

지역물관리청은 인프라물관리부장관 또는 국가관할 지방행정조직의 장의 명령에 근거하여 국가물관리계획과 지역물관리계획의 구조, 형태, 준비, 승인 등에 필요한 규칙을 제정하여야 한다. 이 규칙에는 다음과 같은 내용이 포함된다. 1. 다른 지역을 관장하는 지역물관리청, 관련 국가관할 지방행정조직 및 장, 특정 지역의 하천이나 수자원이 관련되는 경우 당해 자치단체의 장, 국제하천, 북해의 경우 독일과 벨기에 혹은 영국의 관할 행정청과의 협의. 2. 관련되는 지역의 이해당사자 및 주민들과의 공개적인 협의. 3. 지역하천과 수자원이 문제되는 경우 관할 국가관할 지방행정조직의 장의 동의. 통합수법 제6장에서 규정하는 국가물관리계획, 지역물관리계획 및 시행계획은 모두 6년마다 재심의를 받아야 하는 것이 원칙이나, 필요한 경우 6년이 경과하지 않는 경우에도 예외적으로 계획에 대한 재심의가 가능하다. 재심의의 요건은 인프라물관리부장관의 명령으로 정한다.

6. 물관리시설과 수인의무

통합수법 제5장은 물관리시설, 특히 하천시설 및 공사 등에 대하여 규정하고 있는데, 지역물관리청은 하천구역의 지정과 함께 하천 및 물관리시설이 정상적으로 작동하여 홍수를 방지하고 적절한 지표수와 지하수의 수량을 유지하며, 河床이나 河邊에 대한 오염으로부터 수질이 악화되는 것을 방지하는 의무와 책임을 부담한다. 제5장 물관리시설과 관련하여 흥미로운 것은 하천법 등 우리 법제에도 있는 규정이지만 물을 관리하는 책임자의 조사 등 필요한 활동에 대한 토지소유자 등의 수인의무이다. 제5장 제4조는 이와 같은 수인의무에 대하여 규정하고 있다. 지역물관리청의 책임하에 물관리 체계를 조사하는 사람은 타인의 주거지를 제외하고는 적절한 증표를 소지한 경우 어떠한 장소에도 출입할 수 있다. 물관리 체계를 조사하는 사람은 지역물관리청의 결정이 있으면 타인의 주거지가 물관리 시설의 일부이거나 직접적으로 인접한 경우에는 타인의 동의가 없어도 그의 주거지에 출입할 수 있다. 또한, 지역물관리청은 업무수행에 필요하다고 판단하는 경우에는, 토지소유자 등에게 그 토지에서 조사활동을 수인하도록 강제할 수 있으며, 이러한 조사활동은 특별히 긴급한 사유가 있는 경우를 제외하고는 조사가 이루어지기 최소한 2주 전에 당사자에게 통지하여야 한다.

물사용에 대한 허가 내지 변경허가를 위하여 필요한 정보를 얻거나 통합수법이 국가관할 지방행정조직 혹은 지역물관리청에게 물관리를 위한 의무를 부과하여 그 이행에 필요한 경우에는 조사대상인 토지에 대하여 조사를 하여야 할 의무가 있다. 만약, 토지소유자 등이 조사자의 조사행위에 동의하지 않는 경우에는 지역물관리청이 토지소유자 등에게 조사행위를 수인할 의무를 부과할 것을 요청할 수 있다. 지역물관리청이 토지소유자 등에게 조사의무 등 수인의무를 부과하여 그에게 재산상 손실이 발생한 경우에는 정당한 보상을 하여야 한다. 제3자에 대한 물사용 허가와 제3자의 지하수의 취수 또는 재충전 행위로 인하여 영향을 받는 토지소유자 등 일정한 권원을 가지는 자도 지하수의 취수 내지 재충전을 수인할 의무를 가지지만 역시 제3자 등에게 이에 대한 보상을 청구할 수 있다.

7. 금지행위 및 물사용 허가 등

1) 지표수와 지하수의 사용허가

통합수법 제6장의 공식 표제는 "물관리 체계에서의 행위(Activities in Water Systems)"라고 되어 있는데, 주된 내용은 물관리를 위하여 일정한 행위를 금지하거나 금지사유가 없는 경우 이를 해제하는 허가를 중심으로 이루어져 있다. 원칙적으로 지표수에 일정한 물질을 유입하는 행위는 금지되며, 인프라물관리부장관이나 관할 지역물관리청은 일정한 요건 하에 이러한 금지를 해제하는 허가를 할 수 있다.[34] 허가에 대해서는 인프라물관리부장관이 제정하는 명령에 그 요건 등이 상세하게 규정된다. 원칙적으로 공공하수처리시설을 제외하고 물관리시설에 일정한 물질을 유입하는 행위는 금지하며, 지역을 관할하는 지역물관리청은 이를 예외적으로 허가할 수 있다. 허가의 기준은 인프라물관리부장관의 명령에 따른다. 다만, 농지나 제방 밖에서 이루어지는 농업을 위한 통상적인 비료사용행위에 대해서는 위 규정들을 적용하지 않는다. 비료사용에 대해서는 비료법에서 별도로 규정하고 있다.

통합수법은 선박이나 항공기에서 일정한 물질을 해양으로 투기하거나

34) European And Dutch Water Law, H.F.M.W. van Rijswick & H.J.M. Havekes, 2012, 114면.

소각하는 행위, 해양에 설치한 시설, 선박, 항공기에서 일정한 물질을 해양으로 처리하는 행위 또는 처리할 목적으로 이를 저장 또는 운송하는 행위 등을 금지하고 있다. 다만, 이러한 행위들도 인프라물관리부장관의 허가를 얻는 경우 허용된다. 지하수를 취수하는 행위로서 연간 15만 세제곱미터를 초과하는 행위, 공공음용수로 지하수를 취수하는 행위 등도 금지되나 이 역시 국가관할 지방행정조직의 장의 허가를 얻는 경우 허용된다. 다만, 지하수의 취수가 시간당 10 세제곱미터를 초과하지 않는 경우에는 별도의 허가를 받을 필요가 없다. 이는 지하수의 소량 사용에 대한 예외를 허용한 것이다. 지표수의 사용과 관련하여 국가가 관리하는 부분은 인프라물관리부장관의 허가가 필요하며, 지역의 지표수 사용에 대해서도 역시 지역물관리청의 허가가 필요하다. 또한 물관리시설을 설치·관리하거나 물관리시설에 대하여 고형물질을 투입, 상·하부에 이를 매어 달거나 해체하는 행위 등도 모두 허가를 받지 않는 경우 금지된다. 위에서 언급한 허가에 대해서는 인프라물관리부장관과 지역물관리청의 명령으로 상세사항을 규정한다.

네덜란드의 경우에 지표수 사용은 물론, 일부 소량의 지하수 사용을 제외하고는 지하수 사용에 대해서도 허가를 요함으로서, 국가의 수자원에 대한 관리가 철저하고 체계적으로 이루어지고 있다.[35] 물에 대한 사용허가는 수자원관리라는 측면뿐만 아니라 수질 면에서도 중요한 의미를 갖는다. 물을 사용하는 자가 지표수에 대한 오염을 알았거나 알 수 있었던 경우 하상이나 하변에 대한 손상을 야기하는 행위 내지 그 보호를 위한 부작위가 있다는 사실을 인지하는 경우에는 합리적인 판단에 따라서 오염방지나 손상방지를 위한 조치를 취할 의무가 있으며, 일단 이러한 오염이나 손상이 발생한 경우에는 그러한 오염이나 손상 또는 그로 인한 부정적인 결

35) 다만, 최근의 ICT 기술의 혁신적인 발전에도 불구하고 네덜란드 역시 기존 수자원의 부족 등으로 인하여 물사용에 대한 신규허가는 거의 이루어지지 않는 것이 일반적이다. H.J.M. Havekes, Moving water and the Law, On the Distribution of Water Rights and Water Duties within River Basins in European and Dutch water law, inaugural adress Utrecht University (Groningen, Europa Law Publishing, 2008).

과를 가능한 정도로 제거 내지 처리하여야 한다. 물에 대한 오염과 하천의 손상이 예상하지 못한 사유로 발생하는 경우 이를 지역물관리청에 지체 없이 보고하여야 하며, 이러한 정보를 우연하게 접한 자 또한 같다.

2) 허가와 관련된 상세한 규정

물을 사용하려는 자는 국가관할 지방행정조직의 장에게 신청하여야 하며, 신청을 접수한 부서는 신청인에게 당해 신청이 접수되었다는 사실을 증명하는 접수증을 지체 없이 발급, 송부하여야 한다. 관할 부서는 신청에 대한 허가 여부와 그에 따르는 절차에 대하여 신청인에게 통지하여야 한다. 지표수 및 지하수 등 물사용에 대한 허가, 수정허가 및 취소에 대해서는 행정명령 등 별도의 규정이 없는 한 일반행정법 제3조 제4항의 규정과 환경관리법 제13조 제2항이 적용된다. 이는 허가절차에 대한 행정절차법과 환경법의 규정이 적용됨을 의미하는 것으로 해석할 수 있다. 이러한 관련 법률의 적용을 위하여 물사용이 이루어지는 국가관할 지방행정조직에게 협의를 위한 서류가 제공되어야 한다. 지하수에 대한 사용이 이루어지는 지역을 관할하는 국가관할 지방행정조직의 장이 관할 지역물관리청에게 의견을 제출할 수 있는 기회를 부여하지 않는 경우에는 허가나 수정허가가 이루어지지 못한다. 물사용의 허가에 대한 결정이 복수의 행정청의 권한에 속하는 경우에 이들이 허가에 대한 의견을 제출할 기회를 갖지 못하는 경우에는 허가가 이루어질 수 없다.

신청한 허가가 일련의 복수의 행위를 대상으로 하고 이에 대해 이미 하나의 혹은 복수의 허가가 신청된 경우에는 관할 행정청은 다른 허가를 관할하는 행정청과 협의 하에 허가신청에 대한 효과적인 집행을 위하여 일련의 복수행위를 허용하는 하나의 수정된 허가를 발령할 수 있다. 복수행위의 허용을 신청한 수정허가의 경우 관할 지역물관리청은 이를 대체하는 허가를 발령할 때까지 다른 허가절차를 중지할 수 있다. 복수행위를 허용하는 수정허가가 효력을 발생하기 전에 일련의 다른 행위에 대한 각각의 허가로 인한 권리를 대체하지 못한다. 다시 말하자면 수정허가가 불가역적으로 그 효력을 발휘하는 시점에서 비로소 기존의 각각의 허가로 인한 물사용에 대한 권리를 대체한다는 의미이다. 이미 개별적인 물사용에 대한 복수의 허가가 존재하는 경우 이를 관할하는 하나의 행정청이 다른 행정청과의 동의를 거쳐서 집행의 효율성을 제고하기 위하여 모든 행위를 허용하는 단일한 허가로 대체할 수 있다.

관할 행정청은 물사용 허가에 대하여 附款을 부가할 수 있다. 부관의 종류는 다음과 같다. 1. 허가로 인하여 발생할 수 있는 의무이행을 위한 재정부담, 허가 때문에 물관리 체계에 발생할 수 있는 부정적 효과에 대한 배상책임 또는 그러한 행위의 중단. 2. 허가로 인한 행위 때문에 물관리 체계에 발생할 수 있는 부정적 효과의 제거 및 제한, 보상 또는 그러한 행위의 중단. 3. 허가에 부가된 부관을 위반하는 행위는 금지된다는 내용 등. 행정청은 물사용 허가가 통합수법이 규정하는 목적이나 정당한 공익을 해하는 경우에는 이를 철회할 수 있으며, 허가의 내용을 변경 또는 보충하거나 필요한 부관을 부가할 수 있다. 행정청은 허가를 받은 자가 허가를 연속하여 3년 간 사용하지 않는 경우 이를 철회할 수 있으며, 다음과 같은 사유가 있는 경우 허가 전체 또는 그 일부를 역시 철회할 수 있다. 1. 허가를 받은 자의 요청에 의하여 허가가 통합수법의 목적이나 공익에 부합하지 못하고 판단하는 경우. 2. 허가가 부여된 상황, 허가로 인한 행위 등이 통합수법의 목적이나 공익 달성을 고려할 때 더 이상 가능하지 않다고 판단하는 경우. 3. 네덜란드를 법적으로 구속하는 조약 또는 국제기구의 결정, 그 이행법률로 인하여 철회가 불가피한 경우. 다만, 관할 행정청은 허가에 부가한 부관으로 충분히 허가의 내용을 수정 또는 보완하는 것이 가능한 경우에는 이를 철회할 수 없다. 물사용 허가는 일종의 대물적 허가에 해당하기 때문에 허가조건 등이 달리 정하지 않는 한 법적인 양수인에게 승계된다. 물사용 허가를 승계 받은 양수인은 관할 행정청에 4주 이내에 신고하는 경우에 한하여 승계의 효력이 양수인에게 미친다.

8. 재 정

1) 지표수에 대한 오염세

제7장 재정편에서 규정하는 중요한 과세수단은 지표수에 일정한 오염물질을 배출하는 개인 또는 기업에 대하여 부과하는 오염세(pollution tax)라고 할 수 있다. 이와 같은 오염세는 국가가 부과하는 국가오염세와 지역물관리청이 부과하는 지역오염세로 구분할 수 있다. 오염세는 개인의 주거 또는 기업의 사업장으로부터 지표수에 일정한 오염물질을 배출하는 자에 대하여 부과하며, 더 나아가 공공하수로 또는 수처리시설을 통하여 역시 지표수에 일정한 오염물질을 배출하는 하수시설과 수처리시설을 운영하는 자에게 부과된다. 그리고 통합수법은 위 두 가지 유형의 배출행위에 해당하지는 않지만 지표수에 일정한 오염물질을 배출하는 모든 자에게도 오염세를 부과하고 있다. 결국 이는 일종의 일반조항으로서 지표수에 대한 오염물질의 배출행위는 원칙적으로 오염세의 부과대상이 된다는 점을 명확하게 규정한 것이다.

오염세의 수입은 지역물관리청이 물관리 체계를 운영하는데 소요되는 비용으로 지출된다. 오염세의 부과기준은 1년 간 지표수에 배출되는 특정 오염물질의 양과 종류에 따라서 결정된다. 이와 같은 부과기준은 이른바 부과단위라고 부르는 1년 간 배출된 특정 물질의 총 오염부하량을 의미한다. 예를 들어 화학적 산소요구량의 경우에는 연간 54.8킬로그램이 부과단위이며, 크롬, 구리, 은 등의 경우에는 연간 1킬로그램, 수은과 카드뮴은 연간 0.1킬로그램이다. 이와 같은 오염물질의 부과단위는 오염세의 납세자에 대한 일일 모니터링과 샘플링, 이에 대한 분석 등을 통하여 얻을 수 있는 자료를 바탕으로 정해지며, 부과단위에 대한 상세한 내용은 인프라물관리부장관의 명령과 과세관청의 규정 등에 의하여 정해진다. 오염세의 세율은 1부과단위당 35유로 30센트이다. 이상에서 살펴본 바에 따르면 오염세는 조세라는 명칭을 사용하고 있으나 납세자의 경제적 담세능력을 기준으로 부과하는 것이 아니라, 오염물질의 종류와 양에 따라 부과하는 전형적인 오염원인자 부담금으로서 그 법적 성질은 특별부담금에 해당하는 것으로 볼 수 있다.

2) 지하수세

국가관할 지방행정조직의 장은 1. 지하수의 취수 내지 재충전으로 인하여 발생할 수 있는 부정적 효과를 차단하기 위한 수단. 2. 지하수 정책수행을 위하여 필요한 연구. 3. 지하수의 취수와 재충전에 대한 기록부 관리. 4. 행정청의 지하수 정책수행과 관련하여 피해를 입은 당사자에 대한 보상. 5. 지하수 정책수행 과정에서 발생한 피해에 대한 조사 등에 소요되는 비용에 지출하기 위하여 지하수를 취수하는 자에 대하여 지하수세를 부과할 수 있다. 보다 구체적으로 지하수세의 납부의무자는 국가관할 지방행정조직의 장의 규정에 따라서 지하수를 취수할 의사로 일정한 시설을 설치한 자이다. 지하수세의 부과기준은 취수된 지하수의 양이며, 이를 재충전하는 경우 재충전된 부분은 부과기준에서 공제한다. 다만, 아래에서 정한 지하수의 방류에 해당하는 경우에는 지하수세를 부과하지 않는다. 1. 하수도를 통한 방류. 2. 물관리청이 자신의 관리 하에 지하수를 통하여 지표수에 특정한 물질을 방류하는 경우. 3. 지역물관리청 이외의 다른 수처리 시설에서 자신의 관리 하에 특정 물질을 방류하는 행위로서 오염물질과 위험물질의 양이 증가하지 않는 경우. 지하수세 역시 조세라는 명칭을 사용하고 있으나 그 법적 성격은 자연공물인 지하수를 그 사용량에 부과하는 사용료로서의 성격을 가지는 것으로 보아야 한다.

3) 물사용 허가수수료

인프라물관리부장관은 자신의 명령에 규정하는 바에 따라서 물사용 허가를 신청에 대한 결정에 소요되는 비용을 수수료로서 부과할 수 있다.

4) 보 상

지역물관리청이 물관리 행정을 위한 적법한 행위 내지 권한의 행사로 인하여 제3자나 관계인 등이 손실을 입거나 입을 가능성이 있고 이러한 손실이 공평부담의 원칙상 관계인이 책임질 수 있는 사유에 해당하지 않으며, 다른 수단으로는 보상이 이루어지지 않거나 불충분한 경우에는 관계인의 청구에 의하여 물관리청이 이에 대한 보상을 하여야 한다. 지역물관리청은 이와 같은 손실이 명백해지거나 신청인이 합리적인 판단에 따라서 그와 같은 손실을 알 수 있었던 경우에는 손실이 발생한 이후 5년이 경과한 경우 이러한 보상신청을 기각할 수 있으며, 손실이 발생한 후 20년이 경과한 경우에는 어떠한 경우에도 보상신청을 할 수 없다. 이와 같은 손실은 하천의 저수능력을 제고하기 위하여 설치한 시설이나 홍수방지시설을 재배치하는 과정에서 홍수가 발생한 경우에도 동일한 절차에 따라서 이를 보상한다.

물사용 허가에 따라서 지하수의 취수 또는 재충전으로 인하여 토지소유자에게 손실을 발생시킨 자는 합리적인 기준에 따라서 그 손실을 보상하여야 한다. 지하수를 취수한 자 등이 토지소유자 등을 확인할 수 없어서 이러한 손실을 보상할 수 없는 경우에는 토지를 사용하고 있는 자에 대하여 보상하여야 한다. 토지소유자는 자신이 소유한 토지의 재산적 가치가 경미한 경우에는 지하수를 취수한 자 등에게 그에 대한 매수를 청구할 수 있으며, 이에 대한 소송을 당해 토지가 위치한 관할 법원에 제기할 수 있다. 물사용 허가 때문에 지하수에 대한 취수 등으로 인하여 손실을 받은 자는 그 토지 등이 위치한 국가관할 지방행정조직의 장에게 손실보상을 위한 조사를 요청할 수 있다. 당해 토지가 지하수의 취수 등으로 인하여 영향을 받는 장소에 위치하고, 지하수의 취수행위로 인한 토지소유자의 손실을 확인하기 어려운 경우에는 국가관할 지방행정조직의 장이 토지소유자에게 그로 인한 손실을 보상할 수 있다.

5) 물관리 시설에 대한 선박 등의 손해배상책임

지역물관리청이 관리하는 시설에 대하여 선박이 손해를 발생시키는 경우 선주 또는 선박의 사용자는 그에 대한 손해를 배상하여야 하며, 지역물관리청은 손해의 조사를 위하여 특정한 공무원을 지명할 수 있다. 당해 공무원은 피해조사보고서를 작성하고 그 사본을 선주 등에게 교부하여야 한다. 선주 등이 공무원이 조사한 비용 전부를 지불하지 않거나 상당한 기간 내에 그와 같은 비용지불이 이루어지지 않을 것으로 예상되는 경우에는 당해 공무원은 필요한 경우 경찰의 도움을 받아서 선박의 운행을 중지시키거나 이미 출항한 경우에도 출항지로 귀항시킬 수 있다. 지역물관리청은 선주 등이 지불한 보상금을 물관리 시설의 보수 등에 사용할 수 있다. 물관리 시설의 보수 등에 사용된 비용이 선주 등이 지불한 배상금을 하회하는 경우 물관리청은 이를 선주 등에게 법정 이자와 함께 반환하여야 한다.

6) 보조금

인프라물관리부장관은 지역물관리청의 청구에 의하여 홍수방지 시설의 설치에 소요된 비용의 전부 또는 일부를 보조금의 형태로 지급할 수 있다.

Ⅲ. 결 론

네덜란드 물관리 제도의 가장 특징적인 점은 물관리에 대한 권한이 중앙과 지방에 적절하게 분배되어 있음에도 불구하고 광범위한 분권화가 이루어졌다는 점이다. 이와 같은 물관리 권한의 분권화의 핵심에는 유역을 중심으로 지표수와 지하수의 사용에 대한 허가권과 사용료 및 원인자부담금 등을 부과하는 21개의 지역물관리청이 있다. 결국 네덜란드는 유역관리와 더불어 유역을 중심으로 하는 통합관리가 교과서적으로 이루어지고 있으며, 21개의 지역물관리청이 국제적으로도 전범에 해당하는 물관리 행정을 집행하고 있다. 그리고 이와 같이 유역중심의 통합관리를 위해서 헌법, 통합수법, 지역물관리청법 등의 법제도가 그 근거를 제공하고 있다. 그리고 지역물관리청은 국가 전체 차원에서 다른 지역물관리청은 물론 국가행정 지방행정조직과 시민사회 등과 물관리를 위한 협력체계를 구축하고 있으며, 21세기 중반의 물관리는 단순히 물만을 그 대상으로 하는 것이 아니라 기후변화에 따르는 환경, 공간계획 등 총체적인 국토와 환경적 요소를 모두 고려하는 통합정책의 일환이라는 점을 인식하고 있다. 더 나아가 네덜란드에서 유역중심의 통합관리가 실효성을 가질 수 있는 가장 큰 이유는 지역물관리청이 지표수, 지하수 등 물의 사용에 대한 허가권을 가짐으로서 물관리 행정을 주도할 수 있으며, 물의 사용이나 오염에 대한 비용을 징수하여 물관리 행정에 소요되는 독자적인 재원을 확보할 수 있기 때문이다. 이에 더하여 지역물관리청은 후술하는 바와 같이 물관리청 내에 최고 의사결정기구로서 이사회에 지역주민의 주도적인 참여를 보장하여 적절한 거버넌스 체계를 가짐으로써 물관리 행정의 민주적 정당성을 실현하고 있다는 점을 지적할 수 있다. 적절한 행정권, 재정권, 민주적 의사결정의 3박자는 네덜란드 물관리 행정이 전 세계적으로 典範的 지위를 가질 수 있는 결정적인 이유라고 할 수 있다.

사항색인

ㅊ

ㅌ

ㅍ

ㅎ

[저자약력]

연세대학교 법과대학 법학과 및 동대학원 졸
독일 Tübingen 대학교 법학박사(summa cum laude)
연세대학교 경법대학 교수 및 한양대학교 법과대학 교수 역임
독일 아데나우어재단(Konrad-Adenauer-Stiftung) 초청교수
LG 연암재단 해외 파견교수
독일 훔볼트재단(Alexander von Humboldt-Stiftung) 객원교수
한국공법학회 출판이사, 총무이사 역임
연세학술상 수상
훔볼트재단(Humboldt Foundation) 선정 2020년 라이마 뤼스트 국제연구상(Reimar Lüst Award) 수상
대검찰청정책자문위원
법무부자문위원, 행정자치부자문위원
경제정의실천시민연합 시민입법위원장
헌법재판소 헌법연구위원 역임
현재 연세대학교 법학전문대학원 교수
　　한국수법포럼 좌장
　　한국탄소법학회 회장
　　법무부정책자문위원

저서 및 논문

세법 - 조세법과 공법원리, 법문사
개별행정법 제2판, 법문사
행정법판례평론 - 사례와 해설, 홍문사
일반행정법 제6판, 홍문사
행정절차법제정연구(공저), 법문사
민자유치론(공저), 박영사
법학개론(공저), 박영사
물과 인권(공편저), 도서출판 피어나
Rechtfertigung von Sonderabgaben, Duncker & Humboldt Berlin
Vom paternalistischen zum parterschaftlichen Rechtsstaat, Nomos Verlagsgesellschaft, Baden-Baden

수법(水法)연구 II

2020년　10월　10일　　초　판　제1쇄발행
2021년　10월　15일　　초　판　제2쇄발행

저　자　김 성 수
발행인　이 명 재 · 이 종 은
발행처　**신 조 사**

저자와 협의하여 인지첩부를 생략함

서울특별시 마포구 독막로 295 삼부골든타워 212호
전　화 (02) 713-0402　FAX (02) 713-0403
등　록 1994. 7. 4, 제17-179호(倫)
E-mail: sinjosa@sinjosa.co.kr　http://www.sinjosa.co.kr

파본은 바꿔드립니다.

정 가　35,000 원　　**ISBN 979-11-86377-39-0**